U0114913

楊天石　著

思潮與人物

目
錄

Contents

第二部分 ——
文藝思想研究　　　　　　099

第三部分 ——
黃遵憲論叢　　　　　　113

序

"考證確鑿" 與思想的力量

　　1985 年，我研究生畢業，來到中國社會科學院近代史研究所工作，套用"入所教育"的俗話一句，我已正式成為中國近代史研究領域的一員"新兵"。這時，楊天石老師早就是中國近代史研究領域的一員"健將"了。從年齡到學問，楊先生都是我的師輩。相識相交近四十年，從楊老師處獲益多多，沒得說，一直以老師相待。但沒想到入所不久，就被楊老師賞識有加，以友相待。作為"新兵"的我，端的是受寵若驚。近四十年亦師亦友，學術、思想、觀點的交流更無拘束也更加暢快、更加深入。楊老師還具有深深的"以天下為己任"的社會關切和強烈的憂國憂民情懷，在本職工作之外，曾兼任以實事求是、秉筆直書著稱的《百年潮》創刊主編，著名理論家龔育之先生將他與胡繩、鄭惠並譽為《百年潮》創業"三君子"之一。他有幾次"直言上書"，事先都徵求我的意見，士人風骨，令人敬佩，而對我的信任，更令我深深感動。當然，還是沒想到，楊老師此次竟然邀我為《思潮與人物》冠序，一時間感悚並至，確感榮幸，同時又知道自己其實無此資格與水平。恭敬不如從命，不揣冒昧，竦然作序。

楊老師認為，追求歷史真相是歷史學最基本、也是最重要的功能。無論這種真相多麼"不如人意"，也必須面對。這是他對自己治學態度、方法的要求。幾十年前著名的"中山艦事件"，是中國現代史上重要的一次事件，已成板上釘釘的"鐵案"。但楊老師卻細讀史料，於不疑處發現可疑之處，一點點尋找、發現、研讀、分析史料，在80年代發表的《中山艦事件之謎》，還原了"中山艦事件"的真相，被譽為具有"世界水準"的好文章。他對史料的追尋，著實到了"上窮碧落下黃泉"的地步。他在海內外到處搜尋史料，早早就發現了錢玄同未刊日記、《蔣介石日記類抄》，對史料幾近"竭澤而漁"。不預設立場，不為既有觀念束縛，注重史料的爬梳考證，尊重史實，楊老師堪稱典範，為學界公認。

"考證確鑿，堪稱傑作"，是日本著名中國近代史專家狹間直樹教授對楊老師的評論。日本學者向以資料搜求仔細全面、考據認真著稱，狹間先生此評確為的論，是楊老師治史方法、風格的總結概括。

二

"考證確鑿"的盛名，卻無形中掩蓋了楊老師學術研究的另一重要方面：中國近代思想史研究。其實，楊老師的學術研究恰是從思想史研究起步、開始跨入學術大門的。楊老師是北京大學中文系55級學生，畢業後到中學當老師。這時他寫的明代泰州學派傳人韓貞、泰州學派創始人王艮的研究文章，就先後發表在權威的《光明日報》"哲學"專刊和《新建設》雜誌。他的研究，引起了史學大家侯外廬先生的注意。"文革"結束，楊老師從中學調入中國社會科學院近代史研究所，成為專業研究者。

歷史研究向有兩種傳統，一是"六經注我"，一是"我注六經"；用現代學術語言來說，一種強調研究者主觀觀念的主體性投射，一種強調對研究對象的客觀性實證分析。前者高屋建瓴，自成體系，但易失之於空泛，根據不足而形成“無據之理”，牽強附會甚至淪為荒誕。後者踏實細密，言皆有本，但易失之於瑣屑，缺乏概括綜合而“不成體統”，淪為無法把握大局、看不到整體的細瑣繁屑。“六經注我”而不荒誕，“我注六經”而不瑣碎，至為不易。思想史研究多是“六經注我”，強調研究者的主體性，為研究者提供了大顯身手的舞台，所以屢有宏大體系建構者。然而，正是由於“六經注我”，不少體系建構者擺脫史實史料的束縛，洋洋灑灑、大言炎炎、巨著皇皇、體系宏大，但夷考其實，這些所謂體系皆是遊談無根、郢書燕說，剪裁塗抹史實以符合某種理論框架的荒謬荒誕之論。

楊老師的思想史研究秉承的是“論從史出”的傳統，他提出的論點是逐步地、一點一點抽絲剝繭地建構起來的，甚至是自然而然“生長”出來的，毫不牽強。

社會主義，是近代中國影響最大的思想、思潮，並最終決定了中國的命運。社會主義在中國傳播史的研究，已經汗牛充棟，並有專門研究機構。然而，楊老師卻從著名法國作家雨果的名著《悲慘世界》在中國的翻譯出版史，從劉師培的幾篇短文的分析中，使人更深刻地理解這個歷史過程、中國知識界的心路歷程。

早在 1903 年蘇曼殊將《悲慘世界》部分翻譯，名為《慘社會》，1904 年由陳獨秀修改、加工，改名為《慘世界》。他們並非嚴格的翻譯，而是有譯有作。翻譯《悲慘世界》第二卷的第一到第十三節，有增有刪，如增加一段敘述：“哪裏曉得在這個悲慘世界，沒有一個人不是見錢眼開，哪裏有真正行善的人呢？”作為譯者，蘇、陳還憑空增加了明男德、范財主、范桶、孔美麗等幾個人物和情節，表達譯者自己的思想。《慘世界》有一農夫生有一女一子。女兒出嫁之後，兒子無人照顧。蘇曼殊寫道：“他的親戚和那些左右隔壁的鄰居，雖說是很有錢，卻是古言道：‘為富不仁。’那班只知有銀錢、不知有仁義的畜生，哪裏肯去照顧他呢？”“你看那班財主，一個個地只知道臭銅錢，哪裏還曉得世界上工人的那般辛苦呢？”“世界上有了為富不仁的財主，才有分無立錐的窮漢。”又說：“我看世界上的人，除了能做工的仗著自己本領生活，其餘不能做工，靠著欺詐別人手段發財的，哪一個不是搶奪他人財產的孟賊呢？”譯者藉自己創造出的明男德嚴厲批判金錢，主張財富公有："哎！臭銅錢，世界上哪一件慘事，不是你趨使出來的！""世界上物件，應為世界人公用，哪鑄定應該是哪一人的私產呢？……"又稱："我看這財帛原來是大家公有的東西。"第十二回，譯者甚至聲稱："雅各伯黨定了幾條規矩"：第一條，取富戶的財產分給盡力自由之人以及窮苦的同胞。第二條，凡是能做工的人，都有到背叛自由人的家裏居住和佔奪他們財產的權利。第三條，全國的人，凡從前已經賣出去的房屋、田地以及各種物件，都可以任意收回。第四條，凡是為左右而死的遺族，需要盡心保護。第五條，法國的土地，應當為法國人民的公產，無論何人，都可以隨意佔有，不准一人多佔土地。

楊老師評論說："核心是土地公有，同時無償地剝奪富人的財產，均分給貧苦人民。""它既繼承了中國古代農民戰爭中的'均貧富'思想，但又表現出鮮明的近代革命色彩。""《慘世界》的'規矩'顯然可以視之為 20 世紀中國的第一個社會主義綱領。在辛亥革命前夜眾多的革命宣傳品中，《慘世界》的獨特之處在這裏，它在近代中國革命史和思想史上獨特地位也在這裏。"約二十年後，陳獨秀成為中國共產黨的創立者，當非偶然。

說起劉師培，人們首先想起"無政府主義者"和擁袁復辟的要角。實際上，在社會主義、共產主義傳入中國的過程中，他的作用不能低估。1907 年，流亡日本的劉師培接觸到當時的"新思潮"，也設計了一個實現"共產"的社會方案。在他的宏大藍圖中，那個社會不僅土地、生產資科公有，而且一切產品和財富也都公有，"完全平等"。這種平等不僅表現於沒有任何統治者或管理者，而且在消費、生活的各方面也全都一樣。"人人衣食居處均一律"，要求大家穿一樣的服裝，吃一樣的飯，住一樣的房子。既然中國的傳統服裝是寬鬆的"深衣"，那你就不能穿洋服；既然食堂供應窩窩頭，那你就不能吃白麵饃饃。楊老師文中特別說明，劉師培是近代公共食堂的提倡者，他要求在每鄉建立"會食之地"。

劉師培設計的"共產"社會的最大特點是"均力"。他認為人人做工，人人勞動，固然是平等了，但是，同一做工，苦樂難易，大不相同。譬如造釘製針，活兒很輕鬆，而築路蓋房，幹起來就很吃力，兩者之間還是不平等。因此，他提出了"人類均力說"以平均苦樂難易。他將人分為三個年齡段：一，二十歲以前在老幼棲息所受教育。二，二十一歲至三十六歲，從事農業勞動，兼做其他工作。即二十一歲築路，二十二歲開礦伐木，二十三歲至二十六歲築室，二十七歲至三十歲製造鐵器、陶器及雜物，三十一歲至三十六歲紡織及製衣。三，三十六歲以後，免除農業勞動，從事各種工作。即三十七歲至四十歲烹飪，四十一歲至四十五歲運輸貨物，四十六歲至五十歲當工技師及醫師，五十歲以後入棲息所任養育幼童及教育事。劉師培要求每一個人都按照這一鐵定程序輪換。若想當運輸工人，先幹十六年農業活兒，再當四年廚師，在四十一歲至四十五歲之間才行。你想當老師，那就要等到五十開外，遍歷農、工各種行業之後。可以有人不想當醫生，但輪換表中有此一項，非當不可。至於科學家、作家、藝術家、新聞家，輪換表中沒有，任何人都別想業此。劉師培把他的這種設計稱為"人人為工，人人為農，人人為士"，是"權利相等，義務相均"的最高美滿境界。至於實現他的宏圖的方法、手段，他在《論水災即係共產無政府之現象》、《論水災為實行共產之機會》這兩篇文章中稱，水災一來，田地也沒了，房產也沒了，金銀珠寶也沒了，大家只能一起相率逃難，其結果必然是到處被逐，叩頭哀求而難得一飽。於是，饑民起來"革命"。

經過一番分析，楊老師對劉的理論得出如下結論："不能認為劉師培的'均力'說完全荒唐。從有分工以來，人類就渴望打破分工的束縛。歐文、傅立葉、馬克思、恩格斯等人都曾設想過，在未來社會裏，勞動者可以全面地發展自己的能力，按照自己的志趣經常地自由地調換工種，從一種勞動轉到另一種勞動。但是，社會主義大師們所設想的是生產力高度發展基礎上人的全面解放，而劉師培所設想的則是自然經濟基礎上人的全面束縛，其結果只能是社會生產和科學、文化事業的大破壞和大倒退。""倒是'史無前例'的十年間，將工人調到大學和研究機關去'摻沙子'，將知識份子趕下幹校去'學工'、'學農'，很有那麼一點實行'均力'說的意味。""劉師培的'水災共產主義'提出於本世紀（20世紀）初，今天的讀者也許會視作一種笑談。但是，它在思想史上留下的教訓卻是深刻的。在近代中國，無視生產力的發展狀況，以為在生產力低下、物質匱乏的情況下，只要變革生產關係和分配關係，就可以建成社會主義，以至共產主義的想法，並不是個別的。'貧窮不是社會主義'，這是人們吃了不少苦頭之後才認識到的真理。"

不知不覺中，顯示出思想的力度。

從事思想史與歷史人物研究，對研究對象進行分析闡釋之時，如何能夠運用理論框架而又不被這種理論淹沒束縛，以保存歷史上的思潮與人物，和同作為研究者的"我"的雙重主體性為定位，確實需要一種意識和方法上的自覺。楊老師對"思潮與人物"的研究，既保有自己的主體性，同時又充份尊重史料，絕不妄解。他的研究，在一層層探討時代思潮、歷史人物的社會性時，解開了一道道傳統意識形態枷鎖，擴展了我們對思潮、人物與歷史進程互動層面的理解與觀察，加深了我們對歷史與現實的理解。

雷頤

中國社科院近代史所研究員，著名歷史學者

*《惨世界》封面。

第一部分

近代思潮

儒學在近代中國 *

　　儘管孔子一生困頓，命運多蹇，但是，自漢武帝罷黜百家、獨尊儒術之後，儒學成為佔統治地位的官學，孔子的地位就日益提高，以至於達到"嚇人的高度"。[1] 在漫長的近兩千年的歲月中，很少有人敢向孔子的這種崇高地位挑戰。這種情況到了近代才有明顯改變。隨著中國社會的變遷和進步，在西方文化和日本維新思潮的影響下，逐漸出現了非儒反孔思潮。與之相聯繫，崇儒尊孔的主張也以前所未有的複雜形態多樣化地表現出來。兩種意見互相詆排，各不相下，成為思想史上引人注目、發人深省的現象。

　　龔自珍是近代中國第一個對儒學獨尊地位提出挑戰的人。他在一首詩中寫道：

　　　　蘭台序九流，儒家但居一。諸師自有真，未肯附儒術。後代儒亦尊，

* 原載《東西文化交融的道路與選擇》，四川人民出版社 1994 年版；錄自楊天石：《哲人與文士》，中國人民大學出版社 2007 年 7 月版。
1 魯迅：《在現代中國的孔夫子》，《魯迅全集》第 6 卷，人民文學出版社 1981 年版，第 316 頁。

儒者顏亦厚。洋洋朝野間，流亦不止九。不知古九流，存亡今孰多？或言
儒先亡，此語又如何？[1]

九流，指的是班固在《漢書·藝文志》中所分列的九個學術流派。龔自珍認為，
儒家只是九家中的一家，並無特殊之處；儒家以外的其他各家都有其符合真理
的一面，不需要依附儒術；後代，儒家的地位被愈抬愈高，儒者的臉皮也愈來
愈厚。這首詩，表現了龔自珍對儒學獨尊地位的強烈不滿以及對其他各家歷史
命運的關心。他甚至發出了儒家可能"先亡"的疑問。龔自珍的時代，中國封
建社會已經到了暮色蒼茫、悲風四起的"衰世"，龔自珍的疑問反映了一種信仰
危機和對一種新的學術派別的憧憬。但是，由於長期儒學獨尊的影響，龔自珍
沒有也不可能徹底擺脫儒學的束縛，他只能藉助東漢以來長期衰微的今文經學
派，利用其"微言大議"以表達自己的觀點。

鴉片戰爭期間，中國人在西方的堅船利炮面前敗下陣來，蒙受了亙古未有
的奇恥大辱。先進的知識份子痛定思痛，對儒學的不滿和懷疑增長了。魏源等
人開始痛罵"腐儒"、"庸儒"，開始鄙棄程、朱、陸、王的"心性"之學，主
張"師夷長技以制夷"，覺得西洋文化在某些方面比中國高明了。後來，這種
向西方學習的要求又從"長技"發展到經濟、政治等方面。但是，魏源以下一
輩人，如馮桂芬、王韜、薛福成、馬建忠、鄭觀應、陳熾、何啟、胡禮垣等，
一般地只敢批判程、朱、陸、王等後儒，而不敢批判先儒；只敢批判漢學和宋
學，而不敢直接把矛頭指向孔學。在他們看來，孔子和儒學還是完美無缺的，
其崇高地位是不能動搖的。例如王韜就說過："蓋萬世不變者，孔子之道也，儒
道也。"[2]這種情況，固然反映出思想家自身的特質，但更多反映出的卻是儒學
傳統的強大力量和深厚影響。

正是在這種儒學傳統的重壓下，康有為等人的維新變法理論不能不包裹在
儒學的外衣中，並力圖藉助於"孔聖人"的權威。他利用今文經學派的"《公羊》

1 《自春徂秋，偶有所觸，拉雜書之，漫不詮次，得十五首》，《龔自珍全集》，上海人民出版社1975年版，
　第487頁。
2 《杞憂生〈易言〉跋》，《弢園文錄外編》。

三世說"來闡述自己的以進化論為核心的社會歷史觀,並利用對古文經的辨偽來動搖人們對傳統的信仰。康有為力圖說明,西漢經學根本沒有所謂古文經,所有的古文經書都是劉歆的偽造。劉歆之後,兩千多年,千百萬知識份子,二十個王朝禮樂制度的訂立者都上了劉歆的當。這樣,在龔自珍之後,康有為就進一步動搖了古文經學派的地位,引起人們對這部分儒學經典的懷疑。當頑固派在祖墳面前叩頭禮拜,表示要"恪守祖訓"的時候,康有為卻在旁邊大喝,你這個祖墳是假的。這自然具有思想解放的意義。

同時,康有為又力圖說明,孔子是維新變法的祖師爺。他主張"法後王","削封建",實行"大一統",反對"男尊女卑",創立"選舉制",最高理想是實行民主共和云云。[1]因此,康有為稱孔子為"萬世教主"、"制法之王"、"生民未有之大成至聖"。康有為建議,清王朝"尊孔聖為國教",以孔子紀年,全國設教部,地方設教會,每七日還要公舉懂《六經》、《四書》的人為"講生",宣講"聖經"。[2]

近代以來,有不少人,例如曾國藩、張之洞以及清代統治者尊孔,是為了維護舊秩序;戊戌時期的康有為尊孔,是為了變法。兩種尊孔,迥然不同。但是,康有為筆下的孔子明顯地不符合孔子的本來面目,它是維新派按照自己的理想和需要改鑄出來的形象。

和康有為比起來,譚嗣同的思想顯得激烈、深刻、銳利得多。他懷著滿腔悲憤批判儒學所鼓吹的綱常倫理,分析其"慘禍烈毒",揭露封建統治者以之殘酷迫害人民的事實。當時,一位朝鮮人曾說:"地球上不論何國,但讀宋明腐儒之書,而自命為禮義之邦者,即是人間地獄。"譚嗣同完全同意這一觀點。[3]他尤為激烈地批判君主專制主義,認為君主是人民推舉出來"為民辦事"的,可以共舉,也可以共廢,其惡劣者,"人人得而戮之"。[4]譚嗣同的思想已經越出改良主義的樊籬,走到革命民主主義的邊緣。但是,譚嗣同仍然要掛上孔學的旗號。在譚嗣同筆下,孔子"廢君統,倡民主,變不平等為平等",不僅是維新

---

1 《孔子改制考》第 11、9、8、3、12 卷。
2 《請尊孔聖為國教,立教部、教會,以孔子紀年而廢淫祀摺》,《戊戌變法》(二)。
3 《仁學》。
4 《仁學》。

派，簡直就是民主主義者。[1] 他認為，孔門傳人曾子、子思、孟子、夏子等人還是繼承了孔子的民主傳統，只是到了荀子，孔學才被篡改為"鉗制束縛"的工具，荀學也就因此統治中國兩千餘年。譚嗣同嚴格地區分孔學和儒學，認為儒學使孔子之道愈見狹小，起了惡劣作用。[2] 因此，他以馬丁·路德自勵，立志為恢復"孔教"的本來面目而奮鬥。

在維新派中，嚴復對西學有精深的研究，因此，他的維新思想的理論基礎以及批判儒學的理論武器都不是取自儒學自身，而是取自西方自然科學和社會政治學說。他不僅批判"宋明腐儒"，而且破天荒地提出《六經》且有不可用者"。[3] 出於對儒家學派的強烈不滿，嚴復甚至認為秦始皇焚書坑儒的行為也並不過份。他以熱烈的語言讚揚西學的完美與嚴整，認為中學重三綱，西學重平等；中學親親，西學尚賢；中學以孝治天下，西學以公治天下；中學尊主，西學隆民；中學誇多識，西學尊親知；中學委天數，西學恃人力……這是近代中國思想史上最初也是最鮮明的中西文化比較論，標誌著在"西學"衝擊下，中國人對傳統文化的進一步懷疑和否定。[4] 儘管如此，嚴復仍然維護孔子的權威，認為孔教不談鬼神，不談格致，專明人事，平實易行，千萬不能破壞。[5] 他甚至認為，精通西學之後，才能更好地理解中國聖人的"精意微言"。[6]

戊戌維新是一次政治改革運動，也是一次思想啟蒙運動。它本應對孔子和儒學的獨尊地位有較大的衝擊，但是，歷史展示給人們的情景卻是，孔子的地位還要繼續高上去。這裏，我們再一次看到了傳統的強大力量和歷史纏住現實的痛苦情況。

作為弟子，梁啟超支持過康有為的保教論。戊戌政變後，梁啟超流亡日本，於 1902 年發表《保教非所以尊孔論》，開始反對師說。他認為，孔子是哲學家、經學家、教育家，而非宗教家；保教之說束縛國民思想。他指出，孔子思想中有"通義"和"別義"兩部分，前者萬世不易，後者則"與時推移"，應

---

1 《仁學》。
2 《仁學》。
3 《闢韓》，《嚴復集》，北京中華書局 1986 年版，第 35 頁。
4 《論世變之亟》，同上書，第 3 頁。
5 《保教餘義》，同上書，第 85 頁。
6 《救亡決論》，同上書，第 49 頁。

該博採佛教、耶教以及古代希臘以至"歐美近世諸哲"的學說，進一步光大孔學。[1] 儘管梁啟超仍然斷言，孔學將"懸日月，塞天地"，"萬古不能滅"，但他承認孔學中有不適用、不夠用的部分，畢竟是有意義的進步。

真正動搖了孔子和儒學獨尊地位的是以章太炎為代表的革命黨人。19 世紀末 20 世紀初，作為維新思潮的反應，日本社會出現了一些非儒反孔的著作家，如遠藤隆吉、白河次郎、久保天隨等。在他們的影響和啟迪下，章太炎一方面肯定孔子是中國古代優秀的歷史學家、教育普及家和無神論者，同時，也發表了不少對孔子和儒學的激烈批評。1902 年，他在《訄書》修訂本中指出，孔子的名望遠遠超過了實際，其學術也並不十分高明，荀子、孟子都比他強得多。1906 年，他在東京中國留學生大會上發表演說，批評孔子"最是膽小"，"不敢去聯合平民，推翻貴族政體"。又說：孔教的最大污點，是使人不脫富貴利祿的思想。他明確表示："孔教是斷不可用的。"[2] 其後，他又根據《莊子》、《墨子》等書的記載，在《諸子學說》中，批評孔子"嘩眾取寵"、"污邪詐偽"、"熱中競進"，是個道德品質不好的人。由此，他進一步批評歷史上的儒家學派投機善變，議論模糊，認為無論就道德言，就理想言，儒家均不可用。[3] 1908 年，日本《東亞月報》刊登孔子像，章太炎就此著文發揮說：孔子已經死了兩千多年了，他的思想早已成為過去，"於此新世界者，形勢禮俗豈有相關"？[4]

章太炎對孔子和儒學的批評並不科學。第一，他的批評根據不少出於《莊子》、《墨子》，莊、墨都是儒家的對立面，所述並不可靠。第二，章太炎的批評矛頭在許多地方實際指向康有為。在他所描繪的孔子形象中，我們依稀可見康有為的面影。現實的鬥爭需要常常使人不能嚴謹地對待歷史，雖章太炎這樣的大學問家亦不能免。然而，章太炎將中國封建社會的至聖先師作為議論、批評的對象，仍然是了不起的大事。在章太炎之後，各種批評孔子的言論就多起來了。

1903 年，上海愛國學社的刊物《童子世界》載文認為："（孔子）如今看

---

1 《新民叢報》第 2 號。
2 《民報》第 6 號。
3 《國粹民報》丙午（1906）第 8、9 號。
4 《答夢庵》，《民報》第 21 號。

起來，也是很壞。"[1]《中國白話報》載文認為，孔子是個"頂喜歡依賴皇帝的東西"。[2] 同盟會員寧調元直呼孔子為"民賊"。他說："古之所謂至聖，今之所謂民賊也。"[3] 1912 年，民國建立，南京臨時政府教育部通令廢除中小學讀經課程。時任教育部長的蔡元培明確宣佈："尊孔與信教自由相違。"[4] 同年 7 月，蔡元培主持臨時教育會議，進一步通過"學校不拜孔子案"。[5] 這樣，孔學作為官學的地位就被否定了。

　　隨著非儒反孔言論的增加和孔學作為官學地位的否定，崇儒尊孔的呼籲也日益強烈。辛亥革命前後發表崇儒尊孔言論的人很複雜。一種是革命派，如《國粹學報》的鄧實、黃節等，他們視孔子為中國文化的代表；一種是康有為等保皇黨，以孔學作為反對革命、維護君主制的工具；一種是清朝統治者及袁世凱、張勳等軍閥，利用孔學維護其統治或復辟君主制；一種是某些外國傳教士或來華人士，如林樂知（Y. J. Allen）、李提摩太（T. Richard）、李佳白（G. Reid）、莊士敦（R. F. Johnston）、蓋沙令（H. Keyserling）、尉禮賢（R. Wilhelm）、有賀長雄等。1906 年，清政府頒佈《教育宗旨》，宣稱孔子不僅是"中國萬世不祧之宗"，而且是"五洲生民共仰之聖"。[6] 1913 年 6 月，袁世凱發佈尊孔令，宣稱孔學"返之人心而安，放之四海而準"。[7] 8 月，孔教會代表陳煥章等上書，請定孔教為國教。10 月，《天壇憲法草案》規定："國民教育，以孔子之道為修身大本。" 1914 年 9 月，袁世凱在北京舉行了盛大的祭孔典禮。袁世凱復辟帝制失敗後，康有為於 1916 年 9 月再次上書，要求"以孔教為大教，編入憲法，復祀孔子之拜跪"。[8] 他說："不拜孔子，留此膝何為？"[9] 1917 年 3 月，各省尊孔團體在上海組織全國公民尊孔聯合會，發動所謂"國教請願運動"。同年 7 月，張勳擁廢帝溥儀復辟。

1　君衍：《法古》，《童子世界》第 31 期。
2　林獬：《國民意見書》，《中國白話報》第 18 期。
3　《寧調元集》，湖南人民出版社 1988 年版，第 395 頁。
4　《對於新教育之意見》，《民立報》1912 年 2 月 10 日。
5　《臨時教育會議日記》，《教育雜誌》4 卷 6 號。
6　《學部奏請宣示教育宗旨折》，《大清教育新法令》第 1 冊第 2 編。
7　《袁大總統書牘彙編》卷 2。
8　《致總統總理書》，《孔教十年大事》卷 8。
9　《致總統總理書》，同上書。

為什麼近代的守舊復辟勢力都崇儒尊孔，這不能不引起先進知識份子的思考，於是，一場新的非儒反孔熱潮因而興起。

"五四"前夜發表批孔文章的先鋒是易白沙，主將則是陳獨秀，吳虞、魯迅、李大釗等人都作出了巨大貢獻。當時對孔子和儒學的批判主要集中在以下幾個方面：

1. 孔子和儒學維護尊卑等級制度，是歷代帝王專制的護符。易白沙稱：孔子"尊君權，漫無限制，易演成獨夫專制之弊。"他闡述了歷代帝王以孔子為傀儡，藉以鞏固其統治的情況，說明不能不歸咎於孔子自身。[1] 李大釗認為："孔子生於專制之社會，專制之時代，自不能不就當時之政治制度而立說，故其說確足以代表專制社會之道德，亦確足為專制君主所利用資以為護符也。"[2] 陳獨秀提出："孔教與帝制有不可離散之因緣。"[3] 吳虞也說："孔氏主尊卑貴賤之階級制度，由天尊地卑演而為君尊臣卑，父尊子卑，夫尊婦卑。尊卑既嚴，貴賤遂別。"因此，"專制之威愈演愈烈"。[4]

2. 儒學倫理是片面的、不平等的、人壓迫人的"奴隸道德"。陳獨秀認為：君為臣綱，則民於君為附屬品；父為子綱，則子於父為附屬品；夫為妻綱，則妻於夫為附屬品；由此產生的忠、孝、節等道德都是不平等的"以己屬人"的"奴隸道德"。[5] 於是，"君虐臣，父虐子，姑虐媳，夫虐妻，主虐奴，長虐幼"，種種人壓迫人的現象因而發生。[6] 吳虞從分析孝、悌等倫理規範入手，揭示中國古代的宗法家族制度和專制政治之間的關係，說明儒學倫理"專為君親長上而設"，目的在要人們"不要犯上作亂"，把中國弄成一個"製造順民的大工廠"。他說："麻木不仁的禮教，數千年來不知冤枉害死了多少無辜的人。"[7] 魯迅則通過"狂人"之口，以形象的文學語言說明中國歷史一面充塞著"仁義道德"的說教，一面充塞著血淋淋的"吃人"現象的殘酷現實。吳虞盛讚魯迅的這一發

---

1 《康南海與中央電》，《青年》1 卷 6 號。
2 《自然的倫理觀與孔子》，《李大釗文集》（上），人民出版社 1984 年版，第 264 頁。
3 《駁康有為致總統總理書》，《新青年》2 卷 2 號。
4 《儒家主張階級制度之害》，《吳虞文錄》，上海亞東圖書館 1921 年版，第 72—73 頁。
5 《一九一六年》，《新青年》1 卷 5 號。
6 《答傅桂馨》，《新青年》3 卷 1 號。
7 《吳虞文錄》，第 5—6、17 頁。

現，說是"把吃人的內容和仁義道德的表面看得清清楚楚"，"孔二先生的禮教講到極點，就非吃人、殺人不成功"。[1]

3. 孔子之道不適用於現代生活。陳獨秀認為：宇宙間一切物質、精神，無時不在變遷進化之途。一定的學說產生並適應於一定的社會，社會變遷了，學說也應隨之變遷。他說：現代社會以經濟為命脈，盛行個人獨立主義，經濟上財產獨立，倫理上個人人格獨立，崇尚自由平等，而儒學則以綱常階級（等級）為教，恰恰與此相反。[2] 他們堅決反對在民國憲法上載入以孔子之道為修身大本一類字眼。在當時，他們尤其著重指出，專制與自由不相容，孔子之道與共和制勢不兩立。吳虞說："共和之政立，儒教尊卑貴賤不平等之義，當然劣敗而歸於淘汰。"[3] 陳獨秀則斬釘截鐵地表示："孔教與共和乃絕對兩不相容之物"，"主張尊孔，勢必立君"，"勢必復辟"。[4] 李大釗在"五四"前就認為孔子其人"已為殘骸遺骨，其學說之精神已不適於今日之時代精神"[5]；"五四"後，他又對此作了深層分析，說明孔學是"中國二千餘年來未曾變動的農業經濟組織反映出來的產物"。他說："不但中國，就是日本、高麗、越南等國，因為他們的農業經濟組織和中國大體相似，也受了孔門倫理的影響不少。"他並進一步指出，西洋的工業經濟打進東方以後，孔子的學說就"根本動搖"了。[6]

4. 孔子缺少民主學風，孔子和儒學的獨尊地位阻礙思想和文化的發展。易白沙認為：孔子講學，不許問難，易演成思想專制之弊。[7] 陳獨秀認為：九流百家，無非國粹，漢武帝罷黜百家，是一種思想、學術上的專制主義，不僅遮蓋了其他各家的光輝，而且窒息人們的聰明才智，摧殘創造活力和獨立思考精神，為害較之政治上的君主專制主義還要厲害。[8] 李大釗認為：自孟子闢楊、墨之後，儒學形成了一種排拒異說的作風，自以為包攬天下的一切真理，完全聽不得不同意見，動輒指斥別人為"淫詞邪說"。他說："真理正義，且或在邪說

---

1 《吳虞文錄》，第 64、71 頁。
2 《孔子之道與現代生活》，《新青年》2 卷 4 號。
3 《吳虞文錄》，第 7 頁。
4 《復辟與尊孔》，《新青年》3 卷 6 號。
5 《自然的倫理觀與孔子》，《李大釗文集》（上），第 264 頁。
6 《由經濟上解釋中國近代思想變動的原因》，《李大釗文集》（下），第 178—180 頁。
7 《孔子平議》，《青年》1 卷 6 號。
8 《憲法與孔教》，《新青年》2 卷 3 號。

淫詞之中也。"[1] 易白沙、陳獨秀都指出，"人間萬事，以競爭而興，專佔而萎敗"，即以孔學本身而論，獨尊的結果是失去競爭、辯難的對象，必然日形衰敗。[2] 據此，陳獨秀等聲稱："無論何種學派，均不能定於一尊"；"各家之學，亦無須定尊於一人"。[3]

"五四"時期，陳獨秀諸人對孔子和儒學的批判大體如上。經過"五四"，在中國封建社會中長期樹立起來的孔子和儒學的獨尊地位遂轟然倒坍。

真理是無邊無際的大海。任何人、任何學派對真理的認識都是有限的、局部的，以為一個人、一個學派可以窮盡全部真理，以為在這個人、這個學派的思想學說中不包含任何謬誤，可以適用於一切時代、一切地域，並以之作為檢驗真理的標準，都是一種可笑的幻想和迷信。"五四"時期陳獨秀諸人批判這種迷信，推倒了孔子和儒學的獨尊地位，不僅是一次反封建的思想革命，而且是一次思想解放運動，其意義是深遠的。

應該指出的是，陳獨秀等人並不全盤否定孔子和儒學，尤其不否定孔子在當時的歷史地位和價值。一個人、一個學派在當時當地的作用和它在後世的作用常常有所不同。前者可以稱為當時價值，後者可以稱為後世價值。由於時代、地域和傳述者的情況不同，一個人、一個學派的後世價值是複雜多變的。陳獨秀等人，包括最偏激的錢玄同在內，都一致認為孔子"自是當時之偉人"，他們所否定的主要是孔子的後世價值，特別是它在 20 世紀初年中國的現實價值。陳獨秀說："吾人討論學術，尚論古人，首當問其學說、教義尚足以實行於今世而有益與否？非謂其於當時之社會毫無價值也。"[4] 20 世紀初年，中國人的任務是追求民主和科學，建設現代化的國家與社會，康有為、袁世凱們卻力圖利用尊孔維護舊道德、舊文化，復辟封建專制主義，這自然不能不引起先進知識份子的反擊，所以陳獨秀又說："余之非難孔子之動機，非因孔子之道不適於今世，乃以今之妄人強欲以不適今世之孔道支配今世之社會國家，將為文明進

1 《民彝與政治》，《李大釗文集》（上），第 169—171 頁。
2 《答常乃德》，《新青年》2 卷 6 號。
3 陳獨秀：《答吳又陵》，《新青年》2 卷 5 號；易白沙：《孔子平議》（下），《新青年》2 卷 1 號。
4 《答常乃德》，《新青年》3 卷 2 號。

化之大阻力也。"[1] 顯然，"五四"時期的非儒反孔思潮乃是一場從屬於現實政治鬥爭的思想鬥爭，而不是嚴格的科學討論。它不可能是全面的、辯證的、充份理智的，而必然帶有片面、絕對和情緒化的特徵。這表現在談孔子和儒學的當時價值少，談現實價值多；談積極面少，談消極面多；談教育學、文獻學方面的貢獻少，談政治學和倫理學方面的缺陷多。至於在工業化的過程中，如何利用孔學作為調整人際關係的凝聚劑，在高度工業化之後，如何利用孔學作為現代文明弊病的救正劑，這些問題，更非"五四"時期的思想家所能想見。

在世界文化史上，儒學是一個博大、深刻、有著鮮明特徵的思想體系。它既有保守、落後的封建性一面，曾經長期成為中國人民的精神枷鎖，今後也將成為中國人民走向現代化的精神障礙；但是，它也有反映人類社會普遍需要、普遍特點和普遍規律的真理性一面。有些思想，經過改造和轉換，會成為有益於現代社會的成份。李大釗曾經說過："孔子之道有幾分合於此真理者，我則取之；否者，斥之。"這是一種正確的態度，但是，"五四"時期的人們沒有可能做到這一點。歷史地、科學地、全面地評價孔子和儒學，探討它的當時價值和在今天的現實價值，評估它的未來價值，這是當代中國人的任務，也是一切關心儒學命運的人們的共同任務。在某種意義上說，它也許是一項永遠說不完的話題。

附記：本文是作者 1991 年 11 月在日本橫濱第二次漢字文化圈國際論壇所作的講演。

---

1 《復辟與尊孔》，《新青年》3 卷 6 號。

戊戌維新以來的"國民國家"思想 *

國家是誰的？在很長的歷史時期內，國家被認為是皇帝的。"普天之下，莫非王土；率土之濱，莫非王臣。"只是到了近代，國家才逐漸被認為是國民或曰人民的，因此，與"君主國家"的概念相對，就出現了"國民國家"或"人民國家"等概念。

一、清末天賦人權思想的輸入與"國民國家"思想的萌生

中國古代認為"天子受命於天"，人間的統治權被塗上神權的色彩。19世紀60年代以後，西方的天賦人權論和社會契約論陸續通過傳教士傳入中國，中國思想界獲得新鮮養分，傳統的"君權天授"說受到搖撼。戊戌維新運動前夜，君主專制思想受到猛烈批判，民主思潮日益澎湃。何啟、胡禮垣提出，國家一政一令，必須以民為準，"民以為公平者，我則行之；民以為不公平者，我則除之。"[1]嚴復提出：君民關係，"通功易事"，只是一種社會分工，民才是天下的"真主"。[2]譚嗣同提出：生民之初，本無君民之分，君由民舉，立君為民，"事不辦"則"易其人"。[3]這些言論表明，"國民國家"思想已經呼之欲出。到了梁啟超筆下，"國民國家"思想更得到了比較充份的發揮。他認為人類歷史的發展過程是從"多君為政"，發展為"一君為政"，直至"民為政"。[4]他直斥君主為"私"，民主為"公"，反映了這位改良主義政治家思想中的激烈一面。[5]戊戌變法失敗後，梁啟超的"國民國家"思想進一步發展。他明確提出："國也

* 原載日本京都產業大學《世界問題研究所紀要》特別號，1998年；錄自楊天石：《哲人與文士》，中國人民大學出版社2007年版。
1 《曾論書後》，《新政真銓》初編，格致新報館1901年版，第18頁。
2 《闢韓》，《嚴復集》，北京中華書局1986年版，第34—36頁。
3 《仁學》，《譚嗣同全集》下冊，北京中華書局增訂本，1981年，第339頁。
4 《論君政民政相嬗之理》，《飲冰室合集・文集》第2冊，第2卷。
5 《與嚴幼陵先生書》，《飲冰室合集・文集》第1冊，第1卷。

者，積民而成。國家之主人為誰，即一國之民是也。故西國恒言，謂君也，官也，國民之公奴僕也。"[1] 將一向高踞於人民頭上的 "君" 與 "官" 都視為人民的公共 "奴僕"，這是前所未有的天翻地覆式的言論，後來曾為孫中山所繼承和發揮。

應該指出的是，維新派雖然在理論上提出了 "國民國家" 的主張，但是，在實踐上他們追求的卻是 "君民共主" 的國家，因此，他們普遍提倡 "民權"，反對 "民主"，即只承認人民有參預政治的部分權力，而不肯承認人民可以當家作主，在事實上擁有國家的全部權力。

二、孫中山的民主思想

不僅在理論上，而且在事實上追求 "國民國家" 的是孫中山。

1894 年，孫中山在興中會章程中提出 "創立合眾政府"，所謂 "合眾"，就包含了 "國民國家" 的意思。1905 年，孫中山在同盟會誓詞中提出 "建立民國"，這是近代中國史上首次明確地將 "國民國家" 作為奮鬥目標。這個 "國民國家" 的標準，根據 1906 年制定的《軍政府宣言》，它應該是："由平民革命以建國民政府，凡為國民皆平等以有參政權。大總統由國民公舉。議會以國民公舉之議員構成之，制定中華民國憲法，人人共守。"[2] 不過，孫中山認為不可能一步到達這個境界，開始只能建立軍政府，實行軍法之治，第二步是約法之治，軍政府總攬國事（兵權、行政權），而將地方自治權交給當地人民，由人民選舉地方議會議員及地方行政官員，各方的權利、義務均規定於約法。第三步才是憲法之治，軍政府交出全部權力，國民公舉大總統及議員，組織國會，由憲法規定的國家機關分掌國事。孫中山後來將這三步設想稱為軍政、訓政、憲政。這三步設想的劃分未必妥恰，但孫中山認為，民主憲政是一個過程，必須分階段、循序漸進，無疑有其合理因素。

民國建立，1912 年 3 月，南京臨時政府參議院通過《臨時約法》，共 7 章

1 《中國積弱溯源論》，《飲冰室合集・文集》第 2 冊，第 5 卷。
2 《中國同盟會革命方略》，《孫中山全集》第 1 卷，北京中華書局 1981 年版，第 297 頁。

56 條，它在近代中國歷史上第一次以法律形式確立了"國民國家"體制。它規定：中華民國之主權，屬於國民全體；民國人民一律平等；人民享有身體、家宅、財產、營業、言論、著作、集會、結社等自由；有請願、陳訴、選舉、被選等權利。由於民國初建，不可能迅速採取普選制，因此，它規定：參議員由各省選派，臨時大總統和副總統由參議院選舉。

孫中山認為：國家之所以成立，建築於"國民的合成心力"，凡共和立憲國家，"左右統治權力者，常為多數之國民"。但是，政治之事無法人人都管，只能由"少數優秀特出者"組成政黨，"代表民意"，領導政府。[1] 孫中山提出，政黨對政府的領導權可以從一個黨轉移到另一個黨。[2] "政府不行，可以推倒之。"[3] 有政爭、黨爭是好事，"一國之政治，必賴有黨爭，始有進步"。[4]

20 世紀初年，西方民主制度的弊端已有充份暴露，因此，孫中山在設計中國民主憲政的藍圖時，不能不考慮對它如何加以改進。還在 1906 年，他在東京《民報》創刊週年慶祝大會上演說時就說："我們這回革命，不但要做國民的國家，而且要做社會的國家，這決是歐美所不能及的。"他提出，要在西方行政、立法、司法三權分立的基礎上，增加考選、糾察二權，成為"五權分立"。他認為"這不但是各國制度上所未有，便是學說上也不多見，可謂破天荒的政體"。[5] 既承認西方民主制度的先進性，又並不認為一切都好，企圖加以改進和超越，這是孫中山的偉大之處，也是他思想的深刻性所在。

孫中山是徹底的民主主義者，始終堅持不懈地追求真正的"國民國家"。民國初年，孫中山對西方民主制度的批判進一步明確。他說：美利堅、法蘭西，固然是"共和之先進國"，但是，"兩國之政治，操之大資本家之手"。[6] 又說："英美立憲，富人享之，貧者無與焉。"[7] 此後，他曾經設想過一種瑞士式的"直接民權"模式，企圖使人民擁有全部政治權力。

---

1 《國民黨宣言》，《孫中山全集》第 2 卷，第 396 頁。
2 《中華民國》，《孫中山全集》第 2 卷，第 393 頁。
3 《在神戶國民黨交通部歡迎會上的演說》，《孫中山全集》第 3 卷，第 44 頁。
4 《在上海國民黨茶話會上的演說》，《孫中山全集》第 2 卷，第 5 頁。
5 《孫中山全集》第 1 卷，第 328、331 頁。
6 《孫中山全集》第 2 卷，第 354 頁。
7 《孫中山全集》第 2 卷，第 371 頁。

辛亥革命前，章太炎就反對代議制，主張廢除議會、議員，代之以"法官"和由法學家充任的"學官"。[1] 孫中山對代議制也不十分滿意，認為這只是一種"間接民權"，人民還不能直接參與國家管理，因此不能算是純粹的"眾民政治"。他說："既曰民權國，則宜為四萬萬人民共治之國家。治之之法，即在予人民以完全之政治上權力。"[2] 孫中山設想的辦法是：以縣為單位元自治，仿照瑞士模式，實行直接民權，使人民享有選舉、罷官、創制、複決（廢制）等"四大民權"。孫中山認為，只有達到這一程度，人民才可以按照自己的意志任用、役使並防範官吏，管理國家大事，真正成為"一國之主"。這樣的政治就叫做"全民政治"，這樣的國家才可以稱為"純粹民國"。[3] 至於縣以上，孫中山則仍然主張實行代議制，由各縣選舉國民代表一名，參與中央政事，組成國民大會。國民大會對中央政府官員，有選舉權和罷免權；對於中央法律，有創制權和複決權。[4]

在瑞士模式之外，孫中山也曾設想過採用蘇俄模式。他在 1922 年初的一次演說中曾表示："法、美共和國皆舊式的，今日唯俄國為新式的。吾人今日當造成一最新式的。"[5] 不過，孫中山當時對蘇俄模式顯然還不十分瞭解，後來也始終瞭解不多。[6] 1924 年，在國民黨第一次全國代表大會宣言中，孫中山提出："近世各國所謂民權制度，往往為資產階級所專有，適成為壓迫平民之工具。若國民黨之民權主義，非少數者所得而私也。"這一段話，反映出孫中山長期以來對人民民主的真誠追求，後來曾屢次為毛澤東所引用，認為除了誰領導誰之外，孫中山這裏所說的民權主義，和中共所說的人民民主主義或新民主主義相符合。[7] 在同一宣言中，孫中山又說："民國之民權，唯民國之國民乃能享之，必不輕授此權於反對民國之人，使得藉以破壞民國。"此前孫中山的思想中，從

1　《代議然否論》，《章太炎政論選集》，北京中華書局 1977 年版，第 456—470 頁。
2　《在桂林對滇粵軍的演說》，《孫中山全集》第 6 卷，第 26 頁。
3　《在滬尚賢堂茶話會上的演說》，《孫中山全集》第 3 卷，第 323 頁；參見《三民主義》，同上書第 5 卷，第 189 頁；《在中國國民黨本部特設駐粵辦事處的演說》，同上書第 5 卷，第 477 頁；《民權初步》，同上書第 6 卷，第 413 頁；《三民主義》，同上書第 9 卷，第 350 頁。
4　《國民政府建國大綱》，《孫中山全集》第 9 卷，第 128—129 頁。
5　《在桂林廣東同鄉會歡迎會的演說》，《孫中山全集》第 6 卷，第 56 頁。
6　1924 年 4 月 13 日，孫中山演說稱："近來俄國新發生一種政體，這種政體不是代議政體，是'人民獨裁'的政體。這種人民獨裁的政體究竟是怎麼樣呢？我們得到的材料很少，不能判斷其究竟，唯想這種人民獨裁的政體，當然比較代議政體改良得多。"見《孫中山全集》第 9 卷，第 314 頁。
7　《毛澤東選集》，第 1366—1367 頁。

來沒有"專政"思想的成份。這一新成份的引入，顯然反映了蘇俄顧問和中共的影響。

近代西方國家規定了人民的選舉權利，但是又常常有性別、教育、財產、居住時間等條件限制，在事實上剝奪了許多人的民主權利。國民黨第一次全國代表大會通過的《政綱》規定："實行普通選舉，廢除以資產為標準之階級選舉。"在《民權主義》的演講中，孫中山又肯定了美國由間接選舉向直接選舉的發展，認為總統、上議院議員、地方上與人民有直接利害關係的官員，都由人民選舉是一種進步。[1]這些地方，反映出孫中山民主主義思想的徹底性。

人民和政府是一對矛盾的統一體。就人民來說，擁有選舉、罷免、創制、複決四大政治權力，孫中山稱之為"政權"，或曰"人民權"；但是，不可能人人都當官，政府機關必須交給少數"有才能的專門家"來管理，擁有行政、立法、司法、考試、監察等五大權力，孫中山稱之為"治權"，或曰政府權。他認為，將兩者結合起來，用人民的四個權來管理政府的五個權，就會形成人民有權、政府有能的局面。一方面，人民可以指揮、控制、監督政府；另一方面，政府也可以充份發揮效率，為人民做事，成為"萬能政府"。孫中山極為滿意他的這一"權能區分"理論，自誇地說："中國能夠實行這種政權和治權，便可以破天荒在地球上造成一個新世界。"[2]

三、陳獨秀的"國民政治"與李大釗的"唯民主義"

辛亥革命後，中國號稱民國，但是，並沒有建成民主政治。"無限頭顱無限血，可憐購得假共和"，於是，人們進行反思，因而有提倡"民主"與"科學"的新文化運動的崛起。其代表人物是陳獨秀、李大釗、胡適、魯迅等。

陳獨秀認為，世界歷史的發展趨勢是："由專制政治趨於自由政治，由個人政治趨於國民政治，由官僚政治趨於自治政治"。[3]陳獨秀提出，要實現"國民政治"，必須基於多數國民的自覺與自動。他說："所謂立憲政體，所謂國民政

1　《孫中山全集》第 9 卷，第 305 頁。
2　《民權主義》，《孫中山全集》第 9 卷，第 355 頁。
3　《吾人最後之覺悟》，《青年》第 1 卷第 6 號。

治，果能實現與否，純然以多數國民能否對於政治，自覺其居於主人的主動的地位為唯一根本之條件。"陳獨秀認為，在有了這種自覺之後，才可以進一步"建設政府"，"自立法度而自服從之，自定權利而自尊重之"。[1]

李大釗尖銳地批判了袁世凱復辟帝制的行為，要求建設"國民自主之政"。他積極提倡"唯民主義"，認為代議制乃是形式，而"唯民主義"才是精神。他在《民彝與政治》一文中鮮明地指出："蓋唯民主義乃立憲之本，英雄主義乃專制之原。"[2]李大釗特別指出，建設立憲政治，"擴張選舉"，必須"開發農村"，"使一般農民有自由判別的知能"。他認為，只有農民能正確運用選舉權，民主主義才算有了根底和泉源。[3]

建設"國民國家"或"人民國家"，固然依賴於制度的改革，但是，也還依賴於國民民主精神的自覺與高揚。沒有後一點，已經建立起來的制度不可能鞏固，或者徒具形式，民主其外，而專制其內。陳獨秀、李大釗看出了這一點，這是他們高出於前人的地方。

俄國十月革命後，李大釗迅速表態，歡呼這一勝利。他認為俄國革命的特點是"將統制一切之權力，全收於民眾之手"。[4]李大釗的這一句話，表現出他對於一種新的國家形式和民主形式的期待。此後，中國知識份子中的一部分人轉而向俄國尋求民主道路，他們逐漸不滿意於建立舊式的"國民國家"，而力圖建設"勞動者的國家"，以至俄式"無產階級專政"。[5]

四、胡適、羅隆基的人權思想

"五四"運動後，當年的參加者迅速分化。陳獨秀、李大釗發展為馬克思主義的信仰者，胡適等則堅持原來的自由主義立場。他們既反對馬克思主義和中共的政治主張，也反對國民黨一黨專政的"黨治"。

胡適的政治主張以溫和、改良著稱。1922 年，他提出"好政府主義"，要

---

1 《吾人最後之覺悟》，《青年》第 1 卷第 6 號。
2 《李大釗選集》，第 48 頁。
3 《青年與農村》，《李大釗選集》，第 148—149 頁。
4 《法俄革命之比較觀》，《李大釗選集》，第 104 頁。
5 《短言》，《共產黨》第 1 號，1920 年 11 月。

求政府能"應公共的需要,謀公共的利益,做到公共的目的"。[1] 1922 年,他發表《我們的政治主張》,提出中國政治改革的原則:第一,必須是"憲政的政府";第二,必須是"公開的政府";第三,實行"有計劃的政治"。[2] 1929 年 4 月,胡適發表《人權與約法》,要求國民黨政府從速制定約法,保護人權。兩個月之後,又發表《我們什麼時候才可以有憲法》一文,要求規定人民的權利和政府機關的許可權。這以後,他不斷呼籲實行法治和民主憲政,認為"只有法治是永久而普遍的民權保障"。[3] 他說:"民主憲政不過是建立一種規則來做政府與人民的政治活動的範圍,政府與人民都必須遵守這個規定的範圍,故稱為憲政;而在這個規定的範圍之內,凡有能力的國民都可以參加政治,他們的意見都有正當的表現機會,並且有正當的方式可以發生政治效力。"[4] 近代中國有許多思想家,如梁啟超、孫中山等都認為,實行憲政需要人民有一定的文化和政治素養,不可以一蹴而就,但胡適卻認為,實行憲政並不困難,它只是一種"幼稚園式"的初級民主政治,隨時隨地都可以實行。

胡適要求國民黨"拋棄黨治,公開政權"。他認為,"黨治"的腐敗,在於沒有合法政敵的監督。救濟的方法,就是樹立一個或多個競爭的政黨。同時,他也主張建立議會,通過宣傳鼓吹、組織運動、選舉競爭等手段進行不流血的"和平革命","用和平的方式轉移政權"。[5]

在近代中國,馬克思主義者或接受馬克思主義影響的人都將中國民主改革的希望寄託於工人、農民,而胡適則寄希望於知識階級。他主張從各學術團體、商業團體、技術職業團體中產生"有計劃、有力量的政治大組合",通過這一"組合"干預政治,監督政府、指導政府、援助政府。[6]

羅隆基是胡適在人權等問題上的戰友。他認為,人權不應只是維持生命、取得衣食住行和人身安全,而且,要使個性和人格得到培養與發展,因此,他

1 《晨報副刊》,1921 年 11 月 18 日。
2 《努力週報》第 2 期,1922 年 5 月 14 日。
3 《民權的保障》,《獨立評論》第 38 號,1933 年 2 月 19 日。
4 《我們能行的憲政與憲法》,《獨立評論》第 242 號,1937 年 7 月 11 日。
5 《政治改革的大路》,《獨立評論》第 163 號;《從民主與獨裁的討論裏求得一個共同政治信仰》,《獨立評論》第 141 號,1935 年 3 月 10 日。
6 《中國政治出路的討論》,《獨立評論》第 17 號,1932 年 9 月 11 日。

將人權概括為生命權、個性自由、最大多數人的最大幸福、勞動權、言論自由、革命權等。他特別重視言論自由，提倡說自己要說的話，不說旁人要自己說的話；他也特別重視"革命權"，主張人民在人權不能保障的時候，就可以行使"革命權"。在《論人權》一文中，他提出了 35 條人權要求，其主要內容有：

1. 主權在民，任何個人或團體未經人民允許，不得行使國家權力。人民在法律上一律平等，享受國家政治上的一切權利，不得有宗教、政治信仰、社會階級及男女的限制。

2. 國家保障國民私有財產，凡一切不經法定手續的沒收及勒捐，均為違法；同時，國家也必須保障人民就業，保障人民思想、言論、出版、集會自由，普及教育，不得將教育機關作為政治信仰的宣傳機關。

3. 政府與官吏對全民負責，任何家庭或團體不得包辦政府多數高級官吏；廢除薦舉制，以才能選用官吏。

4. 司法獨立，法律至上。法律對全體人民負責，不向一黨一派負責。法律應該"約束"政府，限制執政者的特權。任何人或任何團體不得處於超越法律的地位。軍政長官無權解釋法律，執行司法職權。法官人選，不得有宗教及政治信仰的歧視。

5. 軍隊對全體人民負責；任何軍人都不得兼任地方行政職務。國家無論在任何形勢下，不得以軍事法庭代替普通法庭。非經政府的許可，任何軍人不得在任何地點宣佈軍法戒嚴。

6. 無論何人，不經司法上的法定手續，不受逮捕、檢查、收押；不經國家正當法庭的判決，不受任何懲罰。任何國民，凡未經法庭處死刑者，國家任何官吏，不得以命令處任何人以死刑。[1]

……

羅隆基認為：國家是全體國民彼此合作以達到共同幸福的工具，人民是主人，國家為人民而存在。因此，人民對國家的服從是有條件的。當國家不能為

---

1 《論人權》，《新月》2 卷 5 號；《什麼是法律》，《新月》2 卷 12 號。

大多數人謀福利，蛻變為某一家庭或某一集團的私有物時，人民就可以終止對它的服從義務。

1931 年，南京國民政府公佈《訓政時期約法》，宣佈"主權在民"，但同時規定訓政時期由國民黨全國代表大會和國民黨中央委員會行使統治權。羅隆基批評這種現象是"主權在黨"，呼籲從國民黨手上收回"國民的政權"。[1] 他說："民主政治，重要的條件是國家的統治權，應樹立在國民的全體，不在某特別團體，或某特別階級身上。"[2] 羅隆基的這些思想，在當時和國民黨相對立，在後來就和中共相對立了。

除主張議會政治外，羅隆基還提倡專家政治，主張通過考試選拔政府官吏。[3]

在 20、30 年代的自由主義者中，和胡適、羅隆基觀點接近的有王世杰、王造時等人。王世杰提出，必須對舊的代議制進行改造。他主張，以職業代表制代替人口及地域代表制，以比例選舉代替多數選舉。[4] 同時，他又主張，在總統與議會，或議會內部意見不一致時，可以訴諸於"公民票決制"，通過公民總投票解決糾紛。王造時主張"用選票代替槍桿子"，各派政治勢力都到選舉場去決鬥，"用不著殺人，用不著放火，用不著蹂躪人民，用不著破壞秩序。他們都有公平的機會，他們聽國民最後的裁判。"[5] 針對國民黨一黨專政、權力失控的狀況，王造時特別提出，必須建立監督機制。他說："權力是最危險的東西，沒有監督，必致濫用。"[6] 他主張行政系統受議會監督，對政府或政府官員，議會可以質詢、可以彈劾、可以提不信任案。

在王世杰、王造時之外，張君勱企圖獨樹一幟。他提倡一種"修正的民主政治"，其內容為：權力屬於政府，自由屬於人民，政務歸於專家。他稱之為超越於獨裁政治與議會政治之外的"第三種政治"。[7]

1　《我們要什麼樣的政治制度》，《新月》2 卷 12 號。
2　《對訓政時期約法的批評》，《新月》3 卷 8 號。
3　《專家政治》，《新月》2 卷 2 號。
4　《新近憲法的趨勢——代議制之改造》，《東方雜誌》19 卷 22 號，1922 年 11 月 15 日。
5　《我們為什麼主張實行憲政》，《荒謬集》，自由言論出版社 1935 年版，第 53—54 頁。
6　《怎樣打倒貪污》，《荒謬集》，第 107 頁。
7　《民主獨裁以外之第三種政治》，《再生》3 卷 2 期，1935 年 4 月 15 日。

五、鄧演達等第三黨的"平民政權"

鄧演達原是國民黨左派。1927年汪精衛分共前夕出走莫斯科，1930年回國，正式組織中國國民黨臨時行動委員會，提倡"平民革命"，建立"平民政權"，企圖走和國民黨、共產黨都不同的第三條道路。

鄧演達尖銳地批判以胡適和羅隆基為代表的人權派，認為他們只是"把歐美的政治形態整個的移植到中國來"，"不但是不會實現，即使實現，也不過是資產階級的民主，與勞動平民無關"。他說："中國勞動平民大眾做統治者的牛馬奴屬已好幾千年，現時的唯一要求是要翻身起來自己管理自己，自己發展自己，而其最切近的第一步目標是要推翻傳統的官僚機構，建立真正由人民直接參加及組織起來的政權。"[1]

鄧演達所稱的平民，指的是直接參加生產的各種工廠工人、手工業者、自耕農、佃農、雇農，及承擔設計生產、管理生產與擔任運輸分配等任務和其他輔助社會生產的職業人員。由這些人員掌握的政權稱為"平民政權"。在這個政權裏，工人、農民是重心。[2]

鄧演達認為，建立平民政權的先決條件是形成平民群眾本身的組織。一種是職業組織，如工會、農會；一種是準職業組織，如學生會、婦女會、士兵會等。

為了剷除官僚制度和軍閥政治的積弊，保障參加生產各部門的民眾和政權的緊密聯繫，鄧演達主張，必須由職業團體代表掌握政權，其最高權力機關為國民大會。其中，直接參加生產的農民和工人佔百分之六十，其他各職業團體及準職業團體佔百分之四十。鄧演達聲稱："反對歐美流行的三權分立制，而主張立法機關不與執行機關分離，一切權力屬於國民大會，在國民大會之下設執行機關。各地方的權力機關為省民大會、縣民大會、鄉民大會等。"[3]

為了促進地方發展，鄧演達主張實行分權制，將中央許可權縮小到最低限

---

1 《南京欽定的國民會議和我們所要求的國民會議》，《鄧演達文集》，人民出版社1981年版，第151頁。
2 《中國國民黨臨時行動委員會政治主張》，《鄧演達文集》，第350頁。
3 《中國國民黨臨時行動委員會政治主張》，《鄧演達文集》，第352頁。

度，除外交、軍事以及關係全國的產業統制、全國的交通與財政外，其他各事均由各地方負責自行治理。

六、民盟等中間黨派提倡的"中國型民主"

抗日戰爭期間，民主力量有了一定發展，反對國民黨"一黨專政"的呼聲再度高漲。1941年10月，中國民主政團同盟發表《對時局主張綱領》，要求"實踐民主精神，結束黨治"，"設置各黨派國事協議機關"。[1] 1945年10月，中國民主同盟召開臨時全國代表大會，宣稱"人是一切組織、一切制度的主人"，"民主的政治經濟必定是全體人民的政治，全體人民的經濟"。[2] 會議通過《中國民主同盟綱領》，其政治部分共15條，比較集中地體現了中間黨派的"國民國家"思想。它在第一條首先確認："民主國家以人民為主人，人民組織國家之目的在謀人民公共之福利，其主權永遠屬於人民團體。"在第二條中確認："國家保障人民身體、行動、居住、遷徙、思想、信仰、言論、出版、通訊、集會、結社之基本自由。"在以下各條中，民盟提出了建設"國民國家"的具體設想：

1. 實行憲政，屬行法治，國有國憲，省有省憲。於國憲頒佈後，召集省憲會議，制定省憲。各民族組織的自治單位，也均應制定憲法，實行自治。任何人、任何政黨不得處於超法律的地位。司法絕對獨立，不受行政及軍事干涉。

2. 以地方自治為實行民主政治的基礎，中央與省，省與縣的許可權均按憲法的規定實行分權。

3. 國會為代表人民行使主權的最高機關，由參議院及眾議院組成。參議院由各省省議會及少數民族自治單位選舉的代表組成；眾議院由全國人民直接選舉的代表組成。

1　《中國各民主黨派》，中國文史出版社1987年版，第460頁。
2　羅隆基：《中國民主同盟臨時全國代表大會政治報告》，《中國民主黨派歷史資料選輯》上冊，華東師範大學出版社1985年版，第239—240頁。

4. 國家最高行政機構取內閣制，對眾議院負責。

5. 實行普選制。縣以下行使直接民權。總統、副總統由人民直接選舉。

6. 實行文官制。文官選拔實行考試制度，公開競爭，非經考試合格者不得任用。文官機關的長官及全國事務官應超然於黨派之外。[1]

20 世紀，人類社會有兩種主要的國家制度，一是英美式，一是蘇聯式。民盟肯定英美的議會政治和政黨政治，認為其缺點並非來源於政治制度，而是來源於社會經濟制度缺乏調整。因此，民盟主張 "拿蘇聯的經濟民主來充實英美的政治民主，拿各種民主生活中最優良的傳統及其可能發展的趨勢，來創造一種中國型的民主"。[2] 張東蓀則明確提倡 "建立一個資本主義與共產主義之間的政治制度" [3]。

中間派所稱 "中國型民主" 的主要內容有三：一是 "多黨共存"。民盟主張，召集全國各黨派以及無黨派的代表人士共同舉行圓桌會議，用和平協商的方式，對當前國家的一切問題逐步地積漸地求得全盤徹底的解決。張東蓀稱："各黨共存，都能發展，這就是民主。" [4] 二是聯合政府。民盟宣稱：相當長時期的聯合政府是中國和平、團結、統一的唯一途徑。三是國民大會。民盟認為，國民大會必須是代表真正民意的機關，而不是任何黨派包辦操縱的機關。因此，民盟主張用人民普選產生的代表組成國民大會，從而結束國民黨的黨治。[5] 當時的中間派普遍認為，一黨專政制度難以有效地統治中國，特別難以防止掌握政權後的腐化，因此，也就難以使社會長治久安。1948 年 1 月 8 日，上海《大公報》發表文章說："有革命抱負的政黨穩握政權後十年二十年，可有把握不走上腐化途徑？而那時不滿現狀的人們能不再起而革命？於是，革命不已，流血不已。這個連環套要到那〔哪〕年為止呢？" 他們認為，實行多黨制，人民與統治者就是一種 "由招標而發生合同" 的關係。既然是招標，就會有競爭，

---

1 《中國民主同盟綱領》，《中國各民主黨派》，第 461—462 頁。
2 《中國民主同盟臨時全國代表大會政治報告》，《中國民主黨派歷史資料選輯》上冊，第 242 頁。
3 張東蓀：《一個中間性的政治路線》，《再生》第 118 期，1946 年 6 月 22 日。
4 《追述我們努力建立 "聯合政府" 的用意》，《觀察》第 2 卷第 6 期，1947 年 4 月 5 日。
5 《中國民主同盟臨時全國代表大會政治報告》，《中國民主黨派歷史資料選輯》上冊，第 243—246 頁。

人民也就可以挑選，有"檢驗貨真價實的應徵者之權"；而應徵者由於競爭作用，在貨色價碼上就不得不"分外老實克己"。

七、中共的"真正民主共和國"與"新民主主義共和國"主張

中共在建黨時，對中國國情尚無清醒的認識，提出要以革命軍隊"推翻資本家階級的政權"，"承認無產階級專政"，"承認蘇維埃管理制度"。[1] 1922 年 7月，中國共產黨召開第二次全國代表大會，認識到當時的中國革命只能是民主革命，因此，相應地提出了建立"真正民主共和國"的主張。其內容為：

1. 消除內亂，打倒軍閥，建設國內和平；

2. 推翻國際帝國主義的壓迫，達到中華民族完全獨立；

3. 統一中國本部（東三省在內）為真正民主共和國；

4. 蒙古、西藏、回疆三部實行自治，成為民主自治邦；

5. 用自由聯邦制，統一中國本部、蒙古、西藏、回疆，建立中華聯邦共和國；

6. 工人和農民，無論男女，在各級議會市議會有無限制的選舉權，言論、出版、集會、結社、罷工的絕對自由；

7. 制定關於工人和農民以及婦女的法律。[2]

這個綱領要求"真正民主"，重視"民族自治"和工人、農民的利益，是一個比較徹底的民主主義國家綱領。正是在這一基礎上，中共與國民黨建立了統一戰線，共同從事"國民革命"。但是，1927 年國共統一戰線破裂後，中共即繼續致力於在中國建立"蘇維埃"——"無產階級領導之下的工農民權獨裁制"，提出"一切政權歸工農兵士貧民代表會議"。[3] 這樣，資產階級就和軍閥、官僚、地

---

1 《中國共產黨第一個綱領》，《中共中央文件選集》第 1 卷，中央黨校出版社 1989 年版，第 3 頁。
2 《中國共產黨第二次全國代表大會宣言》，《中共中央文件選集》第 1 卷，第 115—116 頁。
3 《中國現狀與黨的任務決議案》，《中共中央文件選集》第 3 卷，第 459—460 頁。

主、豪紳、富農、僧侶一起被排斥到了"人民"之外，被剝奪了選派代表參加政權和政治上的自由。[1] 只是隨著日本侵華危機的逐漸加深，中共才逐漸改變主張，"人民"的內涵再度擴大。

1935 年 12 月，中共在陝北提出，為了發展和壯大民族統一戰線，願將"蘇維埃工農共和國"改變為"蘇維埃人民共和國"。1936 年 8 月，中共致函國民黨，提出建立"全國統一的民主共和國"。1937 年 8 月，中國共產黨提出抗日救國綱領，主張召開國民大會，選舉國防政府。1940 年 1 月，毛澤東在《新民主主義論》中，從"國體"和"政體"兩方面提出了"新民主主義共和國"的設想。

毛澤東所謂國體，指的是社會各階級在國家中的地位。他說："中國無產階級、農民、知識份子和其他小資產階級，乃是決定國家命運的基本勢力"，"他們必然要成為中華民主共和國的國家政權和政權構成的基本部分，而無產階級則是領導的力量"。根據這一理論，他提出："現在所要建立的中華民主共和國，只能是在無產階級領導下的一切反帝反封建的人們聯合專政的民主共和國。"這裏所說的"一切反帝反封建的人們"是一個相當寬廣的概念，許多過去被視為敵人的階級、集團、派別都可以包括在內了。他特別提出："'國民'這個詞是可用的，但是，國民不包括反革命份子，不包括漢奸。"

毛澤東所謂政體，指的是政權的構成形式問題。他說："中國現在可以採取全國人民代表大會、省人民代表大會、縣人民代表大會、區人民代表大會直到鄉人民代表大會的系統，並由各級代表大會選舉政府。"他特別提出：必須實行無男女、信仰、財產、教育等差別的普遍平等的選舉制。他稱這種制度為民主集中制。

毛澤東認為，將各革命階級的聯合專政和民主集中制兩者結合起來，就是新民主主義的共和國，也就是名副其實的中華民國。他說："國事是國家的公事，不是一黨一派的私事。"[2] 因此，他尖銳地反對"由一黨一派一個階級來專

1　《中華蘇維埃共和國憲法大綱》。
2　《毛澤東選集》（一卷本），人民出版社 1968 年袖珍橫排本（以下均同），第 767 頁。

政”[1]，表示“既不贊成別的黨派的一黨專政，也不主張共產黨的一黨專政”。[2] 他多次要求當時的各抗日政權實行三三制，即共產黨員佔三分之一，非黨的左派進步份子佔三分之一，不左不右的中間派佔三分之一。[3] 所謂“中間派”，毛澤東有時直指為“中等資產階級和開明紳士”。[4] 他甚至表示，政府機關可以允許不反共的國民黨員參加，在民意機關中可以容許少數右派份子參加，切忌由中共包辦一切。[5]

在人民權利方面，毛澤東提出：人民的言論、出版、集會、結社、思想、信仰和身體這幾項自由，是最重要的自由。[6] 他主張，要給別人以說話的機會，除了日寇漢奸及破壞抗戰和團結的頑固派，其他任何人，都有說話的自由。[7]

針對當時有人懷疑共產黨得勢之後，是否會學俄國，來一個無產階級專政和一黨制的疑問，毛澤東回答道：“在一個長時期中，將產生一個對於我們是完全必要和完全合理同時又區別於俄國制度的特殊形態，即幾個民主階級聯盟的新民主主義的國家形態和政權形態。”[8] 後來，毛澤東曾將這一政府稱為“民主聯合政府”。

毛澤東後來對他所提出的“新民主主義共和國”繼續有所說明。一是關於“人民大眾”。他一方面明確地將民族資產階級列為“人民大眾”的組成部分，但同時聲明，其主體是工人、農民和其他勞動人民。一是關於工人階級領導的實現形式。他表示工人階級將通過自己的先鋒隊中國共產黨實現對於人民大眾的國家及其政府的領導。[9] 1949 年 6 月，他將“新民主主義共和國”稱為“人民民主專政”，聲稱對人民，實行民主；對反動派，實行獨裁。

現代國家的職能當然既有民主方面，又有專政方面，毛澤東的“人民民主專政”論較之列寧的“無產階級專政”論顯然要更全面一些。但是，對於“國

---

1 《毛澤東選集》，第 691 頁。
2 《毛澤東選集》，第 718 頁。
3 《毛澤東選集》，第 700 頁。
4 《毛澤東選集》，第 708 頁。
5 《毛澤東選集》，第 724 頁。
6 《毛澤東選集》，第 971 頁；參見第 726 頁。
7 《毛澤東選集》，第 767 頁。
8 《毛澤東選集》，第 963 頁。
9 《毛澤東選集》，第 1167 頁。

民國家"或"人民國家"來說，民主應該是主要方面、第一方面。民主，意味著人民真正成為國家的主人，意味著必須切實尊重並保障人民的各種權利。如果人民的權利得不到切實的保障，侈談專政，其結果就會發展為專政無邊，民主也就所剩不多了。

八、尾語

民國建立，君主、民主、君民共主之爭基本結束，以"民主共和"為主要內容的"國民國家"思想成為時代潮流，環繞怎樣建設一個民主國家，不同派別的思想家和政治家提出了眾多的方案，涉及國家權力與階級構成，階級關係，黨派關係，政黨與國家，民主與專政，政體形式，代議制的利弊，人民權利，直接民權與間接民權，有限自由與無限自由，選舉制度，國家組織形式，法治與黨治，政權更替，中央集權與地方分權，國憲與省憲，國家統一與民族區域自治等多方面的問題。這些問題的提出，極大地豐富了"國民國家"或"人民國家"的理論內容，為後人留下了一筆可觀的思想遺產。民主是一個舊課題，又是一個新課題；既是特定國家的課題，又是世界各國的普遍課題。中國是個幅員廣大的國家，民國時期是社會動盪和轉型迅速的時期。仔細地研究、辨析這些遺產，將會極大地有益於中國的民主建設，也會有益於人類歷史的發展。

蘇、陳譯本《慘世界》與中國早期的
社會主義思潮 *

《悲慘世界》是雨果最重要的長篇小說，也是世界文學中的傑作。中國很早就有了它的譯本。1903 年，有蘇曼殊翻譯的《慘社會》。它在 1904 年由陳獨秀繼續修改、加工，改名為《慘世界》。1906 年，有平雲翻譯，由小說林書局出版的《孤兒記》。1907 年，有商務印書館出版的《孤星淚》。此外，還有柯蓬舟的節譯本《少年哀史》等。本文限於主題，只討論蘇曼殊和陳獨秀的翻譯。

在本文以前，已經有一些研究者討論過《慘世界》的有關問題。因此，本文將力求從一些新的角度來加以考察。

一、既是譯作，又是革命宣傳品

蘇曼殊的《慘社會》最初發表於 1903 年 10 月 8 日在上海出版的《國民日日報》，題為《慘社會》，署法國大文豪囂俄著，中國蘇子穀譯。為了適應中國讀者的閱讀習慣並普及社會，特意改為章回體，間日連載。當時，蘇曼殊的中文水準不高，曾得到他的朋友陳獨秀的指導和潤色。[1] 同年 12 月，《國民日日報》被清政府封禁，《慘社會》只登到了第十一回。次年，陳獨秀繼續未完成的工作，並對全書進行再潤色，交由上海鏡今書局出版，改名《慘世界》，共十四回，署蘇子穀、陳由己同譯。

蘇、陳二人的《慘世界》並不是嚴格的翻譯，而是有譯有作，是翻譯和創作的結合體。其翻譯部分採自雨果《悲慘世界》第二卷《沉淪》的第一到第

---

* 原載《中國社會科學院研究生院學報》，1995 年第 6 期；錄自楊天石：《哲人與文士》，中國人民大學出版社 2007 年版。

1 柳亞子：《記陳仲甫關於蘇曼殊的談話》，《蘇曼殊年譜及其他》，上海北新書局 1927 年版，第 283 頁；章士釗：《與柳無忌論蘇曼殊著作函》，同上書，附錄，第 17 頁。也有學者認為陳獨秀的工作不只是潤色，參見陳萬雄：《談雨果〈悲慘世界〉最早的中譯本》，香港《抖擻》第 31 期，1979 年 1 月。

十三節。其第一至第六回大體忠實於原文，但有改變、有增加、有刪節，例如：主人公原名冉·阿讓，蘇曼殊改名為金華賤；主教原名卞福汝，蘇曼殊改名為孟主教。原書第三章《絕對服從的英勇氣概》中，蘇曼殊增加了一段敘述語言："哪曉得在這個悲慘世界，沒有一個人不是見錢眼開，哪有真正行善的人呢？"但是，自第七回以下，則完全是創作。譯者憑空增加了明男德、范財主、范桶、孔美麗等幾個人物，敷衍生發了不少新的情節，藉此表達譯者自己的思想。至第十三回後半段，又回到雨果原書。到第十四回，金華賤（冉·阿讓）為孟主教（卞福汝）感化，全書就結束了。

明男德是蘇、陳創作部分的主人公。作者通過他闡發了下述思想。

1. 批判清朝統治，號召武裝革命。《慘世界》第九回寫到有一強借民錢的村官，名"滿周苟"，顯為"滿洲狗"的諧音。男德稱："聽了官府兩個字，就不由我火上心來。"男德又稱："這也難怪了，你看世界上那些搶奪了別人國家的獨夫民賊，還要對著那些主人翁，說什麼'食毛踐土'、'深仁厚澤'的話哩！"1903 年，清政府在密諭中曾指斥愛國知識份子說："國家養士二百載，其自祖宗以來深仁厚澤"，又說："國家待士，既優予以進身，又復廣其登用之路，凡在食毛踐土，具有天良，而乃不思報稱，反言革命。"[1] 顯然，這裏是對清政府密諭的直接批駁，也是對清朝統治者的直接批判。值得指出的是，蘇曼殊、陳獨秀的批判不是從狹隘的種族主義出發，而是從反對"獨夫、民賊"的民主主義高度出發，這就有別於當時革命黨人中的籠統排滿論者，具有較高的思想性。男德主張以革命的手段推翻清政府，他說："我想是非用狠辣的手段，破壞了這腐敗的舊世界，另造一種公道的新世界。""索性大起義兵，將這班滿朝文武，揀那黑心肝的，殺個乾淨。"即使是"殺"，蘇曼殊、陳獨秀也主張"揀那黑心肝的"，並非魯莽蠻幹、提倡種族復仇主義。

2. 批判孔學，批判儒學倫理。《慘世界》第七回中，男德稱："那支那國孔子的奴隸教訓，只有那班支那賤種奉作金科玉律，難道我們法蘭西貴重的國民，也要聽他那些狗屁嗎？"如所周知，在中國漫長的歷史中，孔子的"教訓"

---

1 《蘇報》，1903 年 6 月 5 日。

一向被尊為永恆的最高真理，人人必須誦習實踐，但是，在蘇曼殊和陳獨秀的筆下，卻成了要人當"奴隸"的"狗屁"。這恐怕是空前絕後的對孔子最激烈的批判。這一批判並不科學，但在當時，不能不是思想解放的第一聲，具有振聾發聵的歷史作用。男德又稱："凡人做事都要按著天理做去，卻不問他是老子不是老子。"儒學倫理的核心是孝道，兒子必須服從父親，但是，蘇曼殊和陳獨秀卻提倡服從真理（"天理"），不必服從父親。上述思想已經開啟了"五四"時期反孔、非孝思想的先河。

3. 批判宗教，批判偶像崇拜。男德認為"上帝"的觀念起源於遠古時代人們揚善戒惡的需要。他說："上古野蠻時代，人人無知無識，無論什麼惡事都要去做，所以有些明白的人，就不得已，胡亂撿個他們所最敬重的東西，說些善惡的果報，來治理他們，免得肆行無忌，哪裏真有個上帝的道理呢？"因此，他宣佈："平生不知道什麼叫上帝。"他尖銳地批判中國人的偶像崇拜："人人花費許多銀錢，焚化許多香紙，去崇拜那些泥塑木雕的菩薩。"他反對一切迷信，提倡："不要去理會什麼上帝，什麼神佛，什麼禮義，什麼道德，什麼名譽，什麼聖人，什麼古訓。"這裏的思想也已經開啟了"五四"時期科學思想的先河。

4. 批判富人，同情窮人、工人，主張財富公有。《慘世界》第七回寫法國無賴村有一農夫，生有一女一子。女兒出嫁之後，兒子無人照顧。蘇曼殊寫道："他的親戚和那些左右隔壁的鄰居，雖說是很有錢，卻是古言道：'為富不仁。'那班只知有銀錢、不知有仁義的畜生，哪裏肯去照顧他呢？"又稱："你看那班財主，一個個地只知道臭銅錢，哪裏還曉得世界上工人的那般辛苦呢？"在貧富兩極的對立中，男德鮮明地站在窮人、工人方面，他說："世界上有了為富不仁的財主，才有貧無立錐的窮漢。"又說："我看世界上的人，除了能做工的仗著自己本領生活，其餘不能做工，靠著欺詐別人手段發財的，哪一個不是搶奪他人財產的盜賊呢？"這裏，不僅有了某種貧富對立的階級意識，而且也有了尊崇勞動、尊崇工人的意識，同時也有了富人掠奪的意識。男德批判金錢，主張財富公有。他說："哎！臭銅錢，世界上哪一件慘事，不是你趨使出來的！"他明確表示："世界上物件，應為世界人公用，哪鑄定應該是哪一人的私產呢？

那金華賤不過拿世界上一塊麵包吃了，怎麼算是賊呢？"又稱："我看這財帛原來是大家公有的東西。"第十二回，作者並聲稱"雅各伯黨定了幾條規矩"：第一條：取來富戶的財產，當分給盡力自由之人以及窮苦的同胞。第二條：凡是能做工的人，都有到那背叛自由人的家裏居住和佔奪他財產的權利。第三條：全國的人，凡從前已經賣出去的房屋、田地以及各種物件，都可以任意收回。第四條：凡是為左右而死的遺族，需要盡心保護。第五條：法國的土地，應當為法國人民的公產，無論何人，都可以隨意佔有，不准一人多佔土地。

可以看出，這個"規矩"的核心是土地公有，同時無償地剝奪富人的財產，均分給貧苦人民。其目的是消滅社會的貧富對立，解決勞動者的生計問題。它既繼承了中國古代農民戰爭中的"均貧富"思想，但又表現出鮮明的近代革命色彩。

上述種種思想，都非《悲慘世界》原著所有，而是蘇曼殊、陳獨秀強加給雨果的。因此，蘇、陳二人的《慘世界》既是譯作，又不只是譯作；既是小說，又不只是小說。它是以翻譯小說為掩護的革命宣傳品，表達的是中國革命黨人自己的思想和觀念。

1903 年初，由於反對沙俄侵略中國東北，在日本東京的中國留學生和中國上海等大城市的新型知識份子中間爆發拒俄運動。但是，運動隨即遭到清政府的禁止，廣大新型知識份子迅速轉向革命。東京和上海等地出現了不少宣傳革命的報刊和小冊子，一時放言高論，蔚為風氣。於是，清政府採取了進一步的鎮壓行動，《蘇報》被封，章太炎、鄒容被捕。這樣，上海等地的革命黨人不得不採取較為隱蔽的宣傳方式。《慘世界》正是這一特殊形勢下的產物。

蘇曼殊、陳獨秀都是拒俄運動中的積極份子。蘇曼殊在東京參加拒俄義勇隊，陳獨秀在安慶成立安徽愛國會。知識份子轉向革命後，蘇曼殊、陳獨秀自然也就成了其中的先鋒。當時，翻譯小說盛行，上海灘流行著各種各樣的東西洋小說。蘇、陳藉翻譯小說宣傳革命思想，不僅有助於障蔽清朝官吏的耳目，而且也有助於革命思想在社會公眾中的傳播。

《慘世界》的出現還有其文化上的原因。

從維新派登上近代中國的政治舞台和文化舞台起，社會功利主義和社會實用主義就在思想界和文化界流行，表現在他們所提倡的"小說界革命"上，就是片面強調其政治宣傳作用。嚴復、康有為、梁啟超都如此，因此，清末新小說一開始就表現出強烈的政治化傾向，翻譯小說亦然。梁啟超辦《清議報》時，除了帶頭寫作政治小說外，也帶頭翻譯日本小說《佳人奇遇》、《經國美談》，"以稗官之異才，寫政治之大勢"[1]。革命派興起後，政治上雖然與梁啟超等人對立，但文化上卻受其影響頗多。他們同樣重視小說的政治宣傳作用。《國民日日報》創刊後，即刊出歷史小說《南渡錄演義》，藉北宋滅亡時的史事宣傳反清思想。不過，這種題材宣傳舊的種族主義猶可，宣傳近代革命思想則難。所以該報又接著刊出《回天偉婦傳奇》，以夢幻的形式將南宋史事和法國近代革命精神結合起來。小說寫故宋遺民華造世在杭州岳飛廟痛哭，感動岳飛的神靈，托夢說："我想我中國國民，總有振作精神的時候"；"聽說西洋法蘭西國，近來有許多新奇事，我今日趁著秋涼，要去探看探看"。[2]說罷，乘雲駕鶴，飛往西方。不過，中國古老的種族主義和法蘭西近代革命精神畢竟很難結合。因此，蘇曼殊、陳獨秀不得不直接譯介法國小說。但是，法國小說也很難直接表達中國革命黨人的思想，因此，他們便任意增刪，既譯且作。

對於維新派或革命派來說，衡量一件文化成品的主要標準是社會功利，而非其科學性與藝術性。他們翻譯小說主要從社會實用出發，而非從文學交流出發。《慘世界》的出現，可以說是那個時代的特有文學現象。

雨果是政治傾向鮮明的作家。據說曾任日本自由黨總理的板垣退助訪問歐洲時詢問雨果：假如要把自由平等的理想灌輸到人民中間應該怎麼辦才好？雨果答："應當讓他們讀我的小說。"[3]蘇曼殊、陳獨秀未必知道這個故事，不過，他們在力圖通過小說向人民灌輸自己的政治思想上和雨果是完全一致的。

1　《本館第一百冊祝辭並論報館之責任及本館之經歷》，《清議報》第 100 冊。
2　《國民日日報》，1903 年 8 月 8 日。
3　德富蘆花：《回憶錄》第 6 卷，第 12 節，民友社 1901 年版。

二、為什麼選中了雨果及其《悲慘世界》

　　蘇曼殊和陳獨秀藉翻譯小說宣傳自己的革命思想，已如上述，但是，西方小說數量龐大，汗牛充棟，他們為什麼選中了雨果及其《悲慘世界》呢？顯然，小說中有什麼東西打動了他們，或者說，有什麼東西使他們發生了共鳴。

　　雨果是偉大的人道主義者，他長期關懷社會下層勞動人民的命運。他在一首詩中寫道：

> 我同情貧寒的人和勞動者。
>
> 對他們講友愛，從思想深處。
>
> 怎樣帶動動盪不安的受折磨的群眾，
>
> 給權利以更鞏固的基礎和更大的規模？
>
> 怎樣減少人世間的痛苦？
>
> 飢餓，艱難的勞動，貧困和罪惡，
>
> 這種問題緊緊抓住了我。[1]

這首詩可以很好地說明雨果創作《悲慘世界》的主旨。

　　《悲慘世界》原名《苦難的人們》，開始寫作於 1845 年，出版於 1862 年，之間長達 17 年之久，可見作家用力之勤和用功之深。小說真實而生動地描繪了法國 19 世紀前半期，即從拿破崙帝國後期到七月王朝初期的廣闊社會生活，憤怒地抗議了早期資本主義社會的黑暗一面，表現出對勞動人民悲慘生活和不幸命運的深刻同情。小說的主人公冉・阿讓本是一個善良淳厚的工人，每天辛勞所得不夠養活他的姐姐和七個外甥。為了孩子，他被迫偷了一個麵包，被捕判罪，坐牢長達 19 年之久。他在出獄後無家可歸，到處飄泊，所有的旅店和民居都拒絕他投宿。"孤零零，沒有棲身之所，沒有避風雨的地方"，"連狗也不如"。雨果就此質問道：人類社會是否有權利使窮人"永遠陷入一種不是缺

---

1 〔法〕安德列・莫洛阿：《雨果傳》，湖南人民出版社 1983 年版，第 564 頁。

乏（工作的缺乏）就是過量（刑罰的過量）的苦海中呢？”“分得財富最少的人也正是最需要照顧的人，而社會對於他們，恰又苛求最甚，這樣是否合情理呢？”[1]

可以看出，打動蘇曼殊和陳獨秀的正是雨果對下層人民及其悲慘命運的同情。

近代中國，外有列強侵略，內有清政府壓迫，人們的注意力自然易於集中救亡和反清這兩個問題上。但是，在當時，中國農民受地主階級的殘酷剝削，工人受中外資本主義的壓榨，小生產者面臨破產的威脅。這些狀況，不可能長期處於先進知識份子的視線之外。蘇、陳二人對他們的生活和命運顯然抱著與雨果一樣的同情。書中對金錢的咒罵顯然反映出譯者在上海洋場上的現實感受。這些，正是蘇、陳樂於翻譯《悲慘世界》的原因。後來，章士釗回憶說：陳獨秀“時與香山蘇子穀共譯囂俄小說，注寫人類困頓流離諸況，顏曰《慘社會》，所懷政想，蓋與此同。”[2] 章氏與陳獨秀、蘇曼殊同為《國民日日報》的編輯人，並且同居一室，所述自是知情之談。

《悲慘世界》是篇幅宏大的長篇巨製，為什麼蘇曼殊、陳獨秀只選譯了其中的一小段呢？這除了用他們並非職業翻譯家、時間有限來加以解釋外，恐怕主要的原因是：在改造社會的途徑上，蘇曼殊、陳獨秀與雨果有明顯的不同。

雨果認為，應該用仁愛來代替壓迫，因此，他集中全力，塑造了卞福汝主教和冉·阿讓這兩個理想化的人物。在雨果筆下，卞福汝是一個虔誠的基督徒、十全十美的救苦濟貧的慈善家。雨果不惜以整整兩卷篇幅來刻畫他，賦予他以崇高的人道主義思想，視之為改造社會的力量。正是他教育並感化了冉·阿讓。冉·阿讓雖然原來善良純樸，但社會的殘害和法律的懲罰使他日益孤癖、兇狠，“逐漸成為一頭猛獸”，“具有兇狠殘暴的危害欲”。他出獄後走投無路，卞福汝主教熱情招待了他，他卻偷走了主教家裏的銀製餐具。在他被押解回來時，卞汝福像接待老朋友一樣接待了他，不僅說明餐具是送給他的，而

1　參見〔法〕雨果著，李丹譯《悲慘世界》第 1 部第 2 卷，第 1 節、第 7 節，人民文學出版社 1978 年版，第 87、111 頁。

2　《吳敬恒、梁啟超、陳獨秀》，《甲寅週刊》1 卷 3 號，1926 年 2 月 2 日。

且還另送了他一對珍貴的銀燭台。卞福汝的崇高行為使冉・阿讓的靈魂震顫，受到感化，自此轉惡向善，成為一個像卞福汝一樣高尚的、充滿人道主義精神的人。

小說之後的情節是：冉・阿讓被感化後，改名換姓，因發明製造寶石的方法致富，成為企業主並被推選為海濱城市蒙特猗的市長。他懷著卞福汝一樣善良的心，不僅大辦社會福利與慈善事業，救助不幸的人，而且在他的工廠裏建立了一種前所未有的對勞動者的關係，使工人們過上了真正的人的生活。他所在的城市也繁榮富足，到處洋溢著溫暖和幸福，成了人間天堂。人人有工作，任何無衣無食的人都可以到工廠領取麵包；人人相敬相愛，道德高尚。雨果通過上述種種情節說明，嚴刑峻法只能使人性愈益敗壞，唯有仁慈、博愛、道德感化和社會福利、慈善事業才是杜絕罪惡、醫治社會、拯救人類的良方。

雨果在 1870 年又寫道："勞動者的命運，在美國，正像在法國，到處都吸引了我的最深沉的注意，並且激動了我。應該讓受苦受難的階級成為幸福的階級，並且讓迄今以前在黑暗中工作的人今後在光明中工作。"[1] 可以說，雨果筆下的冉・阿讓的後半生，他所興辦的工廠，他當市長的城市及其市民命運的改變，都是作家善良願望的體現。雨果本人受過 19 世紀 30 至 40 年代法國空想社會主義的影響，《悲慘世界》以浪漫主義手法所透露出來的 "光明" 也是一種空想社會主義的烏托邦。

中國是個鬥爭傳統很盛的國家，農民的暴動與起義史不絕書。在近代，國家、民族的災難愈重，人民受到的壓迫愈深，反抗、鬥爭的熱情也就愈加高昂。當時，中國革命黨人相信，只有革命才可以改變一切，也才可以得到一切。從《慘世界》看，蘇、陳二人追求的是，通過革命和戰鬥，建立財富公有的社會主義社會。自然，他們不會相信仁慈、博愛和慈善事業可以解決中國及其廣大人民的問題，因而，自然也就不會相信雨果對冉・阿讓後半生的描寫，刪節不譯是一種必然的選擇。這一事實表明，中國社會主義思潮從它的開始階段，就拒絕溫和、改良，而傾向於激烈、徹底。

---

1 〔蘇〕尼柯拉耶夫：《雨果》，新文藝出版社 1958 年版，第 53 頁。

此外，在對於卞汝福主教的態度上，蘇曼殊、陳獨秀和雨果也有明顯的不同。譯稿最初在《國民日日報》上發表的時侯，卞汝福主教被描寫為虛偽做作的"貪和尚"，後來陳獨秀在定稿時部分恢復了雨果著作的原貌，但由於匆促馬虎，還是保留了初稿的某些痕跡。關於此，前人已經論及，茲不贅述。[1]

歐洲思想是生長於西方國家土壤中的文明之花，有自己獨特的社會、時代環境和文化傳統。中國近代知識份子在介紹歐洲思想時，面對的是中國的土壤，中國的社會、時代環境和文化傳統，加上社會功利主義和社會實用主義盛行，因而，有選擇、有改變是必然的。只不過有的是無意的誤譯，有的是有意的曲譯罷了。

中國古老的科學技術著作《考工記》指出過一個事實：南方的水果橘子種到了淮水以北，由於栽培環境變了，就成了一種藥用植物。自然界如此，人文與社會科學何嘗不然。一種文化成品，在流傳和譯介中發生內容和價值的變異，是歷史上屢見不鮮的現象。

三、蘇、陳譯本《慘世界》在中國近代革命史和思想史上的地位

中國為什麼要革命，在清末革命黨人的著作和宣傳品中可以找到多種答案。略加歸納，可以看出，一種回答是：滿人非我族類，或滿人誤國、賣國，這是從民族主義出發。一種是：主權在民，清政府是專制政府，必須推翻，這是從民主主義出發。以上兩種，屬於大多數。但是，也有人從改變勞動人民的悲慘命運、改造社會出發，這種回答比較少，但後來卻深刻地影響了中國的革命界和思想界。

同盟會成立前，流行於海內外的著名革命宣傳品莫過於鄒容的《革命軍》和陳天華的《警世鐘》。《革命軍》一書尖銳地抨擊滿族貴族集團的種族歧視和壓迫政策，反對奴隸主義，呼籲人人"當知平等自由之義"，其設想的革命是："共逐君臨我之異種，殺盡專制我之君主，以復我天賦之人權"，其終極目標是

1　柳亞子：《慘社會與慘世界》，《蘇曼殊全集》第 4 冊，第 422—430 頁。

建立沒有上下貴賤、自由獨立的"中華共和國",可以說民族主義、民主主義兼而有之,但是,卻無一語涉及社會的貧富問題。《警世鐘》展示出中國即將被帝國主義瓜分、中國人民即將淪為亡國奴的驚心動魄的畫面,呼籲人們奮起救亡,拯救國家,洋溢著強烈的愛國主義激情,但是,也無一語涉及社會的貧富問題。《慘世界》的可貴之處就在於它從改變勞動人民的悲慘地位出發,提出了革命的主題。蘇曼殊、陳獨秀都是當時革命黨人中佼佼者,他們當然具有那個時代一般革命黨人所具有的民族主義與民權主義思想,但是,他們更多地考慮的卻是社會下層勞動人民的命運。《慘世界》中藉雅各賓派名義提出的幾條"規矩"雖然是粗線條的,有許多幼稚、模糊和空想的成份,但仍然可以看作是近代中國革命黨人設計的最早的"社會革命"方案。如果康有為的《大同書》由於從未公開發表可以撇開不計的話,《慘世界》的"規矩"顯然可以視為 20 世紀中國的第一個社會主義綱領。在辛亥革命前夜眾多的革命宣傳品中,《慘世界》的獨特之處在這裏,它在近代中國革命史和思想史上獨特地位也在這裏。

世界資本主義有不同的發展階段。19 世紀中葉至 20 世紀初年,西方資本主義社會矛盾比較尖銳,各種弊端暴露得較為充份,因而,從根本改變勞動者悲慘命運出發,就必然引出反資本主義和實行"社會革命"的主題,也就必然會引發對各種社會主義和無政府主義思潮的追求。

中國近代思想史發展的途徑正是如此。

社會主義思潮很早就傳入中國。1903 年時,上海已經出現了幾種小冊子,宣傳社會主義的有福井準造的《近世社會主義》、西川光次郎的《社會黨》、杜士珍的《近世社會主義評論》、村井知至的《社會主義》、幸德秋水的《社會主義神髓》等,宣傳無政府主義的有久津見蕨村的《近世無政府主義》、自然生(張繼)的《無政府主義》等。它們雖然都是從外文移譯過來的,但在短時期內集中出現,說明了中國的思想界、革命界已經在認真地思考有關問題。

在中國革命家中,較早深刻地思考過"社會革命"問題的是孫中山。他不一定讀過雨果的《悲慘世界》,但是,他在歐美遊歷時發現的貧富兩極分化情況促使他不願照走西方老路,因此,在民族主義、民權主義之外,特意加了一個民生主義。按照孫中山的說法,民生主義的英文含義就是社會主義。孫中山企圖以他的民生主義預防資本主義在中國的禍害，將政治革命和社會革命"畢其功於一役"[1]。孫中山和近代中國其他社會主義思想家不同的是，他並不粗暴地斷言資本主義已經完全腐朽，而是允許資本主義在一定限度內發展，並且力圖"取那善果，避那惡果"，吸收資本主義文明中一切積極、有益於社會前進的成份。[2]

中國革命家中，另一個深刻思考過"社會革命"問題的是章太炎。他在十里洋場的上海看到了資本主義發展起來後貧富分化的狀況，東渡後又從日本這個視窗看到了當時資本主義社會的種種矛盾，認為中國如果照走西方老路，"不過十年，中人以下，不入工廠被棰楚，乃轉徙為乞丐，而富者愈與皙人結以陵同類，驗之上海，其儀象可睹也。"[3]因此，他在一段時期內同情社會主義和無政府主義，認為"社會主義，其法近於平等"[4]。為了保障農民和工人的利益，他主張"均配土田"和"官立工廠"[5]，用現代語言來說，就是平分土地和建立國有企業。他當然不會想到，平分土地並不能避免兩極分化，而國有企業的效益一直到 20 世紀末年還困擾著人們。

有一段時期，盧梭（時譯盧騷）曾經是中國思想界的偶像。著名的維新黨人蔣智由詩云：

> 世人皆欲殺，法國一盧騷。《民約》倡新義，君威掃舊驕。力填平等路，血灌自由苗。文字收功日，全球革命潮。[6]

這首詩可以代表那個時期相當一部分中國知識份子對盧梭的認識和評價。此後，鄒容和陳天華等許多人都表達過對盧梭的高度敬仰。但是，到了 1907 年，在東京和巴黎的中國留學界中，分別出現了兩個宣傳無政府主義的中心 ——《天義報》和《新世紀》，於是，在一部分知識份子中間，盧梭不行時了，華盛

1　《〈民報〉發刊詞》，《孫中山全集》第 1 卷，北京中華書局 1981 年版，第 289 頁。
2　《在東京〈民報〉創刊週年慶祝大會的演說》，同上書，第 327 頁。
3　《總同盟罷工論序》，《太炎文錄》初編《別錄》卷 2。
4　《俱分進化論》，《民報》第 7 號。
5　《五無論》，《民報》第 16 號。
6　《新民叢報》第 3 號。

頓、拿破崙也不行時了，章太炎甚至表示，如果死者有知，他要扒開華盛頓、拿破崙的墳墓，用鐵錘去砸他們的腦袋。[1] 自此以後，巴枯寧、斯諦納爾、托爾斯泰、克魯泡特金、馬克思等人成了中國知識份子的新偶像。其中，克魯泡特金的共產無政府主義因特別 "急進" 和 "徹底"，在一段時期內曾受到特別的尊崇。青年毛澤東就認為克魯泡特金的思想比之馬克思 "更廣、更深遠"[2]。當然，他後來信仰了馬克思。不過，一直到晚年，他的思想中都保留著無政府主義思想的某些影響。

從改造社會、改變勞動人民的悲慘命運出發提出革命主題，總會或直接或曲折地走向或走近社會主義，這一近代中國思想發展的規律也可以從蘇曼殊和陳獨秀的經歷中得到證明。1903 年 10 月 7 日，蘇曼殊曾經在《國民日日報》上發表過一篇《女傑郭耳縵》，敘述一個俄國女無政府主義者的故事。她出身中流社會，同情不幸平民，蔑視君主，認為所謂君主，不過是 "最無學無用之長物"。她為 1901 年 9 月刺殺美國總統麥堅尼而被捕的刺客不平，認為 "該犯久苦逆境，深惡資本家之壓抑平民，失望之極，又大受刺激，由萬種悲憤中，大發其拯救同胞之志願者也。" 她在獄中見到為總統下半旗致哀，慨歎道："吾寧深悼夫市井間可憐勞動者之死也。"[3] 可見，蘇曼殊在翻譯《悲慘世界》的同時，是受到過社會主義思潮的影響的。1907 年前後，蘇曼殊和東京《天義報》報系統的無政府主義者劉師培、何震關係密切，思想上共鳴；[4] 陳獨秀則在 1921 年參與了中國共產黨的創建，成為中國共產主義運動的領導人。

附記： 本文為提交 1995 年在法國召開的西方文化與近代中國學術討論會的論文。

1　《官制索隱》，《民報》第 14 號。
2　《民眾的大聯合》，《湘江評論》第 2 號。
3　柳亞子編：《蘇曼殊全集》，上海北新書局 1932 年版，第 151—153 頁。
4　參閱蘇曼殊：《海哥美爾氏名畫讚》，《天義報》第 4 號。

章太炎為何要砸拿破崙與華盛頓的頭 *

　　讀者也許以為本文是在講一則關公戰秦瓊式的故事。拿破崙，法國人；華盛頓，美國人。他們與章太炎之間國籍不同，生活年代也差得很多，可謂風馬牛不相及。章太炎咋會要砸他們的頭呢？

　　謂予不信，有文為證。

　　那是在 1907 年，章太炎正在日本東京編《民報》。他寫了一篇文章，叫做《官制索隱》，本來是研究中國古代的職官制度的，然而，作者的筆鋒突然一轉，寫道："藉令死者有知，當操金椎以趨塚墓，下見拿破崙、華盛頓，則敲其頭矣！"請看，這裏寫得明明白白，足證筆者沒有瞎編。中國舊俗一向以擾人丘墓為極大的不道，然而，章太炎卻不管這一套，他要到拿破崙與華盛頓的墳墓裏去"敲"，也就是砸，而且是用"金椎"，金者，鐵也，分量不會很輕。看來，章太炎對這兩位歷史人物很有點憤懣之氣呢！

　　幾年之前，章太炎可不是這樣。那是在 1903 年，他正和康有為辯論中國革命問題，把拿破崙與華盛頓二人簡直捧上了天，稱之為"魁梧絕特之彥"，稱之為"二聖"，甚至譽之為"極點"。康有為認為，中國一時產生不出華盛頓這樣的人物來，因此不能革命。章太炎同意這一看法的前半部，但他表示："中國亦望有堯、舜之主出而革命，使本種不亡已耳，何必望其極點如華盛頓、拿破崙者耶！"顯然，在那時章太炎的眼中，拿破崙、華盛頓這樣的洋聖人，要比堯、舜這樣的國產聖人高明。

　　真是世事茫茫，浮雲蒼狗。幾年之間，拿破崙、華盛頓的身價就大起大落，從九天跌入了九淵。這種變化並不止發生在章太炎身上，柳亞子 1907 年有詩云："華、拿豎子何須說？"把華盛頓、拿破崙稱為"豎子"，也是很不敬的。

　　鴉片戰爭中，中國人被西方打敗，於是轉而學西方，開始學船堅炮利與

* 　原載《光明日報》，1987 年 2 月 22 日；錄自楊天石：《哲人與文士》，中國人民大學出版社 2007 年版。

聲、光、化、電，後來學民權與立憲，再後來學民主與革命。到了 1903 年，民主與革命的調子高唱入雲，拿破崙、華盛頓這兩位資產階級革命的鼻祖也就成了“極點”。其後是大批人出洋，章太炎本人也於 1905 年到了正在學習西方的日本。一看，不對了，所謂民主，不過是富人的民主，而且充斥著各式各樣的怪事和醜聞。於是，失望、憤懣之情油然而生，拿破崙與華盛頓的身價也就隨之暴跌。在《官制索隱》中，章太炎激烈地指責西方的選舉制度，認為所謂“代議士”（議員），大都耗資巨萬，靠鑽營入選，與中國的“行賄得官”並無兩樣。他說：民主立憲，世人都以美、法兩國為榜樣，但現在法國的政治，全靠賄賂，美國人也要通過行賄才能致身顯貴，實在“猥賤”得很。其所以幻想手持“金椎”，以拿破崙、華盛頓的頭作為撻伐對象者，蓋為此也。章太炎這個人愛衝動，又不懂得歷史主義，其幼稚、偏激之處，讀者諒之！

那麼中國怎麼辦？

章太炎想來想去，覺得西方民主的膿瘡是議會，於是慘淡經營，洋洋灑灑地寫了一篇《代議然否論》，主張“代議”必不可行，議員決不可選，同時提出了一個從多方面“恢廓民權，限制元首”的方案。例如，提高法官的權力，不論是總統，還是百官，有了過失，或者溺職受賄，法官都可以“徵之”、“逮之”、“治之”；倘若法官執法不公，老百姓可以要求“學官”集中一批法學家來共同處治法官，等等。然而，不知道是章太炎覺得這個方案未必可行，還是因為對中國歷史過於有感情了，他有時又覺得，中國的封建專制制度也並不壞，開元、貞觀年間，中國不也治理得很好嗎？於是，他又表示：“盛唐專制之政，非不可以致理。”甚至說：“今之專制，直刑罰不中為害，它猶少病。”這就又轉而肯定封建專制主義了。

章太炎的矛盾反映了近代中國部分知識份子的困惑。他們失望於西方民主模式，而又找不到新的出路，只能向後看。然而，向後看又是沒有出路的。

世界歷史發展的總趨勢是從專制走向民主，而不是從民主復歸專制。

中國最早的無政府主義者張繼 *

誰是中國最早的無政府主義者？答曰張繼。無政府主義在 20 世紀初年傳入中國。1903 年前後，馬君武、馬敍倫、楊篤生、蔡元培、金天羽等人均曾撰文對之作過介紹，但是，服膺最早，身體力行、組織團體、宣揚宣導的積極份子，卻不能不首推張繼。

張繼，字溥泉，河北滄縣人。年輕時就讀於保定蓮池書院，1899 年赴日留學，先後就讀於東京善鄰書院和早稻田大學。他憤慨於清政府的腐敗無能，立志排滿，曾組織青年會，創辦《國民報》，是留日學生中最早出現的革命份子之一。1903 年，因與鄒容等強剪留學生監督姚文甫的辮子，被逐回國。回國後，積極參預《蘇報》、《國民日日報》的編輯工作，在此期間，他以自然生為筆名翻譯並出版了意大利人馬拉疊斯達的《無政府主義》一書，書前有"燕客"一序，中云：

> 吾願殺盡滿洲人，以張復仇大義，而養成復仇之壯烈國民；吾願殺盡亞洲特產之君主，以洗亞人之羞辱，為亞人增光；吾願殺盡政府官吏，以去一切特權之毒根；吾願殺盡財產家、資本家，使一國之經濟均歸平等，無貧富之差；吾願殺盡結婚者，以自由戀愛為萬事公共之基礎；吾願殺盡孔、孟教之徒，使人人各現其真性，無復有偽道德之跡。

通篇不作任何具體分析，不講任何鬥爭策略，籠統地鼓吹一個"殺"字，典型地反映出無政府主義者狂熱、極端、偏激的特點。這個所謂"燕客"，其實就是張繼自己。1940 年，張繼回憶這本小冊子時曾說，他當時的思想是"四萬萬人要殺去一萬萬"云云。

---

* 　原載楊天石：《橫生斜長集》，百花文藝出版社 1998 年版。

1907 年初，張繼與日本無政府主義者幸德秋水、山川均、堺利彥、大杉榮等過從密切。幸德秋水等組織社會主義金曜（星期五）演講會，因此，張繼也和劉師培等共同組織社會主義講習會。8 月 31 日，該會在東京清風亭召開第一次會議，張繼在會上聲明：該會的目的在於"詮明無政府主義"。此後，張繼多次在該會演說，成為留日中國學生中宣揚無政府主義的重要骨幹。在此期間，他又從日文轉譯了德國無政府主義者羅列的《總同盟罷工》一書。該書反對武裝起義，也反對社會鬥爭，認為總同盟罷工是反抗資本主義的"第一流革命方法"，"容易叫最大多數人來加盟，收最大的功效"。章太炎一度非常欣賞這種鬥爭方式，曾經為該書寫過一篇序言，天真地設想：只要全體勞動者發動起來，罷工七日，那麼，不僅統治者的糧餉勤務無從籌措，而且連軍隊也無法發揮作用。"雖有利器，且縮不前"了。

1908 年初，日本政府開始鎮壓社會黨人和無政府黨人。1 月 17 日，幸德秋水等舉行第 20 次演講會，被日本警察圍捕。張繼是演講會的參加者，一度被日警抓住，但隨即被群眾搶救出來。此後，他不得不逃亡歐洲。

在歐洲，張繼繼續考察西方無政府主義者的主張和活動，並和東京的劉師培等人保持密切聯繫。他在一封信中提出："無論行何種革命（政治革命、社會革命），均當以勞民為基礎"，要求仿照法國的辦法，在中國各省設立勞民協會。他並要求中國革命黨人日後"循一堂堂正正之路混入會黨之中，脫卸長衣，或入工廠，或為農人，或往服兵"，從而為中國革命奠定基礎。4 月 23 日，他在倫敦東區（貧民窟）訪問了德國無政府主義者洛克侶。洛氏表示："現今世界欲行無政府主義革命，其有趣之地方：一為歐洲，一為美國，一即中國，我甚願往中國研究。"張繼則向洛氏介紹了中國會黨的情況。同月，張回到法國，除與吳稚暉等人往來，參與編輯無政府主義的刊物《新世紀》外，又特意跑到"鷹山共產村"去過，該村位於法國西部沙列威爾附近的森林中，有農田百畝、母牛一頭、兩層樓房一棟，為一夥信仰"無政府共產主義"的人所創辦，以實行"各盡所能，各取所需"為目的，成員有猶太人、西班牙人、俄人、波蘭人、法人、華人等十餘名。張繼每天穿著西方"勞民之衣"，在田間耕種，還經常跟著一個俄國人推車到鄰村賣菜，大聲吹喇叭，招徠顧客。多年以後，張繼對這一段生活仍念念不忘，他回憶時說："在山中三月之久，未耗費襪子。每晨牛叫與紅日並升於森林之中，其自然之美，至今尚懸於腦際。"

還在 1903 年，張繼就有嚴重的民族自卑感，認為中國人與外國人比較起來，"其人也已非人，人皆嫌其穢臭"。在"共產村"期間，張繼給章太炎寫過一封信，中稱："已作世外人，從此種麥種菜，不與外人交接。"又稱："張繼原是屁也不值的東西，不過比中國狗 × 的四萬萬人高多了。"信中，張繼並預言："中國人種不久將滅。"章太炎見信後，極為反感，復信譏刺說："做世外人很好，莫若做法國人才好！"張繼後來拋棄了無政府主義。據他說，其原因在於："想來想去，這雖不是落伍，這總是空想的，是佛教所謂極樂世界，是耶穌教所謂天堂，是不能達到的。"

《天義報》、《衡報》對 "社會主義講習會" 活動的報導 *

《天義報》是近代中國最早的無政府主義期刊。1907 年 6 月 10 日創刊，共刊行 19 期。《衡報》是繼《天義報》出版的無政府主義報紙，1908 年 4 月 28 日秘密創刊，共發行 11 號，現在能見到的為 1 至 8、10 各號。二者均在日本東京出版。

《天義報》最初是"女子復權會"的機關刊物，標榜"女界革命"，聲稱"以破壞固有之社會，實行人類之平等為宗旨，於提倡女界革命外，兼提倡種族、政治、經濟諸革命，故曰天義"[1]。自 8、9、10 卷合冊開始，宗旨改為："破除國界、種界，實行世界主義；抵抗世界一切之強權；顛覆一切現近之人治；實行

---

* 原題《〈天義報〉、〈衡報〉述評》，載《辛亥革命時期期刊介紹》第 3 輯，人民出版社 1983 年版。因其主要內容與本書所收《論〈天義報〉劉師培等人的無政府主義》一文重複，故僅保存少數內容，改為現題。
1 《衡報》第 1 號。

共產制度；實行男女絕對之平等。"它的發起人為何震、陸恢權、徐亞尊、張旭、周大鴻，捐助及贊成者有唐群英、方君英、何香凝、劉三、高旭等，實際創辦人為何震的丈夫劉師培。

20世紀初，日本工人階級的罷工鬥爭高漲，社會主義運動正處於活躍階段，但是又還很幼稚，指導思想是馬克思主義、改良主義和無政府工團主義的雜拌。1907年6月，日本社會黨分裂為軟硬兩派。軟派主張以爭取普通選舉權和議會主義來實現革命，以片山潛、田添鐵二為代表；硬派宣揚無政府主義，認為除"直接行動"——總同盟罷工和暗殺外，別無革命的途徑，以幸德秋水、堺利彥、山川均、大杉榮為代表。劉師培於1907年2月到日本後，和幸德秋水等接近，迅速成為無政府主義者，並與張繼發起組織"社會主義講習會"（後改齊民社），聲稱："近歲以來，社會主義盛於西歐，蔓延於日本，而中國學者則鮮聞其說。雖有志之士知倡民族主義，然僅辨種族之異同，不復計民生之休戚，即使光復之說果見實行，亦恐以暴易暴，不知其非。同人有鑒於此，擬研究社會主義問題，搜集東西前哲各學術，參互考核，發揮光大，以飽我國民；又慮此主義之不能普及也，故創設社會主義講習會，以討論斯旨。"但其名為討論社會主義，實為提倡無政府主義。這以後，《天義報》實際上成為"社會主義講習會"的機關刊物。

1907年12月末，劉師培夫婦秘密回國，向清朝兩江總督端方自首。次年2月，回到東京，繼續編輯《天義報》。4月，另出《衡報》，以"顛覆人治，實行其產；提倡非軍備主義及總同盟罷工；記錄民生疾苦，聯絡世界勞動團體及直接行動派之民黨"為宗旨。當時，日本正在加緊鎮壓國內的無政府主義者，為避免注意，《衡報》託名"澳門平民社"編輯發行。10月，出版至第11號，因日本政府禁止發行，劉師培夫婦歸國，《衡報》的出版終止。

《天義報》、《衡報》對"社會主義講習會"的活動大部分都有報導，從中可以看出中國這一最早的無政府主義組織的概貌。

成立會召開於1907年8月31日，會址在東京牛込區清風亭，到會九十餘人。演說者為劉師培、張繼、何震、幸德秋水。劉師培稱："吾輩之宗旨，不僅以實行社會主義為止，乃以無政府為目的者也。"他從原始社會、人類心理、自然科學等方面對無政府主義作了論證，認為它"最為圓滿"，"於滿洲政府顛覆後即行無政府，決不欲於排滿以後另立新政府"[1]。幸德秋水介紹了第一國際時期馬克思和巴枯寧的分歧，他說："平和派屬馬克思，激烈派則屬巴枯寧"，"一欲利用國家之力，舉土地、財產之私有者易為公有；一欲不用國家政治之力，唯依勞動者固有之力，出以相爭。此二派不同之點也。"他表示服膺無政府主義，並表示："中日兩國地域相近，諸君如抱此旨，則此後兩國國民均可互相扶助，均可彼此互相運動，以促無政府之實行。"[2]

以後各次會為：

9月15日，會址在江戶川亭，到會約百餘人。劉師培演說兩次，講題為《中國民生之問題》、《憲政之病民》。堺利彥敘述了人類社會由蒙昧、野蠻進而至文明時代的變遷史，提倡恢復古代的"共產制"。他說："今世稱為文明時代，然貧富之階級甚嚴，資本家之勢日以增加，欲矯此弊，莫若改革財產私有制度，復為上古共產之制。"[3]張繼講題為《自由結合之益》。

9月22日，會址在清風亭，到會數十人。演說者為劉師培、章太炎、潘怪漢、景定成、湯增璧、張繼。劉師培講題為《中國財產制度之變遷》，他認為："財產私有起於遊牧耕稼時代，中國三代時，有土地國有制，有家族共產制，即井田宗法是也，後世亦有行國家社會主義者，至於今日，則純為財產私有制，非實行共產制度不足矯貧富不均之弊。"章太炎發言"痛斥國家學之荒謬並立憲之病民"，認為"無論君主立憲、民主立憲，均一無可採"。湯增璧質疑說："無政府主義雖係高尚，然今日歐美尚未實行，恐終偏於空論，不若僅言民族主義。"張繼答辯"力陳世界民生之苦及經濟界之趨向，並言各國民黨多贊成無政府主義，以與政府為敵，必有實行之一日"[4]。

10月6日，會址為清風亭。據稱："是日大雨，到會人數亦稀。"演說者為山川均、張繼、劉師培、景定成。

11月10日，會址為清風亭。演說者為張繼、劉師培、大杉榮，講題分別

1　《社會主義講習會第一次開會記事》，《天義報》第6卷。
2　《天義報》附張。
3　《社會主義講習會第二次會記略》，《天義報》第8、9、10卷合冊。
4　《社會主義講習會第三次開會記》、《天義報》第8、9、10卷合冊。

為《南洋群島華民之苦及中國革命方法》、《中國經濟界之變遷》、《巴枯寧聯邦主義》。

11 月 24 日，會址為清風亭。首由劉師培報告，次由張繼演說（國際）無政府黨大會事，次由大杉榮繼續演講《巴枯寧聯邦主義》，末由喬義生演講《基督教中無政府共產主義》。

12 月 8 日，會址為清風亭，到會五十餘人。首由汪公權報告，次由山川均演講，次由張繼演說，報告（國際）無政府黨本部情況，並提議教授世界語。

12 月 22 日，會址清風亭，到會約六十人。演說者為張繼、大杉榮、潘怪漢、汪公權。

1908 年 1 月，由於日本政府的鎮壓，《天義報》對 "社會主義講習會" 的活動未作報導，直到《衡報》發刊，才繼續發表消息，但已改稱 "齊民社"。各次會議情況為：

4 月 12 日，會址清風亭，首由劉師培演說 "國家之害，並證明國家不能保衛人民"。次由江蘇某君演說 "日本軍人之苦及軍官壓制，並推及徵稅之苦"。次由劉師培、汪公權、潘怪漢等演說某公學募捐事，並推公學某君宣佈宗旨辦法。末由大杉榮演說 "佛國叛亂之精神"。

4 月 26 日，會址神田町錦輝館。首由南桂馨報告，次由潘怪漢演說 "俄國社會黨要求土地法案事"，次由山川均演說 "動植物之互助"，次由竹內善朔演說 "日本階級制度及紳商之壓制"，末由阪本清馬演說 "暗殺主義"。

5 月 10 日，會址麴町富士見樓。首由劉師培演說 "結合之必要"，末由守田有秋演說 "勞動組合及無政府主義"，次由李君演說 "蜂群之組織"，次由南桂馨、汪公權報告。

5 月 17 日，會址錦輝館，名為 "排斥日貨研究會"。這年 2 月，清兩廣總督下令扣留私運軍火的日輪二辰丸，日本駐華公使林權助抗議，激起廣東各地人民憤怒，群起抵制日貨。此會即係對此而發。劉師培、潘怪漢等演說，"均歸罪保皇黨"，"決議刊佈書冊，陳述利害，使此舉速結，否則將排斥日貨各機關以暴力破壞，並宣言此等勞民對外團體，當加以運動，使進為對內團體"。

6 月 14 日，會址在神樂阪上文明館，放映 "活動大寫真"，到會數百人。

劉師培演說稱："此次所演，非關於勞民疾苦，即係人民憤激之舉動，深望觀者之有感於中，以發破壞社會之觀念。"原擬放映《法國殺君》、《足尾銅山暴動》、《俄國革命》等片，因為日警干涉，改映《工廠之放火》（說明資本家虐待工人）、《馬賊之勘掠》（說明世界貧富不均）等，計十種，由汪公權解說並評論。這是目前所能看到的"社會主義講習會"活動的最後記錄。

此外，《天義報》相當注意報導國際無政府主義者的活動。1907 年 8 月 25 日至 31 日，各國無政府主義者在荷蘭的阿姆斯特丹召開大會，會後，在倫敦成立了無政府國際（無政府萬國事務局）。《天義報》曾作過報導，並發表過有關文件，如《萬國無政府大會記略》、《無政府大會決議案記》、《無政府黨第四次大會決議》、《無政府黨大會後事實匯記》等。

《天義報》也曾報導過第二國際的活動。1907 年 8 月，第二國際在德國斯圖加特舉行第七次代表大會，有列寧參加。《天義報》第 2 卷在"近事報告"欄中發表《萬國社會黨政綱》、《萬國社會黨大會議案》，並說："其議案中最注意者則為殖民問題及勞民問題。"又說："既為萬國社會黨大會，則中國人民亦宜加入。本社深望旅歐之華人乘機入會，否則吾國之大羞也。"[1] 隨後，又在第 6 卷發表了《萬國社會黨大會記》，在第 8、9、10 卷合冊發表了《萬國社會黨大會再記》，較為詳細地介紹了大會的情況和進程，其中，並記述了倍倍爾的觀點和活動。

當時，不少國家的社會黨發生軟硬兩派（議會鬥爭派與無政府主義派）的分裂，《天義報》曾在《祝日本社會黨之分裂》、《美洲社會黨之二派》等文中予以介紹，他們認為："於二者而擇其一，無寧取'理想的'、'革命的'、'急進的'之為愈，彼微溫的社會主義，砂糖水的社會主義，國家的社會主義，是以沫相濡者，直專制之化身耳！"[2]

---

1 《天義報》第 2 卷。
2 秋心室主人（景定成）：《秋心室叢談》，《天義報》第 8、9、10 卷合冊。

論《天義報》劉師培等人的無政府主義 *

　　無政府主義思潮在 20 世紀初年傳入中國，至 1907 年，出現東京《天義報》和巴黎《新世紀》兩個傳播中心。它們人數雖不多，卻分別形成了自己的思想特色，在中國近代革命史和思想史上發生了影響。

　　《天義報》創刊於 1907 年 6 月 10 日，共發行 19 期。1908 年 4 月 28 日，東京的中國無政府主義者們另出《衡報》，它實際上是《天義報》的繼續。二者的創辦人、編輯人和大部分文章的執筆人都是劉師培，他是這一派的理論代表。本文將以考察他的無政府主義思想為主，兼論及他的妻子何震和其他有關人物。

一、絕望於民族民主革命

　　在西歐歷史上，無政府主義產生於 19 世紀上半葉，盛行於下半葉，反映了小資產階級對迅速膨脹的資本主義的抗議；在近代中國，無政府主義產生於民族民主革命的發展時期，反映了小資產階級對這一革命的絕望。

　　20 世紀初年，世界資本主義已經發展到了帝國主義階段，它的各種固有矛盾日益尖銳。啟蒙思想家應許過的理想社會並沒有實現，相反，暴露於光天化日之下的卻是這個制度的遍身膿瘡。1900 年至 1905 年間，法國罷工人數達到 110 餘萬，德國每年發生罷工 1400 餘次。劉師培等人生活在日本，他們較易瞭解西方世界的真實狀況，也充份看到了日本資本主義和軍國主義發展所造成的惡果。1907 年 6 月 4 日，日本足尾銅山礦工罷工，並迅速發展為暴動，成為震動全日本的重大事件。這一年，日本全國共發生罷工鬥爭 57 起。這些事件，對於去國離鄉、尋找救國救民真理的中國革命黨人不能不是一個強烈的刺激。在

---

* 　原載《近代中國人物》，中國社會科學出版社、重慶出版社 1983 年版；錄自楊天石：《哲人與文士》，中國人民大學出版社 2007 年版。

日本社會黨人和無政府主義者的啟發和影響下，他們迅速感到，資本主義決不是一條美好的出路。

《天義報》諸人思想的突出之點是反資產階級和資本主義。劉師培指責資本家“獨佔生產機關”，役使並剝削工人，鎮壓工人罷工，道德最為腐敗。他說：“嗚呼！富民之財悉出於傭工之所賜，使無傭工之勞力，則富民無由殖其財。今乃忘彼大德，妄肆暴威，既奪其財，兼役其身，非唯奪其財產權也，並且奪其生命之權，此非不道德之極端耶！”[1] 他看出了資本家的剝削是人民貧困的根源。《大盜與政府》一文說：“資本家用攫財之術，以一人之身而兼有百千萬人之財，盜百千萬人之財而歸於一人，下民安得不貧！”[2] 因此，他強烈地反對在中國發展資本主義，認為“振興實業，名曰富國，然富民愈眾，全國之民悉陷於困窮之境，則實業之結果，不過朘削貧民計耳！”[3]

劉師培對資產階級和資本主義的批判一般是從倫理學角度，但是，也有個別文章引用了政治經濟學概念。《論中國資本階級之發達》一文說：“通州紗布各廠所獲之利尤巨，其剩餘價格均為各股東所吸收。例如工人於一日間織布六丈，每丈售價五角，則六丈可售三元。然原料約一元五角，機器損耗約三角，房屋費約攤一角，是所餘尚一元一角，然工人作工一日不過得三角，是股東竟得剩餘價格八角也。”[4] 發現剩餘價值是馬克思的一項劃時代的功績，它構成了馬克思主義經濟理論的基石。該文將剩餘價值譯為“剩餘價格”，失去了它應有的科學性和準確性，但是，它把這一概念引進中國來，有助於人們認識資本主義剝削的秘密。

劉師培認為，帝國主義是資本主義發展的結果。他說：“試考帝國主義發達之原因，蓋政府、資本家，欲攫取異國之金錢，利其愚弱，制以威力，由是託殖民之名，以擴政府、資本家之實。”[5] 又說：“資本家欲擴充商業，吸收他境之財源，盜為己有”，“遂成戕殺之世界”[6]。這些看法接觸到了問題的本質。劉師

---

1 《無政府主義之平等觀》，《天義報》第 5 卷。
2 《天義報》第 1 卷。
3 《論種族革命與無政府革命之得失》，《天義報》第 7 卷。
4 《衡報》第 5 號。
5 《亞洲現勢論》，《天義報》第 11、12 卷合冊。
6 《無政府主義之平等觀》，《天義報》第 5 卷。

培尖銳地揭露資本主義對殖民地人民和本國人民的壓迫，稱帝國主義為"現今世界之孟賊"。他說："今日歐美各國，政府及富民勢力日增，而人民日趨於貧苦，則帝國主義盛行之故也。"[1] 劉師培的上述認識，雖然還缺乏足夠的理論深度，但對 20 世紀初年的中國思想界來說，仍然有其新穎感和啟發性。

戊戌維新前後的一段時期，以西方資本主義為師曾經是先進中國人的理想。他們認為那一套相當美妙。劉師培對資產階級和資本主義的批判，無疑是一帖清涼劑。但是，劉師培既是缺乏辯證觀念的形而上學者，又是生吞活剝外國經驗的教條主義者。他不瞭解，在歷史上，資產階級和資本主義都曾經是革命的、進步的；當它在西方已經弊端叢生的時候，在落後的中國，仍有其存在和發展的必要。他錯誤地得出了應該和年輕的中國民族資產階級進行戰爭的結論。《論中國資本階級之發達》一文說："中國自今而往，資本階級之勢力必步歐、美、日本之後塵，則抵抗資本階級，固當今之急務，而吾黨所當從事者也。"[2] 這樣，他在對中國社會主要矛盾和革命對象的認識上，就遠遠偏離了實際。劉師培在有的文章中並進一步聲稱，要"殺盡資本家"[3]。無政府主義思想常常具有狂熱的特徵，表現在這裏的就是一種極端的狂熱。

在當時，劉師培等反對孫中山的革命綱領，民族、民權、民生三大主義一一受到指責。

民族主義，劉師培譏之為學術謬誤、心術險惡、政策偏頗。在他的筆下，孫中山等人提出這一主義完全出於不光彩的目的，"希冀代滿人握統治之權"，"利用光復之名，以攫重利"[4]，"黠者具帝王思想，卑者冀為開國元勳"[5]。他們說：革命派的"排滿"和改良派的"保滿"沒有什麼區別，"排滿亦出於私，與倡保滿者相同"，結論是："民族主義，乃不合於公理之最甚者也"。[6]

民族主義不是無產階級的世界觀。孫中山的民族主義思想缺乏階級觀點，部分革命黨人的思想內還包含著狹隘的種族主義成份，指出這些局限是可以

1　《亞洲現勢論》，《天義報》第 11、12 卷合冊。
2　《衡報》第 5 號。
3　《女子勞動問題》，《天義報》第 5 卷。
4　《保滿與排滿》，《天義報》第 3 卷。
5　《論種族革命與無政府革命之得失》，《天義報》第 6 卷。
6　《保滿與排滿》，《天義報》第 3 卷。

的。《衡報》的一篇文章就曾說明："排滿主義不必以種族革命自標，謂之階級鬥爭之革命可也。"[1] 但是，在革命鬥爭中，應該肯定和支持進步的民族主義。劉師培等醜化孫中山的民族主義，混淆革命和保皇的界限，這只能打擊革命派，"適以保護滿政府"[2]。

沒有提出反對帝國主義的口號是孫中山民族主義思想的大缺陷。和孫中山不同，劉師培提出了建立廣泛的國際團結以反對帝國主義的思想。他說："非亞洲弱種實行獨立，不能顛覆強族之政府"，"亞洲弱種非與強國諸民黨相聯，不能實行獨立"[3]。但是，他的實際主張又嚴重地有害於反對帝國主義、爭取民族獨立的鬥爭。

鴉片戰爭以後，中華民族遭受帝國主義的欺凌，每一個有愛國心的中國人都渴望祖國的富強，然而，劉師培卻攻擊"富強"二字為"公理之大敵"，是什麼"大盜之術"。[4] 他不去辨明帝國主義的侵略戰爭和殖民地、半殖民地人民反侵略的正義戰爭之間的本質區別，卻跟在歐洲和日本的無政府主義或半無政府主義者的屁股後面，提倡"非軍備主義"，主張"廢兵"，要求解散軍隊。按照這些主張做去，中國人民在經濟上就只能永遠被帝國主義剝削，軍事上則永遠捱打。

孫中山的民權主義提出了包括議會制在內的一整套民主共和制度。對此，劉師培強烈反對。他尖銳地揭露資產階級選舉制、代議制的欺騙性，認為在這種制度下，"貧民雖有選舉之名，實則失選舉自由之柄。"《破壞社會論》一文說："今法美各國，號為民主之國矣，然主治者與被治者階級未能盡除也，貧富之界非唯不能破，抑且變本加厲。富者收傭工以增己富，因富而攬權；傭工為貧而仰給於人，因以自失其權。由是貧者之命懸於富者之手，名曰普通選舉，實則貧者並無生命權，其選舉之時，勢不得不舉富人以仰其鼻息，則所謂選舉者，與專制何異？乃號其名曰共和，吾不知其何者為共，何者為和也，則共和

1　《社會工夫瑟排滿》，《衡報》第 3 號。
2　鐵錚：《政府論》，《民報》第 17 期。
3　《亞洲現勢論》，《天義報》第 11、12 卷合冊。
4　《廢兵廢財論》，《天義報》第 2 卷。

政體非公明矣！"[1]他們認為在中國實行這種制度的結果也只能是富民得益、貧民受病。

應該承認，在揭露資產階級民主的虛偽上，劉師培等人的思想有其深刻性。但是，他們不瞭解，和封建專制主義比較起來，資產階級民主仍然是一個大進步。這個進步，對歷史發展和勞動人民的鬥爭有利；在當時的中國，也正需要這樣一種進步。列寧說："資產階級的共和制、議會制和普選制，所有這一切，從全世界社會發展來看，是一種巨大的進步"。"它們使無產階級有可能達到現在這樣的統一和團結，有可能組成步伐整齊紀律嚴明的隊伍去同資本進行有系統的鬥爭。農奴連稍微近似這點的東西也沒有，奴隸就更不用說了。"[2]資產階級民主的虛偽主要決定於它的階級內容，而不在於共和制等形式。

"平均地權"是孫中山民生思想的核心。對此，劉師培譏之為漢武帝的鹽鐵專營和王莽改制。他說："土地財產國有之說，名曰均財，實則易為政府所利用。觀於漢武、王莽之所為，則今之欲設政府，又以平均地權愚民者，均漢武、王莽之流也。"[3]歷史上，漢武帝的鹽鐵官營和王莽改制都沒有給人民帶來什麼好處；在劉師培看來，孫中山的"平均地權"也不過爾爾。

劉師培等對孫中山領導的民族民主革命感到絕望。他們認為，這不過是以暴易暴，"勢必舉歐美、日本之偽文明推行於中國"，"所謂法律、租稅、官吏、警察、資本家之弊，無一不足以病民，而中國人民愈無自由，愈無幸福，較之今日為尤甚"[4]。因此，他們表示要"別籌革命之方"[5]——提倡"無政府革命"。劉師培說："吾輩之意，唯欲於滿洲政府顛覆後即行無政府，決不欲排滿以後另立新政府也。"[6]

不承認資產階級民主革命的進步性和不可避免性，以為這一革命的結果反而不如不革命，這一觀點自然是荒謬的，但是，剝去它的荒謬部分，我們卻又可以看到，這一觀點反映著中國革命所面臨的深刻矛盾：世界資本主義的發展

1　《天義報》第 1 卷。
2　《論國家》，《列寧全集》第 29 卷，第 442 頁。
3　《西漢社會主義學發達考》，《天義報》第 5 卷。
4　《社會主義講習會第一次開會記事》，《天義報》第 6 卷。
5　《〈俄國革命之旨趣〉譯者識語》，《天義報》第 16—19 卷合冊。
6　《社會主義講習會第一次開會記事》，《天義報》第 6 卷。

歷史已經證明了，舊的西方資產階級民主革命的結果並不十分美好，中國人民必須走一條新的道路。從這個意義上說，"別籌革命之方"的提法並不錯，問題是所"籌"之"方"錯了。

二、在介紹馬克思主義的同時，又攻擊馬克思主義

由於日本社會主義運動的影響，劉師培等人接觸過馬克思主義。《天義報》第8、9、10卷合冊的《新刊預告》中，曾列入《共產黨宣言》一書，宣佈已請同志編譯，不日出版。後來，它發表了恩格斯1888年為《宣言》英文版所寫的序言和《宣言》第一章：《資產者和無產者》。此外，它還發表過第二章《無產者和共產黨人》以及恩格斯《家庭、私有制和國家的起源》一書中的個別段落。在為《宣言》中譯本所寫的序言中，劉師培充份肯定了馬克思主義的階級鬥爭學說對工人運動、研究歷史和西歐資本主義制度的巨大意義。他說："觀此《宣言》所敘述，於歐洲社會變遷纖細靡遺，而其要歸，則在萬國勞民團結，以行階級鬥爭，固不易之說也。"[1] 又說："欲明歐洲資本制之發達，不可不研究斯編；復以古今社會變更均由階級之相競，則對於史學發明之功甚巨，討論史編，亦不得不奉為圭臬。"[2]《天義報》還譯載過英國社會黨領袖海德門的一本《社會主義經濟論》，譯者完全同意恩格斯對馬克思學說的高度評價，按語說："自瑪律克斯以為古今各社會均援產業制度而遷，凡一切歷史之事實，均因經營組織而殊，唯階級鬥爭，則古今一軌。自此誼發明，然後言社會主義者始得所根據，因格爾斯以馬氏發現此等歷史，與達爾文發現生物學，其功不殊，誠不誣也。"[3] 譯者批評中國學者不懂得研究經濟發展，認為"經濟變遷實一切歷史之樞紐"[4]，這就接觸到了歷史唯物主義的核心思想。在辛亥革命準備時期，《浙江潮》、《新民叢報》、《民報》等刊物都對馬克思主義有所介紹，比較起來，以《天義報》劉師培等人的水準為最高。

---

1 《天義報》第16—19卷合冊。
2 《天義報》第16—19卷合冊。
3 《天義報》第16—19卷合冊。
4 《天義報》第16—19卷合冊。

　　但是，在若干重大問題上，劉師培又攻擊馬克思主義。其一是鬥爭策略。劉師培完全反對議會鬥爭，並把導致第二國際機會主義的責任推到馬克思身上。他說："夫馬氏暮年宗旨，雖與巴枯寧離析，致現今社會民主黨利用國會政策，陷身卑猥。"[1] 其二是國家學說。劉師培反對無產階級在推翻資產階級的統治後，還必須建立自己的國家。他說："唯彼之所謂共產者，係民主制之共產，非無政府制之共產也。故共產主義漸融於集產主義中，則以既認國家之組織，致財政支配不得不歸之中心也。由是共產之良法美意亦漸失其真，此馬氏學說之弊也。"[2] 在劉師培等看來，建立了國家，有了管理和發展社會生產的"中心"，其結果必然是："多數勞動者昔為個人奴隸，今一易而為國家之奴隸，其監督之嚴，或增一層之慘酷。"[3] 他們把任何國家形態都看成壞東西，視政府為萬惡之源，總結了兩條公式：一條叫國家之利與人民之利成反比例，國家愈盛，則人民愈苦，一條叫政府與公理成反比例，政府存在，則公理不昌。[4]《社會主義與國會政策》一文宣佈："由今而降，如有藉社會主義之名，希望政權者，決非吾人所主張之政策，雖目為敵仇，不為過矣！"[5]

　　肯定馬克思主義的階級鬥爭學說和歷史唯物主義的部分思想，這一點，劉師培等和蒲魯東以來的許多無政府主義者有區別，但是，在反對馬克思主義的國家學說上，又表現出了無政府主義的共同特點。

　　辛亥革命時的中國，主要被關注的還不是實行社會主義的問題，但是，馬克思主義卻是一盞可以指導中國革命走向勝利的明燈。劉師培等絕望於舊的資產階級革命，這本來是一個接受馬克思主義的契機，但是，他們卻與之失之交臂。中國人民要接受馬克思主義，還必須走過一段曲折的途程。

1　《天義報》第 16—19 卷合冊。
2　《天義報》第 16—19 卷合冊。
3　《苦魯巴特金學術述略》，《天義報》第 13、14 卷合冊。
4　《論國家之利與人民之利成一相反之比例》，《衡報》第 1 號；《政府者，萬惡之源也》，《天義報》第 3 卷。
5　《天義報》第 15 卷。

三、"完全平等"的無政府烏托邦

無政府主義在其發展過程中，曾經產生過幾個不同的流派，如個人無政府主義、社會無政府主義、消極無政府主義、共產無政府主義等。劉師培對上述各派都作過考察，他選擇共產無政府主義。

斯諦納爾是所謂個人無政府主義者。他認為"我"是萬事萬物的主體，人類的進化之途是由集合之體分化為個體，由國家、社會分化為個人，達到不受任何制限，"各遂我性"的境界。劉師培接受過斯諦納爾的影響。《戒學政法歌》以"國家"為"第一邪說"，以"團體"為"第二邪說"，歌云：

> 第二邪說即團體，侈說合群真放屁。
>
> 高張團體升九天，壓制個人沉九淵。
>
> 天網恢張眾莫避，譬如獸罟與魚筌。
>
> 團體公意眾人守，空立規條垂永久。
>
> 有人欲遂自由性，便罵野蠻相掣肘。
>
> 互相束縛互箝制，活潑精神更何有！
>
> 試看群花大放時，眾瓣各與苞蕊離。
>
> 人類進化無止境，當使人人呈個性，
>
> 人非團體不能生，畢竟野蠻風未盡。[1]

要求"人人呈個性"，把"團體"視為束縛自由的"獸罟魚筌"，這正是斯諦納爾的個人無政府主義。但是，劉師培認為，當時的人民還達不到這種程度："蓋近今之民，決不能捨群而獨立。"他把希望放在遙遠的將來："異日物質文明倍為進步，或一切事物可以自為自用，則斯氏之說，或有實行之一日。"[2]然而，劉師培有時又感到，"自為自用"不僅永遠做不到，而且流弊很大。他舉例說：建築一座房子，決非一人之力所能勝任。人人都"自為自用"，必將"人人各私

---

1 《天義報》第 8、9、10 卷合冊。
2 《苦魯巴特金學術述略》，《天義報》第 13、14 合卷。

其所有，彼此不復相顧，一遇天災，死傷必眾。"[1] 這就實際上否定了個人無政府主義。比起斯諦納爾來，劉師培要清醒一些，他的理論多了一點集體主義的色彩。

托爾斯泰是所謂 "消極無政府主義者"。1907 年，日本報刊先後發表了他的《答日本報知新聞社書》、《致中國人書》和《俄國革命之旨趣》等文，引起中國革命黨人的注意。劉師培高度肯定托爾斯泰對西方資本主義制度的指責，尤其欣賞他對中國傳統農業社會的讚美，認為 "欲改革中國重農之俗而以工商立國者"，不可不讀托爾斯泰的著作[2]。但是，他不同意托爾斯泰對近代物質文明的完全否定，認為在有政府、有階級的社會裏，物質文明是掠奪平民的工具，而在無政府、無階級的社會裏，"物質文明日進，則人民愈便利"[3]。比起托爾斯泰來，劉師培也似乎要開通一些。

在當時，劉師培主要信奉克魯泡特金的共產無政府主義。這種主義主張發揚人類天賦的互助精神，"以自由結合之團體代現今之國家政府，以共產之制代現今財產私有之制"。[4] 劉師培認為它 "最為適宜"[5]，準備在破壞現存社會後立即付諸實施。他的無政府烏托邦主要是根據克魯泡特金的學說臆想的。但是，劉師培的思想並不是對前人學說的簡單重複，它有著自己的創造，這就是以 "完全平等" 作為最高原則。

劉師培認出，人類有三大權：一是平等權，"權利、義務無復差別之謂也"；二是獨立權，"不役他人，不倚他人之謂也"；三是自由權，"不受制於人，不受役於人之謂也"。這三大權都屬於天賦人權，其中尤以平等權最為重要。他說："無政府主義雖為吾等所確認，然與個人無政府主義不同，於共產、社會二主義均有所採。唯彼等所言無政府，在於恢復人類完全之自由；而吾之言無政府，則兼重實行人類完全之平等。"[6] 劉師培的這段話道出了自己的理論特色，下面的一段話就更清楚了。他說："獨立、自由二權，以個人為本位，而

1　《人類均力說》，《天義報》第 3 卷。
2　《天義報》第 5 卷。
3　《苦魯巴特金學術述略》，《天義報》第 13、14 卷合冊。
4　《苦魯巴特金學術述略》，《天義報》第 13、14 卷合冊。
5　《苦魯巴特金學術述略》，《天義報》第 13、14 卷合冊。
6　《無政府主義之平等觀》，《天義報》第 4 卷。

平等之權必合人類全體而後見，故為人類全體謀幸福，當以平等之權為尤重。獨立權者，所以維持平等權者也。唯過用其自由之權，則與他人之自由發生衝突，與人類平等之旨或相背馳，故欲維持人類平等權，寧可限制個人自由權。"[1] 歷來的無政府主義者都以個人的"完全自由"或"絕對自由"作為最高原則，而劉師培卻獨張異幟，表示為了"人類平等"，可以限制"個人自由"，從而形成一種變態的無政府主義。

劉師培臆想的無政府烏托邦特點有三：

1. 無中心、無畛域。劉師培說："無政府主義非無稽之說也，蔽以一言，則無中心、無畛域已耳。無中心故可無政府，無畛域故可無國家。"[2] 他設想，在破壞固有之社會，破除國界、種界後，"凡人口達千人以上，則區劃為鄉。每鄉之中，均設老幼棲息所。人民自初生以後，無論男女，均入棲息所；老者年逾五十，亦入棲息所，以養育稚子為職務。"另設閱書和會食之地，作為人民共集之區。在這樣的社會裏，沒有任何"在上"之人，連管理生產和分配的人員也不需要。[3]

近代生產是社會化的大生產，它需要廣泛的合作、聯繫和高度的組織性。拘限於"千人之鄉"，沒有具有一定權威的管理"中心"，任何社會化的大生產都無法進行，所謂"無畛域"也就是一句空話。

2. 實行共產。劉師培認為，在無政府的情況下，如果不實行"共產"，那麼，富民橫暴、盜賊劫掠等現象都將不可避免，只有實行"共產"，"使人人不以財物自私，則相侵相害之事將絕跡於世界"[4]。這裏所說的"共產"，不僅指土地、工廠等生產資料，而且也指一切產品和財富。《廢兵廢財論》說："於民生日用之物，合眾人之力以為之，即為眾人所公用。"[5]《人類均力說》稱："凡所製之器，置於公共市場，為人民所共有。"[6] 劉師培等設想：由於社會產品無限豐富，可以聽任人們"各取所需"，不需要任何分配者和分配制度："凡吃的、

---

1 《無政府主義之平等觀》，《天義報》第4卷。
2 《無政府主義之平等觀》，《天義報》第4卷。
3 《人類均力說》，《天義報》第3卷；參見《論女子當知共產主義》，《天義報》第8、9、10卷合冊。
4 《論種族革命與無政府革命之得失》，《天義報》第6卷。
5 《天義報》第2卷。
6 《天義報》第3卷。

穿的、用的，都擺在一個地方，無論男人、女人，只要做一點工，要哪樣就有哪樣，要多少就有多少，同海裏挑水一樣。"[1]

劉師培認為，由於實行"共產"，因此根本不需要貿易、交換，因而也就不需要貨幣。他說："使人人不以財產自私，則貿易之法廢；貿易之法廢，則財幣為易中之品者，亦失其行使之權。雖財幣豐盈，於己身曾無絲毫之利，則人人將以芻狗視之矣！"[2]

劉師培曾經注重到生產力問題。他認為，"中國欲行此制，必先行之於一鄉一邑中，將田主所有之田，官吏所存之產，富商所蓄之財，均取為共有，以為共產之濫觴。若各境之民互相效法，則此制可立見施行。此制既行，復改良物質，圖生產力之發達，使民生日用之物足供全社會人民之使用，則共產制度亦可永遠保存。"[3] 這就是說，可以先"共產"，後發展生產力。在有些文章中，他甚至認為，鬧災荒的時候實行"共產"最容易。《論水災為實行共產之機會》一文說："我現在奉告饑民的話，就是教他殺官、搶富戶。這兩件事做到盡頭，就可以做成共產無政府了。"[4]

沒有高度發展的生產力不可能建成共產主義，也不可能消滅商品和貨幣。劉師培這種超前發展生產關係，先"共產"，後發展生產力的設想，在實踐上只能破壞生產力，並在分配上通向絕對平均主義。關於後一點，他們的議論已現端倪，如要求"人人衣食居處均一律"[5]，"所築之室，其長短廣狹均一律，人各一室"[6]等。

3. 實行均力。劉師培認為，人人做工，人人勞動，固然是平等的，但是，同一做工，苦樂難易大不相同，還是不平等，例如造釘製針，所費勞力甚少，而築路築室，則所費勞力甚多。因此，他又提出，要消滅"分業社會"，實行"均力主義"。其方案是：每個社會成員20歲之前在上述的"棲息所"受教育，20歲後即須出而勞動，按年齡依次輪換工種，即21歲至36歲一律從事農業勞

1　《論女子當知共產主義》，《天義報》第 8、9、10 卷合冊。
2　《廢兵廢財論》，《天義報》第 2 卷。
3　《論共產制易行於中國》，《衡報》第 2 號。
4　《衡報》第 3 號。
5　《破壞社會論》，《天義報》第 1 卷。
6　《人類均力說》，《天義報》第 3 卷。

動，同時兼做其他工作（21 歲築路，22 歲開礦、伐木，23 歲至 26 歲蓋房，27 歲至 30 歲製造陶器，31 歲至 36 歲紡織及製衣），37 歲至 40 歲烹飪，41 歲至 45 歲運輸貨物，46 歲至 50 歲為工技師及醫師，50 歲以後養育幼童並任教師。劉師培把這種情況叫做"人人為工，人人為農，人人為士"，又叫做"人人不倚他人，人人不受役於人"。據他說，這樣做就"權利相等，義務相均"，苦樂相齊，完全平等，達到"大道為公"的境界了。[1]

人類歷史上出現的分工造成了工業和農業的分離、城市和鄉村的分離、體力勞動和腦力勞動的分離，劉師培的"人類均力"說包含著對上述情況的不滿和抗議。但是，分工是生產力發展的結果，社會化大生產的特點是高度的分工和專門化。不考慮勞動者的專長、知識水準、技藝熟練程度和個人志趣，一律機械地按年齡輪換，要求"一人而兼眾藝"，遍歷所有勞動部門，這種做法感情上是痛快的，理論上是徹底的，但是，它只能造成社會生產力和科學文化事業的大破壞、大倒退。在蘇聯的社會主義建設中，斯大林曾經批評過一些"左派"糊塗蟲的"平均主義兒戲"，認為它給工業帶來了巨大的損害。[2] 劉師培等也是一些"左派"糊塗蟲，"均力"說實際上也是一種兒戲！

劉師培的"均力"說在某些地方很類似於傅立葉的"和諧制度"。在這種制度下，以"法郎吉"（協作社）為基層組織，每個"法郎吉"擁有 1620 人，分成若干"謝利葉"（生產隊）。勞動者可以經常地調換工種。劉師培在構思他的烏托邦時可能受過傅立葉的影響[3]，不同的是：傅立葉的工種調換完全以勞動者的個人興趣為依據，劉師培的職業輪換則以年齡為標準，勞動者本人沒有任何選擇的餘地。它典型地體現了劉師培的理論原則 ——"欲維持人類平等權，寧可限制個人自由權"。

可以看出，劉師培的"完全平等"說的核心是絕對平均。在中國古代，農民有過"均貧富"、"均田"的要求，到了劉師培的"均力"說，平均主義就發展到了登峰造極的地步了。

---

1 《人類均力說》，《天義報》第 3 卷。
2 《斯大林全集》第 13 卷，人民出版社 1956 年版，第 316 頁。
3 《天義報》曾在 16—19 卷合冊介紹過傅立葉的學說。

然而，劉師培的無政府主義主張有著明顯的矛盾。

要使所有社會成員的勞動都準確無誤地列入"均力"說的時間表中去，要人們都住一樣大小的房子、穿一個式樣的衣服、吃一律的飯，就必須建立嚴密而有力的管理機構，還必須伴以無情的強制。當時，曾有人致書《天義報》，認為劉師培等"標無政府之名"，"終難逃有政府之實"[1]，這是擊中了劉師培的要害的。劉師培要使他的烏托邦化為現實，就必須建立政府，而且必須是一個高度專制的政府。無政府主義和專制主義有時是對立面，有時則是如影隨形的孿生兄弟。

正像沒有什麼"完全自由"或"絕對自由"一樣，世界上也不可能有劉師培幻想的"完全平等"或"絕對平等"。恩格斯說：在各個國家、省份、地區之間，"總會有生活條件方面的某種不平等存在，這種不平等可以減少到最低限度，但是永遠不可能完全消除。"[2] 隨著社會科學、文化和生產力的發展，隨著社會主義、共產主義事業的前進，工業和農業、城市和鄉村、體力勞動和腦力勞動之間的本質差別會消滅，但是，不可能消滅一切差別。無產階級的平等要求只能限於消滅階級，超出這個範圍，就必然要流於荒謬。

劉師培宣稱，他並不摒棄近代物質文明，相反，主張機器生產。這一點，他和蒲魯東主義不同，也和托爾斯泰主義不同，但是，他實際上並不熟悉近代文明。不論是"無中心"的"千人之鄉"也好，"殺官、搶富戶"的"共產主義"也好，以農為主、半農半工的"均力主義"也好，處處都鐫刻著小生產者狹隘經驗的印記。

劉師培又說："原人之初，人人肆意為生，無所謂邦國，無所謂法律，人人均獨立，人人均不為人所制，故人人俱平等。"又說："上古之初，人人自食其力，未嘗仰給於人，亦未嘗受役於人，雖所治之業至為簡單，然分業而治則固上古所未有也。"[3] 20 世紀初年，人們對原始社會已經有了相當的瞭解。劉師培在構思他的無政府烏托邦時除了依據小生產者的狹隘經驗外，也吸取了關於原

1　鏟平王：《世界平等政府談》，《天義報》第 13、14 卷合冊。
2　《給奧·倍倍爾的信》，《馬克思恩格斯全集》第 19 卷，第 8 頁。
3　《無政府主義之平等觀》，《天義報》第 4 卷。

始共產制的某些知識。顯然，它不是對未來社會的天才猜測，而是一種倒退的臆想。

四、以“勞民”為革命動力

革命必須依靠一定的社會力量，辛亥革命前夜的革命家們對此有不同的認識。有的籠統地提出要依靠“國民”，有的認為要靠“中等社會”和“學生社會”，有的認為要靠會黨和新軍；與上述各種認識迥然不同，劉師培等人明確指出，必須靠佔人口大多數的“勞民”，即農民和工人。

劉師培看出了歐美資產階級革命的狹隘性質，也看出了當時中國革命黨人活動範圍的窄小。他認為：法國革命，只是巴黎市民的革命，美國獨立，只是商人的革命，因此革命成功之後，平民依然吃苦；只有像俄國民粹主義運動一樣，使“革命之思想普及於農工各社會並普及於全國之中”，“革命出於多數平民”，才能叫“根本之革命”[1]。張繼說：“無論行何種革命，均當以勞民為基礎。”[2]《衡報》說：“現今中國，欲興真正大革命，必以勞民革命為根本。”[3] 他們並指出，在這種革命中，“勞民”不僅是參加者，而且應是“主動者”。《衡報》說：“中國革命非由勞民為主動，則革命不成。”[4]

劉師培等認為，革命黨人的活動必須以“運動農工為本位”[5]，首先從事“勞民結合”。為此《衡報》曾發表長文《論中國宜組織勞民協會》，說明組織勞民協會“乃當今之急務”[6]。張繼當時流亡在歐洲，他建議仿照法國勞民協會的辦法，在中國各地設立“工黨”。這些地方說明他們和 19 世紀末年以來的無政府工團主義者一致，張繼並建議革命黨人甩掉紳士氣派，“脫卸長衣，或入工廠，或為農人，或往服兵”，從而為中國革命奠定基礎。[7] 在上海的無政府主義者則建

---

1 《論種族革命與無政府革命之得失》，《天義報》第 6 卷。
2 《張繼君由倫敦來函》，《衡報》第 4 號。
3 《論中國宜組織勞民協會》，《衡報》第 5 號。
4 《漢口暴動論》，《衡報》第 4 號。
5 《論種族革命與無政府之革命得失》，《天義報》第 6 卷。
6 《論中國宜組織勞民協會》，《衡報》第 5、6 號。
7 《張繼君由倫敦來函》，《衡報》第 4 號。

議制訂"工會組織法"，編寫白話小冊子，以便運動工人[1]。

從世界歷史看，任何一次較為徹底的革命都必須有廣大勞動群眾的參與，否則就要夭折，或者浮皮潦草地結束。辛亥時期大多數革命家們嚴重忽略了的地方，劉師培等無政府主義者卻看出來了。應該承認，在這一點，他們對中國近代思想史和革命史也有貢獻。

劉師培重視農民問題。他曾發起組織農民疾苦調查會。章程云："中國幅員廣大，以農民為最眾，亦以農民為最苦，惜困厄之狀，鮮有宣於口、筆於書者。迄今所出各報紙，於各省政治、實業雖多記載，然於民事則弗詳，民事之中，又以農事為最略。嗟我農人，誠古代所謂無告之民矣。僕等有鑒於此，爰設農民疾苦調查會，舉官吏、富民之虐，據事直陳，以籌救濟之方，兼為申儆平民之助。"[2]其後，《天義報》、《衡報》陸續發表了一批調查記，如《貴州農民疾苦調查》、《川省農民疾苦談》、《山西佃民之疾苦》、《山東沂州佃民之苦》、《皖北佃民之苦》、《江蘇松江農民之疾苦》等，也發表了一些反映中國早期工人生活狀況的調查記，如《四川工人之悲苦》等，這是近代中國最早的農村調查和社會調查。當那個時期的革命黨人普遍熱心於陳述滿洲貴族帶給中國人民的苦難時，農民疾苦調查會的活動顯然別具一格。

劉師培等人沒有停留在表象上，而是揭示了農民受剝削、受壓迫的社會根源——地主階級。在《悲佃篇》一文中，劉師培指責"田主"為"大盜"，"始也操蘊利之術，以殖其財，財盈則用以市田，田多則恃以攘利，民受其厄，與暴君同"[3]。《衡報》並發表專文《論中國田主之罪惡》，分析中國地主制度的特點和演變。該文認為："重農之國，民間以田多為富，欲壟斷多數之土地，不能不使役多數之農民，而田主、佃民之階級遂一成而不可易"，"佃民者，其生命財產之權均操於田主，謂之佃民，不若謂之農奴"。文章的結論是："為今日農民之害者，田主而已。"[4]那個時期的革命黨人專注於"排滿"，因而放過了地主階級，劉師培等人卻把它揪住了，雖然他們還認識不到地主階

1　《平原斷侵君來函》，《衡報》第 10 號。
2　《天義報》第 8、9、10 卷合冊。
3　《民報》第 15 期。
4　《衡報》第 7 號。

級乃是中國封建社會的支柱。

劉師培號召實行"農民革命"。《悲佃篇》提出:"欲籍豪富之田,又必自農人革命始。"[1]《衡報》曾專門出版"農民號",其中《無政府革命與農民革命》一文提出,要在中國實行無政府革命,必須從"農民革命"開始。文章充份估計了農民的力量:"中國人民仍以農民佔多數,農民革命者,即全國大多數人民之革命也。以多數抵抗少數,收效至速。"文章駁斥了中國農民沒有"革命之資格"等說法,針鋒相對地表示,農民有團結之性、有抵抗之能力,"革命黨出於農民"。它說:"試觀之中國歷史,則陳涉起於傭耕,劉秀起於力農,而唐初之時,劉黑闥起於漳南,其所率均農民,此固彰彰可考者矣。自此以外,則西晉之時,流民擾亂亦均無食之農民。明代之時,則鄧茂七以佃民之微,起兵閩省。明末之亂,亦以無食農民佔多數。近世捻匪之眾蔓延北方各省,然觀曾國藩諸人所奏疏,均謂聚則為匪,散則為農,則革命黨出於農民,益有徵矣!"[2] 從陳勝開始綿延中國歷史近兩千年的農民起義,第一次得到了充份的評價。

在土地問題上,《衡報》提出了兩步走的設想。第一步,當革命初起之時,農民擺脫田主和國家的羈絆,實行"完全之個人私有制";第二步,當革命成功之後,擴充農民固有的共產制,"使人人不自有其田,推為共有,以公同之勞力從事於公同之生產,而均享其利"。[3] 巴枯寧、克魯泡特金等無政府主義者都主張土地共有,但是這種主張在中國推行起來,必將脫離渴望得到土地的佃農和佔有少量土地的貧農。《衡報》兩步走的設想是一個創造。

必須指出,劉師培號召的"農民革命"並不是武裝起義,而是一種停留於自發鬥爭階段的騷動。《衡報》列舉的"革命"方式有二。一為抗稅,即各境農民互相結合,誓不納稅、納租;佃民自有其田,不再承認土地為田主所私有。當田主訟於官署,差役捕人或索租時,合群力相敵,或加以毆擊,同時驅逐為官效力的保正、莊頭等出境。二為劫穀,即破壞各村大地主的糧倉,分其谷米;劫掠富民所開的典當,分其貨物;各債主有貸財取息,強迫農民以田地作

---

1 《民報》第 15 期。
2 《衡報》第 7 號。
3 《衡報》第 7 號。

抵者，以強力相加，收為己有。文章認為，在發生上述鬥爭後，官府必然派兵鎮壓，但農村廣大，政府兵力不夠分配；農民不售穀，不納稅，政府軍必然飢而自潰。[1] 文章中雖然有"相敵"、"毆擊"、"強力"一類字眼，但完全是自衛性質，無政府主義者所宣導的"非軍備主義"使他們不允許有組織農民武裝、進行農民戰爭的思想。他們雖然充份肯定陳勝等舊式農民起義，但在實際鬥爭的要求上，還是趕不上陳勝等人。

劉師培等提倡的另一種鬥爭形式是總同盟罷工。

總同盟罷工是西方無政府主義者多年的號召，德國人羅列以此為題，專門寫過一本小冊子，被視為無政府主義的經典。該書認為，總同盟罷工是資本主義條件下"第一流的革命方法"，可以在一旦之間把社會攪成亂泥，從而迅速摧毀資產階級及其統治。張繼、劉師培、章炳麟等人都非常欣賞這種鬥爭形式。劉師培說："倘羅氏之策推行禹域，閭閻驛騷，紜若羹沸，則握政之人，喪其所依。即以甲兵相耀，其資糧履屝之供，亦匱竭莫復繼。"[2] 在他看來，這種鬥爭形式完全可以戰勝統治者的"甲兵"，建立"泯等威而均民樂"的太平世界。1908年5月，漢口發生攤販騷動，漢口警局強迫各處攤販一律遷往指定地區，激起公憤。攤販們聚眾萬餘，拆毀警棚，焚毀警局，威脅商民罷市。《衡報》把這看作總同盟罷工的中國模式，立即作了報導，按語說："此實中國勞民之最大示威運動也。前歲上海罷市，其主動由於紳商、新黨，其目的在於對外；此次漢口罷市，其主動出於小商，其目的在於對內。語云：'冤有頭，債有主'，漢口此舉，殆中國社會革命之先聲矣！唯望中國勞民踵此而興，反抗官吏、資本家，以實行勞民大革命，則共產無政府之社會施行未遠矣！吾黨謹為中國勞民賀，並願以西曆五月十四日為中國勞民革命紀念日。"[3] 隨即發表長文，提出了在漢口實行總同盟罷工的方案。該文認為，漢口為適中之地，工業發達，擁有數萬工人，一旦罷工，武昌、漢陽、大冶等處的工人和湖北各地的農民必然紛起回應，"以多數之勞民，抗敵少數之兵警，夫復何難之有！"[4]

1　《無政府革命與農民革命》，《衡報》第 7 號。
2　《天義報》第 8、9、10 卷合冊。
3　《衡報》第 3 號。
4　《漢口暴動論》，《衡報》第 4 號。

總同盟罷工具有一定的威力，但是，誇大這種鬥爭形式的作用，以之作為"唯一"的革命方法，同樣是一種幼稚的幻想。

主張以"勞民"為革命的動力，重視農民問題，肯定農民的革命性格，呼籲革命黨人到工人、農民、士兵中去做發動工作，在這些地方，劉師培等人高於孫中山，但是，在堅持武裝鬥爭上，卻又遠遠落後於孫中山。

五、被吹脹了的"男女革命"論

婦女問題受到劉師培等人的特別注意。

《天義報》曾用大量篇幅揭露過中國婦女在封建社會所受的種種壓迫，而特別集矢於儒家。何震說："儒家之學術，以重男輕女標其宗。"她認為，自孔丘開始，經過漢、宋儒者，形成了以"夫為妻綱"為核心的一整套壓迫婦女的學說。她憤憤地喊道："儒家之學術，均殺人之學術也。"又說："前儒所言之禮，不啻殘殺女子之具。"[1]這是戴震以來對儒家思想最強烈的控訴。

何震認為：在資本主義社會中，婦女結婚、離婚自由，有和男子同受教育、同入交際場等權利，這些地方，較中國封建社會為勝。但是，婦女只獲得了肉體上的解放，而沒有獲得精神上的解放。她舉例說，資本主義的婚姻取決於金錢、門第等因素，"男子以多財相耀而誘女子，或女子挾家資之富而引男子愛慕之心"，名義上實行一夫一妻制，而實際上存在的是多妻制和多夫制。因此，"女子有自由之名，而無自由之實；有平等之名，而無平等之實"。[2]應該承認，何震的這些看法有一定見地。

何震呼籲人們實行"男女革命"，破除中國幾千年來的重男輕女之風。她的具體主張一部分是合理的。如：實行一夫一妻制；男女並重，做父母的要"視女猶子，視女之所出如孫"；男女養育同等，教育同等，有擔任同等職務的權利，社會性的一切事務都必須有婦女參加；夫婦感情不合，可以分離；廢盡

---

1 《女子復仇論》，《天義報》第 3 卷。
2 《女子解放問題》，《天義報》第 7 卷。

天下娼寮，去盡娼女等。[1] 這些主張，反映了中國婦女擺脫男權和夫權壓迫的願望。但是，由於小資產階級的狂熱性和思想上的形而上學與絕對化，她的 "男女革命" 論又是極大地吹脹了的。

何震聲稱："欲破社會固有之階級，必自破男女階級始。"[2] 這樣，"男女革命" 就提到了一切革命的首位。與何震的觀點類似，另有人則提倡毀家，認為有家而後有私，家為萬惡之首，只有毀家，才能拉開社會革命的大幕。[3] 他們不瞭解婦女問題和家庭問題的社會根源，不懂得婦女的解放決不能先於社會的解放，把主次完全顛倒了。

由於不瞭解婦女問題和家庭問題的社會根源，因而也就不能正確地分析並提示革命的對象。何震宣佈所有的男子都是 "大敵"，說是："今男子之於女子也，既無一而非虐；而女子之於男子也，亦無一而非仇。"[4] 她鼓吹 "女子復仇論"，聲言要 "革盡天下壓制婦女之男子"。不僅如此，她還表示，要 "革盡天下甘受壓制之女子。"[5] 例如，女子 "甘事多妻之夫" 者，她們要 "共起而誅之"；未婚之女嫁再婚之男者，她們也要 "共起而誅之"。[6] 這樣，何震就把千千萬萬和浩浩蕩蕩的人們都列入了打擊計劃。按照她的理論做去，必將出現一個亂誅亂鬥的局面。

參加公共勞動是婦女解放的先決條件。在資本主義社會中，一大批婦女走出家庭，參加社會生產，這對於提高婦女的地位是有作用的。但是，劉師培等卻對此持全盤否定態度。他們認為，這是由 "玩物" 發展為 "用物"，"既屈其身，兼竭其力"，地位更加低下。[7] 同樣，他們也不能正確地評價資本主義社會中婦女爭取選舉權的運動，認出只能造成一批 "助上級男子之惡"[8] 的女子貴族，徒然增加一重壓迫。

稍晚，在個別問題上，劉師培等認識了自己的錯誤。他們從《共產黨宣言》

1　《女子宣佈書》，《天義報》第 1 卷。
2　《天義報啟》，《復報》第 10 期。
3　漢一：《毀家論》，《天義報》第 4 卷。
4　《女子復仇論》，《天義報》第 2 卷。
5　《破壞社會論》，《天義報》第 1 卷。
6　《女子宣佈書》，《天義報》第 1 卷。
7　《論女子勞動問題》，《天義報》第 5 卷。
8　《女子解放問題》，《天義報》第 8、9、10 卷合冊。

和《家庭、私有制和國家的起源》二書中得到啟示。《女子問題研究》一文說：
"以上所言，均因氏（指恩格斯 —— 筆者注）所論財婚之弊也。彼以今之結婚
均由財產，故由法律上言之，雖結婚由於男女之契約，實則均由經濟之關係而
生耳，無異雇主之於工人也。觀於彼說，則女子欲求解放，必自經濟革命始，
彰彰明矣。"[1] 從"必自破男女階級始"到"必自經濟革命始"，認識上前進了一
大步，但是，他們仍然不能找到一條婦女解放的正確道路。

何震說："今日之女子，與其對男子爭權，不若盡覆人治。"[2] 把婦女解放和
"無政府革命"聯繫在一起，當然只能是一條死胡同。

六、歌頌中國封建社會

歷史現象竟是這樣的有意思，當劉師培等批判資本主義，宣揚最徹底、最
圓滿的"無政府革命"時，他們表現出狂熱的"左"派姿態，然而同時，他們
卻又在深情脈脈地為中國封建社會唱讚歌，表現出貨真價實的右派本色。

據劉師培說，中國社會具有和西方迥然不同的若干特點，因此，西方各國
實行無政府主義很難，而中國則和無政府主義理想很接近，實行起來比較容
易。理由有三：

1. 放任而不主干涉。劉師培說："中國數千年之政治，出於儒、道二家之學
說。儒道二家之學說主於放任，故中國之政治主放任而不主干涉。名曰專制，
實則上不親民，民不信官，法律不過具文，官吏僅同虛設，無一真有權之人，
亦無一真奉法之人。上之於下，視若草木禽獸，任其自生自滅；下之於上，視
若獰鬼惡神，可近而不可親。名曰有政府，實與無政府無異。"[3]

中國的封建統治建立在廣大的小農經濟上，因此，不可避免地存在著分
散、閉塞、割據的狀態，也不可避免地要產生因循、苟且、疲惰等作風，而資
產階級的統治則不同。馬克思、恩格斯曾經指出："資產階級日甚一日地消滅生

---

1 《天義報》第 16—19 卷合冊。
2 《女子解放問題》，《天義報》第 8、9、10 卷合冊。
3 《社會主義講習會第一次開會記事》，《天義報》第 6 卷。

產資料、財產和人口的分散狀態。它使人口密集起來，使生產資料集中起來，使財產聚集在少數人的手裏。由此必然產生的後果就是政治的集中。各自獨立的、幾乎只有同盟關係的、各有不同利益、不同法律、不同政府、不同關稅的各個地區，現在已經結合為一個擁有統一的政府、統一的法律、統一的民族利益和統一的關稅的國家了。"[1] 資產階級以現代化的手段建立了龐大的、強有力的、高效能的國家機器（包括政府、軍隊、法庭、警察、監獄等），這是封建統治者所望塵莫及的。關於此，劉師培有一個對比。他認為，中國自兩漢至當時，雖然是專制政體，但距國都較遠的地方，政府干涉力就不能達到；而歐洲當時，交通機關日益發達，殺人之器日益發明，加上巡警偵探分佈都市，人民稍有反抗，立即遭到鎮壓。因此，他得出結論說："野蠻之國，人民之自由權尚克維持；文明之國，人民決無自由權。"[2]

資產階級的統治遠較封建統治嚴密、強化，資產階級直接的、露骨的壓迫也有別於用儒、道思想包裹起來的中國式的封建壓迫。指出上述兩點自然是正確的；如果竟據此認為中國封建社會是一個"不主干涉"的"自由"社會，那當然是一種美化。

2. 中國社會早就消滅了貴族，法律平等。劉師培說："若中國去封建時代已數千年，為之民者，習於放任政治，以保無形之自由。貴族之制既除，富民之威未振，捨君主官吏專制外，貴賤貧富，治以同一之法律，其制本屬差公。"[3]

歐洲封建社會長期處於領主制經濟形態，自國王至諸侯、家臣、騎士，構成了一系列貴族等級。他們在分封的領地內既是土地佔有者，又是政治統治者，握有行政、司法、徵稅、鑄幣等特權。中國封建社會長期處於地主制經濟形態。秦王朝廢分封，改郡縣，勳臣、貴戚、地主們雖然佔有土地，但行政、司法、徵稅、鑄幣等權則概歸中央政府派出的地方官吏掌握；漢以後，歷代大體相沿秦制。

正確地分析並指出歐洲和中國兩種封建社會經濟形態及其政治結構的不同

1　《共產黨宣言》，《馬克思恩格斯選集》第 1 卷，人民出版社 1972 年版，第 255—256 頁。
2　《無政府主義之平等觀》，《天義報》第 5 卷。
3　《論新政為病民之根》，《天義報》第 8、9、10 卷合冊。

是必要的，但據此而認為中國封建社會早已消滅了貴族，法律平等，同樣是一種美化。

3. 中國社會賤兵賤商，以農為本。劉師培說："中國自三代以來，以迄秦漢，其學術思想，均以弭兵抑商為宗，觀老子言佳兵不祥，孟子言善戰者服上刑，推之宋輕言罷兵，許行倡並耕，董仲舒言限田，一以利民為主，而雜霸之談，商賈之行，則為學士所羞稱，故以德為本，以兵為末，以農為本，以商為末，其制迥勝於今。"[1]

不同的經濟基礎上矗立著不同的意識形態體系。歐洲資本主義建立在近代工業和高度發展的商品經濟上，為了保護和促進商品流通，開拓市場，必然貴兵貴商；中國封建社會建立在自給自足的自然經濟上，為了保持這個農業社會的封閉性和穩固性，自然賤兵賤商，它是中國長期落後、軟弱、停滯的重要原因，並不是什麼"迥勝於今"的寶貝。

劉師培等既然認為中國封建社會有上述種種優點，邏輯的結論必然是封建主義遠勝於資本主義，一切改革都沒有必要。他曾舉學堂、代議政體、實業為例，說明"新政"只能"病民"："若即社會之近況言之，則科舉廢而士人失業，汽車行而擔夫嗟生，輪舟行而舟人失所，加以迷信既破，而術數之業，不克恃以謀身，電信既通，而郵驛之夫不克恃以謀食，平民疾苦，為往昔所未聞。且近日商埠之地，恃御車為業者以數萬計，均屬昔日之農民，今上海之地，改試電車，則御車者又失業。援是以推，則所謂新政者，果為利民之具耶？抑為害民之具耶？毋亦所利者在於少數人民，而所害則在於多數人民乎？"[2]因此，他的結論是：學堂不如科舉，立憲不如專制，維新不如守舊。

對資本主義的批判常常來自不同方面：一是地主階級頑固派，一是受到資本主義發展威脅的農民、手工業者和小商人，一是工人階級。辛亥革命前夜，東南一帶由於外資輸入和民族資本的初步發展，農村自然經濟解體，手工業遭到衝擊，擔夫、舟人等傳統行業受到挑戰，不少農民棄農作工，淪為雇傭奴隸。這些人在封建主義的夾縫中還可以生存，而在資本主義條件下，他們卻成

---

1 《廢兵廢財論》，《天義報》第 2 卷。
2 《論新政為病民之根》，《天義報》第 8、9、10 卷合冊。

了沒落者，因此，不是沉溺於幻想，就是緬懷往古。劉師培等人的無政府主義正代表了這一社會階層的聲音。正如馬克思、恩格斯所說："中間等級，即小工業家、小商人、手工業者、農民，他們同資產階級作鬥爭，都是為了維護他們這種中間等級的生存，以免於滅亡。所以，他們不是革命的，而是保守的。不僅如此，他們甚至是反動的，因為他們力圖使歷史的車輪倒轉。"[1] 劉師培的無政府主義之所以具有強烈的封建色彩和國粹主義氣息，這固然和他的出身、教養有關 —— 劉師培出身於三代治《春秋左氏傳》的書香門弟，極為熟悉中國封建社會的歷史和文化；同時，也和他企圖依附的小生產者這一社會階層有關。小生產者和封建地主階級既有其對立的方面，又有其一致的方面，這就是都具有狹隘、保守的階級性格，都恐懼並反對資本主義，都企圖保存自給自足的自然經濟。從這個意義上來說，"左"的無政府主義和"右"的國粹主義合流並不奇怪，劉師培從提倡"無政府革命"到投降端方，後來又依附袁世凱，高唱"君政復古"也並不奇怪。

七、必須善於識別並拋棄各種高調

劉師培等人無政府主義思想的出現，既有其特定的時代背景，又有其深刻的社會根源。

以蒲魯東、巴枯寧為代表的無政府主義思潮曾經受到馬克思、恩格斯毀滅性的批判。但是，在恩格斯逝世後，第二國際大力鼓吹議會道路，作為它的對立面，"左"的無政府主義便死灰復燃了。在某些雖有資本主義發展，但小生產仍佔優勢的國家裏，它就更為活躍。日本的社會主義運動就正表現了這種情況。中國是個小生產階級極為廣大的國家，劉師培等人大都是小資產階級知識份子，他們受到無政府主義的吸引是很自然的。

在中國近代史上，劉師培等較早介紹了馬克思主義。他們揭露資產階級和資本主義的劣勢，強調以農工為革命的動力，看到了資產階級革命民主派所看

---

1 《共產黨宣言》，《馬克思恩格斯選集》第 1 卷，人民出版社 1972 年版，第 261 頁。

不到的方面，提出了資產階級革命民主派所提不出的問題，有一定貢獻，不應該完全抹煞。

但是，劉師培等在介紹馬克思主義的時候又攻擊馬克思主義。他們有時站在以孫中山為代表的革命民主派的“左”面，有時又站在右面，攪亂了革命黨人的思想。同盟會上層在 1907 年的分裂和劉師培等人對無政府主義思想的傳播有著密切的關係。

劉師培等人的思想是近代中國無政府主義思潮的源頭，它的短暫的表現給我們提供的政治上和理論上的教訓是深刻的。

1. 革命的徹底程度永遠不能超出歷史進程的需要和可能，必須善於識別並拋棄各種高調。從人類歷史的長河看，某些思想、綱領、政策可能是不徹底的，然而，從當時歷史條件看，卻是現實的、合理的。人們不應該把那些只能在明天做的事情勉強搬到今天來做。劉師培等提倡的“無政府革命”貌似徹底，然而，它超越歷史進程，脫離社會實際，調子愈高，對革命也愈有害。

2. 反對資本主義有不同的立場，也有不同的發展方向。小資產階級由於受到資本主義的威脅，因而，有著一種對資本主義的強烈憎恨。這種憎恨可能向“左”發展，成為否定一切的無政府主義，也可能向“右”發展，退向封建主義。劉師培等人的政治歷程正生動地說明了這一點。

3. 必須善於擺脫小生產者的狹隘經驗和目光。小生產者，由於生產方式落後，其社會改造方案不可能不是空想的，也不可能不是倒退的。只有熟悉社會化的大生產，瞭解它的特點和要求，才可能提出科學的、切實的、進步的社會改造方案。

4. 中國革命必須經由新民主主義走向社會主義。劉師培等完全否定孫中山的民主革命綱領固然錯誤，但是，它卻從一個方面說明了中國革命不應該是舊式的資產階級民主革命。在當時，劉師培等不能解決這個問題，孫中山也不能解決這個問題，只有以毛澤東為代表的中國共產黨人，根據馬克思主義世界觀和中國社會實際，提出了新民主主義革命的理論，這個任務才得以解決。正是在這一理論的指導下，中國人民推翻了“三座大山”，完成了辛亥革命所未能完成的任務，並勝利過渡到社會主義。

劉師培的平均奇想

在中國平均主義思想史上，筆者以為應該特別提到劉師培。一提劉師培，熟悉近代史的人就會想起他勸袁世凱當皇帝的行為。其實，劉師培曾經 "革命" 過，那時，他是 "響噹噹的左派"。他認為，"中國的事情，沒有一椿不該破壞的"，專門給自己起了個筆名，叫做 "激烈派第一人"。那意思自然是說，宇宙之大，唯我最 "左"，唯我最革了。

最初，劉師培在上海、安徽等地提倡 "種族革命"，受到清政府注意。1907年他流亡日本，接觸到當時的 "新思潮"，於是突發奇想，設計了一個實現 "共產" 的社會方案。據劉師培說，在那個社會裏，不僅土地、生產資科公有，而且一切產品和財富也都公有。這個社會的最大特點是 "完全平等"。這種平等不僅表現於沒有任何統治者或管理者，而且表現於消費、生活的各方面。例如，劉師培提出，"人人衣食居處均一律"，要求大家穿一樣的服裝，吃一樣的飯，住一樣的房子。既然中國的傳統服裝是寬鬆的 "深衣"，那你就別想穿洋服；既然食堂供應窩窩頭，那你就別想吃白麵饅饅。（附帶說明，劉師培是近代公共食堂的提倡者，他要求在每鄉建立 "會食之地"。）至於 "居處"，劉師培更明確提出："所築之室，其長短廣狹均一律。人各一室。" 要求每人有一間房子，這使至今居處還很局促的筆者很神往，但是，藍天白雲之下，所有的房子都一個模樣，彼此之間，既不寬一寸，也不高一分，那又是一幅多麼令人難以入目的畫面！

劉師培的 "共產" 社會的最大特點是 "均力"。他認為：人人作工，人人勞動，固然是平等了，但是，同一作工，苦樂難易，大不相同。譬如造釘製針，活兒很輕鬆，而築路蓋房，幹起來就很吃力，兩者之間還是不平等。因此，他提出了一種平均苦樂難易的理論 —— 人類均力說。按照這種理論，他將人分為三個年齡段：二十歲以前，在老幼棲息所受教育。二十一歲至三十六歲，從事農業勞動，兼做其他工作。即二十一歲築路，二十二歲開礦伐木，二十三歲至二十六歲築室，二十七歲至三十歲製造鐵器、陶器及雜物，三十一歲至三十六歲紡織及製衣。最後，三十六歲以後，免除農業勞動，從事各種工作。即三十七歲至四十歲烹飪，四十一歲至四十五歲運輸貨物，四十六歲至五十歲當工技師及醫師，五十歲以後入棲息所任養育幼童及教育事。劉師培要求每一個人都按照這一鐵定程序輪換。你想當運輸工人嗎？先幹十六年農業活兒，再當四年廚師，在四十一歲至四十五歲之間才行。你想獻身於人民教育事業嗎？那就要等到五十開外，遍歷農、工各種行業之後。也許你不想當醫生，但輪換表中有此一項，非當不可。至於科學家、作家、藝術家、新聞家，輪換表中沒有，你也別胡想。劉師培把他的這種設計稱為"人人為工，人人為農，人人為士"，是"權利相等，義務相均"的最高美滿境界。

不能認為劉師培的"均力"說完全荒唐。從有分工以來，人類就渴望打破分工的束縛。歐文、傅立葉、馬克思、恩格斯等人都曾設想過，在未來社會裏，勞動者可以全面地發展自己的能力，按照自己的志趣經常地、自由地調換工種，從一種勞動轉到另一種勞動。但是，社會主義大師們所設想的是生產力高度發展基礎上人的全面解放，而劉師培所設想的則是自然經濟基礎上人的全面束縛，其結果只能是社會生產和科學、文化事業的大破壞和大倒退。劉師培提出了"均力"說，其實並不準備實行，所以他很快就歸附了清朝政府，後來又成為"籌安會"六君子之一。

倒是"史無前例"的十年間，將工人調到大學和研究機關去"摻沙子"，將知識份子趕下幹校去"學工"、"學農"，很有那麼一點實行"均力"說的意味。不是嗎？

劉師培的 "水災共產主義"

筆者在一篇小文中說過，在中國平均主義思想史上，應該有劉師培的位置；本文想說，在中國共產主義思想的傳播史上，也應該為劉師培寫幾筆。這是因為，他是近代中國最早的 "共產主義" 的鼓吹者之一，並且曾經設想過一種 "貧窮共產主義" 的典型："水災共產主義"。

劉師培是個經歷複雜的人物，因此，人生的色差很大。可以說他既曾 "大紅"，也曾 "大黑"。關於他的 "黑"，本文暫且不表，先說他的 "紅"。那還是清朝末年，劉師培正在上海做革命黨。某日，他顧盼自雄，起了個筆名叫 "激烈派第一人"，那意思是說，他是當時天下革命性最強、最徹底的人。當然，這在清朝政府統治下是無法安身的，於是，劉師培跑到日本。正巧日本的社會黨發生分裂，一派激烈，一派溫和。自然，作為 "激烈派第一人" 的劉師培便成了日本社會黨 "激烈派" 的朋友，變得更加 "激烈" 起來。那時，孫中山正在提倡民族、民權、民生三大主義，劉師培認為其革命性太差，不能從根本上拯救百姓。於是，他便邀約了幾個人，組織 "社會主義講習會"，作演講、搞翻譯、辦報刊，提倡俄國人克魯泡特金的 "無政府共產主義"。這樣，劉師培就成了東京中國革命黨人中 "紅" 極一時的 "共產" 迷。

那時，劉師培寫了許多鼓吹在中國實行 "共產主義" 的文章。其中有一篇寫於 1908 年，題為《論共產制易行於中國》，引證大量古書，說明中國古代早就實行過 "共產" 制。例證之一是《禮記·祭法》篇中 "黃帝明民共財" 一語，劉師培認為："共財" 即 "共產"。其二是東漢班固等人所編《白虎通》書中的一句話："古者所以有宗者，所以長和睦也，通其有無，以財理族。" 劉師培以此證明："古代一族之財，為一族所共有"，可以稱為 "宗族共產制"。其三是《漢書·食貨志》對古代井田制的描繪："井方一里，是為九夫，八家共之，力役生產，可得而平。" 劉師培讚美這一制度，"同力合作，計畝均受，於均財之中寓共財之義"，是所謂 "鄉里共產制"。

因此，劉師培的結論是：中國社會和歐美不同，中國實行共產遠較歐美容易，其方法是：

於一鄉一邑之中，將田主所有之田，官吏所有之產（如倉庫），富商所管之財（每鄉富民均有蓄藏，又典當各業多為富民所開設），均取共有，以為共產之濫觴。若各境之民互相效法，則此制可立即施行。

這就是說，只要改變生產資料（土地）的所有關係、財富的所有關係和分配關係，"均取共有"，就"立即"實行共產主義了。至於生產力，那可以在建立了共產制之後再發展。他說：

> 此制既行，復改良物質，圖生產力之發達，使民生日用之物質悉供全社會人民之使用，則爭侵不起，而共產制度亦可永遠保存。

劉師培畢竟是中國最早介紹馬克思主義的人。還在 1907 年，他就在他主持的刊物上譯介過《共產黨宣言》的部分章節，因此，他懂得生產力這一概念，但是，他以為那不是建立共產主義的必要條件，可以先實行"共產"制，然後再"圖生產力之發達"。他完全不懂得，生產關係一定要和生產力相適應，生產關係超前了，其結果將不是促進，而是阻礙以至摧毀生產力。

劉師培甚至認為，鬧起水災來，就可以在中國立即建立"共產主義"。1908 年，廣東大水，他便寫了兩篇文章，一篇題為《論水災即係共產無政府之現象》，一篇題為《論水災為實行共產之機會》。劉師培稱：水災一來，田地也沒了，房產也沒了，金銀珠寶也沒了，大家只能一起相率逃難，其結果必然是到處被逐，叩頭哀求而難得一飽。於是，他號召饑民起來"革命"。文章說：

> 這種做饑民的，既然到這個地步，一定是要起來革命了，但革命的方法，一定是要依共產無政府的方法的。到一處殺一處的官，並把那錢糧倉庫取出來，大家使用，這就是反抗政府了。遇著有錢的人家，或是開當典、開大店，竊藏糧食不肯出賣的，都把他搶空，大家用著度命，這就是反抗財主了。

至此，文章進一步點撥說：

　　我現在奉告饑民的話，就是教他殺官、搶富戶。這兩件事做到盡頭，就可以做成共產無政府了。

　　你看，何等便捷！何等快當！中國古代有所謂立地成佛法，說的是一個人只要念頭一變，就可以立即進入佛家的最高境界；到了劉師培這裏，又找到了立地建成"共產主義"的竅門。現代社會生活中人們喜歡追求的"速成"法，蓋亦古已有之。

　　據劉師培敘述，這種"水災共產主義"的境界是："大家一起蓋茅蓬"，"要飯也要大家一起要"，"得了銀錢，也要大家一起用；得了糧食，也要大家一起煮，一起吃"，可見，是一種"貧窮共產主義"。建成這種"共產主義"快則快矣，當然誰也不想領教。它對人們有什麼吸引力呢？我想不會有。

　　劉師培的"水災共產主義"提出於 20 世紀初，今天的讀者也許會視作一種笑談。但是，它在思想史上留下的教訓卻是深刻的。在近代中國，無視生產力的發展狀況，以為在生產力低下、物質匱乏的情況下，只要變革生產關係和分配關係，就可以建成社會主義以至共產主義的想法，並不是個別的。"貧窮不是社會主義"，這是人們吃了不少苦頭之後才認識到的真理。

論辛亥革命前的國粹主義思潮 *

　　五十多年（為作者初作此文時的時間 —— 編者注）前，中國發生了辛亥革命。這次革命在意識形態領域內取得了什麼成果？革命派提出過什麼樣的文化改革的要求呢？我們如果在這兩個方面進行一些考察，就可以發現，辛亥革命時的中國資產階級在這兩個方面雖然也做出了一些成績，但建樹比之政治方

---

* 　原載《新建設》，1965 年第 2 期，略有修訂；錄自楊天石：《哲人與文士》，中國人民大學出版社 2007 年版。文中小標題為此次編輯時新加。

面卻還要貧弱。近代中國資產階級的一些人在思想、文化領域內確曾一度表現出革命的銳氣和蓬勃的進取精神。他們批判尊古賤今的退化史觀，批判封建文化、封建道德，要求革新和創造。這種情況，在 1905 年前表現得特別顯著；但愈接近革命前夜，卻反而漸趨沉寂。例如，近代中國資產階級中的一些人，包括改良派在內，曾經提出過道德革命、風俗革命、經學革命、史學革命、文界革命、詩界革命、曲界革命、小說界革命、音樂界革命、文字革命等一系列口號，他們在其中一些方面，確也做過一些改革的探索，一時風起雲湧，頗為熱鬧；但是，曾幾何時，這種現象就消失了，代之而起的是甚囂塵上的復古思潮。"革命"的口號不喊了，要喊"光復"，喊"保存"了。

這一切情況是怎樣發生的？它可以為我們提供什麼歷史教訓呢？這是本文試圖探索的問題。

一、三種國粹主義思潮

在辛亥革命前，有三種人都宣傳過一種名為國粹主義的思想：一是清王朝統治集團，突出的代表人物是張之洞；一是日益退步的資產階級改良派；一是革命派陣線中的某些份子，如章炳麟和《國粹學報》、南社中的部分成員。

中國的封建統治者是一向自視為"詩書上國"和"禮儀之邦"的，為了維護其統治，他們總是千方百計地宣傳封建文化，堅持"天不變，道亦不變"。鴉片戰爭後，清王朝統治集團中的頑固派仍然拒絕任何改革，拒絕向資本主義的西方學習任何一點進步的東西；這一集團中的另一部分人則認為可以學習西方的船堅炮利和聲光化電之學，藉以加強鎮壓人民起義的手段，但同時認為必須保持封建意識形態體系的完整性和神聖性，於是便提出了"中學為體，西學為用"的口號。這就是封建統治集團中的洋務派。隨著近代中國資產階級的興起和資產階級改良運動的逐漸開展，封建統治階級的這種宣傳封建文化的努力也愈為加強。19 世紀末年，以康有為、梁啟超為代表的資產階級改良派介紹了西方資產階級的進化論和民主、民權思想，提出了君主立憲的要求，近代中國出現了第一次思想解放的潮流，於是洋務派的代表人物張之洞便刊刻了《勸學篇》，標榜"教忠"、"明綱"、"宗經"、"正權"、"講西學必先通中學，乃不忘其祖也"，企圖鞏固封建文化對人民的思想統治。義和團運動後，資產階級革命派興起，革命派大力介紹法國資產階級革命時期的自由、平等、博愛等革命理想，對封建制度、封建文化進行了勇敢的抨擊，並在論戰中擊敗了改良派。近代中國出現了第二次思想解放的潮流。革命派不僅從事理論宣傳活動，也在加速政治組織工作和武裝起義。清王朝的統治已經風雨飄搖、岌岌可危，因而，它也就比過去更加狂熱地宣傳封建文化和復古思想。1906 年，清王朝規定以"忠君、尊孔、尚公、尚武、尚實"五大綱為教育宗旨，同年，從刑部主事姚大榮請，以孔子為萬世師表，詔升大祀。這一時期，它宣傳封建文化，更提出了一個漂亮的名目，這就是保存國粹。在 1903 年清王朝頒佈的《學務綱要》中即規定各級學堂必須"重國文（指文言文及古代典籍 —— 編者注）以存國粹"。1907 年，張之洞在湖北武昌成立存古學堂，並給清王朝上了一個奏疏，大意是，當時正是"道微文敝，世變愈危"之際，他經過經年的籌計，殫心竭慮，商榷數十次，發現只有"存國粹"才是"息亂源"的最好辦法。什麼是"國粹"呢？這就是"本國最為精美擅長之學術技能、禮教風尚"、"文字經史"、"歷古相傳之書籍"。對於這些，均應"專以保存為主"。他說：

> 若中國之經史廢，則中國之道德廢；中國之文理詞章廢，則中國之經
> 史廢……近來學堂新進之士，蔑先正而喜新奇，急功利而忘道誼，種種
> 怪風惡俗，令人不能睹聞，至有議請罷四書五經者，有中、小學堂並無讀
> 經、講經功課者，甚至有師範學堂改訂章程，聲明不列讀經專課者。……
> 此如籍談自忘其祖，司城自賤其宗。正學既衰，人倫亦廢。為國家計，則
> 必有亂臣賊子之禍；為世道計，則不啻有洪水猛獸之憂。[1]

可以看出，所謂保存國粹，其目的是抵禦當時洶湧澎湃的資產階級新思潮、新文化，抵禦資產階級對封建文化所作的批判，從而挽救清王朝的垂死命運。張

1　張之洞：《保存國粹疏》，光緒三十三年江蘇活字印本。

之洞的這個建議得到了統治者的讚賞。"上諭嘉勉",於是全國各地遍設存古學堂,尊孔復古之風大盛,保存國粹的調子高唱入雲。

革命運動進一步發展後,資產階級改良派也逐漸加入到清王朝保存國粹的合唱隊裏。原先,改良派曾經對封建文化作過一點批判,但那是極其有限的。他們都無例外地美化中國古代文明,主張採西學而不否定中學,孔孟之道、六經之學仍須發揚。這時,由於他們的立場已從批判封建制度轉為維護封建制度,因而,也就轉而從封建文化中找尋救命靈丹。1902 年,梁啟超曾籌創《國學報》,認為"養成國民,當以保國粹為主義,當取舊學磨洗而光大之"[1]。1910年,在辦《國風報》期間,更對"舉國不悅學","動棄吾之所固有以為不足齒錄,而數千年來所賴以立國之道遂不復能維繫人心"的情況表示憂心忡忡,而致力於中國美好的"國性"和"國民性"的宣揚。康有為"八年於外,周遊列國",考察了西方的許多國家後,突然發現中國的歷史簡直好到無以復加:"吾國經三代之政,孔子之教,文明美備,萬法精深,升平久期,自由已極",所以他認為應大呼"孔子萬歲"[2]。在他看來,當時中國比西方所差的只是"工藝兵炮"。辛亥革命後,更發表了所謂《中國顛危在全法歐美而盡棄國粹論》。嚴復於 1906 年在環球中國學生會上發表演說,斥責西學少年"群然懷鄙薄先祖之思,變本加厲,遂並其必不可畔者亦取而廢之"。他提倡中國的天理人倫和教化風俗,認為應"一切守其舊者","五倫之中,無一可背"。[3]

在行將被人民革命浪潮淹沒之前,封建統治階級以及和它有密切聯繫的資產階級改良派力圖抓住封建文化這根救命草來挽救自己,這就是他們高喊保存"國粹"的實質。

二、《國粹學報》諸人與章炳麟的國粹主義思想

1902 年初,廣東順德人鄧實在上海創辦《政藝通報》,朔望出版,月出二

1　轉引自黃遵憲致梁啟超書,光緒二十八年八月,北京圖書館藏稿。
2　《法國革命史論》,《新民叢報》第 87 期。
3　《東方》3 年 3 期。

冊。鄧實主張會通古今中外，探求國家治亂強弱的根由。《通報》表現了一定的向西方學習的要求，但同時也宣傳國粹主義。1904 年冬，鄧實組織國學保存會，發展會員，發表宣言，致力於號召保存國學。在他所網羅的會員中，有許多都是當時革命派思想學術界中的活躍人物，後來也大都成了南社的社員。1905 年，國學保存會的機關刊物《國粹學報》創刊，至辛亥革命後改名《古學彙刊》止，共發行 82 期。

《國粹學報》是當時革命派刊物中專門談學術的一種，對近代中國的思想、學術界產生過相當大的影響。《學報》編者們表示要師法《莊子·天下》和《荀子·非十二子》的精神，探討學術源流，歷敘諸家得失，來為現實政治服務。他們批判乾嘉學派末流的煩瑣考據和陸王心學的禪寂清談，號召人們研究祖國的歷史和文化、繼承和發揚民族傳統，在當時尤為突出地宣傳了“夷夏大防”的民族主義思想，猛烈地抨擊了以清王朝為代表的封建主義專制制度。但是《學報》所宣傳的國粹主義思想卻包含著一系列的根本錯誤，對近代中國資產階級的文化事業、革命事業起了消極的影響。

在編輯《學報》以外，國學保存會還曾大規模地從事古籍的校勘整理工作，先後編輯出版過《國粹叢書》、《國粹叢編》、《神州國光集》、《國學教科書》、《國學講義》等著作，又在上海設藏書樓一所，並曾擬設國粹學堂。

1906 年，章炳麟自上海出獄赴日本，在中國留學生歡迎大會上對革命黨人提出了兩大任務，其一即為用國粹激勵種性，增進愛國熱腸。其後，東京留學生中成立了國學講習會，由章炳麟任主講；不久又成立了國學振起社，以“振起國學，發揚國光”，章炳麟任社長。這以後，在章炳麟主編的《民報》上出現了許多宣傳保存國粹的文字。不少革命黨人鑽在東京或其他地方的圖書館裏，專意整理宋、明遺民的作品以及其他國學著作。《民報》自第 20 期起，也改變了編輯方針，似乎覺得過去宣傳的革命理論太“空漠”了，自此以後，要“專以歷史事實為根據”，同時，又徵集“宋季、明季雜史下及詩歌、小說之屬”，幾乎要把《民報》辦成《國粹學報》的樣子。風氣所開，不少革命派刊物莫不以“抒懷舊之蓄念，發思古之幽情，光祖宗之玄靈，振大漢之天聲”一類詞句作為發刊目的。它們大量介紹古代思想和人物，校刻古代典籍，於是，保存國學在革命派內部也成了一個時髦的口號。

《國粹學報》諸人在當時宣揚了一些什麼思想呢？

1. 中國古代文化曾經有過許多光輝燦爛的時期。首先，周公之學，上承百王，集黃帝、堯、舜、文、武之大成。至戰國，更出現了一個空前絕後的黃金時期，在諸子的著作裏，"其所含之義理於西人心理、倫理、名學、社會、歷史、政法，一切聲光化電之學無所不包"[1]。西方之所以強盛，那還是學習了我們，"偶得先王遺意"的結果。西方政術，雖然盡善盡美，但"證之《周禮》一書，無不相合"。西方科學之所以發達，乃是"秦人滅學，疇人子弟，抱器西奔"的結果。一句話，凡是西方現在所有的，都是我們古已有之的。中國的精神文明發達最早，"三墳五典，為宇宙開化之先；金版六弢，作五洲文明之祖"[2]，是西洋所遠不能比擬的。自有世界以來，"以文學立國於大地之上者以中國為第一"，"此吾國國文之當尊，又足魁之以自雄者也"[3]。

2. 中國文化的代表是儒家學派，儒家學派的代表是孔子。它們構成了神州二千年學術的基幹。儒家學派最適合於中國國情。周末，賴有孔子刪《詩》，序《書》，讚《易》，定禮樂，作《春秋》，因而不亡者二百年。此後，據說，東漢、唐之所以興，都是崇儒學的結果，而秦焚詩書，宋禁道學，明崇心學，就都國勢不振，導致社稷傾覆。所以，"由孔子之教，罔不興；違孔子之教，罔不亡"[4]。

3. 鴉片戰爭後，海內沸騰，人們探求救亡圖存之道，以為中國之弱，弱於中國之學，因而《論語》當薪，《三傳》束閣，以《六經》為糟粕，"群以吾國文學之舊而欲痛絕廢棄之"。同時，一般人又都醉心歐化。揚西抑中，不尚有舊，人人都在學習"蟹行文字"，舉一事，中國文化就面臨著一個空前的浩劫，"十三經、二十四史，諸子百家之文"，"黃帝、堯、舜、文、武、周公、孔子之學"，不及十年，都將盡歸煙滅，"國學之阨，未有甚於今日者矣"！[5]

4. 學術、文化是立國之本，是禮俗政教產生的基礎。學亡，文化亡，則國

1　鄧實：《古學復興論》，《國粹學報》第 9 期。

2　鄧實：《國學保存會小集序》，《乙巳政藝叢書・湖海青燈集》。

3　鄧實：《雞鳴風樓獨立書》，《政藝通報》癸卯（1903 年）第 24 號。

4　鄧實：《雞鳴風雨樓著議第二・學強》；《政藝通報》壬寅（1902）第 3 號。

5　《擬設國粹學堂啟》，《國粹學報》第 26 期。

亡，民族亡。"欲謀保國，必先保學"[1]；要挽救中國的滅亡危機，必須首先修述故業，挽救民族文化，保存國學，人民的愛國心將因此得到發揚。當然，也可以吸收一點西方的東西，但必須是藉西學證明中學，彼為客觀，我為主觀，折衷至當。

基於以上論點，《國粹學報》諸人痛心疾首地指斥當時先進的中國人向西方學習的熱潮，辱罵他們"鬻道於夷"，放棄道德，摧擊仁義，其罪等於賣國，結果是"快意一時，流禍百世，數典而忘其祖，出門不知其鄉"。[2] 在排斥西方文化的同時，他們則大力提倡中國的精神文明，宣揚神州歷史、文化的光榮。他們希望通過自己的工作轉移世風，使人們重見先正典型、前賢風徽，使中國的古文化能得到恢復："東土光明，廣照大千；神州舊學，不遠而復。"[3]

當然，革命陣線中的國粹派的觀點並不是完全統一的，他們之間也存在著一些差異，這裏簡要地介紹章炳麟的文化思想。

章炳麟的思想包含著複雜的矛盾。一方面，他認為西方可以學習，問題是不應委心事人、自輕自賤。在《國故論衡‧原學》中，他說："四裔誠可效，然不足一切穎畫以自輕薄。"但同時他又對向西方學習的人採取鄙夷態度，稱之為"新學鄙生"和"浮華之士"。他認為這種"新學"的傳播會是中國文化的災難，必將"滅我聖文"，"非一隅之憂也"[4]。在《原學》中，他列舉了大量的中國政治、經濟、文化中的"精粹"，然後和西方作比較，證明自家的好東西遠較西方為多，接著得出了結論，"贍於己者無輕效人"，認為當時革命派的任務是"恢彉"民族傳統，而不是"儀型"西方。他說："世人以不類遠西為恥，余以不類方更為榮。"

章炳麟也說過一些不應復古的話。他認為古今政俗變遷各在一時之宜，古代的東西並非都是盡善盡美的，因而不可盡行於今，更不可定一尊於先聖。他激烈地反對定孔教為國教，批評孔子膽小，不敢聯合平民以覬覦帝位，甚至說孔子嘩眾取寵，污邪詐偽，湛心利祿。這是一方面；另一方面，他又稱頌孔子

1　《擬設國粹學堂啟》，《國粹學報》第 26 期。
2　鄧實：《〈國粹學報〉第一週年紀念詞》，《國粹學報》第 3 期。
3　《國粹學報》發刊詞。
4　《俞先生傳》，《太炎文錄》第 2 卷。

是中國保民開化之宗，極力把孔子推崇為中國古代文化的保存者。他相信中國的古文化可以用來振興 20 世紀的中國，國學興，則"種性可復"，只要使"耳孫小子耿耿不能忘先代"，則"國有興立"。他甚至認為只要他的樸學老師孫詒讓能活得長一點，有人能繼承他的學術，"令民志無攜貳"，中國就可以興盛了。[1] 他以闡揚中國古文化 ——"支那閎壯碩美之學"為己任，反對對這種文化的批判，認為"抨彈國粹者，正使人為異種役耳"。他號召革命黨人愛惜自己的歷史，一是語言文字，二是典章制度，三是人物事蹟；要選出幾個功業學問上的"中國舊人"，學步他們；要利用古事古跡來動人愛國心思。[2] 他甚至設想，革命軍所到之處，應該首先保護那些能夠宣揚國學、傳播舊學的人，即使如大劣紳王先謙之流也不例外，因為他們要比"新學鄙生"更有用於中國。革命勝利後，對於"黎儀舊德"，更應予以特別之"保護"。[3]

可以看出，章炳麟的文化思想雖然與《國粹學報》諸人有些差異，但基本上仍然是一致的。

三、《國粹學報》諸人思想中的合理內核與局限

在章炳麟以及《國粹學報》諸人的思想中，是包含著若干合理內核的，即：中國有悠久、豐富的歷史和文化遺產，要熱愛這份遺產，繼承並發揚它；要有民族自尊心，不應該盲目迷洋，認為什麼都是外國的好；應該懂得自己祖國的歷史，"不明一國之學，不能治一國之事"，對自己的祖先完全無知是可恥的，等等。他們中的個別人也認識到西洋資本主義文化的虛偽一面，"始創自由、平等於己國之人，即實施最不自由、平等於他國之人"[4]，例如章炳麟。但是，從主要的方面考察，章炳麟等人的思想又仍然是錯誤的。

精神生產是需要隨著物質生產的改造而改造的。一定的文化永遠是一定的社會政治經濟條件的反映，為一定社會的經濟基礎服務。革命，不僅改變舊的

---

1 《里安孫先生哀辭》，《民報》第 20 號。
2 《演說錄》，《民報》第 6 號。
3 《主客語》，《民報》第 22 號。
4 《五無論》，《民報》第 16 號。

生產關係、社會關係，也必須改變由這些關係所產生出來的觀念。近代中國資產階級為了鬥爭的需要，必須建立反映本階級利益的意識形態體系，必須與建立在舊的經濟基礎和社會關係上的舊文化作堅決鬥爭。這樣，他就必然會面臨兩個問題：一是如何對待西方文化；二是如何對待本國的文化遺產，主要是封建社會中所形成的文化。這就是中學與西學、新學與舊學的問題。毛澤東說："在'五四'以前，中國文化戰線上的鬥爭，是資產階級的新文化和封建階級的舊文化的鬥爭。……學校與科舉之爭，新學與舊學之爭，西學與中學之爭，都帶著這種性質。"[1] 因而，如何回答這些問題，贊成西學、新學還是贊成中學、舊學，就反映著資產階級和封建地主階級兩種不同的立場和利益。

在近代，傳播西方文化的有兩種人。一種是帝國主義的傳教士李提摩太之流和一部分資產階級洋奴買辦，他們認為中國要全盤西化，中國什麼都不如西方。這是為帝國主義的侵略政策服務的。其中的一些帝國主義份子，不僅不反對中國舊學，相反，倒是支持封建地主階級的復古論的。另一種人，也是佔大多數的，介紹的是西方資產階級上升時期的民主主義文化。辛亥革命前，中國資產階級的革命者把《民約論》、天賦人權論以及平等、自由、博愛等學說作為福音，以之作為批判封建文化、封建制度的武器，這就是當時的所謂"新學"。這種"新學"，反映著資產階級的狹隘私利，是不能真正解決中國的出路問題的，但在當時，正如毛澤東所指出，它"有同中國封建思想作鬥爭的革命作用，是替舊時期的資產階級民主革命服務的。"[2] 而章炳麟及《國粹學報》諸人卻不區別這兩種情況，對西方文化採取鄙夷和排斥的態度，他們不瞭解革命思想從來沒有國家的界限，錯誤地把西方資產階級民主主義文化稱為"異域之學"、"皙種之學"，中國人學習這種文化就是"末學紛馳，樂不操土"，就會導致民族文化的毀滅。他們這樣說，就阻礙和打擊了新思想的傳播和發展。這是一。

第二，舊傳統、舊觀念往往是一種巨大的束縛力量。要建立新文化，就必須徹底地批判舊文化。沒有這個批判，就不可能從封建階級的思想禁錮下解放

---

1 《毛澤東選集》第 2 卷，第 689－690 頁。
2 《毛澤東選集》第 2 卷，第 690 頁。

出來，因而也就不能建立起新文化。恩格斯曾經指出過：“每一個新的前進步驟，都必然是加於一種神聖事物的淩辱，都是對於一種陳舊衰頹但為習慣所崇奉的秩序所舉行的反叛。”[1] 他熱情洋溢地讚頌了 18 世紀法國資產階級革命準備時期的啟蒙思想家們，稱譽他們對封建的思想和文化所作的戰鬥和“最無情的批判”[2]。辛亥革命前的中國資產階級中的一部分人也正是企圖這樣對中國傳統文化重新審查並作出估價的。但是，正當他們對這種文化的神聖性有了一點懷疑，作了一點批判的時候，國粹派就氣沖沖地大叫大嚷起來了。他們說：中國傳統文化好得很呀！應該寶之為國粹呀！你們這樣做，就是“騖外忘祖”呀！就是“芻狗群籍，糞土典墳”呀！他們這樣說，實際上就維護了中國傳統的封建文化的神聖地位。

民族文化從來都不是統一的，正如列寧所說，每一種民族文化中都包含著兩種對立的成份。毛澤東也指出，中國封建社會中確曾創造了燦爛的古代文化，但其中既有民主性的精華，也有封建性的糟粕。而章炳麟及《國粹學報》諸人恰恰為認有一種超階級的統一的全民文化，並把它視之為立國精神，從而籠統地號召保存國粹，其結果必然是保存了那些封建的、腐朽的、陳舊的東西。

當然，一個革命的階級不是絕對不可以利用前代的文化。事實上，思想史、文化史的規律總是這樣，新興文化是要利用前代文化的某些材料的。但是，不能奉行“拿來主義”，不能照搬。因為前代文化總是產生在前代的政治、經濟條件下，不可能完全適應、甚至根本不可能適應新的政治、經濟條件，這就需要對前代文化，即使是其精華部分，予以革命的揚棄、改造，只有這樣，才能使之為新的經濟基礎服務並從而有利於新興文化的創造和發展。而國粹派卻不是這樣。在他們看來，民族文化已經好到無以復加了，可以永垂萬代；不管社會條件發生了怎樣的改變，這種文化都是使中國強盛的萬靈藥方，不必批判，也不必創新，任務只是保存。這實際上就是使民族文化長期停滯，使封建文化萬古長存。

歷史證明，奢談“恢弘”民族傳統，拒絕對外國革命進步文化的借鑒，或

---

1 《馬克思恩格斯文選》兩卷集，第 2 卷，第 379—380 頁。
2 《馬克思恩格斯文選》兩卷集，第 2 卷，第 117—118 頁。

奢談繼承，不談革新，其實質都是在宣揚和維護舊的思想、舊的觀念、舊的文化；其結果都必然走上復古主義，墮落成為抱殘守缺的孤臣孽子，成為時代前進的反對者。

這裏，我們不妨看看章炳麟的例子。

章炳麟在東京的那次演說中號召革命黨人愛惜祖國的歷史。他的這種觀點，直到今天還有一些同志為之叫好。但是，問題就在於這"愛惜"二字。章炳麟不區別什麼是人民鬥爭史，什麼是封建壓迫史，什麼是歷史中的民主精華，什麼是歷史中的封建糟粕。他表面上雖然承認古制不可盡行於今，中國政治總是君權專制，本沒有什麼可貴，但在具體評述時卻總是把中國歷史說得好到不能再好，說什麼中國的典章制度，總是近於"社會主義"。例證之一是中國實行了均田，所以貧富不甚懸絕；之二是刑名法律的大公無私，犯了罪，"憑你有陶朱、猗頓的家財，到〔都〕得受刑"；之三是科場選舉，這原是"最惡劣"的了，但做工營農的貧民也就有了"參預政權"的希望。章炳麟說："我們今日崇拜中國的典章制度……那不好的，雖要改良，那好的，必定應該頂禮膜拜。"[1] 然而，既然連刑名法律、科場選舉這"本來極不好的"，"尚且帶有幾分社會主義性質"，那麼，還有什麼應該改良的呢？豈不是一切都應該"頂禮膜拜"嗎？實際上，章炳麟正是這樣，他在辛亥革命前的理想就是"光復舊物"，神往於貞觀、開元之治，覺得專制制度比資產階級"立憲代議"政體好，科舉比學校好，舊學比新學好，舊黨比新黨好。在辛亥革命後，他就提議"循常守法"[2]，認為清王朝的錯誤只在於"偏任皇族"、"賄賂公行"兩樁，其他舊法則"多應遵循"[3]，連婚姻、家族等制度都"宜仍舊"了。

章炳麟認為中國古文化中有許多精粹，特別是"言文歌詩"，更是西方各國所萬萬不及。他說："中國文字，與地球各國絕異，每一個字，有他的本義，又有引申之義……因造字的先後就可以推見建置事物的先後……"[4]，也是好得毫無缺點，應在"愛惜"之列的。於是，他起勁地反對當時一部分人關於中文

1 《演說錄》，《民報》第 6 號。
2 《菿漢微言》。
3 《自述學術次弟》。
4 《演說錄》，《民報》第 6 號。

拼音和減少漢字常用字數的意見，反對語言文字的發展變革。他對革命黨人大講小學，提倡揚雄、司馬相如的"奇字"；他的文章充斥了大量早已死亡了的古字，即使有通用字，也非用古字不可。在散文的體裁風格上，他提倡中國散文最初階段的那種樸拙狀態，鄙視唐宋文，反對白話文，企圖使語言"一返皇古"。為了反對近代出現的日益與口語接近的新體散文，他甚至在辛亥革命後支持桐城派，說什麼"乃至今日而明末之風復作，報章、小說，人奉為宗。幸其流派未亡，稍存綱紀，學者守此，不致墮入下流。"[1] 對於詩歌，他也認為愈古愈好，漢魏六朝以前的都是好的，此後則"代益淩遲，今遂塗地"，主張"宜取近體一切斷之"。他自己的詩也大都古奧詰屈，確乎是漢、魏以上的作品。

在所謂"保存國學"的口號下，《國粹學報》諸人就走得比章炳麟更遠了。他們明確地倡言復古，說什麼 20 世紀將是中國古學復興的時代，一切學術文章都將"寖復乎古"。有人給他們寫了篇文章，主張定孔教為國教，孔子為國魂，把《六經》提到如印度的《四韋駄》、基督教的《舊約》的地位，他們加了按語說："陳義確當，同人無任佩服。"他們認為一切都應該以古代為典範，編輯中有個叫黃節的，當時孜孜於華夷之辨，以光復舊學自任，他做了一部《黃史》，其中《禮俗書》一節，對革命後人民衣食住行的各方面都作了設計。他建議，婚姻，不必如西方的婚姻自由，而應採用《周官》舊禮；喪禮，依明太祖制，為父母斬衰三年；祭祀，返乎三代；住房，遠法商代的"四阿屋"。據黃節考證，古代還有所謂"通天屋"，比現代的摩天樓還好。冠服，古代有"留幕"，又有"窄衣"，可以仿製；音樂，國樂已亡，幸而尚存《詩經》中的《鹿鳴》之譜，可以"庶幾仿佛皇漢"；舞蹈，《周官》有干舞，跳起來也可以"不失陶唐氏之遺"[2]。

在章炳麟式的"學步中國舊人"的思想指導下，他們認為"前賢學派，各有師承；懿言嘉行，在在可法"。在劉師培編寫的《編輯鄉土志序列》中，不僅包括名臣傳、紳耆傳、孝義傳、一行傳（忠臣、孝子、義僕），甚至也包括列女傳，目的在於"表揚名德，闡揚幽光"。

---

1 《菿漢微言》。
2 《國粹學報》第 3、4 期。

在文學方面，《國粹學報》諸人和章炳麟一樣反對白話文、新體散文，稱之為粗淺鄙俗，不雅馴；稱新體詩歌是"新曲俚詞"，拼音簡字是"愚誣之說"；提高小說地位是"尊稗官為正史"。他們自己的文章則標榜"純用古人體裁"，"文辭務求古"，"擇言求雅"，甚至說什麼"群經多有韻之文，舊典盡排偶之作"，提倡形式主義的駢體文。他們又騰出大量篇幅來發表陳三立、鄭孝胥、朱古微、王闓運等同光體、常州詞派作家的作品，拉攏嚴復、林紓等參加國學保存會，和舊文化合流。

吳玉章同志在《辛亥革命》一文中指出過，辛亥革命時的中國資產階級"沒有強有力的思想革命作先導"，"未能攻破封建主義的思想堡壘"。"他們在理論方面不但缺乏創造性的活動，而且對西方 17、18 世紀啟蒙學者的著作和 19 世紀中葉主要思想家的著作也都沒有系統地介紹。"這種情況，是同國粹主義思潮在革命派內部得到廣泛傳播的事實互為表裏的。

四、國粹主義思潮窒息近代革命文化人的創造活力

在文學團體南社身上，最清楚地說明了國粹主義思潮怎樣窒息了近代中國革命文化人的創造活力，使之在後期逐漸蛻變為文化復古組織。

初期，許多南社成員都屬於新型知識份子階層，在反對封建制度、封建文化上採取著激烈的態度。例如寧調元曾經痛罵孔子是"民賊"，"至胎中國二千年專制之毒，民族衰弱之禍"。柳亞子則是盧梭的崇拜者，認為中國的倫理、政治"皆以壓制為第一義"。他熱烈地呼喊"民權"、"自由"，特別積極提倡女權，批判"三從七出"等封建綱常。高旭，以"鼓吹歐潮"為己任，宣稱"我愛自由如愛命"。他根據進化論的原理批判保守復古傾向，要求變革，聲言"我說為父者，斷勿肖其祖；我說為子者，斷勿肖其父……愈演而愈上，今必勝於古"，"物種能變易，即為天所佑……一成而不變，斯義實大謬"。在文學上，他是新體詩的積極提倡者。周實，認為對中國的古文化，即使是聖賢的"大義微言"，也應該"釐其精華而棄其糟粕"，認為儒家"甚不廣大"，反對在各地遍設存古學堂。林獬，積極提倡"種田的、做手藝的、做買賣的以及那當兵的

弟兄們”都能讀得懂的白話文。在南社成立前，他們辦的刊物也大都富於開創精神和改革勇氣。例如 1904 年陳去病、柳亞子等辦的《二十世紀大舞台》提倡戲劇改良，“新曲新理”，發表過一些表現當時現實的“時事劇”，以“開通下等社會”、“收普及之效”為目的。語言則“或尚文采，或演白話，不拘一例”。又如 1906 年出版的《復報》首期，發刊詞即標名“通俗體”，此後每期均發表新體詩及歌詞。但是，在南社成立後，這些成果並不曾鮮明地反映到它的綱領和文學活動中去，其原因就在於國粹派的影響。

南社的醞釀過程正是保存國學的呼聲在革命派內部愈來愈高的時期。上文已經談過，南社的主要成員大都參加過國學保存社；南社的主要發起人之一陳去病更曾一度擔任過《國粹學報》的編輯，因而國粹派的觀點反映到南社內部去也就毫不奇怪了。在南社成立前，一部分社員曾經對南社的性質、任務等問題交換過意見。高旭後來回憶說，陳去病為什麼要發起南社呢，是因為覺得“入同盟會者思想有餘而學問不足”[1]。何謂“思想”？顯然是革命思想；何謂“學問”？顯然就是“國學”了。高旭請寧調元為《南社集》作序，寧調元在回信中說，《南社》應該“固雜誌之藩籬”，以“保神州之國粹”為目標。[2] 正是在這種復古思潮的影響下，一部分本來具有革新勇氣的人認識模糊了，妥協了。例如高旭，這時就表現了一種搖擺的傾向。在《願無盡廬詩話》中，他一方面認為“世界日新，文界詩界當造出一新天地”；但另一方面，又認為“新意境、新理想、新感情的詩詞，終不若守國粹的用陳舊語為句為愈有味也”。在這種情況下寫出的《南社啟》，就接受了國粹派的觀點。

　　國有魂，則國存；國無魂，則國將從此亡矣……然則國魂果何所寄，曰寄於國學。欲存國魂，必自存國學始。而中國國學之尤可貴者，端推文學。蓋中國文學為世界各國冠，泰西遠不逮也。而今之醉心歐化者，乃奴此而主彼。……嗟呼！痛哉！伊呂倭音，迷漫大陸，蟹行文字，橫掃神

1　《周實丹烈士遺集序》，《南社》第 7 集。
2　《與高天梅書》，《太一遺書·太一箋啟》。

州，此果黃民之福乎！人心世道之憂，正不知伊於胡底矣。[1]

這份文檔代表了南社中相當多成員的看法，對南社的文學活動起了一定的影響。於是，詩界革命、文界革命的線斷了，新派詩、新體散文不被提倡了，發表在《南社叢刻》上的仍然是傳統的"詩古文詞"，甚至還有駢文。此外，傳播革命新思想的文章少見了，而代之以對宋明遺民、鄉賢事蹟的宣揚。《二十世紀大舞台》提倡的戲劇改良、《中國白話報》的通俗文傳統被扔開了，許多社員一心一意以明代的幾社、復社文人為榜樣。南社的這一傾向迅速得到了國粹派的歡呼。

辛亥革命後，國粹派立刻成立國學商兌會，發行自己的刊物，號召抱殘守缺，保衛先聖之傳、宗邦之舊，主張定孔教為國教，並且最後把柳亞子趕下了台，取得了南社的領導權。"五四"時期，這一部分人激烈地反對白話文、白話詩，說："方今滄海橫流，國學廢墜，新進鄙文言為迂腐，士夫競白話為神奇，直使吾國數千年文學淵源日就淪胥之域。"[2] 這就使得南社這一革命的文學團體終於淪為復古派的組織。在南社解體以後，南社中的國粹派又匯合而為南社湘集，和接受了"五四"運動影響的新南社相對立。

五、國粹主義思潮的復古性質及其在新文化運動時期的命運

國粹主義思潮是一種復古思潮。它的特點是抵制外來進步文化，反對變革發展，在保存民族遺產的幌子下保存封建文化，或用以抵制革命，或用以抵制革命的新文化。提倡國粹的人當然也有不同：張之洞等代表著清王朝的利益，孔教會諸人則依附於袁世凱和北洋軍閥，而章炳麟等國粹派則代表革命黨內一部分對舊文化濡染甚深而又深情脈脈的人。像章炳麟等人，為了挽救民族危機，他們對封建制度、封建文化的最黴爛、腐朽的部分有所唾棄，有接受新思想的要求，但是，這種唾棄和接受都有一定的限度。一方面，他們認為"'西

---

1 《南社通訊錄》，辛亥正月版。
2 馬士傑：《與高吹萬書》，《國粹叢選》第 13、14 集合刊。

哲'的本領雖然要學",但另一方面,"'子曰詩云'也要更昌明"[1]。一到了學"西哲"而有礙於"子曰詩云"的"昌明"的時候,一到了反封建的革命愈益深入的時候,他們便捨棄西哲、捨棄革命,而只要"子曰詩云"了。如果說,章炳麟等一類國粹派在辛亥革命前還帶有若干新色彩,他們也發表過若干正確的對當時革命有利的言論的話,那麼,在辛亥革命後,特別在新文化運動後,他們的新色彩就日益消失,而只剩下封建復古的一面了。"五四"前夜,在北京大學內部與新文化派對壘、創辦《國故》月刊的,正是被稱為"章太炎學派"的《國粹學報》編輯劉師培等人。1918 年,正是資產階級、小資產階級急進民主派高呼打倒孔家店、擁護德先生和賽先生的時候,黃節在上海重新遇見了《國粹學報》的主編鄧實,曾經寫了一首詩給他:

> 國事如斯豈可期,當年與子辨華夷。數人心力能回變,廿載流光坐致悲。不反江河仍日下,每聞風雨動吾思。重逢莫作蹉跎語,正為棲棲在亂離。

廿載心力,孜孜於華夷之辨,不料人心仍如江河日下,國粹將亡,自然感慨繫之,其聲悽以厲了。後來鄧實在上海以書畫古玩自娛,鬱鬱以終,章炳麟"退居於寧靜的學者",和時代隔絕了,其原因都在這裏。

對國粹主義思潮的復古實質,辛亥革命時曾有少數人有所認識,他們提出過"尊今賤古"、"壓其精華,棄其糟粕"等進步的命題來與之對抗,但是並未形成強有力的思潮,大多數人則聽任國粹主義在革命派內部傳播,不少人還隨聲應和,這就使得在政治、思想、文化領域內未能高舉徹底反封建的大旗,使得一度出現過的蓬蓬勃勃的現象逐漸消失,並使歷史發生了某種倒退。

徹底地展開對封建文化的批判,徹底地展開對國粹派的鬥爭,這一任務是"五四"時期才提出來的。"五四"新文化運動揭出了反對舊道德、提倡新道德,反對舊文學、提倡新文學的大旗。這是一個了不起的功績,使它稱得起是中國歷史上以前不曾有過的偉大的文化革命。但是,這一運動也有它的缺點,這就

---

1 《魯迅全集》第 1 卷,第 409 頁。

是"對於現狀,對於歷史,對於外國事物,沒有歷史唯物主義的批判精神,所謂壞就是絕對的壞,一切皆壞;所謂好就是絕對的好,一切皆好"[1],所以有些人又盲目崇拜西洋,完全否定民族文化傳統,出現了許多洋八股、洋教條。

六、毛澤東對中國文化的認識及其對發展民族新文化的期待

正確地解決了近代文化史上長期懸而未決的問題的是毛澤東。他在《新民主主義論》中指出,必須"革除""中華民族舊文化中的反動成份","建立中華民族的新文化",即"民族的、科學的、人民大眾的新文化"。他反對盲目排外自尊的文化上的狹隘民族主義,同時又強調不應該生吞活剝、盲目搬用,而應當從中國人民的實際需要出發,和民族的特點相結合,使之具有中國作風、中國氣派。他反對割斷歷史的民族虛無主義,同時又反對盲目迷信古人的復古主義。他說:

> 中國的長期封建社會中,創造了燦爛的古代文化。清理古代文化的發展過程,剔除其封建性的糟粕,吸收其民主性的精華,是發展民族新文化提高民族自信心的必要條件;但是決不能無批判地兼收並蓄。必須將古代封建統治階級的一切腐朽的東西和古代優秀的人民文化即多少帶有民主性和革命性的東西區別開來。……我們必須尊重自己的歷史,決不能割斷歷史。但是這種尊重,是給歷史以一定的科學的地位,是尊重歷史的辯證法的發展,而不是頌古非今,不是讚揚任何封建的毒素。對於人民群眾和青年學生,主要地不是要引導他們向後看,而是要引導他們向前看。[2]

當我們瞭解了近代文化史的發展及其有關論戰後,就會認識到毛澤東這段話包含著深刻而豐富的內容。

批判是發展的必要環節,沒有批判,就談不上真正的繼承。這種批判,是

---

1 《毛澤東選集》第 3 卷,第 833 頁。
2 《毛澤東選集》第 2 卷,第 700—701 頁。

一種分析、分解和揚棄,並不是一概罵倒,全盤否定。只有運用馬克思主義歷史唯物主義對歷史文化遺產進行科學的批判,才能真正繼承民族文化的優良傳統,保證新興的革命文化的健康發展,保證思想革命的徹底勝利。在這方面,辛亥革命前國粹主義思潮的氾濫,正給我們提供了一個反面的歷史教訓。

陳獨秀組織對泰戈爾的 "圍攻" *
—— 近世名人未刊函電過眼錄

泰戈爾(1861—1941)是印度文豪、社會活動家,亞洲第一位諾貝爾文學獎獲得者。他一生寫了大量詩歌和小說。他的作品,表現英國殖民主義統治下印度人民的悲慘生活,譴責封建種姓制度,提倡人類之愛與和平抗爭,具有廣泛的社會影響和很高的藝術成就。1924 年 4 月 12 日,應蔡元培、梁啟超等人之邀,泰戈爾訪問中國,至 5 月 29 日離華,共歷時 48 天。

泰戈爾的中國之行既受到熱烈的歡迎,也受到猛烈的 "圍攻"。資料顯示,"圍攻" 的組織者是當時的中共總書記陳獨秀。現存陳獨秀致吳稚暉函云:

稚暉先生:

《中國青年》週刊擬出一冊《反對太戈爾號》,想先生為他們做一篇短文,務請先生允此要求,因為太戈爾此來,在青年思想界必增加一些惡影響,我們必須反對他一下。此請

道安!

陳仲甫白。十三

此週刊準於本月十六號齊稿,先生文章請在期前做好。又白。

---

* 原載《百年潮》,2003 年第 8 期;錄自楊天石:《哲人與文士》,中國人民大學出版社 2007 年版。

封面題："請面交吳稚暉先生。" 封底有柯慶施所書留言："施特來奉候，適值先生公出，悵甚。茲特留上仲甫先生信一封、《中國青年》二冊，請查收。《中青》稿子，後日下午施當來取。柯慶施留上。"

《中國青年》是中國社會主義青年團的機關刊物，1923 年 10 月 20 日創刊於上海，主編惲代英，蕭楚女、鄧中夏、張太雷、任弼時等均先後參加編輯。據封底柯慶施留言，可知柯於 1924 年間也是該刊編者之一。

本函僅署 "十三"。此前，陳獨秀還給胡適寫過類似的一封信，邀請胡適寫稿，署 4 月 9 日，據此，知此函為 1924 年 4 月 13 日所作，時當泰戈爾到達中國上海後的第二日。

1915 年 10 月，陳獨秀在《青年雜誌》一卷二號發表自己翻譯的泰戈爾的詩作《讚歌》，這可能是泰戈爾的作品首次被翻譯為中文。進入 20 年代，出現譯介泰戈爾作品的高潮。1922 年，鄭振鐸翻譯出版泰戈爾的《飛鳥集》；1923年，翻譯出版《新月集》。沈雁冰、鄭振鐸並在《小說月報》推出《泰戈爾專號》，介紹泰戈爾的作品與成就。但是，這種情況卻遭到陳獨秀的強烈質疑。同年 10 月，陳獨秀在《中國青年》第二期發表《我們為什麼歡迎泰谷兒？》一文，文稱：

> 此時出版界很時髦的翻譯泰谷兒的著作，我們不知道有什麼意義！歡迎他的藝術嗎？無論如何好好的文藝品，譯成外國文便失去了價值，即使譯得十分美妙，也只是譯者技術上的價值，完全和原作無關。歡迎他著作的內容即思想嗎？像泰谷兒那樣根本的反對物質文明科學與之混亂思想，我們的老莊書昏亂的程度比他還高，又何必辛辛苦苦的另外來翻譯泰谷兒？

> 昏亂的老莊思想上，加上昏亂的佛教思想，我們已經夠受了，已經感印度人之賜不少了，現在不必又加上泰谷兒了！

文中，陳獨秀不僅完全否定文學翻譯的必要，也完全否定泰戈爾作品的思想價值，對中國傳統的老莊思想、印度傳來的佛教思想都持批判態度，顯示出這一時期的陳獨秀仍然保留著"五四"時期的反傳統色彩,並且更加激進了。

　　泰戈爾對包括中國文化在內的東方文化懷有深厚感情。他到上海後,即於4月14日對《申報》記者發表談話,聲稱此次來華"大旨在提倡東洋思想亞細亞固有文化之復活","亞洲一部分青年,有抹煞亞洲古來之文明,而追隨於泰西文化之思想,努力吸收之者,實是大誤"。泰戈爾稱:"泰西之文化單趨於物質,而於心靈一方面缺陷殊多,此觀於西洋文化因歐戰而破產一事,已甚明顯;彼輩自誇為文化淵藪,而日以相殺反目為事⋯⋯導人類於此殘破之局面,反之東洋文明則最為健全。"近代以來,西洋文化曾被一部分東方人視為救世良藥,第一次世界大戰爆發後,列強間的激烈爭奪與戰爭的血污使一部分東方人對西洋文化失望,轉而提倡回歸東方文化,印度的泰戈爾、中國的梁啟超等人都有這種傾向。

　　陳獨秀不贊成這種回歸東方文化的傾向,他在《太戈爾與東方文化》中提出,東方文化有三大局限:一是尊君抑民,尊男抑女。陳獨秀認為,在中國,復活這一傳統,"只有把皇帝再抬出來,把放足的女子勒令再裹起來"。二是知足常樂,能忍自安。陳獨秀認為,復活這一傳統,就會使"中國人生活在兵匪交迫中,而知足常樂",使"全亞洲民族久受英、美、荷、法之壓制而能忍自安"。三是"輕物質而重心靈"。陳獨秀認為,復活這一傳統,"只有廢去很少的輪船鐵路,大家仍舊乘坐獨木舟與一輪車;只有廢去幾處小規模的機器印刷所,改用木板或竹簡"。陳獨秀要求泰戈爾"不必亂放莠言亂我思想界"。他說:"太戈爾!謝謝你罷,中國老少人妖已經多得不得了呵!"

　　陳獨秀此文成為《中國青年》"泰戈爾號"的頭條文章,同號刊發的"批泰"文章還有瞿秋白的《過去的人 —— 太戈爾》、澤民的《泰戈爾與中國青年》、亦湘的《太戈兒來華後的中國青年》等三篇文章,是名副其實的"批泰專號"。瞿文聲稱印度已經進入現代,而泰戈爾卻"向後退走了幾百年";澤民的文章批評泰戈爾是"印度的頑固派"、"中國青年思想上的大敵";亦湘的文章指責泰戈爾所說"完全是欺人的鬼話","無恥之尤",聲稱"他來講學,我們不用去聽他,聽了亦切不可相信",其著眼點都在於防止泰戈爾思想影響中國的年輕人。陳獨秀致吳稚暉函稱:"太戈爾此來,在青年思想界必增加一些惡影響,我們必須反對他一下"，顯然，這幾篇文章都經過陳獨秀的授意。除此之外，陳獨秀還寫了好幾篇"批泰"文章，如《評泰戈爾在杭州上海的演說》、《巴爾達里尼與泰戈爾》、《泰戈爾與清帝及青年佛化的女居士》、《泰戈爾與北京》等。影響所至，中國報刊上甚至出現過《泰戈爾是一個什麼東西！》一類文章。

陳獨秀等人對泰戈爾的批判顯然促進了泰戈爾的深入思考。4月23日，泰戈爾經天津到北京，繼續發表演講。他說："今日我東西方文化發達及互相借重之時，對東方精神文明與西方物質文明的內涵，何者可去，何者可存，實有加以評斷之必要。"提出"互相借重"與"去"、"存"問題，這就比較全面、客觀了。

《泰戈爾號》沒有發表吳稚暉的文章，不等於吳稚暉不支持陳獨秀。他先後寫了《皇會聲中的太戈爾》和《婉告太戈爾》兩文，激烈地批評泰戈爾"口中掉不出象牙"，已經成為"印度國故的僵石"，把"已經藥死了印度的方子"當成"驗方新編"送給中國人。吳稚暉特別批評泰戈爾"不抵抗主義"。他說："太先生心知帝國主義的暴秦的可恨，卻不給國人一些能力，只想叫老石器人民，抱無抵抗主義，候使用鐵器的客帝自己惡貫滿盈！"吳的這兩篇文章之所以沒有在《中國青年》發表，想是因為已經過了陳獨秀提出的截稿時間。

胡適雖也接到陳獨秀的組稿信，但是，胡適卻沒有支持陳獨秀。5月10日，他在北京歡迎泰戈爾的演講會中說："我過去也是反對歡迎泰戈爾來華之一人，然自泰戈爾來華之後，則又絕對敬仰之。"12日，泰戈爾在北京舉行另一場演講會，有人散發"反泰"傳單，表示要"激顏厲色"送泰戈爾離開中國，胡適因此再次表示："這種不容忍的態度是野蠻的國家對待言論思想的態度。我們一面要爭自由，一面卻不許別人有言論的自由，這是什麼道理！"

陳獨秀組織對泰戈爾的"圍攻"是近代中國東西文化論爭的一個部分，也是當時現實政治鬥爭的曲折反映。這一論爭的是非得失不是本文所要討論的問題，本文所想表達的是，陳獨秀對泰戈爾的批判，正像他對於中國傳統文化的批判一樣，有其偏激的"左"的一面，但是，我們從中仍然可以看出陳獨秀對民主和科學的一貫追求。

昔賈生之策治安痛哭流涕長太息噫何其切戉今能成

敗天下者法而已矣漢與未久文帝謙讓特法不能畫末

立與不行為病執鉅我

國家重熙累洽二百餘年固無法不立亦有法必行久之習

於寬大陰擠陽煽驕官猥吏鼓其機神姦巨蠹叢其際外與

法相市內與法相遁於是除害無法而營私則有法守官無

法而厲民則有法芒然不知其何謂之法法遂不能制運

極變生一切便宜從事建大功立大業未嘗不越於常法之

外然而於法初無害也誠以此時取法之善者復之其不善

者更改之整齊之求無悖於立法之初意其勢甚便則天下

《校邠廬抗議》陳序

一一

第二部分
文藝思想研究

馮桂芬對桐城派古文的批判與衝擊

在近代文學的發展中，馮桂芬較早地衝擊桐城派古文陣線，也是較早地企圖使詩歌為改良主義的政治要求服務的人物。

桐城派古文是清代散文正宗，它標榜繼承孔、孟、程、朱的"道統"和唐宋八大家的"文統"，以安徽桐城古文作家方苞、姚鼐為其代表；末流所至，發展為一種為封建統治階級服務的衛道文學，裝腔作勢、空疏無用，成為變相的八股文。從其出現伊始，反對者、排斥者就代不乏人，但大體上，這些分歧都只是封建舊文學的內部矛盾。只有到了鴉片戰爭前後，龔自珍、魏源才站在進步的政治立場上，用以社會批判和社會改良論為內容的散文，從創作實踐上對桐城派古文形成對抗。此後，繼承龔、魏，明確地揭起反桐城派古文的大旗的，便是馮桂芬。

在《復莊衛生書》中，馮桂芬自稱讀書為文三四十年，"顧獨不信義法之說"，聲稱："文者，所以載道也。道非必天命、率性之謂，舉凡典章制度，名物象數，無一非道之所寄，即無不可著之於文。有能理而蓄之，闡而明之，探其奧賾，發其精英，斯謂之佳文。"[1]"義法"是桐城派的理論核心。所為"義"，指言之有物，桐城派文人要求文章內容必須符合儒學經典和程朱理學；所謂"法"，指言之有序，桐城派文人要求文章必須有條理、有層次、有技巧，特別要求語言必須"雅潔"。"不信義法"，馮桂芬這裏明確地宣佈了和桐城派古文的對立。"天命之謂性，率性之謂道，修道之謂教"，是儒家著作《禮記》一書《中庸》篇開宗明義的三句話，意思是：忠君、敬長等人的道德觀念為上天所賦，人所固有，稱之為"性"；遵循這種固有之"性"立身行事，稱為"道"；依照"道"的要求培養和修煉自己，稱為"教"。這是程朱理學的核心思想。馮桂芬宣稱，"道非必天命、率性之謂"，這就明確地表示了對理學核心思想的異議。那意思是說，程朱理學並不是"道"，著書為文，自然不必盡載程、朱理學之"道"，代程頤、朱熹們立言。程朱理學是明清時代中國社會的統治思想，為官方所尊崇；馮桂芬這裏明確無誤地表示出他對這種官方哲學的反對和不滿。馮桂芬指出，"道"內涵寬廣，凡"道"都可以"寄"，也都能以"文"載之。他舉例說："舉凡典章制度，名物象數，無一非道之所寄，即無不可著之於文"。"典章制度"、"名物象數"之類，為理學家們所不言，甚至不屑一顧。馮桂芬提出寫這些方面，這就打開了宋、明理學的思想統治和文化統治的缺口，突破牢籠，擴大了"道"的範圍，給了先進思想家表現其他思想甚至異端思想以可乘之機。

馮桂芬又說："故長於經濟者，論事之文必佳，宣公奏議，未必不勝韓、柳；長於考據者，論古之文必佳，貴與考序，未必不勝歐、蘇。""宣公"，指唐德宗時的"中興名臣"陸贄，其代表性著作為《陸宣公奏議》；貴與，指元代著名歷史學家馬端臨，其代表性著作為《文獻通考》。長期以來，桐城派文人頂禮膜拜韓愈、柳宗元和宋代的歐陽修、蘇軾等所謂"八大家"，視之為偶像和高峰，馮桂芬卻在他們的寶座旁邊，增添了陸贄和馬端臨兩位新榜樣。這是與桐城派很不相同的。

陸贄生當唐代安史亂後，他的《奏議》曾被譽為"曲盡事情，中於機會"[2]。

1　《顯志堂稿》第 5 卷。
2　《陸贄傳》，《舊唐書》第 139 卷。

鴉片戰爭前夕，地主階級中的部分開明份子分化出來，要求反對帝國主義侵略、挽救封建社會危機，作為"中臣名臣"的陸贄自然受到人們的注重。1826年（道光六年），御史吳傑奏請將陸贄從祀孔廟，作為"大成至聖先師"孔子的後繼，接受永恆的紀念。這在當時是一種崇高的榮譽。為此，龔自珍特意寫作《侑神樂歌》，內稱："聖源既遠，其流反反，坐談性命，其語喧喧。喧喧斷斷，其徒萬千，何施於家邦？""性"與"命"都是程朱理學的核心範疇，翻來覆去，不知被理學家們說過多少遍。"何施於家邦？"一言以蔽之，龔自珍認為這些"理學"家的言論，對於齊家、治國並無任何用處。他盛讚吳傑："御史巨傑，職是標舉，曰聖之的，以有用為主。"[1]在龔自珍看來，"有用"，才是聖人著書為文的目的所在。自此，"有用"，就成了近代許多先進思想家審查文化遺產和建立新文化的共同標準。馮桂芬肯定陸贄"長於經濟"，這裏的"經濟"，不是狹義的財政詞語，而是肯定陸贄治理天下、匡濟社會的才能。

馬端臨的《文獻通考》是中國中世紀的歷史巨著，共 348 卷。它在唐代杜佑《通典》的基礎上，加強經濟記述，比較詳盡地增補了反映唐宋時期農業生產、商品與貨幣流通以及稅收、勞役、進御貢品等社會經濟方面的內容。作者廣泛收集資料，精細考證，在此基礎上發表評論。其時間上起三代，下迄南宋的寧宗年代，計分田賦、戶口、徵榷、選舉、職官、樂、兵、弄、學校、錢幣等二十四門。其按語則貫串古今，力求從歷史事實出發，折衷恰當，對於土地制度、兵役制度等方面發表了許多前人所未有的見解。在他的史論中，含有相當大的科學因素和人民性的成份。這樣的書，自然符合於馮桂芬的"有用"標準。此外，馮桂芬表揚馬端臨，也還含有抨擊桐城派文人空虛不學的意思在內。馮曾尖銳地批評桐城派大家梅曾亮說："梅伯言亦近時能手，而序郝氏《爾雅義疏》，開口便錯！無他，強以所不知，困於所不能也。以彼其文，豈不周規折矩，尺步繩趨？佳乎？否乎？"[2]梅伯言，即桐城派的另一位大家梅曾亮，他師事姚鼐，名重一時。馮桂芬不以梅的名聲為然，批評其為郝懿行《爾雅義疏》所作序言，"開口便錯"。在馮桂芬看來，其文雖中規中矩，但不能視為好文

1　見《定盦詩集·破戒草》。
2　馮桂芬：《復莊衛生書》。

章。當年，錢大昕曾諷刺姚鼐所著《漢廬江、九江二群沿革考》一文，以廬江為衡山改名之誤。馮桂芬這裏用的就是錢大昕反對桐城派的手法。[1]

通過以上分析，不難看出，馮桂芬之所以批判桐城派，提出陸贄和馬端臨二人來作為新榜樣，這一切都是為了擴大"文以載道"的"道"的內涵，堂而皇之地將當時正在形成的改良之道、經世之道、應變之道納入到"道"的正統中去。

文章所載的"道"變了，內容不同了，自然要求突破舊形式和舊的文學規範，所以馮桂芬又說："文之佳者，隨其平奇濃淡，短長高下，而無不佳。自然有節奏、有步驟，反正相得，左右咸宜，不煩繩削而自合。稱心而言，不必有義法也；文成法立，不必無義法也。"[2] 馮桂芬這裏所說"稱心而言"，要求著書為文，必須充份滿足本人表達思想的要求，而不必遵守事前定下的許多清規戒律。是內容決定形式，而不應捨本逐末，以形式的追求作為目的。

一定的文化常為一定的經濟和政治要求服務，某種文化思想常有相應的哲學和社會政治思想作為基礎。鴉片戰爭前，清王朝本已如同"棺材內的木乃伊"[3]，雖緊緊封閉，但已發出強烈的"腐爛"氣息。鴉片戰爭爆發，帝國主義的大炮打開了閉關自守的清政府的大門。在與外界的強手接觸以後，封建地主階級中的部分人由此警醒，睜眼看世界，多少改變了一點妄自尊大、昏庸愚昧的頭腦。他們部分人認識到封建制度的腐朽，對它的思想體系的神聖性發生動搖。在思想、文化上，他們提倡經世之學、有用之學，主張應變，主張"更法"，認為"為政者以例治天下而天下亂"[4]，在文學上，也相應提出"操觚者以義法為古文而古文卑"[5]，要求拋棄舊的"義法"，寫出具有新思想、新風格的新文章來。

在詩歌主張上，馮桂芬也表現出作為一個改良主義前驅思想家的特徵。在《梵隱堂詩序》中，他明確地要求詩人表達反對帝國主義侵略、反對妥協投降的憂時憂世之情，主張"蒿目時艱，一腔抑塞幽憤之氣，無所發紓，不覺見之於

1　錢大昕：《與姚姬傳書》，見《潛研堂文集》第 31 卷。
2　以上所引馮桂芬語，均見《復莊衛生書》。
3　參見《馬克思恩格斯論中國》，第 43 頁。
4　見《復莊衛生書》。
5　見《復莊衛生書》。

詩。"[1] 在《蕉窗十則詩序》中，他以傳統的"詩教"觀批判當時詩風，大都"風雲月露、感事懷人、抒寫胸臆之詞，甚者佻側恍盪，流而忘返，嗚呼，失其職矣！"[2]

馮桂芬的詩歌思想表現在《校邠廬抗議》中的《復陳詩議》一文中。

1860 年，馮桂芬寫成《校邠廬抗議》一書，共 41 篇，全面向清朝統治者提出了他的改良主義的政治建議，《復陳詩議》是其中一篇，可以看作是近代資產階級詩歌改良運動的首次理論表達。

陳，有陳述、上報之義，傳說漢代有一種"陳詩"制度，文人和官吏都有責任向朝廷報送民間流傳的詩歌作品，即所謂"陳詩"。馮桂芬認為，詩歌有重要的政治作用和認識作用，可以"通上下之情"。《復陳詩議》一文說："詩者，民風升降之龜鑑，政治張弛之本原也。"因此，他反對詩歌只用以作為個人"吟詠性情之用"，而提倡寫作反映現實的"變風變雅"。馮桂芬建議清王朝下令全國各郡縣，凡"舉、貢、生監，平日有學有行者"，都可以寫作竹枝詞、新樂府一類作品，抄送負責人員，然後隱名遞呈統治者，使統治者瞭解民情、民隱，改良政治。

馮桂芬認為，當時清政府上下不通、"惡人惡政"的情況很嚴重，自述："蒙生平愚直，間為大吏及州縣縱言民間疾苦，多愕然謂聞所未聞者。"他說："下所甚苦之政，而上例行之，甚者，雷厲風行以督之；下所甚惡之人，而上例用之，甚者，推心置腹以任之。"馮桂芬抨擊官僚集團這種昧於世事、隔膜民情的惡劣狀態，聲稱："今世部院大臣，習與京朝官處，絕不知外省情事，大吏習與僚屬處，絕不知民間情事。"甚至說："五尺童子皆以為不然，而上猶以為然。"馮桂芬認為，解決這個問題的辦法就是"復陳詩"，恢復被漢代學者理想化了的古代政治、文化制度。馮桂芬幻想，這種"陳詩"制度恢復了，"九州之大，萬口之眾，果有甚苦之政，甚惡之人，必有長言詠歎以及之者矣。"

馮桂芬的這篇《復陳詩議》在當時沒有受到人們注意，它只表明，維新人物在提出改革建議時，想到了文學，也想到了傳統的文學體裁 ——詩。

1　《顯志堂稿》第 2 卷。
2　《顯志堂稿》第 2 卷。

鄧實與湖海有用文會

　　鄧實，字秋枚，廣東順德人，是個在近代學術文化史上有相當大的影響的人物。他是廣東著名學者朱次琦的再傳弟子，簡朝亮的學生，受過深厚的封建正統教育，而又在上海等地接受過西方資產階級的文化影響，曾編輯過《國粹叢書》、《風雨樓叢書》、《古學彙刊》、《神州國光集》、《美術叢書》等，又曾先後主編過《政藝通報》、《國粹學報》。

　　關於《國粹學報》，人們久已熟知，而《政藝通報》則知者不多。它是《國粹學報》的前身，也和後來的革命文學團體南社有關。在它的撰稿者中間，除部分維新派外，很多人後來都成為南社的成員。它出版於上海，是一種政治和科學技術的混合刊物，起於 1902 年，止於 1906 年。它強調司馬遷、鄭樵等進步史學家的"會通"觀點，講求知古知今、知中知外，故名《通報》。

　　1902 年，鄧實發起組織湖海有用文會，在《通報》上發表啟事。中云：

　　　　在昔賈生憂國，厥有痛哭之篇；杜老哀時，毋斷江湖之夢……詩小序曰："亂世之音怨似怒，亡國之音哀以思"，豈非以神州陸沉，易興中原之歎；新亭斯在，不勝江河之悲。哀樂中人，感生篇什……今之作者，豈無意乎？嗟呼！海波萬里，已入魂夢而飛騰；旗幟千船，方環耳目而招颭。上帝板板，日月遠重光之期；六合沉沉，榱棟有同壓之慘。三州父子，將為異域之奴隸；鍾儀衣冠，翻作楚囚之困。伊川被髮，子山所以哀江南；荊楚登樓，仲宣所由悲故國……吾黨君子，當同此心；天下興亡，匹夫有責。其有感時之士，匡俗之哲，聞雞夜舞之傑，渡江擊楫之英，泊夫江海耆旮，山林散佚，熱心國家，蔚為文章，發憤時艱，指陳世務，友誼如龜鑑，忠肝如鐵石，有在下救民以言之責，毋衰世處士橫議之風。美人高吹呼乎參差，雞鳴不已於風雨。孔子曰："言之無文，行而不遠。"曾子曰："以文會友，以友輔仁。"嗚呼！奉天一詔，遂動天下之心；出師二表，長下英雄之淚⋯⋯扇芬華而相慕，歌窈窕而同善。詩曰："毋金玉爾言，而有遐心"，諸君子處今日豈尚有"遐心"乎？幸毋閟其音而金玉之也。[1]

1900年，時值八國聯軍入侵之後，民族危機日益深重，瓜分之禍迫在眉睫。當時，西方民主主義文化和科學知識大量輸入，國內外出現許多愛國團體和刊物，上海等城市因之出現大批新型知識份子。鄧實所發起組織的湖海有用文會便是其中的部分人的團體。上引文既是一份啟事，也是一份綱領、一份宣言。

不難看出，"文會"首先是一個政治團體，它有明確的政治目的，具有極強烈的愛國主義和救亡圖存色彩。它在國家行將破亡時，號召人們起來反對帝國主義侵略、保國衛家。另一方面，"文會"也是一個文學團體，它有明確的文學主張，企圖通過文字，鼓吹愛國救亡，聯絡同志，指斥時政，進行宣傳活動。該會定名為"有用文會"，正是為了旗幟鮮明地與空虛無用的舊文學相對立。在湖海有用文會的《略例》中，鄧實說："文章經世，斯為有用之文。"[2]"經世"，為反帝愛國運動服務，這是近代中國新的文化、文學思想的共同特徵，也是當時的一股新思潮。

同年，《通報》刊登志西的《與湖海有用文會書》，明確提出文章要"有用於世，有用於國，有用於種，有用於教"。它批判桐城派古文對於體問規格、起伏呼應的追求，提倡採用新名詞、表現新思想，以期轉移社會、轉移文風，"為吾國文界闢一新土"[3]。這封信不是鄧實寫的，但顯然代表了他的看法。

在詩歌方面，《通報》刊有《風雨雞聲集》。編輯例目中聲明："載近人之詩歌有風人之誼者，以覘輿論之從違，以驗時政之得失。"[4]所謂"風雨雞聲"，取自《詩・鄭風》中的《風雨》篇，其中有"風雨如晦，雞鳴不已"之句，用此四字，代表先知先覺者在國家動亂時所發出的呼聲。鄧實說：

1　鄧實：《湖海有用文會啟》，見《壬寅政藝叢書》。
2　見《壬寅政藝叢書》。
3　見《壬寅政藝叢書》。
4　見《癸卯政藝叢書》。

文字者，英雄志士之精神也。雖然，文字之具有運動力而能感覺人之腦筋，興發人之志意者，唯有韻之文為易入焉。然則詩者，亦二十世紀新學界鼓吹新思想之妙音也。嗚呼！瀟瀟風雨，嘐嘐雞鳴，時光呆呆，天將開幕，當亦亂世詩人所想望不已者乎？[1]

馬克思說過："資產階級當民眾還是保守的時候，是不免要害怕民眾愚鈍的。"[2]中國近代新型文化人處於嚴重的民族危機下，迫不及待地要求宣傳救國真理，使自己的思想普及為全民的思想。他們受西方文藝思想影響，認識到詩歌這一文學體裁的特殊美學作用，希望通過詩來鼓吹新學和新思想，使之更易為群眾所接受。鄧實曾把自己的早期詩作題為"二十以前舊思潮之一"，表示出當時一些人摒棄舊學、舊詩，追求新學、新詩的努力。"時光呆呆，天將開幕，當亦亂世詩人所想望不已者乎？"這裏表現出鄧實對於中國明天的一種美好期望。

實際上，鄧實的詩歌思想在 1899 年為其亡弟鄧方所寫的《小雅樓湖海感事詩後序》中已經表達得很完整。在該文中，鄧實批判明清以來空虛陳腐的詩壇："百年以來，詩學之壞，由於頹薄空俗，否則浮藻為麗，獺祭為博，而二三山林放佚之士，又嘯傲於風流裙屐間，其詩每多風月之辭，漸流而為性靈、風懷、閨閣媟語，罔不入之於詩，而詩學因之凌夷衰微久矣！毋怪乎憂時之彥病夫詩之無用而欲廢之也。"鄧實不僅從中國傳統的"詩教"觀強調詩的政治作用和認識作用，所謂"可致其國之興替，政之得失"，而且進一步把詩和近代的愛國救亡運動結合起來："夫日本變法，詩歌猶存；法德強邦，以詩興國。故發人之志氣，鼓吹人愛國之精神，莫善於詩。"這裏雖然誇大了文學的作用，但提出以西方強國和日本明治維新時的詩歌作為榜樣，正是當時人向西方尋找救國真理在文學方面的反映。

鄧實大力稱頌其弟弟鄧方的詩，讚揚其"內多憂國傷時之作"，"痛外患之日迫，哀神州之不振，悲吟慷慨；歌哭淋漓，其憂愁幽思之意，一於詩發之。"使鄧實感到滿意的是，在鄧方的作品中，"登臨、弔古、懷人、風景之什不存

1　《風雨雞聲集序》，見《癸卯政藝叢書》。
2　《路易·拿破崙政變記》，《馬克思恩格斯文選》兩卷集第 1 卷，第 3 頁。

焉"。他要求用詩歌來"喚醒國魂，湔洗國恥"[1]，實際是要求通過詩歌來啟發人民的民族主義、愛國主義精神，反對帝國主義侵略。

在《雞鳴風雨樓民書》中，鄧實又說："吾又嘗披白人之歷史矣……讀其詩歌，一若唯從軍為無上之至樂者。"他很不滿意中國詩歌"夙以武事為賤"的事實，聲稱"《詩》三百而大半皆言軍士出征遣戍之苦。自是以降，工文學者，胥本此義，以相鼓吹。"與此相反，鄧實要求用詩來"一洗數千年文弱嬌軟之積習，壯以軍人之氣魄，貫以軍國之精神，歌秦風，思同仇，一喜皆春，一怒皆秋。"[2]鄧實這裏的思想顯然是當時流行的軍國民主主義在文學上的表現，受有梁啟超文學觀的影響。在當時的歷史條件下，從反對帝國主義侵略出發，要求詩歌歌頌人民群眾反侵略的正義戰爭，以及在這種戰爭中表現出來的尚武和勇敢精神，對鼓舞士氣和鬥爭熱情有其積極意義。

此外，從宣傳愛國主義、民族主義出發，鄧實也進行了部分文學遺產的整理工作。他在《語言文學史敍》中提出的整理標準為："凡吾國婦人、女子、勞人、哲士、詞人、墨客之歌謠詞曲、議論文章，有關於民族之盛衰者；皆載焉。"[3] 1906年，鄧實刊行宋遺民謝翱的《晞髮集》，並作後序，表揚"亂世之文"、"亡國之文"，提倡"傷心之作"、"歌哭之作"，暗含反對滿洲貴族集團的政治鬥爭意義。[4]同年，鄧實又編輯《正氣集》，"集合宋、明以來仗義之臣、死節之士、遺民故老，其零篇賸墨可歌可泣者彙為一編"，聲稱其目的在於"振大漢之天聲，而漢祚藉為一線之延"[5]，顯然也是為了反對滿洲貴族統治集團。

鄧實的文藝思想有其嚴重的局限。一方面，中國資產階級文化人的發展先天不足，大部分由地主階級轉化而來，從未和封建主義劃清過界限；另一方面，在歷史的重要關頭，封建地主階級中總要不可避免地分化出部分人士。他們在帝國主義侵略面前，不得不睜眼看現實，接受新思想，試圖找尋新的出路；但是，他們所受的舊影響實在太深。與其說他們是新型的資產階級知識份

1　以上所引均見《壬寅政藝叢書》第 12 卷。
2　以上所引均見《雞鳴風雨樓民書・民力第三》，《甲辰政藝叢書》。
3　《甲辰政藝叢書・政學文編》第 5 卷。
4　見《丙午政藝叢書》。
5　見《丙午政藝叢書》。

子，不如說他們是受有資本主義影響的地主階級份子。這就構成了近代中國政治、文化活動的特殊性和複雜性。有許多活動在政治、文化舞台上的先進人物，他們身上往往具有雙重性，即一定程度的對資本主義新事物的嚮往，而其根深蒂固的質的規定性則是封建主義。這些人，正像魯迅所稱，在聞所未聞的外國人到了，交手幾回，漸漸知道"子曰詩云"似乎無用以後，"於是乎要維新"，但同時也要"守舊"。一方面，"'西哲'的本領雖然要學"，但另一方面，"子曰詩云"也更要昌明。於是，這些人便"早上打拱，晚上握手"；上午"聲光化電"，下午"子曰詩云"。[1] 鄧實也正是這樣一種人。

19 世紀末 20 世紀初，先進的中國人紛紛向西方尋找救國真理，西方新興文化大量輸入。這自然會引起封建地主階級的激烈反對。他們唯恐從此根本上動搖封建主義的政治和文化思想體系，企圖以復古主義相抗。鄧實不同於封建階級頑固派，但由於他與封建主義的密切聯繫和長期接受的封建正統教育，故而一方面在一定程度上批判舊文化、舊文學，但又同時鼓吹所謂"神州舊學"，提出所謂東洋文明是精神文明，是形而上的，西洋文明是形而下者，是物質文明；主張中國的物質文明雖不及西方，但精神文明卻甚為完全，要"以我之精神，而用彼之物質合爐同冶，以造成一特色之文明"。[2] 這種主張，實際上和張之洞的"中學為體，西學為用"論相一致。於是，一方面號召人們向西方學習，但又對西方文化的大量傳入憂心忡忡，斥責這種現象為"鬻道於夷"[3]，結果將"快意一時，流禍百世，教典而忘其祖，出門不知其鄉"[4]。他在正確地號召用文學反對帝國主義侵略的同時，又錯誤地號召"保存國學"，以此抵禦在當時對中國還有進步意義的西方民主主義文化和正在興起的新文化運動。他們並未經過科學調查和嚴密論證，就自誇中國文化："三墳五典，為宇宙開化之先；金板六弢，作五洲文明之祖"[5]，但是，他們不瞭解，民族文化精粹的保存完全不同於博物館的陳列，必須和革新、和發展、和進步相聯繫。過時的、落後的、僵死的

---

1 以上所引均為魯迅《隨感錄》四十八文中語，見《熱風》。
2 鄧實：《雞鳴風雨樓政治小言·東西洋二大文明》，見《壬寅政藝叢書·文學文編》第 5 卷。
3 鄧實：《國學保存記》，《甲辰政藝叢書·政學文編》第 1 卷。
4 《國粹學報第一週年紀念辭》，見《丙午政藝通報·湖海青鐙集》。
5 《國學保存會小集敘》，見《乙巳政藝叢書·湖海青鐙集》。

部分，必須拋棄、掃蕩，而不能當作寶貝，用死人拖住活人。例如文言文，這是一種脫離時代、脫離群眾的僵死的書面語言，早在寫作《日本國志》時，黃遵憲就提出，要選用一種"適用於今，通行於俗"的語言來加以代替，其後，白話文、白話報風行一時，但是，辛亥革命發生了，"五四"運動發生了，鄧實等人卻仍然視文言為"立國之精神而當寶之以為國粹"[1]，這就站到保守派和復古派的立場上去了。

鄧實等認為"一國之立，必有其所以自立之精神焉"，主張"精神不滅，則其國亦不滅"。[2] 他們不瞭解，民族精神和民族文化一樣，不可能是單一的，而必然是多元的，其中既可能有進步的、民主的成份，也可能有落後的、反民主的成份，須要謹慎地加以區別，擇取並發揚前者，否定後者，不宜籠統地號召一概保存。

1904 年，鄧實發起組織國學保存會，創辦國粹學社，1905 年又創辦《國粹學報》，在"保存國粹"的旗號下保存舊文化和舊文學。如果說這種復古主義、國粹主義思想在辛亥革命前還多少有一點進步意義，正如魯迅所說，"民國以前的議論，也因為時代的關係，自然多含革命的精神，《國粹學報》便是其一"[3]；但在近代中國資產階級左翼和小資產階級急進民主派將文學運動推向前進，特別是無產階級走上政治舞台、文化舞台，向舊文化、舊文學發起攻擊的時候，這種復古主義思想的落後與反動一面就充份表現出來了。"五四"前，他們頑固地抵禦新文化運動的發展；"五四"後，則在"整理國故"的幌子下抵禦馬克思主義的傳播和無產階級新文學運動的開展，"和我們展開過激烈的戰鬥"。鄧實及《國粹學報》的大部分人後來都成了抱殘守闕者流。鄧實的後半生是孤寂的、黯淡的，一直在上海以書畫古玩自娛，完全失去了早年的那一點在文化運動上的進步意義，用自己的手把自己封閉起來，使自己和時代隔絕，而時代也就遠遠地把他拋在後面了。

---

1 《雞鳴風雨樓獨立書·語言文字獨立第二》，《癸卯政藝叢書》。
2 《國學保存會小集敘》，見《乙巳政藝叢書·湖海青鐙集》。
3 《一是之學說》，見《熱風》。

東方諸國足以自立以有為者惟中國與日本而已日本創
國周秦之間通使於漢修貢於魏而賓服於唐最久亦最親當
唐盛時日本雖自帝其國然事大之禮益虔嗚嗚嚮風常選子
弟入學觀摩取法用能需需中國前聖人之化人才文物盍
彬彬與高麗新羅百濟諸國殊矣唐季衰亂日本聘使始而絕內
變繼作馴至判為南北裂為羣侯豪俊麕沸雲擾其迭起而執
魁柄者則有平氏源氏北條氏足利氏織田氏豐臣氏德川氏
七八百年之間國主高拱於上強臣擅命於下凡所謂國政民
風邦制朝章往往與時變遷紛糅雜莫可究詰中國自元祖
誤用降將顯武褻師有明中葉內政不修奸民冒倭人旗幟羣
起為寇遂使日本益藐視中國巋巋獨居東海中芒不知華夏

*《日本國志》。

第三部分

黃遵憲論叢

海外偏留文字緣 *

在日本東京都埼玉縣野火止平林寺書庫中，保存著大量中日文人筆談遺稿。

1877 年，清朝政府任命何如璋為出使日本大臣，張斯桂為副使，黃遵憲為參贊。一行人抵達日本後，受到了日本友人的熱烈歡迎，源輝聲、石川英、龜谷省軒、青山延壽等一批文人經常來訪。由於語言不通，而日本友人大都能寫一手流利的漢字，因此，雙方便作筆談。每次談話完畢，源輝聲便將筆談紙片裝裱成冊。其中，有關黃遵憲部分已由日本和新加坡的研究者整理成書，並由早稻田大學東洋文學研究會出版，這就是《黃遵憲與日本友人筆談遺稿》。

《遺稿》記載了黃遵憲與日本友人交往的情況，反映了源輝聲等人熱愛中國文化的感情，是中日文學交流的歷史證物，也是研究黃遵憲的重要資料。

據日本友人記述，黃遵憲到日本後，在緊張的使館工作之暇，曾精心研讀《紅樓夢》，一邊讀，一邊 "加圈子"。1878 年 7 月，他以《紅樓夢》一部贈給日本友人。9 月，他又向石川英等熱情介紹這部文學巨著。他說："《紅樓夢》

---

*　原載《光明日報》，1978 年 10 月 29 日；錄自楊天石：《哲人與文士》，中國人民大學出版社 2007 年版。

乃開天闢地，從古到今第一部好小說，論其文章，宜與《左傳》、《國語》、《史記》、《漢書》並妙。"此後，源輝聲讀了《紅樓夢》，準備通過該書學習中國語言，黃遵憲又盛讚《紅樓夢》的語言成就，他說："編《紅樓夢》者乃北京旗人，於一切描頭畫腳零碎之語，無不通曉，則其音韻腔口，較官話書尤妙。"

日本友人也向黃遵憲介紹了日本古典小說《源氏物語》，認為其作意與《紅樓夢》"能相似"。黃遵憲則遺憾地表示："恨不通日本語，未能讀之！"他讚美日本的戲劇藝術道："貴國演戲，盡態極妍，無微不至，僕亟喜觀之。"當時，不少日本作者用漢語寫詩。龜谷省軒向黃遵憲談到日本漢詩作者中"近來纖靡成風"，表示要聯絡同志，"矯之以宋、唐"，希望得到黃遵憲的幫助，"一振頹風，以扶大雅"。對此，黃遵憲表示："何敢當此。願得隨諸君子之後，力著一鞭耳。"他分析了詩歌創作中作家的"性"和"習"的作用，認為詩風纖靡的主要原因在於"習"，即作家的取法和學習狀況。他建議日本友人們多讀一點杜甫、韓愈等大家們的作品，"廣其識"、"壯其氣"、"觀其如何耳"。筆談中，黃遵憲特別提到了詩歌風格的多樣化問題。他說："詩之為道，至博且大；若土地焉，如名山大川，自足壯人；則一丘一壑，亦有姿態，不可廢也。"現實是豐富多彩的，人們的美學趣味是多方面的，自然，詩也不能拘於一種風格、一個腔調。

此外，黃遵憲還和日本友人探討到了生活和藝術等方面的問題。9世紀初，日本高僧空海曾隨遣唐使訪問中國，歸去後，書法藝術大進。石川英在談到此事時，表示希望能像空海一樣遊歷中國，"得觀天台、雁宕、西湖、嘉陵"，從而提高自己的創作水準。他說："妄以想像寫江南風景，其實心不安。若一遊，寫其真，亦必勝前時乎？"黃遵憲立即充份肯定了石川英的這一看法，他說："空海云云，稍似英雄欺人語，然核其理，則太史公所謂遊名山大川以壯其氣也。此理自不可誣。"黃遵憲反對單純追求技巧。他認為，對於一個作家來說，"胸襟氣識"第一。他說："文章之佳，由於胸襟氣識，尋章摘句，於字句〔間〕求生活，是為無用人耳。"

在日本期間，黃遵憲的詩歌創作非常活躍。寫作中，他虛心地向日本友人請正。據《遺稿》記述，黃遵憲曾以詩稿一卷贈給作家龜谷省軒，"索其序，並乞其細閱詳校，有錯引典籍與事不當者告知，待改"，又曾請源輝聲"改潤"。

黃遵憲的詩文得到了日本友人的熱愛。1878 年，源輝聲曾要求黃遵憲將來日前後的詩文稿交給他編輯。次年，記述日本歷史、風物的《日本雜事詩》出版，為了留作永恆的紀念，源輝聲徵得黃遵憲的同意，將《日本雜事詩》的初稿埋藏於墨江畔的家園中，刻石樹碑，題曰："《日本雜事詩》最初稿塚"。源輝聲去世後，埋葬於琦玉縣平林寺，其子也隨之將詩塚遷移到了該處。

除《日本雜事詩》外，使日期間，黃遵憲也已開始了《日本國志》的草創工作。從《遺稿》中可以看出，為了寫這部書，黃遵憲曾向石川英、龜谷省軒、岡鹿門等進行過調查，日本友人都積極贊助，石川英還承擔了代譯日文《國史略》等資料的任務。因此，《日本國志》不僅是黃遵憲的個人勞動成果，其中也凝結著日本友人的心血。

《遺稿》中，還有若干片斷反映了黃遵憲對孔丘、孟軻、宋儒、西方科學和平等、自由學說的看法，是研究黃遵憲思想的有價值的材料。

黃遵憲詩云："海外偏留文字緣。"據日本學者報導，平林寺書庫及其他地方發現的此類筆談遺稿共八種，約七十餘冊，其中有關於這個時代中日兩國政治、風俗、學問、文藝等多方面的談論。我們希望日本學者們繼續爬梳抉剔，加強對這批史料的整理和研究，使之在新時期中日友好和文學交流中更充份地發揮作用。

讀黃遵憲致王韜手札 *

光緒五年（1879 年），黃遵憲任駐日參贊期間，王韜自香港來遊。二人相識後，很快結為好友，"三日不見，則折簡來招"[1]。七月初六日，王韜歸國，轉

---

* 原載《史學月刊》，1982 年第 4 期；錄自楊天石：《哲人與文士》，中國人民大學出版社 2007 年版。

1 王韜：《日本雜事詩序》，《弢園文錄外編》第 9 卷。

返香港，繼續主編《循環日報》，二人仍經常通信，交流對時局、寫作等方面的看法。王韜致黃遵憲的信，有三通收錄於《弢園尺牘》及《弢園尺牘續鈔》中，容易見到；黃遵憲致王韜的信，則向未刊行。這裏，筆者介紹見到的十九通，並作初步探討。

手札分藏於天津南開大學圖書館、浙江省圖書館及上海等處。有些署有月日，有些則未署時間，而且篇頁錯亂，經考訂排比，其順序為：

第一通，光緒五年四月二十六日。

第二通，同年七月初。本函未署時間，從內容看，係王韜歸國，黃遵憲約他參加餞行宴，故知當作於此時。

第三通，同年七月十一日。

第四通，同年七月二十一日。

第五通，同年十月二十四日。

第六通，同年十一月二十日。

第七通，同年十二月十五日。本函正頁已佚，僅存附頁，未署時間，據第八通“臘八後七日奉書”等語及兩函所述“翻譯球案”一事情節推斷，當作於此時。

第八通，同年十二月二十三日。

第九通，光緒六年（1880年）二月下旬。本函未署時間，信中說：“十九日舍弟均選來署，帶到惠函並《雜事詩》諸件，一一照收。拙詩寵以大序，乃弟生平未有之榮，感謝實不可言。”王韜為黃遵憲的《日本雜事詩》作序在本年二月初一日，故知本函當作於此時。

第十通，同年三月十五日。

第十一通，同年四月十日。

第十二通，同年四月中下旬。本函為託人帶地圖等物給王韜的便札，未署時間。

第十三通，同年五月十五日。

第十四通，同年六月十九日。

第十五通，同年七月。未署時間，函中有“弟未往箱根前”等語，知當作於上函之後。

第十六通，同年八月。本函正頁已佚，僅存附頁，未署時間，從內容看，信中談到曾紀澤向沙皇遞國書、俄國海軍卿率艦隊東來等事，知當作於此時。

第十七通，同年八月二十九日。

第十八通，同年九月十日。

第十九通，光緒七年（1881年）六月十三日。

這些信，為研究黃遵憲、王韜及其關係提供了重要的新資料。

一、向維新派轉化

使日期間，黃遵憲正從地主階級改革派向資產階級維新派轉化。這批信件，有助於瞭解他這一時期的思想，也有助於瞭解他寫作《日本雜事詩》和《日本國志》的某些情況。

黃遵憲和王韜非常契合。光緒五年四月二十六日函云：

> 前把臂得半日歡，覺積悶為之一舒，承賜《弢園尺牘》，歸館讀之，指陳時勢，如倩麻姑搔癢，呼快不置。昔袁簡齋戲趙甌北，謂吾胸中所欲言者，不知何時逃入先生腹中，遵憲私亦同此。但憲年來憤天下儒生迂腐不達時變，乃棄筆硯而為此，始得稍知一二，而先生言之二十年前，冠時卓識，具如此才，而至今猶潦倒不得志，非獨先生一人之不幸也。

《弢園尺牘》初版刊刻於光緒二年（1876年）九月，它提出了初步的改良主義主張。王韜認為，當時的中國已經到了"不得不變"的時候，只有變法，才能自強。他主張學習西方"良法美意"，發展民族工業，改革科舉制度。黃遵憲讀後感到"如倩麻姑搔癢，呼快不置"，說明了他和王韜在思想上已經成為同調。"憤天下儒生迂腐不達時變，乃棄筆硯而為此"，這兩句話表示出，在資本主義列強入侵、民族危機加深的新形勢下，黃遵憲也在尋求救國真理，逐漸走上改良主義的道路了。

同函附詩二首，為今本《人境廬詩草》、《人境廬集外詩輯》所不載，其一云：

> 司勳最健言兵事，宗憲先聞籌海篇（君著有《普法戰紀》諸書甚富）。團扇家家詩萬首，風流多被畫圖傳。

司勳，指唐代的杜牧，曾任司勳員外郎。他喜歡談兵，注釋過曹操所定《孫子兵法》十三篇。宗憲，指明代的胡宗憲，為防止倭寇侵擾，著有《籌海圖編》。以杜牧和胡宗憲來比喻王韜，顯示出王韜在黃遵憲心目中具有相當地位。

光緒六年六月十九日函又云：

> 弟近日歸自箱根，獲讀五月中所發二函，前後凡四、五千言，其揣摩時勢之談，尤為批隙導窾，洞中要害。弟昨評岡鹿門一文，謂古人論事之文多局外之見，紙上之談，可見諸施行者，百無一焉。乃今讀先生所議，多可坐而言起而行者，真識時之俊傑哉！

黃遵憲一生不輕易誇人，他認為王韜的思想"批隙導窾，洞中要害"，"多可坐而言起而行者"，是相當高的評價。

鄭觀應是近代中國另一個著名的早期改良主義者，黃遵憲向王韜打聽他，渴望讀到他的著作。光緒六年八月函云：

> 再讀貴報有《杞憂子〈易言〉書後》二篇。是公著述，偶曾一讀，心儀其人，訪其姓名，僅知為嶺南人，姓鄭。尊處有《易言》稿本，可賜一讀否？深山窮谷，不無奇才，在上之人拔而破格用之耳。

"杞憂子"是鄭觀應的筆名，《易言》是《盛世危言》一書的初名。在這一部著作中，鄭觀應提出了設議院、行西法、振興商業、變法自強等主張。光緒五年春，王韜從鄭觀應的友人處讀到了《易言》稿本，認為它"於當今積弊所在，抉其癥結，實為痛徹無遺"。第二年，王韜在香港《循環日報》發表《杞憂子〈易言〉跋》，稱讚這部稿子是"救時之藥石"。文中，王韜說："當今之世，非行西法則無以強兵富國。"他認為，中國幅員廣大、人口眾多、物產富饒，只要"竭我之心思材力，盡我之智慧經營"，仿效西方所長，那麼，完全可以"出乎其上"[1]。黃遵憲所說《杞憂子〈易言〉書後》，即指此文。信中，黃遵憲不僅表示"心儀"鄭觀應其人，而且表示希望清朝統治者"破格"拔用這樣的"奇才"，這一點，同樣顯示了黃遵憲改良主義思想立場的確定。

黃遵憲之所以能從地主階級改革派發展到資產階級維新派，這固然由於他是個愛國主義者，渴望挽救民族危機、振興中華，但同時，也和他注意研究外事、瞭解世界有關。黃遵憲光緒五年四月二十六日致王韜函云：

> 僕所著《日本雜事詩》，本欲刊佈之，以告中人之不知外事者。

鴉片戰爭以後，先進的中國人無不睜眼看世界，寫了不少"睜眼"著作，《日本雜事詩》是其中之一。從黃遵憲的信中可知，他寫作目的很明確、很自覺。

《日本國志》是黃遵憲的另一部"睜眼"著作。關於此書，黃遵憲光緒七年六月十三日致王韜函云：

> 中土士夫於外國事類多茫昧。昔遼主告宋人曰：汝國我皆知之，我國事汝不知也。即今日中國光景。日本年來依仿西法，類為依樣葫蘆。弟之窮年屹屹為此者，欲使吾國人略知東西事耳。

西方當時比中國先進。黃遵憲認為，可以學習西方，但不能"依樣葫蘆"，這一思想是可取的。

為了研究日本，寫好《日本國志》，黃遵憲孜孜兀兀，"友朋往來，大都謝絕"[2]。他不僅搜求文獻、徵詢故實，而且注意實地考察。光緒六年六月十九日致

---

1 《弢園文錄外編》第 11 卷。
2 《黃遵憲光緒七年六月十三日致王韜函》。

王韜函云：

> 弟以三年居東，行賦日歸，念日本山水素稱蓬壺，屐齒不一至，慮山
> 靈貽笑，而村鄉風景亦竊欲考風而問俗，故恣意為汗漫之遊。居箱根山中
> 凡二旬，而溫泉七所僅一未至。山路險峻，止通一線，而箱根驛有大湖在
> 萬山頂，寬僅十餘里，深至五十丈，乃知古人比之函谷，稱為關東咽喉之
> 地，蓋真不啻金湯之固也。隨後尚欲遊日光，走上州，過北海，抵箱館。
> 他日歸途，更由陸達西京，經南海諸國，訪熊本城，問鹿兒島而後返。但
> 恨文筆屠弱，不足以自達其所見耳。

後來，黃遵憲在寫作《日本國志》中的《地理志》和《禮俗志》時，曾經吸取
了這次"汗漫之游"的成果。在遊歷中，黃遵憲除"考風問俗"外，還注意研
究日本的新興工業。同年八月二十九日致王韜函云：

> 弟自箱根歸後，遊興勃發，旋復袱被獨行鎌倉之江島、豆州之熱海，
> 皆勾留半月而後歸。歸席未暖，又於富岡觀製絲場，於甲斐觀造酒所，於
> 五子村觀抄〔造〕紙部。

富岡製絲場是日本最早的近代化製絲企業，採用法國進口機器。黃遵憲在《日
本國志》中對該廠和製絲生產的敘述，也顯然和這次參觀有關。

黃遵憲不以瞭解日本為滿足，他希望在完成《日本國志》後，進一步瞭解
全世界。同年六月二十九日函云：

> 弟以不才濫膺今職，曾無片長可以告人。項隨何星使後共編《日本
> 志》，而卷帙浩博，明年乃能卒業。俟此事畢，得遊歐羅巴、美利堅諸洲，
> 再與先生抵掌快談，論五大洲事，豈不快哉！

在中國古代，一個人只要能夠通古今、究天人，就可以稱為了不起的人材，但
是，到了近代，這就不夠了，還必須明中外。黃遵憲是很懂得這一點的。

二、討論琉球問題

琉球問題是黃遵憲致王韜函中議論的重要內容。

琉球原是中國鄰邦，先後稱藩於明政府和清政府。日本明治維新後，即積極準備吞併琉球，進窺台灣。同治十一年（1872 年），日本政府封琉球國王為藩王。同治十三年（1874 年），日本藉口琉球船民被台灣土人殺害，發動侵台戰爭。次年，阻止琉球向清政府"入貢"，琉球國王派人向清政府陳情。光緒三年（1877 年）六月，清政府命總理各國事務衙門傳知出使日本大臣何如璋等，"俟到日本後相機妥籌辦理"[1]。光緒四年（1878 年），清政府批准了何如璋提出的上、中、下三策中的下策，即"反覆辯論，徐為開導，若不聽命，或援萬國公法以相糾責，或約各國使臣向之評理"[2]。根據清政府的指示，何如璋開始與日本政府交涉，黃遵憲光緒五年十二月十五日致王韜函云：

> 琉球爭端初起，由星使與外務卿議論數四，彼極拗執，乃始行文與辯。日本於此一節，自知理拙，無可解說，乃別生一波，謂此間初次照會措辭過激，不欲與議，彼原不過藉此以延宕羅啤耳。

光緒四年八月七日，何如璋訪問日本外務卿寺島宗則，提出口頭抗議。隨後幾經交涉，均無結果。九月十二日，何如璋照會寺島，其中有"以為日本堂堂大國，諒不肯背鄰交，欺弱國，為此不信不義，無情無理之事"等語[3]，寺島認為是"暴言"，於十月二十七日（11 月 21 日）照會反駁，聲稱"貴國政府如果命貴大臣作此等語，是即貴國政府不欲以後兩國和好"云云[4]。寺島並要求何如璋道歉，撤銷照會，否則不能商談。黃遵憲致王韜函所言，即指上述各事。

黃遵憲同函又云：

---

1 《清光緒朝中日交涉史料》第 1 卷。
2 《清光緒朝中日交涉史料》第 1 卷。
3 《日本外交文書》第 11 卷。
4 《日本外交文書》第 11 卷。

嗣統領東來，本署將屢次彼此行文逐一詳審譯呈，統領以為無他。楊越翰將一切情節寄刊報館，獨於日本外務與我之文，一譏其驕傲過甚，再譏其愚而無禮。其是否出統領意雖不可知，然彼之為此，蓋主持公道，謂我與彼文無甚不合，而彼與我文乃實為無理，所謂以矛陷盾者也。此報一出，聞紐約報館賣出數萬份，而歐洲諸國照刻者亦多，因是而五部州人皆知日本之待我極為驕慢，皆群起而議其短，因美國係中間人，中間人之言皆信之也。

光緒五年三月，日本侵佔琉球，廢去國王，改設沖繩縣。同年五月，琉球國王派人向清政府請援，中日兩國間交涉因之再起。適值美國前任總統格蘭忒（U. S. Grant）正在作環球旅行，準備在訪問中國後轉赴日本，清政府便委託格蘭忒進行調停。本函所言 "統領"，即指格蘭忒；所言楊越翰（J. R. Young）乃是他的隨員。五月二十五日（7 月 14 日），黃遵憲曾將琉球事件的始末文卷英譯件送交楊越翰，由楊越翰轉呈格蘭忒，[1] 後來，揚越翰將黃遵憲送交的這批材料轉交紐約《哈拉報》發表，並著文評論，日本西文《橫濱日報》、東京《郵便新聞》、《朝野新聞》等紛紛轉載，"雖東人見之不悅，而語出他人，無所用其諱，故楊越翰譏誚日本之語，亦一一具載"[2]。黃遵憲十二月二十三日致王韜函又云：

日本謂本署初次照會，失於無禮，議撤議繳，言者屢矣。自楊越翰新聞一出，反謂其行文無禮，乃緘口不復道此，蓋中間人補救之力亦不鮮也。

楊越翰一方面著文批評日本外務省 "行文無禮"，一方面又致函李鴻章，批評何如璋的照會 "過於直率，有失友邦敵體之禮"[3]。格蘭忒也說："從前商辦此事，有一件文書措語太重，使其不能轉彎，日人心頗不平。"[4] 他們都要求清政府接受日方要求，撤銷何如璋照會。隨後，清政府總理各國事務衙門照會日本外務

1　《譯美前總統幕友楊副將來函》，《李文忠公全書‧譯署函稿》第 9 卷。
2　《黃遵憲光緒五年十二月十五日函》。
3　《譯美國副將楊越翰來函》，《李文忠公全書‧譯署函稿》第 9 卷。
4　《譯美前總統來函》，《李文忠公全書‧譯署函稿》第 9 卷。

省，"從前所論，可概置勿論，——依照美前大總統來書辦理"，寺島復照表示"欣慰"。因此，日本方面之所以"緘口不復道此"，並非由於"楊越翰新聞"的批評，而是因為要求得到了滿足。這一切，黃遵憲顯然不很瞭解，他對於楊越翰、格蘭忒在"調停"中所採取的縱橫捭闔的手法就更不瞭解了。

在琉球交涉中，何如璋的許多文書都出自黃遵憲之手。照會被撤銷，黃遵憲不無鬱鬱，十二月二十三日致王韜函再云：

> 此事本無關輕重，台灣一案亦定議後互撤照會，唯彼國必欲挑此，恐中土之迂腐無識者，反謂以文字啟禍，則悠悠之口難與爭辯耳。日本之處心積慮欲滅球久矣，使者之事，非急貢也，意欲藉爭貢以存人國也。本係奉旨查辦之件，將此議上達樞府，復經許可而後發端。此中曲折，局外未能深知，敬為先生略言之。

黃遵憲指出，和日本交涉的目的並非是"爭貢"，而是為了保存琉球這個國家。黃遵憲始終堅持這一主張。光緒六年二月，日方派人到中國會見李鴻章，聲稱中日兩國"人同其種，書同其文，有舊好之誼，有輔車之勢"，願將琉球南部鄰近台灣的宮古、八重山二島劃給中國，但須修改《中日通商條約》，使日本商人能像西方商人一樣進入中國內地貿易。同年六月，日本公使宍戶璣到京與清政府談判。九月十日黃遵憲致王韜函云：

> 此案近聞既由彼族授使臣全權在京會議。其若何結局，即使館且不得參議，更無論局外……還君臣而復疆土，此事談何容易，然終不能不於各執一說中，折衷以期一是，彼此退讓則妥結矣。

這裏所說的"使臣"，即指宍戶璣。

次年六月十三日黃遵憲致王韜函再云：

> 南藩一事，懸而未了，以彼餉絀國虛，萬不敢更生他釁，然欲求立國

復君，則非撤使罷市，不足以持之也。

所謂"還群臣而復疆土"，所謂"立國復君"，都是要求保存琉球國。後來琉球交涉不了了之，黃遵憲也就無可如何了。

三、警惕沙俄向東方擴張

黃遵憲與王韜通信時，沙皇俄國正在積極向東方擴張。一小撮人大肆叫嚷："俄國的歷史使命是將東方加以融合，使之併入俄羅斯帝國。"[1]黃遵憲的這些信也反映了他對沙俄侵略的態度及其外交策略。

光緒五年十二月二十三日函云：

> 日本比來屢見火災，國會開設之議，倡一和百，幾遍國中。政府顧尼之不得，行紙幣日賤（數日中，每洋銀百圓，值紙幣百四十矣），民心嚚然，蓋幾有不名一錢之苦。漏厄不塞，巨痛如此，可慨也夫！日本似不足為患，然兄弟之國，急難至此，將何以同禦外侮？虎狼之秦，眈眈逐逐，彼其志豈嘗須臾忘東土哉！禍患之來，不知所屆，同抱杞憂，吾輩未知何日乃得高枕而臥也！

函中所說"其志豈嘗須臾忘東土"的"虎狼之秦"，指沙俄。日本明治維新以後，天皇政府即採取通貨膨脹政策，用發行不兌換紙幣的辦法來攫取民間財富。本函所說"（政府）行紙幣日賤"，指此。黃遵憲把日本看成"兄弟之國"，為了制止沙俄對遠東的侵略，黃遵憲主張聯日制俄，因此，頗為日本的政情不穩擔憂。

還在同治十年（1871年），沙俄就借阿古柏在天山南北建立所謂"哲德沙爾汗國"之機，出兵侵佔中國領土伊犁。光緒三年（1877年）阿古柏被驅逐，清政府要求沙俄歸還伊犁，遭到拒絕。次年，清政府派崇厚赴俄談判。在沙俄

---

1 Malozemoff: *Russian Far Eastern Policy, 1881-1904*, Berkeley, 1958, pp.40-42.

的脅迫誘騙下，昏庸的崇厚擅自簽訂了喪權失地的《里瓦幾亞條約》。消息傳入國內，朝野上下一致譴責崇厚賣國，清政府也拒絕承認該條約。光緒五年十二月十六日，宣佈將崇厚革職，交刑部治罪；次年正月二十三日，定為斬監候。關於此事，黃遵憲四月十日致王韜函云：

> 崇公之去，朝旨命之索伊犁，未嘗令其結條約也。及將約稿寄回，又屢次馳書，告以萬不可許，而崇公一概不聽，擅自啟程，此即泰西之頭等公使亦萬萬無此事。彼徒以驕矜之氣為桀黠所愚，遂使天下事敗壞決裂至於如此，可勝歎哉！

在譴責崇厚這一點上，黃遵憲與廣大愛國人士並無二致。但是，他不同意清政府急於定崇厚之罪的做法。同函云：

> 俄為勁敵，當路諸公素所深知，故雖明知萬不可行，尚欲含濡隱忍以待他時，而台諫諸人，連章交劾，未經宣佈之前，留中章疏既有七份，其後攘臂奮袂慷慨言事者，至於無日無之。朝廷以不得已始下之議，而崇厚之罪實不能為之諱，又有一二人據理以爭，負氣過甚，非樞廷諸君所能屈服，於是拱手而聽其議罪，而崇厚乃下獄矣，乃斬監候矣。

當時，沙俄為了保護崇厚這個賣國賊，率先向清政府抗議，英、法、德、美諸國也紛紛效尤；沙俄政府並調動軍隊，實行戰爭訛詐。黃遵憲認為，以只聲明有罪而不立即"定案"為有利。同函又云：

> 中土士夫，其下者為制義，為試帖，其上者，動則稱古昔，稱先王，終未嘗一披地圖，不知天下之大幾何，輒詆人以蠻夷，視之如禽獸。前車之覆既屢屢矣，猶不知儆戒，輒欲以國為孤注，視事如兒戲，又不幸以崇厚之愚謬妄誕，益以長浮氣而滋浮論，至於有今日，尚何言哉！尚何言哉！今事已至此，苟使聲明崇厚之罪而不定案，告於天下曰：朝廷譴使只

命索還伊犁，乃崇厚所結條約，舉屬伊犁一地之外之事，實為違訓越權，條約云云，實難曲從。則內以作敵愾同仇之氣，外以示我直彼曲之義，然後急脈緩受，虛與委蛇，徐徐再議，俄人雖橫，彼亦無辭，猶為計之得者。

黃遵憲不瞭解，即使不定崇厚之罪，但是，只要你一宣佈崇厚"違訓越權，條約云云，實難曲從"，那麼，帝國主義是仍然要抗議、要訛詐的。他說："通商以來既三十餘年，無事之日失每在柔，有事之時失每在剛，此又其一也。"[1] 既反對帝國主義侵略，又害怕過於"激烈"的舉動會惹怒帝國主義，這裏反映出黃遵憲作為改良派的軟弱而矛盾的性格。

為了保住即將攫取到手的利益，沙俄政府除在伊犁地區集結軍隊外，又調動鐵甲艦兩艘、快船十三艘到日本長崎，準備封鎖中國海面，擺出一副要對中國發動戰爭的架勢。但是，當時沙俄在國際上非常孤立，國內也危機重重，並不可能發動一場侵華戰爭，黃遵憲說：

> 西鄰之責，自星使續往，遞國書，謁君皇，一一如禮。其外務既許改議，事機似乎稍緩。遵處傳聞異辭，日月岐異，不盡得實。俄船東來，皆駛往琿春。現泊長崎者，只有一號耳。專派之大員乃彼國海軍卿，亦往琿春。觀其意，乃欲經畫東面，設常備兵，編立營制，故攜夫人俱來，且挈水雷艇，空其船，載茶而歸。在新嘉坡者，復截止不遣，皆可知其意不在戰，特萬萬不可因此而弛備也。

光緒六年正月，清政府派駐英公使曾紀澤兼任駐俄公使，赴俄交涉。同年六月二十九日（8月4日），開始第一次談判。初時，沙俄態度蠻橫；經過一段時期，才表示可以重開談判，修改《里瓦幾亞條約》細節，同時則派廖索夫斯基海軍上將率艦隊開赴遠東威脅。黃遵憲函中所云"星使續往"、"其外務既許改議"、"專派之大員乃彼國海軍卿"等事指此。黃遵憲看出了，當時沙俄之意"不在戰"，但認為萬萬不可"弛備"。隨後，王韜曾將黃遵憲所述情況通報給清廷

1　《黃遵憲光緒六年四月十日致王韜函》。

有關官吏，其《上鄭玉軒觀察》云：

> 俄國師船近多雲集於琿春，其駐泊於日本長崎者僅一艘耳，俄軍門亦
> 已移節琿春，意在經畫東方，編立營制，慎嚴守備，為常行駐兵計，其志
> 固不在小也。[1]

可以看出，王韜的情報完全來自黃遵憲。

為了防止沙俄對遠東的侵略，光緒六年，黃遵憲還曾為朝鮮使者金宏集起草過一份《朝鮮策略》，“文凡萬言，大意以防俄為主，而勸以親中國，結日本，聯美國。”它得到朝鮮部分人士的贊成，也遭到一些人的反對。光緒七年六月十三日黃遵憲致王韜函云：

> 今日世變終不能閉關而治，與其強敵環攻，威逼勢劫而後聽命，不如
> 發奮圖強，先擇一較為公平之國與之立約。朝鮮之在亞細亞，實猶歐洲之
> 土耳其，苟此國亡，則中東殆無安枕之日，故不憚為之借箸而籌也。金君
> 攜回此稿以奏其主，國王甚為感動，一時輿論亦如夢初覺。自去歲至今，
> 改革官制，設有交鄰、通商各司，又分派學生到北京，到津討論兵事。此
> 次所遣委員亦為探察一切。看其國勢，不久殆將開關矣。至李萬孫乃其國
> 中之一老儒，其上疏皆不識時務之言，不足以為怪也。

當時，沙俄、日本對朝鮮都懷有領土野心，英、美等國也企圖打開朝鮮門戶，黃遵憲《朝鮮策略》的具體意見未必正確，但他對朝鮮戰略位置的認識是有見地的，期望朝鮮君臣“發奮圖強”的願望也是積極的。

四、函件價值

函件也有助於對王韜生平及其文學的研究。

1　《弢園尺牘》，北京中華書局標點本，1959 年版，第 171 頁。

王韜在日本時，不僅與黃遵憲友善，而且與不少日本人士相處得也很融洽。何如璋曾上書清政府有關方面，擬羅致王韜在駐日使館工作，後因使館人員名額有限，又因福建巡撫丁日昌也有延聘王韜入幕的打算，未果。此事顛末，具詳黃遵憲光緒五年七月十一日致王韜函中。光緒六年，王韜準備再度東遊，這使黃遵憲很高興。他認為，王韜在日本人士中有影響，出任使館工作必將"於兩國和好收效甚大"，因此計劃再次推薦王韜。六月十九日函云："若得有消息，舊日令尹必舉先生之名以告"，即指此事。

對王韜的詩文，黃遵憲評價都很高。王韜遊歷日本時所寫的《扶桑遊記》，黃遵憲評之為"如風水相遭，自然成文，其天機清妙，讀之使人神怡"。光緒六年八月，黃遵憲讀了王韜的《蘅華館詩錄》後，於同月二十九日致函說：

> 竊以為才人之詩只千古而無對也。弟每讀近人詩，求其無醃齪氣，無羞澀態者，殊不可多得。先生之詩，盡洗而空之，凡意中之所欲言，筆皆隨之，宛轉屈曲，夭矯靈變而無不達，古人中唯蘇長公、袁子才有此快事，然其身世之所經，耳目之所見，奇奇怪怪，皆不及吾子遠甚也。

這裏的評價雖不無過譽之處，但對於我們研究王韜仍有參考價值。

黃遵憲厚"今"重"我"的文學思想

在近代文藝思想的發展上，黃遵憲有其重要特色，這就是堅決反對復古主義、擬古主義，厚"今"重"我"。

歷史上的保守力量派都喜歡形而上學。他們為了鞏固現狀、維護統治、阻礙社會發展，總是千方百計地否認事物的發展和變化，堅持"天不變，道亦不變"，力圖將其統治和現狀說成是萬古不變的永恆存在。與之相反，代表發展要求的新興力量總是大力揭露現存秩序的不合理，要求變革、要求發展。

在近代，中國新起的資產階級曾經長期和封建地主階級爭論過"變"的問題。地主階級總是抬出"祖宗成法"這塊招牌來，反對一切改良或革命的要求；而新起的資產階級則總是大聲疾呼地要求變革，在民族危機日益深重的情況下，他們熱衷於宣揚《易經》中的"窮則變，變則通"思想，求"變"、倡"變"。這是從龔自珍、魏源開始的先進思想家們的共同特徵。

第一個在文學領域內明確求"變"、倡"變"，並在創作實踐中卓有成效的詩人便是黃遵憲。

一、接受"善變"的表揚

1897 年，黃遵憲在《日本國志·學術志》中說："周秦以下，文體屢變，逮乎今世，章疏移檄，告諭批判，務期達意，其文體絕為古人所無。若小說家言，更有直用方言以筆之於書者，則語言文字幾乎復合矣。余又烏知乎他日不更變一體為適用於今通行於俗者乎？嗟呼！欲全天下之農工商賈、婦女幼稚皆能通文字之用，其不得不於此求一簡易之法哉！"這裏，他不僅以周、秦以來的歷史證明中國的文體及文學語言一直在變化發展中，而且主張繼續變革、發展，創造出一種新的文體來。

同年，黃遵憲在《酬曾重伯編修並示蘭史》一詩的序言中寫道："重伯序余詩，謂古今以詩名家者無不變體，而稱余善變，故詩意及之。"詩中又云："廢君一月官書力，讀我連篇新派詩。風雅不亡由善變，光豐之後益矜奇。"[1] 重伯，指湖南衡陽詩人曾廣鈞，有《環天室詩集》行世；蘭史，指廣東番禺詩人潘飛聲，有《說劍堂詩集》行世。顯然，曾廣鈞誇獎黃遵憲詩"善變"，不同於當時的一般作品，黃遵憲接受這一表揚，也以"善變"自喜，並且很快就打出了"新派詩"的旗號。變與不變是矛盾的對立，新與舊也是矛盾的對立。明清以來，封建社會接近崩潰和腐朽，它的上層建築的文化、文學部分，特別是詩歌寫作

1　此詩序見於《新民叢報》第 3 年第 4 號，《人境廬詩草》未載。詩中文字亦有小異，今均依《叢報》。

日益不佳，內容貧乏、空虛；形式僵化、凝固，失去創造活力，處於極為嚴重的停滯、因襲狀態，可以說"肉腐羹酸"了。歷史證明，一種新興力量的出現總要努力在意識形態的領域內表現自己，引起上層建築的變化；總要批判、掃蕩舊事物、舊形態，從而建立起自己的新事物、新形態。在詩歌領域內，黃遵憲求"變"、倡"變"，正是要求對於古老的舊體詩進行變革、改良，催生資產階級維新派的"新派詩"。

"變"，牽涉今古關係，必須正確地對待此前的文化和文學遺產。明清以來，思想界、美術界常常為此發生爭論。保守力量總是尊古、崇古，視古為神聖，凡"先王之道"、"先聖之法"，誰都不敢輕易觸動，其目的在於藉助"古人"聲威，阻擋新生事物的成長，壓死創造性。威勢所及，一些人雖具有進步思想和改革要求，為減少阻力，也不得不披上"託古改制"的外衣。

文學，特別是詩歌寫作中，本來就存在兩種傾向：一種是力求模擬古人，一種是力求創新、發展。對於前一種傾向，人們通常稱為擬古主義。宋元以後，詩歌創作中的擬古主義潮流開始滋生、發展，有些人總喜歡將前人的創作視為不可更動的規範，力求亦步亦趨，以拾古人唾液，在創作上以似古為榮。

早在 1868 年，黃遵憲即尖銳地批判詩歌創作中的擬古主義傾向，其《雜感》詩云：

> 俗儒好尊古，日日故紙研；六經字所無，不敢入詩篇。古人棄糟粕，
> 見之口流涎；沿習甘剽竊，妄造叢罪愆。

這首詩，生動地勾畫出"俗儒"們尊古、擬古的醜態：束手束腳，膽戰心驚，一味在故紙堆裏找靈感，作品中不敢使用任何新字、新詞，將古人的"糟粕"視為新鮮美味，將日常的寫作要求當作秘技盜竊。偶有新穎不同之處，立即被斥"妄造"，遭到紛至沓來的責罵。黃遵憲認為，這種情況的出現，原因在於"俗儒"對今古關係的錯誤認識。他繼續寫道：

> 黃土同摶人，今古何愚賢？即今忽已古，斷自何代前？……即今流俗

語，我若登簡編，五千年後人，驚為古爛斑。

在黃遵憲看來，古今異世，語言變遷，但"今"由"古"發展而來，"今"也會發展為"古"，以今人與古人相比，古人並無特別高明之處。因此，沒有尊古卑今的必要，在寫作上，也沒有步武古人、模擬古人的必要。

中國的"俗儒"常常根據想像美化古人、神化古人。但黃遵憲卻說，傳說黃土造人，古人並不特別聰明，今人也並不特別愚笨。"以我視後人，若居三代先。"今天的普普通通、平平常常的我，在後人看來，可能就是既神秘、又神聖、又偉大的夏、商、周"三代"人呢！黃遵憲此詩，和多年來中國"俗儒"們的常見不同，在當時，可以說是開天闢地、驚世駭俗的創見。它剝奪了儒學長期虛構在"古人"頭上的"神聖光輪"，大大抬高了"今人"的地位，因此，黃遵憲在詩歌寫作中要求擺脫古人的陰影，直接抒寫自己口所欲言之事。他勇敢地自稱："我手寫我口，古豈能拘牽？"1891年，黃遵憲在《人境廬詩草自序》中又說："欲棄去古人之糟粕，而不為古人所束縛"，"今之世異於古，今之人亦何必與古人同？"這些地方，黃遵憲都明確地豎起了反對擬古主義的大旗。

有前代創作和前代遺產可以學習和借鑒，這是大好事，但是，模擬不能代替創新，老古董不能代替新作品，文壇、詩壇總要不斷湧現新人和新作。黃遵憲之所以批判對古人的迷信，要求擺脫古人的"拘牽"和"束縛"，目的在於解放手腳、解放思想，為表現新時代的新人和新作開道。

二、"別創詩界"的理想

詩與文，合稱詩文，但是，詩與文不同，它是一種特殊的文學體裁，基於情、作用於情，有特殊的藝術作用。這種特殊的藝術作用，黃遵憲稱之為"吸力"。1904年，黃遵憲在與梁啟超的信中說："吾論詩以言志為體，以感人為用。夫子所謂興於詩，伯牙所謂移情，即吸力說也。"基於這一認識，黃遵憲特別重視詩歌寫作，力圖在這一領域有所突破，有所開創。

1902年，黃遵憲在寫給維新派、新派詩人華僑丘煒菱的信中說：

思少日喜為詩，謬有別創詩界之論。然才力薄弱，終不克自踐其言。譬之西半球新國，第不過獨立風雪中清教徒之一人耳。若華盛頓、哲非遜、富蘭克令，不能不屬望於諸君子也。詩雖小道，然歐洲詩人出其鼓吹文明之筆，竟有左右世界之力。僕老且病，無能為役矣。執事其有意乎？時事日亟，一部十七史從何處說起……

華盛頓是美國開國總統，哲非遜是美國《獨立宣言》的起草者，富蘭克令則是《獨立宣言》的重要修訂者。三人都在美國獨立運動和建國期間立下卓越功勳。清教徒，原指英國宗教改革運動中的加爾文派，後來大批流亡美國，支持美國獨立和建國。信中，黃遵憲以華盛頓等三人的功業期待同為詩人的丘煒萲，自稱"清教徒之一人"，而實際上是一種自我期許，表明了黃遵憲"別創詩界"的雄心壯志。中國古代，詩歌寫作空前發達，詩人輩出，佳作叢生。黃遵憲此函表現出，他不僅企圖在這一領域超越前人，而且力圖與他所知曉的"歐洲詩人"比肩。函稱："歐洲詩人出其鼓吹文明之筆，竟有左右世界之力。"任何文學作品的力量都是有限的，但有著巨大的社會作用卻又是不可否認的事實。這段文字顯示，黃遵憲不僅熟悉中國的文學和詩歌發展史，而且放眼世界，開始研究歐洲的文學的發展和歷史，期待中國詩人們能像他的歐洲同行一樣，以其作品鼓吹維新、鼓吹變法、鼓吹文明。

在《人境廬詩草》的《自序》中，黃遵憲敘述其詩歌主張：

詩之外有詩，詩之中有人；今之世異於古，今之人亦何必與古人同。嘗於胸中設一詩境，一曰復古人比興之體，一曰以單行之神運排偶之體；一曰取《離騷》、樂府之神理而不襲其貌；一曰用古文家伸縮離合之法以入詩。其取材也，自群經三史，逮於周、秦諸子之書，許、鄭諸家之注，凡事名物名切於今者，皆採取而假借。其述事也舉今日之官書會典方言俗諺，以及古人未有之物，未辟之境，耳目所歷，皆筆而書之。其煉格也，自曹、鮑、陶、謝、李、杜、韓、蘇迄於晚近小家，不名一格，不專一體，要不失為我之詩。誠如是，未必遽躋古人，其亦足以自立矣！

這篇《自序》是黃遵憲深思熟慮、精心結構的綱領，總結了前代文學理論中的許多爭論過的問題，反映出他在詩歌寫作上的美學追求：

"詩之外有事"，要求詩歌反映社會現實。這裏的"事"，就是白居易所說的"歌詩合為事而作"的"事"。既不唯美主義，也不形式主義。

"詩之中有人"，要求建立自己的個人獨特風格。針對此前和當時的嚴重擬古主義詩風，詩作必須有自己的風格，有與眾不同之處。

"古人未有之物，未闢之境，皆筆而書之。"創新是文學的根本要求，生命所在，吸引力所在。寫新時代、新人物、新事件和新情感，才能超越前人，煥人耳目。

"不名一格，不專一體。"必須學習前代優秀詩歌遺產，但不是模仿、硬搬；是兼收博採，不是拘執門戶。

"以單行之神，運排偶之體"，"用古文家伸縮離合之法以入詩"。單行、排偶的優劣短長本是清代散文家和駢文家長久爭論的問題。黃遵憲主張借鑒散文優點，在"排偶之體"中運用"單行之法"，以期打破長久以來詩歌發展中形成的清規戒律，改變舊體詩愈來愈古典化、僵化的傾向，在一定程度上解放舊體詩的表現力，使之適合於表現新內容而又不失格律的嚴整與和諧。

"取材群經、三史，逮於周、秦諸子之書，許、鄭諸家之注"以及"今日之官書會典、方言、俗諺"，從而擴大詩歌的語言來源和表現範圍。桐城派文人要求文學語言必須"雅潔"、"雅馴"、"辭古"，反對使用語錄中語、魏晉六朝人藻麗俳語、漢賦中板重字語、詩歌中的雋語、南北史中的佻巧語等，使文學語言日益狹窄、貧乏、枯窘。[1] 當時，維新派曾在文章中用了"吸力"、"熱力"、"漲力"、"受力"、"壓力"、"腦筋"、"靈魂"、"黃種"、"四萬萬人"等字眼，遭到湖南頑固派、大地主階級的代言人葉德輝等人的破口大罵。[2] 黃遵憲的上述主張與復古派相反，擴大了文學語言的詞彙來源，增加了其活力和表現力。

---

1 參閱沈廷芳：《方望溪先生傳後》、方苞：《儲禮執文序》。
2 參閱葉德輝：《長興學記駁義》及《湘省學藝》，均見《翼教叢編》。

三、"新派詩"與"新體詩"

　　黃遵憲的詩，寫鴉片戰爭以後的新時代，寫這個時代出現的新事、新理，同時不避方言、俗語和新名詞，使他成為這一時期最重要、成就最大的"新派"詩人。不僅如此，黃遵憲後來的創作實踐向口語化、群眾化的方向又前進了一大步，這就是《軍歌》、《小學生相和歌》、《幼稚園上學歌》等一類作品。它們擺脫了古典詩歌的格律束縛，形式更為解放、語言更為通俗，可以說已經明白如話，因此更加接近群眾，為群眾所接受。這些作品較之他在詩集《自序》中所提出的主張走得更遠。黃遵憲對這些作品很重視，曾經在給梁啟超的信中打聽日本所謂"新體詩"的情況，是否"創調"？他稱自己的此類"新體"詩"擇韻難，選聲難，著色難"，希望梁啟超等"拓充之、光大之"[1]。

　　在《日本國志·學術志》中，黃遵憲曾主張文學語言"適用於今，通行於俗"，要求語文合一，文學語言與口語相統一，使之適用於"農、工、商賈、婦女、幼稚"，這是中國語言學歷史上從未有過的要求，也是符合中國語言發展方向的正確要求，但是這一主張黃遵憲僅在《日本國志》一書中提出，並沒有付之實踐，沒有要求發展到各種文體，特別是詩歌。普遍以白話寫作、以白話寫詩，這是"五四"時期才提出來的任務。

　　黃遵憲的文學思想有其時代和階級基礎，並有其先行者的思想資料。恩格斯說過："每一時代的哲學都把一定的思想材料作為前提，這些材料是從他的先行者繼承下來，而它就是從這裏出發的。"[2]晚明時代，由於資本主義萌芽的發生，產生了反傳統、反道學的異端，這就是以李贄為代表的異端學派，在文學領域內則產生了反對復古，提倡"變"、"新"、"真"的公安派。黃遵憲文學思想和其前驅者之間存在著明顯的繼承關係。如：

> 　　然以今視古，古固非今；由後觀今，今復為古。（李贄《時文後序》）
> 　　夫時有古今，語言亦有古今；今人所詫為奇字奧句，安知非古之街談

1　《致梁啟超函》，陳錚主編：《黃遵憲集》（二），北京中華書局 2019 年版，第 820 頁。
2　艾思奇譯：《馬克思恩格斯關於歷史唯物主義的信》，人民出版社 1951 年版，第 9 頁。

巷語耶！(袁宗道《論文》上)

　　大抵物真則貴，貴則我面不能同君面，而況古人之面貌乎……然則古
何必高，今何必卑哉！(袁中道《與立長孺書》)

　　古之不能為今者，勢也。其簡也，明也，整也，流麗也，痛快也，
文之變也。夫豈不能為繁、為亂、為艱、為晦，然已簡安用繁？已整安用
亂？已明安用晦，已流麗痛快；安用贅牙之語、艱深之辭……世道既變，
文亦因之。今之不必摹古者，亦勢也……事、人、物、態，有時而更！鄉
語方言，有時而易，事今日之事！則亦文今日之文而已矣。(袁中道《與江
進之書》)

　　這樣的例子還很多。此外，黃遵憲在《山歌》手寫本《題記》中，讚美民
歌的自然、本色，都和公安派的文學思想有一脈相承之處。黃遵憲正是利用了
這些思想材料，從自己的時代要求出發，予以改造和發展，提出了自己的思想。

　　黃遵憲的文學思想也存有較大的局限，如他認為文界"無革命"而只有"維
新"。[1] 在《日本國志·學術志》中，黃遵憲說："西人每謂中土泥古不變，吾獨以
為變古太驟。"顯然，"古"對於黃遵憲的壓力畢竟還太重，他甚至阿Q式地
認為西方的強盛源於中國的"先聖之道"，說什麼"余考泰西之學，其源蓋出於
墨子"[2]；後來魯迅諷刺復古派說，"外國的東西，中國都有過；某種科學，即某
子所說的云云"，兩相比較，聲調何其相似！[3] 因此，在文學上，黃遵憲也還不
能徹底擺脫舊文學的束縛。以他的詩為旗幟的"新派詩"，不過是古與今、新與
舊的妥協物，既不新，也不舊；既不古，也不今。所以有人說他的詩，"凡新
學而稍知存古，與夫舊學而強欲超時"的"新舊兩派"都歡迎，就是這個道理。[4]
創作中，他有時還追求"無一字無來歷"，這些過時的寫作規範還嚴重地束縛
著他。

1　《與嚴復書》，陳錚主編：《黃遵憲集》(二)，第842頁。
2　《日本國志·學術志》。
3　魯迅：《隨感錄》三十八，見《熱風》。
4　錢鍾書：《談藝錄》，第29頁。

黃遵憲傳 *

戊戌變法之後十年，康有為在給黃遵憲的詩集作序時曾說：

> 公度之詩乎，亦如磊砢[1]千丈松，鬱鬱青蔥，蔭岩竦壑[2]，千歲不死，上蔭白雲，下聽流泉，而為人所瞻仰徘徊者也。[3]

此後兩年，資產階級革命派詩人高旭也說：

> 世界日新，文界、詩界當造出一新天地，此一定公例也。黃公度詩獨闢異境，不愧中國詩界之哥倫布矣。近世洵無第二人。[4]

對於黃遵憲，這兩段話不無過譽之處，但是他們一致肯定了黃遵憲詩的價值和地位，這是有道理的。

黃遵憲，字公度，別號人境廬主人，近代中國資產階級改良運動時期的政治活動家，傑出的愛國主義"新派"詩人。本文將敘述他的生平，並以此為線索，分析和論述他的思想和主要作品。

一、亙古未有的"奇變"

> 講著山歌吾就多，廣州帶回十八籮。
>
> 拿出一籮同你和，和到明年割早禾。

---

* 錄自楊天石：《黃遵憲》，上海人民出版社 1979 年版。

1　磊砢，壯大貌。

2　竦壑：竦，同"聳"，高高地直立；壑，山谷。

3　《人境廬詩草箋注》（以下簡稱《詩草》），古典文學出版社 1957 年版，第 3 頁。

4　《願無盡廬詩話》，《南社》第 1 集。

這是廣東嘉應州（今梅縣）的一首民歌。嘉應州是有名的山歌之鄉，當地人民酷愛唱歌，每於赤日亭午，或圓月初升，不知什麼地方突然響起了"呵嗨！有好山歌溜呀溜出來"的長聲，這就是對歌的訊號了。於是，嘹亮的歌聲立刻響徹於峰巒起伏間，長林淺水處。

1848 年 4 月 27 日（道光二十八年三月二十四日），黃遵憲在這個山歌之鄉出生。[1]

黃遵憲的高祖叫黃潤，是個開了四五片當舖的商人。典當是一種特殊的高利貸剝削方式，黃遵憲的祖上就依靠這種剝削，一天天富裕起來。在封建社會裏，有了錢，就可以逐漸擠進官僚階層。從黃遵憲的祖父輩起，就有人在封建政權裏做官。黃遵憲的父親叫黃鴻藻，當時正孜孜兀兀於"四書"、"五經"，準備參加科舉考試。黃遵憲的曾祖母李氏和母親吳氏，都出身於封建官僚或知識份子的家庭。

黃遵憲三歲的時候，因為又有了一弟一妹，便由曾祖母李氏抱去撫養。李氏是個民間文學的愛好者，常於夜晚命人演唱當時流行的《天雨花》等彈詞。從她那裏，黃遵憲接受了最初的文學薰陶。還在咿呀學語時，李氏就對他口授兒歌：

> 月光光，秀才娘。騎白馬，過蓮塘。蓮塘背，種韭菜。韭菜花，結親家。親家門口一口塘，放個鯉魚八尺長。[2]

此時，李氏又對他口授《千家詩》。《千家詩》是舊時頗為流行的一種蒙塾詩歌讀本，所選都為絕句或律詩，比較淺顯。

> 清明時節雨紛紛，路上行人欲斷魂。借問酒家何處有？牧童遙指杏花村。

---

1 據黃遵楷：《先兄公度先生事實述略》，《人境廬集外詩輯》（以下簡稱《集外詩輯》），北京中華書局 1960 年版，第 135 頁。

2 《拜曾祖母李太夫人墓》，見《詩草》第 5 卷，第 154 頁。

黃遵憲興致盎然地用童聲吟哦起來。不多久，《千家詩》就全都成誦了。

黃遵憲的家距梅江不過百步，面前是禾田、魚塘、瓜田、芋區，側後是丘陵、山川、竹林、果園，牧童、樵婦、農民、篙工、船老終日往來不絕，嗨呀嗨呀的勞動號子夾著山歌聲，時時穿過樹梢，進入黃遵憲的耳際。不過，和《千家詩》一樣，這些山歌的意義，黃遵憲此時還不大理解。

四歲的時候，李氏送黃遵憲入學。1856 年（咸豐六年），黃遵憲九歲，父親中了舉人。喜報傳來，全家興高采烈。李氏曾經撫摩著黃遵憲的頭說："這孩子是屬猴的，比猴子還聰明靈利。'雛雞比老雞，異時知如何'[1]，長大了不知道會不會比他父親更有出息呢？"李氏的希望是：將來黃遵憲也能像他父親一樣進學、中舉、做官，飛黃騰達，榮宗耀祖。黃遵憲十歲的時候，在塾師的指導下開始學習寫詩，題目是《一路春鳩啼落花》。黃遵憲作的詩有"春從何處去，鳩亦盡情啼"[2]之句，很使塾師吃驚。次日，塾師又以杜甫的《一覽眾山小》句命題。黃遵憲寫的頭兩句是："天下猶為小，何論眼底山！"[3]這兩句詩口氣很大，在當時封建地主階級的人們看來，這是出語不凡、大富大貴的象徵。自此，黃遵憲就很受嘉應州一些士紳的賞識了。

如果不是時代的原因，黃遵憲這以後的道路也就是封建社會中一般地主階級知識份子的道路。然而，新的時代、新的階級鬥爭形勢，不能不使他的生活、思想都逐漸發生相應的變化。

1840 年（道光二十年），即黃遵憲出生之前八年，為了保護可恥的鴉片貿易，英國侵略者用大炮轟開了清王朝的大門。一向自視為"天朝上國"的清朝政府，在 1842 年與侵略者訂立了屈辱的城下之盟——《南京條約》，出賣大量民族權益。從此，外國資本主義不斷向中國伸展政治、經濟、文化侵略勢力，獨立的封建的中國社會變為半殖民地半封建的社會，中國人民在反對封建壓迫的同時，又積極展開了反對外國侵略者的不屈不撓的英勇鬥爭。

鴉片戰爭後，中國的社會經濟逐漸被外國資本主義的侵入破壞。為了交付

1　《拜曾祖母李太夫人墓》，見《詩草》第 5 卷，第 155 頁。
2　《己亥雜詩》，《一路春鳩啼落花》自注，見《詩草》第 9 卷，第 294 頁。
3　《己亥雜詩》，《一路春鳩啼落花》自注，見《詩草》第 9 卷，第 294 頁。

對英國侵略者的賠款和彌補鴉片貿易的差額，清王朝加強了對人民的剝削和壓榨，廣大人民的負擔更為沉重。這就使得人民和清王朝的矛盾更為尖銳，中國人民的反清鬥爭走向高漲，農民起義的火焰延燒全國。1850 年（道光三十年），黃遵憲三歲的時候，在廣西金田村，爆發了以洪秀全為首的農民革命運動。這一運動以反對腐敗的清朝統治和地主階級的壓迫為目的，從廣西迅速發展到長江流域，建立了太平天國革命政權，從而形成了近代史上第一個革命高潮。前後延續十餘年，太平軍縱橫十六、七省，攻克六百餘城，前鋒並曾進抵天津週邊，給清朝政府和地主階級以巨大打擊。

正當太平天國與清王朝進行激烈搏鬥的時候，為了擴大在鴉片戰爭中所取得的權益，英、法兩國在美國、沙皇俄國的支援下，又製造藉口，組成聯軍，發動了第二次鴉片戰爭。1858 年（咸豐八年），清朝政府在大沽、天津失陷後，與侵略者訂立了《天津條約》。兩年後，侵略者再度發動武裝進攻，侵佔舟山、大沽、天津，進逼北京。咸豐皇帝倉皇出奔，英、法侵略者焚燒了中國古典建築的精華圓明園，清朝政府再度向侵略者屈服，增訂《北京條約》，出賣了更多的民族權益。此後，中外反動派開始了彼此的結合。外國侵略者利用中國封建統治者作鷹犬，中國封建統治者利用外國侵略者為靠山，他們聯合起來，共同圖謀絞殺轟轟烈烈的太平天國革命運動。

黃遵憲的家鄉嘉應州，是廣東北部的一個山城。廣東，由於地處東南，受鴉片戰爭的影響最大，社會動盪特別劇烈，因此，與廣西、湖南同為當時全國階級鬥爭的中心地區。1854 年（咸豐四年），在太平天國革命的影響下，廣東佛山有三合會首領陳開率領的紅巾軍起義。在嘉應州，宋阿棠、黃曾興、陳賢郎等亦曾籌備起事回應。他們在鄉間拜盟結會，聲勢很大。1858 年，松源堡王討食豎旗起義，殺死知州，聚眾至數千人，曾一度進攻州城。1859 年，太平軍石鎮吉部由福建入廣東，攻克嘉應州；不久棄城轉移，入湖南。

黃遵憲的少年階段，就是處在這樣一個風狂雨驟的歷史時期裏。

"七萬里戎來集此，五千年史未聞諸"[1]，外國資本主義勢力的侵入，空前規

---

1 《和鍾西耘庶常津門感懷詩》，見《詩草》第 2 卷，第 60 頁。

模的太平天國農民革命運動，深刻地暴露了清王朝所面臨的危機。在黃遵憲由少年步入青年階段的時候，他不可能不注意到這種亘古未有的"奇變"。

1864 年（同治三年），黃遵憲十七歲的時候，清軍攻陷太平天國的首都天京，太平天國革命失敗了。這時，黃遵憲寫下了一組《感懷詩》。

由於家庭的階級地位和自己所受的封建教養，黃遵憲對太平天國革命運動是仇視的，天京失陷的消息使他喜悅異常。但是，這一運動的巨大聲勢，也深深地震撼了他："唯念大亂平，正當補弊偏。"他模模糊糊地認識到，這次運動的發生，和清王朝的"弊偏"有關。怎樣才能接受教訓，挽救危機，中興清王朝呢？難道能像一般世俗的儒生那樣，言必稱三代，拿著"車戰圖"和"井田譜"來挽救"時弊"嗎？不能了。歷史發展了，今與昔的形勢不同了，不能再向遙遠的古代去尋求治國、平天下之道，所謂"秀才不出門，能知天下事"的說法，不合適了。他寫道：

> 世儒誦詩書，往往矜爪嘴[1]。昂頭道皇古，抵掌[2]說平治。中言今日亂，痛哭繼流涕。摹寫車戰圖，胼胝[3]過百紙；手持井田譜，畫地期一試。古人豈我欺，今昔奈勢異。儒生不出門，勿論當世事。識時貴知今，通情貴閱世。

在這首詩裏，黃遵憲批判了昧於大勢，盲目復古、尊古的世俗儒生，主張研究現實、知今閱世、睜眼看世界，這樣就把自己和那些死守祖宗成法的地主階級頑固派區別開來。他認為，儒家只是九流中的一流，後代更分化為許多各自歧異的派別，不值得過份推崇。在這一組詩的另一首裏，黃遵憲就寫道：

1　矜爪嘴，誇耀自己的筆和嘴。
2　抵掌，鼓掌。
3　胼胝，手掌或腳底因長期磨擦而生的厚皮，即"老繭"。

儒於九流中，亦只一竿揭[1]。矧又某氏儒[2]，塗徑各歧別。均之筐篋物[3]，操此何施設[4]？大哉聖人道，百家盡囊括。至德如淵騫[5]，尚未一間達[6]。區區漢宋學，烏足尊聖哲。

清代地主階級的正統學術，有所謂漢學和宋學之分。漢學，指的是顧炎武、閻若璩、段玉裁、王念孫的考據訓詁之學，他們繼承了漢代學者的學風，注重於古書音義的考訂和文字的校勘。宋學，指的是以宋代程顥、程頤兄弟、朱熹等人為主的唯心主義"理學"，注重於藉古書以闡發地主階級的哲學思想。它們在清初繼續得到封建地主階級的大力提倡。黃遵憲認為，不管是漢學也好，宋學也好，都不足以代表囊括百家的"聖哲"——孔子的學術。

推崇孔子是那時地主階級的統治思想，黃遵憲並不例外。但是，黃遵憲反對漢學、宋學，卻表現了對清朝統治集團所提倡的正統學術的一種懷疑以至背離，說明在新的形勢下，黃遵憲在要求建立一種為現實服務的新的學術。

1865 年 12 月 8 日（同治四年十月二十一日），原在福建汀州的太平軍汪海洋部進入廣東，攻破嘉應州城；這時正是黃遵憲新婚之後數日。他和全家乘著一條小船逃到大埔縣三河墟，不久，又逃至潮州。在這期間，黃遵憲寫了許多首敵視、污蔑太平軍的詩，暴露了他的反動立場，但其中也有個別篇章，表現了清軍驕奢淫佚、殘害人民的真實面貌。例如《古從軍樂》：

昨日賊兵移，我軍尾其後。道有婦人哭，挾以上馬走。夫婿昨傷死，還遣行杯酒。爺娘欲牽衣，手顫不敢救。今日報戰功，正賴爾民首。[7]

1　亦只句：也只不過是一條竿子上掛著的旗子。
2　矧，況且。某氏儒，《韓非子・顯學》說：孔子死後，有子張之儒、子思之儒、顏氏之儒、孟氏之儒、漆雕氏之儒、仲良氏之儒等。
3　均之，都是。筐篋物，裝在箱子裏的東西。
4　操此句：掌握了這些能有什麼應用呢？
5　至德，崇高的道德。淵騫，顏淵、閔子騫，二人都是孔子的學生。
6　尚未句：《法言・問神》曾說顏淵專心向孔子學習，只相差不大一點間隔，"未達一間耳"。以上二句意為：顏淵、閔子騫的道德是崇高的，但和孔子有一點距離。
7　《集外詩輯》，第 2113 頁。

任意擄掠婦女，任意屠殺人民，把老百姓的腦袋砍下來去虛報"戰功"，這就是那些鎮壓太平軍的"英雄"們的"業績"。

1866 年 2 月（同治五年正月），清朝政府的閩、浙總督左宗棠率軍圍攻嘉應，汪海洋在戰鬥中英勇犧牲，清軍攻陷嘉應。黃遵憲和全家一起回鄉，經過戰亂，從曾祖起聚族而居的房屋已成焦土，滿院青苔，滿室殘書，幾代通過剝削積累起來的珠翠財寶都散失無遺。過去，當舖裏花花綠綠地堆滿了別人的衣物；現在，要將自家的衣物拿出去典當了，庫主會是誰呢？想到了這裏，黃遵憲不禁感慨繫之。黃遵憲又想起了在中原地帶，捻軍的戰鬥尚在發展；在海上，外國侵略者還在時時覬覦，準備興風作浪。內憂外患，都刺激黃遵憲想為清王朝建立一番補偏救弊的"功業"。面對著家中雜物狼藉的情況，黃遵憲不禁想起了後漢時那個不願意掃屋子，認為"大丈夫當為國掃除天下"的陳蕃。

對於人民革命的仇視，對於人民力量的恐懼，使得黃遵憲終其身只能成為一個資產階級改良主義者。

二、在科舉的道路上徘徊

1867 年（同治六年）春天，黃遵憲參加院試，入了州學，算是秀才了。

自唐以後，封建社會的知識份子大都要通過科舉考試才能擠進官僚階層。明清以後，適應封建制度的發展，更建立了一套比唐宋時期完備的科舉制度。為了培養馴順的奴才，封建統治者特別看重八股文、試帖詩和楷法。所謂八股文，指的是考試中"代聖賢立言"的文章。全文除首尾外，分八段，每兩段必須逐字成對。題目都來自"四書"、"五經"，作者用孔子、孟子的口氣說話，對題目的理解只能以宋代唯心主義理學家朱熹的解釋為依據。所謂試帖詩，也同八股文一樣，有一定的格式，是一種沒有內容的文字玩弄。楷法則要求黑大方光，不能有任何獨創風格的表露。這種考試有三級：院試，考中了是秀才；鄉試，考中了是舉人；會試、殿試，考中了是進士，第一名叫做狀元。封建社會的知識份子，就是沿著這個階梯一級級地爬上去。由於內容和方法都極為腐朽，這一制度嚴重地禁錮人們的思想和才力，使得知識份子低首下心，鑽在故紙堆裏，抱著"四書"和坊刻的八股文讀本咿唔吟哦，日日沉浸於"春風得意馬蹄疾，一日看盡長安花"的富貴夢中。三年一科，考不中的，一考再考，直至頭禿齒搖；考中了的，做了官，或蠅營狗苟，或頑固保守，除幻想更高的祿位，會背幾句"詩云"、"子曰"外，其他一無所知。清朝曾有人寫了首曲子道："讀書人，最不濟。背時文[1]，爛如泥。國家本為求才計，誰知道變做了欺人技。三句承題，兩句破題，擺頭搖尾，便道是聖門高第。可知道'三通'、'四史'[2]，是何等文章；漢祖、唐宗，是哪一朝皇帝！"[3]生動地畫出了士子們的顢頇相。

由於黃遵憲的家庭出身，他不可能不走科舉的道路。經過戰亂，黃氏家族顯著沒落，黃遵憲的母親不得不操持家務，種菜，養雞，養豬，似乎有些"焦勞拮据"了。她就曾對黃遵憲兄弟說過："如果你們有出息，我並不屑於做這些事情。只要將來能有一碗尋常茶飯，無事操作，我的願望就滿足了。"這些話實際上是激勵黃遵憲兄弟通過科舉，取得高官厚祿，藉以重振家業。黃遵憲自己也希望能克紹箕裘，走父親的路。但是，由於外國資本主義勢力的入侵和封建政治的危機，他逐漸對科舉制度產生了懷疑。

在進州學以後，黃遵憲便緊接著於同年夏天趕赴廣州，準備參加秋季舉行的第二級考試 —— 鄉試。這種考試由封建王朝中央派試官至各省省城舉行，所以又稱省試。在途經惠州時，黃遵憲遊歷了當地名勝豐湖。波光水影，潑眼而來，豐湖靜靜地躺著，宛如數頃青色的琉璃。雨後，到處濃綠層層，荷葉上的露珠晶瑩閃亮，楊柳在風中輕輕播擺。黃遵憲在領略這千儀萬態的自然風光時，不禁產生了一個問題：自己帶著行囊，遠行千里，不久以後就要在那密如蜂窩的號舍中飽受熱毒。究竟是為了什麼呢？如果是為了考官賞識，從此博得一官半職，養家活口，不正像《莊子》寓言中那條求升斗之水的涸轍之魚嗎？

這一次考試，黃遵憲未中。

第二年，黃遵憲寫下了一組《雜感》詩。在這些詩裏，他從對自己應試的懷疑，發展到對八股制藝和科舉制度進行猛烈抨擊。他認為科舉制度宛如枷

1　時文，八股文。

2　"三通"，《通典》、《通志》、《文獻通考》。"四史"，《史記》、《漢書》、《後漢書》、《三國志》。

3　《時文歎》，見徐大椿：《洄溪道情》。這首曲子在流傳中文字多有不同，此處據徐珂：《清稗類鈔》引錄，商務印書館 1916 年版，第 12 冊，第 32 頁。略有校改。

鎖，使人們的精力疲於無用的書本之中，直至老死，而由此選拔出來的人材，
或為迂腐的學究，或為浮華無恥之輩，所學非所用，買驢書券，三紙未有驢
字；上焉者或尊漢學，或尊宋學，在封建王朝碰到危機時，這些人都束手無
策。"三代學校亡，空使人材壞。"他懷念"三代"時的"學校"制度，認為學
校廢，人材也就壞了。在近代，科舉與學校之爭是地主階級頑固派與資產階級
改良派鬥爭的重要內容，它和中學與西學之爭、舊學和新學之爭緊密聯繫著。
資產階級為了要培養自己的幹部和人材，就必須把知識份子從封建文化的禁錮
中解放出來，代之以自然科學和資產階級的社會科學，這就要興辦新式學校。
因而，黃遵憲在這裏對科舉制度和八股制藝進行的抨擊，是有其進步意義的。
這組詩中，黃遵憲又批評唐、宋學者的章句箋注之學，認為是郢書燕說，妄言
欺人。其中一首特別值得注意：

> 大塊鑿混沌[1]，渾渾旋大圓[2]，隸首[3]不能算，知有幾萬年。羲軒造書契[4]，
> 今始歲五千。以我視後人，若居三代先。俗儒好尊古，日日故紙研，六經
> 字所無，不敢入詩篇；古人棄糟粕，見之口流涎；沿習甘剽盜，妄造叢罪
> 愆[5]。黃土同摶人[6]，今古何愚賢？即今忽已古，斷自何代前？明窗敞琉璃，
> 高爐蒸香煙[7]；左陳端溪硯國，右列薛濤箋[8]：我手寫吾口，古豈能拘牽？即
> 今流俗語，我若登簡編，五千年後人，驚為古爛斑。

在這裏，黃遵憲提出了他的進化史觀，認為今由古發展而來，今也會發展為
古，今不必卑，古不必尊。世俗儒生埋首於故紙堆中，垂涎於古人的糟粕，把
前人的創作視為不可企及的規範，剽竊類比，拾人涕唾，完全扼殺了自己的創
造力。黃遵憲表示要"我手寫吾口"，不受古人的拘牽束縛，要以"流俗語"入

1　大塊，大地。鑿混沌，開天闢地之意。
2　渾渾，廣大。大圓，指天。
3　隸首，傳說中上古黃帝時的史官，數字和算術的發明者。
4　羲，伏羲。軒，軒轅，黃帝名。傳說他們創造了文字。
5　罪愆，罪過。本句意為，如有創造，即被斥為"妄"，受到許多譴責。
6　摶，揉捏。中國古代有女媧用黃土捏人，創造人類的神話。燃，點燃。
7　端溪，在廣東高要縣東南，產石，可製優質硯。
8　薛濤箋，唐人薛濤所製的深紅彩箋，舊時常用以指八行紅格信箋。

詩。地主階級頑固派總是認為古人的一切都是好的，力圖把古人偶像化，從而阻塞新事物的發展道路；在創作上，則是陳陳相因，以製造各種各樣的假古董為榮。在這首詩裏，黃遵憲雖然還不懂得文學創作的源泉在於社會現實生活，但是，卻給了盲目崇拜古人的擬古主義傾向以有力批判，為中國近代文學帶來了新的氣息。

稍後，在《與周朗山論詩書》中，黃遵憲又說：

> 不能率其真，而捨我以從人，而曰吾漢、吾魏、吾六朝、吾唐、吾宋，無論其非也，即刻畫求似而得其形，肖則肖矣，而我則亡也；我已忘我，而吾心聲皆他人之聲，又烏有所謂詩者在耶？漢不必三百篇，魏不必漢，六朝不必魏，唐不必六朝，宋不必唐，唯各不相師，而後能成一家言。是故論詩而依傍古人，剿說雷同者，非夫也。[1]

詩貴獨創。從《詩》三百篇開始，中國詩歌經歷了漫長的發展歷程，出現過無數各具特色的優秀作家和作品，但是，古人的作品只是流而不是源，只能借鑒而不能硬搬或模仿。黃遵憲強調作品的個人風格，主張表現"吾今日所遇之時，所歷之境，所思之人，所發之思"[2]，反對無病呻吟，"剿說雷同"，捨我從人，認為那樣做就算不上一條漢子（非夫）！

大約就在這個時候，黃遵憲開始整理嘉應州豐富的民歌。長大了，有了自己的創作實踐，接觸到大量中國古典詩歌，黃遵憲較多地懂得民歌的價值了。

嘉應州，由於地主階級的殘酷剝削，加上山多地少，不少男子不得不離鄉背井，甚至遠走南洋謀生，一去多年，音訊杳無。因此，這些山歌大都以女子的口吻唱出，反映了她們對忠貞不二的愛情的追求、親人遠離時的痛苦以及別後的思念。語言活潑天真，表現上則採取了諧音、雙關等傳統的民歌手法。黃遵憲認為它們頗有六朝時《子夜》、《讀曲》等民歌的"遺意"[3]，曾經選擇了若干首，進行過加工：

1　《嶺南學報》2 卷 2 期，第 184 年（1931 年 7 月出版）。
2　《嶺南學報》2 卷 2 期，第 184 年（1931 年 7 月出版）。
3　《山歌》，見《詩草》第 1 卷，第 19 頁。

自煮蓮羹切藕絲，待郎歸來慰郎飢。

為貪別處雙雙箸，只怕心中忘卻匙。

做月要做十五月，做春要做四時春，

做雨要做連綿雨，做人莫做無情人。[1]

買梨莫買蜂咬梨，心中有病沒人知。

因為分梨故親切，誰知親切轉傷離。

催人出門雞亂啼，送人離別水東西。

挽水西流想無法，從今不養五更雞。

此外，《新嫁娘詩》也可能作於這一時期，寫少女在新嫁前後的心情與生活，明顯地接受了山歌的影響。如：

前生注定好姻緣，彩盒欣將定帖傳。

私看鸞庚偷一笑，個人與我是同年。

屈指三春是嫁期，幾多歡喜更猜疑。

閒情閒緒縈心曲，盡在停針倦繡時。

洞房四壁沸笙歌，伯姊諸姑笑語多。

都道一聲恭喜也，明年先抱小哥哥。

迎門舊侶笑呵呵，東閣重開鏡細磨。

最是夜深相聚語，娘前羞道一聲他。

不過，這一組詩大都詞采過於華麗，庸俗、色情的地方也較多，遠不及山歌的樸實、健康。

1　此詩《詩草》未收，見於《集外詩輯》，第16頁。

1870 年（同治九年），黃遵憲又經惠州至廣州，第二次參加鄉試。第一次沒有考中，第二次就更為惴惴了。這種考試由於制度極為腐朽，所以考中與否，並不在於有無真才實學，而在於合不合主考的心意、字寫得好不好，所以，一般士子們都趨於揣摩時尚，曲意逢迎的一途。這次考試，黃遵憲又未中試。滿城風雨，葉聲簌簌，"書在肩挑劍在囊，槐花空作一秋忙"[1]，黃遵憲不無牢騷地踏上了歸途。

途中經過香港。從簽訂《南京條約》起，香港割讓給英國已經近三十年。黃遵憲漫步街頭，重溫了當年喪權辱國的歷史。他看到的是英國殖民者築起的高高的戰壘，到處是準備運入內地的鴉片煙，也看到了一些資本主義世界的新事物，他沉痛地寫下了"六州誰鑄錯，一慟失燕脂"[2]的詩句。離開香港後，黃遵憲到汕頭，又至潮州，聽到二叔黃翰藻去世的消息，匆匆馳歸。

在這以後的幾年內，黃遵憲一方面鄙棄科舉的念頭愈來愈強烈，在《和周朗山（琨）見贈之作》詩中，他直接譏斥儒生為讀書不識羞，諷刺他們狹隘愚陋，不知道今日中國以外還有一個廣大的世界；另一方面，卻又不斷參加各種科舉考試。1871 年（同治十年），他在三年一次的考試中取得第一名，得到了由公家補助膳食的資格；1873 年，又考取了拔貢生。清制每十二年選拔在學生員中所謂文章、品行都優良的貢於京師，稱之為"拔貢"，"拔貢生"由禮部奏請廷試，廷試優秀的參加複試，複試優秀的就可以授予七品京官或知縣一類的低級職務。這一年，黃遵憲以新科拔貢的身份第三次去廣州應鄉試，仍然沒有中。這一次，黃遵憲遊覽了廣州市容，在他的集中留下了《羊城感賦》六首詩。

廣州是南中國一座美麗的城市，三冬無雪，四季長花；又是一座富有光榮傳統的城市，中國人民在這裏最早舉起了反抗外國資本主義侵略勢力的鬥爭旗幟。在廣州，黃遵憲又一次有機會認識了清王朝所面臨的嚴重危機。他想起了第二次鴉片戰爭期間被英國人俘虜送到孟加拉的兩廣總督葉名琛，想到了鴉片戰爭期間據守虎門炮台、痛擊侵略者而英勇犧牲的提督關天培。"驅鱷難除海

1　《榜後》，見《集外詩輯》，第 24 頁。
2　《香港感懷十首》，見《詩草》，第 26 頁。鑄錯，唐羅紹威有"聚六州四十三縣鐵，打一個錯不成"之語，這裏是對清朝政府的指責。燕脂，山名，《史記‧匈奴傳》注引《西河舊事》云：匈奴失焉支山，作歌說："失我焉支山，使我婦女無顏色。"焉支，同燕脂，這裏比喻香港。

大魚"[1]，怎樣才能趕走在中國土地上橫行的外國侵略者呢？黃遵憲發出了深沉的感慨。

1874 年（同治十三年），黃遵憲懷著"一學蠅頭世俗書"[2]的心情，按照拔貢取士的制度，北上赴廷試。在黃遵憲的心目中，北京是古代許多"俠義"之士出沒的地方，又是明、清以來四百多年的帝都，因而他的心情頗為興奮。這是第一次離鄉遠行，他覺得從此要奔走四方，成為"東西南北"之人了。他走的是海道，經大沽，在天津登岸。大沽、天津都是第二次鴉片戰爭的戰場，從那以後，天津即被辟為商埠，外國資本主義勢力在這裏有了很快的發展。黃遵憲騎著一條瘦驢，在撲面的風沙中進入天津城。他在這裏看到了深入內地的外國輪船，想起了十多年前的屈辱往事。如果說外國侵略者過去勢力所及都是些邊遠之地，而現在，被辟為商埠的卻是北京的門戶了。對於這種情況，清王朝卻在那裏嚷嚷是什麼"中外同家"。"地到腹心猶鼾睡，人來燕趙易悲歌"[3]，黃遵憲原來登程時的那種興奮心情，已經轉化為鬱鬱不平了。

到北京後，黃遵憲不曾遇見他想像中的"俠義"之輩，考試也仍然未中，既感到失意，又感到寂寞，短榻鳴蟲，孤燈落葉，時時有故鄉故友之思。這以後的一兩年內，他認識了一些人，這些人對他以後的政治生活發生過很大影響。在京內，他認識了嘉應州籍京官何如璋、鄧承修等人；1876 年（光緒二年），在隨父黃鴻藻至煙台時，認識了閩縣的龔易圖和南海的張蔭桓，張蔭桓是個洋務派官僚，後來曾任總理各國事務衙門行走和出使美、日、秘三國大臣。黃遵憲在和他們詩酒聯吟中，也向他們陳述了自己對時事的見解。當時，因為雲南人民打死了迎接英國"武裝探路隊"的英使館職員馬嘉理，李鴻章正與英使威妥瑪在煙台會談。黃遵憲也見過他，大約也向他發表過自己的一些見解。李鴻章曾經在別人面前稱道黃遵憲為"霸才"[4]。這是黃遵憲和洋務派發生關係的開始。

這年秋天，按例舉行順天鄉試，黃遵憲的心情很矛盾。一方面，屢次應

1　《羊城感賦六首》，見《詩草》第 1 卷，第 39 頁。
2　《將應廷試感懷》，見《詩草》第 2 卷，第 43 頁。蠅頭世俗書，比喻書寫試卷時所用的蠅頭小楷。
3　《由輪舟抵天津作》，見《集外詩輯》，第 39 頁。
4　《李肅毅侯挽詩四首》自注，見《詩草》第 11 卷，第 381 頁。

試，屢次失敗，已使他相當灰心失望；另一方面，他對科舉制度的批判思想，也較前更為明確："徒積汗牛文，焉用扶危顛。到此法不變，終難興英賢。"[1]他已經認識到舊的科舉制度培養不出濟危扶顛的人材，提出"變法"的口號來了。

當時，中國軍隊正進入新疆，驅逐阿古柏匪幫，收復為沙皇俄國侵佔的伊犁。阿古柏原是中亞細亞浩罕汗國的一個軍隊頭目，於 1865 年（同治四年）率軍侵入中國神聖領土新疆，殘暴地掠奪、屠殺新疆各族人民，建立所謂"哲德沙爾汗國"。阿古柏的罪惡活動，得到沙皇俄國和英國侵略者的支持。1871 年，沙俄侵略軍更直接襲佔中國天山的重要山口，大舉進攻新疆首府伊犁，無恥地宣佈"伊犁永遠歸併為俄國領土"[2]。同年冬，沙俄侵略軍又由伊犁向東進攻，妄圖偷襲烏魯木齊、佔領全新疆，受到了新疆各族人民的沉重打擊。"時時發狂疾，痛灑憂天淚"[3]，對於沙俄、阿古柏匪幫在新疆的侵略活動，黃遵憲無比憤慨，他寫道：

> 如何他人睡，猶鼾臥榻側？白氣[4]十丈長，狼星[5]影未匿。群狐舞天山，尊者阿古柏，公與秦晉盟[6]，隱若樹一敵。

1872 年（同治十二年），阿古柏與沙俄訂立條約，允許沙俄在南疆自由"旅行"和"經商"，沙俄則承認阿古柏為"一國元首"。詩中，黃遵憲憤怒地指責了這一侵犯中國主權的嚴重事件，響亮地表示，祖國神聖領土新疆不容敵人佔領。"王師昨出關，軍容黑如墨。"他想像著清軍進入新疆、收復國土時威武雄壯的軍容，殷切地等待著他們勝利的消息。

黃遵憲又寫道：

1　《述懷再呈靄人、樵野丈》，見《詩草》第 2 卷，第 64、66 頁。汗牛文，形容八股文之多，使拉車的牛累得遍體出汗。

2　陳復光：《有清一代之中俄關係》，雲南大學文法學院 1947 年版，第 164 頁。

3　《述懷再呈靄人、樵野丈》，見《詩草》第 2 卷，第 64、66 頁。

4　白氣，西漢成帝時，谷永在奏章中曾說："白氣起東方，賤人將興之表也。"

5　狼星，天狼星。《晉書·天文志》說："狼為野將，主侵掠。"

6　秦晉盟，比喻阿古柏與沙俄等訂立的條約。

今年問周鼎，明年索趙璧[1]；恫疑與虛喝，悉索無不力。蕩蕩王道平，如行入荊棘。普天同王臣，咸願修矛戟；荷戈當一兵，吾亦從殺賊。

面對外國資本主義勢力一個又一個侵略要求，黃遵憲預感到民族的災難將要日益深重。他激動地表示願意荷戈從軍、殺賊衛國。

黃遵憲"從軍"的願望並未實現。"掄才國所重，得第親亦喜"[2]，猶豫再三，黃遵憲還是參加了順天鄉試，被錄取為第一百四十一名舉人。1877 年（光緒三年）1 月，清朝政府任命何如璋出使日本。何如璋與黃遵憲同鄉，熟悉黃遵憲對"時務"的看法，因此，經何如璋奏請，黃遵憲被任命為駐日使館參贊。

三、隨使日本

1877 年 11 月 26 日（光緒三年十月二十三日）傍晚，黃遵憲隨何如璋等登上"海安"兵輪，由上海啟程赴日本。第二天，舟出吳淞。一路上，天風浩蕩，舟行順利，黃遵憲的心情也是歡快的。30 日，抵長崎。12 月 7 日，抵神戶，受到當地商人的熱烈歡迎，沿岸張燈以千萬計。20 日，抵東京。28 日，隨何如璋等向日本明治天皇遞了國書。這是中日兩國自隋唐時代通好以來的第一次正式建交。1878 年 1 月 23 日，移寓東京芝山月界僧院。這是中國大使館在日本的最初館址。

當時的日本，正處於明治維新之後。

明治維新是一次不徹底的資產階級革命。資產階級化的下級武士和京都貴族聯合大商業資本家，利用農民起義的力量，推翻了保守反動的德川幕府封建政權，建立了地主和資產階級的聯合統治。這以後，明治政府一方面實行"求知識於世界"的政策，派人出使西方，考察歐美的政治制度及人情風俗；另一方面，則在國內掃除某些封建障礙，採取了一些有利於資本主義發展的措施，

1　周鼎，周王朝的傳國寶器。春秋時，楚曾進兵至周境，並詢問鼎的大小輕重。趙璧，趙國的寶玉。秦昭王曾派人向趙國索要，假意表示願以十五城易璧。
2　《述懷再呈靄人、樵野丈》，見《詩草》第 2 卷，第 66 頁。掄才，選擇人才。

日本資本主義迅速發展起來了。但是，由於日本資產階級力量微弱，它在明治維新中不曾居於領導地位，農村中的封建生產關係仍然大量存在，封建思想嚴重，濃厚的封建主義因素在上層建築的各個領域都在起作用。因此，70 年代，中小資產階級和各階層的人民又展開所謂“自由民權運動”，以板垣退助為首的明治政府反對派組織“國會開設期成同盟”，要求建立“民選議院”。與此相呼應，一部分民主主義知識份子則積極介紹西方資產階級“天賦人權”等自由、民主思想。福澤渝吉編輯的《西洋事情》、服部德翻譯的盧梭《民約論》，成為流行一時的讀物。

在日本，黃遵憲受到不少日本友人，特別是研究中國歷史、文化、醫學的漢學家的歡迎。他們經常訪問黃遵憲。由於語言隔閡，而來訪的日本友人又大都能寫一手流利的漢字，因此，他們間就以筆代舌，開展筆談。參加筆談的日本友人有源輝聲、石川英、龜谷省軒、岡鹿門等，其中，以源輝聲為最積極、最熱心。他號桂閣，大河內人，原是世襲的藩主，明治維新後任高崎知事，後辭歸，入修史館。他熱愛中國和中國文化，曾表示：“如能遊中國，不惜一命。”[1]1878 年 3 月 3 日，他在中國大使館見到黃遵憲，表示非常欽佩，希望雙方能夠締交，“為莫逆之好”；黃遵憲也很喜歡這個熱愛中國文化的日本朋友，立即回應他的提議：“自今締交，敢不如命！”自此，二人成為好友。每次筆談後，源輝聲都於當晚將筆談手稿加以整理，裝裱成冊。[2]

筆談中，黃遵憲向日本友人細緻地瞭解日本當代文學和歷史著作情況，同時，也向日本友人介紹中國文化。黃遵憲曾將一部《紅樓夢》送給源輝聲，並對石川英說：“《紅樓夢》乃開天闢地、從古到今第一部好小說，當與日月爭光，萬古不磨者。”又說：“論其文章，宜與‘左’、‘國’、‘史’、‘漢’並妙。”[3]

當源輝聲談到日本小說《源氏物語》“作意”與《紅樓夢》相似時，黃遵憲遺憾地說：“恨不通日本語，未能讀之！”

1　《筆談世界》，香港《華僑日報》，1966 年 2 月 4 日。

2　《黃遵憲與日本友人筆談遺稿》，《戊寅筆話》第 4 卷，第 27 話，日本早稻田大學文學研究會 1968 年鉛印本。

3　《戊寅筆話》第 21 卷，第 144 話。“左”、“國”、“史”、“漢”，指《左傳》、《國語》、《史記》、《漢書》四部歷史著作。

當時，不少日本友人以杜甫等中國詩人為學習對象，熱情地寫作漢詩，黃遵憲曾和他們坦率地討論了創作中的問題。例如，1879 年 1 月 10 日，黃遵憲和龜谷省軒等有下列一段對話：

> 黃遵憲：足下古詩大可成家，數今日之所造詣，即非餘子所能及矣。
>
> 龜谷省軒：長復無事，日把《少陵集》讀之，似少有悟。將錄近制，乞大政。
>
> 黃遵憲：閣下詩學杜甚好，專意習之，必有進境。近制願拜讀。僕不能作詩，然自喜論詩，頗得要領。足下暇日與僕一談，不知果有所進否？
>
> 龜谷省軒：敝土詩近來纖靡成風，識者愧之；與栗香輩談，亦慨之。與有志之士二三輩約，欲矯之以宋、唐。願得閣下提撕，一振頹風，以扶大雅。
>
> 黃遵憲：僕不肖，何敢當此！願得隨諸君子之後，力著一鞭耳。詩之纖靡，一由於性，一由於習，習之弊又深於性。欲挽救之，仍不外老生常談，曰：多讀書以廣其識，以壯其氣。多讀杜、韓大家，以觀其如何耳。
> ……
>
> 龜谷省軒：家在麻生，舊幕時為外國奉行[1]，其詩頗精細，未能博大沉鬱耳。
>
> 黃遵憲：是有性焉，有習焉，不可強而能也。雖然，詩之為道，至博且大。若土地焉，如名山大川，自足壯人；則一丘一壑，亦有姿態，不可廢也。[2]

風格的形成，和作家的性格有關，更主要的是決定於作家的取法和所接觸的社會生活情況。"詩之為道，至博且大。"黃遵憲認為，詩歌的風格應該是豐富多彩的：巍峨如泰山、奔放如江河的雄篇壯製固然是好的，但是，"一丘一壑，亦有姿態"的作品，也未嘗不可以備一格。

1　舊幕時，指日本明治維新前幕府統治時期。外國奉行，官名。
2　《己卯筆話》第 15 卷，第 88 話，《黃遵憲與日本友人筆談遺稿》。

筆談之外，還有不少日本友人拿著詩稿、文稿來和黃遵憲討論，請黃遵憲作序。這些序言，今天保存下來的還有為兒玉士常寫的《〈中學習字本〉序》，為石川英寫的《〈日本文章軌範〉序》，為淺田惟常寫的《〈先哲醫話〉跋》、《〈仙桃集〉序》，為城井氏寫的《〈明治名家詩選〉序》，為松本豐多寫的《〈讀書餘適〉序》等十篇。在這些序言裏，黃遵憲熱情讚揚了日本友人在各方面的成就；日本友人對於黃遵憲的文章也給予很高的評價，例如石川英就稱道黃遵憲，讚譽其為"裁雲縫月之高手，殆似讀老蘇之文"[1]。

對於日本盛行的資產階級民主主義思潮，最初，黃遵憲頗為驚怪。在和黃遵憲交往的日本友人中，也有一些人思想比較守舊。例如淺田惟常，是舊幕府醫官，明治維新後隱居不仕。又如青山延壽，是舊史官。榎本武揚，是德川舊臣。他們常常在黃遵憲面前諮嗟歎息，對明治維新微言譏刺。因此，黃遵憲在為他們寫的文稿序言中，就常常流露出濃厚的封建思想來。他非常欣賞日本"尊王攘夷"的口號，即一方面排斥外國資本主義侵略勢力，另一方面又維護並加強封建主義。從這一點出發，他對日本朝野向西方學習的熱潮深致不滿，對於"譯蟹行之字，鈔皮革之書"[2]的風氣抱著鄙夷的態度。他認為可以向西方學習的只是輪船、鐵道、電信、務財、訓農、惠工之類，而關於君臣、父子、夫婦等"倫常綱紀"，則"不可得而變革"[3]。也就是說，封建的倫理道德、政治制度不能變。在《〈中學習字本〉序》中，黃遵憲更直接標榜"孔孟之道"，從封建主義的立場斥責西方"國政共主之治，民權自由之習"的資產階級民主制度。這些，說明黃遵憲雖然主張反抗外國資本主義侵略、挽救民族危機，對清朝攻府腐敗政治的某些部分例如科舉制度有所不滿，但這時基本上還是一個地主階級改革派。

1879 年（光緒五年），黃遵憲與來日本遊歷的王韜訂交。王韜（1828—1897），字仲弢，號紫銓，別號天南遁叟，江蘇蘇州人。1867 至 1870 年間，曾隨英人理雅各去英國譯書，遊歷了法、俄等國。後回香港，主編《循環日報》。

1 《〈日本文章軌範〉序》跋語，抄件。
2 《〈皇朝金鑒〉序》，未刊稿。
3 《〈皇朝金鑒〉序》，未刊稿。

王韜是近代中國早期的資產階級改良主義思想家之一。他主張君主立憲，讚美英國的議會制度，稱之為"君民共主"；又主張開發煤、鐵等礦產，建立紡織等有利於民生的近代工業。黃遵憲與王韜訂交後，談得很投機，友誼發展得很快，每三數日即一會，或去忍岡賞花，或去墨川觀荷。忍岡、墨川都是日本的名勝。黃遵憲與王韜擊鉢聯吟，酒酣耳熱，談及天下事，黃遵憲常常處於一種激昂沉痛的狀態中，所以王韜比之為西漢的賈誼和南宋的陳亮。對於王韜的許多看法，黃遵憲也極表同意。在王韜歸國後，二人還時通書札。

在對日本歷史作了較多的研究後，黃遵憲開始從事《日本國志》的著述工作。在此之外，又網羅舊聞，參考新政，向日本友人訪問、瞭解，取其雜事，分國勢、天文、地理、政治等門，衍為小注，串之以詩，成為《日本雜事詩》，夏曆七月由清朝政府的總理各國事務衙門以同文館聚珍板印行；次年，王韜又以活字版重印於香港循環日報館。

> 拔地摩天獨立高，蓮峰湧出海東濤。
> 二千五百年前雪，一白茫茫積未消。[1]

這是歌詠富士山的詩；

> 海外遺民竟不歸，老來東望淚頻揮。
> 終身恥食興朝粟，更勝西山賦採薇。[2]

這是歌詠在中日文化交流上起了積極作用的明末遺民朱舜水的詩；

> 一花一樹來婆娑，坐者行者口吟哦；

1　《日本雜事詩》第 1 卷，光緒五年活字本，第 10 頁。
2　《日本雜事詩》第 1 卷，第 29 頁。興朝，取代前朝興起的新朝代。賦，誦詠或寫作。採薇，武王滅紂後，伯夷、叔齊隱居首陽山，不食周粟，採薇而食。這裏是說朱舜水於明亡後移居日本，要比伯夷、叔齊強得多。

攀者折者手接莎[1]，來者去者肩相摩。

墨江潑綠水微波，萬花掩映江之沱[2]；

傾城看花奈花何，人人同唱櫻花歌。[3]

這是歌詠日本人民觀賞櫻花盛況的詩；

長袖飄飄兮鬢峨峨，荷荷。裙緊束兮帶斜拖，荷荷。

分行逐隊兮舞傞傞[4]，荷荷。往復還兮如擲梭，荷荷。……[5]

這是黃遵憲翻譯的日本西京街頭青年男女的愛情歌曲；

同在亞細亞，自昔鄰封輯[6]；譬若輔車依[7]，譬若掎角立[8]。所恃各富強，乃
能相輔弼[9]。同類爭奮興，外侮日潛匿；解甲歌太平，傳之千萬億。[10]

這是祝願中日兩國繁榮富強，世世代代友好下去的詩。

　　與此同時，黃遵憲還寫了組詩《近世愛國志士歌》，歌頌日本明治維新前反
幕府運動中的死難志士。序言中，黃遵憲盛讚他們"前仆後起，踵趾相接，視
死如歸"的大無畏精神，表示要以此激勵國人，"興起吾黨愛國之士"。其一云：

宗五汝宗五，呼天訴民苦。

恨不漆頭顱，留看民歌舞。

1　接莎，兩手相搓。
2　沱，江的支流。
3　《櫻花歌》，見《詩草》第3卷，第82—83頁。
4　傞，舞姿參差的樣子。
5　《都踴歌》，見《詩草》第3卷，第88頁。
6　鄰封，鄰國。輯，和睦。
7　輔車，古諺，輔車相依，唇亡齒寒。輔，頰骨；車，齒床，兩者相互依存。
8　掎角，《左傳·襄公十年》："譬如捕鹿，晉人角之，諸戎掎之。"角，抓住角；掎，抓住腿。後指夾擊敵
　　人，引申為互相支援。
9　輔弼，輔助。
10　《陸軍官學校開校禮成賦呈有棲川熾仁親王》，見《詩草》第3卷，第87頁。

農民佐倉宗五郎因為反對貴族的橫徵暴斂，越級上訴，和妻子一起被凌遲處死。詩中，黃遵憲對他表示了極大的同情。

"新詩脫口每爭傳"[1]，黃遵憲的詩篇得到了不少日本友人的熱愛。1880 年（光緒六年），商得黃遵憲的同意，源輝聲曾將《日本雜事詩》的原稿埋藏於東京墨江畔的家園中，由黃遵憲親題"日本雜事詩最初稿塚"九字，刻石樹碑。[2] 一個梅花盛開的日子，源輝聲設宴邀請黃遵憲等赴飲。酒酣，黃遵憲澆酒祝詩：

> 一卷詩兮一抔土，詩與土兮共千古。
> 乞神佛兮護持之，葬詩魂兮墨江滸。

源輝聲和詩道：

> 詠瑣事兮著意新，記舊聞兮事事真。
> 詩有靈兮土亦香，我願與麗句兮永為鄰。[3]

源輝聲逝世後，安葬於東京都北部的平林寺。為了實踐他"與麗句兮永為鄰"的遺願，其子大河內輝耕也將詩塚遷到了該處。

由於在日本的這些詩篇開拓了中國古典詩歌中所不曾描寫過的題材和境界，所以黃遵憲自負地稱之為"吟到中華以外天"。[4]

在日本期間，黃遵憲還廣泛地研究了國際形勢和世界許多國家的歷史。他向王韜推薦過日本岡本監輔的《萬國史略》，認為它"搜羅頗廠，有志於泰西掌故者，不可不參稽"[5]。從這時期黃遵憲所寫的一些文章中可以看出，他不僅研究了日本等許多亞洲國家，而且也研究到了波蘭、比利時、瑞士、荷蘭等歐洲國家。1877 年，為了擴大和鞏固在巴爾幹的勢力，沙皇俄國向土耳其宣戰。次年

1　《奉命為美國三富蘭西士果總領事留別日本諸君子》，見《詩草》第 4 卷，第 122 頁。
2　據輝聲：《葬詩塚碑陰志》及《黃遵憲與日本友人筆談遺稿》，刻石在 1879 年，樹碑立塚則在 1880 年。
3　源輝聲：《葬詩塚碑陰志》，見《人境廬叢考》，商務印書館新加坡分館 1959 年版，第 165 頁。
4　《奉命為美國三富蘭西士果總領事留別日本諸君子》，見《詩草》第 4 卷，第 122 頁。
5　王韜：《東遊日記》光緒五年四月三十日，北京圖書館藏原稿本。

三月，沙俄強迫土耳其簽訂了《聖斯蒂凡諾條約》，使土耳其首都君士坦丁堡和博斯普魯斯、達達尼爾兩海峽處於沙俄的直接威脅之下。這一條約遭到了英國的強烈反對，聲稱將不惜為此對俄一戰。"近事披圖談鬥虎"[1]，1879 年（光緒五年），黃遵憲曾和日本友人宮本鴨北討論過土耳其問題，提醒他注意沙皇俄國的侵略野心。1880 年，黃遵憲又指出：沙俄擁有"精兵百餘萬，海軍巨艦二百餘艘"，從"彼得王"以來，就積極對外擴張，"新拓疆土，既逾十倍，至於今王，更有囊括四海、併吞八荒之心，其在中亞細亞回鶻諸部落，蠶食殆盡"；不僅如此，又"得黑龍江之東於中國"，"屯戍圖門江口，據高屋建瓴之勢，其經營之不遺餘力者，欲得志於亞細亞耳"[2]。後來的歷史發展證明，黃遵憲的這些看法是非常正確的。

由於閱歷多了，黃遵憲的思想逐漸發生變化，和初到日本時有了很大不同。

1880 至 1881 年（光緒六至七年）之間，黃遵憲讀到了孟德斯鳩和盧梭的著作，受到很大震動。孟德斯鳩是法國 18 世紀的自由資產階級思想家，反對封建專制和神權思想，主張在資產階級和貴族妥協的基礎上建立君主立憲制；盧梭是法國 18 世紀的資產階級啟蒙思想家，主張人民有權推翻破壞"社會契約"，蹂躪"人權"，違反"自然"的封建專制政體，建立由"最聰明的少數人"為領導，充份體現"共同意志"——實際上是資產階級意志的民主共和國。後來，黃遵憲告訴梁啟超說，他讀了孟德斯鳩和盧梭的著作以後，認識到"太平世"必在民主。[3] 大約也就在這前後，他對何如璋說，"中國必變從西法"，不是像日本似地維新自強，就要像當時世界上的某些國家一樣被奴役、被瓜分。黃遵憲認為，他的這些話，三十年後一定要應驗。[4]

1881 年，黃遵憲在日本聽到清朝政府撤回留美學生事，激憤地寫下了《罷美國留學生感賦》一詩。

為了仿效西方的"船堅炮利"，鞏固封建統治，清朝政府在 1872 年（同治十一年）曾派遣了第一批留學生三十人去美國，此後四年間，共選派了

1　《宮本鴨北以舊題長華園詩索和》，見《詩草》第 3 卷，第 81 頁。
2　《朝鮮策略》，未刊稿。
3　《東海公來簡》，《新民叢報》第 13 號，第 55 頁。
4　《己亥雜詩》（滔滔海水日趨東）自注，見《詩草》第 9 卷，第 295 頁。

一百二十人。但是，清朝政府派出去的留學生監督，都是些封建頑固派。他們不斷向清朝政府報上留學生"洋化"了："為運動遊戲之事"，"讀書時少而遊戲時多"，連走起路來都是跳跳蹦蹦的，"跪拜之禮"也不行了。據說，"適異忘本，目無師長"[1]，將來不但不能為國效用，而且要有害社會。就這樣，清朝政府分三批撤回了留美學生。對於這件事，黃遵憲雖然還不能作出完全正確的反映，在一些地方也表現出階級偏見，例如鄙視所謂"小家子"，主張從"高門大第"中選派留學生等；但是，他在詩中寫道：

> 環球六七雄，鷹立側眼窺。應制台閣體[2]，和聲帖括詩[3]；二三老臣謀，知難濟傾危。欲為樹人計，所當師四夷。

他認識到在外國資本主義侵略威脅下，要挽救民族危機，必須學習"西方"，提出了"師四夷"的主張。毛澤東同志指出："自從 1840 年鴉片戰爭失敗那時起，先進的中國人，經過千辛萬苦，向西方國家尋找真理。那時，求進步的中國人，只要是西方的新道理，什麼書也看。……這些是西方資產階級民主主義的文化，即所謂新學，包括那時的社會學說和自然科學，和中國封建主義的文化即所謂舊學是對立的。學了這些新學的人們，在很長的時期內產生了一種信心，認為這些很可以救中國，除了舊學派，新學派自己表示懷疑的很少。要救國，只有維新，要維新，只有學外國。那時的外國只有西方資本主義國家是進步的，它們成功地建設了資產階級的現代國家。日本人向西方學習有成效，中國人也想向日本人學。"[4] 黃遵憲，正是當時這些尋找救國真理的"先進的中國人"中的一個。

從歌頌日本明治維新中犧牲的志士，到讀孟德斯鳩、盧梭的書，以至於提出"師四夷"的主張，標誌著黃遵憲已經從地主階級改革派逐步轉變為資產階級改良派。

1　《留美中國學生會小史》，見《詩草》第 3 卷錢注引，第 109 頁。
2　應制，應皇帝詔命。台閣體，明代永樂、成化年間上層官僚間形成的一種文風，形式華麗，內容多鋪揚統治者的功德。
3　和聲，音韻和諧。帖括詩，唐代明經科的考試，專注重記憶，應試者總括經文，編為歌訣，稱帖括詩。
4　《論人民民主專政》，見《毛澤東選集》第 4 卷，第 1358—1359 頁。

四、在美國

1882 年（光緒八年）春，黃遵憲調任駐美國舊金山總領事。大沼子壽等日本友人於墨江酒樓設宴餞別。席上，黃遵憲想起了在日本五年來的生活，提筆寫了五首律詩，向日本友人表示惜別之意。"唐宋以前原舊好，弟兄之政況同仇"[1]，詩中，黃遵憲追溯了遠在唐宋以前就開始了的中日兩國人民的友誼史，希望在西方資本主義勢力東侵的新的歷史形勢下，能進一步發展這種友誼。日本友人也都有唱和，他們讚美黃遵憲的文章和詩篇，稱讚他的筆力勁如李廣之箭，快如并州之刀，和他一起追憶"霞館秋吟明月夜，麴街春酌早櫻天"[2]的生活，並且熱烈響應他的關於中日友好的呼籲。宮島栗香詩云：

> 莫說天涯與地垠，電機通信意相親。連衡畫策希興亞，唇齒論交貴善鄰。十室由來猶有士[3]，中原到處豈無人！期君早遂經時志，海陸經營兩火輪。[4]

詩中，宮島栗香表示了中日"連衡"（聯合）、振興亞洲的良好意願，並祝福黃遵憲早日實現他的經時救國之志。

3 月 7 日，黃遵憲攜帶著他的"明治維新史"——《日本國志》的草稿，由橫濱啟程赴美。"十分難別是櫻花"[5]，臨行之時，對於日本友人，對於日本的山水風物，黃遵憲充滿了依依之情。

3 月 30 日，他抵達美國，接任視事，不久就碰上了美國統治集團排斥華工事件。黃遵憲在任內，為保護華僑的正當權益做了一些工作。

19 世紀 80 年代的美國，資本主義經濟已有高度發展，托拉斯壟斷組織開

1　《奉命為美國三富蘭西士果總領事留別日本諸君子》，見《詩草》第 4 卷，第 121 頁。
2　宮島栗香：《黃參贊公度君將辭京，有留別作七律五篇，余與公度交最厚，臨別不能無（詩），黯然銷魂，強和其韻，敘平生以充贈言》，見《詩草》第 4 卷錢注引，第 121 頁。
3　十室句：《論語·公冶長》載：孔子曾說："十室之邑，必有忠信如丘者焉。"
4　宮島栗香：《黃參贊公度君將辭京，有留別作七律五篇，余與公度交最厚，臨別不能無（詩），黯然銷魂，強和其韻，敘平生以充贈言》，見《詩草》第 4 卷錢注引，第 121 頁。
5　《奉命為美國三富蘭西士果總領事留別日本諸君子》，見《詩草》第 4 卷，第 122 頁。

始在鐵路、石油等工業部門形成，社會財富愈來愈多地集中在少數資本家集團手中，廣大工人、勞動人民日趨貧困，因而作為資本主義生產方式必然伴侶的經濟危機便不斷出現。一方面，工廠、企業停工倒閉，大量產品找不到銷路，被迫銷毀；另一方面，千百萬工人處於失業飢餓狀態。繼 1836、1847、1857、1866、1873 年的經濟危機之後，1877 年，美國西部的加利福尼亞州又爆發了新的經濟危機，股票下跌，工廠倒閉，商業蕭條，資本家大量解雇工人、壓低工資，使得階級矛盾空前尖銳起來。為了逃避危機、緩和矛盾，美國統治集團便發動了排斥華工運動。

還在 40 年代，美國資本家為了開發加利福尼亞州，曾派人到中國華南一帶，以招請為名誘騙勞動人民前往美國作工，這些人就被稱為華工。在加利福利亞以及美國其他許名地方的開發利建設中，華工們付出了艱辛的勞動，作出了巨大貢獻，他們篳路藍縷，拔荊斬棘，在風雪交加、空氣稀薄的高山上，在烈日如火、揮汗如雨的沙漠裏，在潮濕泥濘、水深沒膝的沼澤中，築鐵路、鑿運河、開金礦，做一般美國人不願做的工作，但工資卻要少一半，而且還要交納繁重的賦稅。

1879 年，加利福尼亞州新憲法規定：各公司一律不許雇用中國人。自此，排斥華工事件日益頻繁，舊金山華僑居住的唐人埠成為美國種族主義份子和流氓的橫行之地，他們拋磚擲石，毆辱劫掠，無所不為。1882 年，美國議院訂出了《限禁華人例案》十五條，對來美、在美華工及其他中國僑民作出了許多無禮、苛刻的限制。於是，虐待、迫害、殘殺華工華僑的事更層出不窮，種族主義份子愈益囂張。一次，在黃遵憲到港口視察抵美華工船隻時，居然有一名暴徒用手槍指著黃遵憲等人，說："如敢引華人入境，當以此相贈。"[1]

對於美國統治集團的這種排華運動，黃遵憲曾向上級提出過對策，但未被採用。仰外國資本主義侵略勢力鼻息的清朝政府，怎麼會挺起腰板來呢！這就使得黃遵憲只能在他的職權範圍內，做一點力所能及的工作。一次，美國官吏藉口衛生原因，逮捕了許多華僑，滿滿地關在囚房裏。黃遵憲便去獄中，讓從

1　《續懷人詩》（幾年辛苦賦同袍）自注，見《詩草》第 7 卷，第 209 頁。

人度量了囚房谷積，做了仔細的調查，然後提出責問說："這裏的衛生條件，難道比華僑居所更好嗎？"[1] 黃遵憲的責問使得美國官吏無詞以對，只好把關著的華僑放了。但是黃遵憲的這些工作並不能從根本上改變華工、華僑的處境，他們仍然處在被迫害的地位。沒有強大的祖國作後盾，黃遵憲個人又能解決多少問題呢！在《逐客篇》中，黃遵憲寫道：

> 嗚呼民何辜，值此國運剝[2]！軒項[3]五千年，到今國極弱。鬼蜮[4]實難測，魑魅乃不若[5]。豈謂人非人，竟作異類虐[6]。茫茫六合內，何處足可託？

黃遵憲熱切地同情華工、華僑的不幸遭遇，哀歎國勢的衰弱，期望著祖國強大。

在日本期間，黃遵憲對美國曾經有過許多幻想，認為美國"民主立國，共和為政"，因而能夠講"禮義"，"不貪人土地，不貪人人民，不強與他人政事"[7]，由於此時美國統治集團的排斥華工運動和這以後的總統選舉，黃遵憲的這種幻想在某些方面有所破滅。

1884 年，美國舉行總統選舉，參加競選的有共和黨的布連與民主黨的姬利扶蘭。共和黨代表大資本家金融集團的利益，民主黨最初代表奴隸主利益，後來轉變為北部金融資本家和南部工業、農業資本家的代表。兩黨在鎮壓人民、打擊民主力量、維護資產階級的利益上完全一致，只是在枝節問題上有些爭吵。這種選舉最典型地暴露了資產階級民主制度的虛偽。黃遵憲目擊這場選舉，並在《紀事》一詩中寫下了它的全過程。

競選開始了。你看，它是如何莊嚴隆重，總統選舉又被說得如何崇高神聖：

1　《清史稿》本傳。
2　剝，剝落；國運剝，國運不好。
3　軒，軒轅。項，顓項，軒轅之孫。
4　蜮，古代傳說中的一種能害人的動物。
5　魑魅，傳說中山林裏能害人的怪物。不若，不祥之物。
6　以上四句意為：鬼蜮是難以測料的，魑魅是害人的不祥之物；哪裏想到不把人當人，竟作為異類來虐待呢！
7　《朝鮮策略》，未刊稿。

吹我合眾笳，擊我合眾鼓，擎我合眾花，書我合眾簿。汝眾勿喧嘩，請聽吾黨語：人各有齒牙，人各有肺腑；聚眾成國家，一身比尺土。所舉勿參差，此乃眾人父。擊我共和鼓，吹我共和笳，書我共和簿，擎我共和花。請聽吾黨語，汝眾勿喧嘩：人各有肺腑，人各有齒牙，一身比尺土，聚眾成國家。此乃眾人父，所舉勿參差。

一方說：我黨執政以後，要推行"通商"與"惠工"政策，驅逐華人，使每一家農戶都能增加收入，使每一個人都能得到溫飽，只要大家選舉了我，"其效可計日"，一定說到做到。另一方則說：別聽他那一套空話，他們那一黨的頭兒乃是下流無恥之徒，"少作無賴賊，曾聞盜人牛"，狎妓、賭博，什麼壞事都做，即使臉皮有十重鐵甲厚，也遮蓋不了這些羞恥。怎麼能選舉這樣的人登上總統的寶座呢！

緊接著是爭取選票的緊張活動：

某日戲馬台，廣場千人設。縱橫烏皮几，上下若梯級。華燈千萬枝，光照繡帷徹。登場一酒胡[1]，運轉廣長舌。盤盤黃鬖虯[2]，閃閃碧眼鶻[3]。開口如懸河，滾滾浪不竭。笑激屋瓦飛，怒轟庭柱裂。有時應者者[4]，有時呼呭呭[5]。掌心發雷聲，拍拍齊擊節。最後手高舉，明示黨議決。

演說事未已，復辟縱觀場。鐵兜繡裲襠[6]，左右各分行。寶象黃金絡，白馬紫絲韁。橐橐[7]安步靴，林林[8]聳肩槍。或帶假面具，或手執長槍。金目戲方相[9]，黑臉畫鬼王。仿古十字軍，赤旆[10]風飄揚。齊唱愛國歌，曼聲[11]音

1　酒胡，醉酒的胡人。
2　盤盤，曲屈的樣子。虯，原指傳說中的一種龍，這裏用以形容鬍鬚捲曲。
3　鶻，一種兇猛的鳥，這裏用以形容目光的狡詐猛厲。
4　者者，應諾聲。
5　呭呭，驚怪聲。
6　鐵兜，頭盔。裲襠，似背心，一當胸，一當背。
7　橐，狀聲詞。
8　林林，眾多。
9　方相，古代"驅鬼"之官。《周禮·夏官氏》記載：方相"蒙熊皮，黃金四目，玄衣朱裳，執戈揚盾。"本句及下句寫戲劇演出中各式奇形怪狀的人物。
10　旆，旗。
11　曼聲，長聲。

繞梁。千頭萬頭動，競進如排牆。指點道旁人，請觀吾黨光。

眾人耳目外，重以甘言誘。濃綠苴芽茶，淺碧釀花酒。斜紋黑普羅[1]，雜俎紅氈氌[2]。瑣屑到釵釧，取足供媚婦，上謁士雕龍[3]，下訪市屠狗[4]，墨屎與侏張[5]，相見輒握手。指此區區物，是某託轉授：懷上花名冊，出請紀[6]誰某。知君有姻族，知君有甥舅。賴君提挈[7]力，吾黨定舉首。丁寧再丁寧，幸勿雜然否[8]。

俄而開會，口若懸河地胡講亂吹；俄而演出，亂哄哄地百戲雜陳；俄而請客送禮，茶、酒、衣料、首飾，一應俱全；俄而握手拉人，外甥、舅子一大串。可以說無所不用其極。投票開始了，車馬奔馳，警戒森嚴，雙方都緊張地等待著投票與開票的結果：

大邦數十籌，勝負終難知。赤輪日可中，已詫郵遞遲。俄頃一報來，急喘竹筒吹[9]；未幾復一報，聞鑼驚復疑。

終於，總統選舉出來了，禮炮如雷，旗幟高懸：

轟轟祝炮聲，雷響雲下垂。巍巍九層樓，高懸總統旗。

一場鬧劇以莊嚴的正劇形式告終。在這裏，黃遵憲給了資產階級民主以辛辣的諷刺。

但是，黃遵憲並不完全理解他所反映的事件。他覺得資本主義社會是"人

1　普羅，毛織品。
2　雜俎，形容斑駁的花紋圖案。氈氌，毛織品。
3　士雕龍，如雕刻龍文一樣細心撰寫文章的士子。
4　市屠狗，市上殺狗賣肉的。
5　墨屎，狡詐的無賴。侏張，剛暴的強徒。
6　紀，記載。
7　提挈，提拔。
8　雜然否，拿不定主意。
9　竹筒吹，形容喘息之聲。

人得自由，萬物咸逐利"的社會，總統選舉乃是"至公"、"大利"的事情，美國又是"泱泱大國"，出現了這種情況，乃是"怪事"。其實一點也不怪，它們是資本主義社會、資產階級民主的必然產物。毛澤東同志指出："這種所謂兩黨制不過是維護資產階級專政的一種方法，它絕不能保障勞動人民的自由權利。"[1] 資產階級要維護自己的的專政，就必然要採取這種蒙蔽人民的障眼法；而資產階級不同集團之間爭權奪利的鬥爭，也必然要產生各種各樣的"怪事"。

黃遵憲也沒有從美國總統選舉中得出正確的結論。在他看來，像美國這樣的國家選舉起總統來都要出現這麼多的問題："怒揮同室戈，憤爭傳國璽。大則釀禍亂，小亦成擊刺"，像中國這樣"民智未開"的國家，又怎麼能實行呢？不是要出更大的亂子嗎？這裏又一次暴露了黃遵憲對人民的鄙視和恐懼。這樣，他就從在日本時"讀盧騷、孟德斯鳩之書"，主張"太平世必在民主"的立場上後退了。後來，他曾對梁啟超自述這一時期的思想狀況說："既留美三載，乃知共和政體萬不可施於今日之吾國，自是以往，守漸進主義，以立憲為歸宿，至於今未改。"[2] 如果說西方資產階級的文明、資產階級的民主主義、資產階級共和國的方案不可能真正救中國，這是對的；但是黃遵憲並沒有認識到這一點，他只是覺得中國當時還沒有資格，也沒有水準接受這一套。這樣，他就退到改良主義的"君主立憲"上去了。

1883 年 12 月（光緒九年十月），中法戰爭爆發。在這次戰爭中，中越兩國人民同仇敵愾，給了法國侵略者以沉重打擊。

19 世紀 80 年代，世界資本主義已由自由競爭進入壟斷階段，爭奪殖民地、分割世界領土的鬥爭日益尖銳。還在 60 年代，法國侵略者就霸佔了越南南部六省。80 年代，又侵犯河內，佔領順化，迫使越南封建統治者屈服，接受"保護"，而且進一步發出對華戰爭的叫囂，聲言"必須征服那個巨大的中華帝國"[3]。1884 年 8 月（光緒十年七月），法國艦隊轟毀台灣基隆港炮台，偷襲停泊在閩江口的中國海軍艦隊；10 月，侵佔基隆，宣佈封鎖台灣。1885 年，法國

1　《關於正確處理人民內部矛盾的問題》，見《毛澤東選集》第 5 卷，第 367 頁。
2　《致飲冰主人書》（光緒三十年七月四日），未刊稿。
3　鮑維：《茹費里與法蘭西帝國的復興》，第 169 頁。

侵略軍從越南東部戰場再次向中越邊境進犯。面對敵人的挑釁,三月下旬,幫辦廣西軍務、七十歲的老將馮子材激於愛國熱情,在中越兩國人民高昂鬥志的鼓舞下,團結各軍將領,指揮了關係全局的一戰。這一戰打退了法國侵略軍的瘋狂進攻,並轉守為進,重傷法軍統帥尼格里,乘勝追擊,收復諒山,巴黎震動。法國遠征軍總司令部電告法國政府說:"我痛苦地報告你,尼格里將軍受重傷,我軍撤出諒山。中國軍隊人數眾多,聲勢浩大地湧出三個縱隊,勢不可當地攻擊我軍。"[1] 這是近代史上一次使中國人民揚眉吐氣的大捷。捷報傳來,黃遵憲極為興奮。此後,他就積極收集材料,寫作《馮將軍歌》,熱情地歌頌這位驍勇善戰的愛國將領。

首先,寫馮子材殺敵的決心:

> 將軍氣湧高於山,看我長趨出玉關。
>
> 平生蓄養敢死士,不斬樓蘭[2]今不還。

然後寫他身臨前敵時的颯爽風姿,和將士們奮力死戰的英勇精神:

> 手執蛇矛長丈八,談笑欲吸匈奴血。
>
> 左右橫排斷後刀,有進無退退則殺。
>
> 奮梃[3]大呼從如雲,同拚一死隨將軍。

史載,當法國侵略軍蜂擁而至,猛撲中國軍隊陣地時,馮子材大呼一聲,手執長矛,殺進敵陣,全軍將士一齊衝出,浩浩蕩蕩地向敵人殺去,法國侵略軍心驚膽顫,狼狽逃竄:

> 將軍一叱人馬驚,從而往者五千人。五千人馬排牆進,綿綿延延相擊

---

1 黎貢德:《法軍諒山慘敗》,見"中國近代史資料叢刊"《中法戰爭》(三),上海人民出版社 1972 版,第 501 頁。

2 樓蘭,漢時西域國名,這裏借指法國侵略軍。

3 梃,木棍。

應。轟雷巨炮欲發聲，既戟交胸刀在頸[1]。敵軍披靡鼓聲死，萬頭竄竄紛如蟻。十蕩十決無當前，一日橫馳三百里。

黃遵憲在這裏勾畫出了一幅大快人心的進軍圖。

在這首詩裏，黃遵憲有意識地運用了《史記》中某些傳記的寫法，連續十六次疊用"將軍"二字，充份表現了他對於這一位愛國老將的敬愛之情。

須要指出的是，詩中黃遵憲肯定了馮子材早期鎮壓太平天國的行動，這是錯誤的。"得如將軍十數人，制梃能撻虎狼秦"，認為只要有十幾個馮子材這樣的將軍，就能打敗帝國主義了，這是只相信個人力量的唯心史觀。

五、編寫《日本國志》

1885 年 9 月（光緒十一年八月），黃遵憲請假回國。途中正值中秋之夜，明月一輪高懸青天，海上煙波浩渺，水天相映，月光顯得分外姣妍。黃遵憲繞著船沿漫步，不知是哪一位西方船客唱起了異國情調的歌曲，勾起了黃遵憲的縷縷鄉思，於是，他寫下了《八月十五夜太平洋舟中望月作歌》。在詩裏，黃遵憲寫出了他對祖國、對故鄉的懷念，也寫進了他對世界的科學認識，境界闊大，表現了一種新的情趣。如：

> 舉頭只見故鄉月，月不同時地各別，即今吾家隔海遙相望，彼乍東升此西沒。嗟我身世猶轉蓬，縱遊所至如鑿空[2]。禹跡不到夏時改[3]，我遊所歷殊未窮。九州腳底大球[4]背，天胡置我於此中？

這首詩表現了一種詩風的變化，在舊體詩的格律中表現了新的科學知識，即所

1　既，已經。戟交胸，刀在頸，形容戰鬥時的緊張和劇烈。
2　鑿空，打開孔道。張騫通西域，《漢書》曾讚之為"鑿空"。
3　禹跡，夏禹的腳跡。夏時，夏代的授時方法，通稱農曆或陰曆。
4　大球，指地球。

謂"以舊格調運新理想"[1]。丘逢甲在《〈人境廬詩草〉跋》中曾說:"四卷以前為舊世界詩,四卷以後乃為新世界詩。茫茫詩海,手辟新洲,此詩世界之哥倫布也。"[2] 何藻翔也說:"四五卷以下,境界日進,雄襟偉抱,橫絕五州。"[3] 黃遵憲親自編輯的抄本《人境廬詩草》中,《八月十五夜太平洋舟中望月作歌》是卷四中的第一篇,它標誌著一種新詩風的開端。

途中,黃遵憲還曾寫過一首五律《舟中驟雨》:

> 極天唯海水,水際忽雲橫。
>
> 雲氣隨風走,風聲挾雨行。
>
> 鵬垂天欲墮,龍吼海齊鳴。
>
> 忽出風圍外,滄波萬里平。

海上的風雲變幻,驟雨驟晴的景色,被生動地表現了出來。

10月,黃遵憲抵廣州,在秋風蕭瑟中登上越王台,弔古傷今,不勝感慨。在廣州稍事停留後,黃遵憲便直接去梧州。中法戰爭中,黃遵憲的父親黃鴻藻督辦南寧、梧州軍務,在供應清軍糧餉工作中有所貢獻。黃遵憲探視過父親以後,就乘船回嘉應州,起早趕晚,兼程前進,"犬亦鄉音吠"[4],離故鄉近了,狗的吠聲聽起來也感到親切。

黃遵憲到家後,受到家人、鄉親的熱烈歡迎。鄉親們關心海外情況,爭著向他提出各式各樣的問題。客人們走了,一家人圍燈團坐,小女兒坐在他的懷裏,摸著他的鬍子,問這問那;"日光定是舉頭近[5],海大何如兩手圍?"[6] 在這一時期裏,黃遵憲的詩明顯地接受了杜甫的影響,注意於事件的細密鋪敘,注重細節刻畫以及人物語言的表述。例如,在《春夜招鄉人飲》一詩中,黃遵憲就

1　鄒崖遁者(何藻翔):《嶺南詩存》第 3 冊,五古,商務印書館 1928 年版,第 76 頁。

2　《人境廬詩稿》卷末,未刊稿。

3　《人境廬詩稿》卷末,未刊稿。

4　《夜宿潮州城下》,見《詩草》第 5 卷,第 145 頁。

5　晉明帝數歲時,有人從長安來,元帝問他:"長安、太陽哪一個遠?"回答說:"太陽遠,因為不曾聽說有人從太陽那裏來。"第二天再問,回答說:"太陽近,因為舉目見日,不見長安。"

6　《小女》,見《詩草》第 5 卷,第 151 頁。

細緻地寫出了鄉人們對日本及海外生活的認識，表現了他們憨厚的性格。在稍後寫的《拜曾祖母李太夫人墓》詩中，也表現了這樣的特點：

> 上樹不停腳，偷芊信手爬。
>
> 昨日探鵲巢，一跌敗兩牙。
>
> 嘔血[1]噴滿壁，盤礴畫龍蛇。

這是黃遵憲對自己童年生活的回憶。寥寥數語，一個天真而淘氣的兒童形象被刻畫了出來。

1886 年（光緒十二年），駐美使臣鄭玉軒解任，繼之者為張蔭桓。張蔭桓是黃遵憲在煙台時的舊識，因而檄召黃遵憲至廣州，仍然希望他繼續擔任駐舊金山總領事，為黃遵憲辭卻。同時，洋務派官僚、兩廣總督張之洞，又意欲命黃遵憲巡察南洋各島。黃遵憲在日本時寫作的《日本國志》已有初稿，在美多年，因政務繁忙一直未能修改，這時正好重事編寫，因而也辭卻了這一工作。自此以後，黃遵憲便專門致力於《日本國志》的修改，至 1887 年夏曆 5 月完成，計四十卷、五十餘萬言，前後共費時八、九年。

日本古代志書不多，漢文資料也大都殘缺不全，明治維新以後的典章、禮儀又條目繁多，黃遵憲以一個中國人而從事日本史的研究，語言不達，協助乏人，困難是很多的。在《日本國志·凡例》中，黃遵憲曾自述有採輯、編纂、校仇諸難，這是真實的。八、九年中，黃遵憲不免有時擱筆仰屋，感到難以為繼，但是還是用很大的毅力把它寫出來了。書成之日，其心情是可以想見的。他有《〈日本國志〉書成志感》一詩，中云：

> 湖海歸來氣未除，憂天熱血幾時攄[2]。
>
> 千秋鑒借吾妻鏡，四壁圖懸人境廬。

1　嘔血，噴血。
2　攄，表示出來。

改制世方尊白統[1]，罪言我竊比黃書[2]。

頻年風雨雞鳴夕，灑淚挑鐙自卷舒。

《吾妻鏡》是日本的一部編年體史書，《千秋金鑒錄》則是唐朝張九齡的著作。史載：八月五日為唐玄宗生日，百官紛紛上表請訂該日為千秋節。至期，王公們爭著獻上各色各樣的寶鑒，唯獨張九齡卻獻的是歷史故事十章，稱為《千秋金鑒錄》。"千秋鑒借吾妻鏡"，黃遵憲寫作《日本國志》的目的很明確，他是要藉日本明治維新的歷史，來給清朝統治者作鏡子。

對於日本史的研究，中國學者一向注意不夠。鴉片戰爭前後，徐松、林則徐、魏源、徐繼畬等開始注意於西洋史的研究，但還沒有注意到日本。有些著作，例如姚文棟的《東槎》二十二種、傅雲龍的《遊歷日本圖經》、李兆洛的《紀元編》等書雖有涉及，但記載含混，謬誤很多。日本明治維新後，實行了一些有利於資本主義的改革，社會生產有一定發展，"富強之機，轉移頗捷"[3]。既然中國與日本的情況一樣，為什麼不能像日本一樣進行變法，"廓然更張"呢？於是便產生了學習日本的要求。同時，中國的先進人物也感到日本有可能向外侵略，發展其勢力，中國必然首當其衝，因而也需要瞭解日本情況。黃遵憲的《日本國志》，正是適應了這種需要寫出來的。

在《自敘》和《凡例》中，黃遵憲批判了封建士大夫"好談古義，足己自封"的保守思想，主張瞭解世界、瞭解"外事"、瞭解當代。他說："檢昨日之曆以用之今日則妄，執古方以藥今病則謬，故俊傑貴識時。"又提出了厚今薄古的歷史編寫方法，主張"詳今略古，詳近略遠"，"凡牽涉西法，尤加詳備，期適用也"。黃遵憲認為，研究歷史是為了現實的需要，因而應該以較多的篇幅去探討和現實有密切關係的各種問題。在實際寫作中，黃遵憲也是貫徹了這一主張的。他以大量篇幅介紹日本明治維新後的社會政治、經濟、文化、教育、

1　改制，改革制度。白統，漢朝董仲舒認為歷史的發展是循環的，夏朝為黑統，以寅月（夏曆正月）為正月，商朝為白統，以丑月（夏曆十二月）為正月，周朝為赤統，以子月（夏曆十一月）為正月，如此循環不已。每一朝代開始，都要改曆法，易服色。

2　罪言，有罪之言。《黃書》，明清之際進步思想家王夫之的政論著作。

3　薛福成：《〈日本國志〉序》，見《日本國志》，光緒十六年廣州富文齋刊本，第1頁。

軍事各方面的情況，並且時常結合中國現實發表議論，提出對中國政治改革的意見。

在《日本國志》中，黃遵憲的進步思想大致有以下幾個方面：

1. 主張學習西方自然科學和發展生產、管理經濟的方法，發展民族工商業。黃遵憲認為，社會生產的發展程度關係著國家的興衰強弱。他曾介紹西方經濟學家的思想，說："物力虛耗，國產微薄，則一國之大命傾焉，元氣削焉。"[1] 黃遵憲批判了中國封建社會傳統的輕視工藝和科技發明的思想，主張重視對聲、光、化、電等自然科學的研究，認為 "實驗" 多則 "虛論" 自少。[2] 對於明治維新後日本政府所採取的各項獎勵工商業的政策，黃遵憲極為欣賞。他主張工礦企業可以 "聽民為之"，"召募豪商，糾集資本"，清朝政府可以提倡、法律保護，但不必 "鰓鰓代為謀也"[3]。為了抵制外國資本主義勢力的侵略、保護民族工商業的發展，黃遵憲特別論述了限制外資、關稅自主、貿易自主、防止入超和金銀外溢等各方面的問題。

2. 主張學習西方資產階級政治的某些方面。黃遵憲看到中國封建制度的一些弊端，認為秦漢以後，"君尊而民遠，竭天下以奉一人"，因而必須作出某種改革[4]。黃遵憲主張研究西方政體，讚美資產階級的立法制度，"人無論尊卑，事無論大小，悉予之權以使之無抑，復立之限，以使之無縱，胥全國上下同受治於法律之中"[5]；又認為，"議會者，設法之至巧者也"[6]。在《學術志》中，黃遵憲更描繪了一幅理想化的資產階級國家圖景："其國大政事、大征伐，皆舉國會議，詢謀僉同而後行；其薦賢授能、拜爵敘官，皆以公選。其君臣上下，無疾苦不達之隱，無壅遏不宣之情……"[7] 資產階級民主同中世紀制度比較起來，在歷史上是一個大進步，但是，從本質上看，它又是狹隘的、殘缺不全的、虛偽的，這一點，黃遵憲還認識不到。

當時，日本中小資產階級發起的 "自由民權運動" 正在蓬勃發展，黃遵憲

---

1 《物產志》，見《日本國志》第 38 卷，第 2 頁。
2 《天文志》，見《日本國志》第 9 卷，第 2 頁。
3 《職官志》，見《日本國志》第 14 卷，第 19 頁。鰓鰓，憂懼貌。
4 《食貨志》，見《日本國志》第 17 卷，第 15 頁。
5 《刑法志》，見《日本國志》第 27 卷，第 2 頁。
6 《職官志》，見《日本國志》第 14 卷，第 35 頁。
7 《日本國志》第 32 卷，第 1 頁。

看出了資產階級民主制度將要代替封建制度。他估計，日本在十年內必將召開
國會，“或變而為共主，或竟變為民主”[1]。對於這種趨勢，黃遵憲一方面覺得無
法阻遏，另一方面又有所保留。即使是對於日本政府為了扼殺“自由民權運動”
所答允召開的“府縣會議”，黃遵憲也是態度遊移，既認為它可以“公國是而申
民權，意甚美也”，又擔心它不一定能比官吏統治更好，說什麼“吾未知其果勝
於官吏否也”[2]。這些地方，突出地表現了黃遵憲思想的軟弱性、動搖性。

3. 主張建立強大的國防力量，以抵禦外國資本主義勢力的侵略。黃遵憲認
為，當時的國際形勢是“列國弱肉強食，眈眈虎視”[3]，在這樣的情況下，要想
“保大、定功、安民、和眾、豐財”，必須“講武”不可，幻想什麼“投戈講藝，
解甲歸田”，取消武器和武裝，那是錯誤的。[4] 黃遵憲說：“兵不可一日不備”，“弛
備者必弱，忘戰者必危”，“非練兵無以弭兵，非備戰無以止戰”[5]，要想防止外國
資本主義勢力的侵略，就必須“備戰”。

4. 主張進行文體、字體的改革。在《學術志》中，黃遵憲指出，當時中國
的書面語言和口語是脫節的。這是由於漢語在歷史發展中不斷變化，但書面語
言卻一直以古老的文言為主。這樣，它們之間的距離便越來越大，也就越來越
不便於人們學習和使用。黃遵憲說：“蓋語言與文字離，則通文者少；語言與文
字合，則通文者多。”[6] 黃遵憲總結了周、秦以來文體不斷發展的歷史，要求創
造一種“明白曉暢，務期達意”、“適用於今，通行於俗”[7]的新文體。他特別讚
揚小說家能採納方言進行寫作，要求書面語言和口語接近。在研究日本的“平
假名”後，黃遵憲認為這種文字靠四十七個字母變化聯屬，因而極大地便利
了人們的學習，“閭里小民，賈豎小工，逮於婦姑慰問，男女贈答，人人優為
之”[8]，即使是數歲小兒，在經過短期學習後也能很快掌握。黃遵憲認為中國文字
難認難寫，希望能出現一種新字體，“愈趨於簡，愈趨於便”[9]。

---

1 《國統志》，見《日本國志》第 1 卷，第 2 頁。
2 《職官志》，見《日本國志》第 14 卷，第 35 頁。
3 《兵志》，見《日本國志》第 21 卷，第 1—2 頁。
4 《兵志》，見《日本國志》第 21 卷，第 1—2 頁。
5 《兵志》，見《日本國志》第 21 卷，第 1—2 頁。
6 《學術志》，見《日本國志》第 33 卷，第 6—7 頁。
7 《學術志》，見《日本國志》第 33 卷，第 6—7 頁。
8 《學術志》，見《日本國志》第 33 卷，第 4 頁。
9 《學術志》，見《日本國志》第 33 卷，第 6—7 頁。

文化問題從來是從屬於政治的。資產階級在和封建地主階級進行鬥爭時，需要群眾接受他們的宣傳影響，因而便提出了文化普及議題，"欲令天下之農、工、商賈、婦女、幼稚皆能通文字之用"[1]。黃遵憲的文體、字體改革的要求，正是為其政治路線服務的。

黃遵憲的《日本國志》是一部改良主義的政治歷史著作，是繼馮桂芬的《校邠廬抗議》（1861 年）、薛福成的《籌洋芻議》（1879 年）、王弢的《弢園文錄外編》（1883 年）等著作之後，為資產階級的改良運動製造輿論準備的，對於後來的戊戌變法曾經發生過深刻的影響。

在《日本國志》中，黃遵憲思想的封建性和反動性也有清楚的表露，這就是害怕人民，害怕激烈的階級鬥爭，頑固地維護封建制度和封建文化的根本方面。他認為：人們不能沒有尊卑、上下、親疏之別，這是天理之當然，人情之極則；天不變，道亦不變，形而上的道，在堯、舜、禹、湯、文、武、周公、孔子之後，已經很完備，不可能再有發展。他反對君民同權、父子同權、男女同權，反對均貧富、均貴賤、均勞逸。他害怕西方資產階級民主主義文化的傳播會導致階級鬥爭。在黃遵憲看來，這種鬥爭"蔓延數十年，伏屍百萬，流血千里"，"視君如弈棋，視親如贅旒"[2]，多麼地可怕呀！

列寧指出："改良的道路是一遷延時日的、遲遲不前的、使人民機體中的腐爛部分的消亡過程緩慢地引起萬般痛苦的道路。革命的道路是迅速開刀、使無產階級受到的痛苦最少的道路，是直接割去腐爛部分的道路，是對君主制度以及和君主制度相適應的令人作嘔的和卑鄙齷齪的、腐敗不堪的和臭氣熏天的種種設施讓步最少和顧忌最少的道路"[3]。黃遵憲既然害怕階級鬥爭，害怕暴力革命，那麼，必然轉而力圖保存"君主制度"以及與之相適應的那些"腐敗不堪"的東西。

1888 年（光緒十四年）秋，黃遵憲帶著《日本國志》，經廣州北上入都，賦閒年餘。當時，正是康有為第一次給光緒皇帝上書，要求學習西方、變法維新之後。

1　《學術志》，見《日本國志》第 33 卷，第 6—7 頁。
2　《學術志》，見《日本國志》第 32 卷，第 2 頁。贅旒，虛居其位，沒有實權。
3　《社會民主黨在民主革命中的兩種策略》，見《列寧全集》第 9 卷，第 35 頁。

康有為（1858—1927），字廣廈，號長素，廣東南海人，近代中國資產階級改良運動的領導人，出身封建官僚家庭。中法戰爭後，鑒於外國侵略勢力已伸入中國西南邊陲，洋務運動無濟於事，因而上書要求"變成法"，被頑固派所阻，光緒皇帝沒有看到。但是，這一份上書已在士大夫中間流傳開來。黃遵憲在北京的時候，康有為已離京返粵，因此，黃遵憲沒有見到康有為，但是結識了文廷式、黃紹箕、沈曾植、盛昱、陳熾、丘逢甲、梁鼎芬、袁昶等人。其中，文廷式是光緒的寵妃珍妃的老師、帝黨官僚，黃紹箕、沈曾植、盛昱是積極支持康有為上書的，陳熾是近代早期的改良主義思想家之一。

1889 年（光緒十五年）夏，清朝政府任命薛福成為出使英、法、意、比四國大臣。冬，任命袁昶為總理各國事務衙門總章京。袁昶對黃遵憲很熟悉，對《日本國志》也很肯定，認為"翔實有體"[1]，便向薛福成推薦黃遵憲。黃遵憲因而被任命為駐英二等參贊，再度開始了出使生活。

六、從倫敦到新加坡

在赴英之前，黃遵憲曾回鄉一行。

1890 年 2 月 5 日（光緒十六年正月十六日），在薛福成所乘坐的輪船到達香港時，黃遵憲自嘉應州來，與薛福成會合、登舟。16 日，抵達錫蘭的克倫伯（可倫坡），登岸，遊覽當地名勝開來南廟。廟有如來佛臥像，長二丈餘。遊覽後，黃遵憲寫了《錫蘭島臥佛》一詩，敘述佛教發生、發展的盛衰歷史。佛教教義中有"眾生例平等"的思想，黃遵憲用資產階級的觀點作了新的解釋；對佛教"捨身飼虎"、"善惡皆忘"的妥協、退讓哲學，則作了批判，指出在帝國主義倡狂、虎豹橫行的時候，這種哲學只能是"愈慈愈忍辱"，"一聽外物戕"。黃遵憲對當時的印度及東南亞許多國家被帝國主義欺凌、侵略的局勢深致哀痛，詩中也流露了錯誤的大國主義思想。全詩約二千餘字，是黃遵憲集中最長的一首詩，也是中國古典詩歌中少見的長詩之一。梁啟超曾說："欲題為印度近史，欲題為佛教小史，欲題為地球宗教論，欲題為宗教政治關係說"，"有詩以

1　《送黃公度再遊歐西絕句十首》詩注，見《人境廬集外詩輯》，巳集，漸西村舍叢刻本，第 12 頁。

來所未有也"。[1]

3月6日,黃遵憲抵法國馬賽。9日,抵巴黎,隨薛福成拜會了法國上議院、下議院的議長及意大利、英國、土耳其、西班牙、俄國、奧國、德國等國的駐法使節。4月22日,離開巴黎,渡海至英國,抵達倫敦。

在使館內,黃遵憲的主要工作是負責對下的批札及例行公牘,沒有多少事做。倫敦比較冷,經年要穿棉衣,霧又多。在《倫敦大霧行》中,黃遵憲道:"我坐斗室幾匝月,面壁唯拜燈光王。"黃遵憲的身體本不好,對於這種生活不大適應;心情也鬱鬱不歡,"碌碌成何事,有船吾欲東"[2],時時有歸國之思;又時時懷念國內的友人,先後寫了《歲暮懷人詩》三十餘首。有時,對著黯淡的燈焰,聽著窗外滾滾的車聲,寂寞極了,甚至有"燈孤僕亦親"[3]的感覺。

空閒的時間多了,黃遵憲便開始整理自己的詩稿。首先改訂的是《日本雜事詩》,刪去九首,增加五十五首,並寫了自序;又開始編輯詩稿,在這以前,黃遵憲的詩大都隨手散佚,這時才開始薈萃成編。

1891年(光緒十七年)夏,黃自撰《人境廬詩草序》,全面地提出了他的詩歌主張:

> 士生古人之後,古人之詩,號專門名家者,無慮百數十家,欲棄去古人之糟粕,而不為古人所束縛,誠戞戞[4]其難。雖然,僕嘗以為詩之外有事,詩之中有人,今之世異於古,今之人亦何必與古人同。嘗於胸中設一詩境。一曰:復古人比興之體;一曰:以單行之神,運排偶之體;一曰:取《離騷》、樂府之神理而不襲其貌;一曰,用古文家伸縮離合之法以入詩。其取材也,自群經三史,逮於周秦諸子之書,許鄭諸家之注,凡事名、物名切於今者,皆採取而假借之;其述事也,舉今日之官書、會典、方言、俗諺,以及古人未有之物,未闢之境,耳目所歷,皆筆而書之;其煉格也,自曹、鮑、陶、謝、李、杜、韓、蘇訖於晚近小家,不名一格,不專一體,要不失乎為我之詩。

---

1 《飲冰室詩話》,人民文學出版社1959年版,第5頁。
2 《重霧》,見《詩草》第6卷,第183頁。
3 《鬱鬱》,見《詩草》第6卷,第202頁。
4 戞戞,困難。

這篇詩序提出了以下幾個問題：

1. 古與今的關係。黃遵憲認為，古代的詩歌遺產是要學習的。這種學習取徑要廣，不要偏執一隅。黃遵憲提出來的學習對象，有《離騷》、樂府、曹氏父子、鮑照、陶淵明、謝靈運、李白、杜甫、韓愈、蘇軾，以至"晚近小家"等，要"不名一格，不專一體"，從不同流派、不同風格的作家、作品那裏吸收藝術營養。同時，這種學習更要拋棄古人的糟粕，不要被古人捆住，不要亦步亦趨地去模仿古人；要努力表現"古人未有之物，未辟之境"；要有自己獨特的風格，"不失乎為我之詩"。

2. 吸收散文的特點來寫詩的問題。詩是反映生活的，新的時代、新的生活、新的內容必然要求突破舊的形式，這就表現為自由化；同時，詩又要求有節奏、有音樂性，這就表現為格律化。它們是詩歌發展中一對相互對立而又相互依存的矛盾。鴉片戰爭前後，中國古典詩歌的一套格律已經趨於僵硬，因此龔自珍曾經大膽地用某些散文句式來寫詩，表現了一種要求突破舊格律的自由化傾向；黃遵憲則是龔自珍以後第一個從理論上明確地提出這個要求的人。自序所說："以單行之神，運排偶之體"，"用古文家伸縮離合之法以入詩"，都是指的這一種傾向。

3. 詩歌的內容問題。宋代詩人陸游的兒子陸遹向父親請教作詩的方法，陸游回答他說："汝果欲學詩，工夫在詩外。"[1] 所謂"詩外"工夫，結合陸游的其他文學主張看，應該是指現實中的生活和體驗。黃遵憲所說的"詩之外有事"，也是這個意思。它和白居易所說的"文章合為時而著，歌詩合為事而作"[2] 的"事"，應該是一樣的，都是要求詩歌要為現實服務，要反映現實。後來，黃遵憲又把這一思想表述得更明確，他主張："用今人所見之理，所用之器，所遭之時勢，一寓之於詩。務使詩中有人，詩外有事，不能施之於他日，移之於他人，而其用以感人為主。"[3]

4. 詩歌的語言問題。黃遵憲主張自群經、"三史"[4]，周秦諸子之書，許慎、

---

1 《示子遹》，《劍南詩稿》第 78 卷，《陸放翁集》，國學基本叢書本，第 15 頁。

2 《與元九書》，見《白氏長慶集》第 28 卷，四部叢刊初編縮本，第 143 頁。

3 黃遵楷：《先兄公度先生事實述略》，見《集外詩輯》附錄，第 133 頁。

4 "三史"，通常指《史記》、《漢書》、《後漢書》。

鄭玄諸家之注,以至當時的"官書、會典、方言、俗諺",一概可以作為詩歌語言的取材範圍,這就打破了那種"六經字所無,不敢入詩篇"[1]的狹窄天地,提高了詩歌的表現力量。

從總的方面看,黃遵憲的這些主張對當時的詩歌發展有推動作用,是進步的。

黃遵憲的詩歌主張也有嚴重的缺陷。這就是他沒有明確提出詩歌要反映近代中國的主要矛盾,要為資產階級政治運動服務,"詩之外有事"這一提法未免含混模糊;表現"古人未有之物,未闢之境"的提法,也有時容易使詩歌創作流於獵奇。他主張把舊格律和"古文家伸縮離合之法"結合起來,但是卻沒有提出創立新格律的要求;他主張採納"方言、俗諺"入詩,但是卻沒有提出詩歌語言應以現代口語為基礎、人民語言是詩歌語言的源泉。這樣,就使得他不能在詩歌改革方面邁出更大的步子,創作出來的東西,舊的色彩、舊的氣味還比較濃厚,同樣成為一種改良主義的產物。與寫作詩序的時間相近,黃遵憲開始致力於資本主義世界風物的描繪。他曾作有《今別離》四首,分詠輪船、火車、電報、相片和東西兩半球晝夜相反的事實。例如詠輪船、火車的一首,寫法上明顯地脫胎於唐代詩人孟郊的《車遙遙》,而內容、意境則是新的。如:

> 今日舟與車,並力生離愁;明知須臾景,不許稍綢繆[2];鐘聲一及時,頃刻不少留。雖有萬鈞柂,動如繞指柔;豈無打頭風,亦不畏石尤[3]。送者未及返,君在天盡頭;望影倏[4]不見,煙波杳悠悠。去矣一何速,歸定留滯否?所願君歸時,快乘輕氣球。

這些詩,說明人們認識了一些前所不知的事物,懂得了一些前所不解的道理。在長期禁錮於封建社會的人們面前,一個新的天地展現出來,使他們有耳目一

---

1 《雜感》,見《詩草》第1卷,第15頁。
2 綢繆,纏綿。
3 石尤,頂頭逆風。
4 倏,忽然。

新之感，所以陳三立曾推之為“千年絕作”[1]。其實，由於沒有真切的生活感受，是刻意在那做詩，並不是上品。

在黃遵憲寂寞的參贊生活裏，所做的值得一提的事，便是為張之洞的煉鐵廠訂購機器設備。

1889 年（光緒十五年），張之洞在兩廣總督任內曾籌辦煉鐵廠，通過出使英國大臣劉瑞芬，向英國諦賽德公司訂購煉鐵設備。不久，張之洞調任湖廣總督，原來在兩廣籌辦的煉鐵廠也就隨著改設湖北。訂購機器設備的任務，則由黃遵憲接任。

張之洞的開工廠計劃帶有很大的盲目性。“本設粵地，遷移於楚，既未知礦與炭為何如，遽紛紛然購備諸器。而經理其事者，於造爐則酌度於不高不卑之間，於煉鋼則調停為可彼可此之用。”[2] 黃遵憲接受任務後參觀了英國的煉鐵廠，仔細調查生產過程，然後寫了一封長信給受張之洞委派創辦漢陽鐵廠的蔡錫勇，這就是《致蔡毅若觀察書》。黃遵憲指出，設廠之先，應該首先勘查礦產，廠址不宜離礦區過遠，還必須有煤，又必須檢驗煤與鐵的性質，然後才能訂購相應的設備。這封信針對廠址選擇、機器訂購、工人訓練、鐵路建設等各方面都提出了詳細的意見。信中，黃遵憲對鴉片戰爭以後洋貨充斥市場，連理髮刀、縫衣針、鐵釘之類都由國外進口的情況表示憂慮，提出必須發展民族工業，“保商務”、“奪利權”。黃遵憲又指出，今日中國的急務不在於“強兵”、製造新式武器，而在於“興物產”；必須注重建立鋼鐵工業。他說：“西人以上古為金銀世界，近今為鐵世界，蓋以萬物萬事無一不需此也。以中國之大，若直隸，若山西，若安徽，若福州，若粵東、西，即分設十數局，尤不為多。”此外，黃遵憲又再一次提出關稅自主問題，要求通過關稅以保護民族工商業。

“相期共煉補天石，一借丸泥塞漏卮。”[3] 張之洞等創辦近代工業，主要的目的在於“強兵”，建設軍隊以鞏固封建統治。而黃遵憲的目的則在於發展民族工業，抵禦帝國主義的經濟侵略。他和洋務派的人物雖有來往，但思想是不同的。

1　《飲冰室詩話》，第 22 頁。
2　《致蔡毅若觀察書》，未刊稿。
3　《歲暮懷人詩》，見《詩草》第 6 卷，第 195 頁。漏卮，漏杯。

如果說黃遵憲的《致蔡毅若觀察書》表達了正在成長的民族資產階級的經濟要求的話，那麼，他為《日本雜事詩》的改訂所作的序言，就表達了民族資產階級的政治要求。在這篇序言中，黃遵憲回憶了自己出使日本以來的思想發展歷程，對初至日本時附和日本守舊份子的言論感到愧悔，對當時日本"已開議院"的情況表示欣慕，明確提出"改從西法，革故取新"[1]的主張。這一時期，黃遵憲除了研究英國的工業以外還仔細考察了英國的政治，認為清朝政府應當學習英國，"盡廢今之督撫藩臬[2]等官，以分巡道為地方大吏，其職在行政而不許議政"，"上自朝廷，下自府縣，咸設民選議院，為出治之所"[3]。

黃遵憲在英國的一段期間，是他改良主義思想確立和鞏固的時期。

1891年（光緒十七年）秋，因薛福成推薦，清朝政府調黃遵憲往新加坡任總領事。從英國啟行前，黃遵憲曾有信與友人胡曉岑，內附手寫嘉應山歌十五首。黃說：

> 十五國風妙絕古今，正以婦人、女子矢口而成，使學士大夫操筆而為之，反不能爾，以人籟[4]易為，天籟難學也。余離家日久，鄉音漸忘，輯錄此歌，往往搜索枯腸，半日不成一字。因念彼岡頭溪尾，肩挑一擔，竟日往復，歌聲不竭者，何其才之大也！[5]

《詩經》是中國最早的一部詩歌總集，其中"國風"部分收集了十五個地區的土風歌謠，不少是勞動人民的口頭創作。黃遵憲認為這部分作品由"婦人、女子"脫口而成，不是"學士、大夫"們所能趕上的。由之，他聯想到故鄉"肩挑一擔"，於"岡頭溪尾"整日歌唱的作者們，深深地佩服他們的才能。他表示將來要邀約胡曉岑等人共同從事輯錄，彙集成編。

在經過法國時，黃遵憲寫作《登巴黎鐵塔詩》，歌頌了這個"拔地崛然起"

1　《日本雜事詩序》，見《日本雜事詩》，光緒二十四年長沙富文堂重刊本。
2　臬，清代的提刑按察司稱臬台。
3　《東海公來簡》（壬寅五月），載《新民叢報》第13號，第56頁。
4　人籟，人工原因所發出的聲音。
5　"題記"，見《詩草》第1卷錢注引，第19頁。

的著名建築。經過蘇伊士運河時，也曾有詩歌詠這項偉大工程。

　　1891 年 10 月 31 日（光緒十七年九月二十九日），黃遵憲抵達新加坡。新加坡是南洋華僑聚居的地區。據當時統計，全島居民十八萬四千餘人，華僑即佔十二萬人左右。此外，檳榔嶼、麻六甲等地，尚有華僑十萬餘人。黃遵憲到任不久，即改組原領事左秉隆倡立的文社 —— 會賢社為圖南社，"講論道德，兼及中西之治法，古今之學術"[1]，培養資產階級改良運動的人材；又巡視各島，瞭解華僑的情況、要求，積極保護華僑的正當權益。

　　長時期中，清朝政府一直實行禁海政策，對於去海外的中國人，一概以"通敵"、"通盜"論罪。據說，乾隆時，有一爪哇僑商歸國，不久即被清朝政府逮捕，財產全部沒收。1860 年（咸豐十年）以後，清朝政府和英、法等資本主義國家訂立了條約，允許華人去海外當勞工，但對於華僑歸國沒有明文保護。一些歸國的華僑常常受到清朝宮吏或當地土豪、惡霸的各種訛詐勒索，被指為逃犯、人口販子，甚至被安上"接濟海盜"、"要結洋匪"的罪名，於是財產被掠奪，歸國後所建屋宇被拆毀。因此，許多華僑都不敢回國。黃遵憲瞭解這一情況後，便立即上報薛福成，要求予以解決。黃遵憲指出，華僑大都是熱愛祖國的，雖然居住海外多年，但是仍然保持中國人的風俗習慣；國內"籌賑、籌防"了，還常常捐獻鉅款，"拳拳本國"[2]。經過黃遵憲的一再力爭，清朝政府不得不頒佈幾條保護歸僑的規定。在此之後，黃遵憲又創立"護照"制度，頒發護照給華僑。

　　與此同時，黃遵憲還寫了《番客篇》。這是《錫蘭島臥佛》詩之外又一首經過慘澹經營的長詩。詩中，黃遵憲用漢代作家寫賦的方法，對他所參加的一個華僑商人的婚禮作了細密淋漓的鋪敘，詳盡地描繪了南洋的社會風習和與會的各色各樣的人物。

　　　　豈不念家山，無奈鄉人薄。
　　　　一聞番客歸，探囊直啟鑰。

1　黃遵憲：《圖南社序》，未刊稿。
2　《請豁除舊禁招徠華民疏》，見薛福成：《海外文編》第 1 卷。拳拳，懇切懷念。

西鄰方責言，東市又相斫[1]。

親戚恣欺淩，鬼神助咀嚼。

婚禮會上，一個頭髮斑白的老人和黃遵憲作了娓娓長談：既傾訴了對祖國、對故鄉的懷念，也敘述了歸國後所受到的欺淩、壓榨。"言者袂掩面，淚點已雨落"，喜氣洋洋的婚禮頓時變得悲悲戚戚。"比聞歐澳美，日將黃種虐"，老人又談到了華僑在國外的境遇，殷切地表示了對祖國富強的期望。

　　和《番客篇》的精工雕鏤、工筆描繪不同，黃遵憲這一時期的另一些描寫南洋風光的詩篇，則近於隨手拈來，自然成趣：

高高山月一輪秋，夜半椰陰滿畫樓。

分付馴猿攀摘去，渴茶渴酒正枯喉。

桃花紅雜柳花飛，水軟波柔碧四圍。

五尺短繩孤棹艇，小兒歡曳鱷魚歸。

蕩蕩青天一紙鋪，團團紅日半輪孤。

波搖海綠雲翻墨，誰寫須臾萬變圖？[2]

在新加坡的第三年，黃遵憲得了瘧疾，寄住在華僑園林裏，這些詩便是這一時期寫的。養病期間，黃遵憲還曾手摘蓮、菊、桃、李等花，置於一瓶中，寫出了《以蓮、菊、桃雜供一瓶作歌》。"足遍五洲多異想"，對著這些花，黃遵憲展開了遐思。他把花擬人化，設想它們同處一瓶時的心情與神態，但有些地方受了佛教唯心主義的影響。

　　在新加坡的第四年，黃海上響起了中日戰爭的炮聲，它標誌著民族危機的愈益嚴重，黃遵憲的全部注意力都被吸引過去了。

1　斫，砍。
2　《養疴雜詩》，見《詩草》第 7 卷，第 228—230 頁。

七、反映民族的深重災難

19 世紀末年，各主要資本主義國家漸次完成了向帝國主義的過渡，對中國的爭奪日益尖銳、激烈；新興的、富於侵略性的日本軍國主義，首先發動了侵略朝鮮和侵略中國的甲午戰爭。

明治維新後，日本建立了地主資產階級的聯合專政，並且迅速走上軍國主義道路。一方面，它對中國神聖領土台灣垂涎欲滴，企圖以之作為進一步侵略中國和向東南亞擴張的基地；另一方面，則企圖霸佔朝鮮，進而侵佔中國東北。

1894 年（光緒二十年），朝鮮爆發了"東學黨"領導的農民起義，提出"逐滅倭夷，盡滅權貴"的反帝、反封建口號。朝鮮國王要求清朝政府派兵幫助鎮壓，日本政府也玩弄陰謀，勸誘清朝政府派兵。6 月初，清軍葉志超部一千五百人開赴朝鮮牙山。日本政府按照事先預定的計劃，也立即派出大批軍隊入侵朝鮮，人數陸續增加到一萬多人。6 月 16 日，日本外相向清朝政府提出共同"改革"朝鮮內政，實際上是干涉朝鮮內政的無理建議，遭到清朝政府拒絕。清朝政府要求雙方立即撤兵，也為日本侵略者蠻橫否定。7 月 23 日，日軍佔領朝鮮王宮，組織傀儡政權。兩天后，突然襲擊牙山口外的中國海軍和運兵船；不久，又進攻牙山的中國陸軍。中日戰爭爆發。

隨著戰爭的歷程，黃遵憲陸續寫下了《悲平壤》、《東溝行》、《哀旅順》、《哭威海》等一組詩篇。

黑雲壓山，山勢崢嶸，平壤城中炮聲隆隆，火光沖天，清軍將領左寶貴正率部在北城玄武門山頂上浴血苦戰。在日軍的排炮轟擊中，他英勇地屹立在城上指揮，殺傷敵兵無數。"肉雨騰飛飛血紅，翠翎鶴頂城頭墮[1]。一將倉皇馬革裹[2]，天跳地踔[3]哭聲悲。"在《悲平壤》中，黃遵憲歌頌了壯烈犧牲的左寶貴，對下令撤退、狂奔五百餘里的清軍統帥葉志超，則給予尖銳的批判和嘲諷："三十六計莫如走，人馬奔騰相踐踏"，"一夕狂馳三百里，敵軍便渡鴨綠水"。

---

1 翠翎，孔雀翎，清代官員的帽飾。鶴頂，紅頂珠。二者均用以區別官員的品級。本句寫左寶貴中炮，帽子從城上掉下去。
2 馬革裹，後漢馬援請擊匈奴，曾表示："男兒當效死於邊野，以馬革裹屍還葬耳。"本句寫左寶貴犧牲。
3 踔，跳。

平壤戰役後，10 月，日軍一路由朝鮮渡過鴨綠江，攻佔中國的九連、安東；一路在中國遼東半島東岸登陸，從背後包抄旅順、大連。清朝政府的大連守將不戰而逃，旅順守將徐邦道率兵激戰三日，終因孤軍抗戰，不敵陷落。旅順是北洋海軍的根據地，依山面海，形勢險要，設有海岸炮台、陸路炮台三十餘座，大炮多數是德國克虜伯廠的新式產品，防務鞏固，軍儲充足，日人稱之為"東洋無雙"。在《哀旅順》中，黃遵憲寫道：

> 海水一泓煙九點[1]，壯哉此地實天險。
>
> 炮台屹立如虎闞[2]，紅衣大將[3]威望儼。
>
> 下有窟池列巨艦，晴天雷轟夜電閃。
>
> 最高峰頭縱遠覽，龍旗百丈迎風颭[4]，
>
> 長城萬里此為塹，鯨鵬相摩圖一啖[5]，
>
> 昂頭側睨何眈眈[6]，伸手欲攫[7]終不敢，
>
> 謂海可填山易撼，萬鬼聚謀無此膽。

這樣一個鞏固的要塞，本來是應該成為祖國堅強的門戶的，但是，"一朝瓦解成劫灰[8]，聞道敵軍蹈背來"，失守得竟是這樣容易。黃遵憲寫到了這裏，頓時語哽意阻，無法寫下去了。這首詩，首先極寫旅順之險，而陷落一事，只有寥寥二語，無限的哀痛和憤怒，盡在不言之中。

正當中日戰爭吃緊關頭，張之洞自湖廣總督任調為兩江總督，電奏調黃遵憲回國。12 月，黃遵憲由新加坡解任啟程。但是，當黃遵憲到南京會見張之洞時，談得卻不很投機。張之洞讓黃遵憲在江寧洋務局任總辦，負責處理江南、江西、浙江、湖南、湖北五省堆積的"教案"。所謂"教案"，指的是各地人民

1　泓，水深貌。李賀《夢天》："遙望齊州九點煙，一泓海水杯中瀉。"這裏是藉九點煙，比喻從高空所見的中國國土景象（中國古分九州）。
2　虎闞，虎怒貌。
3　紅衣大將，指大炮。清太宗時，紅衣大炮造成，命名為天佑助威大將軍。儼，莊嚴。
4　龍旗，清朝所制訂的國旗。颭，招展。
5　鯨鵬，比喻企圖侵略中國的帝國主義國家。摩，迫近。啖，吃。
6　側睨，側看。眈眈，貪婪地注視的樣子。
7　攫，用爪抓取。
8　劫灰，劫火之灰，比喻兵火毀壞後的殘跡。

和帝國主義傳教士的衝突，這種衝突是中國人民抵制帝國主義文化侵略的鬥爭的一種表現。張之洞讓黃遵憲處理“教案”，不外是和帝國主義談判以求息事寧人。在前方戰事愈打愈緊的時候，黃遵憲對於這一工作感到很不愉快。

1895 年 3 月 23 日（光緒二十一年二月二十七日），黃遵憲在南京參加沈葆楨的公祭。沈葆楨，字幼丹，福建侯官人。1874 年（同治十三年），在他福建任船政大臣期間，日本政府出動陸海軍三千餘人，入侵中國神聖領土台灣，沈葆楨曾帶兵到台灣部署防務，制止了日本的侵略。後於 1879 年（光緒五年）逝世。當黃遵憲等正在公祭的時候，忽然傳來了日本兵艦進攻澎湖的警報。公祭完了，黃遵憲的心情非常憤激，寫下了《乙未二月二十七日公祭沈文肅公祠》一詩。詩中記敘了大東溝、威海衛等海戰的失敗，斥責了投降派官僚，歌頌了開足馬力向敵艦撞去，準備和它同歸於盡的鄧世昌等愛國將領。這以後，黃遵憲又積極搜集材料，創作了《哭威海》、《降將軍歌》、《度遼將軍歌》、《馬關紀事》等詩篇。

威海衛之戰是一次屈辱的海戰。李鴻章為了保存實力，命令北洋艦隊避居港內，結果日本陸軍從榮成灣登陸，奪取了威海衛的南、北岸炮台，日本海軍封鎖了威海衛港口，北洋艦隊腹背受敵：

> 敵未來，路已窮；敵之來，又夾攻。
>
> 敵大來，先拊背[1]；榮成摧，齊師潰[2]。
>
> 南門開，犬不吠；金作台，須臾廢[3]。
>
> 萬鈞炮，棄則那[4]；炮擊船，我奈何？
>
> 船資敵，力猶可；炮資敵，我殺我。

在《哭威海》一詩中，黃遵憲完全用的是三字句，音節短促，令人有泣不成聲之感。

1　拊，同撫。撫背，指日軍從榮城灣登陸，包圍威海衛。

2　齊師，借指清軍。

3　金作台二句：指清將劉超佩倉皇逃遁，將以重金建築的威海衛炮台拱手讓敵。

4　棄則那：《左傳》宣公二年載：宋將華元戰敗被俘，後贖回，曾有人作歌諷刺云：“棄甲則那！”意為丟棄了戰甲，則奈何。

　　在《降將軍歌》中，黃遵憲憤怒地斥責了北洋海軍中的投降派將領，刻畫了這一群敗類在民族敵人面前低聲下氣、貪生怕死的卑劣情態。日本海陸軍圍困威海衛後，竊據北洋艦隊海軍副提督的英人馬格祿等勾結營務處道員牛炳昶和一批無恥將領，逼丁汝昌投降。2月11日，丁汝昌服毒。次日，馬格祿、牛炳昶等繳出殘餘艦隻十一艘，向日軍投降。黃遵憲想像著龍旗下降、海波嗚咽的景況，悲憤得什麼也說不出來，只能發出連連的慨歎："回視龍旗無子遺[1]，海波索索悲風悲。悲復悲，噫噫噫！"

　　當時，清王朝統治集團中，分為主和與主戰兩派。主和派以慈禧太后為首，主要是李鴻章系統的洋務派，以及恭親王奕訢等當權的大官僚。主戰派則是一部分沒有實權的文職官吏，以及以翁同龢為首的帝黨官僚。主和派是投降主義者，主戰派中也有些人頭腦腐敗、識見愚昧，妄想乘此一戰，個人可以立功封侯，結果在帝國主義面前一觸即潰，很快也就成為投降派。湖南巡撫吳大澂就是這樣一個人。他得到了一塊刻有"度遼將軍"四字的古印，據說是漢印，大喜，以為是萬里封侯的預兆，便請求率兵出征。1895年1月，出山海關，駐兵牛莊等終地。3月，日軍攻佔牛莊。吳大澂得信後，連夜奔逃，軍隊不戰而潰，營口、田莊台等軍事要地相繼失陷。在《度遼將軍歌》中，黃遵憲對吳大澂一類人給予辛辣的諷刺：

> 聞雞夜半投袂起[2]，檄告東人我來矣；
> 此行領取萬戶侯，豈謂區區不余畀[3]。
> 將軍慷慨來度遼，揮鞭躍馬誇人豪。

聲勢多麼烜赫，很像個英雄人物。

> 雄關巍峨高插天，雪花如掌春風顛。

1　無子遺，一個不剩。
2　聞雞，晉祖逖有志北伐，常常半夜聽見雞叫就起來舞劍。投袂，甩袖子。
3　《左傳》昭公十三年記載：楚靈王占卜能否得天下，不吉，罵天說："是區區者，而不余畀！"意為：這麼一點小東西，都不肯給我。

在壯麗開闊的畫面中，黃遵憲淋漓盡致地表現了吳大澂元旦大會上的驕狂情態：

> 歲朝大會召諸將，銅爐銀燭圍紅氈。酒酣舉白[1]再行酒，拔刀親割生彘肩[2]；自言平生習槍法，煉目煉臂十五年；目光紫電閃不動，袒臂示客如鐵堅。淮河將帥巾幗耳[3]，蕭娘呂姥殊可憐[4]。看余上馬快殺賊，左盤右辟[5]誰當前？鴨綠之江碧蹄館[6]，坐令萬里銷鋒煙。坐中黃曾大手筆[7]，為我勒碑銘燕然[8]。麼麼[9]鼠子乃敢爾，是何雞狗何蟲豸[10]！會逢天幸遽貪功[11]，它它籍籍來赴死[12]。能降免死跪此牌[13]，敢抗顏行[14]聊一試；待彼三戰三北餘[15]，試我七縱七擒計。[16]

先是自誇武藝高超，次是大罵在作戰中潰敗的淮軍將領，再是保證馬到功成，後是要幕客撰文，準備為他紀功立碑。在吳大澂看來，日本侵略軍完全不堪一擊。他在營門前豎起五六尺高白底黑字的"投誠免死牌"，專等日軍前來"投誠"。然而：

> 兩軍相接戰甫交，紛紛鳥散空營逃；

1　舉白，乾杯。
2　彘肩，豬腿。鴻門宴上，項羽曾賞給樊噲一條生豬腿。樊把盾覆在地上，拔劍在盾上切著吃。這裏是藉此形容吳大澂的裝腔作勢。
3　淮河將帥，指李鴻章創建的淮軍。中日戰爭中，在朝鮮潰敗的葉志超、衛汝貴等皆屬淮軍。巾幗，婦女首飾，亦用作婦女的代稱。
4　蕭娘、呂姥，梁武帝蕭衍派蕭宏集伐魏，蕭宏集不敢深入，與諸將討論回兵，部將呂僧珍極表贊同。於是，魏人給蕭宏送來婦女頭飾，作歌說："不畏蕭娘與呂姥"。
5　左盤右辟，指揮舞兵器。辟，同劈。
6　碧蹄館，在朝鮮漢城西三十里。
7　黃，未詳。曾，曾炳章。二人均為吳大澂幕客。
8　後漢時竇憲領兵打敗北匈奴，登上燕然山，曾叫班固撰文刻石紀功。
9　麼麼，微小。
10　蟲豸，古代對蟲子的通稱。
11　會逢，適逢。天幸，老天幫助。遽，急。貪功，貪圖成功，指日本侵略軍。
12　它它籍籍，縱橫狼籍。赴死，送死。
13　能降句：指吳大澂到旅順後，對日軍出勸降告示，並設立"投誠免死牌"。
14　顏行，前鋒。
15　三戰三北，三戰三敗。
16　七縱七擒，傳說三國時，諸葛亮出兵南方，與孟獲交戰，擒住七次，放了七次，見《三國志·蜀志·諸葛亮傳》。

棄冠脫劍無人惜，只幸腰間印未失。

昨日口發大言的"英雄"，原來還是膽小如鼠的怕死鬼，帽子丟了，劍掉了，只保住了那顆"度遼將軍"的古印，逃命入關。這是一個悲劇。像吳大澂這樣一種狂妄自大而又滿腦子功名利祿觀念的昏庸統帥，怎麼能戰勝侵略者呢？當時封建地主階級的一些代表人物，就是這樣腐朽愚昧。在這首詩裏，黃遵憲已經不只是憤怒，而是通過喜劇的形式，給吳大澂一流人以尖銳的嘲弄、批判。

中日戰爭的結果是，李鴻章在日本簽訂了空前屈辱的賣國條約 ——《馬關條約》。主要內容有：割讓遼東半島、台灣全島及澎湖列島在內的各附屬島嶼，賠償日本軍費二億兩銀子，允許日本資本家在通商口岸設立工廠，開放沙市、重慶、蘇州、杭州為商埠等。在《馬關紀事》中，黃遵憲寫道："竟賣盧龍塞[1]，非徒棄一州。"又寫道："括地難償債，台高到極天[2]。行籌無萬數[3]，納幣一千年。"賠款二萬萬兩是前此未有的龐大數字，它相當於當時清朝政府每年收入的三倍，相當於北宋政府向遼、金繳納的"歲幣"的一千倍。即使把地皮刮淨，也難以償清呀！由於割讓遼東半島觸犯了沙皇俄國的利益，因此，沙俄政府糾合法、德兩國，迫使日本退還了遼東半島，日本乘機又向清朝政府訛詐了三千萬兩白銀。"瓜分倘乘敝，更益更來憂。"黃遵憲擔心這種局面發展下去，會引起帝國主義瓜分中國的狂潮，那就不堪設想了。在這裏，黃遵憲對民族的災難、祖國的命運表示了深沉的憂慮。事實很快就證明了黃遵憲的估計。《馬關條約》後，帝國主義國家紛紛在中國設立銀行，在金融上、財政上扼住中國的咽喉，又紛紛奪取在中國修築鐵路的權利，霸佔沿海港口或"租借地"。沙俄佔據了旅順、大連，英國佔據了威海衛，德國佔據了膠州灣，法國佔據了廣州灣。北起黑龍江，南至雲南、兩廣，都分別被沙俄等帝國主義國家劃分為勢力範圍。

這年 6 月，黃遵憲因去湖北辦理教案，舟行江上，望見夜空中的一輪圓月，想起了祖國山河殘缺，不禁熱淚滾滾。在《五月十三夜江行望月》詩中，

1　盧龍塞，地名，在今河北遷安縣西北。《魏志·田疇傳》載：田疇曾說過："豈可賣盧龍之塞以易賞祿哉！"這裏借指清朝政府在《馬關條約》中大片割地。

2　台高句：傳說周王誆欠人債，無力償還，上台逃避，周人稱之為避債台。

3　籌，古代計數工具。行籌，用籌計算。無萬數，極言其多，欲以萬數計之而不可得。

他寫道:

> 灑淚填東海,而今月一圓。江流仍此水,世界竟何年!
> 橫折山河影[1],誰攀閶闔天?增城高赤嵌,應照血痕殷。[2]

赤嵌,台灣地名,在《馬關條約》規定割讓台灣全島後,台灣人民掀起了英勇的抗日鬥爭。他們號召"人自為戰,家自為守",保衛祖國的神聖領土,給了登陸的日本侵略軍以沉重打擊。"增城高赤嵌,應照血痕殷。"黃遵憲深切地關懷著正在築城堅守、流血犧牲的台灣同胞。

稍後,黃遵憲又創作了《台灣行》一詩。中云:

> 城頭逢逢擂大鼓,蒼天蒼天淚如雨,倭人竟割台灣去!
> 當初版圖入天府,天威遠及日出處,我高我曾我祖父,
> 艾殺[3]蓬蒿來此土;糖霜茗雪[4]千億樹,歲課金錢無萬數。

台灣自古以來就是中國的領土,中國人民世世代代在這片土地上勞動。還在兩千多年前,大陸人民就知道台灣的存在。《漢書‧地理志》所說的"東鯷",《三國志‧吳志‧孫權傳》所說的"夷州",《隋書》所說的"流求",都是指的台灣。吳主孫權並曾派過甲士萬人去過台灣。西元607年(大業三年),隋羽騎尉朱寬至台灣;610年(大業六年),虎賁陳棱又曾經略澎湖等三十六島。唐代,大陸人民紛紛去台灣開發,宋、元兩代更先後在澎湖、台灣設官建治。這是"我高我曾我祖父"辛勤開闢出來的土地呀!黃遵憲激憤地寫道:

> 亡秦者誰三戶楚[5],何況閩粵百萬戶!成敗利鈍非所睹,人人效死誓死

---

1 橫折,折斷。山河影,古人認為,月中有物,為山河之影。本句指清朝政府割台。
2 閶闔,神話中的天門,這裏用以比喻清朝政府。
3 艾殺,割除。
4 糖霜,白糖。茗雪,茶名。
5 亡秦句:《史記‧項羽本紀》載,楚被秦滅後,楚南公曾說:"楚雖三戶,亡秦必楚。"

拒，萬眾一心誰敢侮？

黃遵憲肯定了台灣人民誓死抗日的精神，批評了揚言守台而結果又倉皇內渡的台灣巡撫唐景崧等人，對於少數投降日本帝國主義的敗類，則給予憤怒的斥責。

八、參加"變法"活動

在湖北不久，黃遵憲即回到江寧。

江寧，是長江下游的名城，歷史上曾是六朝的帝都，有好幾個荒淫的國君在這裏留下了恥辱的遺跡。這一時期內，因為送往迎來，黃遵憲和友人們常常飲集鐘山，泛舟玄武、秦淮，面對著茫茫煙水、滾滾江流，想起了歷史的盛衰，撫時感事，黃遵憲時常憂從中來。1895 年 6 月（光緒二十一年五月），帝黨中堅份子文廷式因反對《馬關條約》，觸怒慈禧太后和李鴻章，乞假回鄉暫避，道過江寧。黃遵憲在贈文廷式的詞中說："天到無情何可訴，只合埋憂地下"，[1] 反映了由於在民族危難面前不能有絲毫作為，黃遵憲的思想正處於極大的苦悶中。他有時甚至有點頹唐。但是，這種情況並沒有持續多久，黃遵憲很快就投入正在展開的資產階級維新活動。

中日戰爭的慘痛失敗，帝國主義瓜分中國的狂潮，這一切，都促進了中國人民的進一步覺醒，救亡圖存成了當時最緊迫的要求；在 70、80 年代出現的改良主義思潮，這時也有了進一步的發展。康有為在第一次上書光緒皇帝失敗以後，於 1891 年（光緒十七年）刊刻《新學偽經考》，次年，編輯《孔子改制考》，企圖為維新變法運動提供理論基礎。1895 年 5 月，《馬關條約》簽訂時，康有為和他的學生梁啟超聯絡了各省來京應試舉人一千三百餘人，聯名給光緒皇帝上書，反對《馬關條約》，提出了拒和、遷都、變法的主張。這以後，康有為又連續上了第三書、第四書。

與上書同時，改良派也加緊進行宣傳活動和組織工作。1895 年 7 月，康有

1　《賀新郎》，見文廷式：《雲起軒詞鈔》附載，南京王氏娛生軒 1934 年影印本。

為指示梁啟超在北京編印《中外紀聞》。8月，組織強學會，接納會員二十餘人，成為近代中國資產階級政黨的最初萌芽。11月，康有為又去上海，組織強學會分會，次年1月12日，發刊《強學報》。康有為在上海期間，黃遵憲加入了強學會，並曾偕達縣人吳德瀟往見，"昂首加足於膝，縱談天下事"[1]，自此朝夕過從，無所不語。這以後，黃遵憲就成為改良派中的積極份子。

這一期間，黃遵憲還接受兩江總督、南洋大臣劉坤一的委託，與日本領事珍田舍己會談，商訂蘇州開埠事宜。在《馬關條約》中，曾規定開放蘇州為商埠，日本政府據此提出，在蘇州劃定一地，成為"日本專管租界"。在會談中，黃遵憲與珍田舍己反覆駁詰，盡可能挽回失去的主權，"凡條約所已許者，能挽回而補救之；條約所未許者，亦未嘗授人以隙，妄增一字"[2]，曾被認為"用意微妙，深合機宜"[3]。但是，黃遵憲所擬條款並不為當權的某些人物所重視，日本政府也堅決拒絕，並且撤回了珍田舍己，黃遵憲的努力終於成為泡影。

1896年（光緒二十二年）初，強學會、《中外紀聞》、《強學報》均在后黨的壓迫下被封禁。為了繼續強學會的工作，黃遵憲企圖另辦一報，便邀請梁啟超自北京來上海任主筆。這時，梁啟超剛二十出頭，正是熱情洋溢、意氣風發之際，黃遵憲對他期望很大，在梁啟超到達上海時，曾經奔告陳三立說："吾所謂以言救世之責，今悉卸其肩於某君矣！"[4] 又曾寫了六首詩給梁啟超，其中兩首是：

> 寸寸河山寸寸金，侉離分裂力誰任[5]？
> 杜鵑再拜憂天淚[6]，精衛無窮填海心[7]。

1　康有為：《〈人境廬詩草〉序》，見《詩草》，第2頁。
2　黃遵楷：《先兄公度先生事實述略》，見《集外詩輯》，第129頁。
3　黃遵楷：《先兄公度先生事實述略》，見《集外詩輯》，第129頁。
4　《致飲冰主人手札》（光緒二十八年十一月一日）。
5　侉離，垮塌。力誰任，誰有挽救之力呢？
6　杜鵑句：神話，蜀王杜宇辭位，死後，化為杜鵑。
7　精衛句：神話，炎帝女在東海中淹死後化為精衛鳥，常衡西山木石去填海。以上二句比喻當時愛國者的憂時救世之心。

青者皇穹黑劫灰[1]，上憂天墜下山頹。

三千六百釣鼈客[2]，先看任公出手來。

一種挽救祖國危亡的急切之情躍然紙上。黃遵憲勉勵梁啟超辦好報紙，出手大幹；自己則捐款一千元為開辦費。他對任經理的汪康年說：“我輩辦此事，當作為眾人之事，不可作為一人之事，乃易有成。故吾所集款，不作為股份，不作為墊款，務期此事之成而已。”[3] 其他事務，如修訂辦報《公啟》，聘請日文、古文翻譯，勸捐，派報等，黃遵憲也都積極出力。8 月 9 日，正式出刊，每十日一冊，每冊二十餘頁，分論說、諭折、京外近事、域外報譯等門。這就是近代中國著名的《時務報》。報紙受到了讀者的歡迎，幾個月內就發行到了一萬餘份。

9 月，黃遵憲奉光緒皇帝命入京。臨行前，黃遵憲向汪康年表示：“《時務報》規模大定，必可風行”[4]，斷言它必將成為一張受歡迎的、有影響的報紙。到天津時，黃遵憲聽說《時務報》在當地已經銷到四百份，“聞譽四馳”[5]，非常高興。為了研究俄國問題，進一步辦好《時務報》，黃遵憲在天津聘請了一位俄文翻譯。

原來，沙俄自 1858 年（咸豐八年）用武力強迫清朝政府簽訂《中俄璦琿條約》以後，幾十年之內，迅速掠奪了中國東北、西北一百五十餘萬平方公里的土地，但是欲壑難填，仍在積極謀求擴大對中國和亞洲其他地區的侵略。沙皇尼古拉二世反覆強調說：“在東亞確立和擴張俄羅斯的勢力，正是我們統治世界的課題。”[6] 對於沙俄的侵略野心，黃遵憲保持著充份的警惕，他要這位新聘的俄文翻譯“專譯東西毗連界內事及俄國東方政略”[7]。

當時，《天演論》的譯者嚴復正在天津北洋水師學堂任總教習，二人相見

1　皇穹，皇天。

2　趙令時：《侯鯖錄》載，唐李白曾自署海上釣鼇客，並稱以虹霓為絲，明月為鉤，天下無義丈夫為餌。

3　梁啟超：《創辦時務報原委》，見“中國近代史資料叢刊”《戊戌變法》（四），第 525 頁。

4　《致汪康年手札》，未刊稿。

5　《致汪康年手札》，未刊稿。

6　《布洛夫致梅特涅》，見《德國外交文件》，第 18 卷之 1，第 64 頁。

7　《致汪康年手札》，未刊稿。

之後，嚴復給黃遵憲的印象是：“真可愛！談吐氣韻，通西學之第一流也。”[1]

10月，黃遵憲入京。清制，只有高級官吏才能由皇帝特旨命令進見，道、府以下的官吏，必須由吏部帶領分批引見。黃遵憲這時還只是個道員，自然只有等待吏部引見，但光緒卻破格下特旨召見黃遵憲。光緒是慈禧太后的姪子，名字叫載湉。他從四歲起，就在慈禧的“訓政”下做皇帝。光緒和慈禧有矛盾，想通過變法削弱后黨，找尋出路，因此，就積極援引改良派人物。在召見時，光緒問黃遵憲：“西方政治為什麼勝似中國？”黃遵憲回答：“西方國家的強大，原因都在於變法。”又說：“在倫敦時，聽老人說，百年以前，英國還不如中國呢！”光緒聽了這些話，開始有點驚訝，後來，笑著點頭同意了。[2]

> 堯天到此日方中，萬國強由法變通。
>
> 驚喜天顏微一笑，百年前亦與華同。[3]

對於這一段經歷，黃遵憲終身不忘。封建最高統治者笑了笑，就覺得無限榮耀了，這正是黃遵憲對清王朝忠馴和感恩的具體表現。

光緒召見後，黃遵憲又受到戶部尚書翁同龢的接見。翁同龢是光緒的師傅、帝黨的領袖。接見這天的當晚，翁同龢寫下了對黃遵憲的印象：“詩文皆佳。”[4]

光緒和翁同龢召見後不久，清朝政府派黃遵憲為出使德國大臣。黃遵憲奏請梁啟超同行。由於德國當時正陰謀強迫清朝政府“租借”膠州灣作為軍港，便製造藉口，拒絕黃遵憲出使。先是說黃遵憲“官階尚小，不足膺欽差大臣之重任”[5]，後又表示，“中國如肯以一島可以泊船、屯煤如香港之類者界之，彼當接待。”[6]黃遵憲不願意國家因此受到要脅，便要求清朝政府收回任命，自己則留住北京，繼續以書信指導《時務報》的工作。

---

1 《致汪康年手札》，未刊稿。
2 《己亥雜詩》，見《詩草》第9卷，第300頁。
3 《己亥雜詩》，見《詩草》第9卷，第300頁。
4 《翁文恭公日記》，光緒二十二年九月二十一日，商務印書館影印手寫本，第35冊，第88頁。
5 《叻報》，1897年12月15日。
6 《叻報》，1897年5月4日。

　　1897 年（光緒二十三年）初，《時務報》新聘章炳麟、麥孟華二人為主筆。對此，黃遵憲表示肯定，認為這將"大張吾軍，使人增氣"[1]。他讀了章炳麟寫作的《論學會大有益於黃人，亟宜保護》一文後，讚譽其為"才士"，認為文章寫得很"雄麗"，但過於"古雅"，在致汪康年書中特別指出："此文集之文，非報館之文。作文能使九品人讀之而感通，則善之善矣。"他表示，1、2 月中可發表章炳麟文一、二篇。[2]

　　為了避免頑固派的阻撓，還在《時務報》創辦前，黃遵憲、梁啟超就聲明，報紙"不論人"，"絕無譏刺"，以"訕上橫議"為戒[3]。在私下，黃遵憲也關照汪康年："弟身在宦途，尤畏彈射"，"上年強學會太過恢張，弟雖廁名，而意所不欲。"[4] 在這一思想指導下，《時務報》的議論一直是小心翼翼的、有克制的。但是，它仍然受到了頑固派和洋務派的猛烈攻擊。《時務報》宣傳過"民權"思想，有人就聲稱"要打民權一萬板，民權屁股危矣哉！痛矣哉！"[5] 在北京，黃遵憲也聽到了不少對《時務報》的非難，有人直斥其為"謗書"，因此，這一時期，黃遵憲又再次叮囑汪康年："泛論之語"、"罵詈之辭"，"可省則省"[6]。

　　讓步並不能換取頑固派的支持和諒解。維新運動中，改良派一直幻想走一條阻力最小的道路，但到頭來，還是受到了無情的鎮壓。

　　在報館人事安排上，從 1896 年（光緒二十二年）秋籌辦時起，黃遵憲就主張"當如合眾國政體，將議政、行政分為二事"[7]，即除住館辦事各人外，另舉總董四人，所有辦事規條由總董議定，交館中執行。這一時期，黃遵憲在信中又重申此議。對此，汪康年認為是讓他靠邊"休息"[8]，很不痛快，埋下了與黃遵憲不和的種子。

　　大約與此時間相近，翰林院編修曾廣鈞讀到了黃遵憲的人境廬詩稿本，為之寫了一篇序，稱讚黃遵憲的詩"善變"[9]。黃遵憲寫了一首詩答謝他：

1　《致汪康年手札》，未刊稿。
2　《致汪康年手札》，未刊稿。
3　參閱《致汪康年手札》及屠梅君：《辨〈闢韓〉書》，載《時務報》第 30 冊，第 20 頁。
4　《致汪康年手札》，未刊稿。
5　《梁鼎芬致汪康年手札》，未刊稿。
6　《致汪康年手札》，未刊稿。
7　參閱《致汪康年手札》及屠梅君：《辨〈闢韓〉書》，載《時務報》第 30 冊，第 20 頁。
8　《致汪康年手札》，未刊稿。
9　《新民叢報》，第 3 年第 4 號。

廢君一月官書力，讀我連篇新派詩。

風雅[1]不亡由善作，光豐[2]之後益矜奇。[3]

此詩中明確地提出了“新派詩”的口號。

　　一切皆變，世界上的事物無不處在永恆的運動發展過程中。鴉片戰爭後，中國社會的政治、經濟狀況和階級關係都發生了巨大的變化，新興的民族資產階級逐漸登上了政治舞台，自然文學作品的內容和形式也要作出相應的變化。“新派詩”口號的提出，正反映了這一歷史要求。

　　6月，由於翁同龢的推薦，黃遵憲被任命為湖南長寶鹽法道，職責為管理一省食鹽的生產和運銷，同時兼管一路的錢穀和刑名。29日，他和翁同龢作了一次長談。7月14日，向翁同龢辭行，又作了一次長談。黃遵憲建議三事：第一，開學堂；第二，緩海軍，急陸軍，十五萬人已足；第三，海軍用守不用戰。談話中，黃遵憲表示有三大可慮：教案、流寇、歐洲戰事。據說，“有一於此，中國必有瓜分之勢”。[4]既害怕人民，又害怕帝國主義，這正是資產階級改良派軟弱性格的表現。

　　談話次日，黃遵憲出都赴任。道經上海時，黃遵憲再度向汪康年提出《時務報》要推舉董事，二人幾乎翻臉。經黃遵憲力爭，汪康年才勉強同意，推舉了幾個人，但以後遇事並未找他們商量。汪康年對梁啟超說：“公度欲以其官稍大、捐錢稍多，而撓我權利，我故抗之。”[5]汪康年在創辦《時務報》和宣傳維新思想上有一定功績，但他把報紙看作自己的禁臠，“當初辦之時，早已有據為汪氏產業之計”[6]，這就非常錯誤了。

　　處理了《時務報》事務，黃遵憲便離滬西上。過南京，曾與譚嗣同有所商談；過武昌，曾登黃鶴樓一遊。黃鶴樓是武昌名勝，下臨長江。面對浩浩東流的江水，黃遵憲想起了幾年前曾在這裏聽到的“台灣潰棄”的警報，不禁感慨

1　風雅，即《詩經》中的《國風》和《大雅》、《小雅》，後代文人常以之作為詩歌創作的典範。

2　光，道光；豐，咸豐。

3　《酬曾重伯編修》，見《詩草》第8卷，第271頁。

4　《翁文恭公日記》，光緒二十三年六月十五日，影印手寫本第36冊，第52頁。

5　梁啟超：《創辦〈時務報〉原委》，見“中國近代史資料叢刊”《戊戌變法》（四），第527頁。

6　梁啟超：《創辦〈時務報〉原委》，見“中國近代史資料叢刊”《戊戌變法》（四），第527頁。

萬端。數日後，黃遵憲在湖南巴陵縣登上岳陽樓時，也有同樣的心情。岳陽樓在洞庭湖畔，登樓眺望，八百里湖面盡在眼底。宋朝的范仲淹曾在這裏寫下了有名的《岳陽樓記》。遊覽時，黃遵憲看到一個西方人帶著望遠鏡登樓，陡然想起了近日看到的一張侵略者畫的"勢力範圍圖"。在那張圖上，居然把長江上下游、浙江、湖南等廣大地區劃入英國屬內。"即今砥柱孰中流"[1]，誰來挽救民族的危機，做萬丈狂瀾中不倒的砥柱呢？在途經長沙時，黃遵憲又憑弔了賈誼宅，引起了他的異代同時之感。"百世為君猶灑淚"[2]，賈誼是西漢時著名的年輕的研究時務的政論家，曾作有《治安策》等文。他在向漢文帝上疏時，說："臣竊唯事勢可為痛哭者一，可為流涕者二，可為長太息者六。"[3]在帝國主義步步入侵的情況下，不也應該為民族災難的空前深重而痛哭、流涕、長太息嗎？

　　黃遵憲抵湘後，即代理湖南按察使，掌管一省刑獄和官吏的考核。當時，湖南巡撫陳寶箴是支持變法的，因而，在推行新政方面，湖南算是比較認真的。

　　9 月，經黃遵憲建議，陳寶箴同意邀請梁啟超來湖南主辦時務學堂，為維新運動培養人材。於是，黃遵憲一面寫信給梁啟超勸駕，一面寫信給汪康年勸其放人。信中說："學堂人師，為天下楷模，關係尤重，故弟願公為公誼計，勿復維繫之也。"[4]黃遵憲並表示，梁啟超到湘後，仍可每月為《時務報》作文數篇。11 月，梁啟超抵湘，任時務學堂總教習。這之前，譚嗣同也自南京棄官回鄉，參加新政，在時務學堂任分教習。這樣，時務學堂就成了《時務報》之後，改良派的又一主要宣傳陣地。

　　時務學堂的教學，由梁啟超、譚嗣同、唐才常等負責，黃遵憲對此亦極為熱心。所有辦學章程、授課科目，均由其參酌東西各國教育制度，一手訂定。[5]此外，黃遵憲並經常找學堂同學談話。唐才質在回憶蔡鍔時曾提到："按察使黃公度與時務學堂同學聯繫密切，常約吾輩往官舍談話，娓娓不倦，態度和藹，無清代官場習氣。"[6]次年 3 月，經湘紳推薦，並經陳寶箴委派，黃遵憲還曾擔

1　《上岳陽樓》，見《詩草》第 8 卷，第 272 頁。
2　《長沙弔賈誼宅》，見《詩草》第 8 卷，第 273 頁。
3　《賈誼傳》，見《漢書》第 48 卷，北京中華書局 1962 年標點本，第 2230 頁。
4　《致汪康年手札》，未刊稿。
5　王仲厚：《黃公度詩草外遺著佚聞》，見《人境廬叢考》，第 150 頁。
6　《追憶蔡松坡先生》，未刊稿。

任過時務學堂總理。

11 月 14 日，德帝國主又派遣海車強佔膠州灣，隨後，沙俄艦隊駛進旅順港。緊接著，英國、法國分別強迫清朝政府 "租借" 威海衛和廣州灣。帝國主義份子磨牙礪齒，隨時準備瓜分中國。對此，黃遵憲極為憤激。他寫下了《書憤》等詩，其一云：

> 一自珠崖棄[1]，紛紛各效尤[2]。瓜分唯客聽[3]，薪盡向予求[4]。
> 秦楚縱橫日，幽燕十六州。未聞南北海，處處扼咽喉。

黃遵憲認為，五代時，石敬瑭為了做兒皇帝，將燕、雲十六州賄賂契丹，算是夠恥辱的了，但是還不曾出現這種從南海到北海，處處被人扼住咽喉的狀況。其二云：

> 豈欲親豺虎，聯交約近攻。[5] 如何盟白馬[6]，無故賣盧龍[7]？
> 一著棋全敗，連環結不窮。[8] 四鄰牆有耳，言早泄諸戎。[9]

在清朝政府中，慈禧、李鴻章等屬於親俄派。1896 年 6 月（光緒二十二年五月），李鴻章接受了三百萬盧布的賄賂，在莫斯科同沙俄大臣維特等簽訂《中俄密約》，幫助沙俄取得在中國東北佔地築路的侵略特權，使東北開始淪為沙俄的勢力範圍。本詩對李鴻章的賣國行徑進行了揭露和抨擊。其三云：

1　珠崖，地名，在今海南島。這裏以之代指膠州灣。
2　效尤，照樣去做。
3　客聽，聽客之所為。指清廷喪權辱國，唯侵略者之命是聽。
4　薪盡句：比喻帝國主義對中國的侵略沒有止境。
5　豈欲二句：指李鴻章的所謂 "聯俄制日" 政策。
6　盟白馬，殺白馬為盟。
7　黃遵憲自注："光緒二十二年使俄密約，已以膠州許之。"
8　黃遵憲自注："光緒二十二年使俄密約，已以膠州許之。"
9　四鄰二句：指李鴻章所訂的《中俄密約》為各帝國主義所探悉。

弱肉供強食，人人虎口危。無邊畫甌脫[1]，有地盡華離[2]。

爭問三分鼎[3]，橫張十字旗[4]。波蘭與天竺，後患更誰知。

波蘭在 1772、1773、1795 年曾三次遭到沙皇俄國、普魯士等的瓜分。1815 年
維也納會議後，包括華沙在內的大片國土更直接被 "劃歸" 了沙俄。印度當時
正處於英帝國主義的殖民統治之下。黃遵憲擔心中國要遭受同樣的命運，因此
深深地憂慮。

這一時期，梁啟超也讀到黃遵憲的人境廬詩稿本，提筆寫了一段長跋，認
為它兼有 "詩人之詩" 和 "非詩人之詩" 的特點，關係著 "國之存亡，種之主
奴"。[5] 梁啟超讀後將其介紹給徐仁鑄。當時，徐仁鑄心情鬱悶，"患幽憂之疾"，
讀了人境廬詩稿後霍然病已，提筆寫了一段更長的跋語，讚美黃遵憲的詩 "羅
絡中外，低昂古今，風起雲湧，錯彩縷金"，有龔自珍所說的 "怡魂澤顏" 的作
用。[6] 歷史上，不同階級有各不相同的文學批評標準，但是莫不把政治標準放在
第一位。"剖胸傾熱血，恐化大千塵"，[7] 在黃遵憲的詩中，有熾烈的愛國主義激
情，有拯時救世的迫切願望，這樣，自然會贏得梁啟超等人的愛好了。

迫在眉睫的瓜分危機加速了變法維新運動的進程。在德國強佔膠州灣後，
康有為立即向光緒上了第五書，陳述局勢的嚴重，警告清朝統治者如果不進行
變法，那麼不僅 "苟安旦夕，歌舞湖山" 做不到，而且想當一個普通的 "長安
布衣" 也不可能。[8] 1898 年 1 月（光緒二十三年十二月），康有為上第六書，提
出改良派革新政治的全部要求；不久，又上了第七書。4 月，康有為在北京組
織 "保國會"，議定章程三十條。6 月 11 日，光緒頒佈 "明定國是" 的上諭，
接受改良派的政治綱領，宣佈以變法為國家的根本方針。16 日，光緒召見康有

1　無邊句：無邊，沒有邊界。甌脫，兩國中間的棄地。本句指清朝政府將領土劃給帝國主義。
2　華離，垮塌分裂。
3　爭問句：問鼎，見前注（周鼎）。三分，東漢末年，魏、蜀、吳曾三分天下。本句指帝國主義紛紛掠奪中
　　國主權，陰謀瓜分。
4　十字旗，西元 1096 至 1291 年之間，西歐封建主、大商人和天主教會曾八次侵略東方伊斯蘭教國家，以紅
　　十字為旗。
5　《梁啟超、徐仁鑄等十三人識跋》，未刊稿。
6　《梁啟超、徐仁鑄等十三人識跋》未刊稿。
7　《支離》，見《詩草》第 8 卷，第 275 頁。
8　"中國近代史資料叢刊"《戊戌變法》（二），第 190 頁。

為，任命他為總理衙門章京上行走，准許專摺奏事。康有為參預政權，取得了上奏摺、提建議的權力。變法運動全面展開了。

與北京的形勢相呼應，湖南的改良派也加緊活動。梁啟超到湘後，倡議組織南學會，黃遵憲是積極的支援者。南學會是一個聯絡同志、講求救亡圖存之道的學術團體，同時也具有地方議會的規模，遇有地方重大事宜也進行討論。會員分議事會友、講論會友、通信會友等類，以"無論官紳士庶，一切平等"[1]相號召，會員曾發展至成千數百人之多，長沙設總會，地方設分會。在南學會中，黃遵憲是主會者，又是政教方面的主講。1898 年 2 月 21 日，南學會舉行第一次講演會，到會三百餘人，陳寶箴、黃遵憲等均親臨參加，講演者有皮錫瑞、黃遵憲、譚嗣同、陳寶箴等。《湘報》描寫會議的情況說："鐘十二下，主講諸公就坐，會者畢坐堂上。鈴聲作，執事者唱：'勿喧嘩'，咸屏息靜聽"，"講畢，鈴聲作，眾皆起，魚貫趨出"[2]。

黃遵憲的講稿刊登在《湘報》第五號上。

講話中，黃遵憲認為世界以人為貴，人必能群而後能為人，國以合而後能為國。他讚美周以前的政治，認為那時候"國有大政，必謀及卿士，謀及庶人"，一刑一賞，與眾共之。又認為秦以後，官權獨攬、官勢獨尊，官與民分隔，官不知民之疾病困苦，民不知官之昏明清濁，有些官吏甚至乘權肆虐，魚肉百姓。黃遵憲要求到會的人"自治其身，自治其鄉"，興利革弊，設學校，籌水利，興商務，勸工業，捕盜賊，官民上下同心同德，以聯合之力，收群謀之益。

大概黃遵憲講得比較生動，所以皮錫瑞當晚在日記中寫道："公度更透徹，人以為似天主傳教者，彼在外國習見過，以後可仿效之。"[3]

根據現有資料，黃遵憲在南學會共作過九次講演，其內容除上述第一次外，可考者如下：

一月二十七日，講政教，以調遷頻繁，官不能久任於事為撼。

---

1 《南學會大概章程》，《湘報》第 34 號。

2 《湘報》第 1 號。

3 《師伏堂未刊日記》，見《湖南歷史資料》，1958 年第 4 期，第 97 頁。

三月六日，講知覺不在心而在腦。

三月二十日，講日本、印度、法人邀索兩廣利益，雲南鐵路及台灣事。

三月二十七日，講人類不滅，吾教永存，今日但當採西人之政、西人之學以彌縫我國政學之敝，不必張孔教與人爭是非、較短長。

當時，湖南盛行"保教"之說：改良派把孔子說成是維新變法的祖師爺，頑固派則把孔子說成是維護君父大倫的至聖。黃遵憲的這一段議論，改良派份子皮錫瑞、樊錐等不同意，頑固派更認為罪不可恕。

四月三日，講天主教必無剖心挖眼之事。

此後，由於《湘報》上出現了在黃遵憲看來是"駭俗"的較為急進的言論，也由於湖南地主階級頑固派的日益囂張，黃遵憲覺得"今即頓進，亦難求速效，不若用漸進法"[1]，因此，講演的次數就越來越少了。

黃遵憲在南學會第一次講演的目的，在動員湖南士紳參加新政建設，要求改良派能部分參預地方政權。這一點，在黃遵憲倡辦"保衛局"的過程中表現得很清楚。所謂保衛局，不過是西方警察局的翻版，其目的在於緝捕"盜賊痞徒"，鞏固封建統治的地方秩序，沒有什麼進步意義。但是，在黃遵憲為保衛局所擬立的規則、辦法中，卻反映了其改良主義新政的部分設想。

據有關人士回憶，當時，黃遵憲在簽押房（辦公室）的壁上貼了許多二寸寬的紙條。他對人說："我是用司馬光選《資治通鑒》材料的方法，隨時想得一條就寫出來貼在壁上。已經寫了一個多月了，不久就要結束，把壁上紙條揭下來，一歸類，全部章程就成功了。"[2] 黃遵憲認為"欲衛民生"，"必當使吾民咸與聞官事"，因此，保衛局就要"官民合辦"，"使諸紳議事而官為行事"。他提出，每二百戶選一戶長，每千戶選五戶長，遇事即邀集各戶長為"議事紳士"，到局公議。保衛局所用巡查由戶長公舉，也可由戶長公議撤換。[3] 黃遵憲企圖藉此隱寓"地方自治"的規模，使得"民智自此開，民權自此伸"。這一計劃得到陳寶箴的批准，也得到長沙許多紳士、商人的支援，終於成立起來了。

1　《師伏堂未刊日記》，見《湖南歷史資料》，1959 年第 1 期，第 88 頁。
2　周善培：《黃公度臬台》，未刊稿。
3　《湘報》第 3 號。

但是，"於此寓民權"這一點，卻一直沒有講明。直到後來梁啟超流亡日本，黃遵憲才把這一點當作極大的秘密告訴了他，並囑他繼續保密，希冀將來有機會仍然採用這一辦法，說是："一息尚存，萬一猶得藉此手以報我國民，亦未可定"[1]。

黃遵憲設置保衛局的目的，在於興紳權、削官權，在保存封建主義的一整套政權機構的前提下，為改良派爭得部分權力。這在戊戌變法前有一定進步意義。但是，它完全不觸動封建地主階級的政權機構，並起不了多少作用，而且它還包含有強化反動統治的效用，所以戊戌變法後，湖南新政盡廢，保衛局卻保留下來了。此外，黃遵憲小心翼翼，一直不敢對人講明他"於此寓民權"的真正目的，更突出地表現了資產階級改良派的懦弱。

與創辦保衛局的同時，黃遵憲又接受陳寶箴的委託，改組課吏館。課吏館原來是候補官吏"講求居官事理，研究吏治刑名"的地方，但只是每月交一篇文章，弊端很多。在黃遵憲所草擬的章程中，則企圖使之成為為維新運動培養幹部的地方，要求入館者講求開民智、興農桑，以至工藝製造、鐵路輪舟、條約公法等方面的學問，並曾企圖把它推廣到全省在職官吏身上，都一律"教於未用之先"[2]。

梁啟超在上海辦《時務報》時，曾以報館名義組織"不纏足會"，黃遵憲是入會的第一人。在湖南，他們也建立了同樣的組織。黃遵憲並親擬告示，明令禁止纏足。告示中，黃遵憲宣傳資產階級的"人權"思想，認為夫妻應該平等，反對視女子為犬馬或飾之如花鳥，作為"服役"或"玩好"的對象。黃遵憲並指出，纏足嚴重摧殘了婦女的健康，"四萬萬人半成無用之物"，必將使民族衰弱。[3]在黃遵憲等的積極宣導下，影響所至，連參加鄉試的考生所用進場器物上，都貼上了"不纏足會"字樣。[4]

此外，黃遵憲還曾參與《湘學新報》（1897年）和《湘報》的創辦工作，

1 《致飲冰主人手札》（光緒二十八年十一月），未刊稿。
2 《黃公度廉訪會籌課吏館詳文》，載《湘報》第1號。
3 《桌憲告示》，載《湘報》第55號。
4 《知新報》第38冊，1897年11月24日。

並曾議及"借洋款","用機器開墾"沅江的七十萬畝洲地。[1] 梁啟超後來論及黃遵憲時曾說:"凡湖南一切新政,皆賴其力。"[2] 這是符合事實的。

當時,湖南集中了不少改良派或傾向改良派的人物,除黃遵憲、譚嗣同、梁啟超、陳寶箴外,還有唐才常、皮錫瑞、徐仁鑄、陳三立等,都是主張或贊助變法的,因此湖南成了當時全國最活躍、有朝氣的一省。

黃遵憲等在湖南的改良活動,受到洋務派和地主階級頑固派的極端仇視。

湖南是曾國藩的老家,湘軍的發源地,進步勢力活躍,封建勢力也很頑固。以大劣紳葉德輝、王先謙、蘇輿為首的一些人,瘋狂攻擊維新派,罵他們是"無父無君的亂黨"。他們罵黃遵憲"陰狡堅悍",說黃遵憲等"聚於一方,同惡相濟,名為講學,實與會匪無異"。[3] 有的說:"自黃公度觀察來而有主張民權之說","我省民心,頓為一變"。[4] 1898 年 3 月 29 日(光緒二十四年三月八日),《湘報》第 20 號發表易鼐的《中國宜以弱為強說》,主張"西法與中法相參","西教與中教並行,民權與君權兩重",湖南地主階級頑固派立刻大嘩。4 月 11 日,張之洞打電報給陳寶箴、黃遵憲,指責易鼐等文字"直是十分悖謬","遠近煽播,必致匪人邪士,倡為亂階",要陳寶箴切囑黃遵憲,"留心救正"。[5] 此後,葉德輝等氣焰日盛,公然哄散南學會,毆打《湘報》主筆,陰謀燒毀時務學堂,又聯名寫信給湖南籍京官,控告陳寶箴"不守祖宗成法,恐將來有不軌情事",並把黃遵憲牽連在內。[6] 有的人更主張將維新派人物都"臠割寸磔,處以極刑"。

由於黃遵憲多次受到陳寶箴等人的推薦,光緒又曾與黃遵憲面談過,故而對黃遵憲有一定瞭解。1898 年 2 月(光緒二十四年正月),光緒向翁同龢索閱《日本國志》,連續要了兩部。5 月,徐致靖向光緒奏保康有為、譚嗣同、梁啟超等為"通達時務人才";於黃遵憲,特別譽之為"器識遠大,辦事精細"。[7] 6

1　《師伏堂未刊日記》,載《湖南歷史資料》,1959 年第 1 期,第 120 頁。
2　《戊戌政變記》第 4 篇第 2 章,北京中華書局 1954 年版,第 90 頁。
3　梁鼎芬:《與王祭酒書》,見《翼教叢編》,光緒二十四年八月武昌重刻本,第 6 卷,第 2 頁。
4　賓鳳陽等:《上王益吾院長書》,見《翼教叢編》,第 5 卷,第 5 頁。
5　《致長沙陳撫台,黃桌台》,見《張文襄公電稿》第 30 卷,第 26 頁。
6　《國聞報》,1898 年 5 月 25 日。
7　《保薦人才摺》,見"中國近代史資料叢刊"《戊戌變法》(二),第 336 頁。

月 14 日，光緒命陳寶箴將黃遵憲送部引見。7 月 30 日，光緒再次命陳寶箴飭令黃遵憲"迅速來京，毋稍延遲"。[1] 8 月 11 日，光緒又諭令軍機大臣等，說是估計黃遵憲已經啟程，"無論行抵何處，著張之洞、陳寶箴催令攢程，迅速來京"[2]；同日，任命黃遵憲為出使日本大臣。

光緒任命黃遵憲是有用意的。改良派一直幻想得到某些帝國主義國家，特別是日本的幫助。當時，英、美、日與沙皇俄國有矛盾。沙俄支持慈禧，英、美、日則拉攏光緒和改良派以對抗沙俄，以便從中撈取利益。1898 年 2 月，日本曾派人和改良派聯絡過，前首相伊藤博文也乘機到中國活動。光緒任命黃遵憲，正是為了取得日本方面的幫助。此外，后黨正在準備反撲，積極醞釀政變。在光緒頒佈變法詔書的第四天，慈禧就強迫光緒將帝黨首領翁同龢免職回家，任命自己的親信榮祿署理直隸總督，統帥董福祥、聶士成、袁世凱三軍，控制北京；不久，又加授榮祿為文淵閣大學士、北洋大臣，掌握了軍政實權。情事危急，光緒不得不催促黃遵憲迅速攢程；在為他準備的國書上，光緒還用朱筆改了幾個字，稱日本為"同洲至親至愛之國"[3]。但是，黃遵憲卻由於從這年春天起就得了痢疾，臥病多日，一直未能就道。

在此期間，洋務派、頑固派和改良派之間爭奪《時務報》的鬥爭日益激烈，黃遵憲也被捲了進去。汪康年原是張之洞的幕僚，與張關係密切。任《時務報》經理後，張不斷通過幕僚梁鼎芬給汪康年寫信，施加壓力，汪康年頂不住，不僅自己不敢再寫較為激烈的文字，而且還經常干涉梁啟超的寫作。1897 年 11月梁啟超赴湘後，報務即由汪康年一人把持。次年 7 月 26 日，光緒下令將《時務報》改為官報，派康有為督辦。汪康年有張之洞撐腰，將《時務報》改名《昌言報》，聘梁鼎芬為主筆，並發表啟事，聲言《時務報》是他汪康年個人"創辦"的[4]。為了揭示真相，黃遵憲與《時務報》另一創辦人吳德瀟聯名發表告白，說明《時務報》的創辦經過，並表示："今恭讀邸抄，知已奉旨改為官報，以後各

1 《光緒實錄》第 421 卷，第 14 頁。
2 《光緒實錄》第 422 卷，第 10 頁。
3 康有為：《與品川子爵書》，見《民報》第 24 期，第 85 頁。
4 《國聞報》，1898 年 8 月 11 日。

事即一切歸官接辦。"[1]

大約就在發表告白後不久，黃遵憲離開了湖南，滿頭白髮的陳寶箴親自送他上船，二人灑淚而別。"白髮滄江淚灑衣"[2]，後來，黃遵憲始終不曾忘卻這個惜別的場面。

8 月 22 日，由於康有為電稱汪康年私改報名，抗旨不交，光緒又命黃遵憲道經上海時，"查明原委，秉公核議"[3]。9 月 15 日，黃遵憲到達上海，痢疾復發，日瀉數次，衰弱得幾乎站不住，既無法處理事務，更不能北上；經過治療，才略有好轉。

就在黃遵憲臥病的時候，慈禧舉起了鎮壓改良派的屠刀。

九、南歸鄉居

康有為等領導的變法運動，看起來是有一點聲勢的。一百零三天內，連下新政詔令一百一十餘件：廢八股，改科舉，汰冗員，廣言路，開辦京師大學堂，設立鐵路、礦務總局，興辦銀行，以至允許剪髮等類，應有盡有。光緒也似乎很有點"膽量"，居然可以"痛斥"后黨的某些頑固人物，撤了阻撓新政的禮部尚書懷塔布等六人的官職，還將李鴻章等從總理衙門攆走。

然而，這個運動實際上又是極端軟弱無力的。資產階級改良派不相信人民，在他們看來，人民是"暴人亂民"。康有為就說過："天下豈有與暴人亂民共事而能完成者乎？"[4]他們只在縉紳、士大夫中間做宣傳鼓吹工作，做得也很不夠。改良派所依靠的只是一個光緒，而這個皇帝又是兇狠陰殘的慈禧手中的傀儡。

正當光緒與康有為一股勁往下發新政詔令的時候，慈禧開始伸出她鎮壓的毒手來了。她除了當面申斥光緒，嚇得他跪在地下發抖之外，又與榮祿密謀，準備利用 9 月在天津舉行的閱兵，以武力脅迫光緒退位。在這種情況下，光緒

1　《國聞報》，1898 年 8 月 16 日。
2　《己亥續懷人詩》，見《詩草》第 9 卷，第 303 頁。
3　《光緒實錄》，第 423 卷，第 9 頁。
4　《法國革命史論》，載《新民叢報》第 85 號，第 31 頁。

只有通過"密詔"，告訴康有為等："今朕位幾不保"，"可妥速密籌，設法相救"[1]。而康有為呢？沒有一兵一卒，而且兩腳懸空，脫離人民。他們去找英、日帝國主義的在華代表，沒有結果，只能去找袁世凱，把希望寄託在宮廷陰謀上，幻想依靠袁世凱的武裝力量去反對慈禧。不料袁世凱是個大兩面派，口頭上慷慨激昂，保證要"竭死力"救護"皇上"，"誅榮祿如殺一狗"[2]，但一轉身就去向榮祿告密。於是，慈禧便於9月21日發動政變，把光緒軟禁起來，重新"垂簾聽政"，又逮捕並殺害了譚嗣同、康廣仁、楊深秀、楊銳、林旭、劉光第等六人。所有新黨人物，黜罷一空；新政詔令，一概廢除。康有為因事先得到光緒的暗示逃亡出京，梁啟超也於政變後一日脫險。

政變當天，黃遵憲就在上海讀到慈禧的"訓政令"；9月28日，讀到譚嗣同等犧牲的抄報；10月1日，工科給事中張仲炘奏參黃遵憲"貪劣荒謬，湘人嫉之如仇"；[3]10月2日，黃遵憲接到陳寶箴的電報，中有"淪胥及溺"[4]之語，意思是"大家都被水淹吧"。在這期間，黃遵憲曾向清王朝呈請病休；10月3日，得到批准；10月6日，掌陝西道監察御史黃均隆奏參黃遵憲"奸惡與譚嗣同輩等"，"請旨飭拿"，"從嚴懲辦，以杜後患而絕亂萌"；[5]又有人奏說：康有為、梁啟超都藏匿在黃遵憲的上海寓所，因此清朝政府命令兩江總督劉坤一查看；10月9日晨，上海道蔡鈞根據劉坤一的命令，將黃遵憲扣留於洋務局，派兵二百餘人圍守，持槍鵠立，候命押解北上。

在黃遵憲還能自由見客的時候，曾經有一個在湖南時結識的年輕官吏去勸慰他，還沒開口，黃遵憲便說道："每當變革時代，這種局面是史不絕書的，你想必知道這種局面是不能長久的"，你們青年人不必"去欷歔感慨，必須對未來的局面仔細觀察"，"萬不可氣餒，尤其不可氣憤，氣憤是要誤事的"。[6]

10月11日，清朝政府允許黃遵憲回鄉。

在戊戌變法失敗後，譚嗣同等都被殺害，為什麼黃遵憲得以倖免呢？這是

1 《戊戌政變記》第2篇第3章，第65頁。
2 《譚嗣同傳》，見《戊戌政變記》第2篇第3章，第108頁。
3 《戊戌變法檔案史料》，北京中華書局1958年版，第471頁。
4 黃遵憲：《致陳伯嚴書》，未刊稿，錢仲聯：《黃公度先生年譜》引，見《詩草》，第62頁。
5 《戊戌變法檔案史料》，第472—473頁。
6 《黃公度臬台》，未刊稿。

由於英、日等國的干預。當時，英、日等國為了撈取政治資本，曾出面保護某些改良派人物，例如英國之於康有為、張蔭桓。英國公使竇納樂就對李鴻章表示過：你們這樣"匆忙秘密地處決像張蔭桓這樣一位在西方各國很聞名的高級官吏，將引起很壞的結果"，"給予西方人士一種兇暴的印象"[1]。同時，駐上海英國總領事則向清朝政府南洋大臣聲言："如中國政府欲將黃遵憲不問其所得何罪，必治以死，則我國必出力救援，以免其不測之禍。"[2]英工部局並曾派巡捕、包探多名，準備截留黃遵憲。有幾個西方人還曾闖到上海洋務局，想要劫持黃遵憲出海。此外，日本駐華公使也在伊藤博文、大隈重信等授意下，向清朝政府提出交涉，聲言查辦黃遵憲"有傷兩國交誼"，"彼此國交上不大好看"。[3]據有人回憶，伊藤博文還曾從北京趕到上海去看黃遵憲，"滿面怒容，痛罵北京政府，最後說：'你的事交給我，不用著急！'"[4]這樣，就使得清朝政府不得不有所顧忌。同時，清朝政府也擔心鈎求過廣容易引起輿論的不滿，不得不有所收斂。

10月15日，黃遵憲乘舟南歸。

月黑霜凝，正是深秋天氣，路上處處風波，病身憔悴。到家後，黃遵憲痛定思痛，時常徹夜無眠。望著孤懸中天的寒月，聽著屋外的風聲、水聲，黃遵憲思緒聯翩，想起了慈禧的"臨朝"，光緒的"稱疾召醫"，袁世凱的兩端首鼠、投機告密，榮祿的閉城門、斷鐵路的大搜捕；又想起了願為變法犧牲，拒絕出走的譚嗣同，臨刑前"詬天罵賊"的劉光第，以及康有為的弟弟康廣仁等人。這真是一次"瓜蔓抄"呀！還有：徐致靖被判永遠監禁，他的兒子徐仁鑄也被免官了；李端棻已是七十多歲的老翁，還要被流放到新疆去，看來生還無望，只有死後返葬了；張蔭桓不過和康有為來往較密，也要被遣戍；當年在湖南厲行新政的陳寶箴、江標、陳三立等，也都被革職永不敍用了。本來維新志士就不多，經過這次屠戮、清洗，剩下的還有誰呢？維新的詔令也都被推翻了，"忍言赤縣神州禍，更覺黃人捧日難"，看來，祖國強大的希望就更難實現了。悲痛

1　"中國近代史資料叢刊"《戊戌變法》(三)，第 541 頁。
2　梁啟超：《戊戌政變紀事本末》，見"中國近代史資料叢刊"《戊戌變法》(一)，第 326 頁。
3　參閱錢仲聯：《黃公度先生年譜》；及王樹槐：《外人與戊戌變法》。
4　《黃公度皋台》，未刊稿。

之餘，黃遵憲把這些都寫了出來，這就是《感事》八首，它們記述了近代史上這一次著名的政變。

在黃遵憲的人境廬旁邊有廢屋數間，黃遵憲便把它買下來，建了一座無壁樓。當時，台灣抗日戰爭失敗後內渡的愛國將領丘逢甲也住在嘉應州。黃遵憲和他結成好朋友。丘逢甲為這座無壁樓寫了一副對聯："陸沉欲借舟權住，天問翻無壁受呵。"[1] 上聯表現了他們對祖國滅亡危機的憂慮，下聯表現了對以慈禧為首的頑固派鎮壓維新運動的憤激。

在家鄉，黃遵憲表面上過著安閒恬靜的生活，時常扶著手杖，帶著小童，或攜著他六歲的孫子散步於青溪綠水間；有時，在拋書午睡之餘，就去聽盲藝人的鼓詞，或是和幾個友人小飲郊外，直到薄暮時，才在鷓鴣聲裏沿江歸來。但是，這些都不過是為了躲避清朝政府迫害而做出來的，黃遵憲的內心非常苦悶。他在屋裏掛著當時人畫的"時局圖"。圖上，用熊、狗、蛙、鷹等象徵沙皇俄國等帝國主義國家，它們都覬覦著祖國的大好河山。題詞是："沈沈酣睡我中華，那知愛國即愛家。國民知醒宜今醒，莫待土分裂似瓜！"看著看著，一種難以抑制的憂憤湧上心頭。他在《仰天》詩中，寫道：

> 仰天擊缶唱烏烏[2]，拍遍闌干碎唾壺[3]。
>
> 病久忍摩新髀肉[4]，劫餘驚撫好頭顱[5]。
>
> 篋藏名士株連籍[6]，壁掛群雄豆剖圖。
>
> 敢託鴆媒從鳳駕[7]，自排閶闔撥雲呼。

---

1 "人境廬之鄰有屋數間……"，見《詩草》第 9 卷，第 283 頁。
2 缶，瓦器，大肚子小口。烏烏，歌呼聲。
3 拍遍句：辛棄疾歸宋後，受到冷遇，曾在《水龍吟》詞中寫道："把吳鉤看了闌干拍遍，無人會、登臨意。"又，晉王敦常歌曹操《龜雖壽》詩："老驥伏櫪，志在千里；烈士暮年，壯心未已。"以如意打唾壺為節，壺邊盡缺。本句自寫憂憤時事的種種表現。
4 髀肉，大腿肉。劉備在荊州時見髀裏肉生，慨然流淚，並說："吾常身不離鞍，髀肉皆消；今不復騎，髀裏肉生。日月若馳，老將至矣！而功業不建，是以悲耳！"本句感慨時光流逝，不能有所作為。
5 劫餘：指政變誅殺之餘。好頭顱，隋煬帝曾對鏡自照，並說："好頭顱，誰當斫之？"本句感慨自己倖免於戊戌之難。
6 株連，因一人之罪而牽連多人。籍，書冊。
7 鴆媒，《離騷》："吾令鴆為媒兮。"鴆是一種毒鳥，比喻奸佞之人。鳳駕，天子的車駕。本句意為：自己不敢通過奸佞之人，去追隨天子的車駕。

他懷念被慈禧軟禁的光緒，也懷念流亡國外的梁啟超。有時大雁飛過頭頂，他就自言自語地說："可能滄海外，代寄故人書？"[1]

閒居無事，黃遵憲有多的時間回顧自己的一生。1839 年（道光十九年），當龔自珍因為受到清王朝當權人物的猜忌，辭官南歸，以一車自載，以一車載文集百卷出都時，途中曾以七言絕句雜記行程，感懷身世，寫出了《己亥雜詩》三百一十五首，成為自敘詩的一種形式。黃遵憲這時便也模仿龔自珍的這種做法，寫了《己亥雜詩》，雜敘家居生活、嘉應風習，及個人歷史：

> 我是東西南北人，平生自號風波民。
> 百年過半洲遊四，留得家園五十春。

> 斜陽橋背立多時，偶有人過偶頷[2] 之。
> 商略[3] 雨晴旋散去，不曾相識亦忘誰。

> 雲中水火界相爭，相觸相磨便作聲。
> 此是尋常推阻力，人間浪作震雷驚。

這些詩，雖似隨手拈來，寫身邊事、眼前景，但是，在閒淡的外表中，卻寄寓著黃遵憲的一腔憤鬱。

在《己亥雜詩》中，黃遵憲描寫了他呱呱墮地的"老屋西頭第四房"，回憶了他少年時代的讀書生活，然後筆鋒轉到了山明水秀的日本三島：

> 歲星十二遍周天[4]，繞盡圓球勝半環[5]。
> 法界樓台米家畫[6]，總輸三島小神山。

1　《雁》，見《詩草》第 9 卷，第 285 頁。
2　頷，點頭。
3　商略，商量。
4　歲星，木星，約十二年繞日一周。本句說自己在海外十二年。
5　繞盡句：指周遊世界，只有大西洋未渡，故曰"勝半環"。
6　法界樓台，佛教神話中的樓台。米家畫，宋代米芾父子的畫。

這以後，黃遵憲的回憶又飄洋過海，到了資本主義的美國。使他耿耿難忘的是在美國統治集團排華運動中華僑的不幸遭遇：

> 當時傳檄開荒令[1]，今日關門逐客書。
>
> 浪詡皇華詡漢大[2]，請看黃種受人鋤。

他想起了自美返國途中，海輪上所見的日出奇景：煙波浩渺的東方水準線上，一輪紅日扶搖直上，這應該是祖國未來的象徵吧！

> 赫赫紅輪上大空，搖天海綠化為紅。
>
> 從今要約黃人捧，此是扶桑[3]東海東。

錫蘭的臥佛，埃及的象形石柱，溝通歐亞的蘇伊士運河，英國的皇宮，倫敦的大霧，巴黎的鐵塔，新加坡的佘山樓，一幕幕地在黃遵憲的腦際閃過，這些他都寫在《己亥雜詩》裏了。黃遵憲又懷著強烈的感情，回憶他和光緒的會見，皇帝的莞爾一笑也記憶猶新。接著是在湖南參加新政，然後是上海寓所的被軟禁，歸家時對鏡自撫頭顱的慘笑。

> 左列牛宮右豕圈，冬烘[4]開學鬧殘年。
>
> 籬邊兀坐村夫子，極口媧皇會補天。

> 寒壚爆栗死灰然，酒冷燈昏倦欲眠。
>
> 驚喜讀書聲到耳，細聽仍是八銘篇。

村夫子們還在講著女媧補天的神仙創世說，八股文讀本還有人在孜孜不倦地吟哦，嘉應州的社會風貌，和維新變法前完全沒有兩樣。

1　當時句：指美國統治集團最初實行的招徠華工政策。

2　浪詡，任意誇張。皇華，使者。本句指清朝政府在外國使者面前自誇為天朝上國。

3　扶桑，日本。

4　冬烘，知識淺陋的村塾先生。

風雨雞鳴守一廬，兩年未得故人書。

鴻離魚網驚相避[1]，無信憑誰寄與渠[2]。

頸血模糊似未乾，中藏耿耿寸心丹。

琅函錦篋深韜襲[3]，留付松陰[4]後輩看。

已經兩年得不到梁啟超的音訊了，誰能為我寄去問候的信件。譚嗣同犧牲了，眼前還時時出現他就義時的英姿，把他的著作珍藏起來，留給後來人去閱讀吧！

古佛孤燈共一龕，無人時與影成三。

何方化得身千百，日換新吾對我談。

臘餘[5]忽夢大同時，酒醒衾寒自歎衰。

與我周旋最親我，閉門還讀自家詩。

黃遵憲有時在燈下，對著佛龕，感到一種難忍的孤寂。入眠了，夢中突然見到了理想的"大同世界"，但又被凍醒過來，畢竟衰老，頂不住夜寒了。只有自己的詩作還能使自己得到一點安慰，於是，黃遵憲攤開詩稿，吟誦起來。

　　戊戌變法的失敗，說明了改良主義道路走不通。要挽救民族危機，爭取祖國的獨立和強大，就必須徹底推翻帝國主義的走狗 —— 清朝政府，走革命道路。當時，中國人中的一部分先進份子，就是由於戊戌變法的失敗而打消了改良主義的夢想的。

　　還在戊戌變法前，中國民主革命的先行者、偉大的愛國主義戰士孫中山就

1　鴻離句：鴻雁避開魚網，指梁自超出亡。《詩·邶·新台》："魚網之設，鴻則離之。"
2　渠，他。
3　琅函，石匣。韜襲，收藏。
4　松陰，日本維新時期愛國志士吉田矩方的字，後被殺。
5　臘，古代十二月的一種祭祀。

開始了自己的革命活動。1894 年（光緒二十年），他在檀香山組織革命團體興中會，不久，即提出了"驅逐韃虜，恢復中華，創立合眾政府"[1]的鮮明革命口號。1895 年 10 月（光緒二十一年九月），又在廣州組織了第一次武裝起義。戊戌變法失敗後，以孫中山為代表的革命民主派，就在中國的思想界、政治界取得領導地位，逐步取得了廣泛影響。人民群眾中自發的反帝鬥爭，正在如火如荼地展開，歷史，正孕育著一次巨大的革命風暴。慈禧用屠刀鎮壓了改良活動，但是革命力量卻因此壯大起來，這是慈禧，也是一切頑固派沒有料到的。歷史的進程總是和反動派的如意算盤相反，這是一條規律。

黃遵憲僻處嘉應州，和海內外的政治運動隔絕，更主要的是由於他的改良主義立場，使他不可能從資產階級革命派，更不可能從人民群眾身上看到祖國解放的希望，因而他苦悶、彷徨、孤寂，這是很自然的。

在寫作《己亥雜詩》的同時，黃遵憲又寫作了《己亥續懷人詩》，抒發了他對戊戌變法時代友人們的懷念：

> 頭顱碎擲哭瀏陽[2]，一鳳而今勝楚狂[3]。
>
> 龜手正需洴澼藥[4]，語君珍重百金方。

唐才常是譚嗣同的友人，自署洴澼子，變法失敗後逃亡日本。1899 年（光緒二十五年）冬，自日本歸國，創立正氣會，"共講愛國忠君之實，以濟時艱"[5]，並準備起兵"勤王"，用武裝力量使光緒復辟。黃遵憲對這一計劃可能有所聞，所以希望依"珍重"、謹慎行事。

1900 年 1 月（光緒二十五年十二月），慈禧立滿族貴族載漪之子溥儁為皇子，準備廢去光緒。"讀詔人人泣數行"[6]，聽到這一消息後，黃遵憲淚下涔涔，

---

1 馮自由：《興中會組織史》，見《革命逸史》第 4 集，上海商務印書館 1946 年版，第 9 頁。

2 瀏陽，指譚嗣同。

3 一鳳句：《論語·微子》載：楚狂接輿曾作歌諷刺孔子："鳳兮鳳兮，何德之衰！"譚嗣同在湖南推行"新政"時，曾受到王先謙、葉德輝等的攻擊。本句意為：鳳凰不在，剩下的是譏刺鳳凰的楚國狂人。

4 龜手，皮膚受凍開裂。洴澼藥，《莊子·逍遙遊》載：宋國有人善於製造不龜手的藥，世代在水上漂洗絲絮，後被人以百金買去藥方，獻給吳王。某年冬天，與越國水戰，吳軍因不龜手，大勝。

5 《正氣會章》，"中國近代史資料叢刊"《辛亥革命》（一），第 254 頁。

6 《臘月二十四日詔立皇嗣感賦》，見《詩草》第 9 卷，第 309 頁。

感情非常激動。

　　同年，出任兩廣總督的李鴻章多次以電函邀請黃遵憲一見。黃遵憲不清楚李的意圖，"頗疑與黨事有涉，不能不冒險一行"。見面後，李鴻章向黃遵憲詢問 "治粵" 的策略，黃遵憲答以首先要 "設巡警，免米厘"[1]。李以設巡警、開礦產二事相委，黃遵憲覺得沒有什麼做頭，堅決推辭了。

　　戊戌變法失敗後，歷史已經提出了徹底推翻清朝政府的任務，黃遵憲仍然對光緒這個封建統治者充滿感情，還在念念不忘 "設巡警"。這樣，他就必然要落在時代潮流後面，逐漸向反動的方面轉化了。

十、生命的最後幾年

　　1900 年（光緒二十六年），轟轟烈烈、波瀾壯闊的義和團反帝愛國運動爆發了。

　　義和團是從民間操演拳術的社團和信奉白蓮教的群眾中發展起來的。由於這一運動以反對帝國主義侵略為目的，得到了廣大群眾特別是農民的熱烈擁護，幾個月內就席捲了北中國，並波及南方各省，成為太平天國革命之後的第二次偉大革命高潮。

　　對於義和團運動，帝國主義極端恐懼。美國國務卿海約翰的親信亞丹斯說："中國的暴動可能影響波斯和中亞細亞，並引起阿拉伯民族的總暴動。"[2]他們積極謀劃，準備直接出兵鎮壓，並藉機一舉瓜分中國。1900 年 6 月，英、德、俄、美、日、法、意、奧等八個帝國主義國家聯合組織侵略軍，由天津向北京進攻。義和團手執刀矛，以血肉之軀英勇抗擊用近代武器裝備起來的兇殘敵人，給侵略者以沉重打擊，表現了中國人民的無畏氣概和偉大革命力量。

　　清朝政府對義和團也是一直採取鎮壓政策的，只是後來由於義和團實際上已經控制了京津地區，同時也由於對英、日等國庇護逃亡在外的康、梁維新派，又不同意廢光緒等事懷有猜忌，因此便想利用義和團，藉以躲過群眾革

1　米厘，米捐。
2　《亞丹斯書信》；《致海約翰》。

命鬥爭的鋒芒。6 月 21 日，清朝政府向各國公使館下達 "宣戰書"，裝模作樣地表示要 "大張撻伐，一決雌雄"[1]，而實際上仍在努力謀求向帝國主義妥協投降。8 月 7 日，正當義和團與侵略軍浴血奮戰時，清朝政府任命李鴻章為全權代表，向侵略者乞和。14 日，侵略軍佔領北京，慈禧挾持著光緒倉皇出亡。自此，清朝政府就公開宣佈義和團為 "匪"，下令 "實力剿辦"，斬盡殺絕，從而出賣了義和團。一場轟轟烈烈的反帝愛國鬥爭，就這樣在帝國主義的血腥屠殺和封建統治者的無恥出賣下失敗了。

對於義和團，不管資產階級改良派抑或革命派，都是持反對立場。他們害怕人民群眾的階級鬥爭，只看到人民中某些鬥爭方式的落後性，而看不見也不相信人民群眾的力量。他們被帝國主義的強大外貌嚇住了，不敢依靠人民進行堅決的反帝鬥爭。黃遵憲也是如此。在這期間，他寫了許多仇視義和團的詩，稱之為 "盜"、為 "賊"、為 "匪"、為 "狐黨"、為 "狗偷"，認為義和團的反帝鬥爭是荒唐的發狂行為，惹怒了帝國主義國家，引 "強" 入境，中國的局面必將不可收拾，來日大難，滄海洪流，無地埋憂。清朝政府下令剿殺義和團時，他興高採烈，認為是 "中興" 之機。他對於被慈禧挾持出亡的光緒仍然繫念不忘，希望其早日回馭返京，自己表示願意執殳前驅。

這一時期，黃遵憲所寫詩歌中，值得一提的是《夜起》。

千聲簷鐵百淋鈴[2]，雨橫風狂暫一停。

正望雞鳴天下白，又驚鵝擊海東青[3]。

沉陰暗暗[4]何多日，殘月暉暉[5]尚幾星。

斗室蒼茫吾獨立，萬家酣夢幾人醒。

1900 年 7 月 16 日，沙俄侵略軍突然將海蘭泡的中國居民數千人包圍於黑龍江畔，刀劈斧砍、槍擊棒打，除八十餘人泅水倖免外，其餘全被殺害。次日，沙

---

1 故宮博物院明清檔案館編：《義和團檔案史料》上冊，北京中華書局 1959 年版，第 163 頁。

2 簷鐵，以金屬為之，懸於屋簷下，風吹則相擊發聲。淋鈴，掛在殿閣四角的佔風鈴。

3 海東青，鳥名，產於遼東。

4 暗暗，雲氣陰沉。

5 暉暉，晴朗明亮。

俄侵略軍又瘋狂驅趕和殘殺江東六十四屯的中國居民，或趕到大屋子裏火燒，或推入黑龍江中淹死，被害者估計在三萬人以上。這以後，沙俄侵略軍便大舉入侵中國東北三省，迅速佔據了東北各鐵路線和主要城市。鵝俄諧音，"鵝擊海東青"，指此。殘月在天，斗室蒼茫，詩人中夜不寐，想起了民族的深重災難，他多麼希望出現一個"雞鳴天下白"的局面呀！

歷史證明，不依靠人民，一切反帝的口號都只能是唱高調，在帝國主義的壓力下最終必然要走上妥協投降的道路。儘管黃遵憲滿懷著對民族災難空前加深的憂憤，但是，為了保住清王朝的統治，他只能主張"尊王第一和戎策"[1]。他認為，只有求和才能免去被瓜分的危險，但是他卻不知道，正是由於義和團的鬥爭才遏止了帝國主義的瓜分陰謀。在義和團的沉重打擊下，八國聯軍的頭目、帝國主義份子瓦德西不得不承認："無論歐、美、日本各國，皆無此腦力與兵力，可以統治此天下生靈四分之一"，"故瓜分一事，實為下策"[2]。

義和團運動後，清朝政府與侵略者簽訂更為屈辱的《辛丑條約》，從此，它便徹底投靠帝國主義，成為帝國主義的忠實走狗，並依靠其幫助來鎮壓人民革命運動。這樣，中外反動派的聯盟就從反面進一步教育了中國人民，以推翻清王朝為目標的資產階級民主革命運動愈益蓬勃發展起來，改良派的聲譽則進一步下落並最後破產。

1902 年（光緒二十八年），梁啟超在日本刊行《新民叢報》，發表著名的《新民說》，大肆鼓吹他的"破壞主義"理論，認為"破壞"是古今萬國求進步的獨一無二的、不可逃避的公例。西方各國從封建主義發展為資本主義，莫不經過"破壞"階段；中國要富強，也必須"大破壞"，"必取數千年橫暴混濁之政體，破壞而齏粉之"[3]。

梁啟超的這種理論，貌似急進，實質是反動的。梁啟超認為，有兩種破壞，一種是"無血之破壞"，如日本的明治維新；一種是有血之破壞，如法國1789 年的資產階級革命。在梁啟超筆下，後者被描繪為"以血為渠"，"以肉為

---

1 《再用前韻酬仲弢》，見《詩草》第 10 卷，第 342 頁。
2 佐原篤介：《八國聯軍志》，見 "中國近代史資料叢刊"《義和團》（三），第 244 頁。
3 《新民叢報》第 11 號，第 8 頁。

糜",“殺人如麻",“一日死者以十數萬計",是空前絕後的“慘劇"[1]。梁啟超這樣說,其目的是威嚇清朝政府接受改良主義路線,抵制資產階級民主革命運動,以“小破壞"來代替“大破壞",以“無血之破壞"來代替“有血之破壞",從而保住清王朝的封建統治。

然而,梁啟超的這種貌似急進的理論,卻嚇壞了黃遵憲。

從 1902 年起,黃遵憲與梁啟超建立了通訊聯繫,至 1905 年止,黃遵憲大約一共寫給梁啟超十封信。信中,黃遵憲告訴梁啟超,他這幾年鄉居以來,“讀書以廣智,習勞以養生,早夜奮勵,務養無畏之精神,求捨生之學術",準備一有機會就投袂而起。他甚至表示,“加富爾變而為瑪志尼,吾亦不敢知也"[2]。但是,他卻完全不同意梁啟超的“破壞主義"理論。1902 年,在讀了《新民說》後,黃遵憲曾經起草了一封長信,約六千字,寄給梁啟超,勸他不要玩火,在縱筆放論時要稍加留意。黃遵憲說,中國人“麻木不仁",“奴隸成性",“無權利思想",“無政洽思想",“無國家思想",“胥天下皆曾曾無知、碌碌無能之輩",對於這種人,大講“破壞",“震以非常可駭之論"是危險的。黃遵憲說,雖然資產階級民主制度必將代替封建專制制度,但中國必須經過君主立憲階段,只能積漸而至,不能跳躍躐等,一蹴而就。又說,清朝政府有輪船、有鐵軌、有槍炮,革命是不會成功的;以暴易暴的結果是“血塗原野,骸積山谷",是不好的,應該和清朝政府“調和融合",對抗外敵。[3]

這封信,充份暴露了黃遵憲鄙視人民、害怕革命的立場。

這一時期,黃遵憲在和梁啟超的書信來往中,也還就“保教"、“保國粹",以至沈括、李贄、黃宗羲、曾國藩、李鴻章等人物評價問題,廣泛地發表過意見。

康有為於逃亡海外之後,繼續鼓吹“保教",宣揚對孔子的宗教迷信。對此,黃遵憲仍然反對。他說:孔子為人極,為師表,而非教主,在“格致日精"的時代,“崇教之說,久成糟粕",必須拋棄一切“天堂"、“地獄"等虛無玄

---

1 《新民叢報》第 11 號,第 9 頁。
2 《致飲冰主人手札》(光緒二十八年十一月一日)。加富爾,19 世紀意大利自由貴族和君主立憲派的領袖。瑪志尼,意大利資產階級革命民主主義者,加富爾的反對派。
3 《水蒼雁紅館主人來簡》,載《新民叢報》第 24 號,第 37—46 頁。

妙之談。[1] 他並說："儒教可議者尚多"，"昌言排擊之無害也"。對中國封建社會的"亞聖"孟軻，黃遵憲覺得"尚有可疑者"；只有對孔子，黃遵憲認為如同日月，"無得而毀"，要梁啟超"慎之"。[2]

在日本，梁啟超曾準備創辦《國學報》，"以保國粹為主義"，"取舊學磨洗而光大之"，並擬請黃遵憲擔任撰述。對此，黃遵憲也不表贊同。他說："中國舊習，病在尊大，病在固蔽，非病在不能保守也。"他認為當時的急務是"大開門戶，容納新學"，至於"舊學"，可以"遲數年再為之"[3]。

對孔子的迷信始終打不破，對"舊學"也缺乏革命的批判態度，這些地方都表現了黃遵憲思想的局限性。但上述言論表明，在文化思想的某些方面，黃遵憲比康有為、梁啟超要高明一些。

這一時期，黃遵憲和梁啟超討論得較多的，是文學改良問題。

梁啟超在日本，為了推銷他的改良主義思想，除了致力於報刊宣傳外，也在積極提倡文學改良運動。戊戌變法前夜，譚嗣同、夏曾佑曾有過詩界革命的倡議，但那不過是堆積了一些從佛、孔、耶穌三教著作中撏扯而來的名詞，意義不大。同時，他們又都忙於政治活動，所以也沒能作更多的努力。這時，梁啟超流亡日本，自然就有了較多的可能來從事這一方面的工作。當時，資產階級革命派還無暇顧及文學領域，因而梁啟超這一方面的努力對於推動文學發展有某種進步意義。

1902年秋，黃遵憲從梁啟超的來信中知道他準備辦《新小說報》，非常高興，立即回信表示贊同，並希望先睹為快，他說：

> 怪哉怪哉！快哉快哉！大哉！崔嵬哉！滂沛哉！何其神通，何其狡獪哉！東遊之孫行者拔一毫毛，千變萬態，吾固信之，此《新小說》，此新題目，遽陳於吾前，實非吾思議之所能及，未見其書，即使人目搖而神駭

---

1 《東海公來簡》，見《新民叢報》第12號，第57—60頁。
2 《水蒼雁紅館主人來簡》，載《新民叢報》第20號，第51—52頁。
3 《法時尚任齋主人復簡》，載《新民叢報》第20號，第49頁。

矣。吾輩鈍根[1]，即分一派，出一說，已有舉鼎絕臏[2]之態，公乃竟有千手千眼，運此廣長舌於中國學海中哉！具此本領，真可以造華嚴界[3]矣。生平論文，以此為最難，故亟欲先睹為快。同力合作，共有幾人，亦望示其大概。[4]

　　寫完信，黃遵憲還擬了一個回目：“飲冰室草自由書，燒炭黨結秘密會”。問梁啟超：“具此本領足以作《小說報》、讀《小說報》否？”[5]十二月，黃遵憲讀到了梁啟超通過汕頭洋務局寄來的《新小說報》，認為比《新民叢報》辦得更好、更感人。他在回信中告訴梁啟超，《新中國未來記》的政治觀點，和他相同的有十之六七，《東歐女豪傑》文字最好。同時，也對所刊小說提出了意見，認為缺少小說的神采和趣味。他指出：

　　　　此卷所短者，小說中之神采（必以透切為佳）之趣味耳（必以曲折為佳）。俟陸續見書，乃能言之，刻未能妄言也。僕意小說所以難作者，非舉今日社會中所有情態一一飽嘗爛熟，出於紙上，而又將方言諺語，一一驅遣，無不如意，未足以稱絕妙之文。前者須富閱歷，後者須積材料。閱歷不能襲而取之，若材料則分屬一人，將《水滸傳》、《石頭記》、《醒世姻緣》，以及泰西小說，至於通行俗諺，所有譬喻語、形容語、解頤語[6]，分別抄出，以供驅使，亦一法也。[7]

近代小說，大都倉促成篇，粗製濫造，重說教而不重於藝術表達。針對這些弊病，黃遵憲認為，小說作者必須“富閱歷”、“積材料”，既有豐富的生活經驗，又有扎實的語言素養，這是很有見地的。

　　在給梁啟超的信中，黃遵憲也提出，《新小說報》應該發表部分詩歌，“棄

<hr>

1　鈍根，笨人。
2　臏，膝蓋骨。舉鼎絕臏，因舉鼎而斷了膝蓋，意為力不勝任。
3　華嚴界，佛教神話中的世界。
4　《致飲冰主人手札》（光緒二十八年八月二十二日），未刊稿。
5　《致飲冰主人手札》（光緒二十八年八月二十二日），未刊稿。
6　解頤語，使人解顏歡笑的話。
7　《致飲冰主人手札》（光緒二十八年十一月十一日），未刊稿。

史籍而取近事"，內容取材於現實，形式則不必模仿白居易等古人，可以"斟酌於彈詞、粵謳之間"，或三言、或五言、或七言、或九言、或長短句，名叫"雜歌謠"。[1] 他並且積極為之組稿，丘逢甲的一些採用了民間形式的"十七字詩"，就是在黃遵憲鼓勵下寄去的。在讀了奮翮生的《軍國民篇》以後，黃遵憲自己也寫作了《軍歌》二十四首寄去。

《軍歌》表現了黃遵憲前期某些進步思想的回光，這就是對有悠久歷史的偉大祖國和民族的感情。詩中，首先陳述了帝國主義虎視眈眈、磨牙欲噬的危急形勢。《辛丑條約》中，帝國主義勒索了四萬萬五千萬兩的巨額賠款，平均每個中國人要負擔一兩。對此，黃遵憲充滿憤激。他呼籲人們起來雪國恥，報國仇，以死求生，改變國勢衰弱、民族行將被奴役的局面，表現了昂揚的鬥志和決死精神。例如：

> 剖我心肝挖我眼，勒我供貢獻。計口緡錢[2] 四萬萬，民實何仇怨？國勢衰微人種賤。戰戰戰！
>
> 阿娘牽裾密縫線，語我毋戀戀。我妻擁髻代盤辮，瀕行[3] 手指面，敗歸何顏再相見？戰戰戰！
>
> 彈丸激雨刃旋風，血濺征衣紅。敵軍昨屯千羆熊[4]，今日空營空。萬旗一色盤黃龍。縱縱縱！

黃遵憲想像著：經過英勇的戰鬥，終於取得勝利，鼓吹齊鳴，鐃歌奏凱，禮炮隆隆，高築受降台，主權收回了，賠款索回了，不平等條約廢除了，往年囂張跋扈的帝國主義送來了謝罪書，在這個基礎上，重新和各國訂立平等的新約：

> 金甌既缺完復完[5]，全收掌管權。胭脂失色還復還[6]，一掃勢力圈[7]。海又東

1　《致飲冰主人手札》（光緒二十八年八月二十二日），未刊稿。
2　緡錢，成串的錢。
3　瀕行，臨行。
4　羆熊，比喻敵軍。
5　金甌，金杯。《南史·朱異傳》："我國家猶若金甌，無一傷缺。"本句意為收復失地，使版圖重歸完整。
6　胭脂，這裏比喻香港。
7　勢力，帝國主義在中國強行劃分的勢力範圍。

環天右旋[1]。旋旋旋。

　　璽書謝罪載書更[2]，城下盟[3]重訂。今日之羊我為政[4]，一切權平等。白馬拜天天作證[5]。定定定。

　　全詩分《出軍歌》、《軍中歌》、《旋軍歌》三組，每首詩句末一字聯結起來就是“鼓勇同行，敢戰必勝，死戰向前，縱橫莫抗，旋師定約，張我國權”二十四字。前四首最初發表於《新小說》第一號，署名“嶺東故將軍”。梁啟超讀後大喜，自稱有“含笑看吳鈎”[6]之樂。於是，黃遵憲又將全詩抄寄給他，自稱：“如上篇之‘敢戰’，中篇之‘死戰’，下篇之‘旋張我權’，吾亦自謂絕妙也。”[7]又對梁啟超說：“此新體擇韻難，選聲難，著色難”，“願公等之拓充之光大之。”黃遵憲並打聽：日本的“新體詩”是什麼情況？和“舊和歌”是什麼關係？[8]

　　在寫作《軍歌》之外，黃遵憲又寫作了《小學校學生相和歌》十九首，其一云：

　　聽聽汝小生，我愛我書莫如史。此一塊肉摶摶[9]地，軒頊[10]傳來百餘世；先公先祖幾經營，長在我儂心子裏。於戲[11]我小生，開卷愛國心，掩卷憂國淚。

特別值得提出的是，黃遵憲認識到對帝國主義必須以武力鬥爭：“劍影之下即天

1　海又句：東環，戰國時鄒衍想像世界為九州，中國名赤縣神州。“有裨海環之”。天右旋，中國古代的一種天體運動理論。本句意為：自然又按照舊日正常的秩序運動了。

2　璽書，國書。載書，盟書。更，改換。

3　城下盟，敵人兵臨城下以武力脅迫所訂立的盟約。

4　今日句：《左傳》宣公二年載，宋將華元在戰前殺羊分食士兵，未給自己時車夫，打仗時，車夫說“疇昔之羊子為政，今日之事我為政。”趕著車子進了敵陣，華元因而被俘。這裏借用其句，意為：往日由帝國主義擺佈，今日我們自己作主了。

5　白馬，殺白馬為盟。本句指重訂平等新約，拜天為誓。

6　《飲冰室詩話》，第43頁。

7　《致飲冰主人手札》（光緒二十八年十一月一日），未刊稿。

8　《致飲冰主人手札》（光緒二十八年十一月一日），未刊稿。

9　摶摶，同團團。

10　軒，軒轅，頊，顓頊，軒轅之孫。

11　於戲，同嗚呼。

堂"，祖國的獨立必須要建立強大的軍事力量。黃遵憲勉勵小學生"生當作鐵漢，死當化金剛"。

此外，黃遵憲還寫了《幼稚園上學歌》：

> 春風來，花滿枝，兒手牽娘衣。兒今斷乳兒不啼。娘去買棗梨，待兒讀書歸。上學去，莫遲遲。

黃遵憲的這些詩，語言較為通俗，在舊的傳統格律詩之外別創一格，形式上較為解放自由，但又保持了詩的韻律和節奏，在建立"新體詩"上是一種有意義的嘗試。

這年 11 月末，黃遵憲在給新加坡華僑富商、詩人邱煒萲的信中，說：

> 少日喜為詩，謬有別創詩界之論，然才力薄弱，終不克自踐其言。譬之西半球新國[1]，弟不過獨立風雪中清教徒[2]之一人耳；若華盛頓、哲非遜、富蘭克令[3]，不能不屬望於諸君子也。詩雖小道，然歐洲詩人，出其鼓吹文明之筆，竟有左右世界之力，僕老且病，無能為役矣，執事其有意乎？[4]

黃遵憲在寫作"新派詩"上取得了一定成績，但是，終於沒有能"別創詩界"，這主要不是由於"才力薄弱"，而是因為他的改良主義立場。例如 1902 年，在給嚴復的信中，他一方面鼓勵嚴復"造新字"、"變文體"，另一方面又表示文界"無革命而有維新"[5]。這樣，自然只能在舊形式上稍加改良，而不可能有勇氣去大步踏上新路。

1903 年（光緒二十九年），梁啟超遊歷美洲，受到了具有革命思想的廣大華僑的冷落。僕僕風塵，情形很是慘澹。1904 年，梁啟超回到日本，革命力量

1　西半球新國，指美國。

2　清教徒，英國新教徒之一派。16 世紀後半，因反對英國國教而起，主張改革教會，擯棄一切舊習慣、舊形式，後因受壓迫，大量移居美洲，美利堅眾國因之立國。

3　華盛頓，美國第一任總統，北美獨立戰爭的領導者。哲非遜，美國第二任總統，曾參加北美獨立戰爭。富蘭克令，北美獨立戰爭時期的資產階級民主主義者，曾參加起草《獨立宣言》。

4　《小說月報》8 卷 1 號，見《詩草》插頁。

5　錢仲聯：《黃公度先生年譜》，見《詩草》第 70 頁。

更見發展，改良派的聲望如江河日下。這時，他再也不敢高唱"破壞主義"的調子，相反，倒很後悔，覺得是自己的"過激"言論引起了這麼大的革命風潮。他寫了一封信，向黃遵憲承認錯誤，再次表示要"保國粹"以"固國本"。[1] 對此，黃遵憲仍不表同意。他認為普及教育才是"救中國的不二法門"，因此建議辦學堂，編教科書，"於修身倫理，多採先秦諸子書，而益以愛國、合群、自治、尚武諸條，以及理、化、實業各科。"[2] 他自己經常閱讀漢譯各種聲、光、電、化諸學，並聘請梅州黃塘樂育醫院外籍醫生，講解人體構造，解剖豬、羊、雞、犬。1903 年，他邀請地方人士設立嘉應興學會議所，自任會長，創辦務本中西學堂，並開始籌辦東山初級師範學堂。[3] 次年，又創立嘉應猶興會，"以新學求切用，以專門定趨向，以分科求速效，以自治為精神"，集合成年人中的有志者按政治、修身、衛生、歷史、算術、格致等科進行講習。[4]

這一時期，黃遵憲把全部希望都放在梁啟超身上。他曾對親友說："任公為吾振法螺於外，而吾為其結權臣於內；局勢有變，則任公歸國，而吾出山，維新之業可復。"[5] 由於思念梁啟超殷切，1904 年末，黃遵憲於病中做了一個夢，夢見梁啟超在旅店中受到了暗殺，自己提著頭顱來見他。梁啟超告訴黃遵憲說：自己受到了青年人的辱罵，青年們說，革命黨是殺不完的，你們主張立憲，既愚蠢，又迂腐！黃遵憲聽到這裏，一聲雞鳴，驚醒過來，殘月正掛在屋簷上。於是，他提筆寫了《病中紀夢述寄梁任父》。在這一組詩裏，黃遵憲追述了自己的歷史和思想變遷過程：

> 人言廿世紀，無復容帝制。舉世趨大同，度勢有必至。

黃遵憲認識到，在 20 世紀，封建主義的君主專制制度是要完蛋的了，這是歷史的必然趨勢。但是，黃遵憲還是對清王朝戀戀不捨。當時，沙皇俄國和日本

1　《致飲冰主人手札》（光緒三十年七月四日），未刊稿。
2　《致飲冰主人手札》（光緒三十年七月四日），未刊稿。
3　《大公報》，1903 年 4 月 29 日、7 月 12 日。
4　《警鐘日報》，1904 年 10 月 19 日。
5　黃允平：《梁啟超的忘年交》，未刊稿。

正在中國東北領土上進行骯髒的強盜戰爭，給中國人民造成了極大的災難，清王朝卻無恥地宣佈中立："我今還中立，竟忘當局危，散作槍炮聲，能無驚睡獅？"黃遵憲希望日俄戰爭的槍聲能夠驚醒清王朝當權派的迷夢，趕快實行君主立憲：

> 豈謂及余身，竟能見國會。倘見德化成，願緩須臾死。

黃遵憲迫切地期望資產階級改良主義的政治理想得以實現，而這一理想的最高標誌，就是在清王朝的控制下召開一個"國會"！

　　黃遵憲從在倫敦時起，就得了肺病。1904 年，嘉應州有一段時期連續陰雨六十餘日，黃遵憲的肺病加劇，幾乎不能起坐執筆。1905 年初，又積雨二十餘日。這時，黃遵憲的病略有起色。1 月 13 日，黃遵憲得到梁啟超的信，不久，得到和梁啟超同時流亡在東京的另一個改良派份子熊希齡的信。熊希齡準備回國活動，擬在汕頭和黃遵憲會商。黃遵憲在答復梁啟超的信中表示，自己的痼疾已深，恐怕不能有什麼作為了，但等天晴日暖，仍準備立即買舟去汕頭一行。黃遵憲這時覺得清王朝已經完全無望，似乎非革命不行了，但他仍然又對於人民群眾起來進行鬥爭主張"當逃其名而行其實"，企圖用"潛移"、"緩進"、"蠶食"等方法，運動和控制清朝政府官吏，使改良派逐漸掌握政權。[1] 害怕人民、鄙視人民，這是黃遵憲終其身是一個改良主義者的根本原因。"他們知道，革命中的老百姓是莽撞的和過火的，因此，資產階級先生們千方百計總想不經過革命而用和平方式把專制君主國改造成資產階級君主國。"[2] 這段話用以說明黃遵憲的思想，是非常合適的。由於自知病已不治，黃遵憲在信中說：

> 余之生死觀，略異於公，謂一死則泯然澌滅耳。然一時尚存，尚有生人應盡之義務，於此而不能自盡其職，無益於群，則頑然七尺，雖軀殼猶存，亦無異於死人。無避死之法，而有不虛生之責。[3]

1　《致飲冰主人手札》（光緒三十一年一月八日），未刊稿。
2　《道德化的批判和批判化的道德》，見《馬克思恩格斯選集》第 1 卷，第 186 頁。
3　《致飲冰主人手札》（光緒三十一年一月八日），未刊稿。

寫完這封信後的第五天，即 1905 年 3 月 28 日（光緒三十一年二月二十三日），黃遵憲逝世。

十一、結束語

在《中國革命和中國共產黨》一文中，毛澤東同志指出："帝國主義和中華民族的矛盾，封建主義和人民大眾的矛盾，這些就是近代中國社會的主要的矛盾。"又指出："帝國主義和中華民族的矛盾，乃是各種矛盾中的最主要的矛盾。"[1]

在近代，帝國主義侵入中國，發動了多次侵略戰爭，搶去或"租借"去中國的大片領土，訂立許多不平等條約，勒索巨額賠款，操縱中國經濟和財政命脈，把中國變成他們的半殖民地。中華民族處於深重的災難中。黃遵憲思想的積極部分是：要求挽救民族危機，救亡圖存，主張發展國防力量，積極"備戰"，抵抗和防止帝國主義的侵略。他是個愛國主義者。

對封建制度、封建文化，黃遵憲有一定程度的批判。他積極向西方尋找救國真理，贊同和參加康有為領導的變法維新運動，在湖南大力推行"新政"，力圖改變中國社會的半封建半殖民地狀況，使之獨立、富強。他又是個政治改革家。

在國外任職期間，黃遵憲積極研究世界，瞭解外事，保護華僑的正當權益，是個有作為的外交官。他努力總結日本明治維新的經驗，編寫《日本國志》，熱情和日本友人交往，在中日文化交流和人民友好中發揮了良好的作用。

"窮途竟何世，餘事作詩人"[2]，詩，並不是黃遵憲一生活動的主要內容，但卻是他一生的最大成就。黃遵憲詩歌思想內容的積極部分是：反映了帝國主義和中華民族這一最主要的矛盾，有系統地記述了近代中國的許多重大歷史事件，揭露了清王朝、清軍將領在帝國主義面前妥協投降的醜態，抒發了對地主階級頑固派阻撓和鎮壓維新活動的憤懣，表現出強烈的民族主義和愛國主義精

1　《中國革命和中國共產黨》，見《毛澤東選集》第 2 卷，第 59 頁。
2　《支離》，見《詩草》第 8 卷，第 275 頁。

神。所以，近人曾稱其詩為"詩史"。

在藝術上，黃遵憲的詩長於鋪敘，長於刻畫人物，長於運用和吸收散文的特點，長於寫作規模宏大的長篇巨製，具有一定的感人力量。

文化路線總是從屬於政治路線的，在為資產階級政治改良運動服務的文學改良運動中，黃遵憲是"詩界革命"的一面旗幟。他反對封建正統詩壇的擬古主義、形式主義傾向，反對尊古賤今，主張詩歌要反映新的時代、新的現實。他努力開拓中國古典詩歌的新領域、新境界，力求在舊體詩歌中表現新思想。他的詩在一定程度上突破了舊體詩嚴格的格律束縛，他所嘗試創作的"新體詩"比較通俗，比較接近口語，對"五四"時期的新詩運動起著先驅作用。

黃遵憲的思想和創作又有極其嚴重的局限，這就是不敢徹底地反對帝國主義和封建主義。他小心翼翼地避免觸動封建統治的根本方面，害怕人民、害怕革命，仇視太平天國、仇視義和團、仇視資產階級革命，力圖用改良的道路來代替革命的道路，在保存封建主義的前提下發展資本主義。黃遵憲所要建立的，乃是地主、資產階級聯合專政的國家。他的民族主義和愛國主義，乃是資產階級的狹隘民族主義和狹隘愛國主義，在許多情況下常常表現為錯誤的大民族主義和大國主義傾向。

在"詩界革命"，實際上是詩歌改良運動中，黃遵憲也未能邁出更大的步子。他嘗試寫"新體詩"，但主要還是利用舊形式創作；他主張採納"方言、俗諺"入詩，但詩歌語言主要還是以"群經、三史、周秦諸子"等古籍為源泉；他重視民歌，但基本特色還是傳統的"文人詩"；他企圖突破舊格律，但又突破不大。在藝術上，常常堆砌典故，失去了藝術的形象性和生動性。

黃遵憲是從地主階級改革派轉化而來的資產階級改良派，和封建主義有極為密切的聯繫。他的思想和創作表現出這些特點和局限，乃是必然的。但從黃遵憲一生的實踐來看，他不失為一位近代中國資產階級改良主義運動時期的政治活動家、傑出的愛國主義詩人。

中國地質略論

第一　緒言

索子

視我國民人其歷覽其市布無一幅自製之精密地質圖（并地文土性等圖）非文明國第一慚自製之精密地質圖者也。嗚呼茲日越種 Extinct species 之謂也。吾儕漢族最可愛之中國分！顧覽世界之天府文明之藝祖也几諸科學發達已非況測地造圖之末枝既胡為國繪地彩影多無之耶？吾輩雖不合河渠官吏山墾衕作作勞形乘鹽質蒙花不思民足何論夫地質者之圖歟。呼此一權事而令吾儕懷合吾惡耆直見五印圖會拈貼於倫敦之辣夫況吾中國。

地理

一

之法帝意篤谷總督軍勺法國內鬮容有星灰草動則圍。呼百起當時之法
蘭西亦孚為一智存之名師
一千八百十八年十一月法蘭西撤列國陸款已齊聯軍不得已盡退再來要索
奧四元同盟加入法蘭西當時議合不免守波穆整敦扰人權之旅自孫侮莫門
諾虎後門達頭是月法蘭西行內閣還舉不免仍為立憲君得靜聰吾乃始少數之
民賊不克為多戰國民敢矣。

（未完）

*《中國地質略論》。

第四部分

魯迅論叢

釋 "擠加納於清風，責三矢於牛入" *

1910 年 12 月，魯迅任紹興府中學堂監學期間，曾經給許壽裳寫過一封信，中云："學生之哄，不無可原。我輩之擠加納於清風，責三矢於牛入，亦復如此。"[1] 對於這一段話，舊注云："加納指弘文學院創辦人加納治五郎。清風亭，地名。三矢大約係弘文學院教職員，牛入即弘文學院所在地東京牛入區。"[2] 這一注釋大體是對的，但是，並沒有說清楚。何謂 "擠"？何謂 "責"？"三矢" 者何人？到底是怎樣一回事呢？

事情指的是魯迅早年參加過的一次學生運動。

1902 年 4 月，魯迅進入日本東京弘文學院學習。當時，學院在教學內容、辦學目的和管理規則上都存在不少問題。

創辦人加納治五郎是個尊孔派，1903 年 1 月 10 日，加納曾召集在弘文的廣東、浙江、江蘇等省 "速成師範班" 的卒業生，對他們大講其 "孔子之道"。

---

* 原載《魯迅研究資料》第 2 輯，文物出版社 1977 年版；錄自楊天石：《哲人與文士》，中國人民大學出版社 2007 年版。

1 《魯迅書信集》（上），第 7 頁，人民文學出版社 1976 年版。

2 《魯迅全集》第 9 卷，人民文學出版社 1958 年版，第 385 頁。

加納說：

> 振興中國教育，以進入 20 世紀之文明，固不必待求之孔子之道之外，而別取所謂道德者以為教育，然其活用之方法，則必深明中國舊學而又能參合泰西倫理道德學說者，乃能分別其條理而審定其規律。[1]

在他看來，中國要發展教育，不能求之於"孔子之道"之外，而且，還要"深明中國舊學"。這次會議，"在校諸生皆列席"[2]，因此，魯迅是參加了的。

加納如此，學院當然彌漫著一片尊孔氣氛了。魯迅回憶說："這是有一天的事情。學監大久保先生集合起大家來，說：因為你們都是孔子之徒，今天到御茶之水的孔廟裏去行禮罷！我大吃了一驚。現在還記得那時心裏想，正因為絕望於孔夫子和他的之徒，所以到日本來的，然而又是拜麼？一時覺得很奇怪。而且發生這樣感覺的，我想決不止我一個人。"[3]

在辦學目的、管理規則上，學校則一味希求"賺錢"。今天辦一個"速成師範科"，明天辦一個"警務科"、"速成警務科"，過些時候，又辦什麼"六月速成師範科"、"八月速成師範科"、"年半、三年速成師範科"、"本科"、"速成本科"等等，什麼牌子便於招徠中國留學生就掛什麼。

學生們多次要求改革教學內容，"與之商改課程"，每次，加納都點頭表示同意，但是，"從未有改革之一日。"[4]

1903 年 3 月 26 日，學監大久保、教務幹事三矢重松、會計關順一郎等忽然召集學生部長等十餘人，出示規定十二條。學生們"初以為改良之課程也"，一看，卻是什麼中國留學生"不論臨時告假歸國，或暑假歸國，每月必須交納金六元半"之類的規定，"無一關於學課，不過為賺錢計耳"[5]。

學生們要求修改規定，教務幹事三矢卻蠻橫地說："校長已有定見，諸君力

---

1 《迦納校長演說》，《遊學譯編》第 3 期。
2 《記迦納校長演說》，《遊學譯編》第 3 期。
3 《且介亭雜文二集·在現代中國的孔夫子》。
4 《記留學日本弘文學院全班生與院長交涉事》，《浙江潮》第 3 期。
5 《記留學日本弘文學院全班生與院長交涉事》，《浙江潮》第 3 期。

爭如是，誠不可解。無已，其退校如之何？我決不強留也！"三矢的話激起了學生代表的憤怒，他們認為，這是對中國留學生的"污辱"，指責三矢說："子無復言！學生之至退校，事非得已。子敢借題迫脅，余將姑嘗試之！"於是召開學生"特別會"討論，一致議決退校。

3月29日，在弘文學習的中國留學生，計年半速成師範科8人，三年速成師範科13人，浙江師範科12人，本科5人，速成本科14人等同時出校。

學生出校後，加納表示要"改良課程"，希望學生復校。中國留學生召集了"同窗會"，據記載，"全體會員皆到會"[1]，會上，學生們提出了"撤去荒謬之教務幹事及會計"、"各科課程皆須更訂，以圖改良"等7項要求。[2] 經過反覆鬥爭，加納應允在學生回院式上宣佈撤去教務幹事三矢的職務，但他要求學生同時在會上公開承認"措置冒昧之失"。對此，中國留學生表示："無失之可謝"，並提出："無端受辱，實於國際名譽有關"。[3]

4月16日，全體中國留學生回院，舉行了回院式。會上，加納要學生代表先"演說"，實際上是要求中國留學生承認錯誤，"學生默然"；清王朝的留日學生總監督也催促學生代表"演說"，"學生又默然"。沒有辦法，加納只好站起來講話，承認了職員"不善之過"[4]。

此後，加納不得不對教學作了某些改革，"故今之弘文，學課較前為勝"[5]。一場要求改革教學和不合理的管理規則的鬥爭以中國留學生的勝利而結束。

鬥爭期間，魯迅曾將"弘文散學"的情況寫信告訴過周作人；鬥爭勝利後，魯迅又曾寫信告訴他："弘文事已了，學生均返院矣。"[6] "學生之哄，不無可原。我輩之擠加納於清風，責三矢於牛入，亦復如此。" 可以看出，魯迅是積極參預了這一鬥爭的。

1 《弘文學院學生退校善後始末記》，《江蘇》第1期。
2 《弘文學院學生退校善後始末記》，《江蘇》第1期。
3 《記留學日本弘文學院全班生與院長交涉事》，《浙江潮》第3期。
4 《記留學日本弘文學院全班生與院長交涉事》，《浙江潮》第3期。
5 《敬上鄉先生請令子弟出洋遊學書》，《浙江潮》第7期。
6 《舊日記中的魯迅》，見《魯迅小說中的人物》。

《中國地質略論》的寫作與中國近代史上的護礦鬥爭 *

從青年時代起，魯迅的寫作活動就是和中國人民的革命鬥爭緊密相連的。《斯巴達之魂》以外[1]，《中國地質略論》又是一個鮮明的例證。

《中國地質略論》是一篇科學作品，發表於 1903 年 10 月 10 日東京中國留學生出版的《浙江潮》第 10 期，署名索子，後來被收入《集外集拾遺》。

《略論》表現了青年魯迅強烈的愛國主義熱情。一開始，魯迅就熱烈謳歌了"廣漠美麗最可愛"的祖國，指出了當時帝國主義"蔓我四周，伸手如箕，垂涎成雨"，妄圖吞掉中國這塊肥肉的危急形勢，揭露了沙俄等帝國主義"探險家"在中國土地上亂竄的狼子野心，然後，對中國地質狀況和煤藏分佈作了概述。

魯迅是在怎樣的情況下寫作這篇作品的呢？

《略論》說："今者俄復索我金州、復州、海龍、蓋平諸礦地矣。初有清商某以自行採掘請，奉天將軍諾之，既而聞其陰市於俄也，欲毀其約，俄人劇怒，大肆要求。嗚呼！此垂亡之國，翼翼愛護之猶恐不至，獨奈何引盜入室，助之折桷撓棟，以速大廈之傾哉！"這段話是我們考察《略論》寫作背景的一個重要線索。

查 1903 年 10 月 1 日日本大阪出版的《朝日新聞》上發表過這樣一條消息："9 月 30 日天津特電：奉天將軍以金州廳、復州、蓋平、海龍廳等礦山許清商出資開採，該清商聯絡俄國人，自俄國人出資，其權利盡落俄國人之手，故奉天將軍近令禁止，俄國領事盛氣詰問，奉天將軍乃電請外務部，乞與俄國公使開議，以保護礦山權云。"[2]

顯然，魯迅寫作《略論》是與這一史實直接相關的。

---

* 原載《光明日報》，1976 年 10 月 23 日；錄自楊天石：《哲人與文士》，中國人民大學出版社 2007 年版。
1 詳拙作《〈斯巴達之魂〉和中國近代拒俄運動》。
2 譯文見上海《國民日日報》，1903 年 10 月 5 日；《中外日報》，1903 年 10 月 6 日。又 1903 年 10 月 12 日日本《萬朝報》亦曾刊載此項消息。

自從沙俄帝國主義的魔爪伸向中國東北以來，它就一直沒有放鬆過對中國豐富礦產資源的掠奪，除強行索取、霸佔外，通過中國買辦騙取開採權也是一種重要的方式。例如瀋陽的所謂"義勝鑫礦務總公司"就是如此。從表面上看，它是由中國商人梁顯誠等"集得南省股實富商股本銀 20 萬兩"後申請開辦的，只不過是又吸收了沙俄的"華俄道勝銀行"的股本銀 15 萬兩[1]，在他們所出具的"切結"中，也保證：

> 凡華人股票，只准售與在股華人，不得售與外人，亦不得售與在股俄人。俄人股票係華俄道勝銀行入股，亦不得售與外人，唯在股華人可以承買。其所有華股，均係真正華人所入股本，並無洋人夥射冒名等弊[2]。

而事實上，梁顯誠等不過是在華俄道勝銀行"支取薪水"的中國買辦[3]，這類"礦務公司"完全為沙俄帝國主義掌握。魯迅寫作《中國地質略論》正是為了提醒中國人民警惕沙俄帝國主義的這一陰謀，譴責梁顯誠一流買辦的賣國勾當。

《略論》又說："今復見於吾浙矣。以吾所聞，浙紳某者，竊某商之故智，而實為外人倀，約將定矣。設我浙人若政府，起而沮尼之，度其結果，亦若俄之於金州諸地耳。"《略論》的這一段話包含著另一歷史事件，是促使魯迅寫作《略論》的另一重要原因。

1896 年，帝國主義對華資本輸出的侵略機構福公司成立。1897 年，劉鶚（即《老殘遊記》的作者）被聘為華人經理。經由劉鶚的仲介，帝國主義先後掠奪了中國山西、河南等地的礦產開採權。在此之外，自 1898 年起，劉鶚又與浙江官僚買辦候選道高爾伊勾結，向帝國主義借款 500 萬兩，成立所謂"寶昌公司"，企圖為帝國主義攫取浙江礦產。[4] 1903 年，這項賣國活動被揭露，這就激起了中國、特別是浙江人民的巨大憤怒。

8 月 20 日，《浙江潮》第 6 期發表《劉鐵雲欲賣浙江全省路礦乎》的時評，

1　《光緒二十九年二月二十日軍機處交出增祺等抄摺》，《華洋開辦礦務案抄文件》（抄件）。
2　《華洋合辦礦務，請旨飭部立案以昭慎重摺》，《華洋開辦礦務案抄文件》（抄件）。
3　〔俄〕羅曼諾夫著，民耿譯：《帝俄侵略滿洲史》，商務印書館 1937 年版，第 318 頁。
4　《外務部收候選道高爾伊稟（附合辦章程）》，《礦務文件》，第 1977 頁。

指責劉鶚之流將國家礦產"暴於外人之膝下而跪獻之"。

9 月 11 日，《浙江潮》第 7 期發表《賣浙江全省路礦者非劉鐵雲一人也，別有人也》一文，點出和劉鶚勾結在一起的還有"吾浙江之官"。

10 月 3 日，在日本東京和橫濱的全體浙江人士於東京上野聯合召開了特別同鄉會，議決兩事：致書國內，請浙江紳士責問高爾伊，令其廢約；揭告日報，聲討高爾伊盜賣礦產之罪，表示留東同人堅決不認之意。會後，《浙江潮》第 8 期發表了《致高爾伊書》、《浙江人聽者！賣我浙江礦產者聽者》等文，指出高爾伊"舉億萬年無窮之寶藏以為獻媚外人之贄見金，圖博他日一高等奴隸之位置，真是狗彘不食之徒"。文章號召浙江人民奮起抗爭，"斷不能任斷送吾儕祖宗墳墓、宗族聚居之一幅錦繡江山於高鼻紅鬚兒之手"。

與此同時，在上海的浙江人士也發表了《為杭紳高爾伊盜賣四府礦產事敬告全浙紳民啟》，表示抗議。

魯迅曾經參加了在東京上野召開的浙江特別同鄉會，《中國地質略論》就是在會後寫作並發表的，文中所指"浙紳某"就是和劉鶚勾結在一起的高爾伊。

值得指出的是：《略論》的發表距大阪《朝日新聞》刊登揭露沙俄掠奪中國東北礦產的消息只有 9 天，距浙江特別同鄉會的召開只有 7 天，和《斯巴達之魂》一樣，魯迅也是懷著強烈的愛國主義激情迅速完稿的。

在《略論》結尾，魯迅說："吾知豪俠之士，必有悢悢以思，奮袂而起者矣。"《略論》發表後，東京中國留學生和上海、杭州等地民眾掀起了規模更大的護礦鬥爭熱潮。

10 月 10 日，陳叔通、孫翼中等浙江人士在西湖會議，對高爾伊進行了面對面的鬥爭。[1]

10 月 12 日、16 日，上海《中外日報》發表《紀浙江礦務》、《論高爾伊擅售浙礦事》等文，譴責高爾伊的賣國行為。

10 月 19 月，上海《國民日日報》發表《恐怖時代》一文，嚴正聲明："誓不容賊人擅賣我祖宗一片土。"

鬥爭延續了很長一段時間，直到 1905 年，東京中國留學生還在召集會議，

1　《國民日日報》，1903 年 10 月 13 日。

"籌議對付方法"[1]。1906 年，魯迅則進一步與人合編《中國礦產志》一書。在《徵求資料廣告》中，魯迅等指出，近年來護礦運動急遽發展，"爭條約，廢合同，集資本，立公司"，"以求保存此命脈"，這是大好事。為了進一步保護祖國礦產資源，"為吾國民後日開拓之助"，魯迅等要求開展廣泛的調查工作：

> 唯望披閱是書者，念吾國寶藏之將亡，憐僕等才力之不逮。凡有知某省某地之礦產所在者，或以報告，或以函牘，惠示僕等。[2]

魯迅等特別提出，要著重調查有無"外人垂涎"，以期引起國人注意，"不致家藏貨寶，為外人所攘奪"[3]。

護礦運動是近代反帝愛國運動的一個重要組成部分。《中國地質略論》的寫作情況表明，青年魯迅是這一運動中的一員積極的戰士。

繼護礦運動之後，護路運動也在全國各地掀起，它們共同促進了辛亥革命高潮的到來。

讀《魯迅〈中國地質略論〉作意辯證》 *

讀了王杏根同志的《魯迅《中國地質略論〉作意辨證》[4]一文後，覺得有幾點可議之處。

一是史料運用。

拙文《〈中國地質略論〉的寫作與中國近代史上的護礦鬥爭》[5]一文引證了日

---

1 《警鐘日報》，1905 年 3 月 16 日。
2 《中國礦產志》三版封底。
3 馬良：《〈中國礦產志〉序》。
* 原載《山東師院學報》，1978 年第 4 期。
4 《山東師院學報》，1977 年第 6 期。
5 《魯迅研究資料》第 1 輯，文物出版社 1976 年版。

本大阪《朝日新聞》上的一條消息，認為它與《略論》的寫作"直接相關"，王杏根同志對此表示"懷疑"。據他說："促使魯迅以沙俄奪我礦權事實警策國人的"，"並非由於《朝日新聞》上的有關消息"，而是在此之前八個月《浙江潮》第一期所刊登而為我所"疏忽"了的《要索紛來》。事實是否如此呢？不妨作一比較。

魯迅《中國地質略論》：

> 今者俄復索我金州、復州、海龍、蓋平諸礦地矣。初有清商某以自行採掘請，奉天將軍諾之，既而聞其陰市於俄也，欲毀其約，俄人劇怒，大肆要求。

大阪《朝日新聞》：

> 〔九月三十日天津特電〕奉天將軍以金州廳、復州、蓋平、海龍廳等礦山許清商出資開採，該清商聯絡俄國人，自俄國人出資，其權利盡落俄國人之手，故奉天將軍近令禁止，俄國領事盛氣詰問，奉天將軍乃電請外務部，乞與俄國公使開議，以保護礦山權云。

《浙江潮》第一期《要索紛來》：

> 近來各國要求開鑿礦山、敷設鐵道之權，又覺紛至遝來。最初，俄國之署理黑龍江將軍受黑龍江總督之命，力向中國政府要索東三省之礦山採掘權，現得中國政府之允許，即訂立條約，建設公司五所，專事經營。

讀者稍一用心，就不難看出，與《略論》寫作"直接相關"的到底是哪一條消息，這裏，王杏根同志也許又會問，時間上"怎麼來得及"呢？我們的答復是：考慮問題不能從想像出發，而要從客觀存在的事實出發。如果與魯迅寫作《略論》"直接相關"的不是大阪《朝日新聞》的有關消息，而是所謂《要索紛來》，那麼，《略論》中提到的"金州、復州、海龍、蓋平"等四個地方，"清商某"、"奉天將軍"等人物，以及"陰市於俄"、"俄人劇怒"等消息從何而來的呢？[1]

二是作意。

王杏根同志說：

> 東省礦事與浙省礦事相類，《略論》所爭的是兩者還是其中之一呢？魯迅自己說，是"爭劉鐵雲條約"。當時，東省撫順煤礦已由候選府經歷王承堯及候選知翁壽，會銜稟請奉天將軍增祺，各願報銷銀一萬兩，開採該處煤礦，增竟為之奏請允准。
>
> 光緒二十八年（1902 年）加進了道勝銀行，報請增祺將軍獲得了許可。東省開掘已在進行，而"劉鐵雲條約"則尚在"將定"之時，"爭"之可獲近效。所以《略論》旨在攻劉約，而把矛頭兼指始作作俑者的沙俄及其在華買辦。

這段話問題很多。

首先是：魯迅自己說，《略論》是"爭劉鐵雲條約"。王杏根同志提醒我們，這是魯迅三年後在"親擬"的《〈中國礦產志〉廣告》中"揭示"了的。

事實上，《〈中國礦產志〉廣告》並非魯迅"親擬"，因為其中有"留學日本東京帝國大學顏君琅及仙台醫學專門學校周君樹人，向皆留心礦學有年"，"實吾國礦學界空前之作"等語，完全是出版商的口吻，魯迅自己是不會這樣說的。《廣告》云：

> 吾國自辦礦路之議，自湖南自立礦務公司，浙人爭劉鐵雲條約，皖人收回銅官山礦地，晉人爭廢福公司條約，商部奏設礦政總局諸事件題生以來，已有日臻發達之勢。

---

1 關於時間問題，還要補充幾句：第一，當時日本印刷、裝訂書刊的速度很快，《浙江潮》第一期用了兩天，《江蘇》第一期只用了三天，有的刊物只用一天。第二，刊物封底所署印刷發行日期不一定與實際出刊日期相同，以《浙江潮》第八期為例，它署的日期就有一為光緒二十九年八月二十日（1903 年 10 月 10 日）發行，一為明治三十六年（1903 年）十一月二十一日印，十一月二十五日發行，兩者相差了四十餘天。這種情況之所以出現，很可能前者為編輯部發稿時所署日期，後者為實際印刷、發行時期。

這裏列舉了四、五個事件，旨在說明護礦運動的發展情況，通篇不曾有一個字談到《略論》的寫作。王杏根同志斷言：魯迅自己說，《略論》是"爭劉鐵雲條約"，何所據而云然呢？

顯然，王杏根同志在引用上述材料時是欠審慎的。

我們並不否認《略論》的寫作和"爭劉鐵雲條約"之間的關係，這一點，正是拙文所著重論述的。拙文說："1896年，帝國主義對華資本輸出的侵略機構福公司成立。1897年，劉鶚（即《老殘遊記》的作者）被聘為華人經理……自1898年起，劉鶚又與浙江官僚買辦候選道高爾伊勾結，向帝國主義借款五百萬兩，成立所謂'寶昌公司'，企圖為帝國主義攫取浙江礦產。1903年，這項賣國活動被揭露，這就激起了中國、特別是浙江人民的巨大憤怒。"緊接著，前拙文引證了大量史料，說明《略論》是在對劉鶚鬥爭的高潮中寫作並發表的，"文中所指'浙紳某'就是和劉鶚勾結在一起的高爾伊。"

但是，王杏根同志在正文中引述拙文的觀點時，卻有意無意地對讀者隱瞞這一點。始則曰："（楊天石同志雖然指出）'浙紳某者，竊某商之故智'六盜賣浙礦，是促使魯迅寫作的另一重要原因。"繼則曰："還把沙俄佔我東北金州等多處礦山與意大利等國攫取浙江礦山分列為促使魯迅寫作《略論》的兩個原因。"三則曰："現在，已有研究者注意到了《略論》與護礦鬥爭的關聯，但是沒有直接指明它的作意就在'爭劉鐵雲條約'。"如此等等，就是絕口不談拙文已經指出了《略論》寫作和對劉鶚鬥爭之間的關係。然後，王杏根同志自己卻大談起"爭劉鐵雲條約"來，矜為一大發現。這種作法，我認為是不嚴肅的。

倘要論爭或"辨證"，先決的條件是不要歪曲、改變或隱瞞對方的論點。願以此與王杏根同志共勉。

其次是所謂"東省開掘已在進行"問題。王杏根同志說，撫順煤礦已經在開採了，和"劉鐵雲條約"不一樣，劉約尚在"將定"之時，"爭"之可獲近效。結論是：東省撫順煤礦不在魯迅所"爭"之列，魯迅提到它，只是"連類而言"，"矛頭兼指始作俑者"，云云。

已成定局的不必"爭"，不能獲得"近效"的不必"爭"——姑不論王杏根同志的這種觀點怎樣貶低了魯迅，僅就地理知識而言，也是謬誤的。《略論》所揭露的是"俄復索我金州、復州、海龍、蓋平諸礦地"。金州、復州在遼東半島南端，距旅大不遠，海龍在今吉林省境內，蓋平則接近營口，它們都和撫順相距很遠，可謂"風馬牛不相及"。王杏根同志在"辨證"時，顯然是忽略了這一點的。

當時，東省礦事不在"爭"麼？《略論》明明說："（奉天將軍）欲毀其約，俄人劇怒，大肆要求"，王杏根同志對此也是注意不夠的。

魯迅是愛國主義者，不是鄉土主義者；他寫的是《中國地質略論》，不是《浙江地質略論》，他關心的是不容帝國主義覬覦我"廣漠、美麗、最可愛的祖國"，不只是浙江的某幾個地方。魯迅寫作《中國地質略論》的這一年，拒俄運動正在蓬勃興起。為了激勵中國青年奮起反擊沙俄帝國主義對中國東北的侵略，魯迅曾專門譯作了愛國主義小說《斯巴達之魂》。因此，魯迅關心東北礦產資源是很自然的。他在《略論》中寫進清商某勾結沙俄出賣金州、復州、海龍、蓋平諸礦地正是這一關心的具體表現，其目的當然是為了"提醒我國人民警惕沙俄帝國主義的這一陰謀"，譴責一小撮洋奴、買辦出賣祖國礦產的賣國勾當。拙文在以大量文字論述對劉鶚的鬥爭是促使魯迅寫作《略論》的"重要原因"的同時，引證《朝日新聞》的有關消息，說明他是促使魯迅寫作《略論》的原因之一，為什麼就不可以呢？

令人不解的是：王杏根同志自己不也在說"促使魯迅以沙俄奪我礦權事實警策國人"一類的話嗎？這不也是視為原因之一了嗎？王杏根同志要"辨證"的到底是什麼呢？

促使魯迅寫作《略論》的原因是多方面的，除反對帝國主義勾結中國買辦掠奪中國礦產資源外，喚醒國人發展民族工業，"結合大群起而興業"是原因之一，傳播地質科學知識，破除風水迷信之說也是原因之一。《緒言》中，魯迅就表示："凡是因迷信以弱國，利身家而害群者，雖曰歷代民賊所經營養成者矣，而亦唯地質學不發達。"像王杏根同志那樣，只承認一個原因，排斥其他原因，那是不可能正確地理解《略論》的"作意"的。

三是分類。

《略論》分六章。一、緒言；二、外人之地質調查者；三、地質之分佈；

四、地質之發育；五、世界第一石炭國；六、結論。拙文在指出其和近代護礦運動的密切關聯時，根據其主要內容和一般分類法，把它定為"科學作品"。王杏根同志不同意，他先引述了一種舊說，然後把拙文和舊說聯繫起來，指責我"仍然說《中國地質略論》是一篇科學作品"，並云："恐怕也未必恰當"。

現在我們要弄清對"科學作品"應怎麼看法？難道"科學作品"就低了一等？難道"科學作品"就一定是純科學，不能有任何政論成份在內？不錯，魯迅是講過"空談幾溢於本論"，但是，魯迅這裏講的是"幾溢"，不是"已溢"、"大溢"，其"本論"仍然是"關於中國地質之源"。一篇作品只能根據其主要內容和傾向分類。不然，《略論》應歸什麼類呢？它是科學作品、文學作品、還是政論作品呢？籠統地說一句"前無古人、後啟來者的重要著作"是不能解決分類問題的。

以上所論，未必正確，歡迎王杏根同志和廣大讀者指正。

魯迅早期的幾篇作品和《天義報》上
署名"獨應"的文章 *

1907 年《天義報》11、12 卷合刊上有篇文章，題為《論俄國革命與虛無主義之別》，署名"獨應"，內容是根據克魯泡特金的《自敘傳》，分析屠格涅夫《父與子》一書中的巴扎洛夫形象，說明俄國革命源於"苛政未熄，天災流行，民困莫蘇，喪亂遂亟"；文章並指出虛無主義和恐怖手段有別，虛無黨人不是"唯以喋血為快"的暴徒。文章說："虛無黨人一語，正譯當作虛無論者。始見於都介洛夫名著《父子》中，後遂通行，論者用為自號，而政府則以統指畔人。歐亞之士，習聞訛言，亦遂信俄國擾亂悉虛無黨所為，致混虛無主義於恐怖手

---

* 原載《魯迅研究資料》第 1 輯，文物出版社 1976 年版；錄自楊天石：《哲人與文士》，中國人民大學出版社 2007 年版。

段，此大誤也；是無異以哲學問題混入政治，如斯多噶宗派之與共和主義，相去不知凡幾矣。恐怖手段之作，每與時勢相緣，應時而生，已復寂滅，後或重現，亦不可知。蓋純為政界一時之現象，非如虛無主義根於哲理，趨勢所及，遠被來紀也。"文章還分析了虛無主義產生的社會根源："俄國歷世以來，家庭專制極重，蓋以久用奴制，積習甚深，莫可挽救，有虛無主義起，將衝決而悉破之。"

據周遐壽的《魯迅與日本社會主義者》一文所述，在日本留學時，魯迅曾囑他將克魯泡特金的《自敘傳》節譯出來，送給劉申叔，登在《天義報》上；又據《知堂回想錄》，周遐壽為《天義報》寫稿時所用筆名為"獨應"，因此，本文應為周遐壽作。

值得注意的是本文的跋：

> 且虛無主義純為求誠之學，根於唯物論宗，為哲學之一枝，去偽振敝，其效至溥。近來吾國人心虛偽涼薄極矣，自非進以靈明誠厚，烏能有濟！而諸君子獨喜妄言，至斥求誠之士子為蠢物，中國流行軍歌又有詈"印度、波蘭馬牛奴隸性"者。國人若猶可為，不應有此現象。

這裏，有些觀點和語言與魯迅次年發表的《摩羅詩力說》等文很相近。

如：《跋》談到"求誠"，而魯迅則表示："今索諸中國，為精神界之戰士者安在？有作至誠之聲，致吾人於善美剛健者乎？"（《墳·摩羅詩力說》）

又如《跋》批評"人心虛偽涼薄"，而魯迅則說："近世人生，每託平等之名，實乃愈趨於惡濁，庸凡涼薄，日益以深，頑愚之道行，偽詐之勢逞。"（《墳·文化偏至論》）

再如《跋》批評中國流行軍歌中的"印度、波蘭馬牛奴隸性"一語，而魯迅則說："今試履中國之大衢，當有見軍人蹀躞而過市者，張口作軍歌，痛斥印度波蘭之奴性。"（《墳·摩羅詩力說》）後來，魯迅進一步說："其時中國才征新軍，在路上時常遇著幾個軍士，一面走，一面唱道：'印度波蘭馬牛奴隸性'，我便覺得臉上和耳輪同時發熱，背上滲出了許多汗。"（《隨感錄》）

這種情況之所以形成，當然是由於此文是魯迅 "囑" 周遐壽 "節譯" 的，周遐壽聽取過魯迅的意見，甚至，魯迅動筆修改過，也不是不可能的事。

《天義報》上還發表過 "獨應" 的其他幾篇文章，它們和魯迅的同期作品之間也存在著一定的聯繫。

例一，在《婦女選舉權》一文的按語中，"獨應" 說："顧比者女子為學，仍以物質為宗，冤哉！"（留學生亦多營營於鐵道工藝，嗟夫！是攘攘者，皆殺吾族精神之蟲害也夫！）

例二，在《讀書雜拾》（二）中，"獨應" 說："中國比來，人多言學，顧競趨實質，凡有事物，非是以和用厚生、效可立待者，咸棄斥而不為，而尤薄文藝，以為文章者乞食之學，而美術利細，弗軌礦若也。雖然，明達之士於物質之足蝕精神亦既有知者，而或乃仍斥文章為小道，此故亦惑也。"

例三，在同文中，"獨應" 說："實之為害，每至保其軀體而失其心靈，雖欲及今藥之，第吾觀中國，比走孳孳於實業商工者眾，竊深為寒心也。"

顯然，上述三例和魯迅在《文化偏至論》中所主張的 "掊物質而張靈明" 的觀點是一致的。

"獨應" 還有一篇文章，係有感於留日中國學生紛紛翻譯 "監獄學" 一類的書籍而發，中云：

> 顧吾適市，乃見有書累累，標誌獄務，皆留學生之所為，抑又何耶？國人遠適求學，不有大願，流連荒亡，及於殂落，斯亦已耳，何監獄之足道！

這不正是魯迅的觀點嗎？《摩羅詩力說》中，魯迅就曾憤激地批判某些留日中國學生不去 "介紹" 對中國人民解放事業有益的 "新文化"，卻熱衷於翻譯所謂 "守囹圄之術"！

在《中國人之愛國》一文中，"獨應" 評介俄國詩人萊蒙托夫時說：

> 俄有勒孟埵夫，生為詩人，摯於愛國，顧其有情，在於草原浩蕩，時

見野花，農家樸素，頗近太古，非如一般志士之為，盲從野愛，以血劍之數，為祖國光榮，如所謂「獸性之愛國者」也。

這同樣是魯迅的觀點和語言。《摩羅詩力說》中，魯迅說：「來爾孟多夫亦甚愛國，顧絕異普式庚，不以武力若何，形其偉大。凡所眷愛，乃在鄉村大野，及村人之生活」。又介紹丹麥批評家勃蘭兌斯的觀點說：「唯武力之恃而狼籍人之自由，雖云愛國，顧為獸愛。」在《破惡聲論》中，魯迅也表達過同樣的思想，他激烈地批判那種依靠「甲兵劍戟」侵略他人，「喋喋為宗國暉光」的所謂「愛國者」，斥之為「獸性愛國者」。

此外，「獨應」對裴彖飛（裴多菲）的介紹和魯迅也很相似。

1907 年，魯迅正和周遐壽一起讀書，研究文藝，籌辦《新生》雜誌，因而，在「獨應」的文章中反映出魯迅的某些思想和觀點並不奇怪。此外，魯迅早年的著作有時用周遐壽的名義發表，因此上述文章中是否有部分出自魯迅手筆，亦有待於進一步研究。

"咸與維新" 的來歷 *

魯迅的名文《論"費厄潑賴"應該緩行》裏有一段話：「革命終於起來了，一群臭架子的紳士們，便立刻皇皇然若喪家之狗，將小辮子盤在頭頂上。革命黨也一派新氣，──紳士們先前所深惡痛絕的新氣，'文明'得可以；說是'咸與維新'了，我們是不打落水狗的，聽憑它們爬上來罷。」關於"咸與維新"，新版《魯迅全集》注釋道：「語見《尚書·胤征》：'殲厥渠魁，脅從罔治，舊染污俗，咸與維新。'原意是對一切受惡習影響的人都給以棄舊從新的機會。這

* 原載《光明日報》，1990 年 1 月 7 日；錄自楊天石：《哲人與文士》，中國人民大學出版社 2007 年版。

裏指辛亥革命時革命派與反動勢力妥協，地主官僚等乘此投機的現象。"既找出了語源，也解釋了魯迅的用意，都是不錯的。然而，又覺得沒有完全抓到癢處。魯迅明明寫著："革命黨也一派新氣"，"說是'咸與維新'了"。到底是哪位或哪些"革命黨"說的呢？不把這位或這些"革命黨"找出來，就不能認為注釋已經功德圓滿了。

說來還真有來歷。

1912 年 1 月，孫中山剛當上臨時大總統不久，章太炎曾經給孫中山寫過一封信，目的是調和同盟會、光復會兩個革命組織之間的矛盾，正事談完了，章太炎忽然根據傳聞給孫中山提了一條意見："兼聞同盟會人（指在廣東者）有仇殺保皇黨事。彼黨以康、梁為魁帥，棄明趨暗，眾所周知；然附和入會者，尚不能解保皇名義，赤子陷阱，亦謂無罪於人。今茲南紀肅清，天下曠蕩，雖舊染污俗，亦當普與自新。若以名號相爭，而令挾私復怨者，得借是以為名，無損於虜，徒令粵東糜爛，此亦執事所當謹飭者也。"

保皇黨，亦稱保皇會、保救大清皇帝會，1899 年成立，康有為任會長，梁啟超任副會長，以保救光緒皇帝復辟為宗旨，既反對西太后，也反對孫中山領導的民主革命。章太炎提這條意見的目的是，提醒"同盟會人"注意政策，對舊日的政敵不能一概打擊，而要區別首從；有些"附和入會者"什麼都不懂，就像兒童掉進了陷阱裏一樣，是無罪的。寫到這裏，章太炎大概覺得需要加強理論力量，於是便將《尚書》原文略加改動，補充了一句，"雖舊染污俗，亦當普與自新。"（附帶提一筆，這篇《胤征》其實是後人的偽作。）

孫中山和章太炎有段時期關係很不好，但孫中山襟懷博大，從善如流，收到章太炎來信後，立即給廣東都督陳炯明和各省都督打了一封電報，中云：

> 近聞各省時有仇殺保皇黨人事。彼黨以康、梁為魁首，棄明趨暗，眾所周知。然皆受康、梁三數人之蠱惑，故附和入會者，尚不能解保皇黨名義，猶之赤子陷阱，自有推墮之人，受人欺者自在可矜之列。今茲南紀肅清，天下曠蕩，舊染污俗，咸與維新，法令所加，只問其現在有無違犯，不得執既往之名稱以為罪罰。至於挾私復怨，藉是為名，擅行仇殺者，本

法之所不恕，亟宜申明禁令，庶幾海隅蒼生，咸得安堵。

孫電基本上是章函有關部分的複述，但也有若干不同。其一是將“普與自新”按《尚書》原文改回為“咸與維新”。這樣，“咸與維新”一語就在革命黨人中流布起來了。魯迅所說：“革命黨也一派新氣”，“說是‘咸與維新’了”，其源蓋本於此。

魯迅的文章博大精深，有些地方，看似漫不經心，隨手拈來，實際上包含著豐富的歷史內容。

周氏三兄弟與留法勤工儉學運動 *
——近世名人未刊函電過眼錄之二

近世文人之間寫信，常有謎一般的語言。其內容，當時寫信者知，受信者亦知，對於局外人，可就形同天書了。例如，1920 年 10 月 15 日，周作人致錢玄同函云：

> 聞口天壽考元首男兒已由ㄒㄧㄢㄤㄞ到ㄊㄢㄒㄧㄢ，由ㄊㄢㄒㄧㄢ到ㄆㄝㄍㄧㄥ，不知道你已見到他否？他的招徒弟往佛郎機去，不知何日出始？我們的兄弟（名叫建人）想去ㄅㄧㄤㄛㄥ讀書，曾同伯啳祭酒說起，他允轉達口天公；現在祭酒將行，而佛郎機之事未定，不知可否請你於見到該壽考元首男兒時，代為一問消息？但雖欲往ㄅㄧㄤㄛㄥ，而無此資斧，故欲弄一點校裏事務，而免費等；此事亦與伯啳祭酒談起，亦望再提及，不知能做到否？又有 K ＝符＝伏廬之弟名福熙者，亦欲如此，曾往見

* 　原載《光明日報》，2003 年 4 月 15 日；錄自楊天石：《哲人與文士》，中國人民大學出版社 2007 年版。

伯喈祭酒說過，你能一併問及，則尤好矣！夫蔡既然將行，而口天公又找不到，故所以要消耗國朝的菩薩，幸賜大野光明焉。

此函係錢玄同之孫錢端偉先生家藏。頗難懂。首先是信中提到的「口天壽考元首男兒」，其次是「伯喈祭酒」。倘不弄清楚這兩個人，全函就不知何所云了。

還是先從「口天壽考元首男兒」解起。據周函，「口天壽考元首男兒」亦名「口天公」，可知此人姓吳。據「壽考元首」，可知此人在周作人、錢玄同等人中間，年齡必較大，屬於「老」字輩。據「男兒」，可知此人為男性。據「招徒弟往法郎機」一語，可知此人在 1920 年，曾有招收中國年輕人往法國留學之事。將這四個條件合起來，我想多少熟悉一點中國近代史的人都會脫口說出：「口天壽考元首男兒」者，吳稚暉也。至於「伯喈祭酒」，則比較好解。「伯喈」，東漢文學家蔡邕的字。「滿村爭說蔡中郎」，是個曾經很著名的文人。「祭酒」，古代學官名。漢有博士祭酒，西晉有國子祭酒，隋、唐及清有國子監祭酒。據此，則「伯喈祭酒」應指北京大學校長蔡元培。信中還提到一個人，「K＝符＝伏廬之弟名福熙者」。經查，「K＝符＝伏廬」，指孫伏園，北京大學學生，文學研究會發起人之一。據此，則福熙應指孫福熙，時為北京大學圖書館職員。「ㄒㄧㄢㄤㄞ」、「ㄠㄢㄒㄧㄢ」，均應為歐洲地名。「ㄆㄝㄍㄧㄥ」，指北京。「ㄌㄧㄤㄛㄥ」，指里昂。

辛亥革命前，中國人出國的留學目標大多是日本；辛亥革命後，則轉向法國，而其提倡最力者，則是吳稚暉和蔡元培等人。1912 年，吳稚暉與張繼、張靜江、李石曾、吳玉章等人在北京組織留法儉學會及留法預備學堂，鼓勵人們赴法留學，向國內輸入世界文明。1916 年，蔡元培、吳玉章、李石曾及部分法國人士在巴黎成立華法教育會，「以法國科學與精神之教育，圖中國道德、智識、經濟之發展」。其後，北京、直隸、山東、上海、四川、湖南等地陸續成立分會。自 1919 年 3 月起，留法勤工儉學運動進入高潮，大批青年學子陸續離鄉背井，赴法留學。同年，吳稚暉等提議在法國設立一所大學，為中國培養高級學者和研究人才。此議得到里昂大學校長儒班（P. Joubin）的支持。1920 年 4 月，吳稚暉赴法，進一步規劃此事。同年 7 月，法國政府決定將里昂西郊的一所報廢兵營作為中法大學校址。於是，成立里昂中法大學一事便進一步具體化。周作人致錢玄同函中所稱"招徒弟往法郎機"即指此事。

周作人函稱："我們的兄弟（名叫建人）想去ㄈㄚㄌㄤㄒㄧ讀書。"據此可知，當年周建人曾有赴法勤工儉學的打算，其具體方案為一邊在里昂"中法大學"，"弄一點校裏事務"做，一邊免費讀書。這一目標能否達成，關鍵在中法大學的發起人吳稚暉。當年，吳稚暉為籌辦中法大學四處奔波，忽而國內，忽而赴英、赴法。10月間，吳稚暉到北京，會同蔡元培、李石曾，要求北京政府落實原曾應允資助的款項。同月，《北京大學日刊》宣佈蔡元培即將赴歐考察教育。周作人聽說吳稚暉到了北京，但不知他的確切行蹤，又以蔡元培出行在即，不得不要求錢玄同這位周作人眼中的"國朝的菩薩"出面，直接向吳稚暉斡旋此事，既為周建人說項，也順便為孫福熙解決問題。

不過，應該指出的是，最早為周建人留法一事操心的還是魯迅。台北中國國民黨黨史館所存吳稚暉檔案中保存有兩封魯迅致蔡元培函。其一云：

> 子民先生左右：今晨趨謁，值已赴法政學校為悵。舍弟建人從去年來京，在大學聽講（本系研究生物學，現在哲學系），日願留學國外，而為經濟牽連，無可設法。比聞里昂華法大學成立在邇，想來當用若干辦事之人，因此不揣冒昧，擬請先生量予設法，俾得藉此略求學問，副其素懷，實為至幸。專此佈達，敬請道安！周樹人謹上。八月十六日。

其二云：

> 子子民先生左右：適蒙書祗悉。舍弟建人未入學校，初治小學，後習英文，現在可看頗深之專門書籍，其所研究者為生物學。曾在紹興為師範學校及女子師範學校博物學教員三年。此次志願，專在赴中法大學留學，以備繼續研究。第以經費為難，故私願即在該校任一教科以外之事務，足以自給也。專此佈達，敬請道安。周樹人謹狀。八月廿一日。

二函合置於一個封套中。封面題：北京大學第一院，蔡元培先生，周寄，八月廿二日。

據魯迅上述二函可知，為幫助周建人成行，魯迅先於 8 月 16 日晨走訪蔡元培，適值蔡外出，魯迅便寫了前一封信。蔡元培得信後，立即作復，要求魯迅提供周建人的學歷、經歷等情況，於是魯迅便寫了第二封信。二函留存於吳稚暉檔案中，說明蔡元培對魯迅所託是重視的，及時將它們交給了吳稚暉。我在國民黨黨史館讀到此二函時，以為係首次發現，後來瞭解到，在我之前，日本學者阪元弘子早已看到，並且作了介紹（參見《魯迅研究月刊》1999 年第 9 期）。

周建人屬於自學成才型人物。他因為兩位兄長先後赴日留學，便獨自留在故鄉陪伴母親，自習文字學與英文，同時研究生物學。先後任教於紹興僧立小學、水神廟小學、明道女校、紹興師範、紹興女子師範等處。1919 年 12 月，魯迅回紹興搬家，建人隨母親、魯迅夫人朱安等同到北京，和兩位兄長住在一起。次年，到北大哲學系旁聽。他回憶說：“在當時的社會，許多知識份子都感到要使中國富強起來，就要學習西方的科學技術。可是，社會本身有許多病症，總覺得還沒有找出來。因此我就想，學自然科學的人，也得關心社會科學。1919 年我到北京來，就曾經到北大去旁聽哲學和社會學，聽胡適講歐洲哲學史，講杜威。聽了一學期，總覺得離中國的問題很遠，就不想再聽下去了。”（《早年學科學追憶》）周建人赴法留學的念頭大概即萌生於此時。

1921 年 10 月，里昂中法大學開學，孫福熙如願以償，到該校任秘書，半工半讀，但周建人卻未能成行。在此之前一月，周建人因在北京找不到職業，又不願“在家裏吃白食”，到上海商務印書館當了編輯。

讀魯迅與胡適軼札 *

胡適有在日記中保存友朋信札的習慣，這封魯迅致胡適的佚札就是我在訪問美國期間閱讀胡適未刊日記（縮微膠卷）時發現的。該札從未在任何地方發表過。

全文為：

適之先生：

今日到大學去，收到手教。

《小說史略》竟承通讀一遍（頗有誤字，擬於下卷附表訂正），慚愧之至。論斷太少，誠如所言；玄同說亦如此。我自省太易流於感情之論，所以力避此事，其實正是一個缺點；但於明清小說，則論斷似較上卷稍多，此稿已成，極想於陽曆二月末印成之。

百二十回本《水滸傳》曾於同寮齊君家借翻一過，據云於保定書坊得之，似清翻明本，有圖，而於評語似多所刊落，印亦尚佳，恐不易再得。齊君買得時，云價只四元。此書之田虎、王慶諸事，實不好，竊意百回本當稍勝耳。

百十五日本《水滸傳》上半，實亦有再印之價值，亞東局只印下半，殊可惜。至於陳忱後書，其實倒是可印可不印。我於小說史印成後，又於《明詩綜》見忱名，注云：「忱，字遐心，烏程人。」止此而已，詩亦止一首，其事蹟莫考可知。《四庫書目》小說類存目有《讀史隨筆》六卷，提要云：「陳忱撰，忱字遐心，秀水人。」即查《嘉興府志秀水文苑傳》，果有陳忱，然字用亶，順治時副榜，又嘗學詩於朱竹垞，則與雁宕山樵非一人可知。《四庫提要》殊誤。

---

* 原載《人民日報》，1990 年 12 月 3 日；錄自楊天石：《哲人與文士》，中國人民大學出版社 2007 年版。

　　我以為可重印者尚有數書，一是《三俠五義》，須用原本，而以俞曲園所改首回作附。一是董說《西遊補》，但不能雅俗共賞。一是《海上花列傳》，惜內用蘇白，北人不解，但其書則如實描寫，凡述妓家情形者，無一能及他。

　　聞先生已看定西山某處為養息之地，不知現在何處？我現搬在西四磚塔胡同六十一號，明年春天還要搬。

　　作《紅樓夢索隱》之王沈二人，先生知其名（非字）否？

迅上

十二月二十八日夜

　　本函作於 1923 年。當年 12 月 28 日魯迅日記云："得胡適之箋。" 12 月 29 日日記云："寄胡適之信。" 這裏所說的 "寄胡適之信" 當即本函。

　　魯迅於 1920 年在北京大學主講中國小說史，同時，胡適也正以《水滸》的考證為開端，展開對中國小說歷史演進的研究。1922 年，雙方開始以通信形式討論《西遊記》等中國古典小說研究中的問題。1923 年 12 月，魯迅刊行《中國小說史略》上卷。中國小說自來無史，魯迅的這部書乃是開山之作，因此，他用力甚勤，出版後立即分贈胡適、錢玄同等人，徵求意見，本函乃是對胡適所提意見的答復。

　　從函中可以看出，胡適、錢玄同都認為《中國小說史略》"論斷太少"，魯迅完全同意這一批評，並由此自我解剖："我自省太易流於感情之論，所以力避此事，其實正是一個缺點。" 文藝科學和文藝作品不同。文藝作品需要藝術家灌注強烈的激情，文藝科學則需要冷靜、縝密的分析，力避作者個人的主觀愛憎，但是，又不可以只羅列材料，而不作必要的論斷。魯迅在寫作《中國小說史略》的過程中，逐漸解決了這一難題。

　　《水滸傳》版本眾多。自金聖歎腰斬該書之後，坊間流行七十回本。1920 年 7 月，胡適寫作《水滸傳考證》一文時，只見到幾種七十回本，但是，他推斷《水滸》原本應為百回本，自此引起了人們對《水滸》版本的注意，百回本、百十五回本、百二十回本等陸續出現。魯迅此函，向胡適介紹了他所見到的一種百二十回本的情況，並認為"此書之田虎、王慶諸事，實不好"，說明此時，魯迅對《水滸》及其版本問題也有著濃厚的興趣。函中所云"同寮齊君"，應為齊宗頤（壽山），他是魯迅在北洋政府教育部任職時的同事。

當時，上海亞東書局正根據胡適的意見，準備出版《水滸續集》兩種，其一為《征四寇》，即百十五回本《水滸傳》的第六十五回以後。胡適認為這一部分"除了它的史料價值之外，卻也有他自身的文學價值"。其二為陳忱的《水滸後傳》，胡適認為它是 17 世紀的一部好小說，其中有的段落，"真當得哀豔二字的評語"，"古來多少歷史小說，無此好文章"。魯迅贊成重印百十五回本《水滸》的下半部，但認為上半部同樣有重印的價值。至於陳忱的《水滸後傳》，魯迅則認為"可印可不印"。魯迅特別指出：清初有兩個陳忱。一個是烏程（今湖州市）人，字遐心，號雁宕山樵，是《水滸後傳》的作者；另一個是秀水人，字用亶，與《水滸後傳》無關。《四庫全書總目提要》將二人誤合為一是錯誤的。差不多與魯迅同時，胡適也得出了相同的看法。

12 月 28 日函中，魯迅還建議胡適重印《三俠五義》、《西遊補》、《海上花列傳》等三部小說，並談了對它們的看法。後來，胡適重印了《三俠五義》和《海上花列傳》，並分別寫了序言。《三俠五義》根據魯迅意見，用的是"原本"。

1990 年 7 月 29 日草於美國維吉尼亞州之布萊克斯堡

教育部公布
第一批简体字表

[丫韵] 蛋蚤 发發 闹鬧 荅答 杂雜
庄莊 哑啞 亚亞 价價 虾蝦 林
罢罷 画畫 副
[さ韵] 拨撥 泼潑 罗羅 啰囉 钚
窝 梦夢 � 国國 过過
[さ韵] 恶惡 广廣 个個 闷悶
道 热熱
[世韵] 铁鐵 窃竊 协協 乐樂 觉覺
[せ韵] 盾 执執 战戰 弊 远
狮 时時 实實 帮 辞
[儿韵] 尔爾 迩邇
[丨韵] 医醫 仪儀 蚁蟻 义義 认認
艺藝 闰 弥彌 杂 拟擬
礼禮 厉厲 励勵 机機 鸡鷄 查

继繼 剂劑 济濟 斋齋 岂豈 启啟
弃 戏戲
[万韵] 碍礙 摆擺 卖賣 迈邁 台臺
拓 才 盖蓋 闹 侨 节節
[乀韵] 俭儉 废廢 类類 为為 伪僞
归歸 岁歲 柜櫃 会會 绘繪 绘
[乂韵] 无無 雾霧 独獨 誊 园園
庐廬 芦蘆 壶壺 沪滬 烛燭 嘱囑
柜 眍 属屬 数數 仔 苹蘋
萧
[山韵] 软軟 与與 誉譽 驴驢 屡屢
举舉 惧懼 医 驱驅 趋趨 绦
[么韵] 宝寶 报報 儿 祷禱 涛濤
劳勞 号號 起 枣棗 灶竈 药藥
茶 枣 骄驕 娇嬌 搅攪 乔喬

侨僑 桥橋 箫簫 萧蕭
[又韵] 欧歐 殴毆 讴 呕嘔 门
头頭 娄婁 楼樓 被 盏盏 侨
寿壽 邹鄒 犹猶 亩畝 刘劉 旧舊
[马韵] 广廣 办辦 变變 肥 担擔
摊攤 滩灘 瘫癱 坛壇 坛 难難 览覽
赶趕 坏壞 劝勸 起 戋戔 赞贊
仓倉 岩巖 盐鹽 艳艷 边邊 变變 点
开 联聯 怜憐 练練 炼煉 恋戀 同
坚堅 艰艱 碱鹼 简簡 寿 过 乐
闲閑 贡貢 录 弯彎 万萬 断斷 宽寬
礼 现現 开闆 欢歡 还還 环環 祥
国 送 权權 劝勳 恶惡 逃
[ㄣ韵] 门門 们們 闷悶 坝壩 慇
补 陈陳 亡 阴陰 隐隱 宾 浜
残殘 闯闖 临臨 侦 尽盡 烬燼 尽
坤 闻聞 问問 国 孙孫 韵 助

第五部分

錢玄同論叢

振興中國文化的曲折尋求 *

——論辛亥前後至"五四"時期的錢玄同

　　中國社會長期處於封閉狀態，中國周圍的鄰國大多落後於中國，因此，中國文化的發展一直沒有受到過強勁的挑戰。鴉片戰爭以後，中國人在西方的堅船利炮面前一再慘敗，走到了亡國的邊緣；同時，中國傳統文化也第一次遭到西方文化的挑戰，出現了前所未有的危機。這樣，中國人就面臨著兩個難題：一是如何抵禦列強侵略，振興中華；一是如何對付西方文化挑戰，振興中國文化。這兩個難題互相關連，近百年來一直困擾並激動著關心國家、民族命運的炎黃子孫，至今未已。本文企圖研究錢玄同在辛亥革命至"五四"時期的曲折文化尋求，從而展現這一階段文化思潮的發展軌跡，總結歷史經驗。

---

*　原載《"五四"運動與中國文化建設》，社會科學文獻出版社 1989 年版；錄自楊天石：《哲人與文士》，中國人民大學出版社 2007 年版。

一、主張 "師古"、"復古"、"存古"

　　錢玄同出生於浙江湖州的一家書香門第。父親錢振常，曾任禮部主事，後任紹興、揚州、蘇州等地書院山長。長兄錢恂，曾任清政府駐日、英、法、德等國使館參贊或公使。二人都對中國傳統文化研究有素。錢玄同自幼即熟讀《五經》、《說文》、《爾雅》、《史記》、《漢書》等著作，也積累了濃厚的傳統文化修養。1902 年時擁護康、梁的保皇主張，1903 年轉而贊成 "排滿革命"。1905 年 12 月，錢玄同隨其兄赴日，開始學習日文和 "蟹行書"。當時，東京的中國留學生可以說是中國知識份子中最活躍的一群，各種主義、思潮都有它的提倡者和追隨者。錢玄同最初崇信國粹主義。1906 年 3 月他讀到了剛在上海創辦不久的《國粹學報》，極感興趣，在日記中寫道："保存國粹，輸入新思想，光大國學，誠極大之偉業也。數年以來，余扮了幾種新黨，今皆厭倦矣，計猶不如於此中尋繹之有味也。"[1] 後來，他又對無政府主義發生興趣。自 1907 年秋起，他多次參加張繼、劉師培二人召集的 "社會主義講習會"，在那裏聽過關於克魯泡特金學說的演講，也聽過關於馬克思主義的介紹。前者引起了錢玄同的共鳴，而後者則沒有給他留下深刻印象，其證據就是，他曾經給人寫過一封信，認為 "世界大勢所趨"，已至 "無政府" 階段。[2] 其間，日本無政府主義者大杉榮舉辦世界語講習班，章太炎舉辦國學講習會，錢玄同兩者都想參加，由於時間衝突，最終選擇了後者。自 1908 年 4 月起，至 1910 年 5 月歸國止，錢玄同和魯迅弟兄等一起，聽章太炎講《莊子》、《說文》、《漢書》、《文心雕龍》等著作，達兩年之久。在錢玄同文化觀形成的過程中，章太炎起了重要作用。他發願自此 "一志國學，以保持種性，擁護民德"。[3]

　　中西文化由於社會條件懸殊，其性質、特點、色彩也迥然相異。錢玄同初至日本，即致力於兩種文化的比較。1906 年 1 月 14 日日記云：

1　《錢玄同日記》第 1 冊，1906 年 3 月 29 日，未刊稿，以下均同。
2　《錢玄同日記》第 3 冊，1908 年 3 月 5 日。
3　《錢玄同日記》第 5 冊，19091 年 1 月 22 日。

父子之情，根於天性。東方學者提倡孝悌，實極有至理，斷不能以"舊道德"三字一筆抹殺之也。吾見今之維新志士及秘密會黨，大率有標"家庭革命"四字而置其父母於不顧者，其尤甚者，有以父母為分吾利之人，為社會之蟊賊，可以杖逐，可以鞭撻者，而開口輒曰"四萬萬同胞"，是真所謂"世界有同胞，家族無倫理"矣！[1]

這段文字矛頭所指是標榜"家庭革命"的"維新志士"和"秘密會黨"，而實際批判的是西方倫理。在冷酷無情的金錢關係和孝父敬兄、長幼有序的家庭關係面前，錢玄同很容易地作出了選擇。他說："蓋道德發達，我國究勝於歐西耳。"[2]

錢玄同不僅將"歐西道德"比了下去，而且也將西方宗教比了下去。他認為，墨子主張敬天、明鬼，堪稱"中國宗教家"，但墨子不談天堂，遠比西方高明。他說："神州即宗教一端，亦高尚乃爾。雖人心不古，其教不昌，然固非西儒所及也。"[3]言外之意，"東儒"高於"西儒"，"神州文明"高於"西方文明"。至於日本文化，更不在錢玄同眼中，他說："東洋文體粗率之書實不足觀，且亦無甚道理。"[4]錢玄同的這種態度在"女子教育"問題上尤為突出，1909年9月24日日記云：

中國自唐以來，古制淪亡，故有女子無才便是德之說，年來漸覺其非平。然藉以打倒謬說者，有用日本賢母良妻之教育者，是以火止火（奴隸），且有甚焉。有倡西洋女子教育者，是蕩檢逾閑（妓女）也。[5]

反對"女子無才便是德"的謬說，表明錢玄同不同於封建頑固派，他對日本和西洋女子教育的不滿，也不為無見，但他神往於中國的"古昔"。日記云：

---

1 《錢玄同日記》第1冊。
2 《錢玄同日記》第2冊，1907年2月27日。
3 《錢玄同日記》第6冊，1909年12月13日。
4 《錢玄同日記》第1冊，1906年3月29日。
5 《錢玄同日記》第6冊。

蓋論自來女子教育，於中國古昔最得其平。雖有陽尊陰卑之說，但學《詩》、學《禮》，無分男女，后妃、夫人、命婦、內子悉皆通《詩》、《禮》，男女真平等也。[1]

錢玄同認為，只要按照"中國古昔"的這條路子走下去，並且除去"陽尊陰卑"之說，"神州女學"就將大興而為"世界之冠"了。

從孔子表示"鬱鬱乎文哉，吾從周"以後，中國文人就逐漸形成了一種尊古賤今觀念。這種觀念和長期的社會封閉形成的民族自大、文化自大主義相結合，構成了一種特殊的心態。錢玄同上述對東西古今文明的批判，就是這種心態的典型表現。

錢玄同所神往的"男女真平等"的"中國古昔"也確是周代。據錢玄同說，那是中國文化的黃金時期。1910 年初，章太炎、陶成章與同盟會分家，在東京重建光復會，發刊《教育今語雜誌》，錢玄同曾為該刊寫作《緣起》，其中說："中夏立國，自風姜以來，沿及周世，教育大興，庠序遍國中，禮教昌明，文藝發達，蓋臻極軌。"此後呢？據說就學術退步，思想閉塞，一代不如一代了。《緣起》說："秦漢迄唐，雖學術未泯，而教育已不能普及全國。宋元以降，古學云亡，八比、詩賦及諸應試之學，流毒士子，幾及千祀。"而且，危險的是，到了近代，"歐學東漸，濟濟多士，悉捨國故而新是趨，一時風尚所及，至欲斥國文，芟夷國史，恨軒轅、厲山為黃人，令己不得變於夷。語有之，國將亡，本必先顛，其諸今日之謂歟！"[2] 很顯然，錢玄同擔心"東漸"的"歐學"會導致中國傳統文化的危亡，並進而導致國家的危亡。

怎樣振興中國文化呢？錢玄同主張"師古"、"復古"、"存古"。他說：

吾儕今日作事，宜師古，宜復古，宜存古，而決不可泥古。古聖作事，往往因事制宜，求其合於情勢，故所作往往少弊（封建、宗法之制為古代之大弊政），後世事不師古，好鶩新奇，凡有造作更張，多不合情勢，

1　《錢玄同日記》第 6 冊，1909 年 9 月 2 日。
2　《刊行〈教育今語雜誌〉之緣起》，《教育今語雜誌》第 1 冊。

第求苟簡，故中國後世不如古代，即是故也（自唐以後，凡百事物，無一不日退一日）。時至今日，西學輸入，凡唐以來之叔世弊政，相形之下，無不見絀。趨新之士，悉欲廢之，有心人憂之。愚謂新黨之澆薄誠可鄙，但此等弊政得以掃除，亦未始無裨，弊政去，而古之善政乃可見諸實行矣。[1]

錢玄同承認"封建宗法之制為古代之大弊政"，承認"西學"輸入之後，唐以後之"叔世弊政"相形見絀，也承認"新黨"掃除"弊政"的作用，但是，他並不準備和"新黨"站在一起，而要回到"古聖"和"古之善政"那裏去。據錢玄同說：所謂"師古"，乃是師法古代"聖王"製作的"精意"；所謂"復古"，乃是恢復"後世事物不如古昔者"；所謂"存古"，乃是保存那些因時勢不同而"不適宜於今者"，以使後人得以"追想其祖宗創造之豐功偉烈"。[2]

錢玄同所說的"存古"，類似於博物館的歷史陳列，並不參預中國文化的再創造，這可以不論；須要研究的是他"師古"、"復古"的內容及設想。

在思想流派方面，錢玄同主張兼取孔子、墨子，融合清代的乾嘉學派、今文學派和顏李學派。他說："今日治學，雖不必確宗孔學，然孔氏立教以六藝為本，固與玄言有異。吾謂誠能兼取孔、墨最好。"[3] 在錢玄同看來，"古聖立言垂教之旨，悉存於經"，[4] 但"經"語過於簡古，這就需要有乾嘉學派的精神來考訂"經訓"，同時以今文學派的精神來探求"經義"，並以顏李學派的毅力實行，這樣，就"聖學昌明不難復睹矣"！[5] 顏元反對讀死書，注重實學，強調"習行"、"習動"，因此，得到錢玄同的特別推崇，認為"居今之事，誠能致力於六藝，為實事求是之學，不特保存國故，尤足挽救頹波。"[6]

在音韻文字方面，錢玄同主張復古音、寫篆字。他說："中國文字"發生

1 《錢玄同日記》第 6 冊，1909 年 9 月 30 日。
2 《錢玄同日記》第 6 冊，1909 年 9 月 30 日。
3 《錢玄同日記》第 6 冊，1910 年 1 月 18 日。
4 《錢玄同日記》第 6 冊，1910 年 1 月 18 日。
5 《錢玄同日記》第 6 冊，1910 年 1 月 18 日。
6 《錢玄同日記》第 6 冊，1909 年 10 月 17 日。

最早，組織最優，效用亦最完備，確足以冠他國而無愧色。"[1]他對唐、宋以後"故訓日湮，俗義日滋"的狀況極為不滿，主張恢復中國文字的古音、古義、古體，廢楷字，用篆體，或用篆與隸之間的一種過渡形態——"隸古"。

在禮儀方面，錢玄同主張遵修古禮。他認為《儀禮》一書中婚禮"最為文明"，至於喪禮，"恐人所難行，唯衣服則宜從古。"[2]

在紀年方面，錢玄同主張恢復古代的太歲紀年法，例如中日甲午戰爭稱為"閼逢敦牂戰爭"，八國聯軍之役稱為"上章困敦之變"等。[3]

在定名原則上，錢玄同主張以《爾雅》一書為準。他批評今人"師心自用"，讚揚古人"煞費苦心，盡心下問，始定一確當之新名詞"。[4]他認為當時的親族名稱"鄙俚不堪"，曾經檢取《爾雅》一書，對錄古稱，準備以"古式"正"今俗"。[5]他的長子原名秉雄，但他認為不合於西漢人的命名原則，另行取名。

在上列內容中，錢玄同尤其重視學術、文字、言語、衣服的復古，他說："凡文字、言語、冠裳、衣服，皆一國之表旗，我國古來已盡臻美善，無以復加，今日只宜奉行者。"[6]至於禮儀、風俗、宮室、器具等，錢玄同認為"雖不能全數復古，而當法古者，必居多數"。[7]錢玄同自信，通過他的"師古"、"復古"的途徑，中國文化就會繁榮昌盛，騰駕於西方、日本之上。

戊戌維新運動以後，中國文化界出現了一股革新潮流，"詩界革命"、"文界革命"、"小說界革命"、"道德革命"等口號相繼問世。在文字方面，也有人提出拼音、簡化等方案。對此，錢玄同持強烈反對態度。1908 年 9 月 27 日日記云："今日見有法部主事江某奏請廢漢文，用通字云。通字係用羅馬字母二十改其音呼者。噫！近日學部紛紛調王照、勞乃宣入內擬簡字後，有此獠出現，何王八蛋之多也。"[8]情急而詈，可見其切齒痛恨的程度。

---

1 《教育今語雜誌章程》，《教育今語雜誌》第 1 冊。
2 《錢玄同日記》第 5 冊，1909 年 5 月 9 日。
3 《錢玄同日報》第 6 冊，1909 年 11 月 10 日。
4 《錢玄同日記》第 1 冊，1906 年 2 月 17 日。
5 《錢玄同日記》第 5 冊，1909 年 3 月 15 日。
6 《錢玄同日記》第 6 冊，1909 年 9 月 30 日。
7 《錢玄同日記》第 6 冊，1909 年 11 月 10 日。
8 《錢玄同日記》第 4 冊。

綜上所述，不難看出，辛亥革命前，在錢玄同的文化思想中，有提倡實學、經世致用的成份，但是，又有著嚴重的保守和倒退的性質。

武昌起義、民國建立並沒絲毫減弱錢玄同"師古"、"復古"的熱情，相反，他卻認為這是實現理想的好機會。1911 年 12 月，他精研《禮記》、《書儀》、《家禮》等書，博考黃宗羲、任大椿、黃以周諸家學說，做了一部闡述古人服飾的著作《深衣冠服說》。1912 年 3 月，錢玄同出任浙江軍政府教育司科員，便穿上自製的"深衣"，頭戴"玄冠"，腰繫"大帶"，昂昂然上班，企圖為民國作出"復古"的表率，結果引起了同事們的哄笑。但是，錢玄同沒有從一場喜劇中接受必要的教訓，相反，卻認為世風比清季更壞了。1912 年 9 月 1 日日記云："時則土地雖復，人心之污濁則較清季愈況。顏公所譏彈琵琶、學鮮卑語者，世方以為能；棄國故廢禮防者，比比皆是。"[1] 為了堅守"國故"，他寧可戴所謂象徵"六合一統"的瓜皮帽，而不願戴西方傳入的"禮帽"；寧可採用中國古代的"肅揖"，而不願學洋人的鞠躬。民國改用陽曆，這使錢玄同很反感。《日記》云："孔子行夏時之語，固萬世不易之理。如中國以農立國、建國，豈可不依農時乎！"[2] 此際，他對 1900 年以後中國文化思潮的變遷作了一番考察，得出結論說：

> 余謂中國人最劣之性質在不頑固、不自大耳。計自庚子至今，一星終矣，上下之人，靡不尊歐美，過先祖，賤己國，過僮隸。世有如此而能善立人國於大地者乎！[3]

20 世紀初年，愈來愈多的先進知識份子向西方尋求救國真理，嘗試著對中國社會和封建文化進行批判，開通、進化成為美稱，然而錢玄同卻對此加以指責，希望中國人更"頑固"，更"自大"。至此，人們已經很難發現錢玄同和清末那些反對一切外來事物的"冬烘"們有多大區別了。錢玄同曾說他自己當時"比

---

1 《錢玄同日記》第 9 冊。
2 《錢玄同日記》第 9 冊，1912 年 9 月 30 日。
3 《錢玄同日記》第 9 冊，1912 年 12 月 3 日。

太炎先生還要頑固得多"[1]，誠然。

這一時期，錢玄同熱衷於從古禮中為中國人民尋找行為規範。1914 年 9 月，袁世凱舉行祭孔儀式，錢玄同雖已在北京高等師範學校和北京大學任教，但不能親往觀禮，便設法找來"祭禮冠服圖"。檢閱之餘，居然認為："斟酌古今，雖未盡善，而較之用歐洲大禮服而猶愈乎！"[2] 他對袁世凱這一舉動的意圖居然毫無覺察。

國粹主義是清末民初氾濫一時的思潮。鼓吹這一思潮的人有著不同的政治傾向，其動機也就大相徑庭：頑固派藉以維護舊秩序，革命黨人藉以鼓吹"光復"和救亡。[3] 錢玄同主張"師古"、"復古"、"存古"的原因，據他自己說是由於反清："我以為保存國粹底目的，不但要光復舊物；光復之功告成以後，當將滿清底政制儀文一一推翻而復於古。不僅復於明，且將復於漢唐；不僅復於漢唐，且將復於三代。"[4] 這種解釋當然符合實際，但並不全面，在錢玄同的思想深層，還潛伏著另一個原因，這就是對"歐化"的恐懼與排斥。他說："我那時對於一切'歐化'都持'詘詘然拒之'的態度。"[5] 1917 年，他在分析章太炎主張"保存國粹"的原因時，除了痛心於"舉國不見漢儀"這一層外，也還有感慨於所謂"滿街盡是洋奴"的另一層。[6] 將這兩層結合起來，才能正確揭示當時部分革命黨人昌言"國粹主義"的思想契機。

近代中國的主要矛盾是和帝國主義的民族矛盾，而西方文化的母國又正是侵略中國的資本主義列強。這就造成了令人眼花繚亂的情況。為了抵禦帝國主義，錢玄同等人力圖以中國傳統文化喚起人們的民族主義、愛國主義感情，增強凝聚力，達到所謂"種性固，民德淳"的目的，這是極為自然的；他們對西方文化在中國的傳播懷有警惕並企圖不同程度地予以限制或抵拒也是自然的。他們不瞭解：帝國主義侵略是壞事，而西學的東漸則可能是好事；中國瀕臨滅亡是壞事，而中國傳統文化的式微不一定是壞事。他們更不瞭解：當時中國人

---

1 《三十年來我對於滿清的態度底變遷》，《語絲》第 8 期。
2 《錢玄同日記》第 11 冊，1914 年 9 月 27 日。
3 參閱拙作《論辛亥革命前的國粹主義思潮》。
4 《三十年來我對於滿清的態度底變遷》，《語絲》第 8 期。
5 《三十年來我對於滿清的態度底變遷》，《語絲》第 8 期。
6 《錢玄同日記》第 16 冊，1917 年 1 月 1 日。

民的歷史任務是建立以民主和科學為主要內容的新文化，昌言"保存國粹"，除了其正面效果外，也還會產生負面效果——助長舊質，抵排進步，窒息新機。

二、一百八十度的方向變化，激烈地批判中國傳統文化

到了"五四"時期，錢玄同的文化尋求卻發生了一百八十度的方向轉變。

一反往日的"師古"、"復古"、"存古"主張，錢玄同對中國傳統文化展開了全面的批判。他的批判，缺少深刻的理論思維，也缺少充份嚴密的論證，但其激烈程度卻幾乎沒有人可以和他比擬。

清代中葉以後，主張"闡道翼教"的桐城派成為散文中佔統治地位的流派，與之並立的是講究駢儷、華藻的《文選》派，錢玄同的批判鋒芒首先指向這兩個文學流派。1917 年 1 月 1 日，錢玄同訪問沈尹默，討論文學改良問題。他說："應用文之弊，始於韓、柳，至八比之文興，桐城之派倡，而文章一道，遂至混沌。"[1] 同年 2 月，他的《致陳獨秀書》在《新青年》2 卷 6 號刊出，該函第一次提出"《選》學妖孽、桐城謬種"的指責，是錢玄同投身新文化運動的標誌。自此，錢玄同的批判遂一發而不可收。在內容方面，他指責兩派"迂謬不化"，思想頑固；在藝術方面，錢玄同指責其為裝填古典，故作搖曳醜態，只能稱為"高等八股"[2]；在影響方面，錢玄同指責其為"有害文學之毒菌，更烈於八股、試帖及淫書穢畫。"[3]

由桐城派、《文選》派上溯，錢玄同的批判推廣及於秦、漢以後的古文。他認為，此類古文的病症在於言文分歧，和口語嚴重脫節，"專為替貴人搭'臭架子'，什麼'典麗喬皇'，什麼'氣息高古'，攪到嘴裏這樣講，手下不許這樣寫，叫人嘴可以生今人的，手一定要生數千年前的僵屍的。"[4] 錢玄同指責西漢揚雄為第一個弄壞白話文章的"文妖"，[5] 批評以後的文人們因襲模擬，陳腔爛

1　《錢玄同日記》第 16 冊，1917 年 1 月 1 日。
2　《致陳獨秀書》，《新青年》3 卷 1 號，《通信》第 7 頁。
3　《新青年》4 卷 6 號，第 627 頁。
4　《新青年》5 卷 5 號，第 542 頁。
5　《嘗試集序》，《新青年》4 卷 2 號，第 140 頁。

調，"將甘蔗渣兒嚼了又嚼"。他說："公等所謂美文，我知之矣，說得客氣一點，像個泥美人，說得不客氣一點，簡直像個金漆馬桶。"[1]

戊戌維新運動以後，小說、戲曲在文學門類中的地位逐漸上升；新文化運動中，它自然成為熱門話題。錢玄同認為，中國小說除《紅樓夢》、《水滸》、《儒林外史》等少數作品外，"非誨淫誨盜之作，即神怪不經之談，否則以迂謬之見，解造前代之野史，最下者，所謂'小姐後花園贈衣物，落難公子中狀元'之類，千篇一律，不勝縷指。"[2] 至於戲曲，他認為除《桃花扇》外，《西廂記》、《長生殿》、《牡丹亭》、《燕子箋》等，"詞句雖或可觀，然以無'高尚理想'、'真摯感情'之故，終覺無甚意味。"[3] "京調戲"是清末民初的新興劇種，錢玄同評之為"理想既無，文章又極惡劣不通"。[4] 對於"臉譜"等中國傳統戲曲的表現形式，錢玄同尤為反感。他說："臉而有譜，且又一定，實在覺得離奇得很。若云'隱寓褒貶'，則尤為可笑。朱熹做《綱目》，學孔老爹的筆削《春秋》，已為通人所譏訕；舊戲索性把這種'陽秋筆法'畫到臉上來了。這真和張家豬肆記卍形於豬鬣，李家馬坊烙圓印於馬蹄一樣的辦法。"[5]

孔學和孔教是新文化運動中的另一熱門話題。對於孔子，錢玄同表示對其"別上下，定尊卑"的學說，"實在不敢服膺"。[6] 他認為，儒學的長期影響使得中國人形成了兩種性格，一種是富而驕，一種是貧而諂，"苟遇富貴者臨於吾上，則趕緊磕頭請安，幾欲俯伏階下，自請受笞"，"一天到晚希望有皇帝，希望復拜跪"。[7] 值得注意的是錢玄同對道教的批判。他說："漢、晉以來之所謂道教，實演上古極野蠻時代'生殖器崇拜'的思想。二千年來民智日衰，道德日壞，雖由於民賊之利用儒學以愚民，而大多數之心理，舉不出道教之範圍，實為一大原因。"[8] 指出道教對中國民族心理有重大消極作用，這在新文化運動的先驅者中是頗為獨特的，也是相當有見地的。

---

1 《致陳獨秀書》，《新青年》3 卷 4 號，《通信》第 2 頁。
2 《致陳獨秀先生書》，《新青年》3 卷 1 號，《通信》第 5 頁。
3 《致陳獨秀先生書》，《新青年》3 卷 1 號，《通信》第 5 頁。
4 《致陳獨秀先生》，《新青年》3 卷 1 號，《通信》第 6 頁。
5 《新青年》4 卷 6 號，第 624 頁。
6 《致陳獨秀先生書》，《新青年》3 卷 4 號，《通信》第 5 頁。
7 《致陳獨秀先生書》，《新青年》3 卷 4 號，《通信》第 5 頁。
8 《隨感錄》，《新青年》4 卷 5 號，第 464 頁。

錢玄同批判中國傳統文化的代表作是《中國今後文字問題》。他說："儒家以外之學，自漢即被罷黜。二千年來所謂學問，所謂道德，所謂政治，無非推衍孔二先生一家之學說。所謂'四庫全書'者，除晚周幾部非儒家的子書外，其餘則十分之八都是教忠教孝之書，'經'不待說，所謂'史'者，不是大民賊的家譜，就是小民賊殺人放火的賬簿 —— 如所謂'平定什麼方略'之類。'子'、'集'的書，大多數都是些'王道聖功'、'文以載道'的妄談。還有那十分之二，更荒謬絕倫，說什麼'關帝顯聖'、'純陽降壇'、'九天玄女'、'黎山老母'的鬼話。"他認為："二千年來用漢字寫的書籍，無論那一部，打開一看，不到半頁，必有發昏做夢的話。"[1]錢玄同主張廢孔學、剿滅道教，不讀中國書。他說："欲祛除三綱五倫之奴隸道德，當然以廢孔學為唯一辦法；欲祛除妖精鬼怪、煉丹畫符的野蠻思想，當然以剿滅道教 —— 是道士的道，不是老莊的道 —— 為唯一之辦法。欲廢孔學，欲剿滅道教，唯有將中國書籍一概束之高閣之一法。何以故？因中國書籍，千分之九百九十九都是這兩類書之故；中國文字，自來即專用於發揮孔門學說及道教妖言故。"[2]由此，錢玄同進而批判曾經被自己認為是"世界之冠"的漢字。他說："中國文字，論其字形，則非拼音而為象形文字之末流，不便於識，不便於寫；論其字義，則意義含糊，文法極不嚴密；論其在今日學問上之應用，則新理新事新物之名詞，一無所有；論其過去之歷史，則千分之九百九十九為記載孔門學說及道教妖言之記號。此種文字，斷斷不能適用於二十世紀之新時代。"[3]這裏，錢玄同提到文法、詞彙等問題，因而，它所說的文字實際上包含了語言。在《答姚寄人》一文中，他批評中國語言是單音，代名詞、前置詞不完備，動詞、形容詞無語尾變化，"根本上已極拙劣"，[4]這就連漢語也在批判之列了。

　　錢玄同認為他的這種激烈的批判並不違背愛國主義原則。他說："我愛支那人的熱度，自謂較今之所謂愛國諸公，尚略過之。唯其愛他，所以要替他想法，要剷除這種昏亂的'歷史、文字、思想'，不復使存於'將來子孫的心腦

1　《新青年》4卷4號，第351頁。
2　《中國今後之文字問題》，《新青年》4卷4號，第351頁。
3　《中國今後之文字問題》，《新青年》4卷4號，第354頁。
4　《新青年》5卷5號，第542頁。

中'，要‘不長進的民族’變成了長進的民族，在二十世紀的時代，算得一個文明人。"[1] 他嚴重警告人們，如果不進行這種 "剷除"，那麼，循進化公例，中國人種總有一天將會 "被逐出文明人之外"，並被人家 "滅掉"。[2] 同時，他並聲明，中國的歷史、道德、政治、文章還是需要研究的，但是，這種研究是為了 "鑒既往以察來茲"，"明人群之進化"，而不是為了排斥新事新理，使社會生活倒退，"人人褒衣博帶，做二千年前之古人"。[3]

　　錢玄同其人，好說過頭話、好走極端。章太炎曾經規勸他，"立論不可太過"。[4] 魯迅也認為錢玄同喜歡將十分說到二十分。[5] 在錢玄同對中國傳統文化的批判裏，人們不難發現他的偏激、偏頗以至謬誤之處。例如，他較少看到中國傳統文化的精華，無視它在中華民族生息、繁衍中的偉大作用及其對世界文明的貢獻，不瞭解經過分析、揚棄或創造性的轉換之後，這一文化的許多部分可以成為發展新文化的營養並迸發出新的光彩，等等。這種偏激和偏頗反映了 "五四" 先行者普遍的弱點，這是毋庸諱言的。但是，應該看到，錢玄同所批判的有時是中國傳統文化的現實價值，而不是它的歷史價值。對於歷史價值，錢玄同還是承認的。例如，他肯定周秦諸子是可以和希臘諸賢、釋迦牟尼並立的 "聖賢"[6]，孔子是 "過去時代極有價值之人"[7]；肯定韓愈、柳宗元之文比初唐駢文和後來歸有光、方苞、劉大櫆、姚鼐諸人的文章 "實在要好得多"，"在當時也還算有點價值"[8]；肯定《水滸》、《紅樓夢》、《西遊記》、《金瓶梅》是 "中國有價值的小說"[9]，等等。錢玄同認為，這種歷史價值是永恆的，無論到了 30 世紀、40 世紀以至 100 世紀，都不會 "貶損絲毫"[10]。但是，在歷史上具有價值的文

1　《新青年》5 卷 2 號，第 173 頁。
2　《新青年》5 卷 4 號，第 543 頁。
3　《新青年》3 卷 5 號，《通信》第 13 頁。
4　《致錢玄同書》，1910 年 12 月 9 日，《魯迅研究資料》第 19 輯，中國文聯出版社 1988 年版，第 15 頁。
5　黎錦熙：《錢玄同先生傳》。
6　《致胡適之先生》，《新青年》3 卷 6 號，《通信》第 19 頁。
7　《致獨秀先生書》，《新青年》3 卷 4 號，《通信》第 5 頁。又，當時朱希祖做了篇研究孔子的文章，認為 "孔子以前是信神時代，孔子之學說不信神而信人，在當時原是進步，但他以信古尊聖為言，以至二千年來滯於信人的時代，至今尚未走到信我的時代，比之歐洲，瞠乎後矣"。錢玄同認為 "此文極有價值"，為之圈點一過，並在日記中作了摘錄。於此亦可見錢玄同對孔子思想歷史價值的看法。見《錢玄同日記》第 20 冊，1919 年 1 月 20 日。
8　《新青年》5 卷 5 號，第 531 頁。
9　《致獨秀先生書》，《新青年》3 卷 6 號，《通信》第 9 頁。
10　《新青年》5 卷 5 號，第 531 頁。

化形態不等於在後世具有同樣的價值。產生於宗法小農制基礎上的中國傳統文化不能適應現代生活的需要，因此，從現實出發，重新估量其價值是必然的，它的逐漸式微並讓位於新的、更高的文化形態也是必然的。這就是錢玄同所說的"退居到歷史的地位"。[1] 如果在這一時刻，舊的社會力量企圖利用傳統文化，特別是其中的封建毒素干預社會的民主化、現代化進程，維護舊制度、舊事物，那麼，一場鬥爭就是不可避免的了。

錢玄同從"師古"、"復古"到批判中國傳統文化的轉捩點是 1916 年。這一年，以尊孔復古為復辟帝制前導的袁世凱斃命，但是，再興的民國也不過掛著共和的招牌，文化領域裏仍然彌漫著濃重的尊孔復古氣氛。這一切給了錢玄同以強烈刺激。他說："共和與孔經是絕對不能並存的東西。如果要保全中華民國，唯有將自來的什麼三綱、五倫、禮樂、政刑、歷史、文章'棄如土苴'。如果要保全自來的什麼三綱、五倫、禮樂、刑政、歷史、文章，唯有請愛新覺羅溥儀復辟，或請袁世凱稱帝。"[2] 這裏，錢玄同所批判的就正是以"孔經"為代表的傳統文化的現實價值。他又說："我是因為自己受舊學之害者幾及二十年，現在良心發現，不忍使今之青年再墮此陷阱。"[3] 這也是對傳統文化現實價值的批判。

錢玄同是徹底的共和主義者，即使在辛亥革命前主張"師古"、"復古"的年代裏，他也強烈反對君主制。正如他自己所說："我那時復古底思想雖然熾烈，但有一樣'古'卻是主張絕對排斥的，便是皇帝。"[4] 1916 年，當他發現袁世凱們利用傳統文化復辟帝制，並由此進而發現中國社會"沉滯不進"的狀態時，也就發現了"保存國粹"的負面效果，其轉變就是必然的了。

在激烈批判中國傳統文化的同時，錢玄同熱烈肯定西方文化。他讚美外國小說家"拿小說看做一種神聖的學問，或則自己思想見解很高，以具體的觀念，寫一理想的世界，或者拿很透闢的眼光去觀察現在社會，用小說筆墨去暴露他的真相，自己總是立在'第三者'的地位。若是做的時候，寫到那男女姦

---

1 《新青年》5 卷 1 號，第 79 頁。
2 《新青年》6 卷 2 號，第 224 頁。
3 《新青年》6 卷 6 號，第 649 頁。
4 《三十年來我對於滿清的態度底變遷》，《語絲》第 8 期。

私，和武人強盜顯他特殊勢力那些地方，決沒有自己忽然動心，寫上許多肉麻得意的句子，所以意境既很高超，文筆也極乾淨。"[1] 錢玄同認為："若是拿 19、20 世紀的西洋新文學眼光去評判，就是施耐庵、曹雪芹、吳敬梓，也還不能算做第一等"，"《水滸》以下的幾種小說，也還遠比不上外國小說"。[2] 近代中西文化碰撞的結果是，中國傳統的文化自大主義受到了很大衝擊，於是，又產生了新的變種 —— 文化上的精神勝利法。其典型的例子就是認為西方文明源於中國，說什麼大同是孔子發明的，民權、議院是孟子發明的，共和是周公和召公發明的，立憲是管仲發明的，以至連禮帽和燕尾服也是孔子發明的等等。對此，錢玄同尖銳地嘲諷說："就算上列種種新道理、新事物的確是中國傳到西洋去的。然而人家學了去，一天一天的改良進步，到了現在的樣子，我們自己不但不會改良進步，連老樣子都守不住，還有臉來講這種話嗎？"[3] 錢玄同認為"現在百事不如人"，要求中國人民正視現實，承認差距、承認落後，並且當機立斷，急起直追。他說："人家的學問、道德、智識都是現代的，我們實在太古了，還和《春秋》以前一樣，急起直追，猶恐不及，萬不可再徘徊歧路了。"[4] 中國封建統治者一向自視為"冠裳"之族，而將外國、外族視為近似於"鱗介"之類的野蠻人；在文化上則強調"華夷之辨"，反對用夷變夏。現在歷史完全顛倒過來了，往日的"鱗介"之類竟成了"急起直追"的對象，而"冠裳"之族倒被認為有淪落為野蠻人的危險。這種認識的發生，反映出中國傳統的文化自大主義的進一步崩潰，也反映出近代中國社會文化心理的急速而巨大的變遷。

為了改變中國的落後面貌，振興中國文化，錢玄同主張"樣樣都該學外國人"，"完全學人家"。他說：

> 凡道理、智識、文學，樣樣都該學外國人，才能生存於 20 世紀，做一個文明人。[5]

---

1 《致獨秀先生書》，《新青年》3 卷 6 號，《通信》第 9—10 頁。
2 《致獨秀先生書》，《新青年》3 卷 6 號，《通信》第 9—10 頁。
3 《隨感錄》，《新青年》6 卷 2 號，第 216 頁。
4 《新青年》6 卷 6 號，第 650 頁。
5 《對於朱我農君兩信的意見》，《新青年》5 卷 4 號，第 425 頁。

我的思想，認定中華民國的一切政治、教育、文藝、科學，都該完全學人家的樣子，斷不可回顧七年前的“死帝國”。[1]

適用於現在世界的一切科學，哲學、文學，政治、道德，極〔皆〕是西洋人發明的，我們應該虛心去學他，才是正辦。[2]

1918年7月，陳獨秀曾經說：“若是決計更新，一切都應該採用西洋的新法子”。[3] 錢玄同的思想和陳獨秀完全一致。儘管當時還沒有“全盤西化”的提法，但實際思想已經有了。

基於對漢字、漢語的不滿，錢玄同曾提出過一項驚世駭俗的主張，這就是以世界語或某種外國語來代替漢字、漢語。他說：

至於漢字之代興物，我以為與其製造羅馬字母的新漢字，遠不若採用將來人類公用的 Esperanto。即退一步說，亦可採有一種外國語來代漢文、漢語。[4]

語言是民族文化中基本的、最有特色的因素。錢玄同主張以世界語或某一種外國語來代替漢語，這樣，他的“完全學人家”的主張也就發揮到了極致。應該說，這在新文化運動的先驅者中也是少見的。

錢玄同認為，真理無國界，一切科學真理都是世界公有的。因此，他要求人們擺脫狹隘的民族主義和地域觀念的束縛，勇敢地追求真理和文明。當時，周作人在與錢玄同的通信中曾經提出：“將他國的文學藝術運到本國，決不是被別國征服的意思；不過是經過了野蠻階級蛻化出來的文明事物在歐洲先發現，所以便跳了一步，將它拿來，省卻自己的許多力氣。既然拿到本國，便是我的東西，沒有什麼歐化不歐化。”[5] 對此，錢玄同極為贊成。他說：“我們對於一切

1 《新青年》5卷1號，第81頁。
2 《隨感錄》，《新青年》5卷3號，第296頁。
3 《今日中國之政治問題》，《新青年》5卷1號，第3頁。
4 《對於朱我農君兩信的意見》，《新青年》5卷4號，第425頁。
5 《論中國舊戲之應廢》，《新青年》5卷5號，第527頁。

學問事業，固然不'保存國粹'，也無所謂'輸入歐化'，總之，趨向較合真理的去學去做，那就不錯。"[1] 錢玄同自信，這種為追求真理去學外國，不會成為洋奴。他在提倡學外語的時候曾說："有了第二外國語，才可以多看'做人的好書'，知道該做'人'了，難道還肯做'洋奴'嗎？"[2]

從 17 世紀中葉起，歐洲各主要國家陸續完成了從封建主義到資本主義的變革，創造了強大的生產力，並在此基礎上建立了適應大生產需要的現代文化。中國當時還是封建主義和小農經濟佔統治地位的國家，因此，以學習西方為途徑，藉以振興中華和中國文化乃是歷史的必然。當然，西方文化並非一切都好，完美無缺。它有精華，也有糟粕；有積極面，也有消極面；有適用於中國的，也有不適用於中國的。因此，只能有選擇地學，有分析地學，有批判地學，錢玄同的"完全學人家"的主張並不正確。這裏，也有應予批評的偏激和偏頗。但是，去掉"完全"二字，他的'學人家'的主張卻正反映出錢玄同對歷史必然的認識，表現著他對民主、科學和現代文明的渴求。事實上，錢玄同所宣導學習的也主要是那些使中國人民自強、獨立，成為"20 世紀人類"的新思想、新文化，並非一切都學、完全照搬的。

三、振興中國文化的三個方案："輸入"、"新作"、"改革"

為了振興中國文化，"五四"前後，錢玄同曾提出過不少方案，概括起來不外三點，即"輸入"、"新作"、"改革"。

首先是"輸入"，廣泛汲取域外知識。錢玄同認為："前此閉關時代，苦於無域外事可參照，識見拘墟，原非得已。今幸五洲變通，學子正宜多求域外知識，以與本國參照。"他說："其實欲昌明本國學術，當從積極著想，不當從消極著想。旁搜博採域外之知識，與本國學術相發明，此所謂積極著想也；抱殘守闕，深閉固拒，此所謂消極著想也。"[3] 他明確指出："現在的中國文學界，應

---

1 《新青年》5 卷 5 號，第 528 頁。
2 《新青年》5 卷 6 號，第 634 頁。
3 《錢玄同日記》第 16 冊，1917 年 1 月 20 日。

該完全輸入西洋最新文學，才是正當辦法。"[1]因此，他主張多譯外國書、多讀外國書，豐富"二十世紀之新知識"，"碰著與國人思想不相合的，更該虛心去研究，決不可妄自尊大"。[2]

第二是"新做"。翻譯只是介紹和引進，它不能代替自己的創造。因此，錢玄同要求"新做"[3]，即在借鑒外國文化的基礎上，創造出既不同於外國人，又不同於古人的全新的精神產品來。魯迅的《狂人日記》等小說就是在錢玄同的一再動員下，"新做"出來的。

第三是"改革"。錢玄同認為，"中國現在沒有一件事情可以不改革"，[4]"不但文章要改革，思想更要改革"[5]，但他的努力主要在語文方面，有成功，也有失敗；有些方案、建議，在他及身之年始終是空中樓閣，只是在中華人民共和國成立後才得以實現。

成功的是他和胡適等人一起倡導了白話文運動。1917 年 1 月，胡適發表《文學改良芻議》，錢玄同立即致函陳獨秀，表示肯定和支持。隨後，他又提出應用文改革大綱十三條，將白話的運用從文學推向更廣闊的天地，這十三條的頭一條就是"以國語為之"。[6]1917 年 7 月，他並帶頭實行，致書陳獨秀說："我們既然絕對主張用白話體做文章，則自己在《新青年》裏面做的，便應該漸漸的改用白話。我從這書信起，以後或撰文，或通信，一概用白話，就和適之先生做《嘗試集》一樣的意思，並且還要請先生、胡適之先生和劉半農先生都來嘗試嘗試。"[7]1908 年，他又為胡適《嘗試集》作序，明確宣佈"白話是文學的正宗"。自此，白話文和白話文運動蓬勃發展，從根本上改變了中國書面語言和文學語言的面貌，成為新文化運動的顯著業績。

為了與提倡白話文相配合，並使白話文更完善，錢玄同回應胡適的建議，在應用文改革大綱中提出，"無論何種文章必施句讀及符號"。[8]1918 年 1 月，

---

1 《致獨秀先生書》，《新青年》3 卷 6 號，《通信》第 11 頁。
2 《新青年》4 卷 2 號，第 121 頁。
3 《新青年》4 卷 1 號，第 80 頁。
4 《致獨秀先生書》，《新青年》3 卷 6 號，《通信》第 11 頁。
5 《新青年》6 卷 2 號，第 242 頁。
6 《致獨秀先生書》，《新青年》3 卷 5 號，《通信》第 8 頁。
7 《致獨秀先生書》，《新青年》3 卷 6 號，《通信》第 11 頁。
8 《致獨秀先生書》，《新青年》3 卷 5 號，《通信》第 9 頁。

他總結《新青年》採用西文句讀符號的情況，提出繁式和簡式。[1] 其中繁式採用的西文六種符號，已經和我們今天的情況大體一致。

從黃遵憲起，近代中國不斷有人提倡白話文；1903 年前後，更出現了一批白話報刊。錢玄同自己在辛亥革命前也辦過《湖州白話報》和《教育今語雜誌》。但是，這一時期，提倡白話文都是為了普及和啟蒙，對象是文化低下的農工和市民，而非認為白話有資格成為正規的文學語言。新文化運動中，胡適提倡以白話寫作文學作品，錢玄同提倡以白話寫作各體"應用文"，白話才真正昂首闊步地走進文學語言的聖殿，建立起對文言的絕對優勢。1922 年錢玄同在一次演講中談到："改古文為今語，是為改良，不是求通俗；今語比古文精密，不是比古文淺俗。"[2] 這些話，道出了兩個時期白話文運動的不同特點，是早期提倡者不可能具備的認識。

與提倡白話文的成功相反，錢玄同以世界語代替漢語、漢字的企圖遭到了完全的失敗。最初，錢玄同只主張"不廢漢文而提倡世界語"，建議在高等小學加設世界語一課。[3] 但他不久即頭腦發熱，認為世界進化已至 20 世紀，"去大同開幕之日已不遠"，因而於 1918 年 5 月進一步主張廢漢文，代之以世界語。錢玄同估計，此項工作有 10 年、20 年工夫即可完成。[4] 但是，他的意見遭到了社會的強烈非難，連不少新文化運動的支持者也表示反對。陶孟和認為"國民性不可剪除，國語不能廢棄"[5]；任鴻雋批評錢玄同感情用事，"走於極端"；[6] 藍公武致函傅斯年，認為《新青年》中有了錢玄同的文章，"人家信仰革新的熱情遂減去不少"。[7] 1919 年 1 月，陳獨秀發表《本志罪案之答辯書》，肯定錢玄同追求民主和科學的熱情，說明他是由於"憤極了才發出這種激切的議論"，同時聲明："錢先生這種用石條壓駝背的醫法，本志同人多半是不大贊成的"。[8] 在這一情況下，錢玄同雖然廢除漢字的主張堅持未變，但不得不承認，世界語尚在提倡時

1　《新青年》4 卷 2 號，第 183 頁。
2　《錢玄同日記》第 27 冊，1922 年 10 月 22 日。
3　《致獨秀先生書》，《新青年》3 卷 4 號，《通信》第 3 頁。
4　《新青年》5 卷 5 號，第 543 頁。
5　《致獨秀先生書》，《新青年》3 卷 6 號，《通信》第 3 頁。
6　《致胡適書》，《新青年》5 卷 2 號，第 170 頁。
7　《錢玄同日記》第 19 冊，1919 年 1 月 7 日。
8　《新青年》6 卷 1 號，第 11 頁。

代，未至實行時代，漢字一時不能廢去，不得不圖改良，因此轉而致力於“漢字改革”運動。

　　一切文化都發生於特定的時、空環境中。它既有其時代的普遍性，又有其民族的特殊性；既有其發展的飛躍性，又有其歷史的連續性。強調民族的特殊性和歷史的連續性，反對外來進步文化，反對革故鼎新，當然是錯誤的；同樣，強調時代的普遍性和發展的飛躍性，無視民族的特殊性和歷史的連續性，也是錯誤的。錢玄同的上述成功和失敗表明，重大的文化改革決不能無視民族傳統，更不能脫離民族實際，浮誇、激烈的空想只能使自己失去人們的同情，增加改革的阻力。

　　錢玄同還有若干改革建議是在中華人民共和國成立之後付諸實施的：

　　1. 漢字左行橫移。還在 1917 年初，錢玄同就認為：“文字排列之法，橫便於直。”[1] 同年 5 月 15 日，他致函陳獨秀，論證“漢文右行，其法實拙”，希望今後新教科書從小學起，一律改用橫寫。[2] 7 月，他又再次致函陳獨秀，建議《新青年》從 4 卷 1 號起改用橫式，信中說：“《新青年》雜誌拿除舊佈新做宗旨，則自己便須實行除舊佈新。所有認做‘合理’的新法，說了就做得到的，總宜趕緊實行去做，以為社會先導才是。”[3]

　　2. 數目改用阿拉伯號碼，用算式書寫。錢玄同認為，“此法既便書寫，且醒眉目”[4]。

　　3. 改用世界通行的西曆紀元。此為他的“應用文改革大綱”十三條之一。1919 年 1 月，錢玄同為陳大齊的《恭賀新禧》一文作跋，指出陰曆不便於計算和應用，民國改用陽曆是正確的；同時，他又指出，“民國將來如能改用西曆記年，那就更便利了。”[5] 同年 10 月，錢玄同發表《論中國當用世界西曆紀年》一文，批評中國傳統的以皇帝紀年的方法，也批評戊戌維新以來用孔子紀年、黃帝紀年的主張，認為“現在以後的中國，是世界的一部分；現在以後的中國

1　《錢玄同日記》第 16 冊，1917 年 1 月 6 日。
2　《致獨季先生書》，《新青年》3 卷 3 號，《通信》第 17 頁。
3　《致獨秀先生書》，《新青年》3 卷 6 號，《通信》第 6 頁。
4　《致獨秀先生書》，《新青年》3 卷 5 號，《通信》第 10 頁。
5　《新青年》6 卷 1 號，第 4 頁。

人，是世界上人類的一部分"，應該爽爽快快地用世界通用的西曆紀年。[1]

4. 簡化漢字筆劃。錢玄同認為："文字者不過是一種記號，記號愈簡單，愈統一，則使用之者愈便利。"[2] 1920 年 2 月，錢玄同發表專文《減少漢字筆劃底提議》，認為拼音文字非旦暮之功可以制成，不可粗心浮氣、草率從事，提出以簡體字補救漢字難識、難寫的缺點。他表示，將選取 3000 常用字進行簡化，其辦法有採用古字、俗字、草字、同音假借字、新擬同音假借字、借義字、減省筆劃字等 8 種。[3]

上述建議的實施過程表明，文化改革需要良好的政治環境，它最終不能脫離政治改革。1909 年，錢玄同在東京時與同學有過一次討論。馬裕藻認為文化變革必須藉助政治力量，"臨之以帝王之威，始克有濟"。錢玄同不同意，他說："止須其理正確，則真理自有明白之一日，故在野講學，效力亦不少也。"[4] 錢玄同不瞭解，個人雖可以發現真理、宣傳真理，但要根本改變一個國家、民族的文化面貌，個人的力量仍然是微不足道的，僅僅靠"在野講學"也是不能成事的。

自 1918 年下半年起，《新青年》同人逐漸分化，李大釗率先歌頌十月革命和社會主義，開始了對比資本主義更高一級的社會形態和文化形態的尋求。次年 1 月 27 日，錢玄同以無可奈何的心情在他的日記裏寫下了一段話："《新青年》為社會主義的問題已經內部有了贊成和反對兩派的意見，現在《每週評論》上也發生了這個爭端了。"[5] 1921 年初，《新青年》同人之間的矛盾更為尖銳。陳獨秀主張"介紹勞農，又主張談政"；胡適"反對勞農，又主張不談政"。錢玄同認為二人之間的分歧"其實是豬頭問題罷了"。[6] 他曾與李大釗商量，準備調解，但未成功。[7] 此後，錢玄同一面致力於古書辨偽，認為"打倒偽經，實為推倒偶像之生力軍，所關極大"，[8] 同時企圖以甲骨文和金文為基礎，推求真古字、

1　《新青年》6 卷 6 號，第 626—627 頁。
2　《致陶孟和書》，《新青年》4 卷 2 號，第 274 頁。
3　《新青年》7 卷 2 號。
4　《錢玄同日記》第 5 冊，1909 年 4 月 16 日。
5　《錢玄同日記》第 20 冊。
6　《錢玄同日記》第 23 冊，1921 年 1 月 18 日。
7　《錢玄同日記》第 23 冊，1921 年 1 月 19 日。
8　《錢玄同日記》第 27 冊，1922 年 12 月 24 日。

真古史、真古制；另一方面，則揭起"漢字革命"的旗幟，努力探索中國文字改革的途徑。他雖然沒有沿著李大釗、陳獨秀的路子走，但繼續在"五四"精神的光照下活動。他的工作仍然是近代中國民主主義文化大潮的一部分。

四、可資借鑒的經驗與值得警惕的教訓

從辛亥到"五四"，錢玄同走過了一段曲折的道路。他在兩個時期的不同尋求代表了近代中國先後出現的兩個文化派別——《國粹學報》派和《新青年》派。前者在不同程度上將"西學"的傳播看作是中國文化的災難，力主保存、發揚並光大中國傳統文化，希冀從中篩選出民族救亡圖存的思想武器，或在它的古老形式中灌注進某些時代內容；後者則激烈地批判中國傳統文化，力主敞開大門，以向西方學習為途徑創造新一代中國文化。此後近代中國的文化論爭無不和這兩派密切相關，也無不投下這兩派或濃或淡、或密或疏的影子。從"師古"、"復古"、"存古"到主張"輸入"、"新做"、"改革"，錢玄同作出了完全背反的選擇。這種選擇，既反映了他不怕自我否定、勇於追求真理的不懈熱情，也反映了近代中國的進步文化總流向和近代中國不可逆轉的歷史總趨向。在錢玄同的尋求裏，既有可資借鑒的經驗，也有值得警惕的教訓。錢玄同和他的同事們解決了近代中國文化發展中的若干問題，也留下了若干問題，例如，如何繼承並發揚中國傳統文化的優良部分，並進行創造性的轉換或變革，使之適應現代生活的需要？如何在吸收西方文化長處的同時抵制其腐朽部分？如何立足現實，在會通中西的基礎上創造一種新的文化形態？如此等等，都是錢玄同等人沒有涉及或很少涉及的。有些問題，當時明確了，似乎解決了，但後來又以新的形式發生，再度成為問題。例如，在中國人民從西方找到了馬克思主義並且建立了新中國之後，又出現了所謂"頂峰"說，從而形成新的文化封閉主義和文化自大主義，似乎中國人"向人家"學習的過程已經走完，今後的歷史只是"人家"學我們了。結果閉目塞聽，固步自封，使我們遠遠落在世界現代化進程後面。

錢玄同的時代過去了，但是，錢玄同時代提出的任務還沒有全部完成，他

那個時代進行的文化論爭還在繼續。這就是 20 世紀 80 年代中華大地上再度掀起 "文化熱" 的原因，也是我們重溫 "五四" 歷史的主旨所在。

附記：本文為提交 1989 年 5 月在北京召開的紀念 "五四" 運動 70 週年學術討論會的論文，文中小標題為此次編輯時增補。

論錢玄同思想 *
—— 以錢玄同未刊日記為主所作的研究

錢玄同是 "五四" 新文化運動的主將之一，也是這一運動中最頂尖的激烈人物。他是北京大學、北京師範大學等校教授，先後參與編輯《新青年》、《語絲》和《國語週刊》，宣導整理國故，推動古史辨學派的創立和形成，又宣導漢字改革、國語統一，是著名的文字、音韻學家。本文將以他的未刊日記為主，參以他的書札，勾畫並評述他的思想的幾個重要方面，從而探討 "五四" 思潮中幾個有普遍意義的問題。至於他公開發表過的文章，由於易於見到，故儘量少用。

一、無政府主義

20 世紀初年中國的先進人物大體都有一個從維新向革命發展的階段，錢玄同也是如此。他最初歌頌光緒皇帝，向慕維新變法；後來轉而贊同 "排滿革命"。1905 年 12 月東渡日本留學，在短暫地立志改革教育後，迅速轉向無政府

---

* 原載台北《近代中國》，第 132 期；錄自楊天石：《哲人與文士》，中國人民大學出版社 2007 年版。

主義。

　　錢玄同留學之初，日本社會黨中的激烈派日漸活躍。1907 年，幸德秋水、堺利彥、山川均、大杉榮等組織社會主義金曜講演會，宣揚社會主義和無政府主義。張繼、劉師培等受其影響，組織社會主義講習會，刊行《天義報》報，認為只有無政府主義才是中國的最好出路。錢玄同多次參加社會主義講習會的活動，聽過堺利彥、山川均、宮崎民藏以及印度旅日革命者等人關於無政府主義和布魯東、克魯泡特金、馬克思學說的演講。例如，他在日記中記堺利彥演說稱："社會自有富豪而後，貴賤日分，貧富日區，今欲平此階級，宜實行無政府至共產主義。"[1] 顯然，演說給他留下了深刻的印象。自此，錢玄同即反對"社會不平等"，反對"金錢之為資本家掠奪"[2]，信奉無政府主義者所標榜的"平民革命"。他在與人辯論時曾表示："本國政府與外國政府其欺平民同，故即有國而富強，而平民終陷苦境。吾儕今日當為多數平民之革命，不宜為少數人之革命。"[3] 1908 年，劉師培歸國投順清朝大臣端方，社會主義講習會一派受到東京中國革命黨人和留學生的冷落和恥笑，但錢玄同信仰無政府主義之志不變。[4] 自民國初年至 20 年代，他始終讚賞師復的心社及其主張。1925 年 8 月 4 日日記說："我自讀師復之《心社意趣書》以來，久想廢姓了。今又忽見此，更增我廢姓之念。"一直到 30 年代，他仍然為劉師培編輯遺書。可以說，錢玄同對無政府主義始終懷有感情，心嚮往之。

　　不過，錢玄同的思想和張繼、劉師培等仍然有著很大不同。社會主義講習會一派的無政府主義者大都對孫中山的三民主義表示不滿，甚至多所攻擊，他們對排滿革命、共和立憲也鄙夷不屑，要求在中國立即實行所謂"無政府革命"。"無政府"，作為一種遙遠的美好的理想本無可非議，但是，以"無政府"作為一種行動綱領或近期目標，則不僅在理論上是錯誤的，而且在實踐上是有害的。同盟會在辛亥革命準備時期的分裂和兩次反對孫中山的風潮，都和這一

1　《錢玄同日記》，未刊，1907 年 9 月 15 日，以下簡稱《日記》。該項日記起於 1905 年，止於 1939 年錢玄同去世之前三天。
2　《日記》，1908 年 2 月 14 日。
3　《日記》，1908 年 1 月 21 日。
4　《日記》，1917 年 9 月 12 日。

思潮相關。[1] 錢玄同雖然一度認為世界大勢已至無政府階段[2]，但是，他贊成"排滿"，反對保皇，熱烈擁護共和，支持孫中山的革命活動。[3] 他雖師從章炳麟，與陶成章、龔寶銓等光復會系統的人員過從甚密，但從不參與和孫鬧矛盾的派別活動。還在 1907 年初，他就渴望"吾國之孫公"，能夠早日"撞革命之鐘，捲三色之旗"，建成"吾中華民國"[4]；1926 年 3 月，更給了孫中山及其三民主義以極高的評價，他說："夫彼孫公中山者，寧非當世偉人！彼之《三民主義》、《孫文學說》，雖不高明之言論也頗有，然他的功業一定比得上王安石，他的著作（即《三》、《孫》）一定比得上黃黎洲之《明夷待訪錄》。老實說，我是覺得不談政治則已，苟談政治，救中國之策，莫良於三民主義矣。"[5]

　　除了劉師培、張繼等人外，吳稚暉、李石曾、張靜江等在巴黎發刊《新世紀》，成為中國思想界的又一個宣傳無政府主義的中心。這一派，和東京的《天義報》派，既有共同點，又有相異點。其相異點之一是，《天義報》派反對孫中山，而《新世紀》派則支持孫中山的民主革命理想和活動；之二是《天義報》派對中國傳統社會和傳統文化常懷脈脈深情，而《新世紀》則多持批判、嘲笑態度。辛亥革命前，錢玄同稱譽《天義報》報"精美絕倫"[6]，對《新世紀》派雖有所肯定，但時有不滿。日記稱："購得《新世紀》五至八號，於晚間臥被中觀之。覺所言破壞一切，頗具卓識，唯終以學識太淺，而東方之學尤所未悉，故總有不衷於事實之處，較之《天義報》，瞠乎後矣！"[7] 個別時候，他甚至辱罵《新世紀》同人為"諸獠"，"喪心病狂"。[8] 在劉師培和吳稚暉二人之間，他也揚劉而貶吳，日記說："（申叔）不斥舊學，賢於吳朓諸人究遠矣！"[9] 而他在"五四"前後，則對《新世紀》派時加讚許，肯定該刊"實為一極有價值之報"[10]；對這一派的代表人物吳稚暉則引為同道，尊敬有加。1917 年 9 月 24 日日

1　參閱拙文《同盟會的分裂與光復會的重建》。
2　《日記》，1908 年 3 月 5 日。
3　《日記》，1907 年 1 月 1 日。
4　《日記》，1907 年 1 月 7 日、3 月 5 日。
5　《致周作人》，《魯迅研究資料》第 9 輯，第 111 頁。
6　《日記》，1907 年 7 月 11 日。
7　《日記》，1907 年 10 月 3 日；參見同年 9 月 18 日日記。
8　《日記》，1908 年 6 月 6 日；1910 年 1 月 20 日。
9　《日記》，1908 年 7 月 1 日。
10　《日記》，1917 年 1 月 11 日。

記說：“閱《新世紀》。九年前閱此，覺其議論過激，頗不謂然。現在重讀，乃覺甚為和平。”1925 年 4 月，他更將吳稚暉和孫中山、胡適、蔡元培等一起列為中國人的“模範”[1]。這種變化，和錢玄同對中國傳統社會、傳統文化態度的變化密切相關。

近代中國的許多先進人物都曾信仰過無政府主義，或者受過它的影響。錢玄同之所以嚮往無政府主義，除了它的“平民”立場外，還在於它的“厭惡階級社會”，反對一切壓迫和“強權”，懷疑一切、破壞一切的“徹底性”和世界主義的傾向。這些方面曾經影響了“五四”及其以後錢玄同的思想和性格。

二、反傳統思想

新文化運動諸人大都具有比較強烈的反傳統思想，但其頂尖人物則是錢玄同。

錢玄同 1908 年在東京師從章炳麟，和龔寶銓等人一起聽章講《說文》、《漢書》、《文心雕龍》等著作，一度主張復古。在這一方面，錢玄同甚至走得比他的老師更遠、更徹底。但是，袁世凱的復辟帝制使他受了強烈的刺激，袁世凱之後的北洋軍閥統治也使他深惡痛絕。1917 年天津大水，但督軍曹錕卻到“太乙廟”去三跪九叩首地祭拜“蛇精”。錢玄同憤慨地在日記中寫道：“此種野蠻原人居然在二十世紀時代光天化日之下幹這種畜牲事業。唉！夫復何言！”[2] 1919 年，被魯迅等譏為“大東海國大皇帝”的徐世昌連續下達衛道命令，錢玄同諷刺道：“這幾天徐世昌在那裏下什麼‘股肱以膂’！什麼‘祈天永命’！什麼‘吏治’！什麼‘孔道’的狗屁上諭！這才是你們的原形真相呢！”[3]

正是這些原因，使錢玄同轉而反對復古，對中國傳統道德、禮儀、歷史和以漢字為載體的傳統文化持全面的激烈的批判態度。他反對舊的“三綱五常”，反對婦女的“三從”之訓，反對迷信，反對舊的婚禮、葬禮、喪服，以及拖

---

1 《回語堂的信》，《語絲》第 23 期。
2 《日記》，1917 年 9 月 25 日。
3 《日記》，1919 年 1 月 5 日、1 月 7 日。

辮、纏腳等惡習。他說："凡過去的政治、法律、道德、文章，一切都疑其不合理。"[1] 1918 年，他一度認為在中國二千年的古籍中，"孔門忠孝干祿之書"佔百分之五十五，道家及不明人身組織的醫書佔百分之二十，誨淫誨盜、說鬼談狐，滿紙發昏夢瘋之書佔百分之二十五。[2] 在稍後公開發表的《中國今後之文字問題》一文中，他進一步提出："欲廢除孔學，不可不先廢漢文；欲廢除一般人之幼稚的野蠻的頑固的思想，尤不可不先廢漢文。"[3]

中華民族在漫長的歷史中創造了光輝燦爛的文化。但是，在我們研讀錢玄同的著作時，總感覺到他否定較多、看消極面較多。1923 年 7 月 1 日，他致函周作人說："我近日很'動感情'，覺得二千年來的'國粹'，不但科學沒有，哲學也玄得厲害。"在他看來，不僅"理智的方面毫無可滿足之點"，即就"情感方面的文學"而論，也問題很多。[4] 為此，他以疾惡如仇的態度激烈地攻擊國粹的崇拜者，聲稱對"國故派之頑凶"，"必盡力攻訐"。"前此已然，於今為烈。"[5]

在這一方面，他較之陳獨秀、魯迅、胡適諸人，也都走得更遠、更徹底。還在"五四"前夜，他就認為胡適"微有《老》學氣象"[6]；又批評他對外議論，旗幟有欠鮮明，"對於千年積腐的舊社會，未免太同他周旋了。"[7] 1923 年，更批評胡適"思想雖清楚"，而態度則不如陳獨秀和吳稚暉二人"堅決明瞭"。他甚至說："舊則舊，新則新，兩者調和，實在沒有道理"，主張將"東方文化連根拔去"。[8] 這是中國近代很少有人發表過的極端言論。

近代中國正處於社會轉型階段。與社會轉型相適應，文化也會發生不同程度的轉型。錢玄同的反傳統思想雖然偏激，有其謬誤之處，但它是這一歷史條件下的產物，有其必然性和合理性。同時，應該看到，錢玄同在事實上並未全

---

1 《日記》，1925 年 8 月 4 日。
2 《日記》，1918 年 3 月 4 日。
3 《新青年》第 4 卷 4 號。據錢玄同 1918 年 1 月 2 日日記云："獨秀、叔雅二人皆謂中國文化已成僵死之物，誠欲保種救國，非廢滅漢文及中國歷史不可，吾亦甚然之。此說與豫才所主張相同。"可見當時主張廢除漢字的不止錢玄同一人，不過別人沒用像錢玄同一樣"放炮"而已。
4 《致周作人》，《中國現代文藝研究資料叢刊》第 5 輯，第 340—341 頁。
5 《致胡適》，《胡適遺稿及秘藏書信》第 40 冊，第 270 頁。
6 《日記》，1918 年 1 月 2 日。
7 《致胡適》，1918 年 7 月或 8 月，《胡適遺稿及秘藏書信》第 40 冊，第 255 頁。
8 《致周作人》，《中國現代文藝研究資料叢刊》第 5 輯，第 346 頁；又見於其 1924 年 4 月 8 日日記。

盤反傳統。對於中國文化中的優良部分，他仍然是充份肯定的。例如：對周秦諸子，特別是墨學，對司馬遷、劉知幾的史學，對王充、鮑敬言、鄧牧、李贄等人的異端思想和無君思想，對宋代的永嘉學派、清代的顏李學派和浙東學派，以及對《水滸》、《三國演義》、《金瓶梅》、《紅樓》、《儒林外史》，等等，錢玄同都是肯定的，有些還肯定得很高。例如，他之所以改名"玄同"，就是"妄希墨子"，"想學墨子的長處"[1]。對《詩經》中的《國風》，他評之為"狠真狠美"。[2] 對司馬遷的《史記》，他認為"作意"好，有"特識"，可以使人"得鑒既往，以明現在，以測將來，決非帝王家譜、相斫書"。[3] 一直到 20 年代，禪宗的語錄、王陽明的《傳習錄》都還在他的常讀書之列。[4] 即使對於有些所謂"偽書"，他也不輕易否定。1922 年 9 月 1 日，錢玄同致函胡適說："'託古改制'是中國人的慣技，自來造假書的最有名的人是劉歆和王肅，但此二人所造的偽書，儘有他的價值，未可輕於抹殺。"[5]

　　還特別應該指出的是，錢玄同所反對的主要是傳統文化的當代價值或此時價值，而非其歷史價值或彼時價值。對傳統文化的歷史價值或彼時價值，錢玄同也是肯定的，認為這種價值可謂"不廢江河萬古流"，雖歲月變遷，不能"貶損絲毫"。例如，錢玄同對孔子就肯定得很高。新文化運動期間，他雖然主張"廢孔學"，但同時明確表示："如孔丘者，我固承認其為過去時代極有價值之人。"他所"實在不敢服膺者"，不過只有"別上下，定尊卑"這一點。[6] 他同意朱蓬仙的看法，認為"孔子以前，榛榛狉狉，極為野蠻。孔子修明禮教，撥亂反正"，有文明開化的功勞。[7] "五四"後，他進一步表示："一部《論語》，確是古代底大學者的言論。"[8] 又說："孔丘確是聖人，因為他是創新的，不是傳統的；秦漢以來的儒生，直到現在的孔教徒是蠢才，因為他們是傳統的，不是創

1　《日記》，1917 年 4 月 14 日。
2　《致胡適》，1921 年 12 月 7 日，《胡適遺稿及秘藏書信》第 40 冊，第 297 頁。
3　《日記》，1919 年 1 月 1 日。
4　《日記》，1922 年 9 月 12 日。
5　《胡適遺稿及秘藏書信》第 40 冊，第 316 頁。
6　《致陳獨秀》，《新青年》3 卷 4 期。
7　《日記》，1917 年 3 月 28 日。
8　《古史辨》（一），第 52 頁。

新的。"[1] 他對孔學在中國歷史上因時變遷的情況也有很好的分析。他認為，在孔子成為"教主"後，經過漢、宋、晚清等不同時期學者的解釋，"三次增加，真相愈晦"。[2] 錢玄同提出："適用於古昔，未必適用於今日。"[3] 他所反對的，主要是袁世凱、孔教會之流利用孔學毒化當代人，為復辟帝制或為鞏固北洋軍閥統治服務。因此，他明確表示孔學不適用於 20 世紀共和時代，"孔門忠孝干祿"一類書籍"斷不可給青年閱看，一看即終身陷溺而不可救拔"。[4] 可見，他對傳統文化的批判的立足點、著眼點都在當代。

錢玄同主張，新的時代，中國應該有一種新的文化出現，傳統文化必須"退居到歷史地位"。[5] 這一思想仍然有其合理性。打個比方，商鼎周彝之類，在彼時是適用的禮器、食器、酒器，但在此時，則只能送進歷史博物館陳列。它們可以價值連城，但是卻不再具有實用價值，假如今天仍然有人要求社會公眾普遍使用，那只能是笨伯。1922 年 9 月 22 日，錢玄同致函周作人稱："我尊重《紅樓夢》有恆久的文學價值，猶之乎尊重《詩經》有恆久的文學的價值，但現在做詩，人之知其決不應該'點竄《周南》、《召南》字，塗改《鄭風》、《衛風》詩'，則現在做文，當然也不應該'點竄貫中、雪芹字，塗改承恩、敬梓文'也。"[6] 錢玄同所反對的只是"拒新崇故"，反對用舊事物、舊文化攔阻新事物、新文化的出生和成長。[7]

任何文化形態都是特定時空狀態下的產物，它常常只適應於特定的時間和空間，因此，文化的發展總是如長江、黃河，一浪一浪地向前發展，所謂"江山代有人才出，各領風騷五百年"是也。但是，在文化的發展中，也總有若干東西、若干成份，可以適用於其他時代、其他環境。這裏有著文化發展的階段性和連續性的辯證關係，也有著民族性和世界性的辯證關係。應該承認，錢玄同只看到了文化發展的階段性，較少看到其連續性和可繼承性，這是其缺陷。

1　《日記》，1922 年 10 月 1 日。
2　《日記》，1926 年 9 月 14 日。
3　《日記》，1917 年 1 月 28 日。
4　《日記》，1918 年 3 月 4 日。
5　《新青年》4 卷 1 號。
6　《中國現代文藝研究資料叢刊》第 5 輯，第 335—336 頁；參見《日記》，1922 年 10 月 1 日。
7　《致周作人》，《中國現代文藝研究資料叢刊》第 5 輯，第 343 頁。

同時，也應該看到，一種過時的文化，在不同的歷史條件下可以再度煥發生命；或者，在經過改造、轉換後，可以為新的時代服務。我們這個民族有許多寶貴的東西，腐朽尚且可以化為神奇，何況本來就是寶貝呢！近年來，有些學者提倡對"儒學"進行"創造性的轉換"，力圖使古老的儒學和現代化結合，或者以之作為對西方現代病的一種補偏救正的藥方。這方面的探索當然是有益的、有意義的。這些情況，當年的錢玄同當然無法夢見，但是，1922 年 4 月，錢玄同評論沈尹默"五四"後的"篤舊"傾向時，曾經表示，"舊成績"總有一部分可以"供給新的"，"為材料之補充"，這樣的觀點就較為全面了。

三、歐化思想

錢玄同主張中國的出路是"歐化"。所謂"歐化"，也就是"西化"。他說："我的思想，認定中華民國的一切政治、教育、文藝、科學，都該完全學人家的樣子，斷不可回顧十年前的死帝國。'不好的樣子'雖然行了數千年，也該毅然決然的撲滅他；合理的新法，雖然一天沒有行，也該毅然決然，振興他。"他號召中國國民"做一個二十世紀時代的文明人，不做那清朝、唐朝、漢朝、周朝、五帝、三皇、無懷、葛天時代的野蠻人。"[1] 錢玄同這裏所說的"學人家"，自然指的是學西方。錢玄同甚至公開主張要廢除漢語，改用一種外國語作國語。他說："中國的語言文字總是博物院裏的貨色，與其用了全力去改良他，還不如用了全力來提倡一種外國語作為第二國語 —— 或簡直作為將來的新國語，那便更好。我的意思，以為今後中國人要講現在的有用學問，必當懂幾國語言文字。"[2] 辛亥革命前，錢玄同曾經辱罵主張改革漢字或廢漢字的人為"發瘋"，是"王八蛋"[3]，至此，算是轉了一個一百八十度的大彎子。

此後，在"西化"和"保存國粹"之間，他總是肯定"西化"。1920 年 8 月 16 日，錢玄同致函周作人說："純粹美國派固亦不甚好，但總比中國派好

---

1 《新青年》5 卷 1 號，第 81 頁。
2 《日記》，1919 年 1 月 5 日。
3 《日記》，1908 年 4 月 29 日、8 月 27 日。

些。專讀英文，固然太偏，然比起八股、駢文的修辭學來，畢竟有用些。"又說："我近來對於什麼也不排斥（因為我自己太無學問也），唯對於'崇拜國故者'，則以為毫無思想與知識之可言。雖著作等身，一言以蔽之曰，屁話而已。"[1]

近代中國人的難題是：中國人一方面學習西方，但是，西方列強卻又侵略和欺負中國，於是，頑固派和"國粹"派就有了市場。錢玄同卻能正確處理這一難題。他認為，為了愛國，不吸哈德們香煙是對的，但是，不能回過頭去提倡三尺長的旱煙筒。後來，他進一步明確表示："忍受帝國主義者侵略的暴力，是糊塗蛋丟臉的行為；服從先進國發明的學術，是明白人合理的舉動。"[2]

錢玄同的所謂歐化，實際上是現代化的同義語。他說："到了民國時代，還要祀什麼孔，祭什麼天，還要說什麼綱常名教，還要垂辮裹腳，還要打拱叩頭……你想，人家是坐了飛機向前直進，我們極少數人踱著方步向前跟走，那班'治平'大家還氣不過，還要橫拖直扯的把少數人拉扯上了哪吒太子的風火輪，向後直退。"[3]又說："我堅決地相信所謂歐化，便是全世界之現代文化，非歐洲人所私有，不過歐洲人聞道較早，比我們先走了幾步。我們倘不甘'自外生成'，唯有拚命去追趕這位大哥，務期在短時間之內趕上，到趕上了，然後和他們並轡前驅，笑語前行，才是正辦。"[4]這兩段話，可以幫助我們瞭解錢玄同提倡"歐化"及其心情迫切的原因。

眾所周知，民族語言是民族文化中最重要的因素，錢玄同卻主張用一種外國語來作為中國的國語，自然，這是徹底的西化論。在日記和私人信札中，錢玄同也曾有過"全盤承受西洋文化"的說法。[5]陳序經的"全盤西化"論和胡適的"充份世界化"論，都出現於30年代，比起錢玄同來，要晚很多年。

"全盤西化"論當然是錯誤的，以一種西方語言代替漢語作為國語的意見也當然是錯誤的。但是，必須指出的是，錢玄同所主張引進的主要的是西方的自

---

1 《中國現代文藝資料叢刊》第 5 輯，第 317 頁。
2 《通訊》，《國語週刊》第 9 期。
3 《新青年》6 卷 2 號，第 241 頁。
4 《回語堂的信》，《語絲》第 23 期。
5 《致周作人》，《中國現代文藝研究資料叢刊》第 5 輯，第 346 頁；又見於其 1924 年 4 月 8 日日記。

然科學和進步的社會科學、文學，如達爾文的進化論、易卜生的問題戲劇，以及博愛、互助、平等、自由等學說之類，並非認為西方什麼都好，連月亮也是外國圓。[1] 他清醒地看到西方也有"臭蟲"，反對將它移到中國來"培養"。1923年7月16日，錢玄同致函周作人說："我們縱然發現了外國人的鐵床上有了臭蟲而不撲滅，但我們決不應該效尤，說我們木床上的臭蟲也應該培養，甚至說應將鐵床上的臭蟲捉來放在木床上也。"他反對什麼都效法西方，亦步亦趨，認為"外國女人雖穿銳頭高跟的鞋子，但中國女人並非不可穿寬頭平底的鞋子"[2]。1925年6月25日，他又進一步解釋道："我常說'歐化'，似乎頗有'媚外'之嫌，其實我但指'少數合理之歐'而言之耳。'多數之歐'，不合理者甚多，此實無'化'之必要。"[3] 這樣，他就又在實際上修正了自己的"全盤西化"論。

西方世界從18世紀起陸續脫離中世紀（也就是大陸學界通常所說的封建社會），進入現代化過程；到20世紀20年代前後，西方發達國家的現代化已經達到了相當的高度。中國則自鴉片戰爭之後，長期沉淪於半封建、半殖民地的泥潭中。擺在中國人民面前的所謂"歐化"問題，實際上是一個學習西方，實現中國的現代化的問題。自林則徐、魏源以至嚴復、康有為、梁啟超、孫中山等先進的中國人無不提倡學習西方，今天的現代中國文明的許多方面也確實來源於西方。因此，我們應該看到"歐化"思想的合理內核，而不應該恐懼"歐化"、拒絕"歐化"。試問，我們能拒絕在西方充份發展起來的"聲（學）、光（學）、化（學）、電（學）"等近代科學嗎？能拒絕以選舉制、代議制、政黨制等為特徵的近代民主嗎？當然不能。

堅定不移地從事改革、從事開放，世界各個國家、各個民族一切比我們先進的東西都要學過來，這是歷史的經驗，也是歷史的結論。自然，我們也要記住錢玄同的話，不要引進西方的"臭蟲"。

1　《致周作人》，《魯迅研究叢刊》第7頁；參見《新青年》6卷6期，第650頁。

2　《中國現代文藝資料叢刊》第5輯，第344頁。

3　《致周作人》，《魯迅研究資料》第10輯，第7頁。

四、自由主義思想

如上述，錢玄同早年就羨慕社會主義和無政府主義，但是，很奇怪，當陳獨秀和胡適在贊成或反對社會主義這一問題發生分歧，《新青年》內部因而分裂時，錢玄同卻站到了胡適一邊。

根據錢玄同日記所述，分歧始於 1918 年 1 月，爆發於 1919 年 10 月李大釗將《新青年》六卷五號編為《馬克思主義研究專號》時。衝突的結果是改變《新青年》四、五、六三卷所實行的輪流編輯制，仍如此前各卷一樣，歸陳獨秀一人編輯。[1] 1920 年，陳獨秀先後出版《勞動紀念節專號》和《俄羅斯研究專欄》，陳、胡分歧加劇，雙方 “短兵相接”。“一則主張介紹勞農，又主張談政；一則反對勞農，又主張不談政治。”[2] 從思想自由的理念出發，錢玄同認為 “統一思想” 是 “最丟臉的事”，[3] 反對胡適 “不談寶雪維幾（Bolshevism）” 的意見，主張陳獨秀等人可以談，《新青年》可以任由陳獨秀辦下去，辦成《蘇維埃俄羅斯》的漢譯本也無不可。[4] 但是，他認為中國人的程度不夠，要改良中國政治，首先要改良中國社會，改變中國人的思想，“好好地坐在書房裏”，“請幾位洋教習” 來教 “做人之道”，“等到略有些 ‘人’ 氣了，再來推翻政府”。[5] 因此，他明確表示，“布爾什維克” 主義 “頗不適用於中國”[6]。

錢玄同之所以有上述看法，固由於他從早年起就反對 “強淩弱，眾暴寡”[7]，但更重要的原因則在於，他覺得中國人 “專制”、“一尊” 的思想過於強烈，有關傳統過於深厚，會發生 “學術專制”、“思想壓迫” 的可怕狀況。1920 年 9 月 25 日，他致函周作人說：“我們實在中孔老爹學術思想專制之毒太深，所以對於主張不同的論調，往往有孔老爹罵宰我，孟二哥罵楊、墨，罵盆成括之風。”[8] 1922 年 4 月 8 日，再致周作人函說：“我近來覺得改變中國人的思想真是唯一

1　《日記》，1919 年 10 月 5 日。
2　《日記》，1921 年 1 月 18 日。
3　《關於 “新青年” 問題的幾封信》，《中國現代出版史料》甲編，北京中華書局 1954 年版，第 11 頁。
4　《錢玄同致魯迅、周作人》，《魯迅研究資料》第 12 輯，第 18 頁。
5　《錢玄同致魯迅、周作人》，《魯迅研究資料》第 12 輯，第 18 頁。
6　《致周作人》，1921 年 6 月 12 日，《中國現代文藝研究資料叢刊》第 5 輯，第 332 頁。
7　《日記》，1917 年 1 月 5 日。
8　《中國現代文藝研究資料叢刊》第 5 輯，第 322 頁。

要義。中國人‘專制’‘一尊’的思想，用來講孔教，講皇帝，講倫常，……固然是要不得，但用它來講德謨克拉西，講布爾什維克，講馬克思主義，講安那其主義，講賽因斯，……還是一樣的要不得。反之，用科學的精神（分析條理的精神），容納的態度來講東西，講德先生和賽先生等固佳，即講孔教，講倫常，只是說明他們的真相，也豈不甚好。我們從前常說‘在四隻眼睛的倉神菩薩面前剛剛爬起，又向柴先師的腳下跪倒’，這實在是狠危險的事。”[1]他神往於中國古人所幻想的“萬物並育而不相害，道並行而不相悖”的寬闊而自由的世界，只要不“有害於社會”，個人的各種信仰、崇拜、愛好都可以聽其自由。[2] 1926 年 3 月 14 日，錢玄同致函周作人稱：“我的謬見，總覺得還是‘太丘道廣’些好。”“三民主義也好，好政府主義也好，‘蘇’制也好，無政府主義也好（只要比曾琦略為不討厭些，也就可以容納）；國語也好，方言也好；漢字暫且維持也好，注音字母也好，羅馬字母也好；規規矩矩的文章也好，放屁放屁的文章也好；讚美《馬太福音》的第五章也好，反對基督教也好；到天安門前去痛哭流涕也好，在愛人懷裏做‘狄卡丹’也好。”[3]又說：“若有人肯研究孔教與舊文學，鰓理而整治之，這是求之不可得的事。即使那整理的人，佩服孔教與舊文學，只是所佩服的確是它們的精髓的一部分，也是狠正當，狠應該的。但即使盲目的崇拜孔教與舊文學，只要是他一個人的信仰，不波及社會——波及社會，亦當以有害於社會為界——也應該聽其自由。”[4]錢玄同認為，天下最可厭的事便是“清一色”，不能大家都做“千篇一律，千言萬語只是一句話”的文章，“要它駁雜不純些才好”。[5]

20 年代的錢玄同主張改變“五四”時期“排斥孔教，排斥舊文學”的絕對態度，但是，他仍然堅持，“很鮮明的‘渾’不得不反對”，“例如鼓吹復辟，鼓吹文言，鼓吹向孔丘與耶穌叩頭”。[6] 1925 年 5 月，當他讀到章太炎主編的《華國》雜誌第 38 期時，不勝憤憤，認為“‘敝老師’的思想的的確確夠得上稱

1 《魯迅研究資料》第 9 輯，第 112 頁。該刊將本函寫作年代繫於 1932 年，誤。
2 《日記》，1921 年 1 月 1 日。
3 《魯迅研究資料》第 9 輯，第 110—111 頁。
4 《魯迅研究資料》第 9 輯，第 113 頁。
5 《致周作人》，1926 年 3 月 14 日，《魯迅研究資料》第 9 輯，第 110—111 頁。
6 《魯迅研究資料》第 9 輯，第 110 頁。

為昏亂思想"，"其荒謬之程度遠過於梁任公之《歐遊心影錄》，不可不辭而辟之"。他致函胡適，希望他出來做"思想界的醫生"，為思想界注射"防毒針和消毒針"，不僅寫《中國哲學史》、《中國佛學史》、《國語文學史》一類著作，而且尤其希望他寫《評東西文化及其哲學》、《科學與人生觀序》一類文章。他謙虛地自稱："錢玄同是'銀樣蠟槍頭'，心有餘而力沒有（還配不上說'不足'），儘管叫囂跳突，發一陣子牢騷，不過贏得一班豬玀冷笑幾聲而已，所以不得不希望思想、學問都狠優越的人們來幹一下子。"[1] 同年，當章士釗出任北京政府教育總長，攻擊白話文，企圖恢復文言的一統天下時，錢玄同奮然再起，組織反擊，致函胡適說："現在古文妖焰太盛了，這種'反革命'的潮流，實有推翻它之必要。"[2] 不久，反章鬥爭勝利，錢玄同又著文宣佈："章行嚴去矣，後之來者，要是也像他那樣做渾蛋們的代表，也像他那樣，要憑藉官勢來統一思想，不管他是張三或李四，阿貓或阿狗，亡國大夫或興國偉人，紳士或暴徒，我還是與對待章行嚴一樣，反抗他，攻擊他。"[3]

思想自由與思想鬥爭相輔相成。沒有思想自由，就會窒息新機，使社會和文化趨於僵化、停滯；但是，沒有思想鬥爭，也會使謬種流傳，真理不彰，無法除舊佈新、推動社會和文化向更高層次的發展。當然，這種思想鬥爭，憑藉的是真理自身的力量，而不是憑藉權勢或其他。爭論雙方都應該是平等的。

五、整理國故思想

研究一種民族文化，只懂得這種文化本身是不夠的。還在新文化運動初期，錢玄同就主張研究外國文化，擴大外國文化知識，然後才能獲致對民族文化的精確認識。他說："前此閉關時代，苦無域外事可參照，識見拘墟，原非得已。今幸五洲變通，學子正宜多求域外知識，以與本國參照。域外知識愈豐富者，其對於本國學問之觀察，亦愈見精美。"[4]

---

1 《胡適遺稿及秘藏書信》第 40 冊，第 352—356 頁。
2 《胡適遺稿及秘藏書信》第 40 冊，第 360—362 頁。
3 《國語週刊》第 26 期，1925 年 12 月 6 日。
4 《日記》，1917 年 1 月 20 日。

"五四"以後，錢玄同是整理國故運動的宣導者之一。他主張用新思想、新方法研究國故，反對頂禮膜拜。1920年8月16日致周作人函稱："我以為'國故'這樣東西，當他人類學、地質學之類研究研究，也是好的，而且亦是應該研究的。"[1]在他和胡適等人的推動下，古史辨學派興起。

　　疑古思潮古已有之。錢玄同推尊自唐代劉知幾、宋代歐陽修、明代李贄直至清代康有為等人的疑古思想，大力提倡辨偽之學，企圖將疑古精神普遍擴展到當時對中國古代歷史和傳世古籍的研究中去。還在辛亥革命前，錢玄同就對劉知幾的著作有極高的評價。日記說："晚閱《史通》，先取前儒所痛斥為非聖無法之《疑古》篇而觀之，覺其偉論卓識，獨具眼光，欽佩無量。"[2]李贄在其著作《焚書》中對被儒家尊為大聖人的舜有所非議，錢玄同也表示讚賞，"有先得我心之喜"[3]。"五四"前夜，錢玄同的疑古思想進一步發展。當時，朱希祖曾認為"雖子思、孟子所說亦不足信"，錢玄同贊成此說，聲稱："思、孟之義既不可信，何以左丘明之事實便可信，義可偽造，事寧不可偽造乎？"[4]"五四"後，他多次表揚宋人、明人"勇於疑古"[5]，他甚至認為，善疑是學術進步的必要條件，聲稱："學術之進步全由於學者的善疑，而'贗鼎'最多的國學界尤非用極熾烈的懷疑精神去打掃一番不可。"[6]

　　錢玄同認為，辨偽經重於辨諸子，辨偽事重於辨偽書。

　　西漢時，儒學從九流中脫穎而出，定於一尊；自此，儒學和與儒學有關的若干著作也就上升為"經"，具有了"天經地義"、不容置疑的權威性和永恆性。錢玄同重視辨偽經。1921年11月5日，他致函顧頡剛，認為辨偽經的重要性超過辨子書，刻不容緩的工作是編纂《偽經辯證集說》一書。他說："'子'為前人所不看重，故治'子'者尚多取懷疑之態度，而'經'則自來為學者所尊崇，無論講什麼，總要徵引它，信仰它（直到現在，還有人根據《周禮》來講

1　《中國現代文藝研究資料叢刊》第5輯，第317頁。
2　《錢玄同日記》，1908年1月2日。
3　《日記》，1908年1月23日。
4　《日記》，1917年3月28日。
5　《日記》，1921年1月5日；1922年1月10日。
6　《研究國學應該首先知道的事》，《讀書雜誌》第12期，1923年8月5日。

周史的！）也。"[1] 後來又說："我覺得宋以來有四個大學者，本來都是可以有大成就的，因為被'經'字罩住了，以致大蒙其害。"[2] 可見，錢玄同著眼辨偽經，目的是打掉籠罩在儒學著作上的神聖光輪，將人們的思想從"經"的桎梏中解放出來。1921 年 12 月 7 日，他曾將這一工作戲稱為"毀冠裂冕"、"撕袍子"、"脫褲子"，致函胡適說："我們是決心要對於聖人和聖經幹'裂冕，毀冕'撕袍子，剝褲子的勾當的，那麼，打'經字招牌'是很要緊的事了。"[3]

儒家學說有穩定社會秩序的作用，漢以後，歷代的統治者大都提倡讀經，清末和北洋時代的軍閥們尤其如此，凡疑"經"、非"經"者均視為非聖無法、大逆不道，可以"正兩觀之誅"。[4] 錢玄同說："在官廳方面，打'經字招牌'更是極重要的事。教育部雖然比較別部稍微乾淨一點，可是遺老、遺少，衛道的君子們，晚晴簃的詩翁，此中亦復有之，在這種地方發點'非聖無法'的議論，也是功德。""晚晴簃的詩翁"，指徐世昌及其清客們。由此不難看出錢玄同的辨偽經和當時現實的反對北洋軍閥鬥爭的關係。

古無文字。人類的遠古史靠一代一代人的口耳相傳，自然，其可靠性、科學性是極為有限的。在這種口耳相傳中，後人會不斷地、層層疊疊地附加自己臆想的成份，自然，離古史的實際情況也會越來越遠。中國古代流行尊古、崇古觀念，各家各派常常自覺不自覺性地託古改制，或借古喻今，或自我作古，偽造古事以至偽造古書的情況更時有發生。錢玄同認為：三皇、五帝、三代（至西周止）的事實，百分之中倒有九十分以上是後人虛構的。[5] 又認為：孟子、墨子、荀子以至宋代的"朱老爹"等人，"無不造假典故"。[6] 因此，錢玄同主張將辨偽作為研究工作的"第一步"[7]，既辨偽事，也辨偽書，以便清除古史、古籍中的虛假成份，還其真實面目。1921 年 1 月 27 日，錢玄同致函顧頡剛稱："考辨真偽，目的在於得到某人思想或某事始末之真相，與善惡是非全無關係。"[8]

1　《古史辨》（一），第 41 頁。
2　《古史辨》（一），第 52 頁。
3　《胡適遺稿及秘藏書信》第 40 冊，第 46—48 頁。
4　《古史辨》（一），第 52 頁。
5　錢玄同：《三國演義序》。
6　《胡適遺稿及秘藏書信》第 40 冊，第 316 頁。
7　《古史辨》（一），第 30 頁。
8　《古史辨》（一），第 24 頁。

他認為，只有這樣，才能將歷史學和文獻學的研究建立在科學的、可信的基礎之上。

近代古史研究的重要推進是對甲骨文、金文的利用，在這方面，王國維做出過重大成就。錢玄同雖然強烈反對一切忠於清王朝的人，稱羅振玉為「羅遺老」，王國維為「王遺少」，但是，他仍然充份肯定「王遺少」的研究方法，提出要「應用甲、金二文，推求真古字、真古史、真古制」[1]。「五四」以來的中國古史研究證明，這是一條正確的道路。

有些古代著作並非偽書，但是經過歷代儒生的解釋後面目全非，《詩經》就是最典型的例子。錢玄同認為：《詩經》只是一部最古的『總集』，與後來的《文選》、《花間集》、《太平樂府》等書性質相同，不是什麼「聖經」。他反對漢儒動輒牽合政治，主張不去理會所謂某篇「刺某王」，「美某公」，以及「后妃之德」，「文王之化」一類注解，同時主張將解《詩》的漢儒「毛學究、鄭呆子」的文理不通處舉出幾條來示眾。[2] 1921 年 12 月 7 日，錢玄同致函胡適，要求他在闡述「國語文學」時，首列《詩經》中的《國風》，同時建議胡適，趕緊「請它洗一個澡，替它換上平民的衣服、帽子」。他說：「腐儒誤解的，我們更要替它洗刷，留它的『廬山真面目』才是。」1923 年，他又曾致函顧頡剛，鼓勵他說：「救《詩》於漢宋腐儒之手，剝下它喬裝的聖賢面具，歸還它原來的文學真相，是狠重要的工作。」[3] 錢玄同勉勵胡適重新整理《詩經》，他說：「孔聖人雖未一定幹過『刪詩』的事業，而胡聖人則大可 —— 而且應該 —— 幹『刪詩』的事業。」[4] 錢玄同這裏稱胡適為「胡聖人」，讓他和「孔聖人」平起平坐，雖是戲言，但卻充份表現出錢玄同平視古今的勇敢態度。

《詩經》是舊時《六經》之一。錢玄同認為《六經》之說，乃是「無端將幾部無條理、無系統、真偽雜揉，亂七八糟的什麼『經』也者硬算是孔二先生的著作，還造了許多妖魔鬼怪之談，什麼『三統』咧，什麼『四始』咧……強說是他老先生說過這樣不通可笑的話，他真被冤誣了！」因此，錢玄同主張將《六

---

1 《日記》，1922 年 7 月 15 日。

2 《復顧頡剛》，1922 年 2 月 22 日，《古史辯》（一），第 46—47 頁。

3 《致顧頡剛》，《古史辨》（一），第 50 頁。

4 《胡適遺稿及秘藏書信》第 40 冊，第 46—48 頁。

經》與孔丘分家。[1]

《春秋》長期被認為是孔子的重要著作。錢玄同認為，《春秋》是歷史，但不是孔子做的，"以他老人家那樣的學問才具，似乎不至於做出這樣一部不成東西的歷史來。"[2]

《尚書》，錢玄同認為其《金縢》篇"滿紙鬼話"，"其荒誕不經的程度，比《三國演義》中諸葛亮借東風那一段還要加增幾倍"。[3]

……

可以看出，疑古思潮、整理國故運動、古史辨學派的出現都是"五四"精神在學術領域內的深入和發展，具有反對老八股、老教條，解放思想，存真求實的作用。在這一精神的光照下，古史辨學派在中國古史、古籍的辨偽、還原等方面，做出過一定的貢獻。但是，萬事萬物都有度，過了度，真理就可能成為謬誤。近年來考古學、古代文獻學等方面的發展已經證明，錢玄同和古史辨學派的疑古有許多過頭之處，因此，又出現了"走出疑古時代"的呼籲。

信古和疑古，是兩個對立面，也是兩個極端。迷信古人，易為古人所欺；反之，懷疑過分，也會否定了應該肯定的東西。科學的態度應該是盡力擺脫政治附庸、宗派師承、個人好惡的局限，客觀冷靜，實事求是，當信則信，當疑則疑，這才能接近真理、掌握真理。

六、文學革命、漢字革命思想

辛亥革命前，錢玄同一度是中國傳統文學的崇拜者。1909 年 6 月，他在閱讀清代作家張惠言的《茗柯文編》時，評價說："閱其賦，庶幾漢人矣，而其散文出入韓文，頗有桐城氣息。"[4] 他的朋友和同學朱蓬仙準備學習駢體文，以清代汪中為榜樣，他也極表贊成。[5] 但是，新文化運動興起後，錢玄同卻尖銳地批判"桐城謬種，《選》學妖孽"，成為舊文學的強烈反對者。1917 年 1 月 25 日

1　《古史辨》（一），第 52 頁。
2　《古史辨》（一），第 276 頁。
3　錢玄同：《三國演義序》。
4　《日記》，1909 年 6 月 18 日。
5　《日記》，1909 年 10 月 22 日。

日記說：“若如近世所謂桐城派之文，江西派之詩……直欲令人作三日嘔。”

　　錢玄同積極支持胡適、陳獨秀等宣導的文學革命。胡適發表《文學改良芻議》後，錢玄同即斷言“必能於中國文學界開新紀元”。但是，錢玄同提倡一種比較徹底的白話文學。他總覺得胡適的白話還不到家，有點像宋詞和明清小說。1917年，錢玄同讀了胡適的《嘗試集》後，在日記中寫道：“適之此集是他白話文的成績，而我看了覺得還不甚滿意，總嫌他太文點，其中有幾首簡直沒有白話的影子。我曾勸他既有革新文藝的宏願，便該儘量用白話去做才是。此時初做，寧失之俗，毋失之文。”[1] 他主張：“我們現在做白話詩，不但應該脫盡古詩、律詩的俗套，而且應該脫盡從前的白話詩詞至民歌的俗套。”[2] 在錢玄同的幫助下，胡適才“放手去做那長短無定的白話詩”。[3] 其他白話詩作者，如劉半農、周作人、汪靜之等，也都得到過錢玄同的鼓勵或幫助。例如，錢玄同認為，周作人的《小河》等詩“做得比適之、半農都好”，汪靜之的詩，“確是一種蔥蘢、清新氣象，可羨可妒”。[4]

　　錢玄同也提倡一種比較徹底的白話文，認為“不但應該脫盡古文、駢文的俗套，而且應該脫盡從前的白話文學（如禪宗及宋儒的語錄、宋明人的筆札、曹吳的小說）的俗套”[5]。但是，他也主張，“凡明白易曉的文言，可以儘量輸入於白話之中，使白話的內容逐漸豐富起來。”此外，他還主張吸收西方語言的優點，做歐化的白話文。[6] 1922年10月19日，錢玄同致函周作人，稱讚周的“歐化語體文”，要求“努力做得‘極力各洛’，使其去中國舊白話文愈遠愈好”。[7]

　　中國小說長期有文言小說、白話小說兩派。還在辛亥革命前，錢玄同就認為小說應該以白話為正宗。1906年2月3日日記稱：“小說總以白話章回體為宜。若欲以文筆行之，殊難討巧。”1920年，他又為《儒林外史》作序，稱頌這部書的出世，“可以說他是中國國語文學完全成立的一個大紀元”[8]。他甚至提

1　《日記》，1917年10月22日。
2　《日記》，1922年10月1日。
3　胡適：《五十年來的中國文學》，《胡適文存》2集卷1。
4　《日記》，1919年2月5日；1922年9月29日。
5　《日記》，1922年10月1日。
6　《三國演義序》。
7　《中國現代文藝研究資料叢刊》第5輯，第338頁。
8　《儒林外史新敘》，亞東版《儒林外史》，1920年11月。

出，要將《儒林外史》作中等學校的《模範國語讀本》。[1]

在提倡以白話寫作文學作品之外，錢玄同特別提倡在應用文領域內普遍使用白話。1917 年，他致函陳獨秀，提出應用文改革大綱，其第一條就是以國語寫作[2]，這就空前地擴大了白話的使用範圍，使它全面佔領漢語書面語言的各個領域。錢玄同多次指出近語比古語精密[3]，提倡白話不是為了求通俗、求普及，而是要將它"作為高等文化、高等知識的媒介"。[4] 1922 年 10 月 2 日，他在北京女子高等師範學校演講，特別說明："我們主張文學革命，不是嫌古文太精深，乃是嫌古文太粗疏；不是單謀初級教育和通俗教育的方便，乃是謀中國文學的改良。我們不僅主張用白話文來做初級教育和通俗教育的教科書，尤其主張用彼來著學理深邃的書籍。"[5]

提倡白話，將白話定為正統的漢民族的書面語言和文學語言，對於普及文化、提高民族文化素質、引進先進的外來文化、發展新文化和新文學，都極為有利。它是"五四"新文化運動的重大功績。這一革命的主將自然是胡適，而助其成者，陳獨秀之外，就是錢玄同。

在提倡白話的同時，錢玄同主張改良漢語。1919 年 1 月 5 日日記說："國語的用處，當限於普通信札、報紙等等。以中國現在的普通語言，即所謂的官話也者為根底，其有不備，古文、方言和外國語裏的字都應該採用。"錢玄同從 1917 年加入國語研究會起，就一直以滿腔熱情投入提倡國語和國語統一的各項工作。他提出，"國語應該以民眾的語言為基礎"，"要仔細搜集考察民眾的語言、文藝的精髓"，[6] 這都是有價值的見解。

錢玄同對漢字進行過猛烈的攻擊，他認為漢字是低級的文字。日記說："論其本質，為象形字之末流，為單音語之記號。其難易巧拙已不可與歐洲文字同年而語。"又說："此等文字亦實在不可以記載新文明之事物。"[7] 因此，他大力

1　《儒林外史新敘》，亞東版《儒林外史》，1920 年 11 月。
2　《新青年》3 卷 5 號，《通信》第 8 頁。
3　《日記》，1922 年 10 月 22 日。
4　《國語月刊發刊詞》。
5　《國語月刊》第 1 卷，第 9 期。
6　《答裴文中》，《國語週刊》第 27 期。
7　《日記》，1918 年 3 月 4 日。

提倡漢字革命，其主要內容是為漢字注音或改用羅馬字拼音。1927 年，錢玄同對早年的激烈言論頗多後悔，但是，對提倡“國語羅馬字”一事卻始終堅持。致胡適函說：“我近來思想稍有變動，回思數年前所發謬論，十之八九，都成懺悔之資料。今後大有‘金人三緘其口’之趨勢了。事業中至今尚自信為不謬，且自己覺得還配幹的唯有‘國語羅馬字’一事。”[1]

錢玄同很清楚，廢漢字、改為拼音文字不是短時期所可以完成的。因此，他主張首先簡化漢字，同時減少漢字字數，挑選白話中所用及普通文言中所常用而為白話中所欠缺的字約三四千字左右，作為常用字。

錢玄同非常重視他的漢字革命思想，把它看成一件很重要的事業。他說：“這也是一種大胡鬧，和文學革命一樣，不是一班‘主張通俗教育的人們’（如勞乃宣、王照之流）做給‘小百姓’吃的窩窩頭，實是對於魚翅、燕窩改良的食物——是雞蛋、牛乳之類。”[2]

漢字有自己的特點，在地域廣大、方言繁多的中國，漢字在傳播和發展民族文化等方面發揮過無可替代的作用。它具有卓越的構詞能力，少數漢字便可以發展出數量龐大的新詞；在人類進入電腦時代的今天，漢字更顯示出若干新的過去為人們所不知的優越性。因而，錢玄同視漢字為低級文字的思想是錯誤的，主張廢除漢字的思想也是錯誤的。但是，他的漢字拼音方案不應完全否定，作為一種學習漢字的輔助工具，今天在華人世界和非華人世界已普遍流行；他的減少常用漢字字數和簡化漢字筆劃的意見也是正確的。從漢字發展的歷史看，簡化是主流趨向。當然，這一點，熱愛繁體的朋友可能不同意，這是一個可以討論並讓歷史去選擇的問題。

七、既要宣導改革、扶植新芽，又要防止偏激、過當

“五四”時期，曾經有人稱道，錢玄同是“文學革命軍裏一個衝鋒健將”，

1 《胡適遺稿及秘藏書信》第 40 冊，第 377 頁。
2 《致周作人》，1922 年 12 月 27 日，《中國現代文藝資料研究叢刊》第 5 輯，第 339 頁。

又說他是"說話最有膽子的一個人"，這是正確的。[1]

如前所述，近代中國處於轉型時期。隨著社會向現代化發展，文化也必然要向現代化發展，這就要捨棄舊文化中不適合現代需要的部分，創造符合現代社會需要的新文化。這是一個不可阻擋也不應阻擋的歷史大趨勢。在"五四"時期的反對舊文化、提倡新文化的鬥爭中，錢玄同有摧陷廓清、宣導改革和扶植新芽之功，應該予以充份肯定；對他發表過的若干偏激、過當、極端以至謬誤的言論，則應該在批評的同時加以分析。

謬誤有兩種。一種是旨在推動時代前進的謬誤，一種是保守現狀、阻礙時代前進，甚或是"拉著車屁股"向後的謬誤。這是兩種不同的、應該加以區別的謬誤，顯然，錢玄同的謬誤屬於前者。傅斯年在反思"五四"新文化運動時曾經說過："發動這個重新評價，自有感情的策動，而感情策動之下，必有過分的批評。但激流之下，縱有旋渦，也是邏輯上必然的，從長看來，仍是大道運行的必經階段。"[2] 錢玄同的偏激和謬誤就是傅斯年所說的激流奔騰時的旋渦。

但是，既然是謬誤，就不能不加以批評。應該承認，錢玄同的偏激言論在當時就有負面作用。1918 年，任鴻雋批評錢玄同廢滅漢字的主張，"有點 Sentimental"。[3] 1919 年 1 月 5 日，《時事新報》發表漫畫，譏刺錢玄同主張廢漢文、用西文的主張。同年 1 月 7 日，藍公武在《國民公報》上發表給傅斯年的信，聲稱《新青年》中有了錢玄同的文章，人家信仰革新的熱心遂減去不少。由於批評的言論多了，陳獨秀不得不出面聲明錢玄同的主張是"用石條壓駝背的方法"，"本誌同人多半是不大贊成的"。

近代以來，中國人在現代化的過程中已經走過了漫長的途程，曲折很多，犯的錯誤也很多。我們既要堅持不懈地向前走，又要力戒偏激、力戒片面，儘量讓曲折少一點、錯誤少一點。

附記：本文為提交 1999 年 4 月在台北召開的紀念"五四"運動 80 週年學術討論會的論文。

1　《新青年》5 卷 3 號，第 303、306 頁。
2　《五四二十五週年》，重慶《大公報》，1944 年 5 月 4 日。
3　《新青年》5 卷 2 號，第 170 頁。

錢玄同與胡適 *

錢玄同和胡適的友誼始於"五四"前夜，延伸至 20 世紀 30 年代。二人的思想性格雖然有較大的反差，但二十多年中，始終互相支持、互相影響，共同為中國新文化事業作出了巨大貢獻。

一、"小批評，大捧揚"

古有所謂"神交"之說，常用以指人們雖未見面，卻已經精神交通，成為莫逆。錢玄同與胡適的友誼即發端於"神交"。1917 年 1 月 1 日，錢玄同日記云：

> 往訪尹默，與談應用文字改革之法。余謂文學之文，當世哲人如陳仲甫、胡適之二君均倡改良之論。二君邃於歐西文學，必能於中國文學界開新紀元。余則素乏文學智識，於此事全屬門外漢，不能贊一辭，而應用文之改革，則二君所未措意。其實應用文之弊，始於韓、柳，至八比之文興，桐城之派倡，而文章一道，遂至混沌。晚唐以後，至於今日，其間能撤去此等申申夭夭之醜文字者，唯宋明先哲之語錄耳。今日亟圖改良，首須與文學之文劃清，不能存絲毫美術之觀念，而古人文字之疵病，雖見於六藝者，亦不當效。[1]

這當兒，胡適還是個 22 歲的年輕人，正在美國哥倫比亞大學研究哲學，同時探索中國文學改革的道路。1916 年 8 月，他寄書陳獨秀，提出文學革命八條件。

---

* 原載李又寧主編：《胡適和他的朋友》第 1 集，紐約天外出版社 1990 年版；2022 年 2 月增改。

1 本文所引錢玄同日記，均據錢秉雄先生家藏未刊原稿。2014 年 8 月，此稿由錢先生委託，楊天石主編，魯迅博物館閻彤等及楊天石弟子劉貴福共同整理，交北京大學出版社出版。

11 月，寫成《文學改良芻議》。錢玄同於此即斷言，胡適"必能於中國文學界開新紀元"，這不能不說是獨具慧眼。1 月 7 日日記又云：

> 至尹默處，攜胡適之《論文字句讀及符號》一文（見《科學》第二卷第一期）往。因客冬尹默與幼漁及我，選有關於中國古今學術升降之文百餘篇，擬由學校出資排印，尹默意欲用西文點句之法及加施種種符號，將以胡文所論供參考。此意我極謂然。

胡適的《論句讀及文字元號》作於 1915 年 8 月，發表於 1916 年，並未受到重視，但是，錢玄同、沈尹默卻敏感地注意到了，並且試圖立即加以實踐。

胡適的《文學改良芻議》當年 1 月在《新青年》2 卷 5 號發表，錢玄同立即致函陳獨秀，表示"極為佩服"，"其斥駢文不通之句，及主張白話體文學，說最精闢"，錢玄同並稱：

> 具此識力，而言改良文藝，其結果必佳良無疑，唯選學妖孽，桐城謬種，見此又不知若何咒罵，雖然得此輩多咒罵一聲，便是價值增加一分也。[1]

2 月 15 日，錢玄同再次致函陳獨秀，特別肯定胡適"不用典"的主張，認為此論"實足袪千年來腐臭文學之積弊"。[2] 他以中國文學的發展歷史說明，齊、梁以前的文學，如《詩經》、《楚辭》、漢魏歌詩、樂府等，樸實真摯，從無用典者，只是到了後世，才習非成是，競相用典，成為文學窳敗的一大原因。在《文學改良芻議》中，胡適雖主張"不用典"，但又認為"工者偶一用之，未為不可"，特別舉了蘇軾詩、江亢虎文等為例，作為"用典之工"的例子。對此，錢玄同不以為然，認為無論工拙，用典均為行文之病；至於普通應用文，更須老老實實講話，務期老嫗能解。他表示：

1　《新青年》2 卷 6 號，《通信》第 12 頁。
2　《新青年》3 卷 1 號，《通信》第 1—2 頁。

白話中罕有用典者，胡君主張採用白話，不特以今人操今語，於理為順，即為驅除用典計，亦以用白話為宜。蒙於胡君採用白話之論，固絕對贊同者也。[1]

信中，錢玄同還就文章中人的稱謂、駢散、文法，小說、戲劇的文學價值等問題，廣泛發表了看法。信末，錢玄同再次表示了他對"桐城鉅子"、"選學名家"的蔑視，稱他們的作品為"高等八股"。

錢玄同是章太炎的弟子、有名的聲韻訓詁學家，當時是北京大學教授，他的信使胡適有受寵若驚之感。儘管胡適正在緊張地準備博士考試，還是於5月10日復函陳獨秀，接受錢玄同的批評，承認所舉用典五例，有"不當"和"失檢"之處，對錢玄同所論文中稱謂、駢散、文法等問題，均"極表同情"。[2]信中，胡適也對錢玄同所論《聊齋志異》等小說提出了不同看法，由此二人反覆通信，展開了中國古典小說評價問題的討論。

錢玄同對《文學改良芻議》的批評是局部的、細節性的，而肯定則是總體的、根本性的，胡適後來稱之為"小批評，大捧場"。他說："錢玄同教授則沒有寫什麼文章，但是，他卻向陳獨秀和我寫了些小批評，大捧場的長信，支持我們的觀點。這些信也在《新青年》上發表了。錢教授是位古文大家，他居然也對我們有如此同情的反應，實在使我們聲勢一振。"[3]

讀了胡適的《文學改良芻議》後，錢玄同一直想寫一篇《論應用之文亟宜改良》，因課務繁忙，未能執筆。7月，《新青年》3卷5號發表了他的致陳獨秀函，提出應用文改革大綱十三事，其主要者為"以國語為之"、"絕對不用典"、"無論何種文章，必施句讀及符號"、"凡紀年，盡改用世界通行之耶穌紀元"，"改右行直下為左行橫迤"等。稍後，錢玄同又致函陳獨秀，建議《新青年》同人帶頭使用白話。他說：

---

1 《新青年》3卷1號，《通信》第1—2頁。
2 《新青年》3卷4號，《通信》第7頁。
3 胡適英文口述稿，唐德剛編校譯注：《胡適的自傳》，見《胡適研究資料》，十月文藝出版社1989年版，第248頁。

我們既然絕對主張用白話體做文章，則自己在《新青年》裏面做的，便應該漸漸的改用白話。我從這書通信起，以後或撰文，或通信，一概用白話，就和適之先生做《嘗試集》一樣的意思，並且還要請先生、胡適之先生和劉半儂先生都來嘗試。[1]

錢玄同滿懷信心地表示："若是大家都肯'嘗試'，那麼必定'成功'。'自古無'的，'自今'以後一定會'有'了。"

《新青年》同人積極回應錢玄同的倡議，自此，愈來愈多的人採用白話寫作，中國文化發展中長期存在的言文脫節現象得到徹底糾正，文學語言、書面語言邁上了健康發展的大道。

二、初次相識

1917 年 8 月，胡適應蔡元培之邀，回國任北京大學教授，講授中國古代哲學史。10 日，到達北京。12 日，蔡元培在六味齋設宴接風，陪客有蔣竹莊、湯爾和、陶孟和、沈尹默、沈兼士、馬幼漁及錢玄同等七人，這是錢、胡二人第一次見面。[2] 14 日，錢玄同赴北大拜訪胡適，未晤。19 日，錢玄同再至北大拜訪，二人"暢談甚樂"。胡適興奮地談起他對於中國儒學的新看法：

自漢至唐之儒學，以《孝經》為主，自宋至明之儒學，以《大學》為主。以《孝經》為主者，自天子以至庶人，均因我為我父之子，故不能不做好人，我之身但為我父之附屬品而已。此種學說，完全沒有個"我"。以《大學》為主，必先誠意、正心、修身，而後能齊家、治國、平天下，此乃以"我"為主者，故陸、王之學均能以"我"為主。如陸九淵所言，我雖不識一字，亦須堂堂做一個人是也。[3]

1　《新青年》3 卷 6 號，《通信》第 11 頁。
2　《錢玄同日記》，1917 年 9 月 12 日。
3　《錢玄同日記》，1917 年 9 月 19 日。

封建主義力圖壓抑、桎梏以至虐殺"我","五四"先驅者們則力圖拯救、發現以至擴張"我"。胡適的這段議論未必是對儒學發展的正確總結，但他力圖重新審視中國思想史，並且力圖用一種新的觀點加以闡釋，因此使錢玄同極為佩服，錢歸來後立刻在日記中記述了這段談話，並且加了一句評語："此說可謂極精。"

胡適又說：

> 古書偽者甚多。然無論何書，未有句句皆具本來面目者，讀書貴能自擇，不可為古人所欺。[1]

中國人喜歡託古立言或託古改制，因此，中國浩如煙海的文化典籍中便摻進部分偽書。胡適看出了這一點，強調"自擇"，擺脫古人的蒙蔽以發現歷史的"本來面目"，這一思想成為他後來提倡疑古辨偽的發端。對此，錢玄同也很佩服，認為"此說亦極是"。

9月25日，錢玄同第三次去北大拜訪胡適，從下午三點談到六點。這次，還是胡適高談闊論。他說：

> 現在之白話，其文法極為整齊。凡文言中止詞為代名詞者，每倒在語詞上，如不己知、莫我知、莫余毒、不吾欺、不汝理、我詐爾虞之類，在白話則不倒置，略一修飾，便成絕好之文句。

胡適表示，他準備編輯《白話文典》一書，對此，錢玄同表示："此意吾極以為然。"[2]

兩次談話，胡適思想活躍，才華煥發，使錢玄同極為傾倒，他開始在各種場合讚美胡適。10月2日，錢玄同見到朱希祖，盛讚胡適的《墨經新詁》"做

---

1 《錢玄同日記》，1917年9月19日。
2 《錢玄同日記》，1917年9月25日。

得非常之好"。[1] 唐人楊敬之詩云："平生不解藏人善,到處逢人說項斯。"錢玄同之於胡適,頗有楊敬之對項斯的意味了。

在此期間,胡適和錢玄同之間多次通信,討論並設計新式標點符號。[2] 1918年1月,錢玄同在《新青年》4卷2號提出繁式和簡式兩種方案。1919年11月,胡適和錢玄同又聯合馬裕藻、周作人、朱希祖、劉半農,向教育部提出《請頒行新式標點符號議案》。[3] 今天廣為通行的標點符號正是他們當年呼籲、奮鬥的結果。

三、關於中國小說的討論

戊戌變法前後,嚴復、夏曾佑、康有為、梁啟超等人為了啟迪民智,開始重視小說的社會作用和藝術功能,小說在文學各門類中的地位得到了前所未有的提高。"五四"時期,胡適、錢玄同提倡白話文學,小說的地位再一次升騰,成了"正宗",因此,小說研究也就進入學術之宮,逐漸成為顯學。

在《文學改良芻議》中,胡適於批判以摹仿為能事的詩人、古文家的同時,高度評價《水滸傳》、《紅樓夢》、《儒林外史》以及吳趼人、李伯元、劉鶚的小說。他說:"吾每謂今日之文學,其足與世界'第一流'文學比較而無愧色者,獨有白話小說。"[4] 錢玄同大體同意上述看法,他根據胡適所提出的批評標準對中國小說作過一個總體分析。1917年2月25日函云:

> 前此小說與戲劇在文學上之價值,竊謂當以胡先生所舉"情感"與"思想"兩事來判斷。其無"高尚思想"與"真摯情感"者,便無價值之可言。舊小說中十分之九,非誨淫誨盜之作,即神怪不經之談,否則以迂謬之見解,造前代之野史,最下者,所謂"小姐後花園贈衣物","落難公子中狀

---

1 《錢玄同日記》,1917年10月2日。
2 參見《胡適致錢玄同函》,1917年9月28日、9月30日,《中國現代文藝資料叢刊》第5輯,上海文藝出版社1980年版,第288—290頁。
3 《胡適文存》第1卷。
4 《新青年》2卷5號,第13頁。

元"之類，千篇一律，不勝縷指。故小說誠為文學正宗，而前此小說之作品，其有價值者乃極少。[1]

錢玄同反對胡適對《老殘遊記》的評價，認為該書只有寫毓賢殘民以逞這一段是好的，其他所論，"大抵皆老新黨頭腦不甚清晰之見解"。

在"五四"先行者中，錢玄同的批判色彩最濃，而胡適則較淡。5月10日函中，胡適承認錢玄同對《老殘遊記》的批語中肯，但是，在若干小說的評價上，胡適也表示"未敢苟同"。如：

《聊齋志異》：錢玄同認為"全篇不通"，胡適認為"此言似乎太過"。

《西遊記》：錢玄同認為"神怪不經"，胡適認為"其妙處在於荒唐而有情思，詼諧而有莊意"，其中寫孫行者歷史的八回，"在世界神話小說中實為不可多得之作"。

《七俠五義》：錢玄同視為"海盜"之作，胡適認為"其書似亦有深意"。

《三國演義》：錢玄同視為"見解迂謬"之作，胡適視為世界歷史小說中"有數的名著"，特別讚美它對於讀者的"魔力"。

此外，胡適特別提出，《鏡花緣》一書"為吾國倡婦權者之作，寄意深遠"，請錢玄同注意。[2]

"五四"先行者們有一種坦率真誠的美德，既勇於堅持真理，也勇於修正錯誤。7月2日，錢玄同致函胡適，糾正自己在《聊齋志異》和《西遊記》兩書評價問題上的偏頗。他表示，《聊齋》一書，指責齷齪社會，訕笑肉食者流，就作意而言，尚有可取之處；而《西遊記》一書，確可與《水滸》、《儒林外史》、《紅樓夢》三書並列為第一流小說。但是，在《三國演義》的評價上，錢玄同仍然堅持自己的看法——"未知其佳處"。他認為，該書的"帝蜀寇魏之論，原極可笑"，而關羽的影響尤為不佳，函稱：

明清兩代，社會上所景仰之古人，就是孔丘、關羽二位……不但愚夫

---

1 《胡適文存》第1卷，第35頁，《新青年》3卷1號所載文字與此有小異。
2 《新青年》3卷第4號，《通信》第7—9頁。

300

愚婦信仰〝關老爺〞，即文人學士亦崇拜〝關夫子〞。此等謬見，今後亟應掃蕩無疑。玄同之不以《三國演義》為佳著者，此也。

信中，錢玄同還特別談到了《金瓶梅》，認為其作意與《紅樓夢》相同，〝若拋棄一切世俗見解，專用文學的眼光去觀察，則《金瓶梅》之位置，固亦在第一流也。〞[1]

11月20日，胡適復函錢玄同，繼續闡述對《三國演義》的看法，認為〝以小說的魔力論，此書實具大魔力〞，至於褒劉貶曹，不過是受了習鑿齒和朱熹的影響，並非獨抒己見。關於《金瓶梅》，胡適認為〝即以文學眼光觀之，亦殊無價值〞。他說：〝文學之一要素，在於‘美感’。請問先生讀《金瓶梅》作何美感？〞[2]

錢玄同對《金瓶梅》的看法很快就改變了。還在7月末，他就致書陳獨秀，指出該書〝雖具刻畫社會的本領，然而描寫淫褻，太不成話〞[3]。11月下旬，他又復函胡適，承認以前對《金瓶梅》的看法〝大有流弊〞。在《三國演義》的評價上，他也接受了胡適的部分觀點，承認該書具有〝大魔力〞，但認為其原因〝並不在乎文筆之優，實緣社會心理迂謬所致〞。錢玄同認為，中國的傳統小說，即使是《水滸》、《紅樓》，也非青年所宜讀，因此應寄希望於新小說，他說：〝中國今日以前的小說，都該退居到歷史的地位，從今日以後，要講有價值的小說，第一步是譯，第二步是新做。〞[4]

錢、胡二人關於小說的通信是〝五四〞時期的重要學術討論之一，它表現出良好的學風、文風，也部分地反映出那個時代的活躍氣氛。

錢、胡通信激發了胡適研究小說的興趣。1919年，胡適向錢玄同吐露心願，準備以科學方法寫一部《中國小說史》。[5] 次年，他以對《水滸傳》的考證為開端，展開了對中國小說歷史演進的研究。同年，他又促進上海亞東圖書館制

---

1 《新青年》3卷6號，《通信》第15—18頁。
2 《新青年》4卷1號。
3 《新青年》3卷6號，《通信》第10頁。
4 《新青年》4卷1號，第79—80頁。
5 《胡適致錢玄同》，1919年 × 月16日，《中國現代文藝叢刊》第5輯，第297頁。

定出版新式標點本中國小說名著的龐大計劃。在這兩項工作中，錢玄同都是積極的支持者。他曾應胡適之請，為亞東版的《儒林外史》和《三國演義》寫過兩篇序言，從那裏可以看出，錢玄同繼續受到胡適學術觀點的影響。

四、《嘗試集》及其批評

白話文的提倡始於晚清，這時候，人們只認識到白話易讀好懂、便於普及教育和社會啟蒙，並不認識到白話可以成為優美、高雅的文學語言。到了"五四"前後，人們提倡白話詩，這就意味著承認白話可以進入文學中最輝煌神聖的殿堂，白話的身份也就前所未有地升騰起來了。

胡適是"五四"時期最早的白話詩人之一。1916 年，他因與友人討論文學，頗受攻擊，一時感奮，發誓三年之內專作白話詩詞，藉此實地試驗，考察"白話之是否可作為韻文之利器"。不過六、七個月，寫出的作品居然成集。陸游詩云："嘗試成功自古無"，胡適因取名為《嘗試集》。1917 年 2 月，他在《新青年》2 卷 6 號上發表了《朋友》等白話詩八首。這些詩開始突破中國傳統詩歌的嚴謹格律，採用自然音節和自由句式，是中國現代文學史上第一批新詩；但是又保留了若干舊詩的痕跡。對於胡適用白話寫詩，錢玄同十分贊成，但又不十分滿意。還在 1917 年 7 月 2 日，錢玄同就在信中批評這些詩"未能脫盡文言窠臼"[1]。同年 10 月 22 日，錢玄同收到胡適的《嘗試集》稿本，在日記中寫道：

> 適之此集，是他白話詩的成績，我看了覺得還不甚滿意，總嫌他太文一點，其中有幾首簡直沒有白話的影子。我曾勸他，既有革新文藝的弘願，便該儘量用白話去做才是。此時初做，寧失之俗，毋失之文。[2]

10 月 29 日，胡適將新做的題為《唯心論》的詩給錢玄同看，錢玄同較為滿意，在日記中寫道：

---

1 《新青年》3 卷 6 號，《通信》第 20 頁。
2 《錢玄同日記》，1917 年 10 月 22 日。

詩用長短句，較從前所作白話七言、白話詞自然得多，我對於用白話作韻語，極端贊成，唯以為不可限於五、七言，因字數規定，則必有強為增減之字也。白話填詞，我意尤不以為然。適之謂詞句有長短，較詩為佳，我則以為詞句長短固佳，然某長某短，有一定則，比詩更為束縛也。[1]

31 日，錢玄同致函胡適，函稱：

現在我們著手改革的初期，應該儘量用白話去做才是。倘使稍懷顧忌，對於文的一部分不能完全捨去，那麼便不免存留舊污，於進行方面很有阻礙。[2]

對錢玄同的批評，胡適初時覺得很奇怪，後來平心一想，又認為是極不易得的諍言，覺得自己的"嘗試"不過是一些"洗刷過的舊詩"，於是改弦更張，在北京所做的白話詩就都不用文言了。[3]

詩的特點之一是音樂性。白話詩打破了舊體詩的格律，同時也容易丟掉詩的音樂性。因此，"五四"先行者們在宣導白話詩的同時，又在探求一種新的形式，以保持詩的格律和節奏。錢玄同、劉半農產生過"填西皮二黃"的想法，胡適則看中了"長短無定的韻文"。11 月 20 日，胡適在答錢玄同書中說：

由詩變而為詞，乃是中國韻文史上一大革命。五言七言之詩，不合語言之自然，故變而為詞，詞舊名長短句，其長處正在長短互用，稍近語言之自然耳。[4]

但是，胡適又認為詞的字句終嫌太拘束，只可用來表達一層或兩層意思，至多不過能表達三層意思，因此，他又說："最自然者，終莫如長短無定之韻文，元

---

1 《錢玄同日記》，1917 年 10 月 25 日。
2 函佚，見胡適：《答錢玄同書》，《胡適文存》第 1 卷，第 61 頁。
3 《嘗試集自序》，《胡適文存》第 1 卷，第 282 頁。
4 《新青年》4 卷 1 號，第 78 頁。

人之小詞，即是此類。今日作 '詩'，似宜注重此長短無定之體。"對胡適的主張，錢玄同表示同意，但他強調："總而言之，今後當以 '白話詩' 為正體，其他古體之詩，及詞、曲，偶一為之，固無不可，然不可以為韻文正宗也。"[1]

經過胡適、錢玄同等人的宣導，白話初步在文學殿堂裏站穩了腳根，但是，社會上懷疑和反對白話的人仍然不少。1918 年 1 月，錢玄同為胡適的《嘗試集》作序，再次為白話和白話詩護法。他從文字發展的歷史論證語言和文字最初是完全一致的，後來言文分歧，乃是獨夫民賊和文妖們弄壞的。他再一次宣稱："白話是文學的正宗"，同時也再一次表示："現在做白話韻文，一定應該全用現在的句調，現在的白話"。[2]

"五四"時期的錢玄同是這樣一個人 —— 他看準了一個真理，就全身心地為之奮鬥，決不彷徨，也決不妥協。

五、張厚載風波

胡適和錢玄同都熱心宣導新文化，這是他們迅速成為莫逆的原因，但是，二人的思想性格又有著很大的差異。錢玄同熾烈、偏激，好走極端，不願作任何調和，胡適則冷靜、平和，樂於持中，因此，二人之間便免不了有時發生點風波。

《新青年》同人大都對中國傳統戲曲沒有好感。1917 年 2 月 25 日，錢玄同在致陳獨秀函中曾說："中國戲劇，專重唱工，所唱之文句，聽者本不求其解，而戲子打臉之離奇，舞台設備之幼稚，無一足以動人情感。"[3] 1918 年 6 月 15 日，《新青年》4 卷 6 號發表了北大學生、《神州日報》通訊記者張厚載（豂子）的通信《新文學及中國舊戲》。該文表示贊成文學改良，但認為 "一切詩文，總須自由進化於一定範圍之內"，"必以漸，不以驟"。該文指名批評錢玄同對臉譜的看法，認為中國舊戲中的臉譜 "隱寓褒貶之義"，未可以 '離奇' 二字一

1 《新青年》4 卷 1 號，第 80 頁。
2 《新青年》4 卷 2 號，第 141 頁。
3 《新青年》3 卷 1 號，《通信》第 6 頁。

概抹殺之。該文並稱："中國戲曲，其劣點固甚多；然其本來面目亦確自有其真精神。"胡適、錢玄同、劉半農、陳獨秀等人都在同期作了答辯。胡適首稱：

> 繆子君以評戲見稱於時，為研究通俗文學之一人，其贊成本社改良文學之主張，固意中事。但來書所云，亦有為本社同人所不敢苟同者。

接著，胡適逐一反駁了張厚載的有關觀點：他說：

> 來書兩言詩文須 "自由變化於一定範圍之中"，試問自由變化於一定範圍之 "外"，又有何不可？又何嘗不是自然的進化耶？來書首段言中國文學變遷，自三代之文以至於梁任公之 "新文體"，此豈皆 "一定範圍之中" 之變化耶？吾輩正以為文學之為物，但有 "自由變化" 而無 "一定範圍"，故倡為文學改革之論，正欲打破此 "一定範圍" 耳。[1]

胡適的答辯著重於說理，而錢玄同的答辯則嬉笑嘲諷，表現了完全不同的風格。他說：

> 我所謂 "離奇" 者，即指此 "一定之臉譜" 而言；臉而有譜，且又一定，實在覺得離奇得很。若云："隱寓褒貶"，則尤為可笑。朱熹做《綱目》，學孔老爹的筆削《春秋》，已為通人所譏訕；舊戲索性把這種陽秋筆法畫到臉上來了，這真和張家豬肆記卐形於豬鬣，李家馬坊烙圓印於馬蹄一樣的辦法。哈哈！此即所謂中國舊戲之 "真精神" 乎？[2]

錢玄同對胡適答張厚載信中 "君以評戲見稱於時" 一段話不滿，8 月 8 日，他在復劉半農信中說：

1　《新青年》4 卷 6 號，第 622—623 頁。
2　《新青年》4 卷 6 號，第 624 頁。

這幾句話，我與適之的意見卻有點反對。我們做《新青年》的文章，是給純潔的青年看的，決不求此輩"贊成"。

錢玄同並稱，張厚載要保存"臉譜"，"實與一班非作奴才不可的遺老要保存辮，不拿女人當人的賤丈夫要保存小腳同是一種心理"。[1]

胡適則不然，他寫了一封信給張厚載，要他把"中國舊戲的好處"，"詳細再說一說"。為此，張厚載已在《晨鐘報》上撰文和胡適辯論，但胡適仍要張厚載為《新青年》撰文，"預備大家討論討論"。[2]錢玄同反對胡適的這一做法，宣稱要脫離《新青年》。同月 20 日，胡適致函錢玄同，批評他過於激動，主張"吾輩不當亂罵人"。函稱：

> 至於老兄以為若我看得起張謬子，老兄便要脫離《新青年》，也未免太生氣了。我以為這個人也受了多做日報文字和少年得意的流毒，故我頗想挽救他，使他轉為吾輩所用。若他真不可救，我也只好聽他，也決不痛罵他的。[3]

胡適說明，他之所以請張厚載做文章，目的是替自己找做文章的材料。他說："無論如何，總比憑空閉戶造出一個王敬軒的材料要值得辯論些。老兄肯造王敬軒，卻不許我找張謬子做文章，未免太不公了。"但是，錢玄同仍不同意胡適的做法，復函說：

> 至於張厚載，則吾期期以為他的文章實在不足以污我《新青年》（如其通信，卻是可以），並且我還要奉勸老兄一句話，老兄對於中國舊戲，很可以拿他和林琴南的文章、南社的詩一樣看待。

---

1 《新青年》5 卷 2 號，第 187—188 頁。

2 《新青年》5 卷 4 號，第 343 頁。

3 《胡適來往書信選》（上），北京中華書局 1979 年版，第 24—25 頁。該書繫此函於 1919 年 2 月 20 日，誤。

由此，錢玄同進而批評胡適的處世態度。函稱：

> 老兄的思想，我原是很佩服的，然而我卻有一點不以為然之處，即對
> 於千年積腐的舊社會，未免太同他周旋了。平日對外的議論，很該旗幟鮮
> 明，不必和那些腐臭的人士周旋。[1]

胡適也不接受錢玄同的批評，答復說：

> 我所有的主張，目的並不在於"主張"，乃在"實行這主張"，故我不
> 屑"立異以為高"。我立"異"，並不"以為高"，我要人知道我為什麼要"立
> 異"，換言之，我"立異"的目的在於使人"同"於"我的異"。

胡適認為，提出一種主張，要考慮它的可實行性，考慮人們的接受程度，因此
不願發表"曲高和寡"式的言論。函末，胡適堅決而又溫和地頂回了錢玄同的
指責：

> 老兄說："你無論如何敷衍他們，他們還是狠罵你"。老兄似乎疑心我
> 的"與他們周旋"是要想"免罵"的，這句話是老兄的失言，庶不駁回了。[2]

君子之交以道。胡適和錢玄同之間有分歧、有辯論，但是，這並不影響他們之
間的融洽關係。10 月，胡適在《新青年》5 卷 4 號中以附錄形式發表了張厚載
的《我的中國舊戲觀》。該文論述中國舊戲有三大好處，聲稱"中國舊戲是中
國歷史社會的產物，也是中國文學美術的結晶，可以完全保存，社會急進派必
定要如何如何的改良，多是不可能的。同期，胡適發表《戲劇改良各面觀》、
《再論戲劇改良》等文，批評張厚載的觀點，於是，這一期《新青年》便成了《戲
劇改良號》。

1　《胡適來往書信選》（上），第 25 頁。
2　《胡適來往書信選》（上），第 27 頁。

六、在《新青年》同人的矛盾中

1918 年 11 月，胡適因母親病故，回鄉奔喪，次年 1 月返京。同月 22 日錢玄同日記云：

> 適之此次來京，路過南京、上海，不知怎樣，捱了人家的罵，一到就和獨秀說，有人勸我，為什麼要同這班人合在一起，適之自己也發了多……

這段日記沒有寫完就被錢玄同塗去，看來錢玄同不願記下《新青年》同人中正在萌發的矛盾。1 月 24 日日記又云：

> 午後三時半農來說，已與《新青年》脫離關係，其故因適之與他有意見，他又不久將往歐洲去，因此不復在《新青年》上撰稿。

如果說胡適和劉半農之間還是私人矛盾，那麼，胡適和李大釗、陳獨秀之間的矛盾則反映出政治上的分野了。1 月 27 日，錢玄同日記云：

> 《新青年》為社會主義的問題已經內部有了贊成和反對兩派的意見，現在《每週評論》上也發生了這個爭端了。

胡適與李大釗之間關於問題與主義的爭論發生於 1919 年 7 月，錢玄同的這則日記表明，《新青年》同人間的內部爭論要比這早得多。

自 6 卷 1 號起，《新青年》成立編輯委員會，由陳獨秀、錢玄同、高一涵、胡適、李大釗、沈尹默輪流編輯，由李大釗編輯的 6 卷 5 號成為馬克思主義研究專號。胡適不贊成這種做法，提議刊物由他一個人來編。10 月 5 日，《新青年》同人在胡適寓所集會，錢玄同日記云：

下午二時至胡適之處，因仲甫函約《新青年》同人今日在適之家中商量七卷以後之辦法，結果仍歸仲甫一人編輯。

1920 年 2 月，陳獨秀為逃避北京政府拘捕，遷居上海，《新青年》也隨之在滬出版。5 月 1 日，出版"勞動節紀念專號"。9 月，8 卷 1 號刊出"《俄羅斯研究》專欄"，譯載蘇俄革命理論和實際情況的有關資料。此後，陸續發表文章，和梁啟超、張東蓀等開展"社會主義論戰"，這樣，胡適和陳獨秀之間的矛盾就逐漸尖銳起來了。1921 年 1 月 11 日，錢玄同致函魯迅和周作人，對胡、陳二人"已到短兵相接的時候"表示驚訝。他聲明"於此事絕不願為左右袒"，"若問我的良心，則以為適之所主張者較為近是"，但是，胡適反對談"寶雪維幾"（Bolshevik），錢玄同也不以然。他認為："馬克思啊，'寶雪維幾'啊，'安那其'啊，'德謨克拉西'啊，中國人一概都講不上。"[1] 1 月 18 日，錢玄同日記云：

接守常信，知仲、適兩人意見衝突。蓋一則主張介紹勞農，又主張談政，一則反對勞農，又主張不談政治，其實是豬頭問題罷了。

19 日，錢玄同訪問李大釗，討論胡、陳二人衝突。[2] 22 日，胡適寫信給李大釗、魯迅、錢玄同等人，徵求對《新青年》前途的意見，錢玄同表示說：

玄同的意見，和周氏弟兄差不多，覺得還是分裂為兩個雜誌的好。一定要這邊拉過來，那邊拉過去，拉到結果，兩敗俱傷，不但無謂，且使外人誤會，以為《新青年》同人主張"統一思想"，這是最丟臉的事。[3]

當時，陶孟和主張停辦，錢玄同表示和李大釗一樣，絕對的不贊成。他說："《新青年》這個團體，本來是自由組合的，即此〔使〕其中人彼此意見相左，

1　《中國現代文藝資料叢刊》第 5 輯，第 329—330 頁。
2　《錢玄同日記》，1921 年 1 月 19 日。
3　《關於新青年問題的好封信》，《中國現代出版史料》甲編，北京中華書局 1954 年版，第 11 頁。

也只有照‘臨時退席’的辦法，斷不可提出解散的話，極而言之，即使大家對於仲甫兄感情真壞極了，友誼也斷絕了，只有他一個人還是要辦下去的。我們也不能要他停辦。”29 日，錢玄同致函胡適，重申上述意見。他說：“與其彼此隱忍遷就的合作，還是分裂的好。”又說：“即《新青年》若全體變為《蘇維埃俄羅斯》的漢譯本，甚至於說這是陳獨秀、陳望道、李漢俊、袁振英等幾個人的私產，叫做《新青年》，我們和他們全不相干而已，斷斷不能要求他們停辦。”[1]

事情的發展正如錢玄同所言，《新青年》繼續按陳獨秀的方針出版，而胡適則於 1922 年 5 月 7 日另辦《努力週報》。

七、整理國故與疑古辨偽

“五四”運動後，《新青年》同人分途揚鑣，一派主要從事政治，一派主要從事學術文化活動，胡適、錢玄同屬於後者。

1919 年 8 月，胡適在《新潮》發表《論國故學》，主張“用科學的方法去做國故的研究”。12 月 1 日，在《新青年》7 卷 1 號發表《“新思潮”的意義》，提出“研究問題，輸入學理，整理國故，再造文明”。胡適的主張得到了錢玄同的全力支持，他們首先致力的工作是“辨偽”。

中國人有製造偽書的傳統，也有辨偽的傳統，自漢以後，即不斷有辨偽著作問世。1920 年 10 月，胡適讓顧頡剛整理清人姚際恒的《古今偽書考》，胡適自己則準備編輯《古今偽書續考》。1921 年 1 月，錢玄同致函胡適，建議搜集古今辨別偽書的著作，自東漢的王充起至晚清的崔適止，編輯刊行。[2] 同月，胡適收得清初乾隆年間的考古辨偽學家崔述的《東壁遺書》，認為他是“二千年來的一個了不得的疑古大家”。[3] 錢玄同完全同意胡適的看法，致函胡適說：“我也是這樣的意思。”又說：

---

1 《胡適來往書信選》（上），第 121—122 頁。
2 《古史辨》第 1 冊，第 23—24 頁。
3 《古史辨》第 1 冊，第 27 頁。

我以為推倒漢人迂謬不通的經說，是宋儒；推倒秦漢以來傳記中靠不住的事實，是崔述；推倒劉歆以來偽造的古文經，是康有為。但是宋儒推倒漢儒，自己取而代之，卻仍是"以暴易暴"，"猶吾大夫崔子"。崔述推倒傳記雜說，卻又信《尚書》、《左傳》之事產為實錄。康有為推倒古文經，卻又尊信今文經 —— 甚而至於尊信緯書。這都未免知二五而不知一十了！[1]

錢玄同鼓勵胡適用新方法來進行研究，紹述並光大前人的事業。他說"若足下做上幾年'仿泰西新法，獨出心裁的新國故黨'，我敢預言必大有造於國故界也。"

同年 9 月 18 日，錢玄同在中央公園遇見胡適。這時，胡適新自上海回京。二人見面，分外親熱，寒暄之後，迅速談到了中國古代的經書。錢玄同說：

我以為章炳麟師治經，篤信劉歆偽古文固非，但是他的治經方法甚為不錯。他只是把經典當作一種古書看，不把彼當做什麼聖經看。他對於經典持評論的態度，不持崇拜的態度。這都是正當的。

按照儒學保守派的觀點，經書體現著先王和聖賢的精義，是中國人民必須遵循的典則。章炳麟把"經典"當作古書看，反映出近代的理性精神。錢玄同又談到：

我們對於《堯典》、《皋陶謨》只應作為古史看，不必於此中〔尋〕孔丘的微言大義。若不信《堯典》諸篇之事蹟為真，則唯有下列之兩種講法尚可言之成理：（一）他們本是古代官書，所敘事功多是鋪張粉飾，不可據為實錄；（二）他們也是孔丘以後之人之所偽造，其價值等於《大禹謨》、《五子之歌》。[2]

---

1 《古史辨》第 1 冊，第 27—28 頁。
2 《錢玄同日記》，1921 年 9 月 18 日。

胡適非常贊同錢玄同的意見。

　　同月 19 日，錢玄同見到顧頡剛。顧正在胡適影響下收集辨偽資料，計劃出版《辨偽叢刊》。他告訴錢玄同，已以書名為綱，將前人對於諸子的辨偽之說抄成一書，錢玄同極為欣賞這一工作，連聲稱："這樣辦法很好。"[1] 但是，錢玄同自己的興趣則在辨偽經。他認為："經"則"自來為學者所尊崇，無論講什麼，總要徵引它，信仰它，故《偽經辨證集說》之編纂尤不容緩"。[2]

　　1922 年 1 月，北京大學決定設立研究所，下設自然科學、社會科學、國學、外國文學四門。2 月 11 日，國學門第一屆委員會成立，蔡元培為當然委員長，李大釗、沈兼士、馬裕藻、朱希祖、胡適、錢玄同等任委員。3 月 21 日，國學門開會，決定創辦《國學季刊》，推胡適為編輯委員會主任，錢玄同等十人為委員。11 月，胡適將所作《發刊宣言》請錢玄同審閱，該文聲稱："'國學'在我們的心眼裏只是 '國故學' 的縮寫，中國的一切過去的文化、歷史都是我們的 '國故'，研究這一切過去的歷史文化的學問就是 '國故學'，省稱為 '國學'。"錢玄同認真地閱讀了這篇《宣言》，並曾"指出幾處毛病"，請胡適改正。[3]

　　《國學季刊》於 1923 年 1 月出版，橫排，採用新式標點符號，表現出和"國粹派" 不同的新姿態。錢玄同熱心支持這一刊物，並期望它多登一些 "離經畔道"、"非聖無法" 的文章。當時，顧頡剛在上海商務印書館任編輯。2 月 9 日，錢玄同致函顧頡剛，囑他為《季刊》作文。顧早有這個意思，他想寫一篇《層累地造成的中國古史》。2 月 25 日，顧頡剛致函錢玄同，告以該文大意。該函第一次提出禹是九鼎上鑄的一種動物，大約是蜥蜴之類。4 月 27 日，顧頡剛再次寄函錢玄同，詳細地闡明了他的 "古史說"：1. 時代愈後，傳說的古史期愈長；2. 時代愈後，傳說中的中心人物愈放愈大。5 月 25 日，錢玄同復函顧頡剛，從文字學的角度說明禹是蜥蜴的說法難以成立，但熱烈讚美他的 "古史說"，希望顧 "用這種方法常常考查，多多發明，廓清雲霧，斬盡葛藤，使後來學子不致再為一切偽史所蒙。"[4] 信中，錢玄同詳盡地闡述了他對中國古史，

1　《錢玄同日記》，1921 年 9 月 19 日。
2　《論編纂經部辨偽文字書》，《古史辨》第 1 冊，第 41 頁。
3　《錢玄同日記》，1922 年 11 月 18 日。
4　《讀書雜誌》第 10 期，1923 年 6 月 10 日。

特別是《六經》的看法。錢玄同認為：1. 孔丘無刪述或製作《六經》之事；2.《詩》、《書》、《禮》、《易》、《春秋》本來是各不相干的五部書；3.《六經》的配成，當在戰國之末。錢玄同並進一步說明，《詩》是一部最古的總集；《書》似乎是"三代"時候的"文件類編"或"檔案匯存"；《儀禮》、《周禮》均是偽書；《易》是"生殖器崇拜時的東西"；《春秋》是"斷爛朝報"，在《六經》中最不成東西。他說：

> 我們要看中國書，無論是否研究國學，是否研究國史，這辨偽的工作是決不能省的。《六經》在古書中不過九牛之一毛，但它作怪了二千多年，受害的人真是不少了；它作怪時用的許多法寶之中，"偽書"和"偽解"就是很重要的兩件，我們不可不使使勁來推翻。[1]

顧頡剛的觀點受到了劉掞藜、胡瑾等人反對，雙方在胡適主編的《讀書雜誌》上展開辯論，6 月 25 日，錢玄同發表《研究國學應該首先知道二事》，支持顧頡剛。他提出，要敢於疑古，對於《六經》，應該持"置疑"、"糾繆"兩種態度，斷不可無條件的信任。[2] 此際，錢玄同與胡適或他人通信，即自署"疑古玄同"。

這次討論歷時九個月，在《讀書雜誌》共發表了八萬字的辯論文章。1924年 2 月 22 日，胡適發表《古史討論的讀後感》一文，支持顧頡剛和錢玄同。文章說：

> 如果我們的翻案是有充份理由的，我們的翻案只算是破了一件幾千年的大騙局，於人心只有好影響，而無惡影響。即使我們的論據不夠完全翻案，只夠引起我們對於古史某部分的懷疑，這也是好的影響，並不是惡影響。[3]

1　《讀書雜誌》第 10 期，1923 年 6 月 10 日。
2　《讀書雜誌》第 12 期，1923 年 8 月 5 日。
3　《讀書雜誌》第 18 期，1924 年 2 月 22 日。

顧頡剛、錢玄同、胡適的疑古辨偽工作極大地震動了中國學術界。1926 年，顧頡剛將有關文章結集為《古史辨》第 1 冊，由樸社出版。錢穆評論說："《古史辨》不脛走天下，疑禹為蟲，信與不信，交相傳述。三君者或仰之如日星之懸中天，或畏之如洪水猛獸，縱橫於四野，要之凡識字之人幾於無不知三君者。"[1]

八、為"漢字改革"放炮

錢玄同認為漢字難認、難寫，"五四"前夜曾積極主張廢除漢字、漢語，代之以世界語或某一種外國語。錢玄同的這一主張遭到了廣泛的非難，也遭到了胡適的批評。1918 年 5 月 29 日，胡適致函錢玄同云：

> 中國文字問題，我本不配開口，但我仔細想來，總覺得這件事不是簡單的事，須有十二分的耐性，十二分的細心，方才可望稍稍找得出一個頭緒來。若此時想"抄近路"，無論那條"近路"是世界語，還是英文，不但斷斷辦不到，還恐怕挑起許多無謂之紛爭，反把這問題的真相弄糊塗了。[2]

信中，胡適充份肯定錢玄同研究文字問題的熱情，鼓勵他研究出一些"補救"的改良方法，批評他的"抄近路"是"存一個偷懶的心"，態度嚴格而語氣溫存，充份體現出胡適的論學為人風格。

在胡適等人的影響下，錢玄同逐漸感到漢字一時不能廢去，轉而致力於"漢字改革"運動，同時，力圖創造一種記錄漢語的新式拼音文字。

1920 年 2 月，錢玄同發表《減少漢字筆劃底提議》，提出以簡體字來補救漢字的缺點。[3] 1922 年，教育部召開國語統一籌備會第四次大會。會上，由黎錦暉提出《廢除漢字採用新拼音文字案》，錢玄同、黎錦熙等連署；又由錢玄同提出《減省現行漢字的筆劃案》，黎錦熙等連署。錢玄同在提案中指出："現行的

---

1 《崔東壁遺書序》，亞東圖書館 1935 年版。
2 《中國現代文藝資料叢刊》第 5 輯，第 294 頁。
3 《新青年》7 卷 2 號。

漢字，筆劃太多，書寫費時，是一種不適用的符號，為學術上、教育上之大障礙。"他認為改用拼音是治本的辦法，減省現行漢字的筆劃是治標的辦法，但是，"我們決不能等拼音的新漢字成功了才來改革！所以治標的辦法，實是目前最切要的辦法。"[1] 大會通過了錢玄同的提案，成立漢字省體委員會，以錢玄同為首席委員。"漢字改革"運動取得了一個重要的勝利。

同年冬，錢玄同與黎錦熙在西單牌樓一家小羊肉館雨花春樓上，共同決定利用中華民國國語研究會的《國語月刊》放炮，出版一期特刊《漢字改革號》，除各同志都寫一篇論文外，並把歷年討論這個問題的文字都綜合起來。1923 年 1 月，錢玄同 "大賣其力氣，做了他生平未曾做過之長文"。12 日，錢玄同邀請胡適為《漢字改革號》做些短文。當時胡適正在病中，但他 "答應就做"。[2] 13 日，胡適即將文章寄給錢玄同。文中胡適聲稱，他在研究語言文字的歷史時，曾發現一條通則："往往小百姓是革新家，而學者文人都是頑固黨"。胡適又稱：從這條通則上又可得一條附則："促進語言文字的革新，須要學者文人明白他們的職務是觀察小百姓語言的趨勢，選擇他們的改革案，給他們正式的承認。"胡適讚美中國小百姓所創造的 "破體字"，讚美錢玄同等人以這些 "破體字" 作為 "簡筆新字"。他說：

> 這雖不是徹底改革，但確然是很需要而且應該有的一樁過渡的改革。錢先生們的理論是很不容易駁倒的，他們的態度是十分誠懇的。我很盼望全國的人士也都用十分誠懇十分鄭重的態度去研究他們的提議。[3]

胡適的這篇文章只提到了簡筆字，而沒有提到注音字母、詞類連書、改用世界字母拼音等問題，錢玄同怕讀者 "或有誤解"，因此，特別加了一個跋語，說明 "字體改簡，只是漢字改革的第一步，只是第一步中的一種方法，而且只是第一步中的一件事；此外應該研究的問題狠多狠多。"[4]

1　《國語月刊》第 7 期，第 160 頁。
2　《錢玄同日記》，1923 年 1 月 12 日。
3　《國語月刊》第 7 期，第 1—4 頁。
4　《國語月刊》第 7 期，第 4 頁，參見《錢玄同日記》，1923 年 1 月 14 日。

錢玄同自己寫了一篇《漢字革命》，提倡"漢字之根本改革的根本改革"，即採用"羅馬字母式的字母拼音"。錢玄同希望以十年為期，完成這一任務。他說："我希望從 1932 年（民國 21 年）以後，入學的兒童不再吃漢字的苦頭！"[1]錢玄同完全明白，以十年為期根本辦不到，他承認，"這不過聊作快語，以鼓勵同志罷了。"[2]

1 月 20 日，錢玄同在國語講習所講演"漢字革命"。未講前，有人對他說，"革命"這個詞兒太駭人聽聞了，不如換個較和平的詞兒好。錢玄同聽後，不僅沒有接受，反而故意在演講中說了幾句"激烈"的話，當日錢玄同日記云：

> 說的時候，自己覺得臉上熱烘烘的，我想，鼓吹漢字革命，難道就會被槍斃嗎？何以他竟會嚇得如此？若果因此事而被槍斃，這真是為主義而犧牲，是最光榮的犧牲，是最值得的。[3]

在錢玄同發表"激烈"演說之後不久，某次宴會上，有人問胡適："聽說北大有提倡過激主義之說，信否？"胡適答道："人數到了三千，自然形形色色的都有，這是不稀奇的。北大有提倡過激主義的，也有主張復辟的。"又說："北大的人提倡過激主義倒不稀奇，讀八股和信道教這才稀奇哩！"[4]胡適的答語使錢玄同非常滿意，在日記中寫道："這句話說得真妙！"

九、對溥儀出宮的不同態度

溥儀出宮本來是 1912 年制訂的清室優待條件規定的，但歷屆北京政府均意在優容，讓溥儀繼續在"黃圈圈"裏做他的小皇帝。這種情況直到 1924 年馮玉祥發動"首都革命"後才得以改變。11 月 4 日，黃郛攝政內閣通過修改清室優待條件，宣佈"永遠廢除皇帝尊號"，清室"即日移出宮禁"。次日，溥儀被迫

---

1 《國語月刊》第 7 期，第 24—25 頁。
2 《錢玄同日記》，1923 年 1 月 17 日。
3 《錢玄同日記》，1923 年 1 月 20 日。
4 《錢玄同日記》，1923 年 2 月 3 日。

出宮。

廢除溥儀尊號、令其出宮一事得到社會輿論的普通讚揚，但出人意料的是，胡適卻認為這不是"紳士的行為"，於 11 月 5 日致函外交總長王正廷抗議，函稱：

> 先生知道我是一個愛說公道話的人，今天我要向先生們組織的政府提出幾句抗議的話。今日下午外間紛紛傳說馮軍包圍清宮，逐去皇帝；我初不信，後來打聽，才知道是真事。我是不贊成清室保存帝號的，但清室的優待乃是一種國際的信義，條約的關係。條約可以修正，可以廢止，但堂堂的民國，欺人之弱，乘人之喪，以強暴行之，這正是民國史上一件最不名譽之事。[1]

函中所言"欺人之弱"，意指溥儀為弱者；所謂"乘人之喪"，則指半個月前瑾太妃去世。胡適發出此信後，還親赴醇親王府慰問，聲稱"這在歐美國家看來，全是東方的野蠻"[2]。

錢玄同和胡適的態度迥然相反，11 月 6 日，他立即撰文，恭賀溥儀恢復"固有的人格和人權"，"超升為現代的平民"，並且希望他"好好地補習"，把自己造就成一個"知識豐富"的人。[3] 12 月 2 日，又撰文說明民國政府對溥儀的寬厚與仁慈。錢玄同寫道：

> 我民國以寬大為懷，不念舊惡，將奴爾哈赤以來三百餘年殘殺漢人之滔天罪惡一筆勾銷，不效法夏啟"予則孥戮汝"底行為，不主張孔丘作《春秋》所讚美的齊襄復九世之仇底辦法，僅僅取消溥儀底政權和帝號，既沒有絲毫難為他，也不曾"夷其社稷，遷其宗廟"，且還送錢給他用。民國對於滿清，豈但是"仁至義盡"，簡直是"以德報怨"。[4]

---

1 《胡適來往書信選》（上），第 268 頁。
2 溥儀：《我的前半生》，群眾出版社 1981 年版，第 179 頁。
3 《恭賀愛新覺羅溥儀群遷升之喜並祝進步》，《語絲》第 1 期。
4 《告遺老》，《語絲》第 4 期。

不久，錢玄同得悉溥儀逃入日本使館，極為憤怒，再次撰文表示："對於亡清的武裝已經解除了的，現在又重新要披掛起來了，看他們那樣勾結外人來搗鬼，說不定仇恨之心比以前還加增些。"[1]

胡適的抗議曾經遭到他的一些朋友如周作人、李書華、李宗侗等人的批評。[2]錢玄同雖然沒有直接加入批評的行列，但他顯然是站在周作人等一邊的。

對溥儀出宮的不同態度再次顯示出錢胡二人在思想、性格上的差異。儘管如此，錢玄同仍然尊敬並崇拜胡適。1925年4月，他在《回語堂的信》中說：

> 我以為若一定要找中國人做模範，與其找孔丘、墨翟等人，不如找孫文、吳敬恒、胡適、蔡元培等人。[3]

十、同心"驅虎"

1925年4月，章士釗出任北洋政府教育總長。他反對白話文和注音字母，主張小學生讀經。同年7月，出版《甲寅週刊》，公開宣佈"文字須求雅馴，白話庶不刊佈"。該刊仿照民初《甲寅月刊》的舊例，封面上畫一隻老虎，其譯名即為 The Tiger；章士釗也因此被稱為"老虎總長"。

教育總長提倡文言，自然白話文運動受到打擊。黎錦熙之弟黎錦暉從上海致函錢玄同，"東南半壁國語大受摧殘"[4]。面對思想文化界的昏謬、倒退現象，錢玄同十分著急。他致函胡適，動員他"開炮"，但胡適有他自己的想法，復函說：

> 老兄不要怪我的忍耐性太高，我見了這些糊塗東西，心裏的難受也決

---

1 《三十年來我對於滿清底態度底變遷》，《語絲》第8期。
2 參加拙作《溥儀出宮·胡適抗議及其論辯》，《團結報》1989年4月8日。
3 《語絲》第23期。
4 耿雲志主編：《胡適遺稿與秘藏書信》第40冊，第361頁。

不下於你。不過我有點愛惜子彈，將來你總會見我開炮時，別性急呵。[1]

然而，錢玄同耐不住。他覺得原來的《國語月刊》出得太慢，太多偏於討論學理，沉悶得很，便於當年 5 月初和黎錦熙商量出一個週刊，堅持提倡國語和白話文。同月 6 日，錢、黎二人應胡適之約，到中央公園長美軒相見。當日錢玄同日記云："邵西與談行嚴之倒行逆施，適之允為作文致函，並允為《國語週刊》撰文。"這就是說，胡適準備"開炮"了。6 月 5 日，錢玄同致函胡適表示：

> 我的意見：一是總希望白話在"文學正宗"的地位站穩，而古文的棺材則總要將它早安窀穸。二是正宗的白話文學必須本於實際的話語定，官話固佳，那方言也是狠優美的，它在國語中必能佔得幾分之幾的地位，故為國語計，真正的平民方言文學，實有研究和提倡之必要。這兩層意思，你以為何如？[2]

很快，錢玄同發表《國語週刊》廣告，錢玄同宣佈該刊"主撰"四人：胡適、錢玄同、吳稚暉、黎錦熙。

胡適對"主撰"一詞有意見，不贊成這一類"掛名"的任務。6 月 7 日，錢玄同作函答復，聲稱自己"當然無所顧忌，但我覺得我一個人實在挑不起這付大肩子，不是膽怯，只是力不勝任"。他在信中解釋，胡適是"當年文學革命之首靭者"，"至今沒有什麼變更"，不像有些人從前做白話文，現在改做文言文。吳稚暉"一向熱心於注音字母"，去年還說過"白話文為今後必要之工具"，所以"斗膽"將兩先生之名列上。他特別說明：

> 這絕非騙錢牟利的勾當，乾脆地說，便是現在古文妖焰太盛了，實有推翻它之必要。寫明吳、胡、黎、錢諸人的姓名，庶使社會上覺得這幾個

1　《胡適致錢玄同》，1925 年 4 月 12 日，《魯迅研究資料》第 9 輯，天津人民出版社 1982 年版，第 85 頁。
2　《錢玄同致胡適》（1925 年 6 月 5 日），耿雲志主編：《胡適遺稿及秘藏書信》第 40 冊，第 345—346 頁；參見秦素銀輯：《錢玄同致胡適信、片四十七通》，《魯迅研究月刊》，2016 年第 12 期，第 64 頁。

提倡白話文的人現在又出來宣傳了，或者於國語前途能夠得到一些好處，如是而已。[1]

函中，錢玄同向胡適道歉："這回因為心急了一些，不及完全徵求您的同意，便冒然發表了那個廣告，當然應認'冒失'之罪。"

《週刊》籌辦得很順利，作為《京報》副刊之一迅速出報。6月9日，錢玄同、黎錦熙邀約胡適、邵飄萍、孫伏園、李小峰、蕭家霖等人在長美軒吃飯，慶祝《國語週刊》告成。[2] 14日，該刊第1期出版，發刊詞是錢玄同的手筆，中云：

> 我們相信這幾年來的國語運動是中華民族起死回生的一味聖藥，因為有了國語，全國國民才能彼此互通情愫，教育才能普及，人們底情感思想才能自由表達，所以我們對於最近"古文"和"學校底文言課本"陰謀復辟，認為有撲滅它的必要，我們要和那些僵屍魔鬼決鬥，拚個你死我活。[3]

錢玄同宣稱：吳稚暉、胡適、林語堂、周作人、顧頡剛、魏建功等人已應允為刊物經常撰稿。這樣，就形成了與"虎陣"對抗的局面。[4]

《國語週刊》提倡民間文藝，胡適很快就送來了《揚州的小曲》一文。8月27日，錢玄同編輯《國語週刊》第12期，"專攻章士釗"[5]。胡適通知錢玄同稱，"有《老章又反叛了》一文，今晚撰成，不及送出，明日當一早送來。"次日晨七時，胡適如約送來稿子。30日，該文在《國語週刊》第12期刊出。胡適說：

> 我們要正告章士釗君：白話文學的運動是一個很嚴重的運動，有歷史的根據，有時代的要求，有他本身的文學的美可以使天下睜開眼睛的共見

---

1 耿雲志主編：《胡適遺稿及秘藏書信》第40冊，第360頁。
2 《錢玄同日記》，1925年6月9日。
3 《國語週刊》第1期，1925年6月14日。
4 黎錦熙：《國語運動史綱》，第135頁。
5 《錢玄同日記》，1925年8月27日。

共賞，這個運動不是用意氣打得倒的。

同期，錢玄同也發表了《甲寅與水滸》一文，用冷嘲熱諷的語言諷刺章士釗與反對白話文、視《水滸》為"下等說部"的汪某之間的通信。錢文說：

> 這樣一吹一唱，雖然一個是短短幾行，一個是寥寥數語，而衛道之誠，憂時之切，溢於言表，其有功聖門，殆有過於刻在《古文觀止》裏的那篇《原道》。

胡適和錢玄同的文章，莊諧雜出，尖銳地抨擊了章士釗的復古衛道立場。

11月下旬，北京革命形勢日漸高漲，人們高舉著"首都革命"的大旗，多次集會、遊行，要求打倒軍閥政府、懲辦賣國賊。憤怒的群眾搗毀了章士釗等人的住宅，章士釗被迫潛逃天津。12月6日，錢玄同撰文說：

> 章行嚴去矣，後之來者，要是也像他那樣做渾蛋們的代表，也像他那樣要憑藉官勢來統一思想，不管他是張三或李四，阿貓或阿狗，亡國大夫或興國偉人，紳士或暴徒，我還是與對待章行嚴一樣，反抗他，攻擊他。[1]

至此，"驅虎"之役取得了完全的勝利，一場保衛白話、反對文言復辟的鬥爭也取得了勝利。

十一、《錢玄同成仁紀念歌》與《胡適之壽酒米糧庫》

錢玄同因人到中年，常常變得固執而專制，曾經不無感慨地說過："凡人到了四十歲，便應該綁赴天橋，執行槍決。"[2] 1925年10月30日，他在一封信中又說："我現在三十九歲了，照舊法算，再過兩個月便到槍決之年了。即照新法

---

1 《在邵西先生的文章後面寫幾句不相干的話》，《國語週刊》第26期。
2 《國語週刊》第21期。

算，也不過‘槍監候’十個月罷了。”[1] 1926 年是錢玄同的“成仁”之年。次年，有幾個幽默的朋友和他開玩笑，打算在《語絲》週刊裏發刊一期《錢玄同先生成仁專號》。錢玄同欣然同意，親自致函友人索稿。當時，胡適正在上海，擔任新月書店董事長，8 月 11 日，他致函錢玄同說：“生離死別，忽忽一年，際此成仁週年大典，豈可無詩，援筆陳詞，笑不可仰。”詩云：

> 該死的錢玄同，怎會至今未死！
> 一生專殺古人，去年輪著自己。
> 可惜刀子不快，又嫌投水可恥，
> 這樣那樣遲疑，過了九月十二。
> 可惜我不在場，不能來監斬你！
>
> 今年忽然來信，要做“成仁紀念”。
> 這個倒也不難，請先讀《封神傳》。
> 回家挖下一坑，好好睡在裏面，
> 用草蓋在身上，腳前點燈一盞，
> 草上再撒把米，瞞得閻王鬼判，
> 瞞得四方學者，哀悼成仁大典。
> 年年九月十二，處處念經拜懺，
> 度你早早升天，免在地獄搗亂。[2]

這一年，錢玄同貧病交攻，神經衰弱，精神極為痛苦，日記自云：“懶散頹廢，日甚一日，真成了一個鮮鮮活死人了！這樣活法，實在太苦惱，太無意義了。”[3] 大概他在致胡適函中有“回思數年前所發謬論，十之八九都成懺悔之資料”一類的話，因此，胡適在信中說：“實則大可不必懺悔，也無可懺悔。所謂‘種種

1　《國語週刊》第 21 期。
2　《胡適致錢玄同》，1927 年 8 月 11 日，《魯迅研究資料》第 9 輯，第 86 頁。
3　《錢玄同日記》，1927 年 9 月 12 日

從前，都成今我，莫更思量更莫哀’是也。我們放的野火，今日已蔓燒大地，是非功罪，皆已成無可懺悔的事實。”胡適要求錢玄同持一種堅定的人生態度："此中一點一滴都在人間，造福造孽唯有挺身肩膀擔當而已。"[1]

胡適的《紀念歌》寫好了，其他人的輓聯、輓詩也寫好了，《成仁專號》的廣告也在有些地方發表了，但是，張作霖正統治著北京，對文化界採取高壓政策，邵飄萍、林白水、李大釗等人都先後死在他的手下。為了避免引起"誤會"，《成仁專號》終於沒有出版。

轉眼到了1930年，胡適四十歲。11月28日，胡適離滬到北平任北京大學教授。這時，離胡適的生日已經很近，朋友們便醞釀為他作壽。12月4日，魏建功和錢玄同商量，擬聯絡馬隅卿、黎錦熙、徐旭生、周作人等12人，共同送一篇壽辭，由魏建功作文，錢玄同書寫。[2]15日，魏建功將壽辭寫成，題為《胡適之壽酒米糧庫》。文章稱胡適為"從事革新中國文學的先鋒將"，讚美他"慧眼高深，法力廣大"，使中國文化界發生了一日千里的變化。壽辭說：

> 民國十九年（1930）十二月十七日便是他的四十整生日，他的朋友和學生們中間，有幾個從事科學考古工作的，有幾個從事國語文學研究和文字改革運動的，覺得他這四十歲的紀念，簡直比所謂"花甲"、"古稀"更可紀念，因為在這十三四年中間，他所盡力於中國學術的辛苦，應該獲得一些愉快，應該享受一點安慰。[3]

壽辭共兩千餘字，當日，錢玄同準備了優質的高麗紙，採購了筆墨，從晚七時直寫至十二時。16日，約周作人、黎錦熙、魏建功來觀看。17日，發現其中有兩處錯字，便割下重寫了三分之二。當晚，錢玄同前去拜壽。本來，胡適因夫人規勸戒酒，其詩中有云："幸能勉強不喝酒，未可全斷淡巴菰。"魏建功等人在壽辭中要求為胡適開戒，"好比鄉下老太婆念佛持齋，逢了喜慶，親友來給他開了齋，好飽餐肉味一樣。"不料，胡夫人卻重申酒戒。錢玄同日記云：

1　《魯迅研究資料》第9輯，第88—89頁。
2　《錢玄同日記》，1930年12月14日。
3　魏建功影印：《錢玄同先生遺墨》。

胡夫人贈以戒指與適之，刻"止酒"二字。吃得半中晦時，他受戒了。我過去看看，被胡夫人推為"證戒人"。[1]

生日晚會在"大開玩笑"中結束，它顯示出胡適和朋友們的良好關係，也顯示出錢、胡二人間的深厚友誼。

12月20日，胡適應錢玄同之請在信中談了自己對《春秋》的看法。胡適認為，今日無法可以證或否證今本《春秋》為孔子所作，由於時代關係，其中"有所忌諱"乃是很平常的事。函稱："即使胡適之、錢玄同在今日秉筆作國史，能真正鐵面不避忌嗎？"函末，胡適對錢玄同費了那麼多工夫書寫壽辭表示感謝，並稱："裱成時，還要請你簽字蓋章，使千百年後人可以省去考證的工夫。"[2]

十二、國難期間

1933年1月1日，日本侵略軍突襲山海關；3日，山海關和臨榆縣城失守，中國軍民遭到瘋狂的屠殺；2月21日，日軍進犯熱河；3月4日，佔領承德，進迫長城腳下。自此，中國軍隊展開了英勇的長城抗戰，歷時80餘天，其中如宋哲元部在喜峰口，徐庭瑤、關麟徵、黃杰所率中央軍隊在南天門一帶的血戰，都極為悲壯激烈。5月22日，北平陷入日軍三面包圍之中。次日晨，華北軍第七軍團傅作義部在懷柔牛欄山抗擊日軍，演出了長城抗戰最後的一幕。

從一開始，錢玄同就關注著長城戰事。

1月3日日記云："今日看天津報，知1日晚日本兵在榆關開火，恐北平不能久居矣！"

3月5日日記云："在會中見報，知湯玉麟昨日逃，承德遂陷落，計日人攻熱以來，不戰而叛而降或逃。噫！"

3月14日日記云："古北口又失守了！"

---

1 《錢玄同日記》，1930年12月17日。
2 《胡適致錢玄同》，1930年12月20日，《魯迅研究資料》第9輯，第86頁。

3 月 15 日日記云："塘沽日兵已上岸！"

由於憂心國事，而又自感缺少"執干戈以衛社稷"的能力，簡直不知"究竟該做什麼事才對"。[1] 錢玄同從年初開始就謝絕參加各種宴會，他在致黎錦熙函中說："緣國難如此嚴重，瞻念前途，憂心如搗，無論為國為家為身，一念憶及，便覺精神不安，實無赴宴之雅興也。"[2] 5 月 17 日，師大研究院畢業生宴請導師，錢玄同"照例謝絕"，只參加了飯後的攝影。[3]

進入 5 月以後，北平的局勢日益緊張，敵機不斷前來盤旋、偵察，街頭開始挖壕、設置沙包。21 日，何應欽通知各國立大學，可以允許學生"請假旋里"。[4] 22 日，軍政首腦機關準備撤離，錢玄同也曾擬攜子赴天津暫避。當日，北平政務整理委員會委員長黃郛開始與日方談判停戰。31 日，簽訂《塘沽協定》，規定中國軍隊撤離長城區域，承認冀東為非武裝區；同時也規定日軍撤至長城線。

《塘沽協議》是屈辱的城下之盟，但它暫時穩定了華北地區的局勢，錢玄同的心境也逐漸平靜下來。6 月初，胡適準備赴加拿大參加第五屆太平洋國際學會。6 日，錢玄同致函胡適，告以將在 9 日為他餞行。函稱：

> 我以熱河淪陷以後，約有三個月光景，謝絕飲宴之事。我並非以國難不吃飯為名高，實緣彼時想到火線上的兵士以血肉之軀當坦克之炮彈，渾噩的民眾又慘遭飛機炸彈之厄，而今之東林黨君子猶大倡應該犧牲糜爛之高調，大有"民眾遭慘死事極小，國家失體面事極大"之主張。弟對於此等怪現象與新宋儒，實覺悲傷與憤慨，因此，對於有許多無謂之應酬實不願參與，蓋一則無心談宴，一則實不願聽此等"不仁的梁惠王"之高調也。自塘沽協議以後，至少河北民眾及前線士兵總可以由少慘死許多乃至全不遭慘死，故現在不再堅持不飲宴之主張了。[5]

1　《以西曆 1684 年歲在戊子為國語紀元議》，《國語運動史綱》第 4 頁。
2　曹述敬：《錢玄同年譜》，齊魯書社 1986 年版，第 117 頁。
3　《錢玄同日記》，1933 年 5 月 7 日。
4　《錢玄同日記》，1933 年 5 月 21 日。
5　《胡適來往書信選》（中），第 215—216 頁。

錢玄同這裏批評的"今之東林黨君子"，主要指的是"自己安坐而唱高調，而以為民眾應該死"的空談派，對於真正捨生忘死、英勇殺敵的戰士們，他是敬仰的。這從他為傅作義部在懷柔戰死將士書碑一事可以清楚地看出來。碑文由胡適執筆，銘文說：

> 這裏長眠的是二百零三個中國好男子，
>
> 他們把他們的生命獻給了他們的祖國。
>
> 我們和我們的子孫來這裏憑弔敬禮的，
>
> 要想想我們應該用什麼報答他們的血。

墓碑樹立於綏遠大青山下，這座由兩位文化巨匠合作的紀念物堪稱雙璧，但是，遺憾的是，後來又有人命令說一切抗日的紀念物都應該隱藏，於是又在上面加了一層遮蓋，另刻"精靈在茲"四字。

十三、"只努力工作，就好像永永不死一樣"

錢玄同長期為疾病所苦。從 1929 年起，他就身患高血壓、血管硬化、神經衰弱諸症，此後國事日非，他的疾病也日益加劇，身體與精神都日益衰頹。1934 年冬天，他有一次在師大講師，頭目眩暈，幾乎傾倒。1935 年，他的右目突患視網膜炎，血壓繼續增高，因此，經常陷入目昏、頭重、心悸、手顫的艱難境地。但是，他仍然孜孜兀兀於他所心愛的文字改革和國語統一工作，並作文自勉："一個人，無論事功或學問，總得要幹，總得要努力幹，不問賢愚，更無間老少。少年固然要努力幹，老年因桑榆暮景，更應該乘此炳燭之明努力去幹。[1] 1937 年，錢玄同致函胡適，詢問佛學中的若干問題。4 月 8 日，胡適復函錢玄同，認為佛教是一種消極的人生觀，但積極的人，如王安石、張居正等，均能從中尋出積極的人生觀來。他說："尊恙正需一種弘毅的人生觀作抵抗力，切不可存一'苟延殘喘的悲觀'。我曾聽丁在君說一句英國名言，我曾替他譯

---

1 《哀青年同志白滌洲先生》，《國語週刊》第 160 期。

為韻語":

Ready to die tomorrow, But work as if you Live long!

明日就死又何妨!

只努力工作,就好像永永不死一樣!¹

這是目前所能見到的胡適致錢玄同的最後的一封信。它是胡適對老朋友的慰勉,也可以看作是他對老朋友的評價。

漢字"橫行"與錢玄同*

現在漢字以"橫行"為主了。

余生也早,躬逢漢字"直行"的一統時代,書報一律從上往下排,讀書時,腦袋須一上一下地移動。遇到其中夾有西洋文字,便須把書側轉過來看;寫字作文時,先從上到下一個字一個字寫,然後一行一行從右向左移;如果墨汁未乾,那手腕上便會沾滿斑斑墨跡。此情此景,而今的年輕朋友也許不大能夠體會。誠然,除整理古籍、書法藝術和報紙調劑版面外,漢字應該"橫行"。那麼,誰是漢字"橫行"的提倡者呢?

手頭有一份錢玄同的書信手跡,文曰:

獨秀、半農、適之、尹默、孟和諸兄鈞鑒:

上月獨秀兄提出《新青年》從六卷起改用橫行的話,我極端贊成。今見群益來信說:"這麼一改,印刷工資的加多幾及一倍。"照此看來,大約

---

1 《魯迅研究資料》第 9 輯,第 101—102 頁。

* 原載《光明日報》,1986 年 6 月 15 日;錄自楊天石:《哲人與文士》,中國人民大學出版社 2007 年版。

改用橫行的辦法，一時或未能實行。我個人的意思，總希望慢慢的可以達到改橫行的目的。

此信寫於 1918 年 11 月 26 日。當時，錢玄同是《新青年》編輯部的成員，收信的幾個人也都是。不知為什麼，此信未在《新青年》上刊載，似乎也沒有在其他地方發表過。從信中看，陳獨秀提倡 "橫行" 而錢玄同 "極端贊成"，似乎陳早於錢。然而，且慢。

1917 年 5 月 15 日，錢玄同致陳獨秀函云：

> 我固絕對主張漢字須改用左行橫移，如西文寫法也。人目係左右相並，而非上下相重，試立室中，橫視左右，甚為省力，若縱視上下，則一仰一俯，頗為費力。以此例彼，知看橫行較易於直行。且右手寫字，必自左至右，故無論漢字、西文，一字筆勢，罕有自右至左者。然則漢文右行，其法實拙。若從西文寫法，自左至右，橫移而出，則無一不便。

同年，大概是 7 月吧，錢玄同再次致函陳獨秀，要求《新青年》從 4 卷 1 號起改用橫式。他說："《新青年》雜誌拿除舊佈新做宗旨，則自己便須實行除舊佈新，所有認做 '合理' 的新法，說了就做得到的，總宜趕緊實行去做，以為社會先導才是。" 這樣，提倡 "橫行" 的還是錢早於陳。

漢字由 "直行" 改 "橫行"，看來是小事，卻也還需要一點勇氣。因為我們的老祖宗，從用刀在烏龜殼上刻字時便 "直行"，此後相沿不改，成為定規。清末時，西方文字傳入，因為與我們的 "祖宗舊法" 不合，所以被輕蔑地稱為 "蟹行" 文字，意思是像螃蟹一樣橫著爬。當時的《國粹學報》有一段名文曰："蟹行文字，橫掃神州，此果黃民之福哉？" 中國人讀了幾本西洋書，便被視為黃帝子孫的災難；如果漢字也 "蟹行" 起來，那還了得！所以，單以提倡 "蟹行" 這一點來說，錢玄同也配授以勇士稱號。

不過，話說回來，提倡歸提倡，《新青年》卻一直未能 "橫行"，其原因既由於經費困難，也由於內部意見並不一致。所以雖有陳望道的激烈的批評和呼籲："諸子既以革新為幟，我狠願諸子加力放膽前去，不稍顧忌，勿使'後人而復哀後人'才好"，但是，錢玄同還是表示："因印刷方面發生許多困難的交涉，一時尚改不成"。這個"一時"也就長了，直到新中國成立後，國家明文規定漢字以"橫行"為主，錢玄同的願望才得以實現。在我們這個"五千餘年古國古"的泱泱大國裏，要想搞一項改革也真難！

古語云：聞鼓鼙而思將帥。因作此文，戲擬一語曰：憶"橫行"而望勇士。

錢玄同自揭老底 *

"五四"時期的錢玄同，確實是位勇士。他寫過不少犀利的文章。其中有一篇《中國今後之文字問題》，認為中國兩千年來的所謂學問，所謂道德，所謂政治，"無非推衍孔二先生一家之學說"；所謂《四庫全書》，十分之八是教忠教孝之書；所謂史，不過是"大民賊"的家譜或"小民賊"殺人放火的賬簿；要使中國不亡，使中國民族成為"二十世紀文明的民族"，必須以"廢孔學"作為"根本之解決"。這些話在今天看來難免顯得偏激，但當時，在推倒偶像、破除迷信、解放思想方面，又自有其不可磨滅的功績。

然而，誰想到，錢玄同還曾是個復古迷呢！

那是在辛亥革命時期，部分革命黨人熱衷於復古。當時有句流行的口號，叫做"光復舊物"。有的人考證出中國文化的黃金時期是在夏、商、周三代，據說，有一種"通天屋"，比現代的摩天樓還好；有一種"深衣"，穿起來滿愜意；有一種《鹿鳴》之曲，聽起來可以感到"皇漢"民族的尊嚴；還有一種"干舞"，跳起來可以不失"陶唐氏之遺風"。受此影響，錢玄同也覺得光復之功告成以後，應該將滿清的政制儀文"一一推翻而復於古"，不僅復於明，且將復於

---

* 原載《光明日報》，1986 年 8 月 17 日；錄自楊天石：《哲人與文士》，中國人民大學出版社 2007 年版。

漢唐；不僅復於漢唐，且將復於三代。總而言之，一切文物制度，凡非漢族的都是要不得的；凡是漢族的都是好的，而同是漢族的，則愈古愈好。錢玄同是個言必行、行必果的人。武昌起義之後，"辮髮胡裝"自然可以免去，但西裝革履也非所願。怎麼辦呢？他想起了"深衣"。古書上記載，這是諸侯、大夫和士平時在家閒居時所穿的一種服裝，上衣和下裳相連，大概是一種男式連衣裙吧？古代沒有攝影術，也沒有裁剪大全一類的書籍，具體式樣早已失傳。好在錢玄同曾經從學於國學大師章太炎，考證是拿手好戲。於是，從 1911 年 12 月中旬起，他便參考《禮記》、司馬光的《書儀》、題為朱熹所著的《家禮》以及黃宗羲、任大椿、宋綿初、張惠言、黃以周諸家的論述，做了一部書，叫做《深衣冠服說》，並且照所說的做了一身。1912 年 3 月，錢玄同到浙江軍政府教育司當科員，便穿上這一身自製的套服：頭戴"玄冠"，身穿"深衣"，腰繫"大帶"，上辦公所去，其結果是贏得大家笑了一場。

上述故事，見於錢玄同的一篇回憶文章《三十年來我對於滿清態度底變遷》。文中，錢玄同還坦率地承認，更早的時候，他是個地地道道的保皇派，崇拜清朝"皇上"；為此，撕毀過譚嗣同的《仁學》，指責過具有革命思想的朋友："吾儕食毛踐土，具有天良，胡可倡此等叛逆之論？"錢玄同寫這篇回憶文章是在 1924 年末。那時新文化運動早已"鐃歌奏凱"，錢玄同也早已成了名人了。

世事多艱。人難免要做錯事、走錯道，貴在能不斷總結、棄舊圖新。錢玄同復了一陣子古，在袁世凱稱帝的時候，他"大受刺激"，"知道凡事總應前進，決無後退之理"，於是進而"疑古"，這就好；又進而在成為名人之後，仍能自揭老底，以自己做錯的事、走錯的路昭示來者，這就更好。生活、事業都需要這種精神。

有些人，總想塑造自己一貫正確的聖哲形象。諱言錯誤、諱言失敗，明明有錯，卻硬不認錯，甚或飾非為是，又甚或打擊別人、以非作是。這種人，在錢玄同精神面前，是否感到汗顏呢？

潘漢年與錢玄同 *

—— 近世名人未刊函電過眼錄

潘漢年以從事中共的秘密工作著名，但是，他還是一位優秀的文化人。關於前者，史學界研究已多；關於後者，史學界也已開始研究，不過，留下的空白尚多。錢玄同家藏潘漢年書札一通，可以說明這位傳奇人物早年活動的一個方面。函云：

玄同先生：

你老雖只歡迎民間文藝裏的戲劇、故事、小說，我偏要抄幾首我「收藏袋」裏的歌謠給你看看，你會說它的價值在故事、劇本之下嗎？—— 所以我主張《ㄨㄛㄩㄓㄡㄎㄢ（國語週刊 —— 筆者注，以下同）上同樣收載歌謠。今先寄上幾首給你看看，你如歡迎在ㄓㄡㄎㄢ（週刊）上發表，我盡可絡續抄來；我的「收藏袋」裏至少也有百餘首了！

ㄋㄧㄣㄌㄠ（您老）如一定說：窮鬼！你要出風頭好送到《歌謠週刊》上去發表，則我也只有叩頭謝罪，不應該多此一舉！我對於民間文藝興味特別好，像有些故事，很高興用筆去述出來（有現成文字記述的，我當然不必費神），不過我一度試驗的「ㄎㄨㄚ（苦啊）故事」寄給周作人先生後，《語絲》上也不見刊出，大概是我的文字太壞，被扔在字紙簍裏去了！本來我也忝年小膽大，我的狗屁文字，怎麼好送去與你們的大作排在一起呢！但我總還希望有一天周先生能把我的大作退回讓我重做一篇！

再讓我說幾句閒話。《ㄨㄛㄩㄓㄡㄎㄢ（國語週刊）的印刷有時太不清楚了，你們為什麼不和手民先生們交涉一下？

哈，我的上司ㄌㄧ（黎）今灰和郭後覺，看見我身上「落湯雞」的樣

* 原載《百年潮》，2003 年第 7 期；錄自楊天石：《哲人與文士》，中國人民大學出版社 2007 年版。

子，我想他們正在那裏代我可憐，（每月得廿元，只夠吃吃住住，他們也知道我買不起雨傘皮鞋，然而他們對我似更說，你的二十元還是僥倖呀！）編輯室裏有這麼一個窮小子！哪知道我目空一切，悠悠自得在這裏寫信給你ㄌㄜ（呢）！請原諒我第一次寫信給你便發牢騷。

　　　　　　　　　　　　　　　　　　你的小朋友潘漢年

我今年廿歲，對你稱"小"，稱你為"老"，不算得罪吧？哈，我笑了！

　　　　　　　　　　　　　　　　　　一四、七、三，下午

　　潘漢年1906年出生於江蘇省宜興縣的一家書香門第。1919年畢業於宜興縣立第三高等學校，其後，陸續就讀於武進延陵公學、無錫國學專修館、上海中華國語專科學校等處，均因家庭經濟困難，中途輟學，到小學任教。1923年10月12日，潘漢年在上海《民國日報》發表愛情詩《不敢》，自此步入文壇。1924年，潘漢年到上海中華書局，在黎錦暉創辦的《小朋友》雜誌擔任校對員。本函用紅墨水書寫，顯係在編輯部的校對案上寫成。函中所稱"ㄌㄧ今灰"，指的就是黎錦暉；"郭後覺"，未詳，當為《小朋友》的編輯。從函中可以看出，潘漢年在雜誌社地位很低，工資也很低，有不少"牢騷"。

　　寫信這一天，潘漢年出門後突遇大雨，但因身無分文，買不起雨傘，只好一手用報紙蓋頭，一手提著衣襟，穿著浸水的破皮鞋，趕到編輯部上班；自然，澆成"落湯雞"，狼狽不堪。進門時，穿著"拷綢"衣褂的聽差看到潘漢年這般模樣，不禁一笑。這笑，令潘漢年感到飽含著譏諷；走進編輯部，潘漢年又受到幾個同事的奚落，有一位還向黎錦暉瞪眼，那意味，讓潘漢年感到是在埋怨，不該找"這麼一個落拓下屬來殺編輯部的風景"。潘漢年坐定之後，開始為錢玄同、黎錦熙共同主編的《國語週刊》寫稿：首先敘述自己當天成為"落湯雞"的遭遇，接著就慨歎："我也不恨他們，只恨我的祖宗不曾留遺產——不，只怪不共產；否則我年紀輕輕，那要混到這裏來騙飯吃！"字裏行間，已經透露了潘漢年後來投身"共產革命"的訊息。

　　《國語週刊》出版於1925年6月14日，作為《京報副刊》之一，星期日隨報附送。錢玄同在《發刊詞》中表示：

> 我們相信這幾年來的國語運動是中華民族起死回生的一味聖藥，因為有了國語，全國國民才能彼此互通情愫，教育才能普及，人們底情感思想才能自由表達，所以我們對於最近"古文"和"學校底文言課本"陰謀復辟，認為有撲滅它之必要，我們要和那些僵屍、魔鬼決鬥，拚個你死我活。

五四新文化運動的重大勝利之一是白話文取得正宗地位。不僅白話詩、白話小說風行一時，而且，應用文也已通行白話。但是，世間事常有反覆。1925 年 4 月，章士釗出任北洋政府教育總長，公開反對白話文和注音字母，提倡小學讀經。錢玄同《發刊詞》所稱"陰謀復辟"白話文的"僵屍、魔鬼"，就是指的章士釗等人。

當年 5 月 15 日，上海日本紗廠資本家槍殺工人顧正紅。30 日，上海學生在租界遊行，英國巡捕開槍射擊，群眾死十餘人，史稱"五卅慘案"。事件激起了中國人民的巨大憤怒。在《發刊詞》中，錢玄同寫道：

> 我們相信中華民族今後之為存為亡，全靠民眾之覺醒與否，而喚醒民眾，實為知識階級唯一之使命。這回帝國主義者英吉利和日本在上海屠殺咱們底學生和工人的事件發生，我們更感到"禍至之無日"，喚醒民眾之萬不能緩。講到喚醒民眾，必須用民眾的活語言和文藝，才能使他們真切地瞭解。

可見，錢玄同等辦《國語週刊》並不僅是為了反對文言文復辟，而是有著明確的愛國主義自覺，旨在通過提倡國語來喚醒民眾。潘漢年之所以樂於為《國語週刊》寫稿，首先是一種政治上的契合。

錢玄同高度評價民間文藝。《國語週刊》創刊時，錢玄同即發表啟事，徵求民間文藝。啟事稱："民間埋藏著狠豐富的、美麗的、新鮮的、自然的文藝，如故事、小說、戲曲等，一定非常之多。現在我們想盡力地發掘這個寶庫。"大概由於此前已經有一個《歌謠》週刊，所以啟事沒有提到歌謠。潘漢年對此有異議，認為《國語週刊》也應該徵集、發表民間歌謠。從潘函可以看出他對民間歌謠極有興趣，"收藏袋"裏有百餘首之多。這次給錢玄同投稿，即有《落雨沉沉》、《有錢使得鬼推磨》、《銅錢親》、《光棍》、《不嫁讀書郎》等多首。在抄錄這些歌謠時，潘漢年有時還穿插一兩句話，為"窮人"，也為自己鳴不平。例如，一開頭，潘漢年就寫道："今天落雨沉沉，我窮人真正氣勿過，再唱幾隻民歌出氣。"又如，在"光棍好比活神仙，一把雨傘到天邊"兩句下邊，潘漢年注道："今天我沒有雨傘，光棍也做不得。"這些地方，都說明在這位二十歲的年輕人的內心，已經積累了很多對當時社會的不平。

潘漢年投稿時間是 1925 年 7 月 3 日，同月 26 日，稿件即在《國語週刊》第 7 期發表。不僅如此，錢玄同還立即復函潘漢年，說明表揚民間文藝的目的在於建立"國語文學的基礎"，國語文學"必須根據於活語言"，"國語必須有文學的美"。他要求潘漢年將"收藏袋"裏的寶貝陸續寄給刊物。同月 30 日，潘漢年在宜興復函錢玄同，自稱"窮人大肚皮"，決無吝（嗇）色，同意將"收藏袋"裏的寶貝陸續寄上，但潘同時聲明，"收藏袋"掉在上海，不在手邊，只能先行寄上"一週內所得的成績"——《兩首歌的故事》。

新文化運動確立了白話文的地位，但是，如何做好白話文、進一步發展白話文，當時有兩種意見。一種是從傳統文言文中脫化，這就要多讀古書；一種是從民眾口語中提煉，這就要大力宣導民間文藝。錢玄同所提倡的是後一種。對此，潘漢年極表贊同。7 月 30 日函中，潘漢年說：

數年前我就聽到"擁護國語文"的先生們說過："要求國語文的活潑美麗，當學胡適之、梁任公兩先生，因為他們古書讀得很多，不像你們唯讀過幾本"的嗎了呢"的語體文，做起文來，不免生硬拙劣。"當時我聽了，真氣得肚皮發漲！我想這樣的"緣木求魚"，將來"ㄧㄙㄇ國語（主義）"總得要遭厄運！果然，至今有許多"效顰"胡、梁二先生的，大做其不文不語的文章，自以為活潑美麗，大可與胡、梁二先生比擬了。因是胡、梁二先生已深受了古文的束縛，胡先生雖有"八不主義"的提倡，一旦打破

了舊的桎梏，要實行有生命的語體文，正如現在的"半老徐娘"取消她的
"一對金蓮"中的裹腳布，穿了天足女學生的皮鞋，走起路來，一扭一捏，
總難免"牛吃蟹"；不料會行路的天足女孩，倒要來學假天足的胡、梁二先
生，其醜何如？何況先天有別，死也學勿像。[1]

潘漢年認為，胡適、梁啟超的白話文，受古文束縛過多，不文不白，好像纏腳
女人放腳，只是一種"假天足"，一旦穿起皮鞋走路，必然一扭一捏，不像樣
子。因此，潘漢年反對以胡、梁的文章作為白話文的典範，而要提倡做"有生
命的語體文"。

錢玄同以激烈著稱，但是似乎不完全贊成潘漢年對胡適和梁啟超的評價。
12月11日，錢玄同復函潘漢年說：

> 胡、梁的白話文所以有時候還能夠活潑美麗者，正因為他們熟讀《水
> 滸傳》、《紅樓》、《琵琶記》、《牡丹亭》諸書也；然而他們的白話文究竟
> 不免"像煞有價事者"，便是您所謂"深受了古文的束縛"，或別人所謂
> "古書讀得狠多"的緣故。有人想做活潑美麗的白話文嗎？學活語言跟民間
> 文藝，斯為上策；學有名的小說跟戲曲，尚不失為中策；學胡、梁的白話
> 文，實不免為下策。不過下策究竟還是策。[2]

錢玄同承認胡適、梁啟超的白話文，有時"還能夠活潑美麗"，但是，錢玄同
認為其原因不在於他們讀的古書多，而是他們繼承了古代白話文學的傳統。因
此，錢玄同不像潘漢年那樣激烈，認為胡適、梁啟超的白話文還是可以學，雖
然"實不免為下策"。在婉轉地表達了對潘漢年的不同意見後，錢玄同再次盛
讚民間文藝："這才是真正活潑美麗的語言，表情最真率，達意最精細，用字造
句尤極自由。"錢鼓勵潘漢年和自己合作，函稱："我們表揚民間文藝，認為
它為國語的靈魂，國語的血液，只希望深明此理者——例如您——來同力合

---

1 《國語週刊》第 23 期。
2 《國語週刊》第 23 期。

作，咱們大傢夥兒努力的幹起來。"

上引潘函提到的《兩首歌的故事》，即《苦哇鳥的故事》，寫一個悲慘的民間傳說：一戶人家領養了一個童養媳，男孩病死，婆婆虐待童養媳，將她關在水缸裏。幾天後，童養媳化鳥飛出，整天哭叫"苦啊！"因名"苦哇鳥"。潘漢年寫這個故事，同樣表現出他對社會底層人物命運的關懷和同情，這篇故事經周作人之手發表於 1925 年 7 月出版的《語絲》第 35 期。潘漢年給錢玄同寫信的時候，他還不知道此稿的處理情況。

潘漢年給錢玄同寫信的時候，是一個剛剛二十歲的小小校對員，而錢玄同則已經是著名的大學者。上引潘函寫得輕鬆、隨便，並未將錢玄同看成大權威，而錢也不以大權威自居。

錢收到當年 7 月 30 日潘函後，因為要"驅虎"（驅趕章士釗），後來又因為左臂跌壞，兩手患濕症，沒有及時給潘漢年回信，特別在 12 月 11 日函中道歉：

> 從我收到這封信跟"兩首歌謠的故事"到現在，不差麼兒有一百天了；九月中又接到由周豈明先生轉來"長女怨幼夫及其他"。這兩次收到的信在我們的"乾坤袋"中擱得那麼久，不但未曾登出，連回信也不寫一封，我想您總在那兒罵我了；——縱子不吾罵，我獨能無動於衷乎！則我當向您道歉，殆無疑義。

這封信文白夾雜，既有大白話，又有文言，詼諧與莊重兼而有之，生動地體現出錢玄同的幽默和平易近人的性格。

《錢玄同日記》（整理本）前言 *

錢玄同是近代中國著名的學者，以文字音韻學見長，但又是思想家、教育家、史學家、編輯家、文化改革家，有著多方面的造詣。

錢玄同祖籍浙江湖州，1887 年 9 月 12 日（清光緒十三年七月二十五日）出生於蘇州。原名師黃，字德潛。辛亥革命前改名夏，別號中季，亦稱季。1916 年改名玄同，1921 年以疑古為別號，自稱疑古玄同。1937 年 11 月，再次名為"夏"。

其父錢振常，曾任禮部主事及紹興、揚州、蘇州等地書院山長。異母兄錢恂，號念劬，清末歷任駐日、英、法、德、俄、荷蘭、意大利等國使館參贊或公使。嫂單士厘，隨錢恂出使各國，是近代中國最早走向世界的知識女性之一。

錢玄同幼受家教，熟讀傳統經籍。1902 年前後贊同"保皇"，欣賞梁啟超的政治主張。1903 年冬，受《蘇報》案影響，開始轉向"排滿革命"。1904 年與方於笥（青箱）等人創辦《湖州白話報》。1905 年冬，錢恂出任湖北留日學生監督，錢玄同隨兄赴日，進入早稻田大學師範科學習。次年，結識章太炎，成為章的崇拜者，主張"保存國粹"，"光復舊物"。1907 年加入同盟會。當時，日本"左翼"知識界流行無政府主義思潮，錢玄同一度醉心於此。他一面參加國學講習會，與朱希祖、朱宗萊、黃侃、周樹人、周作人、龔寶銓、許壽裳、馬裕藻、沈兼士等共同受教於章太炎，學習《說文》、《莊子》、《文心雕龍》等書；一面參加"社會主義講習會"，與無政府主義者劉師培等人交往。1910 年，協助與同盟會分離之後的章太炎、陶成章創辦《教育今語雜誌》，批評當時知識份子中的"歐化"傾向，以白話講述中國的文字學、經學、諸子學等方面的知識。同年，錢玄同歸國，先後任教於湖州、海寧、嘉興等地的中學堂。1911 年春，拜見今文經學者崔適，自此崇信今文經學派；後來並曾尊崔適

---

* 原載《學習時報》，2007 年 1 月 1 日；錄自楊天石：《哲人與文士》，中國人民大學出版社 2007 年版。

為師。

武昌起義，浙江光復，錢玄同無比興奮。1912年3月，錢玄同在浙江教育司任科員。他在"復古"思想影響下，參考《禮記》等書，自製"深衣"、"玄冠"，穿戴上班，一時引為笑談。1913年，錢玄同隨兄到北京，任教於北京高等師範學校及附屬中學。不久，兼任北京大學預科文字學教員。1915年，任北京高等師範學校國文部教授，兼任北京大學文字學講師。1918年，在北大講授音韻學。此後，錢玄同長期任北大教授。1922年2月，北京大學成立研究所，任國學門第一屆委員會委員。次年初，創辦《國學季刊》，任編委。1923年，北京高等師範學校改名為國立北京師範大學，仍任教授。1928年任該校國文系主任。其間，曾一度在孔德學校、北京女子高等師範學校（後改北京女子師範大學）及中法大學服爾泰學院兼課。

錢玄同熱忱擁護共和，袁世凱復辟帝制的行為給了錢以巨大刺激。當時，部分復辟份子利用孔子學說製造輿論，錢玄同因之主張"孔氏之道斷斷不適用於二十世紀共和時代"。[1] 1917年1月，錢玄同讀到胡適發表在《新青年》雜誌上的《文學改良芻議》，致函陳獨秀，表示"絕對贊同"，同時激烈地攻擊"《選》學妖孽"與"桐城謬種"。1918年初參加編輯《新青年》。他在該刊發表了大量批判舊文化、要求學習西方、在文化領域實行改革的文章，成為新文化運動中的一員驍將。但是，其間他也發表過一些廢漢字和漢語、不讀中國書的偏激之論，受到社會批評，以致連陳獨秀也不得不出面聲明："這種用石條壓駝背的醫法，本志同人多半是不大贊成的。"[2] 他積極提倡白話文，曾化名王敬軒致函《新青年》，攻擊新文化運動，供劉半農反駁，二人共同演出了一出有名的"雙簧"；又曾多次訪問正在埋頭抄古碑的周樹人，勸他為《新青年》寫稿，鼓勵周樹人走上以文學改造社會的道路。1919年10月，《新青年》仍歸陳獨秀一人編輯；次年，編輯部遷回上海，錢玄同與該刊關係日疏。1921年1月，李大釗與胡適之間為《新青年》的辦刊方針發生衝突，錢玄同認為是"豬頭問題"。[3]

---

1 《錢玄同日記》，1919年1月1日。
2 《本志罪案之答辯書》，《新青年》6卷1號。
3 《錢玄同日記》，1921年1月18日。

他主張思想自由，認為盡可任《新青年》"勞農化"，"我們和他們全不相干而已，斷斷不能要求他們停版"。[1] 1922 年 3 月，與周作人、沈兼士等發表《主張信教自由宣言》，反對當時的"非基督教運動"，宣稱人的信仰"應當有絕對的自由"。[2]

"五四"當日，錢玄同曾隨學生一起遊行。"五四"之後，當年的《新青年》同人向政治與學術兩途分化，錢玄同選擇的是學術之途。他堅持新文化運動的精神，繼續反對復古傾向，認為"賽先生絕對不是西洋人所私有，的的確確是全世界人類所公有之物"，"分明是世界文化"。[3] 因此，他積極主張：《新青年》的議論，"現在還是救時的聖藥"。[4] 當時，因整理中國傳統文化而出現"疑古思潮"，錢玄同為了探討中國古史和古書的真偽，積極支持胡適和顧頡剛的學術研究，鼓勵他們對於"聖人"和"聖經"，"幹'裂冠，毀冕'，撕袍子，剝褲子的勾當"。[5] 他說："打倒偽經，實為推倒偶像之生力軍。"[6] 1921 年，他與顧多次通信，提倡收集古今辨偽著作，點校刊行，不僅辨"偽書"，而且辨"偽事"。他認為，《詩經》只是一部最古的"總集"，與後來的《文選》、《花間集》等書無異，不是什麼"聖經"。他要胡適為《詩經》中的《國風》"洗一個澡，替他換上平民的衣服、帽子"。[7] 1923 年，顧頡剛致函錢玄同，提出"層累地造成的中國古史"說，錢玄同在復函中評之為"精當絕倫"。函中，錢玄同並進一步提出自己對"六經"的懷疑意見。二人之間的通信一時成為"轟炸中國古史的一個原子彈"[8]，引起學術界的激烈爭論。"仰之如日星之懸中天，或畏之如洪水猛獸之氾濫縱橫於四野。"[9]

1924 年 11 月，錢玄同與周樹人、周作人、顧頡剛等共同發起創辦《語絲》週刊。當時適值馮玉祥發動"首都革命"，溥儀被逐出故宮，錢玄同曾在該刊發

1　《胡適來往書信選》（上），第 121—122 頁。
2　《晨報》，1922 年 3 月 31 日。
3　《錢玄同日記》，1923 年 4 月 6 日。
4　周作人：《錢玄同的復古與反復古》，《文史資料選輯》第 94 輯。
5　《胡適論學往來書信選》，河北人民出版社 1998 年版，第 1119 頁。
6　《錢玄同日記》，1922 年 12 月 24 日。
7　《胡適論學往來書信選》，第 1120 頁。
8　顧頡剛：《我是怎樣編著〈古史辨〉的？》，《古史辨》第 1 冊，上海古籍出版社 1982 年版。
9　錢穆：《崔東壁遺書序》，《崔東壁遺書》，亞東圖書館 1935 年版。

表《恭賀愛新覺羅溥儀君升遷之喜並祝進步》等文，堅持民主、共和立場，認為中國的出路在於接受"全世界之現代文化"，而不是"復興古人之精神"。[1] 他的文章，魯迅曾評論說："玄同之文，即頗汪洋，而少含蓄，使讀者覽之了然，無所疑惑，故於表白意見，反為相宜，效力亦復很大。"[2]《語絲》出版後迅速風行，成為《新青年》之後北京的又一名刊。1925 年 5 月，北京女子師範大學發生反對校長的風潮，錢玄同曾與周樹人、周作人、馬裕藻等共同發表宣言，支持女師大學生的正義鬥爭。1926 年，錢玄同反思"五四"前後的偏激之論，自稱"十之八九都成懺悔之資料"。[3]

　　錢玄同一生用力時間最長、用功最勤的是"國語統一"和"漢字改革"運動。1917 年間，錢玄同曾加入中華民國國語研究會。同年，參預審訂吳稚暉主編的《國音字典》。1919 年 4 月，教育部成立國語統一籌備委員會，錢玄同任委員兼常駐幹事。同年，與胡適等共同提出《請頒行新式標點符號議案》。在推行"國語統一"的同時，錢玄同又提倡世界語，鼓吹漢字改革。1920 年，錢玄同撰文提出減少漢字筆劃的建議。1922 年，任漢字省體委員會首席委員。同年，國語研究會出版《國語月刊》，錢玄同利用該刊，積極提倡"漢字革命"與"國語文學"。1925 年 4 月，章士釗出任北京政府教育總長，創辦《甲寅》雜誌，反對白話文和注音字母。錢玄同堅決反對文化界的昏謬和倒退，憤而與黎錦熙等創辦作為《京報》副刊之一的《國語週刊》，錢玄同宣稱，要與"僵屍"、"魔鬼"決鬥，"拚個你死我活"，同時，提倡"豐富的、美麗的、新鮮的、自然的"民間文藝。[4] 同年 9 月，《新青年》舊日同人劉半農自歐洲歸國，組織語音學團體"數人會"，錢玄同、黎錦熙、趙元任等均成為會員。該會研究的《國語羅馬字拼音法式》於 1926 年 11 月公佈，成為中華人民共和國成立後廣為推行的《中文拼音方案》的基礎之一。1928 年，錢玄同被南京國民政府聘任國語統一籌備委員會常委。1931 年，兼任教育部國音字母講習所所長。同年，《國語週刊》在北平《世界日報》復刊。1932 年，錢玄同耗費多年心力主持編纂的《國

1　《回語堂的信》，《語絲》第 23 期。
2　《兩地書》，《魯迅全集》第 11 卷，人民文學出版社 1981 年版，第 47 頁。
3　《胡適遺稿及秘藏書信》第 40 冊，第 377 頁。
4　《國語週刊發刊詞》，《國語週刊》第 1 期；參見該刊錢玄同啟事。

音常用字匯》由教育部公佈。1933 年，與黎錦熙分任中國大辭典總編纂。1934年，錢玄同提出"簡體字"方案，於 1935 年通過，但未能推行。同年，任教育部國語推行委員會常委。

錢玄同是愛國主義者。"五四"運動後，他雖潛心治學，但仍關懷時事政治。1925 年，上海發生五卅慘案，錢玄同發表文章，主張一面"反抗帝國主義對於我國施加的政治和經濟的侵略"，一面積極"喚醒國人"，"請德先生（Democracy）、賽先生（Science）、穆姑娘（Moral）來給咱們建國"。[1] 1933 年，日軍突襲山海關，華北危急，錢玄同痛感於日本侵陵，而自己缺乏"執干戈以衛社稷之能力"，曾謝絕宴飲。5 月，傅作義所轄部隊在北平近郊抗戰。事後，胡適以白話為該部隊犧牲將士墓撰寫碑文，錢玄同為之書丹，反映出他們二人共同的愛國熱情。1936 年，與北平文化界七十餘人聯合簽名，要求南京國民政府抗日救國。

自 1929 年起，錢玄同即患高血壓、神經衰弱等病。1935 年，右目患視網膜炎，身體日衰，但他仍作文自勉，聲稱"一個人，無論事功和學問，總得要幹，總得要努力幹"[2]。1937 年盧溝橋事變，北平淪陷，師大遷往陝西，錢玄同因病留平。他託人寄語隨校西遷的老友黎錦熙，宣稱決不"污偽命"。1939 年 1月 17 日，因腦溢血逝世，終年 52 歲。其生平著作，近年已輯為《錢玄同文集》出版，但並不完整。

錢玄同的日記始於 1905 年 12 月 9 日東渡日本之初，終於 1939 年 1 月 14日（距逝世僅三天），長達 34 年。

治史者大都重視日記，因為它記敘個人經歷和親見、親聞的世界，比較準確，也比較具體，常常可以據此考證若干歷史事件發生的時間、地點和人物關係，更常常有正史、官書所不可能有的"私房"情節，有助於補正史之缺，甚或解正史不能解之謎。但是，前人日記也有兩種。一種是專為寫給別人看的，這種日記，倘能真實地記錄世事、人情，亦自有其價值；倘不以記錄世事、人情為目的，而以裝腔作勢，自扮聖賢為事，則這種日記的價值就很小。另一種

1　《關於反抗帝國主義》，《語絲》第 31 期。
2　《哀青年同志白滌洲先生》，《國語週刊》第 160 期。

日記，是主要為寫給自己看的，或為備忘，或為個人道德修養，或為情之所發，不能自已。這種日記，率性操弧，一任本真，其記錄世事、人情者固然可貴，即使純記個人經歷或感情，也可以從中見到一個赤條條的未經包裹的"自我"，其價值不言而喻。錢玄同的日記顯然屬於後者。他解剖自己時，坦率真誠，至情流露；論事論人時，直言無隱，毫無粉飾，不像日常交往和著書時總有不可避免的某些顧慮。

錢玄同一生，歷經維新保皇、辛亥革命、"五四"運動以至抗日戰爭等近代中國的許多重大歷史事件。他的日記不同程度地折射出時代的面影，可以幫助我們瞭解 20 世紀前五十年的中國史。錢玄同是文化人，他的生平活動關涉近代中國文化的啟蒙與轉型，可以幫助我們瞭解那一時期的思想史、文化史、教育史、學術史。他的日記，不僅記個人經歷、思想，而且大量記述自己的讀書心得與研究成果。他是大學問家，研究面廣，閱讀面更廣，涉及經學、諸子學、史學、文學、藝術、宗教、文字、音韻、訓詁、碑帖、書法等門類，可以幫助我們瞭解錢玄同多方面的成就。錢玄同的日記還記錄了他和同時代許多文化人的交往和對他們的評價，有助於我們研究近代的文化人。

錢玄同的日記書寫極為潦草、紊亂，難於辨識，因此整理工作的第一步是"認字"。日記涉及許多專門的學術門類，除包含日文、法文、德文、世界語以及甲骨文、金文、篆文、國際音標、當時在討論中的各類中文拼音方案外，還有許多錢玄同自製的符號和詞語，這使我們的整理工作分外艱難。有時，錢玄同將古書記錯、古字寫錯，麻煩就會更大。本書的整理在 20 世紀 80 年代開始，斷斷續續地進行了近二十年，其重要原因之一固在於我個人各事叢雜，但另一重要原因則在於認讀艱難。我們不願也不捨得輕易放棄對疑難字詞的辨識。一段文字，常常在反覆閱讀、反覆揣摩之後，才能讀懂，這以後還要廣泛閱讀各種古籍或相關文獻，多方驗證，方敢確定釋文，施加標點。有些字，多年不識，年深日久，忽然解悟，相關段落也就豁然貫通。這時候，我們真有像發現一顆小行星那樣的歡樂。在全書排出清樣後，我又"大海撈針"，利用互聯網進行檢索和驗證，解決了許多人工檢索難以迅速解決的疑難問題。現在的整理稿中還有少數字，有的因原稿缺損，或因字跡漫漶，或因過於潦草，我們雖已盡力，而仍然無法辨識；在整理工作中，我們也可能還有其他訛誤不當之處，均祈高明教之。

錢玄同日記的最大缺點是詳略不一。有些日記洋洋灑灑，連篇累牘，有些日記則只有一兩句話。錢玄同自稱是一個"無恆"的人，日記時斷時續，有些年，只有少數月份有記，有的年，則乾脆一字不記。

錢玄同對自己的日記很重視，生前曾親自清點，一一編號，最早的少部分日記還曾謄錄重抄。錢玄同去世後，日記連同其藏書由其長子錢秉雄先生珍存。"史無前例"的年代中，日記一部分由魯迅博物館取走，一部分被查抄，其被查抄部分雖在文革結束後發還，但其中第 15 冊（1916 年 10 月 26 日至 12 月 31 日）及第 46 冊（1926 年 2 月 12 日至 6 月 22 日）已不見蹤跡。20 世紀 80 年代，我參與編輯《中國哲學》，為刊物開闢稿源，不想卻自此陷進此書的整理工作裏。錢秉雄先生熱情支持並授權我主持整理此稿，但錢先生生前未能見到此書的出版，這是令我深自愧疚的事。錢先生的長子端偉先生繼承先人遺志，繼續支持整理工作，熱情古道，令我感動。魯迅博物館兩任領導王士菁、陳漱渝教授均曾關懷並支持此事，謹致謝意。

本書由魯迅博物館閻彤、王燕芝、左瑾、陳盛榮提供整理初稿。遼寧師範大學劉貴福副教授協助我校訂初稿並參加整理部分初稿。整理工作的指導及全稿的修改、審訂、疑難問題的解決、部分初稿的整理以及最後的統稿、定稿均由我負責。整理工作中，曾得到日本伊原澤周教授的幫助，中國社會科學院近代史研究所馬勇、左玉河、鄭匡民、趙利棟、王法周諸位協助我閱讀校樣，編制附錄，熱忱可感。

本書由於某一家出版社的簽約、毀約，因此其出版一度遭遇困難。承清華大學劉桂生教授、北京大學楊琥先生關懷，又承北京大學出版社張文定先生慧眼相中，封越建先生做了艱難、細緻的編輯工作，均此致謝。此書由五四運動的發源地北京大學隆重推出，並作為《北大學者叢書》之一，這是最合適不過的處理了。

胡適留學日記

胡適自題

第六部分

胡適論叢

溥儀出宮、胡適抗議及其論辯 *

　　溥儀出宮本來是 1912 年制訂的清室優待條件規定的。此項條件共八款。
其第一款規定："大清皇帝辭位之後，尊號仍存不變。中華民國以待各國君主之
禮相待。" 其第二款規定："大清皇帝辭位之後，歲用百萬兩，俟改鑄新幣後，
改為四百萬元，此款由中華民國撥用。" 其第三款規定："大清皇帝辭位之後，
暫居宮禁，日後移居頤和園。侍衛人等，照常留用。" 當時不少革命黨人就對
這一優待條件表示不滿，認為 "存廢帝之名，辱我民國；糜四兆之款，吸我利
源"，它 "貌襲文明，實伏亂源"，要求修改或推翻。孫中山雖同情這一主張，
但因客觀條件限制，無力改變。民國初年，清室曾經有過按優待條件搬往頤和
園的準備，但因感到袁世凱無相逼之意，也就在紫禁城裏住下來了。此後，經
過張勳復辟，社會上不斷有人呼籲廢除溥儀尊號，令其出宮，但歷屆北洋政府
均意在優容，這就使得溥儀在 "黃圈圈" 裏繼續做他的小皇帝。這種情況，直
到 1924 年馮玉祥發動 "首都革命" 後才得以改變。當年 11 月 4 日，黃郛攝政

＊　原載《團結報》，1989 年 4 月 8 日；錄自楊天石：《橫生斜長集》，百花文藝出版社 1998 年版。

內閣會議通過修改清室優待條件,其主要內容為:"永遠廢除皇帝尊號,與國民在法律上享有同等權利";"每年補助清室家用 50 萬元";"清室按照原優待條件即日移出宮禁,自由選擇住居,但民國政府仍負保護責任"。次日,溥儀被迫出宮。有關情節,電視劇《末代皇帝》有很多生動的表現。

廢除溥儀尊號、令其出宮一事得到了社會輿論的普遍讚揚。章太炎致電黃郛等人,譽為"第一功"。他認為,溥儀身在"五族共和"之中,而妄行復辟,製造內亂,本應受刑事處分,現在饒他一命,令其出宮,"仍似過寬,而要不失為優待"。孫中山也致電馮玉祥,認為"復辟禍根既除,共和基礎自固"。即使是溥儀本人,雖然滿肚子不高興,也不得不在對記者談話時表示:"余極願為一自由之人,長此困守深宮,胥為禮法束縛,余甚難堪。此次出宮,為余夙願,今始克償,故並無其他不便之感。"但是,出人意料的是,被認為是"新文化領袖"和"新思想代表"的胡適卻提出了抗議。11 月 5 日,胡適致函外交總長王正廷,內稱:

> 先生知道我是一個愛說公道話的人,今天我要向先生們組織的政府提出幾句抗議的話。今日下午外間紛紛傳說馮軍包圍清宮,逐去皇帝;我初不信,後來打聽,才知道是真事。我是不贊成清室保存帝號的,但清室的優待乃是一種國際的信義,條約的關係。條約可以修正,可以廢止,但堂堂的民國,欺人之弱,乘人之喪,以強暴行之,這正是民國史上的一件最不名譽的事。

函中所言"欺人之弱",意指溥儀為弱者;所謂"乘人之喪",則指半個月前瑾太妃去世。胡適發出此信後,還親赴醇親王府向溥儀表示慰問,聲稱"這在歐美國家看來,全是東方的野蠻"。

胡適的抗議信部分發表於 11 月 9 日的《晨報》。除了溥儀的英文老師莊士敦致函胡適表示讚許外,進步人士紛紛指責。周作人致函胡適,認為在民國放著一個復過辟而保存著皇帝尊號的人,在中國的外國報紙又時常明說暗說的鼓吹復辟,十分危險。他說:

這次的事從我們秀才似的迂闊的頭腦去判斷，或者可以說是不甚合於"仁義"，不是紳士的行為，但以經過二十年拖辮子的痛苦的生活，受過革命及復辟的恐怖的經驗的個人的眼光來看，我覺得這乃是極自然極正當的事。

12日，胡適復函周作人，回憶他1922年和溥儀的第一次相見，認為溥儀在那時就誠心誠意要求"取消帝號"，"不受優待費"，並稱莊士敦也"沒有什麼復辟謬論"，因此，完全可以從容辦理，多保存一點"紳士的行為"。信末，胡適表示，倘要討論"什麼是極正當"，那就非25萬字不可，自己不願繼續討論下去。繼周作人之後，李書華、李宗侗也致函胡適，對他的言論表示"非常駭異"。信中說：

> 中華民國國土以內，絕對不應該有一個皇帝與中華民國同時存在。皇帝的名號不取消，就是中華民國沒有完全成立，所以我們對於清帝廢除帝號，遷出皇宮，是根本上絕對贊同的。這是辛亥革命應該做完的事，而現在才做完，已經遲了十三年了。

針對胡適所謂優待清室乃是一種"國際信義"和"條約關係"的說法，信中提出："這是民國對於清廢帝的關係，與國際條約的性質，當然不能相提並論。"針對胡適所謂"欺人之弱，乘人之喪，以強暴行之"的說法，信中指出："對於溥儀先生的帝號，當能不能承認是他應有的權利。所以修改優待條件的舉動，當然與強者對弱者強奪完全不同。至於'乘人之喪'的理由，尤其不能成立。清室取消帝號的問題，是民國國體的問題，焉能與一妃之喪拉在一起？"

對二李的批評，胡適復函稱："你們兩位既屢以民國為前提，我要請你們認清一個民國的要素在於容忍對方的言論自由。"他滿腹牢騷地說：

> 一個民國的條件多著呢！英國不廢王室而不害其為民國，法國容忍王黨而不害其為民國。我並不主張王室的存在，也並不贊成復辟的活動。我

只要求一點自由說話的權利，我說我良心上的話，我也不反對別人駁我。但十幾日來，只見漫罵之聲，誣衊之話，只見一片不容忍的狹陋空氣而已。

他表示：

> 你們既說我是"根本錯誤"，我也不願申辯。我只要指出，在一個民國裏，我偶然說兩句不中聽、不時髦的話，並不算是替中華民國丟臉出醜。等到沒有人敢說這種話時，你們懊悔就太遲了。

胡適的這封信明顯地離開了原來論辯的主題，因此二李於 12 月 5 日再次致函胡適，說明："我們的信，不過是與你辯論是非，並沒有一點干涉你自由說話權利的意思。你的信中，屢次提到言論自由，似乎已到題外。"二李並指出，"英國不廢王室"確是事實，但英國只能算作君主立憲國，而不能稱為民國；法國雖"容忍王黨"，但卻沒有保存王號，路易十六還被送上了斷頭台。信末，二李套用胡適的話說：

> 我們知道你是個"並不主張王室存在，也不贊成復辟活動"的人，但是這種人，國內仍然不少，異日他們如果對於中華民國弄出他種是非的時候，還要以你"偶然說的兩句話"為藉口，那個時候，"你懊悔就太遲了"！

對此信，胡適未再作復，真的"不願申辯"了。

胡適曾 "充份的承認社會主義的主張" *

——讀胡適《歐遊日記》

　　大概很少有人相信，胡適曾準備組織 "自由黨"，"充份的承認社會主義的主張"，"為無產階級爭自由"，然而這是有胡適自己的日記為證的：

> 　　今日回想前日與和森的談話，及自己的觀察，頗有作政黨組織的意思。我想，我應該出來作政治活動，以改革內政為主旨。可組一政黨，名為 "自由黨"。充份的承認社會主義的主張，但不以階級鬥爭為手段，共產黨謂自由主義為資本主義之政治哲學，這是錯的。歷史上自由主義的傾向是漸漸擴充的，先是貴族階級的爭自由，次有資產階級的爭自由，今則為無產階級的爭自由。略如下圖。（圖略）
>
> 　　不以歷史的 "必然論" 為哲學，而是 "進化論" 為哲學。資本主義之流弊，可以人力的制裁管理之。
>
> 　　黨綱應包括下列各事：一、有計劃的政治。二、文官考試法的實行。三、用有限制的外國投資來充份發展中國的交通與實業。四、社會主義的社會政策。

　　胡適這裏不僅表示了他對社會主義的嚮往，而且準備組織 "自由黨"，設想黨綱，"為無產階級爭自由"，以人力制裁並管理 "資本主義之流弊"。胡適所不能接受的是 "以階級鬥爭為手段"。他是在什麼樣的情況下寫這頁日記的呢？

　　1926 年 7 月，胡適赴英國參加 "庚款諮詢委員會會議"。他採納李大釗的建議，取道蘇聯。7 月 29 日到達莫斯科，30 日參觀革命博物館，胡適很受感動。31 日與美國芝加哥大學教授梅里姆（Merriam），哈珀斯（Hawpers）參觀

---

* 　原載《團結報》，1991 年 7 月 10 日；錄自楊天石：《近代中國史事鈎沉 —— 海外訪史錄》，社會科學文獻出版社 1998 年版。

監獄，三人都很滿意。梅里姆教授對蘇聯的印象很好，評論說："狄克推多（意為專政者 Dictator 的音譯——筆者注）向來是不肯放棄已得之權力的，故其下的政體總是趨向愚民政策。蘇俄雖是狄克推多，但他們卻真是用力辦新教育，努力想造成一個社會主義的新時代。依此趨勢認真做去，將來可以由狄克推多過渡到社會主義的民治制度。"胡適同意梅里姆的看法，認為他的"判斷甚公允"。當天下午，胡適拜訪正在蘇聯的于右任，于不在，碰見著名的共產黨人蔡和森，二人分別已久，竟至於彼此不認得了，"縱談甚快"。其後，劉伯堅、王人達、馬文彥等陸續到達，于右任也回來了。胡、蔡繼續辯論，從三點直辯到九點，後來，莫斯科中山大學負責人拉狄克來訪，才把二人的舌戰打斷。

當晚，胡適寫了一封信給張慰慈，報告他的訪蘇印象：

> 此間的人正是我前日信中所說有理想與理想主義的政治家；他們的理想也許有我們愛自由的人不能完全贊同的，但他們意志的專篤，卻是我們不能不十分頂禮佩服的。他們在此做一個空前的偉大政治新試驗；他們有理想，有計劃，有絕對的信心，只此三項已足使我們愧死。
>
> 我們這個醉生夢死的民族怎麼配批評蘇俄！……

不難看出，三天在莫斯科的訪問極大地震動了胡適，他簡直有點兒崇拜蘇聯了。

8 月 2 日，胡適離開蘇聯。在車上，他和一位蘇聯人談話，坦率地闡述了自己的政治見解。這位蘇聯人對胡適說：

> 帝國主義的國家暗地利用軍閥，阻撓改革運動，在波斯、土耳其皆有明證，若不先作反帝國主義的運動，則內政的革新必無希望。

這位蘇聯人又說：

> 你不必對於我們的 Dictatorship（專政——筆者注）懷疑，英美等國名為尊崇自由，實是戴假面具，到了微嗅得一點危險時，即將假面具撕去

了。如此次對付罷工的 Emergency Powers Act（緊急權力法 —— 筆者注）即是一證。他們也是一種 Dictatorship，只是不肯老實承認。蘇俄卻是言行一致，自認為無產階級專政。

對於這一段"赤化"宣傳，胡適這位有名的自由主義者居然在日記中寫道："此言卻甚有理。我看蘇俄之《刑事律》及《蘇俄指南》，皆十分老實，毫無假裝的面孔。"

8月3日，火車到達德國柏林。胡適回想在莫斯科與蔡和森的辯論，因而寫下了本文一開頭引述的那頁日記。它是研究胡適思想的重要資料。遺憾的是，最近台灣遠流出版公司影印了收集到的全部胡適日記手稿，但是卻遺漏了包含上引日記在內的《歐遊日記》第1冊，不知是什麼原因？也許是其中的思想過於激烈、急進了吧？

人易受環境的影響，胡適只在莫斯科訪問了三天，就"充份的承認社會主義的主張"，認為20世紀是無產階級"爭自由"的時代，如果時間更長一點呢？不知道他的自由主義觀點會不會和"狄克推多"發生衝突？當時，在莫斯科的中國共產黨人曾經勸胡適在俄國多考察一些時候，然而胡適因為要趕赴英國開會，未能久留。

8月3日之後，胡適讀了一些關於蘇俄的統計材料，又給張慰慈寫了一封信，中云：

> 我是一個實驗主義者，對於蘇俄之大規模的政治試驗，不能不表示佩服。
>
> 去年許多朋友要我加入"反赤化"的討論，我所以遲疑甚久，始終不加入者，根本上只因我的實驗主義不容我否認這種政治試驗的正當，更不容我以耳為目，附和傳統的見解與狹窄的成見。我這回不能久住俄國，不能細細觀察調查，甚是恨事。但我所見已足使我心悅誠服地承認這是一個有理想、有計劃、有方法的大政治試驗。

胡適表示，將來回國之後，很想組織一個俄國考察團，邀一些政治經濟學者及教育家同來作一較長期的考察。

胡適不僅將他的訪蘇印象告訴了張慰慈，而且也告訴了他的另一位好朋友徐志摩。8 月 27 日函云：

> 我在莫斯科三天，覺得那裏的人有一種 Seriousness of purpose（目的的嚴肅性 —— 筆者注），真有一種 "認真！"、"發憤有為" 的氣象。我去看那 "革命博物館"，看那 1890—1917 年的革命運動，真使我們愧死。我們應該發憤振作一番，鼓起一點精神來擔當大事，要嚴肅地做個人，認真地做點事，方才可以對得住我們現在的地位。

胡適沒有想到，他的這些信寄回國之後，卻挑起了一場小小的爭論。

9 月 11 日，徐志摩在《晨報副刊》上摘要發表了胡適的信，同時加了長篇按語，徐志摩表示：俄國革命所表現的偉大精神與理想，如同太陽是光亮的事實一樣，除非是盲人，誰都不能否認。但是，徐志摩又表示，胡適的信也有 "未敢苟同" 之處。其一是所謂 "由狄克推多過渡到社會主義的民治制度" 的提法，徐志摩認為 "這是可驚的美國式的樂觀態度"，其二是對蘇俄的 "新教育" 的看法，徐志摩認為蘇俄 "拿馬克思與列寧來代替耶穌，拿《資本論》一類書來代替《聖經》，拿階級戰爭唯物史觀一類觀念來替代信條"，和 "知識的自由"、"思想的自由" 是矛盾的。徐志摩並說："即使蘇俄這次大試驗、大犧牲的結果是適之先生所期望的社會主義的民治制度，我們還得跟在懶惰的中庸的英國人背後問一聲：難道就沒有比較平和比較犧牲小些的路徑不成？"

繼徐志摩之後，菊農等也在《晨報副刊》發表文章，認為 "狄克推多與民治主義是根本不相容的"，最新的教育不等於最好的教育，等等。

10 月 4 日，胡適在巴黎手痠眼倦地寫了一封長信給徐志摩，回答他的質難。胡適承認社會主義的生產力還趕不上資本主義，但他說："我們不能單靠我們的成見就武斷社會主義制度之下不能有偉大的生產力。" 對於有無 "比較平和、比較犧牲小些的路徑" 問題，胡適說："近世的歷史指出兩個不同的方法：

一是蘇俄今日的方法，由無產階級專政，不容有產階級的存在。一是避免階級鬥爭的方法；採用三百年來‘社會化’（Socializing）的傾向，逐漸擴充享受自由享受幸福的社會。這方法，我想叫它做‘新自由主義’（New Liberalism），或‘自由的社會主義’（Liberal Socialism）。”胡適不同意把“自由主義”看成是資產階級的專利品，他再次表示：“自由主義的傾向是漸次擴充的。十七、十八世紀，只是貴族爭得自由，二十世紀，應該是全民族爭得自由的時期”，“為什麼⋯⋯定要把自由主義硬送給資本主義？”

自由，當然是個好字眼。無產階級要爭得本階級的自由，也要爭得民族的自由，在社會主義制度下，它還應該保證每個公民都享有充份的民主和自由，但是，胡適不懂得，自由主義卻不是無產階級的世界觀。他和蔡和森之所以辯論了五六個小時，大概就是在這個問題上相持不下。

有一次，胡適的自由主義立場幾乎動搖了。10月17日，他去看英國著名哲學家羅素，羅素對胡適說，蘇俄的 Dictatorship 辦法，是最適用於俄國和中國，這樣的農業國家之中，若採用民治，必鬧得稀糟，還不如 Dictatorship 的法子。胡適表示：“我們愛自由的人卻有點受不了。”羅素答道：“那只好要我們自己犧牲一點了。”當日，胡適在日記中寫道：“此言也有道理，未可認為全不忠恕。”

《晨報副刊》之外，天津《國聞週報》也有人發表文章，批評胡適的信：“幾乎沒有一句是通的，所發表的意見幾乎沒有一句是對的。”對於這樣的批評，胡適只在日記中寫下了“淺薄之至”四個字，不屑作答了。

《醒世姻緣傳》與胡適的 "離婚" 觀 *
——近世名人未刊函電過眼錄

胡適與錢玄同是好友。多年前，筆者在忙於各種事情的時候，也附帶做一點胡適研究。某次，我詢問錢玄同的長公子秉雄先生，家中有無胡適手札，錢先生很感傷地告訴我，均已在文革中為人 "奪去"。但不久，錢先生就寄給我幾封他手抄的胡適函件，說是玄同先生生前夾在書中，因而留存的。2002 年，我得秉雄先生公子端偉、曉峰二先生允許，幾次到曉峰先生府上閱讀玄同先生藏札，不想又發現幾封。下面討論的就是其中之一。

道中

July 24, 1926

玄同：

匆匆走了，不曾和你作別。現在出國境已三日了，已過了貝加爾湖了。道中一切平安，可以告慰。

有一件小事來託你，不知道你有工夫做麼？

汪原放之兄乃剛標點了一部《醒世姻緣》，我曾許他作一篇序。但我現在走了，很覺得對他不住。你肯作一篇短序嗎？

那天聽說你讀了此書，並且有批評的意見，我便存了此意，想請你作序。

我以為此書有點價值。你那天說，初了楔子之外，便是迷信，一無足取。我以為除了它的大結構是根據於一種迷信觀念之外，其餘的描寫很富於寫實的精神，語言也很流暢漂亮，很有可取之處。

---

* 原載《百年潮》，2003 年第 5 期；錄自楊天石：《哲人與文士》，中國人民大學出版社 2007 年版。

古人見了一種事實，不能用常識來解釋，只好用"超自然"的理由來解釋。其實狄希陳的怕老婆，和他老婆的憎惡他，都是平常的很的現狀。狄希陳本是一個混蛋，他不配討一個好老婆。一個一無所長的混蛋討了一個美而慧的老婆，自然怕他；他也自然嫌他。後來積威既成，她越兇，他越萎縮；他越萎縮，她越看不起他，越討嫌他。

這是常識的解釋。但古人不肯從這方面著想，所以不能明白真原因在於"性情不合"，在於婚姻的根本制度不良。其實他們不是"不能"，只是"不敢"。試看《聊齋》上記那個《馬介甫》（？）的故事；本是道地事實，卻夾一個狐仙在內！（《恒娘》一篇，也是如此。）

我們今日讀《馬介甫》，或讀《醒世姻緣》，自然要問："為什麼古人想不到離婚的法子？"這個問題差不多等於晉惠帝問的"何不食肉糜？"古代婚姻生活所以成為大悲劇，正因為古人從不敢想到離婚這個法子。請看狄希陳與他的父母，與他的朋友，那一個想到這個法子？離婚尚且不敢，更不必說根本打破婚姻制度了。

老大哥，我出了題目，並且表示了"範圍"。你難道當真不肯交卷嗎？請你幫點忙罷！

乃剛還標點了一部《封神榜》，我已託頡剛做一篇短序。我今天給他一信，也是出題目兼表示範圍。

嫂夫人好點了沒有？你這幾個月常說太太快怎樣怎樣了。要是我在你太太的地位，聽你這樣詛咒他，爭一口氣，偏要好給你看看。

車搖得利〔厲〕害，紙也沒有了。再談罷。

適之

1926 年 7 月，胡適赴英國出席中英庚款委員會。22 日，自哈爾濱乘西伯利亞火車出發，途經俄國。本函寫作時間為同月 24 日，注明"道中"，函中有"已過了貝加爾湖了"，"車搖得利害"等語，說明此函寫作於俄國西伯利亞火車上。

汪原放（1897—1980），安徽績溪人。"五四"以後曾標點《紅樓夢》、《水滸傳》等小說，由上海亞東圖書館出版，《醒世姻緣傳》就是其中之一。

　　《醒世姻緣傳》是清朝初年以家庭、婚姻為主題的長篇小說，全書一百回，百萬餘字，相傳為蒲松齡所作。該書寫冤仇相報的兩世姻緣。前二十三回寫前世姻緣：武城縣晁源射死一頭仙狐，縱容其妾珍哥虐待妻子計氏，以致計氏上吊身亡。二十三回以後寫今世姻緣：晁源託生為狄希陳，仙狐託生為其妻薛素姐，計氏託生為其妾童寄姐，珍哥託生為童之婢女珍珠。結果，珍珠被童逼死，狄希陳受到素姐與寄姐的種種虐待。其中素姐尤為狠毒，常以囚禁、針刺、棒打、火燒等辦法虐狄。後狄經高僧點明因果，誦讀《金剛經》萬遍，得以消除宿孽。

　　錢玄同看到了這部小說宣揚因果報應的一面，因而對它評價很低，認為它"除了楔子之外，便是迷信，一無足取"。胡適同意此書的"大結構"是"根據於一種迷信觀念"，但認為"富於寫實精神"，語言"流暢漂亮"，"很有可取之處"。

　　胡適信中還提到《聊齋志異》中的另一篇小說《馬介甫》，寫大名諸生楊萬石與尹氏一對夫婦的故事。尹潑辣悍毒，鞭撻丈夫，虐待公公，楊極為軟弱，後萬石遇一狐仙幻化的年輕人，名馬介甫，二人訂交。馬知楊懼內，便多次助楊，設法懲罰尹氏，但楊始終不能改變懼內的毛病。一篇是《恒娘》，寫洪大業其人，妻（朱氏）貌美而妾貌平平，但洪卻昵妾疏妻。另有布商狄某，妾貌美而妻（恒娘）貌平平，但布商卻昵妻疏妾。朱氏向恒娘求教，在恒娘的指導下，終於得到丈夫的專房之愛，兩人遂成閨中密友。數年後，恒娘才向朱氏坦陳，自己是狐仙。

　　夫虐妻或妻虐夫，一夫多妻，妻妾爭寵，都是一種社會現象，需要從社會找尋其發生根源，也需要從社會找尋解決辦法。胡適不同意用因果報應說解釋其發生原因，也批判依賴"超自然"的力量 ——"狐仙"解決矛盾的幻想，反映出"五四"時期的科學精神。他提出發生上述現象的"真原因"在於男女"性情不合"與"婚姻的根本制度不良"，部分地接觸到了問題的本質。信中，胡適認為"古代婚姻生活所以成為大悲劇，正因為古人從不敢想到離婚這個法子"，提出以"離婚"的辦法來解決婚姻悲劇，這是符合"五四"時期的"個性解放"精神的。

中國古代社會是男女極為不平等的社會，男子可以"出妻"、"休妻"，而女子則不能"出夫"、"休夫"。基於平等原則的"離婚"是近代中國"西風東漸"之後的產物，它是對傳統婚姻制度的重要改革，是人類社會進化的重要一步。胡適本函，其重要性不僅在於用新視角對《醒世姻緣傳》提出了新評價，而且在於它提出了解決婚姻悲劇和劣質婚姻的辦法，為"離婚"的正當性與合理性作了論證。這在長期處於封建桎梏、封閉、落後的舊中國，顯然具有開風氣的意義。

儘管胡適大力推崇《醒世姻緣傳》，但是，錢玄同始終不覺得怎樣好，再加上其他一些原因，序言一直未寫。1927 年 8 月 2 日，錢玄同致函胡適云：

> 去年您在西北利亞火車中給我寫的信，我因為實在交不出卷，故沒臉寫回信；兼之一年多以來，貧（我）病（我妻）交攻，心緒惡劣，神經衰弱，什麼興趣也沒有，連無聊的罵人文章也寫不出（自然也是不願意做），遑論還有點意思之論議文乎？其實《醒世姻緣》之新序，有兩個人很可以做得，而且都是很配做的：一是徐旭生，一是馮芝生也。芝生最恭維此書，謂其決可與《金瓶梅》、《紅樓夢》媲美，旭生亦甚以為然。至於區區，則對此書終覺感情平常，且評論文學作品之文，實在不會做，故只好交白卷了。諒之！[1]

徐旭生，原名炳昶，河南唐河人，1888 年生，1919 年畢業於法國巴黎大學，1921 年任北京大學哲學系教授，1925 年主編《猛進》雜誌。馮芝生，指馮友蘭，與徐旭生同籍，1895 年生，1918 年畢業於北京大學哲學門，1922 年畢業於美國哥倫比亞大學研究院，先後在中州大學、廣東大學、燕京大學等校任教授。

錢玄同推薦徐、馮二人為標點本《醒世姻緣傳》作序，但二人均未作。後來為該書作序的是徐志摩。

---

1 《胡適論學往來書信選》，第 1126 頁。

胡適抗議“反革命”罪名 *
——因北京大學復校引起的爭論

　　《胡適日記》中保存著一封給吳稚暉的信，抗議加給他的“反革命”罪名。信云：

　　　　昨日會議席上，先生曾明對我說：“你就是反革命”。我不願置辯，因為我並不很懂得“反革命”三字是什麼樣的罪名。我是一個糊塗人，到今天還不很明白，今日所謂“革命”是怎樣一回事，所以也就不很明白“反革命”是怎樣一回事。今天從南京回來，就去尋前幾個月公佈的《反革命治罪條例》，想做一點臨時抱佛腳的工夫；不料尋來尋去，這件法令總避不見面。我沒有法子，只好來求先生；倘萬一先生有閒置時間，務請先生顧念一點舊交情，指示我犯的是《治罪條例》第幾條，使我好早點準備，免得懵懵懂懂地把吃飯傢夥送掉了無法找回來。這是性命交關的事，故敢麻煩先生，千萬請先生原諒。

　　此信作於 1928 年 6 月 16 日。此前一天，胡適在南京參加大學院委員會會議，和吳稚暉發生衝突，被吳指斥為“反革命”。次日，胡適因有此信。

　　1927 年 6 月，張作霖在北京組織安國軍政府。7 月，軍政府教育部決定取消北京大學，將北京的國立九所高等學校合併為“京師大學校”。1928 年 6 月，安國軍垮台，南京國民政府的軍隊進佔京津，北大師生旋即展開復校運動。但是，易培基、張靜江、吳稚暉等人卻提出將北京大學改名為中華大學，以蔡元培兼校長，蔡未就任前由李石曾代。那時，南京國民政府的教育、學術最高主管機構是大學院。15 日，蔡元培召集大學院委員會討論此事。

---

* 　原載《世紀》，1998 年第 5 期；錄自楊天石：《橫生斜長集》，百花文藝出版社 1998 年版。

會上，蔡元培表示不願兼中華大學校長，請會中決定推李石曾為校長。胡適起立反對說：1. 北京大學之名不宜廢掉；2. 石曾先生的派別觀念太深，不很適宜，最好仍請蔡先生自兼。胡適的發言立即遭到張靜江的姪子、中央大學校長張乃燕的反對，他站起來說：

> 蔡先生的兼收並蓄，故有敷衍的結果。李先生派別觀念深，故必不敷衍，故李石曾最適宜。

接著，吳稚暉也站起來，用滿口無錫話說了半小時，大意是："北大之名宜廢，李石曾是'天與之，人歸之'。"他詳細敘述了 1925 年的派系鬥爭史。那年，北京女子師範大學學生因反對校長楊蔭榆的"婆婆"式的封建管理，發生"驅羊運動"，反對楊蔭榆當校長。楊藉故開除劉和珍、許廣平等學生自治會幹部六人，受到強烈反對，形成"女師大風潮"。這一風潮迅速發展為社會性的群眾運動。當時，北京大學的教授分為兩派，一部分人支持女師大學生，組成北京大學評議會，反對北洋政府教育總長章士釗摧殘女師大，議決與教育部脫離關係；另一部分教授，如陳西瀅、胡適、王世杰、高一涵等則向評議會提出抗議，反對捲入政潮與學潮。吳稚暉在敘述了這一段歷史後說：

> 石曾先生向來是很能容人的，但近幾年來的舉動，我也不滿意。度量是比較的，譬如有一百個人才，蔡先生能容七十個，石曾先生大概只能容四十個。胡適之先生大概也不能容七十個。根據現在北京的情形，除了石曾先生之外，有誰能去做中華大學校長？

聽了吳稚暉的長篇嘮叨，胡適也站起來說：

> 我絕不想回北大去，故我自己絕不成問題。吳先生說，蔡先生能容七十人，石曾先生能容四十人。我自己至多能容四十五人罷了。但我不想做北大校長，故絕無問題；但石曾做北大校長，卻有問題，故我提議，仍

維持國府原案，蔡先生仍為校長，由石曾先生代理或可救濟一點。

吳稚暉反對胡適的意見，繼續發表長篇議論，批評胡適不應"用蔡先生去牽制李先生"。他說："同李石曾合作，這是上上；不合作，那是中中；同他搗亂，這是下下。"又說："好比一把破茶壺，李石曾先生要拿這把茶壺，就讓他拿去吧。我們只希望他不要耍闊少爺脾氣，搶去摔了就完事。只希望他好好地用。"末尾，吳稚暉強調說："最可怕的是蜀洛相爭。"

當日會議中，吳稚暉已經幾次談到蜀洛相爭，胡適忍不住了："蜀洛相爭是沒有的事。"

"沒有！怎樣沒有？他們不曾通緝易寅村先生、李石曾先生和我們嗎？"吳稚暉跳起來了。1926年3月18日，段祺瑞等下令槍殺到執政府門前請願的群眾，接著又下令通緝"群眾領袖"徐謙、李大釗、吳稚暉、李石曾、易培基（寅村）等在北京工作的國共兩黨領導人和進步文化人，共50人。吳稚暉所說"通緝"，指此。

"沒有的事！我們幾個熟人之中，人格上總信得過，不是他們幹的事。"陳西瀅等人反對學生投入學潮和政潮，"三一八"慘案後發表過一些批評"群眾領袖"的言論，但是，胡適認為他們不會向北洋政府提出逮捕建議。

"你就是反革命！高一涵在《京報》上明明說"三一八"的慘案是我們幹的。我留下《京報》為證。"吳稚暉再次跳了起來。

"我那年八個月不在北京，不知道你們打的筆墨官司。但……"胡適於1925年夏末去武漢，然後到上海，直到1926年5月才回到北京，因此他想辯解。

"東吉祥胡同這班人簡直有什麼面孔到國民政府底下來做事！不過我們不計較他們罷了。"反對女師大風潮，支持章士釗的北大教授當時大都住在東吉祥胡同，吳稚暉始終對他們有餘恨。

"大家的意見既然一致主張石曾先生。我也只希望他的親戚朋友規勸他，不要把這把破茶壺摔了。我說的是一種忠告，不是什麼搗亂。"在李石曾是否適合當中華大學校長問題上，胡適讓步了，但是，他不能同意吳稚暉的所謂"搗亂"的說法，特別加以聲明。

會開完了，吳稚暉從口袋裏摸出幾張電報來，丟到胡適面前，說：

"人家人都派定了，還有什麼說頭呢？"

"吳先生，你若早點給我們看這兩個電報，我們就可以不開口了。"胡適打開一看，原來都是李石曾打給張靜江、易培基的，報告中華大學校長事，四星期後始可就職，茲派人先行接受，云云。

一切早就決定了，拿到會上討論，意在走個過場，造成民主空氣，然而胡適不知內情，白白地吵嚷了一番。他覺得很懊惱，當了"笨人"。

吳稚暉辱罵胡適是"反革命"。第二天，胡適想了又想，氣不能平，寫了本文開頭的那封抗議信，然而他想了又想，終於沒有發出。

北大復校的事折騰了很久，一直到 1929 年 8 月 6 日，南京國民政府才決定恢復"國立北京大學"的校名。

胡適和國民黨的一段糾紛 *

有一段時期，胡適和國民黨的關係很緊張，其發端與衝突經過，表現出近代中國獨特的社會現象與文化現象。

一、發端

1929 年 3 月，國民黨召開第三次全國代表大會，上海特別市代表陳德徵向會議提出《嚴厲處置反革命份子案》，內稱："反革命份子包含共產黨、國家主義者、第三黨及一切違反三民主義之份子，此等份子之危害黨國，已成為社會

---

* 　原載《中國文化》第 4 期，1991 年 8 月；錄自楊天石：《蔣介石與南京國民政府》，中國人民大學出版社　2007 年版。

一致公認之事實，吾人應認定對反革命份子應不猶疑地予以嚴厲處置。"陳德徵抱怨過去處置"反革命份子"，均以移解法院為唯一辦法，而法院又"礙於法例之拘束"，常以"證據不足"為詞，加以寬縱。他建議黨部直接干預。提案說：

> 凡經省及特別市黨部書面證明為反革命份子者，法院或其他法定之受理機關應以反革命罪處分之；如不得上訴，唯上級法院或其他上級法定之受理機關，如得中央黨部之書面證明，即當駁斥之。[1]

這就是說，國民黨省市黨部有權確定誰是反革命，只須一紙"書面證明"，即使"證據不足"，法院也必須遵命治罪。胡適反對這種以黨代法的意見。3月26日，即陳德徵提案見報的當日，胡適即致函南京國民政府司法院長王寵惠說：

> 先生是研究法律的專門學者，對於此種提議，不知作何感想？在世界法制史上，不知哪一世紀哪一個文明民族曾經有這樣一種辦法，筆之於書，立為制度的嗎？我的淺陋寡聞，今日讀各報的專電，真有聞所未聞之感。中國國民黨有這樣黨員，創此新制，大足誇耀於全世界了。[2]

胡適諷刺說，審判既不須經過法庭，處刑又何必勞動法庭，不如拘捕、審問、定罪、處刑、執行，"皆歸黨部"，完全"無須法律"，"無須政府"，"豈不更直截了當嗎？"

除致函王寵惠外，胡適又將該函送給國聞通信社，要求轉送各報發表。29日，國聞通信社復函胡適，告以各報均未見刊出，聽說已被檢查者扣去，將原稿退給了胡適。[3] 此事本來已經終結，不料4月1日，上海《民國日報》卻出現了陳德徵的短文《匕首》，中云：

1　上海《民國日報》，1929年3月26日。
2　《胡適的日記》，美國哥倫比亞大學藏縮微膠捲（以下均同），1929年3月26日。
3　胡適存國聞通信社來信，《胡適的日記》，1929年3月29日。

不懂得黨，不要瞎充內行，講黨紀；不懂得主義，不要自以為是，對於主義，瞎費平章；不懂得法律，更不要冒充學者，來稱道法治。在以中國國民黨治中國的今日，老實說，一切國家底最高根本法，都是根據於總理主要的遺教，違反總理遺教，便是違反法律，違反法律，便要處以國法，這是一定的道理，不容胡說博士來胡說的。

1928 年 8 月，國民黨五中全會宣佈開始訓政。1929 年 3 月，國民黨第三次全國代表大會通過決議，以孫中山所著《三民主義》、《五權憲法》、《建國方略》、《建國大綱》及《地方自治開始實行法》"為訓政時期中華民國最高之根本法"，決議宣稱："吾黨同志之努力，一以總理全部之遺教為準則"，"總理遺教，不特已成為中華民國所由創造之先天的憲法，且應以此中華民國由訓政時期達於憲政時期根本法之原則"。[1] 陳德徵文中所稱："一切國家底最高根本法，都是根據於總理主要的遺教"，即本於該項決議。陳德徵由此進一步推論：違反孫中山的"遺教"就是違反法律，便要處以國法。文末所說"胡說博士"隱指胡適。胡適讀了之後，激憤地在日記中寫道："我的文章沒處發表，而陳德徵的反響卻登出來了。"[2]

　　同年 4 月 20 日，南京國民政府發佈命令，聲稱：

　　　　世界各國人權，均受法律之保障，當此訓政開始，法治基礎亟宜確立。凡在中華民國法權管轄之內，無論個人或團體均不得以非法行為侵害他人身體自由及財產，違者即依法嚴行懲辦不貸。[3]

胡適認為這道命令令人失望，於 5 月 6 日寫成《人權與約法》一文，向南京國民政府質疑。他批語該項命令說：1. "自由"究竟是哪幾種自由？財產究竟受怎樣的保障，沒有明確規定。2. 命令所禁止的只是"個人或團體"，而並不曾

1　榮孟源主編：《中國國民黨歷次代表大會及中央全會資料》，光明日報出版社 1985 年版，第 654—656 頁。
2　《胡適的日記》，1929 年 4 月 1 日。
3　《國民政府公報》第 147 號，1929 年 4 月 23 日。

提及政府機關。他說："個人或團體固然不得以非法行為侵害他人身體自由及財產，但今日我們最感覺痛苦的是種種政府機關或假借政府與黨部的機關侵害人民的身體自由及財產。" 3. 所謂 "依法" 是依什麼法？他說："我們就不知道今日有何種法律可以保障人民的人權。" 胡適指斥當時的國民黨當局說：

> 無論什麼人，只須貼上 "反動份子"、"土豪劣紳"、"反革命"、"共黨嫌疑" 等等招牌，便都沒有人權的保障。身體可以受侮辱，自由可能完全被剝奪，財產可以任意宰割，都不是 "非法行為" 了。[1]

文中，胡適並以致王寵惠函被扣一事為例說："這封信是我親自負責署名的，我不知道一個公民為什麼不可以負責發表對於國家問題的討論？" 此外，胡適還引證了當時人權保障的其他兩個例子：安徽大學某校長因在語言上頂撞蔣介石，被拘禁多日，其家人親友只能到處奔走求情，而不能到任何法院去控告 "蔣主席"；唐山商人楊潤普被當地駐軍一百五十二旅指為收買槍支，擅自抓去審問，刑訊逼供，經全市罷市後才釋放。胡適提出：如果真要保障人權，確立法治基礎，第一件應該制定一個中華民國的憲法，至少，至少，也應該制定所謂訓政時期的約法。他說：

> 我們要一個法來規定政府的許可權，過此許可權，便是 "非法行為"。我們要一個約法來規定人民的 "身體、自由及財產" 的保障，有侵犯這法定的人權的，無論是一百五十二旅的連長或國民政府的主席，人民都可以控告，都得受法律的制裁。[2]

控告 "一百五十二旅的連長"，也許沒有什麼了不起，但是，胡適認為，也可以控告並依法制裁 "國民政府的主席"，在中國歷史上，這就不能不是石破天驚之語了。

---

1 《新月》2 卷 2 號。
2 《新月》2 卷 2 號。

文末，胡適呼籲："快快制訂約法以確定法治基礎"、"快快制定約法以保障人權"。該文旋即在《新月》2 卷 2 號上發表。

二、胡適對孫中山和國民黨的批評

胡適的《人權與約法》發表後，立即引起了廣泛的注意。一些朋友擔心胡適吃虧，勸他罷手。6 月 2 日，張元濟致函胡適說：

> 先生寫了信給王博士，又把信稿送給國聞通信社，又被什麼檢查者看見，我只怕這《新月》裏雪林女士所說的那猛虎大吼一聲，做一個跳擲的姿勢，張牙舞爪，直向你撲來，你那一枝毛稚子，比不上陸放翁的長矛，又他不住。古人道："邦無道，其默足以容。" 這句話原不是對共和國民說的，但是我覺得我們共和國國民的面具很新，他幾千年的老客氣擺脫不掉，所以他幾千年的話還是有用的。[1]

次日，張元濟再次致函胡適，進一步補充說：

> 現在街上有一群瘋狗在那裏亂咬人，避的避，逃的逃，忽然間有個人出來打這些瘋狗，那有個不讚歎他呢！但是要防著，不要沒有打死瘋狗，反被他咬了一口，豈不是將來反少了一個打狗的人。[2]

但是，胡適不怕被"咬"，他以"少一事不如多一事"[3]的態度，又撰文提出："不但政府的許可權要受法制裁，黨的許可權也要受約法的制裁。"他說：

> 如果黨不受約法的制裁，那就是一國之中仍有特殊階級超出法律制裁

---

1 《胡適的日記》，1929 年 6 月 2 日。
2 《胡適的日記》，1929 年 6 月 3 日。
3 《胡適的日記》，1929 年 5 月 6 日。

之外，那還成“法治”嗎？其實今日所謂“黨治”，說也可憐，那裏是“黨治”？只是“軍人治黨”而已。[1]

胡適的這些話，鋒芒所向，觸及到了國民黨長期標榜的“以黨治國”的根本方針。

不僅如此，胡適又進一步把批評的矛頭指向孫中山思想。

長期以來，孫中山一直將建設程序分為軍政、訓政、憲政三個時期，所謂訓政時期，又稱過渡時期。1923年以前，孫中山始終主張訓政時期要有一個約法來“規定人民之權利與義務，與革命政府之統治權”，但是，在1924年的《建國大綱》裏，孫中山卻沒有再提起約法，也沒有規定訓政時期的年限。在《人權與約法》一文中，胡適對這一現象作過解釋，認為這不過是一種偶然的遺漏。他說：《建國大綱》不過是孫中山先生一時想到的一個方案，並不是應有盡有的，遺漏的東西多著呢！但是，胡適在進一步研究之後，卻於7月20日寫成《我們什麼時候才可以有憲法》一文，對《建國大綱》提出質疑。胡適認為：民國十三年的孫中山已不是十三年以前的孫中山，他的《建國大綱》簡直是完全取消他以前所主張的“約法之治”了，不但訓政時期沒有約法，直到憲政開始時也還沒有憲法。據胡適分析，孫中山之所以一再延遲憲政時期，其原因在於孫中山認為中國人民知識程度不足，需要訓練。胡適批評孫中山說：“人民初參政的時期，錯誤總不能免的，但我們不可因人民程度不夠便不許他們參政。人民參政並不須多大的專門知識，他們需要的是參政的經驗。民治主義的根本觀念是承認普通民眾的常識是根本可信任的。‘三個臭皮匠，賽過一個諸葛亮。’這便是民權主義的根據。”胡適由此進一步指出，人民固然需要訓練，但黨國諸公也同樣需要訓練，他說：

　　憲法的大功用不但在於規定人民的權利，更重要的是規定政府各機關的許可權。立一個根本大法，使政府的各機關不得逾越他們的法定許可權，使他們不得侵犯人民的權利——這才是民主政治的訓練。人民需要

1　《人權與約法》的討論，《新月》2卷4號。

"入塾讀書"，然而蔣介石先生、馮玉祥先生，以至許多長衫同志和小同志，生平不曾夢見共和政體是什麼樣子的，也不可不早日"入塾讀書"罷！

人民需要的訓練是憲法之下的公民生活，政府與黨部諸公需要的訓練是憲法之下的法治生活。"先知先覺"的政府諸公必須自己先用憲法來訓練自己，裁制自己，然後可以希望訓練國民走上共和的大路。不然，則口口聲聲"訓政"，而自己所行所為皆不足為訓。小民雖愚，豈易欺哉！[1]

胡適力圖說明"憲法之下正可以做訓導人民的工作"，批評孫中山的"根本大錯誤在於誤認憲法不能與訓政同時並立"。他要求南京國民政府迅速制訂憲法。文末，胡適說：

我們不信無憲法可以訓政，無憲法的訓政只是專制。我們深信只有實行憲政的政府才配訓政。

孫中山在他的遺囑中曾經要求："務須依照余所著《建國方略》、《建國大綱》、《三民主義》及《第一次全國代表大會宣言》繼續努力，以求貫徹。"國民黨第三次全國代表大會更將《建國大綱》及軍政、訓政、憲政三大程序宣佈為"中華民國不可逾越的憲典"[2]。胡適對《建國大綱》提出質疑，不僅是對孫中山思想的批評，也是對國民黨第三次全國代表大會的決議和南京國民政府既定國策的批評。

同時，胡適又發表《知難，行亦不易》一文，批評孫中山的"知難行易"學說。胡適認為這一學說有積極方面和消極方面。就積極方面說，它是一種很有力的革命哲學，可以鼓舞人們不怕艱難、勇往進取，北伐勝利即其功效。但是，這一學說又存在著兩大"根本錯誤"，其一是把知、行分得太分明。他說：

中山的本意只要教人尊重先知先覺，教人服從領袖者，但他的說話很

---

1 《新月》2卷4號。
2 《中國國民黨歷次代表大會及中央全會資料》，第654—656頁。

多語病，不知不覺把"知"、"行"分作兩件事，分作兩種人做的兩類的事，這是很不幸的。因為絕大部分的知識是不能同"行"分離的，尤其是社會科學的知識。這絕大部分的知識都是從實際經驗（行）上得來：知一點，行一點；行一點，更知一點，——越行越知，越知越行，方才有這點子知識。三家村的豆腐公也不是完全沒有知識；他做豆腐的知識比我們大學博士高明的多多。[1]

胡適指出，孫中山志在領導革命，自任知難，而勉人以行易，其結果是："一班當權執政的人也就藉'行易知難'的招牌，以為知識之事已有先總理擔任做了，政治社會的精義都已包羅在《三民主義》、《建國方略》等書之中，中國人民只有服從，更無疑義，更無批評辯論的餘地了。於是他們捎著'訓政'的招牌，背著'共信'的名義，箝制一切言論出版的自由，不容有絲毫異己的議論。知難既有先總理任之，行易有黨國大同志任之，輿論自然可以取消了。"[2]

胡適批評孫中山"知難行易"學說的第二個"根本錯誤"是不懂得：知固是難，行也不易。他以醫學為例，說明讀了許多生理學、解剖學、化學、微菌學、藥學，並算不得醫生，只有從臨床的經驗上得來的學問與技術才算是真正的知識。一個人，熟讀了六、七年書，拿著羊皮紙的文憑，而不能診斷、不能施手術、不能療治，才知道知固然難，行也大不易。由此，胡適進一步批評當時紈絝子弟辦交通、頑固書生辦考試、當火頭出身的辦財政、舊式官僚辦衛生等現象。他說：

今日最大的危險是當國的人不明白他們幹得是一件絕大繁難的事。以一班沒有現代學術訓練的人，統治一個沒有現代物質基礎的大國家，天下的事有比這個更繁難的嗎？要把這件大事辦的好，沒有別的法子，只有充份請教專家，充份運用科學。然而"行易"之說可以作一班不學無術的軍人政客的護身符！[3]

---

1 《吳淞月刊》第 2 期，又見《新月》2 卷 4 號。
2 《吳淞月刊》第 2 期，又見《新月》2 卷 4 號。
3 《吳淞月刊》第 2 期，又見《新月》2 卷 4 號。

胡適這裏就將南京國民政府的袞袞諸公都罵進去了。

　　一波未平，一波又起。10 月 10 日，國民黨中央宣傳部長葉楚傖在《浙江民報》發表文章，其中有"中國本來是由美德築成的黃金世界"一語，胡適認為這句話"最可以代表國民黨的昏憒"，如果三百年前的中國真是如此美好，那麼我們還做什麼新文化運動呢？我們何不老老實實地提倡復古，回到"覺羅皇帝"以前就是了。11 月 19 日凌晨，胡適寫成《新文化運動與國民黨》一文，宣告"葉部長"在思想上是一個反動份子，他所代表的思想是反動的思想。文章進一步分析南京國民政府建立後的文化政策，從維持古文、駢文壽命，壓制思想言論自由，高唱"抵制文化侵略"，提倡舊文化等方面，論證"國民黨是反動的"。他說：

　　　　上帝可以否認，而孫中山不許批評。禮拜可以不做，而總理遺囑不可不讀，紀念週不可不做。一個學者編了一部歷史教科書，裏面對於三皇五帝表示了一點懷疑，便引起國民政府諸公的義憤，便有戴季陶先生主張要罰商務印書館一百萬元！一百萬元雖然從寬豁免了，但這一部很好的歷史教科書，曹錕、吳佩孚所不曾禁止的，終於不准發行了！[1]

文章進一步分析了國民黨和孫中山的文化思想，認為他們"自始便含有保守的性質"。孫中山曾經有過"歐洲的新文化都是我們中國幾千年以前的舊東西"一類說法，胡適在詳加摘引之後評論說：

　　　　這種說法，在中山先生當時不過是隨便說說，而後來三民主義成為一黨的經典，這種一時的議論便很可以助長頑固思想，養成誇大狂的心理，而阻礙新思想的傳播。[2]

胡適認為 1919 年"五四"運動以後，國民黨接受過新文化運動的影響，但是，

1　《新月》2 卷 6、7 號合刊。
2　《新月》2 卷 6、7 號合刊。

1927 年以來，"鐘擺又回到極右一邊"，"國民黨中的守舊勢力都一一活動起來"。他說："現在國民黨所以大失人心，一半固然因為政治上的設施不能滿足人民期望，一半卻是因為思想的僵化，不能吸引前進的思想界的同情。"胡適要求：1. 廢止一切"鬼話文"的公文、法令，改用國語；2. 通令全國日報、新聞論說一律改用白話；3. 廢止一切箝制思想言論自由的命令、制度、機關；4. 取消統一思想與黨化教育的迷夢；5. 至少至少，學學專制帝王，時時下個求直言的詔令。

同日，胡適在梁實秋陪同下，以上文為內容在暨南大學作了講演。講畢，文學院長陳鐘凡對胡適吐知說："了不得！比上兩回的文章更厲害了！我勸先生不要發表，且等等看！"[1]但是，胡適仍然將該文在《新月》2 卷 6、7 號合刊上發表了。其後，胡適又以同樣題目在光華大學作了講演[2]。

12 月，胡適將他自己和羅隆基、梁實秋等人的文章結集為《人權論集》，計收胡適《人權與約法》、《我們什麼時候才可有憲法》、羅隆基《論人權》、梁實秋《論思想統一》、羅隆基《告壓迫議論自由者》、胡適《新文化運動與國民黨》、《知難，行亦不易》、羅隆基《專家政治》、胡適《名教》等文。13 日，胡適為這個集子寫了篇小序，中云：

> 我們所要建立的是批評國民黨的自由和批評孫中山的自由。上帝我們尚且可以批評，何況國民黨與孫中山！[3]

文中，胡適在引用了周櫟園《書影》裏的一則鸚鵡救火的故事後說：

> 今日正是大火的時候，我們骨頭燒成灰終究是中國人，實在不忍袖手旁觀。我們明知小小的翅膀上滴下的水點未必能救火，我們不過盡我們的一點微弱的力量，減少良心上的一點譴責而已。

---

1 《胡適的日記》，1929 年 11 月 19 日。
2 《光華大學大事繫年錄》，《光華大學十週年紀念冊》第 30 頁。
3 《人權論集》。

三、國民黨的反應

胡適的激烈言論自然不能不引起國民黨方面的強烈反應。

1929 年 8 月 10 日，上海市第三區黨部召開全區代表大會，提出臨時動議一項，認為胡適"十餘年來，非唯思想沒有進境，抑且以頭腦的頑舊迷惑青年"，呈請市執委會轉呈中央，諮請國民政府，令飭教育部，撤去其中國公學校長一職並予以懲處，決議通過。[1] 24 日，國民黨上海特別市執行委員會開會，陳德徵等出席，決定將第三區黨部的決議轉呈中央。呈文說："查胡適近年以來刊發言論，每多悖謬"，"足以引起人民對於政府惡感或輕視之影響"，"為政府計，為學校計，胡適殊不能使之再長中國公學。而為糾繩學者發言計，又不能不予以相當之懲處"。[2] 28 日，再次開會，通過宣傳部的提案："中國公學校長胡適，公然侮辱本黨總理，並詆毀本黨主義，背叛政府，煽惑民眾，應請中央轉令國府嚴予懲辦。"[3] 接著，北平、天津、青島各地的國民黨黨部和部分黨員紛紛表態，回應上海市黨部的要求，北平市黃汝翼等人的呈文並將胡適和共產黨聯繫起來，呈文稱：

> 當此各反動派伺機活動，共產黨文藝政策高唱入雲之時，該胡適原為一喪行文人，其背景如何，吾人雖不得而知，然其冀圖解我共信，搖我黨基之企謀，固已昭然若揭，若不從嚴懲處，勢必貽罪無窮。[4]

其中，態度最嚴厲的要數青島市執委會，除指責胡適"搖動革命信仰"、"影響黨國初基"外，竟要求將胡適"逮捕解京，予以嚴懲"。[5]

9 月，國民黨中央央常務委員會將上海特別市執行委員會的呈文交給中央訓練部。21 日，中央訓練部致函南京國民政府，內稱：

1　上海《民國日報》，1929 年 8 月 13 日；參見胡適存《教育部訓令》。
2　上海《民國日報》，1929 年 8 月 25 日。
3　上海《民國日報》，1929 年 8 月 29 日。
4　胡適存剪報，見《胡適的日記》，1929 年 9 月 9 日，20 日。
5　胡適存剪報，見《胡適的日記》，1929 年 9 月 20 日。

> 查胡適近年來言論確有不合，如最近《新月》雜誌發表之《人權與約法》、《我們什麼時候才可以有憲法》及《知難，行亦不易》等篇，不諳國內社會實際情況，誤解本黨黨義及總理學說，並溢出討論範圍，放言高論。

呈文在表示 "本黨黨義博大精深，自不厭黨內外人士反覆研究討論" 之後，接著指責說：

> 胡適身居大學校長，不但誤解黨義，且逾越學術研究範圍，任意攻擊，其影響所及，既失大學校長尊嚴，並易使社會缺乏定見之人民，對黨政生不良印象，自不能不予以糾正，以昭警戒。[15]

中央訓練部要求國民政府轉飭教育部，警告胡適，同時通飭全國各大學校長，切實督率教職員，精研黨義，以免再有類似現象發生。不久，國民黨中央就規定，各級學校教職員每天至少須有半小時自修研究《孫文學說》等 "黨義"。9 月 25 日，國民政府行政院轉飭教育部。10 月 4 日，教育部長蔣夢麟訓令胡適："該校長言論不合，奉令警告。"[2]

　　在教育部警告令發表前後，上海《民國日報》、南京《中央日報》等並發表了一批文章，對胡適進行批判。這些文章在同年 11 月由上海光明書局結集，出版了一本《評胡適反黨義近著》。綜觀這些文章，其論點大略不出以下數點：

　　1. 指責胡適動機惡劣，態度狂妄。張振之撰文稱："孫先生的學說與主義是最完備、最準確的真理，是領導革命的最高原則，我們只有堅確地信仰，不能絲毫懷疑。"[3] 他批評胡適說："胡先生在文章中所表現出來的態度，不僅攻擊孫文學說，而且想修正孫文學說，我們除佩服胡先生的妄誕以外，幾乎無話可以形容了。"[4] 張文並指責胡適，"感情用事，毫無理性已達極點"。

　　2. 指責胡適照搬西方理論，迷信西方民主。陶其情在該書序文中說：

1　《教育部訓令》，《胡適的日記》，1929 年 10 月 6 日。
2　《教育部訓令》，《胡適的日記》，1929 年 10 月 6 日。
3　《再論知難行易的根本問題》，《評胡適反黨義近著》第 72—73 頁。
4　《知難行易的根本問題》，《評胡適反黨義近著》第 7 頁。

歐美政治潮流的趨勢，便以人權做中心，由人權而民權。這種人權的民權，正是民治主義的真義所在，乃虛偽的不普遍的民權，建築在各個個人自私自利的人權上。資產階級暨特殊階級，為著自家人權的發展，勢必行其侵略主義或操縱主義，法律為其護符，政治為其轉移，便造成種種人為的不平等，還談什麼真正的民權呢？大多數民眾既已得不到民權，處在不平等地位，更談什麼人權呢？

陶其情宣稱：只有中國國民黨的"民權"，"以大多數民眾做中心"，才是真正的"民權"；胡適學著"立憲派的論調"，"泥於民治主義的見解"，不過是一種"洋八股"的精神罷了。有的文章更批評胡適，"到了歐美，只看見坐汽車、住洋房的人們生活享受愉快"，"沒有看見工廠裏面做資本家奴隸的工人"。[1]

　　3. 指責胡適破壞"中心"，破壞"統一"，造成思想與社會的混亂。文章說：

　　現在除了三民主義、孫文學說可以為中國社會中心以外，別無他種可以為中國社會之中心。[2]

還有的文章說：

　　我們相信，中國的統治，是需要國民黨的統治；救中國的主義，是需要三民主義。[3]

基於上述觀點，他們認為胡適的文章只能引起"更大的混亂"、"更大的糾紛"，"中國社會將從此失去其重心，而陷於萬劫不復之地"。[4] 有的文章更由進一步指責胡適"深中共產黨、改組派及帝國主義者反宣傳之毒"[5]，"為帝國主義與奸商

1　《評胡適反黨義近著》，第 90 頁。
2　《評胡適反黨義近著》，第 77 頁。
3　《評胡適反黨義近著》，第 143 頁。
4　《評胡適反黨義近著》，第 123 頁。
5　《評胡適反黨義近著》，第 132 頁。

張目，蹈賣國漢奸之所為"[1]。

此外，還有的文章認為當時"政局初定，人心浮動"，對於人民之自由"稍加限制"，以至採取"相當壓制、防制"手段，都是必要的。文章說：

> 我們現雖蹐入訓政時期，然外有赤白帝國主義之勾誘，內有共產黨與其他反動份子之隱伏，則政府取無形戒嚴的狀態以制裁此輩之活動，實非常必要。[2]

他們逐一反駁胡適所舉的國民黨違反人權的幾個例子，認為都是合理的。關於安徽大學某校長事，文章說："胡適既謂該大學校長挺撞蔣主席，則被拘禁數天亦宜。"關於胡適致王寵惠函各報均不能發表事，文章說："與其公開後而引起不良之影響，更不如加以扣留以減少無謂之糾紛。"如此等等。[3]

批判之外，國民黨當局又進一步採取行政措施。

1930 年 1 月 20 日，上海特別市黨部宣傳部開會，陳德徵主持，認為新月書店出版的《新月》月刊刊登胡適詆毀本黨言論，"茲又故態復萌，實屬不法已極"，決議查封新月書店，同時呈請市執委會，轉呈中央，褫奪胡適公權，嚴行通緝，使在黨政府下不得活動。[4] 不久，國民黨中央宣傳部密令上海市黨部，聲稱《新月》第 2 卷第 6、7 期載有胡適《新文化運動與國民黨》、羅隆基《告壓迫言論自由者》二文，"詆諆本黨，肆行反動，應由該部密查當地各書店，有無該書出售，若有發現，即行沒收焚毀"[5]。5 月初，國民黨中宣部又下令查禁上海現代書局出版的《大眾文藝新興文學專號》與新月書店出版的《人權論集》。[6]

胡適對國民黨的批判、警告、禁令一概採取蔑視態度。他逐一將有關消息、文章剪存，並批上"上海的輿論家真是可憐"、"這樣不通的文章，也要

1　《評胡適反黨義近著》，第 130 頁。
2　《評胡適反黨義近著》，第 131—132 頁。
3　《評胡適反黨義近著》，第 131—132 頁。
4　《時事新報》，1930 年 1 月 20 日。
5　《國民黨上海特別市執行委員會宣傳部令》，《胡適的日記》，1930 年 3 月 17 日。
6　《中國國民黨上海特別市第四區執行委員會訓令》，中國社會科學院近代史研究所藏。

登在報上丟醜"等字。[1] 1929 年 10 月 7 日，他將教育部的警告令退還蔣夢麟，附函列舉部令所引公文的種種矛盾，糾正了其中兩個錯別字。胡適並說："這件事完全是我個人的事，我做了三篇文字，用的是我自己的姓名，與中國公學何干！"[2] 1930 年 2 月 15 日，胡適讀到新月書店送來的上海市黨部宣傳部的密令，中有中央宣傳部"沒收焚毀"《新月》6、7 期的密令。胡適在日記中寫道："密令而這樣公開，真是妙不可言！此令是犯法的，我不能不取法律手續對付他們。"[3] 16 日，胡適找到徐士浩律師，徐認為"沒有受理的法庭"。當晚，胡適與鄭天錫、劉崇佑二人商談，劉表示可以起訴，於是，胡適決意起訴。[4]

然而，胡適最終沒有起訴。

四、自由主義者的讚譽和革命論者的不滿

胡適對孫中山和國民黨的批評文章發表以後，國內外報刊紛紛介紹、轉載，它為胡適贏得了大量社會讚譽，但是，也有一部分人表示不滿。

讚譽者大多是和胡適懷有同樣自由主義觀點的知識份子。6 月 10 日，蔡元培致函胡適，肯定他的《人權與約法》一文"振聵發聾"。[5] 9 月 10 日，張謇的兒子、南通大學校長張孝若寫了一首詩給胡適，詩云：

> 許久不相見，異常想念你。我昨讀你文，浩然氣滿紙。義正詞自嚴，鞭辟真入裏。中山即再生，定說你有理。他們那懂得？反放無的矢。一黨說你非，萬人說你是。忠言不入耳，勸你就此止。
>
> ——《讀適之先生論政近文因贈》[6]

張孝若的這首詩高度肯定了胡適的文章和精神，譽為浩然正氣，鞭辟入裏。"一

---

1 《胡適的日記》，1929 年 8 月 27 日。
2 《胡適致蔣夢麟函》，《胡適的日記》，1929 年 10 月 7 日。
3 《胡適的日記》，1930 年 2 月 15 日。
4 《胡適的日記》，1930 年 2 月 16 日。
5 《胡適來往書信選》（上），第 515 頁。
6 胡適存來信，《胡適的日記》，1929 年 9 月 10 日。

黨說你非，萬人說你是"云云，明確地劃出國民黨"一黨"和"萬人"的不同是非界限。

和張孝若同樣高度評價胡適文章的還有張元濟。1930 年 5 月 3 日，他致函胡適說：

> 承賜《新月》一冊，大作一首，真人人之所欲言而不能言者。當日連續兩過，家中婦孺亦非終卷不能釋手。苦口婆心，的是有功世道文章。安得世人日書萬卷讀萬遍也。[1]

唐朝的韓愈為了歌頌平定藩鎮叛亂的業績，寫過一篇《平淮西碑》，詩人李商隱曾表示"願書萬本誦萬過"；張元濟此函，讚美胡適言"人人之所欲言而不能言者"，希望"世人日書萬卷讀萬遍"，隱約將胡適比作韓愈。

當時像張孝若、張元濟一樣對胡適擊節稱歎的頗不乏人。《光報》有一篇文章說："胡以不黨之學者自居，而社會亦以是稱之，故'胡說'一出，遂大得社會之同情，尤其智識階級，大為稱快。"[2] 這確實是事實。原北大學生胡夢秋致函胡適說：

> 《申報》的記載，《人權與約法》的大著已有單行本了！在我們追佩著法國盧梭的《民約論》時，又於言論界得到一個盧梭第二的偉作。[3]

高夢旦的哥哥寫信給高夢旦說：

> 自梁任公以後可以胡先生首屈一指。不特文筆縱橫，一往無敵，而威武不屈，膽略過人。[4]

1　胡適存來信，《胡適的日記》，1929 年 5 月。
2　《光報》第 3 期。
3　胡適存來信，中國社會科學院近代史研究所藏。
4　胡適存來信，《胡適的日記》，1930 年 1 月 30 日。

這位作者由於佩服胡適的勇敢，居然"擬上胡先生諡號，稱之為龍膽公，取趙子龍一身都是膽之義"。繼此函之後，高鳳池致書高夢旦說：

> 承賜胡君所著之書兩冊，甚感。謝謝。揭奸誅惡，大有董狐直筆氣概，讀之如炎暑飲冰，沁人肺腑，既爽快，又警惕，一種愛國熱忱與直言之膽魄，令人起敬不已。尤可重者，胡君心細思密，每著眼在人所忽而不經意之處，不愧一時才子。[1]

把胡適喻為中國古代的"良史"董狐，也是一種極度的推崇。同函又說：

> 言者諄諄，聽者藐藐，剛愎之政府，肆行其矛盾自利政策，不加以反革命罪名，亦云幸矣。

確實，當時很多人都為胡適捏著一把汗，寫了那樣激烈的文字，卻只得著一紙"警告令"，真是"亦云幸矣"！

對胡適文章表示不滿的大都是社會革命論者。1929 年 6 月，《白話三日刊》發表過一篇《爭自由與胡適的胡說》，中云：

> 什麼自由和法權，並不是沒有，只是我們窮苦的人們沒有罷了。胡適之不曾分開來說，以為他們也可以拿自由和法權給我們，所以他起先雖然憤憤不平，結果只好跪地求饒了。老實告訴你罷，現時固然沒有約法，但是，假使由他們定出來，也決不會對於民眾有利的（於胡適之這一等人或者是有利的）。我們革命的民眾決不會向統治者要求頒佈什麼約法，請他們保障什麼人權。我們只有向著敵人猛攻，以取得我們的法，我們的權，和我們的自由！胡適之的口號與要求，無裨於實際，只有幫助統治者緩和民眾鬥爭的作用。我們必須排斥這種哀求敵人的投機理論。[2]

1　胡適存來信，《胡適的日記》，1930 年 5 月 8 日。
2　《白話三日刊》，1929 年 6 月 6 日。

以向敵人"猛攻"為唯一的鬥爭手段，將胡適的有關文章斥之為"幫助統治者緩和民眾鬥爭"的"投機理論"，完全是 20、30 年代左派的口吻。

與上文觀點相近的是《自由》雜誌發表的一篇文章，中云：

> 民權與約法是"爭"出來的，不是"求"出來的；是用鐵和血所換來的，不是用請願的方式所能得到的，何況事實上連請願都不可能呢！我們倘若真正想要民權與約法，現在只有一條路，就是大踏步走過來，加入全國革命的組織，以鐵和血的力量，去打倒一黨專制的國民黨，打倒袁世凱第二的蔣中正。[1]

反對一切合法鬥爭，主張訴之於"鐵和血"，顯然，這是主張暴力革命的宣言。

五、質問胡漢民

在國民黨元老中，胡漢民一直以孫中山思想的捍衛者自居。胡適批評孫中山的軍政、訓政、憲政三大程序和知難行易學說，要求南京國民政府迅速制訂憲法，自然不為胡漢民所喜。當時，他擔任立法院長。1929 年 9 月，他先後在立法院及國民黨中央黨部發表演說，闡述知難行易等有關理論，批評胡適。他說：

> 人民不知如何運用政權，憲法豈不是假的，故訓政乃〔必〕要的，殊不知我們現在已有憲法，總理的一切遺教就是成文的憲法，三全大會已經確定並分期實施訓政工作，如再要另外一個憲法，豈非怪事！民元時代，因不遵守總理訓政方案，已誤國家。總理著的《孫文學說》，至今尚有人懷疑。足見一般人是愛假的，不要真實的。[2]

---

1 《自由》第 1 期。
2 胡適存剪報，《胡適的日記》，1929 年 9 月 24 日。

胡漢民由此批判說：

> 在他個人無論是想藉此取得帝國主義者的贊助和榮寵，或發揮他"遇見溥儀稱皇上"的自由，然而影響所及，究竟又如何呢？此其居心之險惡，行為之卑劣，真可以"不與共中國"了。[1]

胡漢民這裏所說"中國有一位切求自由的哲學博士"，明眼人一看便知道指的是胡適，"居心之險惡"、"不與共中國"云云，批判十分嚴厲。

對於 1929 年 9 月的講話，胡適未加理睬；這一次，胡適忍不住了。11 月 25 日，致函胡漢民，中云：

> 這一段文字很像是暗指著我說的，我知道先生自己不會看《泰晤士報》，必定有人對先生這樣說。我盼望先生請這個人指出我在那一天的《倫敦泰晤士報》上發表過何種長長的文章或短短的文章，其中有這樣一句"居心險惡，行為卑劣"的話。倘蒙這個人把原來的報紙剪下寄給我看看，我格外感謝。[2]

12 月 10 日，胡適再次致函胡漢民，要求他"務必撥出幾分鐘的工夫，令秘書處給我一個答復"。信中，胡適強調說："先生既認這句話犯了'可以不與共中國'的大罪，便不應該不答復我的請問。"[3]

胡適從未在《倫敦泰晤士報》發表過胡漢民所指責的那一類文章，所以胡漢民當然指不出哪一天，更無從把報紙剪下來寄給胡適。12 月 9 日，即胡適發出第二封信的前一日，胡漢民的"隨從秘書處"復函胡適，說明原委，原來是：胡漢民的一位送"熟諳英文"的朋友說：當中國要求撤廢領事裁判權的照會到達英國時，《倫敦泰晤士報》曾引述"中國某哲學博士"的言論，說明"中國

1　上海《民國日報》，1930 年 11 月 22 日。
2　《胡適來往書信選》（中），第 32—33 頁。
3　《胡適來往書信選》（中），第 34—35 頁。

司法與政治種種不善"，以此"反證中國政府要求撤銷領事裁判權之無當"云云。胡漢民認為"某哲學博士"的言論竟成為帝國主義維護在華利益的藉口，足以證明當時"極端言論自由者"的過錯，因此在談所謂"言論自由"時"縱論及之"。復函並稱胡漢民"始終不欲舉著論者之姓名，殆亦朱子'必求其人以實之則鑿矣'之意歟！"[1]

胡漢民"隨從秘書處"的這封信實際上承認胡漢民的指責沒有根據，但又聲稱胡適的言論"竟為帝國主義者維護其在華特權之藉口"，而且引朱熹的話諷刺胡適，當然不能使胡適滿意。由於《大公報》的胡政之在一篇訪問胡漢民的文章中有同樣的記載，因此，胡適又於12月21日致函胡政之，詢問胡漢民在談話時，是否曾明確地說到自己的姓名。信中，胡適說："請你看一個被誣衊的同宗小弟弟的面上，把當日的真相告訴我。"[2] 25日，胡政之復函胡適，證實胡漢民談話時，確曾指明胡適。胡政之並告訴胡適，21日來函受過北平公安局的檢查，函面上留有檢查圖記，希望他注意。[3]

胡適自認受了"誣衊"，按照他的可以控告國民政府主席的理論，他完全可以控告胡漢民這位立法院長，然而，他沒有採取任何行動。儘管他對國民黨仍然有種種不滿，但是，他的態度卻逐漸軟化了。

六、調解羅隆基案

在批語國民黨問題上，羅隆基是胡適的戰友。從1929年4月出版的《新月》2卷2號起，羅隆基連續發表了《專家政治》、《告壓迫言論自由者》、《論人權》、《我對於黨務上的盡情批評》、《我們要什麼樣的政治制度》等文。羅隆基並不像胡適那樣把矛頭指向孫中山，相反，他卻在某些地方以闡發孫中山思想的形式做文章，但是，他對國民黨的批評仍然是相當顯豁、激烈的，例如《我對於黨務上的盡情批評》一文就說：

1　《胡適來往書信選》（中），第34頁。
2　《胡適來往書信選》（中），第35頁。
3　《胡適來往書信選》（中），第36—37頁。

國民黨天天拿民主、民權來訓導我們小百姓，同時又拿專制獨裁來做政治上的榜樣。天天要小老百姓看民治的標語、喊民權的口號，同時又要我們受專制獨裁的統治。[1]

國民黨不能容忍胡適的批評，當然也不能容忍羅隆基的批評。1930 年 10 月，國民黨上海第八區黨部向上海警備司令部控告羅隆基 "言論反動"、"侮辱總理"，並稱羅是 "國家主義的領袖"，有 "共產黨嫌疑" 云云。11 月 4 日，羅隆基在中國公學被捕，書包、身體，從內衣到外套，從帽到襪，都被搜查。同日，羅隆基被保釋。事後，羅隆基立即寫了《我的被捕經過與的反感》一文，向社會披露有關事實。文中，羅隆基激烈地抨擊了國民黨的 "黨治"。他說："這段小故事，是很簡單的，然而又是很嚴重的。在一個野蠻到今日中國這個地步的國家，我上面的那段故事是許多小市民很通常的經驗。" 羅隆基認為："一切罪孽，都在整個的制度；一切責任，都在南京國民政府和黨魁。"[2] 當時，羅在上海光華大學任教授，講授政治學，南京國民政府教育部即以 "言論謬妄，迭次公然詆毀本黨" 為理由，要求該校解除羅隆基的教職。

事關自己的同志和言論自由的原則，因此，胡適不能不出面干預。但是，他這一次的做法不同了 —— 不再寫文章訴諸於輿論，而是走上層路線，疏通化解。

當時，陳布雷任南京國民政府教育部次長（部長蔣介石兼），胡適便託和陳有關係的經濟學家金井羊去遊說，告以 "此事實開政府直接罷免大學教授之端，此端一開，不但不足以整飭學風，將引起無窮學潮"，勸陳 "息事寧人"。胡並稱，必要時，他將親赴南京一行。[3] 但是，陳布雷堅決不同意收回成命。1931 年 1 月 15 日，胡適致函陳布雷，聲言羅隆基所作文字並無 "惡意" 的詆毀，只有善意的忠告；《新月》雜誌對輿論界的貢獻在於用真姓名發表負責任的文字，黨部與政府認為有不當之處，可以用書面駁辯，認為有干法律，可向法

---

1 《新月》2 卷 8 號。
2 《新月》3 卷 3 號。
3 《胡適致陳布雷函》，《胡適的日記》，1931 年 1 月。

庭控訴，法律以外的干涉只足以開惡例，貽譏世界，胡適並稱：

> 此類負責的言論，無論在任何文明國家之中，皆宜任其自由發表，不
> 可加以壓迫。若政府不許用真姓名負責發表言論，則人民必走向匿名攻訐
> 或陰謀叛逆之路上去。[1]

信中，胡適並以美國哈佛大學和"五四"前的北大為例，說明"在大學以內，凡不犯法的言論，皆宜有自由發表的機會；在大學以外，凡個人負責發表的言論，不當影響他在校內的教授的職務"。胡適稱："此事在大部或以為是關係一個人的小問題，然在我們書生眼裏，則是一個絕重要的'原則'問題。"17日，陳布雷復函胡適，聲稱對他的意見"殊未能苟同"，"此事部中既決定者，當不能變更"，但陳布雷表示，便中當將胡函轉呈蔣介石；對胡適提到的"原則"問題，陳布雷邀請胡適到南京一談，"若能談出一個初步的共同認識來，亦為甚所希望的事"。[2]18日，胡適在日記中寫道："人言布雷固執，果然。"

同日，胡適將《新月》2卷及3卷已出的3期各兩份託金井羊帶給陳布雷及蔣介石。在致陳布雷信中，胡適說：

> 望先生們能騰出一部分時間，稍稍瀏覽這幾期的言論，該"沒收焚毀"
> （中宣部密令中語），或該坐監槍斃我們都願意負責任。但不讀我們的文
> 字而但憑無知黨員的報告便濫用政府的威力來壓迫我們，終不能叫我心服
> 的。[3]

此信金井羊認為過於強硬，未帶。

19日，胡適在羅隆基家中與潘光旦、王造時、全增嘏、董仕堅等人商議，胡適提出三條辦法：1.先由教育部承認"我們的原則"，後由光華大學校長張壽

---

1 《胡適致陳布雷函》，《胡適的日記》，1931年1月。
2 《陳布雷復胡適函》，《胡適的日記》，1931年1月18日。
3 《胡適的日記》，1931年1月18日。

鏞去呈文，請教育部自己轉圜，然後羅隆基辭職；2. 教育部已說不通了，可由張壽鏞發表一個談話，說他不能執行部令，如此，羅隆基也可辭職；3. 教育部與張壽鏞皆不認此"原則"，則羅隆基自己抗議，聲明為顧全光華大學而去。[1] 同日，張壽鏞擬具了一份給蔣介石的密呈，中云：

> 羅隆基在《新月》雜誌發表言論，意在主張人權，間有批評黨治之語，其措詞容有未當，唯其言論均由個人負責署名，純粹以公民資格發抒意見，並非以光華教員資格教授學生。今自奉部電遵照後，教員群起恐慌，以為學術自由將從此打破，議論稍有不合，必將蹈此覆轍，人人自危，此非國家之福也。[2]

呈文強調羅隆基意在"匡救闕失"，要求蔣介石"愛惜士類"，"稍予矜念"。此呈經胡適修改並經羅隆基同意後發出。二人約定，此呈經蔣介石批准後即發表，發表後羅隆基即辭職。當時，金井羊仍然要求胡適去南京與陳布雷談話，胡則要金轉告陳：共同的認識必須有兩點：1. 負責的言論絕對自由；2. 友意的批評，政府應完全承認。無此二項，沒有"共同認識"的可能。[3]

在與胡適等商談之後，張壽鏞見到了蔣介石。蔣問："羅隆基這人究竟怎麼樣？"張答："一介書生，想作文章，出點風頭，而其心無他。"蔣再問："可以引為同調嗎？張感到氣氛轉變了，連答："可以！可以！"21日，張壽鏞向胡適轉述了這次會見的經過，胡適聽了以後，忍不住笑出聲來，說："話不是這樣說的，這不是同調問題，是政府能否容忍異己的問題。"[4] 胡適勸張壽鏞將呈文抄給羅隆基，勸羅辭職，並請羅聲明：反對政府的"原則"，但不願使光華大學為難。

實際上，胡適選擇了一種不使南京國民政府"為難"的辦法。

---

1 《胡適的日記》，1931 年 1 月 19 日。
2 《胡適的日記》，1931 年 1 月 19 日。
3 《胡適的日記》，1931 年 1 月 19 日。
4 《胡適的日記》，1931 年 1 月 22 日。

七、胡適逐漸和國民黨接近

　　儘管胡適激烈地批評國民黨，然而他並不反對國民黨，當他寫作《人權與約法》等文章時，就同時保持著和國民黨要員宋子文等人的密切聯繫。胡適在日記中曾說："我們的態度是'修正'的態度：我們不問誰在台上，只希望做點補偏救弊的工作。補得一分是一分，救得一弊是一利。"[1] 胡適對孫中山思想和國民黨的批評，其實只是一種"補偏救弊"。這一點，國民黨上海特別市黨部的委員們糊塗，而有些讀者卻是清楚的，例如，有一位山東讀者就致函胡適說：

> 我要向黨國的忠實同志進一忠告：《人權論集》不但不是要加害於黨國的宣傳品，依我看，倒能幫助黨國根基的永固。因為此書把黨國不自覺的錯處，都歷歷指出，黨國能翻然改悟，再不致惹民眾的抱怨，可以有甚麼危害？所以不但不必禁售，非黨員固當各具一本，即黨員亦應置一編，以自策勵。[2]

這位讀者顯然要比民黨的黨國要員們高明，還有一位外國人在《星期字林報》上發表文章說："一個政府與其把胡適抓起來，不如聽聽他的勸告。"[3] 這位外國人也比國民黨的黨國要員們高明。

　　大概蔣介石多少懂得這一點，所以儘管上海地方黨部一再呼籲嚴懲以至通緝胡適，但蔣介石卻在 1931 年任命胡適為財政委員會委員。他詢問張壽鏞，羅隆基這樣的人是否可以引為"同調"，這句話雖然被胡適譏笑為"話不是這樣說的"，但至少表示出，他企圖將羅隆基一類人收為己用。

　　大概胡適也看出了蔣介石這一點，所以 1932 年 11 月，他在武漢將自己做的一本《淮南王書》送給蔣介石，希望他從中悟出治國之道和"做領袖的絕大

1　《胡適的日記》，1929 年 7 月 2 日。
2　胡適存來信，中國社會科學院近代史研究所藏。
3　胡適存剪報，《胡適的日記》，1930 年 1 月 30 日。

本領"來。[1] 1934 年 4 月，又找蔣廷黻帶信給蔣介石，勸他"全力專做自己許可權以內的事"，而當蔣介石採納了胡適的某些意見時，胡適就認為蔣介石"不是不能改過的人，只可惜他沒有諍友肯時時指摘他的過舉。"[2]

此後，胡適和國民黨就逐漸接近起來，"拋卻人權說王權"了。

跋胡適、陳寅恪墨蹟 *

1931 年 9 月 19 日，胡適應陳寅恪之請，為之題唐景崧先生遺墨：

南天民主國，回首一傷神。黑虎今何在？黃龍亦已陳。

幾枝無用筆，半打有心人，畢竟天難補，滔滔四十春！

9 月 23 日，陳寅恪復函胡適，對他的題詩表示感謝，函云：

適之先生講席：昨歸自清華，讀賜題唐公墨蹟詩，感謝感謝！以四十春悠久之歲月，至今日僅贏得一"不抵抗"主義，誦尊作，現竟不知涕泗之何從也！專此敬叩著安！

弟寅恪上

九月二十三

上述詩與函墨蹟，均見於胡適日記。

唐景崧（1841—1903），字維卿，廣西灌陽縣人，同治四年（1865 年）進

1 《胡適的日記》，1930 年 11 月 29 日。
2 《胡適的日記》，1934 年 4 月 4 日、10 日。
* 原載《中國文化》第 4 期，1991 年 8 月；錄自楊天石：《哲人與文士》，中國人民大學出版社 2007 年版。

士，後任翰林院庶起士、吏部主事等職；中法戰爭時慷慨請纓，出關援越抗法，因功被清政府升二品秩，加賞花翎；光緒十三年（1887 年），任福建台灣道員，後升台灣省巡撫。

光緒二十一年（1895 年），中日戰爭失敗，清政府被迫與日本訂立《馬關條約》，規定將台灣割讓給日本。台灣人民紛起反對，愛國士紳丘逢甲等決定自主抗日，成立"台灣民主國"，推唐景崧為"大總統"，以藍地黃虎為旗，建元"永清"，以示永遠臣屬清朝之義。唐景崧在致清廷電中表示："台灣士民，義不臣倭；雖為島國，永戴聖清。"又發表文告稱："仍恭奉正朔，遙作屏藩，氣脈相通，無異中土。"[1] 6 月 2 日，清政府派出李經芳與日本簽署"台灣交接文據"，日軍向台灣發動進攻，唐景崧命文武官員限期內渡，自身逃回廈門。日軍旋即佔領台灣。唐景崧內渡後閒居桂林，光緒二十八年冬病逝。著有《請纓日記》、《寄閒吟館詩存》等。

1928 年，陳寅恪與唐景崧的孫女唐篔結婚。1931 年，胡適任北京大學教授，陳寅恪則任清華大學中文、歷史兩系合聘教授。二人同為中央研究院理事、中華教育文化基金董事會編譯委員會成員，學術上時相切磋。當年 5 月，胡適請陳寅恪為其所藏《降魔變文》卷子作跋，陳寅恪因亦有請胡適為唐景崧遺墨題詞之舉。

日本帝國主義長期蓄謀侵佔中國東北。1931 年 9 月 18 日晚，日本關東軍自行炸毀瀋陽北郊南滿鐵路的一段路軌，誣稱係中國軍隊所為，藉此突然襲擊中國東北軍駐地和瀋陽城，史稱"九一八事變"。當時，南京國民政府奉行對日妥協政策，蔣介石電令張學良"力避衝突，以免事態擴大"[2]，結果，十萬東北軍不戰而退，日軍於 19 日晨佔領瀋陽等二十座城市，不久，東三省全部淪陷。

胡適於 19 日晨得悉有關消息，午刻見到《晨報》號外，確證此事，並知"中國軍隊不曾抵抗"[3]。他憂憤填膺，"什麼事也不能做"，於是翻讀唐景崧遺墨，見到其中有"一枝無用筆，投去又收回"之句，感慨萬端，因此揮筆題寫

1　中國史學會主編：《中日戰爭》（六），上海人民出版社、上海書店出版社 2000 年版，第 145 頁。
2　《西安事變資料》第 1 輯，人民出版社 1980 年版，第 1 頁。
3　《胡適日記》，1931 年 9 月 19 日。

了上述律詩。

當日，胡適在日記中寫道：

> 此事之來，久在意中。八月初與在君（指丁文江 —— 筆者注）都顧慮到此一著。中日戰後，至今快四十年了，依然是這一個國家，事事落在人後，怎得不受人侵略！

胡適的這頁日記可以作為他的詩的註腳。陳寅恪同樣對東北事變感到巨大震驚。他有一友人劉宏度自瀋陽來北平，二人偕遊北海天王堂，陳寅恪賦詩云：

> 曼殊佛土已成塵，猶覓須彌劫後春（天王堂前有石牌坊，鐫須彌春三字）。遼海鶴歸渾似夢，玉瀋龍去總傷神（耶律鑄《雙濱醉隱集》有“龍飛東海玉瀋春”之句）。空文自古無長策，大患吾今有此身。欲著辨亡還擱筆，眾生顛倒向誰陳！
>
> ——《辛未九一八事變後劉宏度自瀋陽來北平，既相見後偕遊北海天王堂》

晉朝的陸機曾經寫過一篇《辨亡論》，探討東吳興亡之由；陳寅恪也想寫一篇，但最終只能“擱筆”。全詩撫時感事，蒼涼悽切，和他復胡適函中表現出來的思想感情一脈相通。

胡適與蔣介石的最初會見 *

—— 讀胡適日記

胡適與蔣介石第一次見面的時間為 1932 年 11 月 28 日。當時，胡適正應王世杰（雪艇）之邀在武漢大學講學，蔣介石也正因指揮"剿共"軍事住在武漢，《胡適日記》（縮微膠捲）云：

> 下午七時，過江，在蔣介石先生寓內晚餐，此是我第一次和他相見。飯時蔣夫人也出來相見。今晚客有陳布雷、裴復恒。

有一段時期，胡適因為呼籲保障人權、批評國民黨、批評孫中山的"知難行易"學說，和國民黨的關係搞得很緊張。上海等地的國民黨黨部要求"嚴懲"胡適，南京國民政府教育部對胡適下達了"警告令"，但是蔣介石卻於 1931 年任命胡適為財政委員會委員。胡適開始時雖然擺架子不肯赴會，但對蔣介石的印象卻已經好轉。此次在武漢肯於與蔣介石相見，正是這種好轉的表現。

胡適與蔣介石的第二次見面距離第一次僅隔一日，胡適 11 月 29 日日記云：

> 六點半，黎琬（公琰）來，小談，同去蔣宅晚飯。同席者有孟餘、布雷、立夫。今晚無談話機會，我送了一冊《淮南王書》給蔣先生。

黎琬是蔣介石的秘書，所謂《淮南王書》乃是胡適出版於 1931 年 12 月的一本著作。該書以西漢時的名著《淮南子》為研究對象，是胡適當時正在寫作的《中國中古思想史長編》中的第五章。胡適為什麼要送這樣一本書給蔣介石呢？

---

* 原載《團結報》，1991 年 4 月 3 日；錄自楊天石：《哲人與文士》，中國人民大學出版社 2007 年版。

1935 年 7 月 26 日，胡適致羅隆基函中對此有過解釋：

> 依我的觀察，蔣先生是一個天才，氣度也很廣闊，但微嫌過於細碎，終不能"小事糊塗"。我與蔡子民先生共事多年，覺得蔡先生有一種長處，可以補蔣先生之不足。蔡先生能充份信用他手下的人，每委人一事，他即付以全權，不再過問；遇有困難時，他卻挺身負其全責；若有成功，他每嘖嘖歸功於主任的人，然而外人每歸功於他老人家。因此，人每樂為之用，又樂為盡力。亦近於無為，而實則盡人之才，此是做領袖的絕大本領。
>
> 我前在漢口初次見蔣先生，不得談話的機會，臨行時贈他一冊《淮南王書》，意在請他稍稍留意《淮南》書中的無為主義的精義，如"重為善若重為暴"，如"處尊位者如尸，守官者如祝宰"之類。
>
> 去年我第一次寫信給蔣先生，也略陳此意，但他似乎不甚以為然。他誤解我的意思，以為我主張"君逸臣勞"之說。大概當時我的信是匆匆寫的，說的不明白。我的意思是希望他明白為政之大體，明定許可權，知人善任，而不"侵官"，不越權。如此而已。《淮南》說的"處尊位者如尸，……尸雖能剝狗燒彘，弗為也。弗能，無虧也。"此似是淺訓，但今之為政者，多不能行。

古代祭祀時，有人扮作受祭的祖宗，儼然玄默，寂然無為，接受大眾的祭禱，稱為"尸"；有人掌管祭禮時的各種具體事務，稱為"祝宰"。《淮南子》一書以"尸"與"祝宰"的關係比喻理想中的君臣關係，胡適對此最為欣賞，曾說"尸的比喻，最可寫出虛君的意義"。

胡適認為《淮南子》一書的政治思想充滿著"民治主義"精神，它包含著三個要義：一是虛君的法治；一是充份的用眾智眾力；一是變法而不拘守常故。他在《淮南王書》裏對此作了充份的闡述。例如《淮南子》裏有一句話叫做"善否之情日陳於前而無所逆"，胡適認為這是在說，"要尊重人民的輿論"，"便是言論的自由"。又如《淮南子》一書認為君臣關係是一種"相報"關係，胡適即解釋為"人民有反抗君主的權利，有革命的權利"。因此，胡適向蔣介石贈送《淮南王書》，既具有獻計獻策的作用，要求蔣介石能從中悟出治國之道和"做領袖的絕大本領"來，同時，又是為了對蔣介石進行民主主義教育。

胡適與蔣介石的第三次見面距第二次相隔三日。11月30日，蔣介石約胡適再見一次。12月2日下午，蔣介石致函胡適，重申前約。同日下午，胡適通過王世杰轉告蔣介石，一定踐約。當晚，仍然是黎琬來迎，仍然是蔣介石請吃飯。胡適以為這是最後的一次談話，準備與蔣談一點"根本問題"。但是，一進門就碰見一個叫雷孟強的人，吃飯時又添了個楊永泰，兩個人都不走，蔣介石也不準備請他們走，於是，胡適就不準備深談了。

席上，蔣介石要求胡適注意研究兩個問題：1、中國教育制度應該如何改革？2、學風應該如何整頓？蔣介石上台之後，不斷發生學潮。11月29日，山東省會濟南發生學生罷課事件。次日，罷課學生萬餘人又集會遊行，向省政府請願。因此，蔣介石的興奮點是如何整頓學風、消弭學潮。但是，蔣介石的興奮點不等於胡適的興奮點，胡適因為沒有深談機會，本已有點生氣，聽了蔣介石的問題後便不客氣地說：

> 教育制度並不壞，千萬不要輕易改動了。教育之壞，與制度無關，十一年的學制，十八年的學制，都是專家定的，都是很好的制度，可惜都不曾好好的試行。經費不足，政治波動，人才缺乏，辦學者不安定，無計劃之可能……此皆教育崩壞之真因，與制度無關。
>
> 學風也是如此，學風之壞由於校長不得人，教員不能安心治學，政府不悅學，政治不清明，用人不由考試，不重學績，學生大都是好的；學風之壞決不能歸罪學生。
>
> 今之詆毀學制者，正如不曾試行議會政治，就說議會政治決不可用。

當時，胡適正企圖勸說國民黨在中國建立歐美式的民主政治，所以儘管蔣介石要他談教育和學風問題，但是，轉彎抹角，他還是談到了自認的"根本問題"上。

胡適對他和蔣介石的最初幾次見面，不滿意，也很失望。

胡適 1933 年的保定之行 *

——讀胡適日記

1933 年 3 月，胡適有一次保定之行，除了再一次和蔣介石見面並長談外，和國民政府外交部長羅文榦（鈞任）也有過一次推心置腹的談話。《胡適日記》對此有相當翔實的記載，可以說明蔣介石及其對日政策。

當年 1 月 1 日，日本侵略軍突襲山海關，兩天后，這座巍峨的雄關失守；2 月 21 日，日軍進犯熱河，守軍熱河省主席湯玉麟部節節後退；3 月 3 日，湯玉麟放棄承德，率部西逃。這時，蔣介石仍在南昌，一心一意"剿共"。當晚胡適約丁文江、翁文灝聚談，擬了一封給蔣介石的電報，要他立即北飛，挽救危局。電云：

> 熱河危急，決非漢卿所能支持。
>
> 不戰再失一省，對內對外，中央必難逃責：非公即日飛來指揮挽救，政府將無以自解於天下。

3 月 5 日，蔣介石復電翁文灝，表示即日北上。9 日，蔣介石到達保定。13 日，胡適偕翁文灝、丁文江等赴保定見蔣，雙方進行了兩個多小時的談話。

蔣介石原來估計日軍進攻熱河用六師團兵力，必須從本土和台灣動員，因此，不會很快發動進攻。他說："我每日有情報，知道日本沒有動員，故料日本所傳攻熱河不過是虛聲嚇人而已。不料日本知道湯玉麟、張學良的軍隊比我們知道清楚的多多！"

"能抵抗嗎？"胡適問。

"須有三個月的預備。"蔣答。

---

* 原載《團結報》，1991 年 5 月 29 日；錄自楊天石：《蔣介石與南京國民政府》，中國人民大學出版社 2007 年版。

"三個月之後能打嗎？"胡適再問。

"近代式的戰爭是不可能的。只能在幾處地方用精兵死守，不許一個人生存而退卻。這樣子也許可以叫世界人知道我們不是怕死的。"

蔣介石一直害著恐日症，認為打起仗來中國不是日本的對手，因此，對日本的侵略一再忍讓、妥協。蔣介石和胡適的這段話，貌似慷慨激烈，但把他內心的虛弱、恐懼暴露得清清楚楚。

胡適很快理解了蔣介石的意思，因此，轉移話題，問道："那末能交涉嗎？能表示在取消‘滿洲國’的條件下與日本開始交涉嗎？"

"我曾對日本人這樣說過，但那是無效的。日本決不肯放棄‘滿洲國’。"蔣介石答，他並聲明，決不是為了保持政權而不敢交涉。

最後，蔣介石要胡適等人想想外交的問題。

1932 年，蔣介石在武漢召見胡適，胡適不滿意；這次，胡適仍然很不滿意。當日，他在日記中對蔣介石的談話有幾句評論："這真是可憐的供狀。誤國如此，真不可恕。"

14 日，胡適和外交部長羅文榦同車回北平，羅認為，此時決不能和日本交涉，他說，"不是不願意在取消‘滿洲國’的條件之下交涉，只是日本此時決不會承認這個先決條件。"又說："（中國）這個民族是沒有多大希望的；既不能做比利時，又不能做普法戰後的法蘭西。如果我們能相信，此時屈服之後，我們能在四十八年內翻身，我們也不妨此時暫且屈服，但我是沒有這種信心的。"

胡適反對羅文榦的這種悲觀態度。他曾經說過：一個強盜臨刑時，還能把胸膛一拍說，"咱老子不怕！二十年後又是一條好漢！"他覺得，對於中國的前途，不能連這點信心都沒有。然而羅文榦卻明明白白地承認，沒有這點信心。

胡適想來想去，覺得還是羅文榦對。當日，他在日記中寫道：

> 是的，此時的屈服，只可以叫那些種種醜嬉無恥的份子一齊抬頭高興，決不能從此做到興國的目標。
>
> 這個國家這三十年來完全在國際局面之下苟活，而我們自以為是我們

自己有倖存之道！國難的教訓才使我們深深感覺國際局面的重要。我們此時若離開國際的局面而自投於敵人手下，不過做成一個第二“滿洲國”而已。以後這個“第二滿洲國”永遠不能脫離日本的掌握了！

鈞任對於國際局勢，較有信仰。

從這段日記看，胡適、羅文榦等不願意“自投於敵人手下”，但是，都對於自己的民族沒有信心，結果只能寄希望於“國際局勢”。3月27日，胡適寫作《我們可以等候五十年》一文，聲稱：“現在全世界的贊助是在我們的方面，全世界道德的貶議是在我們敵人的頭上，我們最後的勝利是絲毫無疑的。”4月3日，又為蔣廷黻的論文作跋，贊成在與日本的長期抵抗中運用“國際與國聯”。相信中國會取得最後的勝利，這自然不錯，然而，如果這種“信心”只是建築在“全世界正誼的贊助”，而不是本民族的力量上，那麼，這種“信心”就決不可能是堅強有力的。

5月，國民黨當局與日方簽訂屈辱的城下之盟——《塘沽協定》，受到輿論的廣泛譴責，而胡適卻著文為之辯解，其原因，不難從他的保定之行找到答案。

周作人與胡適的唱和詩

有一段時期，周作人與胡適之間關係密切，經常唱和。1934年1月13日，周作人50壽辰，寫成《偶作》一詩云：

前世出家（家中傳說予係老僧轉生）今在家，不將袍子換袈裟。街頭終日聽談鬼，窗下通年學畫蛇。老去無端玩骨董，閒來隨分種胡麻。旁人若問其中意，且到寒齋吃苦茶。

周作人自號苦茶先生，本詩是其閒適生活的自況。這時候的周作人早已消失了"五四"時期的"浮躁凌厲"之氣，而頗覺"韜晦"之佳，因此，提倡"不談國事"，"講閒話，玩骨董"，反映出在國民黨高壓統治下部分知識份子的苦悶心情，他們既不滿現實，而又無力抗爭。

1月17日，胡適和詩云：

> 先生在家像出家，雖然弗著啥袈裟。能從骨董尋人味，不慣拳頭打死蛇。吃肉應防嚼朋友，打油莫待種芝麻。想來愛惜紹興酒，邀客高齋吃苦茶。
>
> ——《戲和周啟明打油詩》

胡適的這首詩，有一點對當時險惡的世態人情的感慨，例如"吃肉應防嚼朋友"之句，不過，正如其詩題所云，乃是一種遊戲之作。1月18日，胡適詩興未盡，又寫了一首，題為《再和苦茶先生的打油詩》：

> 老夫不出家，也不著袈裟。人間專打鬼，臂上愛蟠蛇。不敢充油默，都緣怕肉麻。能乾大碗酒，不品小鐘茶。

胡適的這首詩，寫的不是周作人，而是"自嘲"。"人間專打鬼"一句，大概是自述新文化運動中的業績。周作人讀了之後，覺得意似未完，為續作八句：

> 雙圈大眼鏡，高軒破汽車。從頭說人話（劉大白說），煞手捧王八（謬種與妖孽）。文丐連天叫，詩翁滿地爬。至今新八股，不敢過胡家。
>
> ——《天風先生自嘲詩只四韻，勉為續貂，庶合成五言八韻云爾》

天風先生，指胡適。續作前兩句寫胡適戴近視眼鏡、坐破汽車的模樣，後六句歌頌胡適提倡白話文學、大獲全勝的業績。"五四"前夜，文人寫作，宗奉桐城派古文和昭明太子所編《文選》，新文化運動的健兒們斥之為"桐城謬種"與

"《選》學妖孽"。自胡適提倡"白話文學"之論起，不僅死守文言文的"文丐"、"詩翁"們望風披靡，連趨時趨新的"新八股"們也愧對胡適。

周作人的《偶作》詩發表之後，和作者頗不乏人。3月1日，周作人用前韻又寫了一首贈給胡適，詩云：

> 半是儒家半釋家，光頭更不著袈裟。中年意輒窗前草，外道生涯洞裏蛇。徒羨低頭咬大蒜，未妨拍桌拾芝麻。談狐說鬼尋常事，只見工夫吃講茶。
>
> ——《卅三年三月一日疊韻錄呈天風堂主人以發一笑》

這首詩寫胡適不儒不佛，沒有宗教信仰。據說，宋朝道學的開山祖師周敦頤不除窗前草，聲稱"與自家意思一般"。周詩"中年意輒窗前草"，是說胡適做詩作文，一本自然，從不裝腔作勢，勉強拼湊。胡適讀了之後，也和了一首：

> 肯為黎渦斥朱子，先生大可著袈裟。笑他制欲如擒虎，那個閒情學弄蛇？
>
> 絕代人才一丘貉，無多禪理幾斤麻。誰人會得尋常意，請到寒家喝盞茶。

黎渦，指宋代胡氏家族的侍妓黎倩微笑時臉上的酒渦。宋代大臣胡銓主戰，被秦檜陷害，發配遠方十年，晚年遇赦回來，在湘潭胡氏園林中宴集。黎倩陪酒，她面色白皙，笑起來很美，胡銓為之心動，在牆上題詩云："君恩許歸此一醉，傍有梨頰生微渦。"南宋時，朱熹有一次住進胡氏園林，見到牆上胡銓的題詩，認為胡銓耿直一生，晚年卻忘了國家和君臣，感興趣於女人臉上的酒窩，實在不堪，便作《自警》詩，既批評胡銓，也以之自勉，詩云："十年浮海一身輕，歸對梨渦卻有情。世上無如人欲險，幾人到此誤平生。"朱熹意在提醒世人："人欲"極為危險，可能因此毀掉人的一輩子，因此，每個人都必須如同"擒虎"一樣去"制欲"，時時刻刻，心心念念地"克人欲，存天理"。

"絕代人才一丘貉。"本句諷刺日本侵略加深，民族危機日益嚴重，但國民黨的官僚們卻只會空喊口號。不久前，錢玄同在致胡適函中曾指斥"今之君子"和"清流"們，"自己安坐而唱高調"。[1] 顯然，胡適同意錢玄同的這一觀點。

"無多禪理幾斤麻。"周作人反對宋明道學，常常喜歡"撥草尋蛇"般地去挑道學家們的毛病。詩中，胡適提醒周作人說，你反對朱熹的"制欲"思想，在這點上和佛學的"絕欲"、"禁欲"主張類似，大可以穿上"袈裟"去做和尚。不過，有個著名的禪宗故事說：五代時有僧人詢問洞山禪師："如何是佛？"洞山禪師正在用秤稱麻，隨口回答："三斤麻！"[2] 在洞山禪師看來，佛無所不在，大地一切，無不是佛，自然，"三斤麻"也就是佛。這一說法雖然通俗，但不好理解，宋代高僧圓悟禪師就此批評說："真是難咬嚼"，"淡而無味"。胡適藉此向周作人表示，禪學沒有多少理論，沒有深究必要，還是到"寒家"喝杯茶、聊聊天吧！

周作人、胡適詩酒唱和、品茗賞茶的閒適、安逸生活並沒有過多久。12月24日，周作人贈胡適賀年詩一首：

> 尚有年堪賀，如何不賀年。關門存漢臘，隔縣戴堯天。世味如茶苦，人情幸瓦全。劇憐小兒女，結隊舞仙仙。
>
> ——《民廿五年賀年詩呈適之兄一笑》

當時，日本帝國主義侵略勢力雖已深入華北，但北平還在國民政府統治之下，還在用中華民國紀年，故詩中有"關門存漢臘"之語。12月25日，胡適見到一張"滿洲國"地圖，"其熱河圖直伸入察哈爾省，張北縣以北，長城以外，都歸過去了。"當晚，胡適寫成和周作人詩一首：

> 可憐王小二，也要過新年。開口都成罪，抬頭沒有天。強梁還不死，委曲怎能全！羨殺知堂老，關門尚學仙。

1　《錢玄同致胡適》（1933年6月6日），《胡適來往書信選》（中），第215頁。
2　圓悟克勤：《佛果圓悟禪師碧巖錄》第2卷。

胡適的這首詩，在幽默中包含憤激之情。"開口都成罪"、"委曲怎能全"等語，指責國民黨的高壓統治和對日妥協，是胡適詩中很少見到的。

當夜，胡適得他人電告，殷汝耕的"冀東防共自治政府"成立，北平以外的廣大河北土地變相成為日本勢力範圍。"羨殺知堂老，關門尚學仙。"知堂，指周作人。周作人可以"關門"過年，胡適卻絲毫沒有過年的興致了。

胡適撰寫的一篇白話碑文 *

1933 年 1 月，日本侵略軍攻佔山海關。3 月，佔領熱河，中國軍隊展開了英勇的長城抗戰。4 月末，傅作義所部華北軍第七軍團第五十九軍奉令開到北平附近，在懷柔西北山地構築陣地。5 月，日本侵略軍佔領密雲，進逼通縣，北平危急。22 日夜，黃郛奉南京國民政府行政院長汪精衛指示，與日方談判停戰。23 日晨 4 時，黃郛接受日方條件。也就在同時，日本侵略者決定給予傅軍以"徹底打擊"，出動主力第八師團向傅部發動進攻。此時友鄰部隊早已撤退，傅軍身處危境，但仍然英勇抵抗，"人人具必死之心，有全連被敵炮和飛機集中炸死五分之四，而陣地屹然未動的：有袒臂跳出戰壕，肉搏殺敵的；有攜帶十幾個手擲彈，伏在外壕裏，一人獨力殺敵人幾十的。"總計此役五十九軍官兵共戰死 367 人，當時草草掩埋。9 月，懷柔日軍撤退，傅作義派人置辦棺木，到作戰地帶，尋得遺骸 203 具，全數運回歸綏（今呼和浩特），公葬於城北大青山南麓，建立抗日陣亡將士公墓，並且辟為公園，"以喚起愛國觀念，繼續奮鬥，收復河山"。

有墓，不可無碑。1934 年 3 月，傅作義致函胡適，請他撰寫碑文，胡適慨然應允。5 月，碑文寫成，除敘述傅部英勇抗敵事蹟外，胡適還用白話寫了四

---

* 原載《光明日報》1991 年 1 月 27 日，2022 年 1 月 28 日晨改；錄自楊天石：《哲人與文士》，中國人民大學出版社 2007 年版。

句銘文：

> 這裏長眠的是二百零三個中國好男子！
>
> 他們把他們的生命獻給了他們的祖國。
>
> 我們和我們的子孫來這裏憑弔敬禮的，
>
> 要想想我們應該用什麼報答他們的血。

胡適寫就碑文初稿後，寄給錢玄同，錢玄同閱後，於同月 11 日復函胡適："覺得很好"，表示"要吹毛求疵一下"，提了幾條意見。其一云："有幾句，似乎文言文的氣分濃厚一點，似可略改數位並且略增數位。"其二云："'手溜彈'改稱'手擲彈'是有所本呢，還是您覺得'溜'字不好呢？竊謂此等通用詞似乎用'約定俗成'者為宜。"其三云："'中央政府'四字，何以刪去，豈有所諱乎，抑事實實是黃膺白之獨斷乎？竊謂如確有中央的電令，則仍以敘入為宜。"信中，錢玄同特別詢問：

> 首行題目之下，是否要寫明績溪胡適撰、吳興錢玄同書字樣？

信末，錢玄同向胡適表示：

> 這篇碑文，我是狠願意寫的。不但因為是您的大文，更因為它是白話文，而且用標點符號也。近來有些先生們，平常作文章還肯用白話與加標點，一到做此等文字，便須一切從古，甚至做得異常晦澀，而且異常灰色，'以震其艱深'，弟心竊非之，故自告奮勇而願寫此文也。[1]

傅作義對碑文也很滿意，胡適在其中直書："五月二十一、二兩日，北平以北的中央軍隊都奉命退到故都附近集中。二十二日夜，中央政府電令北平政務

1　耿雲志主編：《胡適遺稿及秘藏書信》第 40 冊，黃山書社 1994 年版（影印本），第 440 頁。

整理委員長黃郛開始與敵方商議停戰。"傅作義擔心會刺激有關方面和人士，託人委婉要求胡適刪除"明書黃郛姓名並友軍退卻之句"。古人寫史，強調實錄，胡適得知後，刪去"中央政府電令"等字，仍然保留了黃郛的名字和"友軍"撤退的事實。

7月，錢玄同冒著酷熱寫好碑文。8月，胡適將錢書碑文交《學文》月刊發表時特意寫了《後記》，中云："碑版文字用白話，這未必是第一次：但白話的碑文用全副新式標點符號寫刻，恐怕這是第一次。"

又過了兩個月，公墓舉行揭幕典禮。由於公墓安葬的是抗日戰死英雄，碑文的作者、書寫者都是名家，因此成為一時盛事。但是，死難的烈士們並沒有風光多久。1935年6月，日本帝國主義加緊侵略華北地區，並且蠻橫地要求南京國民政府取締全國一切反日團體及活動。同月10日，國民政府發佈《睦鄰敦交令》，規定"對於友邦，務敦睦誼，不得有排斥及挑撥惡感之言論行為"。隨後，北平軍分會代理委員長何應欽打電報給傅作義，要求消滅一切抗日的標誌，尤其是陣亡將士公墓。傅不得已，將塔上的"抗日陣亡將士公墓"的"抗日"二字改成"長城"二字，胡適所撰碑文則被蒙上一層沙石，另刻"精靈在茲"四個大字。全國各地送來的匾、聯、銘、贊，凡有"刺激性"的，一一遷毀。7月初，胡適到綏遠旅行，由傅作義陪同，去大青山視察公墓狀況，發現已經面目全非，胡適非常生氣，當日在日記中寫了一段話："我曾說：'這碑不久會被日本毀滅的。'但我不曾想到日本人還不曾佔據綏遠，我的碑已被'埋葬'了。"

同日，胡適還寫了一首詩：

霧散雲開自有時，暫時埋沒不須悲。青山待我重來日，大寫青山第二碑。

儘管當時陰霾密佈，但胡適相當樂觀，並且準備重寫碑文。然而，抗戰勝利了，胡適沒有再到綏遠，似乎也沒有重寫碑文。

柳亞子與胡適 *
—— 關於中國詩歌變革方向的辯論及其他

　　"五四"前夜，關於中國詩歌的變革問題，柳亞子和胡適之間有過辯論。儘管柳亞子對胡適的詩作和為人都並不佩服，但是，在理論上，他還是很快就成了胡適的贊同者。

一、胡適對南社的批評及其詩歌變革主張

　　南社是辛亥革命前後著名的文學團體，發起人為陳去病、高旭、柳亞子，1909 年 11 月成立，活動延續三十餘年，社員總數達 1180 餘人，大都是當時教育、新聞、出版事業方面的精英。社刊為《南社叢刻》，共刊出 22 集，其作品以詩歌、散文為主。辛亥革命前的主題多為批判清朝統治，傾訴愛國熱情，呼喚民主，譴責專制，號召人們為中國的獨立、富強而鬥爭，因此有同盟會宣傳部的美譽；辛亥革命後的主題轉為斥責袁世凱的稱帝醜劇，抒發理想破滅的悲哀，在反映那個倒退、黑暗的年代方面亦有其積極意義。但是，胡適對南社的作品卻一直很看不起。

　　1916 年 6 月下旬，胡適在美國克利弗蘭城（Cleveland）參加第二次國際關係討論會，其間收到楊杏佛的一首題為《寄胡明復》的 "白話詩"，詩云：

　　　　自從老胡去，這城天氣涼。

　　　　新屋有風閣，清福過帝王。

　　　　境閒心不閒，手忙腳更忙。

　　　　為我告夫子，《科學》要文章。

---

* 　原載李又寧主編：《胡適與民主人士》，紐約天外出版社 1988 年版；錄自楊天石：《哲人與文士》，中國人
　　民大學出版社 2007 年版。

楊杏佛，名銓，江西清江人，南社社員。1912年入美國康乃爾大學學習；1914年6月，與留美學生任鴻雋、胡明復等組織中國科學社；1916年創辦《科學》雜誌。本詩為催稿而作，胡適讀了之後，非常高興，在日記中錄下了這首詩，同時寫道：“此詩勝南社所刻之名士詩多多矣！”[1]

胡適醞釀詩歌革新為時已久。1915年9月，胡適送梅光迪入哈佛大學讀書時即有詩云：“梅生梅生毋自鄙。神州文學久枯餒，百年未有健者起。新潮之來不可止，文學革命其時矣。吾輩勢不容坐視，且復號召二三子，革命軍前杖馬棰，鞭笞驅除一車鬼，再拜迎入新世紀。”[2] 這首詩可以看作是胡適從事“文學革命”的最早宣言。詩中，胡適用了十一個外國名詞，自跋云：“此種詩不過是文學史上一種實地試驗，前不必有古人，後或可詔來者，知我罪我，當於試驗之成敗定之耳。”[3] 同月，胡適有《依韻和叔永戲贈詩》云：“詩國革命何自始，要須作詩如作文，琢鏤粉飾喪元氣，貌似未必詩之純。”[4] 胡適要求在綺色佳讀書的朋友們共同努力，作“詩國革命”的實驗。1916年1月29日，胡適日記云：“近來作詩頗同說話，自謂為進境。”[5] 同年4月，胡適研究中國文學的變遷，認為在中國歷史上曾經有過多次“文學革命”，至元代時，登峰造極，出現了以“俚語”寫作的“活文學”。他說，“倘此革命潮流，不遭明代八股之劫，不受明初七子諸文人復古之劫，則吾國之文學必已為俚語的文學，而吾國之語言早成為言文一致之語言，可無疑也。”[6] 稍後，胡適提出中國文學有“無病而呻”、“摹仿古人”、“言之無物”等三大病[7]，為此，胡適多次改訂其所作《沁園春》（誓詩），提出“何須刻意雕辭，看一朵芙蓉出水時”，“不師漢魏，不師唐宋，但求似我，何效人為”，“語必由衷，言須有物”等創作要求。[8] 6月，胡適在綺色佳與任鴻雋、楊杏佛、唐鉞討論文學改良的方法，胡適認為，文言不能使人聽懂，是一種半死文字；白話是文言的進化，優美適用，是一種活的語

---

1 《胡適留學日記》（四），台灣遠流出版公司1986年版，第47頁。
2 《胡適留學日記》（三），第196頁。
3 《胡適留學日記》（三），第196頁。
4 《胡適留學日記》（三），第196頁。
5 《胡適留學日記》（三），第247頁。
6 《胡適留學日記》（三），第269頁。
7 《胡適留學日記》（三），第290—291頁。
8 《胡適留學日記》（三），第287—290頁；《胡適留學日記》（四），第4、9頁。

言。"凡文言之所長,白話皆有之,而白話之所長,則文言未必能及之。"因此,胡適力主以白話作文、作詩、作戲曲及小說。胡適並稱:"白話的文學為中國千年來僅有之文學。其非白話的文學,如古文,如八股,如札記小說,皆不足與於第一流文學之列。""今日所需,乃是一種可讀、可聽、可歌、可講、可記的言語","施諸講壇舞台而皆可,誦之村嫗婦孺而皆懂"。胡適堅信,這種用白話寫出的作品完全可以進入"世界第一流文學"之林。[1]

近代中國的文學革新運動始於戊戌維新運動的準備時期。白話文的早期提倡者為黃遵憲、裘廷梁、林獬,詩歌革新的提倡者為黃遵憲、譚嗣同、夏曾佑、梁啟超。胡適宣導"似我",以新名詞入詩,並沒有超越前驅者,但是,他認為白話優於文言,主張以白話寫詩,相信運用白話可以產生出高級作品來,這確是破天荒的創見。然而,理論上的創見又常常伴生著片面和偏頗,胡適認為"白話文學為中國千年來僅有之文學",就未免流於片面和偏頗。他之所以推崇楊杏佛的一首平淡、近於遊戲的"白話詩",認為遠遠超過南社的"名士詩",其原因就在這裏。

梅光迪、任鴻雋均為南社社員,二人都強烈反對以白話寫詩。7月初,胡適開完國際關係討論會,再過綺色佳,和梅光迪等展開辯論,梅光迪激烈地指責胡適的"活文學"之說。17日,他致書胡適,認為白話"未經美術家之鍛煉","無永久之價值","鄙俚乃不可言"。函稱:"如足下之言,則人間材智、教育、選擇諸事,皆無足算,而村農傖父,皆足為詩人美術家矣。"[2] 22日,胡適寫了一首《答梅覲莊》的白話長詩,其第一段複述梅光迪的觀點,二、三兩段胡適反駁,第四段互相問難,第五段云:

> 人忙天又熱,老胡弄筆墨。
>
> 文章須革命,你我都有責。
>
> 我豈敢好辯,也不敢輕敵。
>
> 有話便要說,不說過不得。

1 《胡適留學日記》(四),第43—46頁。
2 《胡適留學日記》(四),第78頁。

諸君莫笑白話詩，勝似南社一百集。[1]

這裏，胡適再次表示了對南社及其刊物《南社叢刻》的輕蔑。

胡適的這首詩“開下了一場戰爭”[2]。梅光迪譏之為“如兒時聽《蓮花落》，真所謂革盡古今中外詩人之命者”[3]。任鴻雋認為它是一次“完全失敗”，雖然是白話，也有韻，但並不能稱之為詩。他擔心胡適的努力會破壞中國文學的美好傳統，致函說：“假定足下之文學革命成功，將令吾國作詩者皆京調高腔，而陶、謝、李、杜之流，永不復見於神州。”[4]胡適堅信真理在握，不吐不快，寫了一封長信回答任鴻雋，函中，胡適表示，白話能否作詩，全靠“實地試驗”，一次“完全失敗”，何妨再來。信末，胡適針鋒相對地提出：1. 文學革命的手段，要令國中的陶、謝、李、杜皆敢用白話高腔京調做詩；又須令彼等皆能用白話高腔京調做詩。2. 文學革命的目的，要令中國有許多白話高腔京調的陶、謝、李、杜。換言之，則要令陶、謝、李、杜出於白話高腔京調之中。3. 今日決用不著“陶、謝、李、杜”的陶、謝、李、杜。4. 與其作似陶、似謝、似李、似杜的詩，不如做不似陶、不似謝、不似李、杜的白話高腔京調。胡適表示，自此以後，他決不再作文言詩詞。[5]

不僅如此，胡適又進一步把這場論戰引向國內。8月，胡適翻讀1915年出版的《青年》第3號，見到其中有南社詩人謝無量的長律《寄會稽山人八十四韻》，編者推為“希世之音”，按語說：“子雲、相如而後，僅見斯篇，雖工部亦只有此工力，無此佳麗。”胡適不同意這一觀點，於同月21日致函該刊編者陳獨秀，認為該詩在排律中，也只能是下等作品。胡適並稱：

　　嘗謂今日文學之腐敗極矣，其下焉者，能押韻而已矣；稍進，如南社諸人誇而無實，濫而不精，浮誇淫瑣，幾無足稱者（南社中間亦有佳作，

---

1 《胡適留學日記》(四)，第 74 頁。
2 《胡適留學日記》(四)，第 80 頁。
3 《胡適留學日記》(四)，第 80 頁。
4 《胡適留學日記》(四)，第 81—82 頁。
5 《胡適留學日記》(四)，第 85—86 頁。

此所譏評，就其大概言之耳）。更進，如樊樊山、陳伯嚴、鄭蘇龕之流，視南社為高矣，然其詩皆規摹古人，以能神似某人某人為至高目的，極其所至，亦不過為文學界添幾件贗鼎耳，文學云乎哉！[1]

清末民初的詩壇，除陳去病、柳亞子、高旭等南社派外，還有以模仿漢魏詩為主的王闓運派，以模仿中晚唐詩為主的樊增祥（樊山）、易順鼎（實甫）派，以模仿宋詩為主的陳三立（伯嚴）、鄭孝胥（蘇堪、蘇龕、海藏）派。胡適此函，以橫掃千軍的氣勢否定了當時的各種詩派，這就在沉悶窒息的中國文壇上投下了一枚重磅炸彈。

二、柳亞子的反擊及其"文學革命"觀

胡適對南社的第一次批評，當時沒有正式發表；第二次批評，發表於《留美學生季報》，柳亞子沒有見到；只有第三次批評，柳亞子見到了。1917 年 4 月 23 日，他在《與楊杏佛論文學書》中說：

> 胡適自命新人，其謂南社不及鄭、陳，則猶是資格論人之積習。南社雖程度不齊，豈竟無一人能摩陳、鄭之壘而奪其鎜弧者耶？[2]

南社詩人大多反對清王朝，是同盟會領導的民族、民主革命的參加者或擁護者；鄭孝胥、陳三立則均做過清政府官吏，反對革命。因此，南社成立伊始，柳亞子就激烈地批判鄭、陳詩派（當時稱為同光體），並力圖與之"爭霸"。鄭孝胥、陳三立推尊宋詩，柳亞子則推尊唐詩。1911 年，清政府實行"鐵路國有"政策，受到全國人民反對，革命黨人準備藉機起義，推翻清政府。然而，本已罷職賦閒的鄭孝胥卻於此際復出，依附盛宣懷和端方，支持清政府的"國有"

1　《新青年》2 卷 2 號，所署時間為"民國五年十月"，但據《胡適留學日記》（四），此函作於 1916 年 8 月 21 日。
2　上海《民國日報》，1917 年 4 月 23 日。

政策，並出任湖南布政使。8月，柳亞子在《胡寄塵詩序》中說：

> 今之稱詩壇渠率者，日暮途窮，東山再出，曲學阿世，迎合時宰，不惜為盜臣民賊之功狗，不知於宋賢位置中當居何等也！[1]

這裏所說的"詩壇渠率"，指的正是鄭孝胥。1912年2月，民國初建，柳亞子又在報上撰文，點名批評鄭、陳二人"貌飾清流，中懷貪鄙"，模仿江西詩派，以致作品"聲牙佶屈，戾於目而澀於口，終已莫得其要領"，其禍等於"洪水猛獸"。[2] 柳亞子認為：民國時代應有民國之詩，不應再推尊亡清遺老為詩壇領袖；章太炎以及蘇曼殊、馬君武等"南社諸賢，龍翔虎視，霞蔚雲蒸"，"將以開一代風騷之盛"。[3] 現在胡適居然認為鄭、陳等人的作品"視南社為高"，這自然使柳亞子極為不平。

在《與楊杏佛論文學書》中，柳亞子又批評胡適說：

> 彼倡文學革命，文學革命非不可倡，而彼之所言，殊不了了。所作白話詩，直是笑話。中國文學含有一種美的性質，縱他日世界大同，通行"愛斯不難讀"，中文、中語盡在淘汰之列，而文學猶必佔有美術中一科，與希臘、羅馬古文頡頏，何必改頭換面，為非驢非馬之惡劇耶！[4]

1917年2月1日，胡適在《新青年》2卷6號上發表了《白話詩》八首，這是中國文學史上在明確理論和自覺意識指導下創作的第一批白話詩。作為新生事物，它們自然是不成熟的，與取得高度藝術成就的中國優秀古典詩歌比，它們自然是幼稚的。但是，這批詩開始突破中國傳統詩歌嚴密格律的束縛，採用與生活接近的新鮮、活潑的語言，畢竟是一種有益的嘗試，昭示著中國詩歌發展的新途徑。然而，柳亞子卻譏之為"直是笑話"，是一種"非驢非馬"的"惡

1　《南社》第5集。
2　上海《民聲日報》，1912年2月27日。
3　上海《民國日報》，1917年8月20日。
4　上海《民國日報》，1917年4月23日。

劇"。他進一步闡述自己的"文學革命"觀說：

> 《新青年》陳獨秀弟亦相識，所撰非孔諸篇，先得我心。至論文學革
> 命，則未免為胡適所賣。弟謂文學革命，所革當在理想，不在形式。形式
> 宜舊，理想宜新，兩言盡之矣。又詩文本同源異流，白話文便於說理論
> 事，殆不可少；第亦宜簡潔，毋傷支離。若白話詩，則斷斷不能通。詩界
> 革命，清人中當推龔定庵，以其頗有新思想也。近人如馬君武，亦有此資
> 格，勝梁啟超遠甚。新見蜀人吳又陵詩集，風格學盛唐，而學術則宗盧、
> 孟，亦一健者。詩界革命，我當數此三人。若胡適者，所謂畫虎不成反類
> 犬，寧足道哉！寧足道哉！[1]

近代中國的"詩界革命"經歷了曲折的發展過程。1896 年至 1897 年之間，改良派企圖融合佛、孔、耶三教思想資料，創立一種為維新運動服務的"新學"；在詩歌上，他們則力圖創造一種"新學之詩"。這種"新學之詩"從《舊約》、《新約》、佛教經典及外文中吸取典故和詞彙，表現出開闢詩歌語言新源泉的努力。但是，他們實際上使詩歌的語言源泉更為狹窄，寫出來的作品又完全不顧詩歌的藝術要求，生澀難懂，既脫離傳統，又脫離群眾，很快就被證明是一條死胡同。戊戌維新運動失敗後，梁啟超推崇黃遵憲的詩作，主張"以舊風格含新意境"。他說："革命者，當革其精神，非革其形式。吾黨近好言詩界革命，雖然，若以堆積滿紙新名詞為革命，是又滿洲政府變法維新之類也。能以舊風格含新意境，斯可以舉革命之實矣。"[2]梁啟超主張的實質是在保存中國古典詩歌的傳統風格、形式的前提下，表現新思想、新生活。到了"五四"前夜，胡適主張以白話寫詩，詩界革命就進入了它的第三階段。

柳亞子在政治上和梁啟超對立，因此，他總是不大願意肯定梁啟超的"詩界革命"主張。實際上，他的"形式宜舊，理想宜新"的觀點和梁啟超的"以舊風格含新意境"的主張並無二致。他所不能接受的只是胡適的更加徹底的"革

1　上海《民國日報》，1917 年 4 月 27 日。
2　《飲冰室詩話》，人民文學出版社 1959 年版，第 51 頁。

命"。在漫長的歲月裏，中國古典詩歌取得了輝煌的成就，積累了豐富的藝術經驗，因此，不少人寧願接受傳統格律的束縛，而不願意寫作白話詩。

同年6月，南社內部的尊宋派向柳亞子挑戰，掀起唐宋詩風之爭，牽連及於"文學革命"。在《再質野鶴》一文中，柳亞子說：

> 去歲以來，始有美國留學生胡適，昌言文學革命，謂當以白話易文言，殆欲舉二千年來優美高尚之文學而盡廢之，其願力不可謂不宏，然所創白話詩，以僕視之，殊俳優無當於用。彼之論文，詆太炎為不通，於詩則詆梅村《永和宮詞》、《圓圓曲》用典太多，尤集矢於漁洋《秋柳》。至其數當代作者，則亦曰鄭、陳、樊、易而已。故僕嘗誚為名為革命，實則隨俗無特識。[1]

1916年8月，胡適致書陳獨秀，提出"文學革命"入手八事，其第一事即為"不用典"。[2] 1917年1月，胡適在《文學改良芻議》中對八事作了闡釋，他批評章太炎"刻削古典成語，不合文法"，批評王士禛的《秋柳》詩用典"泛而不切"，"無確定之根據"。[3] 柳亞子此文，即係針對《文學改良芻議》而言。"殆欲舉二千年來優美高尚之文學而盡廢之"，柳亞子加給胡適的罪名實在不能算小。

三、胡適的批駁

正像看不起南社一樣，胡適也沒有把柳亞子的批評看在眼裏，因此，始終不曾作過認真的答辯。

1917年6月，胡適自美洲歸國，途中摘抄了柳亞子的《與楊杏佛論文學書》，在日記中寫道：

1　上海《民國日報》，1917年7月6日。
2　《新青年》2卷2號。
3　《新青年》2卷5號。

此書未免有憤憤之氣。其言曰："形式宜舊，理想宜新。"理想宜新，是也。形式宜舊，則不成理論。若果如此說，則南社諸君何為不作《清廟》、《生民》之詩，而乃作"近體"之詩與更"近體"之詞乎？[1]

中國的文學形式經歷了豐富紛繁的變化。以詩歌論，反映原始狩獵生活的古代《彈歌》是二言體："斷竹，續竹，飛土，逐肉。"後來發展出四言體，周朝的宗廟樂歌《清廟》和民族史詩《生民》便是其代表作。其後，隨著社會生活、語言、音樂等諸種因素的變化，相繼產生了五言古詩、七言古詩、五言近體、七言近體（律詩與絕句）。唐末至宋、元時代，又發展出長短不定的詞與曲。如果堅持"形式宜舊"的觀點，那麼，中國詩歌便只能永遠保持原始歌謠的古樸面貌，不可能出現如此眾多的形式，也不可能有任何革新與創造。胡適的這一反駁很有力，南社諸君也並沒有按《清廟》、《生民》的古老形式寫作，又何能反對人們對一種新的詩歌形式的追求呢？

文學是內容和形式的統一體。其中，內容流動不居、變化迅速，而形式則具有較大的穩定性。但是，當一種形式已經喪失生命力，或者嚴重脫離社會生活、桎梏內容的表達時，便應該改造舊形式、創造新形式。柳亞子主張文學內容的革命 ——"理想宜新"，但是卻反對文學形式的革命，自然是片面的，不可能為中國詩歌的變革指出正確的方向和途徑。1919 年 8 月，胡適在《嘗試集自序》一文中說：

近來稍稍明白事理的人，都覺得中國文學有改革的必要 …… 甚至於南社的柳亞子也要高談文學革命。但是他們的文學革命論只提出一種空蕩蕩的目的，不能有一種具體進行的計劃。他們都說文學革命決不是形式上的革命，決不是文言白話的問題。等到人問他們所主張的革命"大道"是什麼，他們可回答不出來了。這種沒有設想計劃的革命 —— 無論是政治的是文學的 —— 決不能發生什麼效果。[2]

---

1 《胡適留學日記》（四），第 253 頁。
2 《嘗試集》。

胡適這裏批評柳亞子不懂得形式、語言諸因素的重要性，其"文學革命"論缺乏"具體進行的計劃"，可以看作是對柳亞子《與楊杏佛論文學書》的公開回答。

1920 年 10 月，錢玄同致胡適函稱："遺老遺少和南社諸公的歪詩反可以稱為文學嗎？"[1] 儘管在錢玄同眼中，鄭孝胥、陳三立的作品和南社諸公的作品並無區別，都屬於"歪詩"之列，但是，1922 年 2 月，《申報》出版《最近之五十年》一書，胡適為該書寫作《五十年來中國之文學》一文，其中論及近代詩人，除推崇金和與黃遵憲外，只提到陳三立、鄭孝胥、樊增祥三人，而一字不及南社，可以看出，胡適完全沒有理會柳亞子的抗辯。他和錢玄同一樣，完全看不起南社。

四、柳亞子成為白話詩的擁護者

柳亞子是個不斷進步、不斷求新的人，因此，他和胡適在文學主張上的對立並沒有堅持多久。

"五四"運動後，柳亞子逐漸感到做白話文的人，懷抱的主張大都和他相合，而做文言文去攻擊白話文的人，其主張則和他相距太遠。同時，他也感到用文言文表達新思想確實困難，恍然悟到必須有"新工具"。這樣，他便決心加入新文化運動，並醞釀改組南社。

1923 年 5 月，柳亞子與葉楚傖、胡樸安、余十眉、邵力子、陳望道、曹聚仁、陳德徵等人發起組織新南社。10 月 14 日，該社成立，沈雁冰（茅盾）、劉大白等新文學作家陸續成為社員。新南社骨幹朱少屏曾邀請胡適加入，遭到拒絕。[2]

新南社以回應新文化運動為主旨。在《新南社成立佈告》中，柳亞子回溯歷史，檢討南社在辛亥革命後逐漸墮落的原因，他說：

> 二次革命失敗，社中激烈份子，更犧牲了不少，殘餘的都抱著"婦人

---

1 《錢玄同文集》第 6 卷，第 96 頁。
2 《胡適的日記》，1923 年 10 月 14 日。

"醇酒"消極的態度,做的作品,也多靡靡之音,所以就以"淫濫"兩字,見病於當世了。

他又說:

> 舊南社的朋友,除了少數先我覺悟的以外,其餘抱著十八世紀遺老式的頭腦,反對新文化的,竟居大多數。那麼,我們就不能不和他們分家,另行組織,和一般新朋友攜手合作起來,這新南社便應運而生,呱呱墮地了。[1]

胡適曾批評南社的作品"誇而無實,濫而不精,浮誇淫瑣",從上述柳亞子的言論可以看出,他認真考慮過胡適的批評;他之所以毅然和"舊朋友"分家、組織新南社,和胡適的批評不無關係。

這一時期,柳亞子已經成為白話文學的積極護衛者。1923 年 11 月 1 日,他在《答某君書》中說:

> 承詢舊文藝與新文藝之判,質言之,即文言文與語體文耳。僕為主張語體文之一人,良以文言文為數千年文妖鄉願所窟穴,綱常名教之邪說深入於字裏行間,不可救藥,故必一舉而摧其壁壘,庶免城狐社鼠之盤踞。[2]

將文言文斥為"文妖鄉願"的窟穴,揭示反對文言文和反對"綱常名教"之間的關係,主張"一舉而摧其壁壘",完全是《新青年》同人的觀點。

胡適在與陳獨秀、錢玄同等人的通信中,曾盛讚《水滸》、《儒林外史》等白話小說,柳亞子完全同意這一看法。在《答某君書》中,他又說:

> 《儒林》處科舉萬能之世,而痛罵時文;《水滸》處君權專制之下,而

---

1 《南社紀略》,上海人民出版社 1983 年版,第 101—102 頁。
2 《新黎里》,1923 年 11 月 1 日。

昌言革命。其思想高尚，出唐、宋八家萬倍。學校採其菁華，定為課本，何嫌何疑？[1]

以為《儒林外史》、《水滸》的成就遠遠高於唐、宋等八大家的古文，可以列為學校教材，這也是《新青年》同人的觀點。

當時，守舊派攻擊胡適等人提倡白話是由於學問不夠，對此，柳亞子反駁說：

> 僕意適之輩對於所謂國學，其程度至少在林紓之上，而主張語體文之僕，至少亦尚在足下之上也。[2]

從胡適的反對者轉變為胡適的支持者，反映出柳亞子思想的巨大進步，也反映出新文化運動的日益深入人心。然而，柳亞子畢竟是柳亞子，他並不一味附和胡適。函末，柳亞子贅言稱：

> 胡適之以《努力週報》取媚吳、陳，其人格已與梁任公等夷，僕極不滿，以其為新文學首難之勝、廣，故特舉以為例，非崇拜其人也。[3]

柳亞子論文、論人，感情熱烈，愛憎鮮明，常常因政治傾向而抹煞其餘，然而於胡適，卻能在批評其以《努力週報》"取媚"吳佩孚、陳炯明的同時，承認其為"新文學首難"的陳勝、吳廣，表現出理智的、科學的態度。

此際，柳亞子對白話詩的看法也有了一百八十度的轉變。

1924 年 6 月，南社社員呂天民寫信給柳亞子，批評以白話寫作的新詩，其理由之一是新詩缺乏音節。他說："既叫新詩，無論四言、五言、六言、七言或長短句，總應該有相當的音節。"其理由之二是新詩的內容："滿紙都是姐呀，

---

1 《新黎里》，1923 年 11 月 1 日。
2 《新黎里》，1923 年 11 月 1 日。
3 《新黎里》，1923 年 11 月 1 日。

412

妹呀，花呀，葉呀，其立意無非害單相思病。"其理由之三是新詩愛用"呀的嗎呢"等語氣詞。如此等等。對此，柳亞子一一作了解釋。他說：

> 我的主張，文學是善於變化的東西，由四言變而為五七言，由五七言古體變而為律詩，變而為詞，再變而為曲，那末現在的由有韻詩變為無韻詩，也是自然變化的原則，少數人的反對是沒有效力的。[1]

承認文學是"善於變化的東西"，表明柳亞子已經放棄了"形式宜舊"的看法，並且接受了胡適在"五四"前後大力宣導的"歷史的文學觀念論"。信中，柳亞子諄諄勸告呂天民，自己喜歡做舊詩，盡做不妨，但是切不可反對新詩，不能當"新頑固"派。他說：

> 祝你努力於革命的文學（是你所謂新其意思）和文學的革命（是你所謂新其體格）。[2]

既贊成革命文學，又贊成文學革命，表明柳亞子已經完成了從辛亥到"五四"的飛躍。

儘管柳亞子贊成白話詩，但是，他對於胡適的創作實踐卻並不欣賞。在"五四"時期出現的詩人中，使柳亞子傾心讚美的乃是郭沫若。1924 年 7 月，柳亞子讀了郭沫若的《匪徒頌》，曾經寫過一篇熱情洋溢的評介文章，中云：

> 自從《新青年》雜誌提倡白話詩以來，在中國文壇上突起了一枝生力的革命軍，對於思想學術界都起重大的變動，我覺得是非常有關係的。[3]

肯定《新青年》提倡白話詩的功績也就是肯定胡適，但是，柳亞子又說："在許

---

1 《新黎里》，1924 年 8 月 1 日。
2 《新黎里》，1924 年 8 月 1 日。
3 《新黎里》，1924 年 7 月 16 日。

多白話詩集當中，我最愛讀的是郭沫若先生《女神》集裏六首《匪徒頌》，有高視闊步不可一世的氣概"，"是白話詩集中無上的作品"。後來，有人將新詩分為郭沫若、徐志摩、聞一多三大派，認為"郭詩是一條瘋狗，徐詩是一個野鶴，聞詩是一匹貓"，柳亞子又曾明確表示："我是寧願贊同瘋狗的。"[1]

五、餘波

柳亞子既成了白話詩的擁護者，因此，他在中國詩歌的變革方向上就不再與胡適構成對立，但是，在對於南社的評價上，二人之間卻仍然存在著歧異。

1929 年 10 月，國民黨中央宣傳部長、原南社社員葉楚傖發表文章，其中有"中國本來是一個由美德築成的黃金世界"[2]一語，胡適認為這一句話最足以代表"國民黨的昏憒"[3]，於同月寫成《新文化運動與國民黨》一文，批評國民黨保守的文化政策。胡適認為這種保守的文化政策有其歷史淵源，他分析戊戌維新運動以後的文化界情況說：

> 那時國內已起了一種"保存國粹"的運動。這運動有兩方面，王先謙、葉德輝、毛慶藩諸人的"存古運動"自然是完全反動的，我們且不論。還有一方面是一班新少年也起來做保存國粹的運動，設立"國學保存會"，辦《國粹學報》，開"神州國光社"，創立南社。他們大都是抱著種族革命志願的，同時又都是國粹保存者。他們極力表彰宋末明末的遺民，藉此鼓吹種族革命論；他們也做過一番整理國故的工作，但他們不是為學問而做學問，只是藉學術來鼓吹種族革命並引起民族的愛國心。他們的運動是一種民族主義的運動，所以他們的領袖人才，除了鄧實、劉光漢幾個人之外，至今成為國民黨的智識份子。柳亞子、陳去病、黃節、葉楚傖、邵力子諸先生都屬於這個運動。因為這個緣故，國民黨中自始便含有保存國粹國光的成份。

---

1 《我對於創作舊詩和新詩的感想》，見《創作的經驗》，上海天馬書店 1933 年版。
2 《浙江民報》，1979 年 10 月 10 日。
3 《胡適的日記》，1929 年 11 月 12 日。

胡適並稱：

> 狹義的民族主義運動總含有一點保守性質，往往傾向到頌揚固有文化，抵抗外來文化勢力的一條路上去。這是古今中外的一個通例。[1]

胡適認為，"許多國民黨的領袖人物"之所以不贊成新文化運動，"國粹保存家與南社詩人"之所以反對新文學，其原因就在這裏。

胡適是從清末文化界走過來的人，他的上述言論深刻地揭示了辛亥前夜革命黨人鼓吹的國粹主義思潮的兩種性質：既有鼓吹反清革命、發揚民族優秀文化的愛國主義一面，又有抵禦西方先進文化、抱殘守缺、反對文化革新的保守一面。事實也確是如此，南社成員中有些人曾經積極推動過詩界革命、文界革命、戲曲革命，但是，南社成立時，由於接受了國粹主義思潮的影響，上述諸種"革命"就都停頓了。

胡適的《新文化運動與國民黨》一文曾經激起許多國民黨人的憤怒，但是，柳亞子沒有參預那盛極一時的"圍剿"。在對於傳統文化 ——"國學"的態度上，20 年代的柳亞子已經比胡適更為激烈。例如新南社成立時，葉楚傖曾經將"整理國學"列為宗旨，但不久，柳亞子就對此表示懷疑。他說：

> "整理國學"之說，創於胡適之輩。陳獨秀先生則以為求香水於牛糞，徒勞而靡所獲。僕近日瓣香，頗宗獨秀。曩時發起新南社，以"整理國學"列諸條文，猶不免為適之輩所誤。然第曰整理，而不言保存，則國學之價值如何，自當付諸整理後之定論，非目前即視為神聖不可侵犯也。[2]

視"整理國學"為"求香水於牛糞"，自然不會維護所謂"黃金世界"說。

一直使柳亞子耿耿於懷的還是老問題 —— 胡適認為鄭孝胥、陳三立的作品較南社"為高"。1936 年 2 月，柳亞子發表致曹聚仁的公開信，中云：

---

1 《新月雜誌》2 卷 8 號。
2 《新黎里》，1923 年 11 月 1 日。

對於南社，我覺得二十年來的評壇上，很少有持平之論。捧南社的講它是如何有功於革命，我自己也頗有些赧顏。我以為南社文學，在反清反袁上是不無微勞的。不過它不能領導文學界前進的潮流，致為五四以後的新青年所唾棄，這也是事實。然而像胡適之博士論南社，以"淫濫"兩字一筆抹殺，反而推崇海藏之流，我自然也不大心服。我以為講三十年來的中國文學史，南社是應該有它的地位的。[1]

1929 年，魯迅在燕京大學國文學會發表演講，曾經說過："清末的南社，便是鼓吹革命的文學團體。他們歎漢族的被壓制，憤滿人的兇橫，渴望著'光復舊物'。但民國成立以後，倒寂然無聲了。"[2]柳亞子認為南社在反清之後，還有反袁的一幕，並不如魯迅所言"寂然無聲"，但是，他認為魯迅的這一評價遠較胡適為公正。同文中，柳亞子又稱："他承認南社為清末鼓吹革命的文學團體，其識見便也高出胡博士之上了。"[3]

胡適與楊杏佛 *

楊杏佛和胡適曾是好朋友。在胡適的文學道路上，楊杏佛起過支持和相互切磋的作用。在新文化運動前後，二人依然相互支持。進入 20 年代後，由於政治態度逐漸發生分歧，二人的友誼也慢慢淡薄，終於形成無法消解的隔閡。

楊杏佛（1893 — 1933），名銓，江西清江人，1907 年入上海吳淞中國公學就讀，次年秋，公學內部發生矛盾，楊杏佛隨大多數學生退學，組織中國新公

---

1 《南社詩集》第 1 冊。
2 《三閒集》，《魯迅全集》第 4 卷，人民文學出版社 1982 年版，第 134—135 頁。
3 《南社詩集》第 1 冊。
* 原載李又寧主編：《胡適和他的朋友》第 4 集，紐約天外出版社 1997 年版；錄自楊天石：《哲人與文士》，中國人民大學出版社 2007 年版。

學。1910 年加入同盟會。1911 年 8 月，進入河北路礦學堂預科。10 月，赴武昌參加起義。1912 年南京臨時政府成立，任秘書處收發組組長。同年 3 月，加入文學團體南社。不久，南北和議成功，孫中山讓位於袁世凱，楊杏佛遂申請赴美留學。同年 11 月成行。

一、異國唱和的詩友

1912 年 12 月 1 日中午，胡適下山，到綺色佳（Ithaca）車站迎接來美留學的任鴻雋和楊杏佛。任、楊都是胡適在中國公學時的同學，楊又是胡適在中國新公學時英文班的學生。"多年舊雨，一旦相見於此，喜何可言！"[1] 當時，胡適在康奈爾（Cornell）大學文學院學文學，任鴻雋來到該校後也進了文學院，楊杏佛則學的是機械工程。這樣，胡和楊杏佛再次成了同學。儘管二人所學專業不同，但都喜愛文學，尤好詩歌。異國風光，常常闖入他們的詩篇。1914 年 3 月，春暖雪消，胡適作詩云：

> 春暖雪消水作渠，萬山積素一時無。欲檄東風討春罪，奪我寒林粉本圖。

詩貴新。自來的詩人大都譴責嚴冬、歌頌春天，而胡適卻獨出心裁，聲討"東風"破壞了雪景，顯示出對生活的獨特觀察和思考。楊杏佛和作云：

> 潺潺流水滿溝渠，漠漠林煙淡欲無。歸思欲隨芳草發，江南三月斷魂圖。

江南多勝景，三月的江南尤為迷人。六朝人丘遲有"暮春三月，江南草長，雜花生樹，群鶯亂飛"之句；楊杏佛的詩，以眼前的連天芳草暗喻勃勃難收的鄉

---

1 《胡適留學日記》（一），第 116 頁。

愁，也寫得很有情味。綺色佳位於美東，景色清幽；康奈爾大學的校園本身就是一座美麗的園林。胡適、楊杏佛、任鴻雋自此常以當地的山水為題，互相唱和。5月23日，胡適作《春朝》云：

> 葉香清不厭（人但知花香，而不知新葉之香尤可愛也），鳥語韻無囂。柳榮隨風舞，榆錢作雨飄（校地遍栽榆樹，風來榆實紛紛下，日中望之，真如雨也）。何須乞糟粕，即此是醇醪。天地有真趣，今人殊未遙。

楊杏佛和作云：

> 山路蔽蒼翠，春深百鳥囂。泉鳴塵意寂，日暖草香飄。欲笑陶彭澤，忘憂藉濁醪。樓心長流水，世累自相遙。

二詩都歌頌自然美，以為遠過於醇酒，鼓勵人們去大自然中尋求"真趣"，也是有新意的作品。

異國相逢最相親。楊、胡本來就關係不錯，綺色佳的同窗生活更增加了二人之間的友誼。1915年8月，胡適將赴紐約哥倫比亞大學學習，楊杏佛作《水調歌頭》贈別，詞云：

> 三稔不相見，一笑遇他鄉。暗驚狂奴非故，收束入名場。秋水當年神骨，古柏而今氣概，華貴亦蒼涼。海鶴入清冥，前路正無疆。羨君健，嗟我拙，更頹唐。名山事業無分，吾志在工商。不羨大王（指托那司）聲勢，欲共斯民溫飽，此願幾時償？各有千秋業，分道各翱翔。

當年在上海的時侯，胡適青春年少，有過一段放浪清狂的生活。本詞讚美胡適一改故態，立志修學，祝願他前途無疆，同時自述志在工商的緣由，不在成為富可敵國的托那斯大王，而在於"欲共斯民溫飽"。胡適極為欣賞楊杏佛的這一志向，和詞云：

朔國秋風，汝遠東來，過存老胡。正相看一笑，使君與我，春申江上，兩個狂奴。萬里相逢，殷勤問字，不似黃爐舊酒徒。還相問："豈當年塊壘，今盡消乎？"君言："是何言歟！只壯志新來與昔殊。願乘風役電，斡天縮地（科學之目的在於征服天行以利人事），頗思瓦特（Jame Watt），不羨公輸。戶有餘粺，人無菜色，此業何嘗屬腐儒！吾狂甚，欲斯民溫飽，此意何如？

胡適的這首詞，模仿辛棄疾的風格，以對話入詞，縱橫開闔，生動地寫出了楊杏佛的一腔壯懷。楊杏佛很喜歡胡適的這首詞，回信說："《沁園春》極自然，詞中不可多得也。"[1]

中國詩詞發展到了清末民初，已經非變不可。在綺色佳期間，胡適逐漸萌生了"文學革命"的念頭。1915 年 9 月 17 日，胡適《送梅觀莊往哈佛大學詩》有"文學革命其時矣"之句。19 日，任鴻雋送胡適往哥倫比亞大學詩有"文學今革命，作歌送胡生"之語。20 日，胡適在車中作《戲和叔永再贈詩》，贈給綺色佳的朋友們：

詩國革命何自始？要須作詩如作文。琢鏤粉飾喪元氣，貌似未必詩之純。小人行文頗大膽，諸公一一皆人英。願共戮力莫相笑，我輩莫作腐儒生。

這首詩，可以看作是胡適動員綺色佳的朋友們共同致力詩界革命的宣言。

11 月 29 日，胡適在《留美學生季報》讀到了楊杏佛的一首《遣興》詩：

黃葉舞秋風，白雲自西去。落葉歸深澗，雲倦之何處？

大概這首詩比較符合胡適的"詩國革命"理想，所以他認為，這是楊杏佛近年來的最佳作品。

1　楊杏佛致胡適函手跡，1915 年 9 月 15 日，中國社會科學院近代史研究所藏，以下均同。

離開綺色佳時，梅光迪、任鴻雋、楊杏佛、胡適四人曾合攝一照。1916 年 1 月，胡適得到楊杏佛寄來的照片，隨後又得到任鴻雋寄來的合影詩：

> 適之淹博杏佛逸，中有老梅挺奇姿。我似長庚隨日月，告人光曙欲來時。

同月 28 日，胡適成和詩，讚美三人品格。其二云：

> 種樹喜長楊（最喜挪威長楊〔Norwegian Poplars〕，紐約尤多），非關瘦可憐。喜其奇勁枝，一一上指天。

這裏的“長楊”，借指楊杏佛。“奇勁”二字，貼切地表現出楊的為人。2 月 14 日，楊杏佛也寫了一首《題胡、梅、任楊合影》，中云：“適之開口笑，春風吹萬碧。似曰九州寬，會當舒六翮。”也很好地寫出了胡適當時的氣質。

在詩歌創作實踐中，胡適的“詩國革命”主張逐漸成熟。1916 年 6 月，胡適重到綺色佳，與楊杏佛、任鴻雋、唐鉞三人唱談文學改良之法，力主以白話作文、作詩、作戲曲小說。24 日，胡適自綺色佳到克利弗蘭城開會，收到楊杏佛寄來的一首題為《寄胡明復》的白話詩：

> 自從老胡去，這城天氣涼。新屋有風閣，清福過帝王。境閑心不閑，手忙腳更忙。為我告夫子（趙元任），《科學》要文章。

1914 年 6 月，任鴻雋、楊杏佛、趙元任、胡達（後改名明復）等 9 人因感於中國科學落後，決定創辦《科學》雜誌，“以傳播科學提倡實業為職志”。1915 年 1 月，雜誌第 1 號問世。同年 10 月，成立中國科學社，任鴻雋、趙元任、胡明復等任董事，楊杏佛任編輯部部長。楊杏佛的這首詩便是為《科學》託胡明復向趙元任約稿的。它其實是一首信筆寫來的遊戲之作，但由於語言通俗、明白如話，符合胡適的主張，因此受到胡適推崇。當時的詩壇霸主是以南社為代表的詩人們，楊杏佛本人也是南社成員，但胡適卻認為這首詩"勝南社名士多多矣"！

在胡適的影響下，楊杏佛等人開始改變詩風。8月，任鴻雋赴波士頓，楊杏佛贈詩有"瘡痍滿河山，逸樂亦酸楚"。"畏友兼良師，照我暗室燭。三年異鄉親，此樂不可復"之句，自跋云："此銓之白話詩"。朱經農有一首和詩，有"征鴻金鎖縮兩翼，不飛不鳴氣沉鬱"之句，自跋云："無律無韻，直類白話"。但是，胡適對這兩首詩都不滿意，寫了一首打油詩諷刺他們，詩云：

　　老朱寄一詩，自稱"仿適之"。老楊寄一詩，自稱"白話詩"。請問朱與楊，什麼叫白話？貨色不地道，招牌莫亂掛。

楊、朱的"白話詩"不過是較為淺顯的舊體，胡適的不滿是自然的。這一時期，胡適自己寫的詩，口語化的程度確實較楊、朱二人為高。他的和楊杏佛送任鴻雋赴波士頓詩寫道：

　　救國千萬事，選人為最要。但得百十人，故國可重造。眼裏新少年，輕薄不可靠。那得許多任叔永，南北東西處處到。

同月底，朱經農到紐約造訪胡適，作三日留，暢談極歡。別後，胡適作《寄朱經農》云：

　　年來意氣更奇橫，不消使酒稱狂生。頭髮偶有一莖白，年紀反覺七歲輕。舊事三日說不全，且喜皇帝不姓袁。更喜你我都少年，"匹克匿克"來江邊。赫貞江水準可憐，樹下石上好作筵：牛油麵包頗新鮮，家鄉茶葉不費錢。吃飽喝脹活神仙，唱個"蝴蝶兒上天"。

9月6日，胡適又有《思懷祖國》一首云：

你心裏愛他，莫說不愛他。要看你愛他，且等人害他。倘有人害他，你如何對他？倘有人愛他，更如何對他？

胡適一向認為，口語新鮮活潑，具有表現力量，可以成為優秀的文學語言。胡適的這幾首詩，自覺地運用大量口語，在探索中國傳統詩歌的改革上邁出了大步。宋代詩人陸游曾有"嘗試成功自古無"之句，胡適不贊成這一思想，反其意而作《嘗試篇》，詩稱："我生求師二十年，今得嘗試兩個字。作詩做事要如此，雖未能到頗有志。"這首詩，可以看作胡適創造新文學的自誓。楊杏佛讀了胡適的上述諸詩後寫信給胡適說：

今日讀《致叔永函》，《與經農詩》甚佳，達意暢而傳情深，雖非純粹白話詩，然固白話詩中傑作也。《懷祖國詩》似為字累。此體至難作，必字簡意深然後能勝。《嘗試篇》說理亦佳。兄白話詩進境頗速，不負此試。[1]

楊杏佛此函，有鼓勵、有批評，既不一味捧場，也不一概否定，確實是良友諍言。不過，後來楊杏佛始終未能在寫作白話詩上邁出更大的步子，而胡適則精進不已，終於在中國詩的創作上開拓出新天地。

楊杏佛不僅為胡適評詩，而且為胡適改詩。1917年1月，胡適作《寒江》詩三首，其一云：

江上還飛雪，西山霧未開。浮冰三百畝，載雪下江來。

"畝"字原作"丈"，為楊杏佛所改。胡適認為楊的意見很好，在《留美學生季報》發表時即加以採納，同時附跋說明："此一字師也，記之以謝。"

同年6月初，胡適即將歸國。這時，他的詩作已小有成就。他自感這些成就中有任鴻雋、楊杏佛的助力，因此，寫了一首《文學篇》，與任、楊、梅三人作別。序云："吾數年來之文學的興趣，多出於吾友之助。若無叔永、杏佛，定

1　楊杏佛致胡適函手跡，1916年。

無《去國集》。若無叔永、觀莊，定無《嘗試集》。"詩中回憶 1912 年與任、楊、梅見面時的情景：

> 明年任與楊，遠道來就我。山城風雪夜，枯坐殊未可。烹茶更賦詩，有作還須和。詩爐久灰冷，從此生新火。

戊戌維新前後，黃遵憲、譚嗣同、梁啟超等一直想點燃起中國詩歌改革的火焰，始終未能成功。人們不會想到，這一簇火焰卻在美洲的山城裏點燃起來了。

胡適歸國前，朋友們趕到紐約送別，楊杏佛因事未能成行，他寫了一首詩寄給胡適，詩云：

> 遙淚送君去，故園寇正深。共和已三死，造化獨何心？腐鼠持旌節，饑烏滿樹林。歸人工治國，何以慰呻吟？

當時，張勳正率領辮子軍北上，威脅黎元洪解散國會，楊杏佛親自參加締造的共和制度再一次面臨夭折的危險，他勉勵胡適歸國後投入鬥爭，拯救人民的苦難。7 月 3 日，胡適在太平洋上航行。當夜，月色明朗，胡適在甲板上散步，面對萬頃銀波，想起了美洲的朋友們。次日，作成《百字令》一首寄給任鴻雋、楊杏佛等人，詞云：

> 幾天風霧，險些兒把月圓時辜負。待得他來，又長被如許浮雲遮住。多謝天風，吹開孤照，萬頃銀波怒。孤舟帶月，海天衝浪西去。遙想天外來時，新洲曾照我故人眉宇。別後相思如此月，繞遍人寰無數。幾點疏星，長天清迴，有濕衣涼露。憑欄自語，吾鄉真在何處？

胡適的這首詞，有情有景，在闊大清迴的意境中表達出對朋友的無限思念，也隱約地表露了對國家狀況的感慨。楊杏佛讀後，復函稱："舟中詞曲折蒼涼，佳作也。有此景乃有此作，誠不負煙士披里薰矣！"[1]

1　楊杏佛致胡適函手跡，1917 年 8 月 15 日。

二、"君作遊天龍，吾為籠內雞"

楊杏佛本在康奈爾大學機械系學電機，1916 年 8 月畢業，轉入哈佛大學攻讀工商管理碩士學位。1918 年冬學成歸國，10 月下旬抵滬，11 月與趙志道女士結婚，胡適曾作詞祝賀。此詞今不傳。23 日，楊杏佛復胡適函云：

> 賀詞及書均拜收，謝謝。詞極佳，在白話、文言之間，為新婚紀念。
> 遲日得暇，或能作答，今則俗務紛紜，不敢語此矣！[1]

當時，國事混亂，不少留學生懷著報效鄉邦的壯志歸來，但不久即沮喪消沉，無所事事。胡適與他們不同，歸國後即積極投入新文化運動，成績煊赫。對此，楊杏佛表示欽佩，信中說：

> 國中事無一可人意。留學生混飯易，作事難。昔之以志士自命者，今多碌碌養妻子，如兄之能始終言新文學者，誠為鳳毛麟角。

他要求胡適今後經常通訊，互相勉勵，以期不負初衷。信中又說：

> 吾此後行事當時時告兄，願兄盡直言之責，吾亦當勉貢芻蕘也。今日在國中能盡言者唯兄與叔永、明復耳。人少責重，吾所望於兄者多矣！

同年 12 月，楊杏佛準備應漢陽鐵廠之聘，任會計處成本科長。但他對這一工作並無多大熱情，想在兩、三個月後即回上海，與人合辦工廠。同月 11 日致函胡適說：

> 銓明春二、三月即擬返滬，因滬上已與人約同辦工廠，果開辦，勢不

1　楊杏佛致胡適函手跡，1918 年 11 月 23 日。

能爽約也。漢廠人習氣極深，難與有為。吃飯易，作事難，故欲別就。[1]

漢陽鐵廠雖是座現代化的工廠，但也像當時中國許多地方一樣，充滿了衙門氣。果如楊杏佛所料，他到廠不久，就對這個環境感到厭倦。1919 年初致函胡適說：

> 銓來漢陽雖已一月，所為尚茫無頭緒。職為成本會計，然廠中習氣甚深，時有五斗米折腰之歎。今始知在中國作工商與作官等耳，安望其能與世界相競！[2]

中國長期依靠官僚治國，官僚主義成為深入膏肓的錮疾，作工商如同作官，自然，和現代化企業的要求也就相距天壤了。胡適能理解楊杏佛的牢騷，於 1 月 30 日、2 月 2 日連致兩書勸慰。2 月 5 日，楊杏佛再致胡適函云：

> 銓對漢陽不滿意者，不在中國大局，但為小己著想耳。黃金虛牝，自惜華年而已。果能有益國家，雖馭此微賤之事，亦所樂為也。[3]

同函中，楊杏佛告訴胡適，詹天佑曾擬聘請他擔任《中華工程師會會報》編輯，月薪 200 元，並可在鐵路上兼事，但他猶疑不願接受。函稱：

> 歸國後辭《科學》編輯，即因欲實地辦事始然。今何能以受薪遽易初志。又線路事業本非所習，若胡亂就之，真成飯碗主義矣！唯此間會計事亦極無聊，或於 2 月底請假來京一行，亦未可知。在中國習實業學生無資本者誠屬可憐，若能自辦工廠，何致如喪家之犬耶！

1　《胡適來往書信選》（上），北京中華書局 1979 年版，第 18 頁。
2　楊杏佛致胡適函手跡，1919 年 1 月 15 日。
3　楊杏佛致胡適函手跡，1919 年 2 月 5 日。

從本函看，楊杏佛在上海與人合辦工廠的計劃也沒有什麼進展。正當他為生活無聊不能有所作為而苦悶時，任鴻雋過漢。久別重逢，兩個好朋友自然有許多話要說。但是，楊杏佛為廠事所羈，竟找不出暢談的時間，而任鴻雋也只能停留三日，就匆匆離去。楊杏佛感歎之餘，成詩一首：

> 聯翼涉美亞，歸道忽東西。君作遊天龍，吾為籠內雞。值此千里逢，難同一日棲。友情空復熱，心遠暮雲低。
>
> ——《叔永過漢，余以廠事不得久談，為此志別》

胡適歸國後，於 1917 年 9 月 10 日就任北京大學教授，次年 1 月參加《新青年》編委會，4 月發表《建設的文學革命論》，成為新文化運動中的風雲人物，而楊杏佛則困頓下僚，鬱鬱不得志。"君作遊天龍，吾為籠內雞。"這兩句本來是楊杏佛用以比喻自己和任鴻雋的不同境遇的，但是，移來比喻胡適和楊杏佛也許更加合適。

4 月 22 日，楊杏佛將上引詩寄給胡適，請他指正。函稱："吾近來自由喪失殆盡，作詩詞之權利亦為剝奪。""此間自由少，時間少，而吾偏好事，所以忙不勝忙。"[1] 同函中，楊杏佛並告訴胡適，月內又將擔任《科學》編輯，稿件尚不知向何處去找，要求胡適能以講義"幫忙"。當年，中國科學社將在杭州召集年會，信中，楊杏佛也要求胡適能提供哲學上的研究成果。胡適雖然志趣在文學，但他也參加了科學社，是該社的永久社員。還在 1916 年，胡適就在《科學》2 卷 1 期上發表《論句讀及文字符號》一文，第一次提出使用新式標點。1916 年，又在該刊 3 卷 1 期上發表《先秦諸子之進化論》，成為胡適用西方科學觀念研究中國古代文化的開端。胡適收到楊杏佛此函後即將《清代漢學家的科學方法》一文寄給了楊杏佛，該文旋即發表於《科學》5 卷 2—3 期上。

1　《胡適來往書信選》（上），第 39 頁。

三、分道翱翔中的相互關懷與支持

1919 年夏，楊杏佛應聘擔任南京高等師範學校教授。其後，該校改為東南大學，楊杏佛歷任商科主任、文理科經濟教授、工科教授等職，同時致力於中國科學社的工作，聲名日著，真正做到了和胡適"分道各翱翔"了。

由於所業不同，二人間的聯繫自然不能十分密切，有兩三年工夫不曾見過一面，但是，二人間仍然時通訊息，相互關懷、相互支持。胡適有一首《戲楊杏佛的大鼻子》，可能作於這一時期，詩云：

> 鼻子人人有，唯君大得凶。直懸一寶塔，倒掛兩煙囱。親嘴全無分，聞香大有功。江南一噴嚏，江北雨濛濛。

正如詩題所說，胡適寫這首詩完全是"戲"，不過，從中倒可以看出二人之間的融洽關係，也可以看出胡適性格中幽默、詼諧的一面。[1]

1922 年 5 月，胡適與丁文江等在北京創辦《努力週報》，以學者的身份談政治，提倡"好人政府"，"希望在一個無可奈何的環境裏，做一點微薄的努力"[2]。雖然是一種溫和的改良主義，但仍然表現出對舊秩序的不滿。楊杏佛始終關注著這份刊物。當年 12 月 17 日，胡適因身體不好，決定請假一年，離開北大休養。同月 24 日，在《努力》第 34 號登出啟事，一時引起許多猜測。次年 1 月 19 日，蔡元培因反對北洋政府教育總長彭允彝，發表《不合作宣言》，宣佈不再到北大辦事。21 日，胡適在《努力》第 38 號上發表《蔡元培以辭職為抗議》的評論，支持蔡的不合作立場。2 月 4 日，楊杏佛在病中讀到《努力》，很高興，致函胡適稱：

> 閱《努力》，知復奮鬥，為知識界爭人格。北方之強，畢竟不同。前聞兄病，是否舊疾復發，甚以為念。銓近肺疾亦發，但不甚劇，亦無復原

1　《胡適手稿》第 10 集，第 4 卷，台灣胡適紀念館版，第 321 頁。
2　《一年了》，《努力週報》第 35 期。

之望。天時人事皆使人不得不病也[1]。

1923 年 10 月，胡適決定將《努力週報》暫時停刊，改出半月刊或月刊，以徹底批評"復古的混沌思想"和"頌揚拳匪的混沌思想"。上海商務印書館對此感到興趣，要求承辦。同年 12 月下旬，努力社與商務印書館簽約，籌備出版《努力月刊》。楊杏佛曾積極參與刊物的籌備。他擬邀在法國的張奚若回國擔任主撰。1924 年 2 月 20 日，楊杏佛致函胡適云：

> 《努力》稿件如何？我假中病仍無愈望，故未敢作文，唯總必拼命為《努力》成一文，大約月內或下月初可交卷，題為《中國之勞動立法問題》。

他告訴胡適，張奚若已同意出任編輯，但回國需旅費 1000 元，商務不能預支，自己願與胡適等各籌一、二百元湊足[2]。但是，這以後，雖經長期努力，《努力月刊》始終未能問世。

胡適也關懷楊杏佛在東南大學的情況。

1923 年 4 月 21 日，胡適離開北京，到上海參加新學制課程起草委員會。29 日，利用休會機會，與任鴻雋、陳莎菲及曹佩聲等同遊杭州，楊杏佛夫婦自南京趕來參加。5 月 3 日胡適回到上海，不久就病了。25 日，胡適收到楊杏佛寄來的一首《西湖紀痛》詩，詩云：

> 今年浪跡欲何依，每到西湖便當歸。換世誰知丁令鶴，悽魂猶夢老萊衣。病纏中歲孤兒疲，春晚南屏墓草肥。三日盛遊還痛哭，此生無計報春暉。

楊杏佛早年住在杭州，其父 1919 年 5 月在當地逝世，此詩為思親之作。從"病纏中歲孤兒疲"等句看來，楊杏佛在東南大學的境遇並不好。當時，東大教員

1　楊杏佛致胡適函手跡，1923 年 2 月 4 日。
2　《胡適來往書信選》（上），第 237 頁。

分新舊兩派，楊杏佛因經常演講勞動問題和社會改造思想，議論時局，批評校務，受到進步青年的愛戴，成為新派的首領；舊派則擁護校長郭秉文的保守主張和措施。學校經常發生風潮，郭秉文認為均出於楊杏佛的挑唆，必欲去之而後快。東大的教授一年一聘，"年年續約之時，輒生去留問題。郭氏及其黨徒，暗示明言，無不諷其辭職。"[1] 1923 年 6 月初，郭秉文代表中國赴英參加教育會議，行前召開行政委員會，指使代理校務的人辭去楊杏佛等人的教職。同月3 日，楊杏佛趕到上海，質問郭秉文。不料郭竟一賴到底，矢口否認開過什麼會。這時，胡適的同情完全在楊杏佛方面。當他從楊的電話中得知此事時，激憤地認為郭的行為 "真是無恥"！此次鬥爭，楊杏佛得到勝利。6 月 8 日，他致函胡適報告說：

> 至銓之續約書，則於歸後次晨即送來。我決向校中提出教授人格保障及講學自由為條件，因此事發生，行政方面並以吾講社會改造思想為藉口。一場黑劇，竟於三四日中和盤托出，可稱痛快。兄等聞之，當為我浮一大白也。我亦將從此努力讀書著述，不更與群小周旋矣！[2]

次日，再致胡適一函云：

> 東南之黑幕完全敗露，梅、竺皆暫留，弟亦因學生堅留，擬暫不表示辭職，唯前途暗礁甚多，非精神改組，亦不過暫時清靜耳！[3]

樹欲靜而風不止，楊杏佛在東南大學無法得到他所企求的 "暫時清靜"，因此，他又時萌去志。1924 年 2 月 20 日致胡適函云："弟病須養，而貧不能無業，故進退維谷，不得不勉留南京。"[4] 1924 年夏，郭秉文為了排擠楊杏佛，竟利用軍閥齊燮元的淫威，以經費不足為名，要求停辦東南大學工科。同年 10 月，楊杏

---

1 《與東大同學論軍閥與教育書》，《楊杏佛文存》，上海平凡書局 1929 年版，第 317 頁。
2 《胡適來往書信選》（上），第 204 頁。
3 《胡適來往書信選》（上），第 205 頁。
4 《胡適來往書信選》（上），第 237 頁。

佛赴廣州，任孫中山秘書。11 月，隨孫中山北上。其間，楊杏佛曾向北洋政府教育部次長馬敘倫控告郭秉文。1925 年 1 月初，教育部宣佈解除郭秉文職務，改以胡敦復任。不料此舉卻遭到舊派的強烈抵制。19 日，胡適在北京一家俱樂部請客，楊杏佛在座，胡適出示任鴻雋（時任東南大學副校長）的一封信，中云："郭當去而去之之法太笨，遂使郭因禍而得福，反不易去了。"[1]胡適特別將這段話記在日記裏。看來，胡適同意任鴻雋的觀點。

四、爭取"庚款"中出現的分歧

1924 年，美國國會決定將庚子賠款餘額六百餘萬退還中國，用作教育文化事業經費。中國科學社同人獲知資訊後，決定爭取其中一部分用於科學社的研究。5 月 25 日，科學社在南京召開理事會，認為此事已刻不容緩。26 日，楊杏佛致函胡適，希望他赴美活動。函稱：

> 科學社近因美退賠款餘額，頗思分羹，其詳經農、叔永已函告。唯弟等頗擬請兄專為此事赴美一行，由社供給經費，兄且可藉此一換空氣。[2]

胡適對此事也很感興趣。他建議將此款全數作為基金。6 月 11 日，胡適代表各學術團體向外交部部長顧維鈞提出美國退還庚款管理辦法，顧隨即轉知駐美公使施肇基，請施和美國政府接洽。楊杏佛贊成胡適的意見，16 日再致胡適一函云：

> 信悉。已轉上海。此間當分頭鼓吹，叔永已在起草一宣言，弟亦將以私人資格發表一文（或載《教育與人生》），唯美國方面似較有望，故仍盼兄大力進行也。[3]

---

1 《胡適的日記》（手稿本），1925 年 1 月 19 日，台灣遠流出版公司 1990 年版。
2 《胡適來往書信選》（上），第 252 頁。
3 《胡適來往書信選》（上），第 254 頁。

7 月 31 日，美國政府指派哥倫比亞大學師範學院教授孟祿（Paul Monroe）前來中國，和北京政府談判。隨後簽訂協議，規定由雙方政府任命，建立中美聯合董事會，負責管理、分配此項款額。9 月 17 日，曹錕根據外交總長顧維鈞、教育總長黃郛的呈請，指派顏惠慶、張伯苓、郭秉文、蔣夢麟、范源濂、黃炎培、顧維鈞、周貽春、施肇基等 9 人為中華教育文化基金會董事，美方則指派孟祿、杜威等 5 人為董事。次日，中華教育文化基金董事會成立，以范源濂為會長，孟祿為副會長。由於中方董事為北洋政府指派，因此排斥南方國民黨人和親國民黨的科學家，楊杏佛對此很不滿意，埋下了後來改組董事會的種子。

繼美國國會之後，英國國會也於 1925 年 6 月決定退還一部分庚款給中國，但又同時決定，該項款額須由英國外交大臣全權保管與支配，所設諮詢委員全由英國政府指派，且英人佔多數。1926 年 2 月 11 日，丁文江致函胡適，告以已得英公使正式函件，聘請胡適、丁文江等三人為英國庚款諮詢委員會中國委員。3 月 16 日，北京教育界人士集會反對英國處置庚款辦法。楊杏佛和北京教育界人士立場相同，認為英國政府此舉"無退還之實而欲得親善之名"，"中國委員直英庚款委員會之客卿"。3 月 20 日，他公開致函胡適，指責英國政府"一方以強硬之侵略行為欺侮中國，如去年'五卅'事件，最近粵海關及大沽口等事；一方復以空言市惠，欲以不可必得未必有利中國之數百萬賠款，轉移四萬萬華人要求民族獨立與國際平等之心理。"[1] 當時，英國庚款諮詢委員衛靈敦爵士（Viscount Willing-don）等三人正在上海，和胡適等三個中方委員組成"中國訪問團"，準備到中國各地調查訪問，徵求意見，提交全體委員會最後決定。對此，楊函稱：

> 英庚款委員韋林頓輩來華後，對華人退還之要求，則故作癡聾；對用途之性質復模棱其辭。中國委員以代表中國之智識界自命者，亦皆反舌無聲，但知隨爵士輩酬酢哺啜，如此不痛不癢之委員會，乃北走胡，南走粵，僕僕道途，所為何事，誠所不解！

---

[1] 《致胡適之書》，《楊杏佛文存》，第 263 頁。

這裏批評的"反舌無聲","但知隨爵士酬酢哺啜",當然包括胡適在內。楊杏佛要求胡適斷然採取措施。函稱:

> 兄在士林,雅負時望,對英亦多好感。竊謂宜聯合中國委員,要求英政府無條件退還賠款,否則全體退出英庚款委員會,以示國人對於此事之決心。年來國內名流學客,爭為外人文化侵略之買辦通事,但知朋比分贓,不顧國體國權,士林正氣,早已蕩然無存。唯兄能受讜言,故不憚辭費,一吐所懷,幸有以慰國人之望也。[1]

1925年5月30日,上海租界英捕房開槍射擊遊行示威的學生和市民,造成震撼中外的"五卅慘案",中國各界的反英情緒空前地強烈起來。6月23日,英國水兵、巡捕又開槍射擊在廣州沙基遊行的中國群眾,激起了轟轟烈烈的省港大罷工。楊杏佛曾於"五卅慘案"後在上海創辦《民族日報》,猛烈地抨擊英帝國主義的野蠻行徑。他在英國退還庚款問題上的立場正是他這一時期民族意識高漲的反映。

胡適沒有採納楊杏佛的建議。他認為要英國政府無條件退還庚款是不可能的,主張在英國政府的條件中做文章:"為今之計,只有潛移默運於此案範圍之中,使此案不成為障礙,反為有益的根據。"[2]基於此,他不僅費了幾個月工夫陪同英國庚款諮詢委員訪問了上海、漢口、南京、杭州、天津北京等地,而且於1926年7月17日赴英參加庚款諮詢委員會。

兩個老朋友之間由是出現分歧。

五、分歧的加深

孫中山逝世後,楊杏佛更為積極地投入了中國的政治活動。1926年1月,任國民黨上海特別市黨部執行委員。同年7月廣東國民政府成立後,任上海政

---

1 《致胡適之書》,《楊杏佛文存》,第263頁。
2 《胡適來往書信選》(上),第371頁。

治分會委員。1927 年北伐軍向東南勝利進軍期間，他代表國民黨上海特別市黨部參加國共聯席會議，積極支持上海工人三次武裝起義，曾被選為市臨時政府常務委員。"四一二"政變後，楊杏佛受到株連，被撤銷國民黨上海市黨部執行委員職務，只擔任了一項清理招商局委員的閒職。10 月，南京國民政府接受蔡元培等人的意見，仿照法國制度，成立大學院，主管全國學術及教育事宜，楊杏佛被院長蔡元培聘為行政處主任。次年 1 月，任副院長。同年 4 月，成立中央研究院，蔡元培任院長，楊杏佛任總幹事。

胡適自赴英參加庚款會議後，陸續流轉於英、法、德、美、日等國，進行研究並作學術演講。直到 1927 年 5 月 17 日，胡適才從神戶抵達上海。8 月，受聘於私立光華大學。他仍然堅持學術獨立於政治之外的原則，和楊杏佛的分歧逐漸加深。

1928 年 5 月 3 日，日軍在濟南慘殺中國外交官蔡公時等，是為"五三慘案"。同月 6 日，楊杏佛邀請教育界人座談。胡適提出："由政府主張一個國際的公正調查，期於搜集證據，明定啟釁責任所在。"[1] 與會者都贊成胡適的意見。18 日，胡適到南京參加教育會議。楊杏佛時任大學院副院長，二人因得以再次見面。20 日，星期日休會。胡適、楊杏佛、朱經農、錢端升、張奚若等同到第一林場、建業農場、靈谷寺等地遊覽。楊杏佛騎著一匹馬，器宇軒昂，胡適見了很高興。他認為，近幾年中，楊杏佛取"蠟燭主義"，"點完即算了"，生活上馬馬虎虎，"在銘德里時，家中雖有灶而不舉火，燒水都沒有器具"。[2] 現在，天天出去騎馬，胡適從這裏看到了老朋友精神面貌的變化。

1927 年 8 月，楊杏佛曾在《現代評論》雜誌發表過一首詩，中云：

> 人們，你若苦黑暗麼？
>
> 請你以身作燭。
>
> 用自己膏血換來的，
>
> 方是真正光明之福。

1　《胡適的日記》（手稿本），1928 年 5 月 6 日。
2　《胡適的日記》（手稿本），1928 年 5 月 20 日。

胡適所稱楊杏佛取"蠟燭主義"，當即本此。不過，楊杏佛意在表達犧牲自己，以"膏血"換取"光明"的戰鬥精神，並非"點完即算了"的消極主義，這一點，胡適理解錯了。

當天遊紫霞洞時，眾人紛紛抽籤。胡適的籤詩是：

> 惡食粗衣且認真，逢橋下馬莫辭頻。流行坎坷尋常事，何必區區諂鬼神。

當時胡適和南京國民政府還在若即若離之間，這次到南京，真使他有"諂鬼神"之感。楊杏佛抽得第九籤，詩云：

> 撥開雲霧睹青天，況是中天月正圓。匹馬通衢無阻礙，佳聲美譽得爭傳。

此詩是"時運大通之象"，楊杏佛抽到此籤，不免有幾分高興。不過，楊杏佛在大學院的工作也並不順利。6月14日，胡適收到蔡元培和楊杏佛的一份快信，要他15日到南京參加大學委員會。當時，教育界正因撤換中央大學校長張乃燕一事出現風潮。張乃燕是張靜江的姪子，蔡元培、楊杏佛事前未通知張靜江與張乃燕，楊杏佛也未與高等教育處處長張奚若等商量，即匆促下令撤換張乃燕，以吳稚暉繼任，命張改任大學院參事。此次風潮的目的在推倒楊杏佛。對於此事，胡適認為"確似係大學院的錯誤"，曾當面建議楊杏佛辭職，楊杏佛表示同意。[1] 其後，蔡元培於8月17日辭去大學院院長職務，楊杏佛也於10月6日辭去副院長職務。

在辭去副院長之前，楊杏佛搶時間做了一件早就和蔡元培商量好的事，這就是改組中華教育文化基金董事會。此事引起胡適的強烈不滿，成為二人友誼關係上的重要轉捩點。

---

1 《胡適的日記》（手稿本），1928年6月15日。

為了改變中華教育文化基金董事會的人員組成，早在當年 3 月，蔡元培即草擬了一份方案，同年 7 月 27 日，蔡元培向國民政府會議正式提出此方案，獲得通過。國民政府隨即下令，"著即取消"舊董事會，任命胡適、趙元任、施肇基、翁文灝、蔡元培、汪精衛、伍朝樞、蔣夢麟、李石曾、孫科等十五人為董事，其中孫科、李石曾、伍朝樞、汪精衛、趙元任五人為新董事。這一做法加強了國民黨人的力量，但是和董事會舊章不合。舊章規定：董事遇有缺額，由本會選舉補充，然後呈報中國政府。胡適認為舊章的缺額自行補充辦法是近代學術基金保管機關的一般組織原則，可以鞏固組織，防止外來干涉，避免因政局變遷而牽動會務，因此反對南京國民政府的決定。孟祿也自美來電，要求從緩改組董事會，美國財政部並表示不能繼續撥款。這就迫使南京國民政府不能不謀求補救。由於大學院制度受到許多人反對，當年 10 月 23 日，國民政府明令改大學院為教育部。11 月 26 日，教育部部長蔣夢麟致函胡適，主張由教育部函舊董事，請其開會，將歷年經辦事件作一系統的報告；開會時，舊董事五人提出辭職，由會議推舉出國民政府任命的新董事五人，以便既承認董事會舊章和舊董事會的權威，同時又實際達到國民政府改組董事會的目的。12 月 19 日，孟祿趕到上海處理此事。胡適日記云："此事本沒有問題，楊杏佛一個人的搗亂，累的大家這樣勞師動眾！真所謂'天下本無事，庸人自擾之。'"[1] 12 月下旬，南京國民政府根據蔣夢麟和胡適等人的建議下令："准予召集原有中華教育文化基金董事會開會，將應行改組事宜妥善辦理。"次年 1 月 3 日，舊董事會在杭州召開會第三次常會，胡適到會，當日日記云："楊杏佛放了一把火，毫不費力：我們都須用全部救火隊之力去救火。"又云："他們這樣忍辱遠來，為的是要顧全大局，給這個政府留一點面子，替一個無識人圓謊。"這裏所說的"無識人"顯指楊杏佛。日記並稱："我恨極了，實在沒有什麼面孔留在基金會，遂決計辭職。"[2] 1929 年，中華文化教育基金會董事會決定撥款 50 萬元，作為設在上海的中央研究院理化工程研究所的建築費。1930 年 1 月，南京國民黨中央政治會議決定停止建築工作，將研究院遷到南京。楊杏佛不願處於國民黨的

1　《胡適的日記》（手稿本），1928 年 12 月 19 日。
2　《胡適的日記》（手稿本），1929 年 1 月 3 日。

直接控制之下，為此僕僕奔走於寧滬道上，14 天內往返 8 次，打通了行政院與國民政府，呈復政治會議了。然而，就在此時，蔣介石力主研究院於 4 月之前遷到南京，上海的建築工程立即停止。2 月 1 日，胡適在日記中寫道："此令昨日到研究院。蔡、楊諸君在前年屢次用政府勢力壓迫學術文化機關，而自己後來終想造成一個不受政府支配的學術機關，此是甚不易做的事。果然今日自己受威力壓迫，而杏佛的語氣似是想用他前年極力摧殘的中華文化教育基金會來替他搪塞！此真是作法自斃。"[1]

可以看出，楊杏佛在胡適心目中的形象已經相當不好了。

六、射向胡適的一箭

胡適由於對南京國民政府統治下人權缺乏保障等情況不滿，於 1929 年 5 月發表《人權與約法》、《我們什麼時侯才可有憲法》等文，批評國民黨的"黨治"。不久，又進一步撰文批評孫中山的"知難行易"學說。這對許多將中山思想視為句句是真理的國民黨人來說，自然是大逆不道的事情。於是，集會決議、通電聲討、撰文批判，紛至遝來，形成了一場頗具聲勢的對胡適的圍剿。有的國民黨人並要求將胡適"逮捕解京，予以懲處"。楊杏佛不贊成這種霸道作風，但他也不理解胡適這些文章在當時中國的意義。

8 月 25 日，他建議《時事新報》的程滄波撰文，指出胡適的主張極平常，沒有干涉的必要，同時也不妨指駁胡適一部分觀點。27 日，程文見報，聲稱胡氏近作，"實已平淡至於極度，決無聲罪致討之價值，亦更無明正典刑之必要"，但是，胡文"批評政府之處，似不能無引起人民對於政府惡感或輕視之影響。"胡適讀了這篇文章後，覺得非常好笑，在日記上寫下了"上海的輿論家真是可憐"[2] 幾個字。

對胡適的"圍剿"持續了很長一段時間。12 月 2 日，楊杏佛在上海大夏大學演講，將胡適列為"旁觀派"，是"騎在牆上，看人打架，叫一聲好的東西"。

---

1 《胡適的日記》（手稿本），1930 年 2 月 1 日。
2 《胡適的日記》（手稿本），1939 年 8 月 27 日。

事後，馬君武將楊杏佛的講稿寄給胡適，同時寫道："杏佛在大夏演講《從時局想到個人》，罵得你好利（厲）害。特寄與你看，以為研究麻子哲學之一助。"[1] 馬君武和胡適同樣具有自由思想，因此支持胡適。

1930 年 4 月，吳稚暉、楊杏佛在上海市黨部發表演講。楊在演講中批評胡適一會兒在段棋瑞的善後會議裏大談特談政治，一會兒跑到俄國，談起共產主義是如何的好，不多時，又覺得三民主義很好，預備作一部三民主義的哲學；到了國民黨快統一的時侯，又罵國民黨不禮賢下士。他說："學者、教育家不是萬應如意油，過去可以在軍閥底下做工具，現在可以在國民黨底下做忠實的信徒，將來國家亡了，也可以在帝國主義底下做走狗。若是這樣，主義是商品化了，思想也商品化了。"同月 29 日，楊杏佛寫了一封信託蔡元培帶給胡適，說明由於記錄者的原因，演講稿"多顛倒錯誤"。函稱："演說中走江湖的博士乃指江亢虎先生，下文有胡先生亦犯此毛病，不肯作第二人，故好立異，筆記者必誤會'江湖'乃暗指兩姓，故混為一談。"楊杏佛並稱：這次演說完全是被吳稚暉"拉作陪綁"。[2] 楊杏佛的這次演講對胡適的批評是很嚴峻的，這封信旨在緩和一下氣氛，但並未修正自己的觀點。4 月 30 日，胡適復函楊杏佛，首引五、六年前與魯迅弟兄關於《西遊記》第八十一難的一段談話，然後說：

> 我受了十餘年的罵，從來不怨恨罵我的人。有時他們罵的不中肯，我反替他們著急。有時他們罵的太過火了，反損罵者自己的人格，我更替他們不安。如果罵我而使罵者有益，便是我間接於他有恩了。我自然很情願捱罵。如果有人說，吃胡適一塊肉可以延壽一千年，我也一定情願自己割下來送給他，並且祝福他。[3]

從表面上看，胡適的這封信表現了一種對批評者的大度和寬容，仿佛毫不在意，實際上包含著對楊杏佛等人的深刻批評和挖苦。它表明兩個老朋友之間已經出現了無法消解的隔閡。

1　《胡適的日記》（手稿本），1929 年 12 月 20 日。
2　《胡適來往書信選》（中），第 10—11 頁。
3　《胡適來往書信選》（中），第 11 頁。

七、在中國民權保障同盟中

還在 1925 年，為了救濟五卅慘案烈士和受傷者的家屬，楊杏佛就曾和共產黨人惲代英、沈雁冰、張聞天以及進步人士郭沫若、葉聖陶、鄭振鐸等組織中國濟難會。1930 年之後，楊杏佛的思想急劇左傾。他秘密參加了鄧演達發起的第三黨，曾代表蔡元培聯繫陳銘樞，企圖建立反蔣的第三政權。1932 年 12 月，為了營救政治犯，廢除非法拘留、酷刑及殺戮，爭取集會、言論、出版自由，楊杏佛又和宋慶齡、蔡元培等在上海組織中國民權保障同盟。同盟以宋慶齡為主席，蔡元培為副主席。楊杏佛任總幹事，會員有林語堂、史沫特萊、鄒韜奮、胡愈之、魯迅等人。1933 年 1 月 17 日，成立上海分會。同月，同盟派楊杏佛、李濟之北上，組織北平分會。

胡適於 1933 年新年赴滬時加入同盟。1 月 25 日，楊、胡在北平相見。30 日，北平分會召開成立會，胡適、楊杏佛分別致詞。會議選舉胡適、成舍我、許德珩、任鴻雋、蔣夢麟、李濟之、馬幼漁等 9 人為執行委員，胡適被推為主席。會議同時推舉楊杏佛、胡適等三人赴各監獄視察政治犯在獄情況。

胡適對同盟的組織和活動最初是熱心的。1 月 26 日，他對《晨報》記者談話稱："近年以來人民之被非法逮捕，言論、出版之被禁等，殊為司空見慣，似此實與約法之規定相背。"[1] 同盟成立的當晚，胡適和楊杏佛即決定視察北平各監獄，調查政治犯的待遇及生活情形。夜 11 時，楊杏佛會見張學良，獲得允准。31 日，楊、胡，加上成舍我，三人一起參觀了陸軍反省院、陸軍監獄和軍分會看守所及另外兩所監獄。楊稱："值此抗日吃緊之時，深盼全國人材，無論為國家主義派，為共產黨，均能集中於同一戰線之下。"[2] 同時決定由分會組織正式委員會，詳加考察。3 日，楊杏佛離平。在楊杏佛離平之後不久，胡適即和同盟中央發生尖銳衝突。

1 月 25 日，史沫特萊向同盟執委會提交了北平軍人反省分院政治犯的一份呼籲，呼籲書聲稱："我們生存在 20 世紀的今日，而我們被捕後所受的種種酷

1　《晨報》，1933 年 1 月 27 日。
2　北平《民國日報》，1933 年 2 月 1 日。

刑，立即使我們感覺到好像我們是羅馬時代或極野蠻的部落社會。現在中國統治階級所使用的各種刑具，極盡野蠻之能事。他們想出種種方法要能給受難者以最高度的痛苦。"[1] 2 月 1 日，同盟執委會舉行新聞記者招待會，由宋慶齡簽字，將呼籲書交給各報發表。同日，史沫特萊致函胡適，附寄呼籲書及宋慶齡簽名英文函件，要求北平分會 "指派一個委員會立即去見負責官員，提出最強有力、最堅決的抗議"[2]。

宋慶齡的英文信件要求 "立即無條件的釋放一切政治犯"[3]。胡適研究了呼籲書，認為反省院都是 "已決犯"，沒有私刑拷打的必要。同時，有人自稱住在胡適家，假借胡適名義，遞交一份題為《河北省第一監獄政治犯致民權保障同盟北平分會》的函件給《世界日報》，揭露該獄的種種黑暗。胡適認為此信與宋慶齡所收的呼籲書 "同是捏造"。2 月 4 日、5 日，他連續兩次致函蔡元培、林語堂，批評同盟不應不加調查就匆匆發表。他說："如果一、二私人可以擅用本會最高機關名義，發表不負責任的匿名稿件，那麼，我們北平的幾個朋友，是決定不能參加這團體。"[4]

同盟接到胡適的信後，蔡元培、楊杏佛、林語堂等都認為 "事情極其嚴重，須徹查來源"。2 月 10 日，楊杏佛致函胡適，認為呼籲書所云種種酷刑，"即使有之，在反省院前，不能籠統便加入反省院"，表示 "以後發表文件自當審慎"。函中，楊杏佛勸慰胡適說：

> 弟行時曾告兄，弟等奔走此會，吃力不討好，尤為所謂極左者所不滿，然集中有心人爭取最低限度之人權，不得不苦鬥到底，幸勿灰心，當從內部設法整頓也。[5]

14 日，蔡元培、林語堂致函胡適，說明呼籲書發表經過，表示 "其過失當由本

1　《北平政治犯的黑暗生活》，《中國論壇》2 卷 1 期。
2　《胡適來往書信選》（中），第 169 頁。
3　轉引自《胡適致蔡元培、林語堂》，《胡適來往書信選》（中），第 179 頁。
4　《胡適來往書信選》（中），第 181 頁。
5　《胡適來往書信選》（中），第 186 頁。

會全體職員負責"[1]。14 日，楊杏佛再次致函胡適，函稱："希望兄千萬勿消極，在京、平市黨部開始壓迫本會之時，內部自當精誠團結也。"[2]

胡適與同盟中央的分歧主要不在對呼籲書真偽的判斷上，而在於胡適反對"無條件釋放一切政治犯"這一主張。2 月 5 日，胡適對北平《民國日報》記者發表談話稱："對政府逮捕政治犯，並不是無條件的反對，但必須先有四個原則：（一）逮捕前必須得有確實證據；（二）逮捕後須遵守國法，於 24 小時內移送法院；（三）法院偵查有證據者，公開審判，無證據者，即行取保開釋；（四）判罪之後，必須予以人道之待遇。"[3] 19 日，在《獨立評論》發表文章稱："這不是保障民權，這是對一個政權要求革命的自由權。""一個政府要存在，自然不能不制裁一切推翻政府或反抗政府的行動。"[4] 21 日，又對《字林西報》發表談話，明確指出："同盟不應如某些團體所指出的那樣，提出釋放一切政治犯，不予治罪的要求。一個政府應該有權對付那些威脅這本身生存的行動，但政治嫌疑犯必須如其他罪犯一樣，應當得到法律的保障。"[5] 22 日，同盟執委會開會討論，會後致電胡適，指出上項談話"與本會宣言目的第一項完全違背，是否尊意，請即電復"[6]。23 日，楊杏佛致函胡適，報告執委會開會情況：執委會特開會討論，極以如此對外公開反對會章，批評會務，為反對者張目，且開會員不經會議各自立異之例，均甚焦灼。楊函也要求胡適"有以解釋，勿使此會因內部異議而瓦解"[7]。28 日，宋慶齡、蔡元培致函胡適稱："會員在報章攻擊同盟，尤背組織常規，請公開更正"[8]，否則唯有自動出會。

胡適對上述函電均不作答復。3 月 3 日，同盟臨時中央開除胡適會籍。4 日，胡適在日記中寫道："此事很可笑！此種人自有作用。我們當初加入，本是自取其辱。"[9] 下午，在胡適家中召開同盟北平分會，胡適表示，不願再和上海

1　《胡適來往書信選》（中），第 187 頁。
2　《胡適來往書信選》（中），第 188 頁。
3　北平《民國日報》，1933 年 2 月 6 日。
4　《民權的保障》，《獨立評論》第 38 號。
5　《字林西報》，1933 年 2 月 21 日。
6　《胡適來往書信選》（中），第 189 頁。
7　《胡適來往書信選》（中），第 192 頁。
8　《胡適來往書信選》（中），第 193 頁。
9　《胡適的日記》，1933 年 3 月 3 日。

那班人辯爭。21 日，他致函蔡元培，表示"不願多演戲給世人笑"，並稱"不願把此種小事放在心上"。胡適並說："我所耿耿不能放心者，先生被這班妄人所包圍，將來真不知如何得了啊！"[1] 胡適這裏所稱"妄人"，即包括楊杏佛在內。

八、對於楊杏佛之死的評論

1933 年 6 月 15 日，胡適為赴美參加太平國際學會到達上海。同日，赴中央研究院訪問蔡元培和楊杏佛，沒有見著。到蔡元培家，見到了蔡氏夫婦。第二天，楊杏佛到胡適住所回拜。胡適約楊同到李拔可家吃飯。飯後，楊杏佛又送胡適回住所。

兩個老朋友之間仍然維持著形式上的友誼關係，但是，內心卻已經很隔膜。當日，胡適在日記中寫道：

> 杏佛來，此為二月初我在北平見他之後第一次見他。為了民權保障同盟事我更看不起他。因為他太愛說謊，太不擇手段。

由於彼此政治觀點不同，胡適對楊杏佛在民權保障同盟中的作為不滿是可以理解的，但是，罵楊杏佛"太愛說謊，太不擇手段"，就不知何所據而云然了。

楊杏佛和中國民權保障同盟的活動引起了國民黨當局的忌恨。國民黨特務不斷寫信威脅同盟領導人，甚至在給楊杏佛的信裏裝進子彈。就在胡適到達上海的同一天，國民黨特務組織秘密發出通告，計劃暗殺"中國共產黨領袖、左翼作家以及各反蔣軍人政客"，魯迅、楊杏佛均在黑名單之列。18 日，胡適準備登輪，到幾位朋友處辭行。到了徐新六家時，即得到楊杏佛的噩耗。當日上午 8 點半，楊杏佛從中央研究院出門，被四個人從三面開槍打死，公子楊小佛腳上受傷，汽車司機受重傷。兇手三人，兩人逃了，一人被追，開槍自殺。

胡適覺得很奇怪，在日記中寫道：

1　《胡適的日記》，1933 年 3 月 21 日、6 月 16 日。

此事殊可怪。杏佛一生結怨甚多，然何致於此！兇手至於自殺，其非私仇可想。豈民權同盟的工作招搖過甚，未能救人而先召殺身之禍耶？似未必如此？

前日我尚與杏佛同車兩次，第二次他送我回寓的車即是今日被槍擊的車。人世變幻險惡如此！

我常說杏佛一生吃虧在他的麻子上，養成了一種 "麻子心理"，多疑而好炫，睚眥必報，以摧殘別人為快意，以出風頭為作事，必至於無一個朋友而終不自覺悟。我早料他必至於遭禍，但不料他死的如此之早而慘。他近兩年來稍有進步，然終不夠免禍。[1]

政治態度有時使人接近真理，有時卻又使人離開真理。胡適猜到了楊杏佛的死和國民黨有關，但是又認為 "似未必如此"，走到了真相邊緣卻又離開了。這顯然與胡適當時對國民黨認識有關。楊杏佛自稱："生平未嘗樹敵，但知疾惡如仇；不解修怨，但知為國鋤奸。"[2] 胡適這段日記中對楊杏佛的評價，就離事實更遠了；"麻子心理" 一段，更使人產生有失忠厚之感。

胡適又寫道："（杏佛）頗有文學天才，作小詞甚可誦。當囑其同事保存其詩詞稿。" 這裏，算是多少表現了一點對老朋友的情誼。

1935 年 7 月，胡適寫信給羅隆基，中稱：

杏佛是一個最難用的人，然而蔡先生始終得其用。中央研究院之粗具規模，皆杏佛之功也。[3]

這就朝正確地評價楊杏佛前進了一步。

1 《胡適的日記》，1933 年 6 月 18 日。
2 《再函王儒堂書》，《楊杏佛文存》，第 338 頁。
3 《胡適的日記》，1935 年 7 月 26 日。

胡適與陳光甫 *

　　胡適的朋友大都是文化教育界人士，但是，也有幾位銀行界的大亨，陳光甫就是其中之一。

　　陳光甫（1881－1976），江蘇鎮江人，年輕時在美國留學，曾獲賓州商學院學士學位。1915 年創辦上海商業儲蓄銀行。1927 年創辦中國旅行社。同年，任南京國民政府財政委員會主任委員。1933 年，任全國經濟委員會委員。1936 年，以中國幣制代表團首席代表身份赴美，與美國財政部長毛根韜（Henry Morgenthau）談判，簽訂了有關中國向美國出售白銀等問題的《白銀協定》。談判中，陳光甫給毛根韜留下了良好的印象。次年，任貿易整理委員會主任委員，主持推廣出口、爭取外匯等事宜。

　　抗戰期間，胡適與陳光甫二人共同在美國尋求援助，卓有成績，彼此之間的友誼也因而建立。

一、早期交往

　　胡適與陳光甫的交往始於 20 年代末期。1929 年 3 月，陳光甫赴歐考察，途經埃及時曾致函胡適，中云：

　　　　此次歐行，未克走別為悵。25 號過蘇彝士運河時，弟離輪乘汽車，夜渡沙漠，訪開義羅，遊覽金字塔、石神 Sphinx、尼羅河，誠舊跡之奇觀也。又見英人經營埃及之成績，道路平坦，交通利便，此時弟取出兄之大著 "East and West Civilization" 再讀一遍，令人欽佩不已。同行有一美國學者，原來係醫生，名 Dr. Clark，對兄之書深為欽佩云。全書精華皆在兄

*　原載李又寧主編：《胡適和他的朋友》第 3 集，紐約天外出版社 1997 年版；錄自楊天石：《抗戰與戰後中國》，中國人民大學出版社 2007 年版。

之文章裏，不日來華，欲與一談也。

　　弟約 4 月 1 號可抵馬賽，即渡英小住數月，研究調查，此時國內已交春令，一般小孩子又要頑刀舞槍矣。可憐可笑！吾兄近有新著作否？有暇時希便賜示。[1]

1926 年，胡適曾發表《我們對於西洋近代文明的態度》一文。1928 年，胡適以英文改寫，內容略有變動，題為：Civilization of the East and west（《東西文化之比較》），成為比爾德（Charles A. Beard）所編 Whether Mankind（《人類的前程》）一書中的一章，1928 年由紐約 Longman 書局出版。該文反對所謂"西方的物質文明已經破產，東方的精神文明將要興起"的說法，認為"18 世紀的新宗教信條是自由、平等、博愛，19 世紀以後的新宗教信條是社會主義"[2]。又稱："這種民治的宗教"，"乃是設法使個個男女都能得到自由，除了用科學與機械增高個人的快樂之外，還要利用制度與法律使大多數人都能得著幸福的生活，這就是西方最偉大的精神文明"。胡適寫道："我可以問問，婦女解放、民治政體、普及教育等是否從東方的精神文明產生出來的呢？焚燒孀婦、容忍階級制度、婦女纏足，凡此種種，是否精神文明呢？"陳光甫信中所稱"令人欽佩不已"的"大著"，指的就是這一篇。

　　在近代中國，東西方文明的論爭是個熱門話題，人們的態度大體可以分為西化和國粹兩派。陳光甫此函說明他和胡適同屬於西化派，也說明這一時期他們已有較密切的關係。

　　此後，胡適和陳光甫交往見之於記載的有：

　　1931 年 10 月下旬，胡適和陳光甫同時出席在上海召開的太平洋國際學會第四屆大會。

　　1932 年 5 月，陳光甫等銀行家和部分外交界人士發起組織國際問題研究會，邀請胡適為研究組成員。[3]

　　1934 年 5 月，陳光甫到北平。6 月 1 日，胡適前往拜會。陳稱："現時各處

1　未刊稿，中國社會科學院近代史研究所藏。
2　胡適晚年曾對這句話表示懺悔。
3　油印函稿，中國社會科學院近代史研究所藏。

建設頗有進步，人才也多有新式訓練而不謀私利的人。"[1]

同年除夕，胡適赴香港大學講學，途經上海，正值亞東圖書館發生經濟困難，有一筆銀行欠款必須償還。為了幫助亞東度過年關，胡適託浙江興業銀行總經理徐新六，請他打電話給陳光甫，把亞東在上海銀行的三千元透支款再轉一期。[2] 當夜，胡適到百樂門舞廳，看見宋子文、顧維鈞、陳光甫、李銘等人舞興正濃，胡適不禁感慨起來：空前的經濟大恐慌正逼人而來，國家的絕大危難就在眼前，怎麼誰也感覺不到呢！[3]

這一段時期，胡適和陳光甫只能算相交，還不能算相知。

二、共同爭取美援

胡適和陳光甫的相知主要是在抗戰期間。

1938 年，中國抗戰正處於極為艱難的階段。為了爭取美國的財政援助，國民政府應羅斯福政府之請，於當年 9 月指派陳光甫赴美談判。同月，召回王正廷，任命胡適為駐美大使。10 月 3 日，胡適到達任所，旋即致孔祥熙電云：

> 鄙意外交至重要，當以全付精神應付。此外如借款、購械、宣傳、募捐四事，雖屬重要，均非外交本身，宜逐漸由政府另派專員負責。光甫兄等來後，借款事空氣頓肅清，即是最好例證。[4]

自 30 年代初起，美國國內即彌漫著濃重的孤立主義、和平主義情緒，不願過問歐洲和亞洲正在發生和可能發生的戰爭。1935 年，美國國會通過中立法，更使這種孤立主義情緒得到了法律的肯定。胡適感到要改變美國的這種情況，必須花大力氣，因此，他對陳光甫來美專門談判借款非常高興。

為了不違反美國的中立法，並且不招致美國孤立主義者的反對，陳光甫和

1　《胡適的日記》（手稿本），第 11 冊。
2　《胡適的日記》第 12 冊。
3　《胡適的日記》第 12 冊。
4　《胡適致孔祥熙電》，《胡適任駐美大使期間往來電稿》（徵求意見稿），北京中華書局 1978 年版，第 3 頁。

毛根韜商定，在中國成立復興商業公司，收購桐油，售給在美國成立的世界貿易公司，再由該公司與美國進出口銀行訂立借款契約。這樣，就使該項借款成為一項商業機關與銀行之間的借款契約。談判按照這一思路進行，比較順利。

但是，國內戰場的形勢卻一直很不好。10月21日，華南重鎮廣州失守，胡適和陳光甫都十分悲憤。23日，消息更壞，陳光甫懊喪異常。胡適力勸陳不要灰心。他說："我們是最遠的一支軍隊，是國家的最後希望，決不可放棄職守。"[1] 25日，華中重鎮武漢淪陷，胡適、陳光甫受到了又一次嚴重的打擊。也就在這一天晚上，毛根韜打電話給胡適，約胡和陳光甫同到他家去喝酒。二人到達後，覺得氣氛有點異樣。財部的要員都在，毛根韜的秘書手裏拿著紙和筆，好像有什麼事要辦一樣。毛根韜說："借款的事已經成功，羅總統已經OK了。" 他順手指著桌上的紙張說，"那就是借款協定的草案"，他又說："這兩天中國的消息不好，希望這筆借款可以有強心針的作用"。[2] 胡適、陳光甫正高興時，毛根韜又說："現在只剩下最後一件事：今天中午向總統請示，總統略加思考，即稱：'不幸廣州、武漢相繼陷落，如果我今天批准借款，明天中國忽然換了政府，變了政策，我一定遭到非議。若在數日內，蔣介石將軍能明白表示，中國政府安定而政策不變，我可以立即批准此項借款。'"[3] 這突如其來的消息使胡適、陳光甫又興奮、又驚異，稍坐了一下，一人喝了一杯涼開水，就匆匆告別。

離開毛根韜住所後，胡適、陳光甫立即聯名致電蔣介石、孔祥熙，要求按羅斯福的要求有所表示。當時，中國抗戰需款甚巨。此次借款共美元2060萬元，孔祥熙覺得數目太小。27日，他致電陳光甫及胡適，詢問數字是否有誤，此款之外是否另有其他借款。關於國內情況，孔祥熙電稱：

> 雖以廣州陷落，武漢撤退，政局情形，尚稱安定。金融方面，以竭力維持，人心安定，亦尚平穩，政治決不致有所變更。至於今後方針，只要友邦能予有力援助，決仍照原定計劃繼續抗戰，決不因一二城市之得失而有所變更。軍事發言人已有談話發表，想已得悉。

---

1 《胡適的日記》第13冊。
2 《胡適談話記錄》，未刊稿，陳光甫檔，美國哥倫比亞大學珍本和手稿圖書館藏，下同。
3 《陳光甫日記》，未刊稿，哥倫比亞大學珍本和手稿圖書館藏，下同。

孔電並稱：

> 為持久抗戰而達最後之目的，所望於美方者至深。如美只空表同情；
> 不能實力幫助，殊使我為世界和平之抗戰者，有所寒心。[1]

陳光甫接電後，和胡適分析情況，認為此項借款數目確實微小，其原因可能在於廣州、武漢陷落，謠傳政府改組，調停議和，在此情況下，美方暫時觀望，亦屬情理之常。陳、胡二人建議：先行接受美方方案，加緊組織公司，一面將桐油、錫、鎢等由新路源源運來，證明運輸確有辦法；一面相機續談。陳、胡二人表示："只要我方情形相當穩定，繼續援助，似有可能。"陳、胡並稱："美國論利害與我非唇齒之依，論交情亦無患難之誼。全國輿論雖同情於我，終不敵其畏戰之心。執政者揣摩民意，不敢毅然拂逆。"因此，在這種情況下，只能依靠毛根韜，"兢兢業業，與之研求"。[2]

10 月 31 日，陳光甫向胡適要一張照片，胡適在背面題了一首詩：

> 略有幾莖白髮，
> 心情已近中年。
> 做了過河小卒，
> 只許拼命向前。[3]

這首小詩，反映出胡適當時為挽救民族危難而奮勇工作的精神面貌。

同日，蔣介石發表《為武漢撤退告全國同胞書》，表示決心抗戰到底。11月 2 日，羅斯福約胡適談話，胡適將孔祥熙來電要點轉告。羅斯福表示已經知道，並稱將與財長商量。但是，美國國務卿（外交部長）赫爾（Cordell Hull）認為借款幾乎純粹是政治性的，擔心日本報復，於是，借款暫時被擱置。直到

---

1 《陳光甫日記》，1938 年 10 月 27 日。
2 《陳光甫日記》，1938 年 10 月 27 日。
3 《胡適的日記》第 13 冊，後來胡適重寫此詩時文字小有變動："小卒"改作"卒子"，"只許"改作"只能"。

11 月底，在毛根輯的斡旋下，羅斯福才批准借款。12 月 15 日，美國國務院發佈關於進出口銀行與世界貿易公司達成 2500 萬美元信貸協定的通告。18 日，蔣介石致電胡適、陳光甫，予以鼓勵，電云：

> 借款成功，全國興奮。從此抗戰精神必益堅強，民族前途實利賴之。[1]

這筆借款以中國向美國出售桐油為條件，因此，被稱為"中美桐油借款"。

中美桐油借款數量不大，但它是美國援助中國抗戰的第一筆借款，意味著美國的孤立主義、和平主義壁壘被突破，國民政府爭取美援的道路自此打開，它在一定程度上鼓舞了中國軍民的抗戰士氣。

三、相互間的信任與支持

首次談判成功，蔣介石很高興，企圖進一步搬掉美國援華的絆腳石。1938 年 12 月 30 日，蔣介石手諭孔祥熙："美國國會即將開會，對於美館宣傳與對其各議員之聯絡，應特別注重。其目的則在修改其中立法與提倡召開九國公約會議，與召集太平洋和平會議。"[2] 孔祥熙隨即電告胡適、陳光甫二人，同時電匯美金 2 萬元，要求他們"迅為運用，期達目的"。但是，這時胡適正因心臟病突發住在醫院裏，直到 1939 年 2 月 20 日才出院恢復工作。

胡適以學者出任大使，作風和外交系的官僚們完全不同，因此為部分人所不滿，傳言陳光甫將繼任駐美大使。1939 年 5 月 18 日，陳光甫到華昌洋行，有人對陳說："適之人地極為相宜，全美華僑十分愛戴。朝野推崇備至，為數十年來最好之大使，可為中國得人之慶。此時若輕易調換，美政界必致發生誤會。千鈞一髮，萬不可冒險出此。"陳光甫此時已與胡適共事 8 個月，覺得這一觀察不錯，在日記中寫道："此項謠傳之由來，大約不外國內有人對之不滿。以書生出任大使，本為革命外交，舊外交系系員認為破天荒之舉。試問今

---

1 《胡適任駐美大使期間往來電稿》，第 5 頁。
2 《孔祥熙致胡適、陳光甫電》，《胡適任駐美大使期間往來電稿》第 6 頁。

日外交，豈能盡如人意，一旦有機可乘，群起而攻之，造謠生事，無所不用其極。適之向抱樂觀，全不在意。余料此類謠言，再過一月半月，即可冰消瓦解矣！"[1]

陳光甫信任胡適，胡適也信任陳光甫，對陳的愛國熱忱與工作精神日益佩服。

在美國談判借款很困難，需要看人臉色、仰人鼻息行事。陳光甫曾在致蔣介石電中訴苦："錢在他人手中，告求良非易易。"[2] 又在日記中自述："余在此間接洽事宜，幾如賭徒在賭場中擲注，日日揣度對方人士之心理，恭候其喜怒閒忙之情境，窺伺良久，揣度機會已到，乃擬就彼方所中聽之言詞，迅速進言，藉以維持好感。自（二十七年）九月來此，無日不研究如何投其所好，不敢有所疏忽。蓋自知所擲之注，與國運有關，而彼方係富家闊少，不關痛癢，幫忙與否，常隨其情緒為轉移也。"[3] 有時，陳光甫不無牢騷："我頭髮白了，還來受這氣惱，何苦來！" 6 月 22 日，陳光甫會見胡適，作了一次深談，胡適對陳說："我最佩服你這種委曲求全的精神。" 當日，胡適在日記中寫道："光甫辦銀行 30 年，平日只有人求他，他不消看別人的臉孔。此次為國家的事，擺脫一切，出來到這裏，天天仰面求人，事事總想不得罪美國財政部，這是他最大的忠誠，最苦的犧牲。我很佩服他這種忠心。" 又稱："光甫作此事，真是沒有一點私利心，全是為了國家。" 其後不久，又在日記中寫道："光甫不是很高的天才，但其人忠厚可愛。"[4] 為了幫助陳光甫消解客中的寂寞，胡適特意送了一本自己編的《詞選》給陳。

由於日軍在中國的肆無忌憚的侵略行為日益損害美國在華利益，加上國際形勢的變化，7 月 26 日，美國外交部正式照會日本大使館，聲明廢止 1911 年美日商約，6 個月後失效。胡適聽了，大為興奮，馬上打電話給陳光甫，陳也很興奮。[5] 二人再一次分享了成功的歡樂。

陳光甫身體不大好，是抱病到美國工作的，加上談判艱難，因此早有退

1　《陳光甫日記》，1939 年 5 月 18 日。
2　《中華民國重要史料初編》第 3 編，《戰時外交》（一），台灣國民黨黨史會 1981 年版，第 241 頁。
3　《陳光甫日記》，1939 年 6 月 4 日。
4　《胡適的日記》1939 年 6 月 22 日、8 月 2 日。
5　《胡適的日記》，1939 年 7 月 26 日。

志。7月31日，陳光甫告訴胡適，已託人在雲南呈貢的湖上買幾畝地、蓋幾間房子，預備十二月或次年正月回去休養。胡適大笑道："我和你都是逃走不掉的。"[1]

此後不久，國內政局即醞釀著一次新的變動。

國民黨內孔、宋各成一派，長期相互爭鬥。孔祥熙於 1938 年 1 月擔任國民政府行政院代院長，不久就受到中外輿論和傅斯年、宋子文等人的批評。當年 12 月 18 日，翁文灝致電胡適云：

> 兄與陳光甫論孔意見，弟極贊佩。光甫公忠愛國，亦久佩。孔本人亦相當有用。唯其手下有若干人物，恐獨立如光甫者，亦感不易應付。故進賢退不肖，實為當前急務耳！[2]

從本電可以看出，孔祥熙"手下"的"若干人物"已經成了物議對象，"進賢退不肖"云云，正反映出當時部分人士改組"孔家店"的要求。1939 年 11 月，蔣介石兼任行政院院長，孔祥熙改任副院長，傳說宋子文將出任要職，擔任財政部或貿易部部長。陳光甫和宋子文有矛盾，和孔祥熙則有 30 年的關係，私交甚好。[3]

胡適擔心宋子文不能與陳光甫合作，影響爭取美援，準備發電反對。11 月 25 日，胡適到紐約，26 日，在陳光甫家吃晚飯，商量此事。當晚胡適在日記中寫道：

> 我是向來主張"打孔家店"的人，今反過來為庸之說好話，是很傷心的事。但我為國家計，認為應該如此幹，故不避嫌疑，決心發此電。[4]

他本想當晚寫完此電，因背上受涼，不舒服，未能完成。第二天一早起床，完

1　《胡適的日記》第 14 冊。
2　《胡適任駐美大使期間往來電稿》，第 5 頁。
3　參閱楊桂和：《陳光甫與上海銀行》，中國文史資料出版社 1991 年版，第 93 頁。
4　《胡適的日記》第 14 冊。

成電文。10 點時，陳光甫和紐約華昌公司董事長李國欽來，又請他們看，二人提了一點意見。中午，胡適返回華盛頓。晚上，重寫電文，並於當夜發出。

電報是打給陳布雷的，內稱：

> 弟向不滿於庸之一家，此兄所深知。然弟在美觀察，此一年中庸之對陳光甫兄之事事合作，處處尊重光甫意見，實為借款購貨所以能有如許成績之一大原因。[1]

同電盛讚陳光甫在美國的工作：

> 弟默察光甫諸人在美所建立之採購輸運機構，真能弊絕風清，得美國朝野敬信。不但在抗戰中為國家取得外人信用，亦可以為將來中美貿易樹立久遠基礎。

電中，胡適表示：1. 宋子文個性太強，恐怕難以與陳光甫合作；2. 如貿易委員會改以宋子良代陳光甫，則陳所辦事業，恐不能如向來順利；3. 今年夏間，宋子文曾向美財部重提棉麥借款，美財部疑為另起爐灶，印象相當不佳。胡適估計以上情況恐怕沒有人向蔣介石詳說，建議陳布雷密陳，供蔣考慮。胡適建議：由蔣出面，切囑孔祥熙，屏除手下的貪佞小人，命孔繼續擔任財政部長，這樣對陳光甫在美的借款、購貨諸事，最為有益。如果由他人出長財部與貿易部，也必須由蔣切實叮囑，與陳光甫誠意合作，力戒其邀功生事，造成貽譏國外、妨害事機的不良效果。

前些年，胡適曾在《寫在孔子誕辰之後》一文中說："凡受這個世界的新文化的震撼最大的人物，他們的人格都可以比一切時代的聖賢，不但沒有愧色，往往超越前人。"胡適舉了高夢旦、張元濟、蔡元培、吳稚暉、張伯苓、李四光、翁文灝等 9 人。這一時期，胡適覺得應該增補幾個人，其中就有陳光甫。[2]

1　《胡適任駐美大使期間往來電稿》，第 27 頁。
2　《胡適的日記》，1940 年 1 月 3 日。

四、再次聯手爭取美援

2500 萬元的桐油借款主要用於改善滇緬公路的運輸狀況，並不能解決多大問題。因此，胡適、陳光甫奉命繼續談判借款。

1939 年 5 月 23 日，陳光甫到華盛頓與與胡適商談。胡適提出，今後談判有三條途徑：1. 直接與羅斯福談判。2. 託最高法院推事佛蘭克福特（Frankfurter）從中斡旋。此人與胡有舊，接近羅斯福，託其居間活動或可較為順利。3. 胡以大使資格直接與外交部（國務院）交涉。胡適此時正值大病之後，陳光甫覺得胡勇於任事，勁頭十足，非常高興，立即表示三項之中，自以與外交部接洽為正常途徑。當時的美國外交部以“守舊不管閒事”著稱，陳對此雖有顧慮，但胡適聲稱，目下外交部對此亦相當有興趣。[1] 6 月 21 日，胡適即拜會美國國務卿赫爾，說明桐油借款已經用完，希望由國務院提議，向中國提供第二次借款。赫爾要胡適與聯邦貸款主任傑西・鍾斯（Jesse Jones）商量。

國內催促借款的電報不斷飛向華盛頓。7 月 27 日，陳光甫再次到華盛頓看望胡適，從下午一直談到晚十點半，重點商討第二次借款如何發動。陳光甫計劃於當年十一、十二月脫身返國，因此，建議此次由胡適發動。8 月 19 日陳光甫日記云：“余去志已堅，當然無留此之必要。第二次借款，當看國內政治、經濟情形。如果仍有去年余來美時之狀況，此事似不悲觀。數目多少，現難推測，可由胡大使與外部直接商辦。”9 月 1 日，歐洲大戰爆發。7 日，胡適與陳光甫商量，決定先由胡適向羅斯福開口，借款原則可以桐油為押，不足時加錫為抵押品。陳光甫一直覺得羅斯福對胡適有好感，由胡出面，成功的把握更大；由自己出面，如果羅斯福情緒不佳，說一否字，一切就都完了。次日，胡適拜會羅斯福，請求美國再打一次強心針。羅斯福答應交財部商辦，隨後即通知毛根韜。26 日，胡適拜會毛根韜，毛稱：“我等候了你兩個星期了！”當天談判順利，說定可照桐油借款辦法繼續加借。陳光甫計劃於次日赴華盛頓研究辦法及準備手續。他在日記中寫道：“此次由大使發動，余可早日脫身。大使究

---

1 《陳光甫日記》，1939 年 5 月 26 日。

屬國家代表，余之職務本屬畸形現象，早應更正，今得機會，私心慶幸。"[1] 28 日，陳光甫趕赴華盛頓，與胡適長談；當日，與胡適共同約請毛根韜的助手勞海（Archie Lochhead）夫婦吃晚飯。10 月 13 日，二人再次作東，請羅斯福政府中的幾個"少年才士"吃"中國飯"。在做好了這些週邊工作後，胡適起草了一份說帖，於 16 日交給美國外交部。

胡適談判的艱辛也不亞於陳光甫。有些美國人始終堅持孤立主義、中立主義立場，援助中國的話半句也聽不進去，使胡適有"對牛彈琴"之感。有些美國人架子很大。10 月 13 日，陳光甫在日記中寫道："（美國國務院）暮氣沉沉，只以保全個人地位為目標，其他概非所計，欲求其出力助華，殆如登天之難，能不從中阻撓已屬萬幸矣！因此又憶及美外部之遠東司長項白克（Hornbeck），此君老氣橫秋，彼對適之講話有如老師教訓學生，可見做大使之痛苦矣！"

第二次借款仍取商業借款形式，數額為美元 7500 萬元，以滇錫 5 萬噸作擔保。但是，由於美國正忙於修改中立法的大辯論，對日政策未定，進出口銀行又資金告罄，因此，借款交涉陷於停頓。1940 年 1 月 13 日，胡適會見羅斯福，再提借款事項，請求迅速定議。16 日，陳光甫拜會毛根韜，請他特別幫忙。毛根韜態度雖誠懇，但表示最近實在沒有什麼好消息可以相告。[2] 當晚，陳光甫到胡適處吃飯，分析美方將借款擱置的原因，一直談到深夜。胡適翻出了他寫的《回向》一詩，讀給陳光甫聽，其最末一節是：

> 他終於下山來了，
> 向那密雲遮處走。
> "管他下雨下雹，
> 他們受得，我也能受。"

陳光甫表示能理解此詩的意思。[3]

---

1 《陳光甫日記》，1939 年 9 月 26 日。
2 《胡適、陳光甫致孔祥熙電》，《中華民國重要史料初編》第 3 編，《戰時外交》（一），第 262 頁。
3 《胡適的日記》第 14 冊。

為了打開局面，1 月 24 日，胡適與陳光甫一同訪問美國復興金融公司董事長、聯邦貸款主任傑西·鍾斯，請他幫忙。胡適告訴鍾斯，中國決不講和，決不投降，一定長期抗戰，如得美國援助，最後勝利一定屬於中國。陳光甫則將桐油運美以及在美購貨等有關資料、圖表交給鍾斯，並遞上要求再借 7500 萬美元的說帖。鍾斯有點聾，談話很吃力。鍾斯告訴他們，當天參議院財政組審查芬蘭借款事，決定提議增加進出口銀行資本 1 萬萬元，但每個國家借款不得超過三千萬元。胡適、陳光甫感到此議如成立，對中國甚為不利，託鍾斯鼎力設法。告辭後，胡適、陳光甫立刻分頭奔走活動。1 月 31 日，陳光甫致電孔祥熙，說明美國"國會有如股東會，人多口雜，彼等適逢選舉年度，顧忌特多"[1]。2 月 7 日，胡適讀報，得知美國參議院外交委員會決定進出口銀行增資 1 萬萬元，廢除原議借款總數不得超過 3000 萬元的限制。胡適很高興，立刻發電給陳光甫道喜。[2]

總數不得超過 3000 萬元的限制雖然取消了，但是，參議院外交委員會同時規定，一次借款以 2000 萬美元為限。3 月 5 日，鍾斯通知陳光甫，可按 2000萬元金額辦貨，分期支用。3 月 7 日，鍾斯會見羅斯福，隨即宣佈第二次借款一案成立。第二次借款的數目仍然不大，但是，當時日本侵略者正積極扶持汪偽政權登場，借款顯示了美國的一種姿態：繼續支持以蔣介石為代表的國民政府，支持中國抗戰。3 月 8 日，胡適拜會鍾斯，表示感謝。11 日，胡適又寫長信給毛根韜致謝。同時，蔣介石也致電羅斯福致謝。

正當胡適、陳光甫為第二次借款成功慶幸之際，孔祥熙打了中、英文兩份急電給陳光甫，認為第二次借款不應有抵押品（錫）及銀行保證，理由是美方對芬蘭的借款並不需要擔保，中芬同為反侵略國家，此類借款已從商業性質發展為政治援助，因此不應有所歧異。此前，孔祥熙對有關方案一直沒有提出異議。現在，在事情已成定局時，孔祥熙卻要求改變原議，陳光甫、胡適都感到很為難。13 日，陳光甫、胡適等商量後，復孔祥熙一電。25 日，胡適再致孔祥熙電稱："光甫與適此時實難如此翻覆，即向美當局開口，非但無益，徒使毛財

1 《中華民國重要史料初編》第 3 編，《戰時外交》（一），第 264 頁。
2 《胡適的日記》第 14 冊。

長與鍾斯諸人為難耳。"胡適並稱："適與光甫事事合作，深知此中困難"，要求孔祥熙速電陳光甫，按原議進行。[1] 27 日，孔祥熙復電胡適，不同意胡電"翻覆一說"，電稱："吾輩負人民之重託，謀國家之福利。就政治言，應因時制宜，利用機會，並非變卦；即兄等奉令磋商，亦不得認為翻覆也。"孔祥熙接著透露了秘密："弟個人對兩兄賢勞困難實情，極為深悉。情形如此，倘不有所磋商，勢必惹起各方誤會，參政會開會在即，更恐引起質詢，勢將無以為對。"孔祥熙特別說明："倘若言而無效，則我等責任已盡，亦屬問心無愧。送電奉商，實緣於此。""萬一以磋商為難，亦不必勉強。"[2] 孔祥熙既然只是一種姿態，陳光甫、胡適自然沒有認真對待的必要。19 日，胡適與陳光甫一同拜會赫爾。陳向赫爾報告第一次借款購貨及運售桐油情形，對他及毛根輊協助的盛意表示感謝。4 月 20 日，陳光甫打電話給胡適：《華錫借款合約》簽字了。

第二次借款成功，陳光甫即準備交卸回國。4 月 26 日，胡適、陳光甫與毛根輊一同會見羅斯福。陳光甫表示，第一次借款 2500 萬元已經用完，購買各物均蒙美國財政部專家特別指示襄助，成績尚好。陳並稱：離開中國已一年半，擬即回國，特來辭行。那天，羅斯福的興致非常好，對陳的工作表示滿意，要陳秋天早點回來。胡乘機感謝羅斯福一年半來對陳的特別好意。羅斯福笑著說："我是最看重外交部與大使館的；但我想，我的辦法似乎比較便捷一點吧！"胡適、陳光甫、毛根輊也都大笑。

5 月 3 日，陳光甫從紐約打電話向胡適告別，下午又打電報給胡適，內稱："Assuring you of our happiest recollection of our time together." 胡適和陳光甫共事 19 個月，此次分別，都很惆悵。胡適感到陳是 "很不易得的同事"，當日在日記中寫道："我和他都不求名利，都不貪功，都只為國家的安全，所以最相投。"[3] 同日，胡適致電陳布雷稱，陳光甫已於今日離開紐約西去，將於 5 月 15 日自舊金山乘輪返國，希望蔣介石能在其離美之前致電慰問。同日，蔣介石致電陳光甫稱："兩借美款，悉賴才力，厥功至偉，尤念勤勞。"[4] 胡適於 5 月 9 日

1　《胡適任駐美大使期間往來電稿》，第 33 頁。
2　《中華民國重要史料初編》第 3 編，《戰時外交》（一），第 269 頁。
3　《胡適的日記》第 14 冊。
4　《胡適任駐美大使期間往來電稿》，第 38 頁。

得知有此電，非常高興。

接替陳光甫的是宋子文。6 月 14 日，蔣介石派宋子文赴美，並授以代表中國政府在美商洽一切的全權。7 月 2 日，胡適陪宋會見鍾斯、赫爾等人。晚上，胡適到宋子文的旅館小坐。宋稱："總統既答應了幫忙，借款一定有望了。"胡適覺得宋過於樂觀，答稱："子文，你有不少長處，只沒有耐心！這事沒有這麼容易。"接著，宋子文又批評陳光甫負責的兩次借款條件太苛，胡適老實不客氣地說："我要 Warn（警告）你：第一，借款時間不能快。第二，借款條件不能比光甫的優多少！光甫的條件是在現行條件下，無法更優的。"[1] 胡適的這些話，宋子文聽起來自然很不悅耳。

陳光甫回國後，成為胡適的熱烈維護者。每遇說胡適壞話的，陳光甫就與之對抗。王世杰曾在致胡適函中說："兄自抵華盛頓使署以後，所謂進退問題，便幾無日不在傳說著。有的傳說，出於'公敵'；有的傳說，出於'小人'；有的傳說，也不是完全無根。同時與這些公敵或小人對抗的，也不少。譬如最近返國的陳光甫，就是一個。"[2]

五、胡適動員陳光甫出山

物換星移，轉眼到了 1947 年。

第二次世界大戰結束後，美國一直勸說蔣介石放棄一黨專政，接納自由主義份子，按照西方的模式改組政府，擴大社會基礎。蔣介石要爭取美援，不得不敷衍美國。1946 年 11 月 15 日至 12 月 25 日，國民黨在南京召開國民大會，通過《中華民國憲法》。次年 3 月 1 日，宋子文因治理金融無方，被迫辭去行政院長職務。同時，蔣介石內定政學系首領張群組閣，計劃吸收部分小黨派領袖和無黨派人士參加，胡適和陳光甫都在網羅之列。

還在 1 月中旬，蔣介石就就通過傅斯年向胡適打招呼，要請胡適出任國府委員兼考試院長。3 月 13 日，蔣介石邀胡適吃晚飯，飯前談話時，胡適要求蔣

---

1 《胡適的日記》第 14 冊。
2 《胡適來往書信選》（下），第 471—472 頁。

介石不要逼他加入政府，蔣稱：“如果國家不到萬不得已的時侯，我決不會勉強你。”其間，王世杰推薦胡適出任行政院院長。3 月 17 日，王世杰奉蔣介石命拜會胡適，聲稱不要胡適作行政院長了，只要求胡適作為無黨無派的一個代表，參加國民政府委員會。18 日，蔣介石再次找胡適談話，胡適想保持“超然獨立”身份，仍然推辭。19 日，胡適飛上海，計劃自滬返平。

蔣介石動員胡適的同時，張群也到滬動員陳光甫出任國府委員。陳表示不就國府委員一職，但願以個人之力幫助張群。在張群提出可能為財政方面的使命派陳去美國時，陳建議再次任命胡適出使華盛頓。他說：“這是最重要而且最關鍵的崗位中的一個，胡適能博得美國官方和公眾兩方面的尊敬。在美國，他是友好的源泉。美國人相信他。如果派他去華盛頓，他將殫精竭力地工作。”[1]

“至於我自己”，陳光甫附帶說，“我將樂於和胡適合作，嘗試再次尋求美國的經濟援助。作為老朋友，我將準備承擔您認為對我適合的任何緊急任務。”當晚，陳光甫到上海國際飯店胡適住處作了一次長談。胡適支持陳光甫出任國府委員。他說：

> 政府有意要你老大哥參加改組，我倒真覺得膽壯得多。光甫先生，我認為你對於國府委員這件事倒是值得考慮的。當今的問題，最嚴重的還是經濟問題，如果我胡適之懂得經濟，懂得財政，沒有問題的，我一定參加。

胡適又說：

> 今天是國家的緊要關頭，嚴重的程度可以和抗戰初期相比。在當時，不得已，政府請你我出來，到美國去。在今天，情形也還是如此。正如蔣先生說：非到萬不得已的時候，不會堅持要我們這班人出來。你和我，都還有點本錢。所以政府要向我們借債。抗戰初期，情形那樣的困難，政府不得不向我們借債，度難關；在今天，也還是如此，向我們借用我們的本

---

1 《回憶張群》（英文），陳光甫未刊稿，哥倫比亞大學珍本和手稿圖書館藏。

錢。從責任一方面看，我們是應該就範的。這並不是跳火坑，沒有那樣嚴重。

胡適並告訴陳光甫，這屆國府委員的壽命只有 9 個月，很快就要交卸，不必有過多顧慮。胡適接著又說：

> 當年你我在華府替政府做事，我們真是合作，因為你和我同是沒有半點私心，一心一意做我們的事。這次政府要你出來，擔任國府委員，也許還要請你再去美國多跑幾次，打通美國這條路。財政部的人是變了，不過財政部和進出口銀行都還有你的老朋友在。還有一點，請我們參加政府是最容易的，最便宜不過的，我們不會有任何條件的。

在 1946 年的國民大會和其後的國府改組中，青年黨、尤其是民社黨，要官要錢，鬧得頗為不堪。胡適對此很不滿，談起有關情況來，頻頻搖頭。接著，胡適說：

> 今天的大局，或者可以這樣看法：從整個的世界形勢來說，如今是美蘇對峙的局面，民主政治和集權政治的抗衡，沒有，也不會有真正的和平；所有的只是武裝和平 Armed peace。這是大宇宙，而中國是小宇宙，情形也一樣，最多只能做到一種國共對峙下的武裝和平，做不到一般人所希望的真正的和平與統一。唯一的希望是從這雙重的武裝和平中慢慢的產生一種方式，並且運用這方式逐步取得真正的世界和平。

這天晚上，胡適談興很濃，從"大宇宙"、"小宇宙"進而談到世界上的兩種政黨："英、美的政黨和獨裁國家的政黨"，又進一步談到國民黨。胡適說：

> 孫中山先生是受過英美思想薰陶的人。他樹立國民黨，原意要建立一個英美式的政黨。但是，同時他又看到蘇俄共產黨組織之嚴密，於是有民

國十三年的改組，希望採用共黨的優點。他的最終目的還是要創立一個類似第一種政黨，而採取第二種政黨部分的作風，於是乃有先訓政而後憲政之說。

也許胡適覺得話題拉得太遠了，於是，又拉回來，談起正在南京召開的國民黨六屆三中全會來，他說：

這次在南京召開的三中全會最重要的題目就是訓政結束，憲政開始。從國民黨本身的立場上來說，就是放棄它這許多年所掌握的政權，亦即所謂還政於民。要一個政黨吐出它已有的政權，不是一件容易的事。因為這是反自然的。政黨的目的是要取得政權，而不是放棄政權。所以這一次國民黨的還政於民，實在是有史以來，中外政黨史上從來未有的創舉。

胡適越說越興奮，又談起 1946 年的國民大會，評價起蔣介石來：

我相信蔣先生對於這件大事，他是有誠意，而且也有決心的。記得我在南京開國民大會，那真是雞群狗黨，什麼樣人都有的聚會。國民黨的極右、頑固份子，猖獗非凡，有幾天看情形簡直暗淡得很。蔣先生找這班人去，又是痛罵，又是哀求，希望他們要認清國大的意義。這樣才能有最後通過的憲法，而這憲法在大綱上是維持政治協商的原議的。這次在南京，蔣先生召我去見他。我曾對他說，他的一大錯誤就是在抗戰初期盡力拉攏政府中一般無黨無派的人如翁詠霓、公權、廷黻等入黨。蔣先生對於這一點也認錯。從那天的面談，我相信他對於結束訓政開始憲政的態度，是非常誠懇的。

胡適一向主張在中國實行英、美式的兩黨政治，他說：

現在中國最大的悲劇就是缺少一個第二政黨。我曾寫過一封信給毛澤東，力勸他領導中國共產黨做一個像美國的共和黨、英國的保守黨一樣的在野黨，這就是一個觀念上的錯誤，我沒有認清共產黨的本質，它根本是一個性質不同的政黨。要它變成英、美式的在野黨是不可能的。

說到這裏，胡適笑了笑：

中國今天缺少一個由陳光甫 finance 胡適之領導的政黨。[1]

胡適雄辯滔滔，說得陳光甫頗為動心。20 日下雨，去北平的飛機停航，胡適不得不再在上海滯留一天。他託人帶話給陳光甫：

如果到美國去，在那裏有郭泰祺先生，是他 Pennsylvania 的老同學，還有劉鍇，他們都可以像我當時在華盛頓一樣的幫他的忙。

這時，陳光甫雖已準備出任國府委員，但是，對於再次赴美爭取援助一事卻已經信心不足。第二天，陳光甫聽到別人轉達胡適的意思後，連連搖頭說：“不成！不成！今天的情形和當年大不相同了！”

4 月 17 日，蔣介石在南京宣佈改組後的國民政府委員會名單，陳光甫以“社會賢達”的資格入選。胡適架不住蔣介石的一再動員，曾一度準備接受，後來聽從傅斯年的勸告，拒絕了。

國民政府的改組只是換湯不換藥，自然不會有什麼起死回生的效力。蔣介石等人仍然把希望寄託在爭取大量美援上，11 月 2 日，胡適在《中央日報》上發表《援助與自助》一文，認為要爭取美援，最好是提出對方一定可以相信的財政專家，如陳光甫那樣的人來主持其事。陳讀到此文後，對秘書說：“闖禍了！”[2]同月 10 日，胡適致函陳光甫，提出爭取美援的具體方案。25 日，陳光甫復函胡適，認為美國對歐洲的援助是有條件的，其中最大的條件，就是要受

---

1 《胡適談話記錄》。
2 《徐大春致胡適》，《胡適來往書信選》（下），第 263 頁。

援國家放棄一部分傳統的主權觀念，如關稅自主，以及接受美國關於借款的管理等，但是這些在經過八年抗戰的中國根本做不到，因此，大量的美援也談不到。函稱：

> 老兄所提出的最好保證辦法固然可以替兩國解除不少的困難，但是，用中國人主持其事，假使蔣先生要錢用，又有誰能說沒有錢給他用。我恐怕只有美國人或許可以能說這樣的話，但是這豈不等於有損國家的尊嚴？

陳光甫同意胡適的設計，要建立某種機構，但他認為，這一機構的目的不在支配金錢，而在聯繫、溝通，增進中美雙方的瞭解，這就需要一位能夠從事東西文化交流，既懂得中國、又懂得美國的人出來擔任。陳光甫提出，這一人選非胡適莫屬。函稱：

> 你我二人好有一比：兄是金菩薩，滿腹文章，而我至多只是一尊泥菩薩而已。鎦金的泥菩薩也許還值錢，不鎦金的泥菩薩可就不值半文錢了。[1]

其後，陳光甫就反過來推薦胡適再度出任駐美大使。12 月 12 日，王世杰以"國家需要"為理由，要求胡適"再去美國走一趟"。胡適答以"老了。十年的差別，如今不比從前了。"又說："如對日和會在華盛頓開，我可以充一個團員，但大使是不敢做的了。"[2]

14 日，胡適與陳光甫同到王世杰寓所閒談，胡適才瞭解到，陳也是建議胡適再度出任駐美大使者之一。

國共兩黨之間的內戰在 1948 年間全面爆發，很快，國民黨就處於下風。敏感的人們已經意識到，國民黨在大陸的統治快要終結了。

1949 年 1 月 8 日，蔣介石勸胡適去美國，他說："我不要你做大使，也不

---

1 《胡適書信選》（下），北京中華書局 1980 年版，第 281 頁。
2 《胡適的日記》第 15 冊。

要你負什麼使命。例如爭取美援，不要你去做。我只要你出去看看。"[1] 15 日，胡適到上海，陳光甫邀請他住到上海銀行的招待所。當時，蔣介石已經下野，以李宗仁代行總統職權。李宗仁上台後，即高談和平，同時動員幾位在全國公眾中有影響的人物，組織"上海人民和平代表團"，去北平"敲開和平之門"。陳光甫也在被動員之列。胡適勸陳光甫不要參加代表團，說："除了顏惠慶，代表團沒有什麼重要人物，和他們一起去不值得，代表團不會有任何收穫。"[2]

六、晚年的接觸

胡適還是被蔣介石說動了。1949 年 3 月，胡適將家屬安置在台灣，於 4 月 6 日自上海登輪赴美；同月 27 日定居紐約。其後，陳光甫也離開大陸，到了曼谷。1949、1950 年 12 月，胡適 58、59 歲生日時，陳光甫都曾致電祝賀，但是，1950 年陳光甫慶祝 70 大壽時，胡適卻正在從洛杉磯飛赴紐約途中，未能有所表示。次年 2 月，胡適讀到陳光甫給任嗣達的長信，對陳的"達觀哲學"很佩服，於 3 月 1 日致函陳光甫云："我去年曾想用古人說的'功不唐捐'（'唐'是古白話的'空'，'捐'是廢棄）（No effort is ever in vain）的意思，寫一首詩祝老哥的大壽。匆匆之中，詩竟沒有寫成。現在看你信上說的'種子'哲學，使我記起我在 1919 年寫的一首詩，其中有這幾段，我抄在下一葉，博老哥一笑。"[3]

胡適所抄詩如下：

> 大樹被斫做柴燒，
>
> 樹根不久也爛完了。
>
> 斫樹的人很得意，
>
> 他覺得很平安了。

1 《胡適的日記》第 16 冊。

2 《關於和平使命的回憶》（英文），陳光甫未刊稿，哥倫比亞大學珍本和手稿圖書館藏。

3 吳相湘：《抗戰期間兩個過河卒子》，《傳記文學》17 卷 5 期。

但是那樹還有很多種子，

很小的種子，裹在有刺的殼兒裏，

上面蓋著枯葉，

葉上堆著白雪，

很小的東西，

誰也不在意。

雪消了，

枯葉被春風吹跑了。

那有刺的殼都裂開了，

每個上面長出兩瓣嫩葉，

笑迷迷的好象是說：

"我們又來了。"

過了許多年，

壩上田邊，都是大樹了，

辛苦的工人，在樹下乘涼，

聰明的小鳥在樹上歌唱，

那斫樹的人到那兒去了？

胡適的這首詩，嘲笑"斫樹人"，歌頌"種子"頑強的生命力，在陳光甫晚年時抄給他，大概是為了肯定陳一生的努力和業績吧！

　　陳光甫於 1954 年定居台灣，胡適於 1958 年返台，二人繼續往來。其間，胡適曾為陳光甫重寫《過河卒子》一詩，並且加了一段跋語：

　　光甫同我當時都在華盛頓為國家做點戰時工作，那是國家最危險的時期，故有"過河卒子"的話。八年後，在卅五年（1946）的國民大會期中，我為人寫了一些單條立幅，其中偶然寫了這四行小詩。後來共產黨的文人就用"過河卒子"一句話，加上很離奇的解釋，做攻擊我的材料。這最後兩行詩也就成了最著名的句子了。[1]

自 1954 年 11 月起，中國大陸曾掀起頗具聲勢的胡適思想批判運動，胡適對此極為不滿，跋語只是表達了小小的牢騷而已。

蔣介石與晚年胡適

一、胡適流亡美國，接到流亡台灣的蔣介石信函

1948 年，遼沈戰役勝利後，中國人民解放軍迅速入關，包圍北平。12 月 13 日，蔣介石特派代理教育部長陳雪屏北上，勸胡適早日南下。胡適留戀北大，不願立即離開這所與他的聲名、成就密切相關的學校。14 日，蔣介石派專機到北平來接胡適和清華大學校長梅貽琦等幾位學者。胡適將校事委託給湯用彤、鄭天挺等人。15 日，胡適與夫人江冬秀悵然離開北京的南苑機場，飛抵南京。16 日，二人一起到蔣介石官邸，參加招待晚餐。17 日，胡適參加在南京中央研究院院內召開的"北京大學五十週年校慶會"，非常感慨地一再聲稱："我是一名不名譽的逃兵"，"實在沒有面子再在這裏說話"。[2] 這一天是胡適 58 歲生日，當晚，胡適偕同江冬秀再到蔣介石官邸，參加為其祝賀生日的宴會。這以後的幾天中，有人建議胡適到外國去"替政府做些外援的工作"。胡適以極為懊喪的心情回答："這樣的國家，這樣的政府，我

1　胡適手跡，《陳光甫的一生》插頁，傳記文學出版社 1984 年版。
2　《胡適自認逃兵》，《申報》，1948 年 12 月 18 日；參見曹伯言、季維龍：《胡適年譜》，安徽教育出版社 1986 年版，第 701—702 頁。

怎樣抬得起頭來向外人說話！"[1]

1949 年 1 月 1 日，胡適在南京度過元旦，心情自然非常不好，日記云："在南京作'逃兵'，作難民，已十七日了！"[2] 1 月 8 日晚，胡適在蔣介石官邸吃晚飯。蔣介石仍勸胡適去美國。他說："我不要你做大使，也不要你負什麼使命。例如爭取美援，不要你去做。我止要你出去看看。"[3]

3 月下旬，胡適應邀到台灣住了七天，做過一次題為《中國文化裏的自由主義傳統》的報告，其中談到古代的"諫官"和史官。他說："古代的這種諫官制度，可以說是自由主義的一種傳統，就是批評政治的自由。此外，在中國古代還有一種史官，就是記載君主的行動，記載君主所行所為以留給千千萬萬年後的人知道。"又說："古代的史官，正如現代的記者，批評政治，使為政者有所畏懼，這卻充份表示言論的自由。"報告最後，胡適稱："自由不是奢侈品，而是必需品。"[4]

4 月 6 日，胡適從上海乘輪離開中國。14 日夜，為《陳獨秀的最後見解》一書寫序，稱道陳獨秀在 1940 年提出的一個觀點："保持了資產階級民主，然後才有道路走向大眾的民主。"胡適轉述陳獨秀的觀點稱："近代民主制的內容，不盡為資產階級歡迎，而是幾千萬民眾流血鬥爭五六百年才實現的。'無產階級民主'的具體內容和資產階級民主同樣要求一切公民都有集會、結社、言論、出版、罷工之自由。""輕率的把民主制和資產階級統治一同推翻，以獨裁代替了民主，民主的基本內容被推翻了，所謂'無產階級民主'、'大眾民主'只是一些無實際內容的空洞名詞，一種門面而已。"[5] 文中，胡適稱陳獨秀為"死友"，稱陳對於民主、自由的見解，是他"沉思熟慮了六七年"的結論，"很值得我們大家仔細想想"。

4 月 21 日，胡適抵達美國西海岸的舊金山，接過新聞記者遞過來的報紙，頭條大字是"中國和談破裂"、"共軍渡江"等消息。他對坐小汽輪到大船來採

1　胡頌平：《胡適之先生年譜長編初稿》第 6 冊，第 2065 頁。
2　《胡適的日記》（手稿本），第 16 冊，1949 年 1 月 1 日。
3　《胡適的日記》（手稿本），第 16 冊，1949 年 1 月 8 日。
4　胡頌平：《胡適之先生年譜長編初稿》第 6 冊，第 2080—2081 頁。
5　胡頌平：《胡適之先生年譜長編初稿》第 6 冊，第 2085—2091 頁。

訪、搶新聞的記者說：“我願意用我道義力量來支持蔣介石先生的政府。”“我的道義的支持也許不值得什麼，但我說的話是誠心。因為我們若不支持這個政府，還有什麼政府可以支持。如果這個政府垮了，我到哪兒去！”[1] 4 月 27 日，胡適到達東海岸的紐約，住進東 81 街 104 號。這是胡適卸去駐美大使職務後租住過的老舊公寓。這時，國民黨的軍隊已撤出南京，有美國朋友問胡適，胡答：“不管局勢如何艱難，我始終是堅定的用道義支持蔣總統的。”[2] 其後，胡適接到來自台灣的蔣介石的一封信，中稱：

> 此時所缺乏而急需於美者，不在物質，而在其精神與道義之聲援。故現時對美外交之重點，應特別注意於其不承認中共政權為其第一要務。至於實際援助，則尚在其次也。對於進行方法，行政與立法兩途，但仍以行政為正途，且應以此為主務，望先生協助少川大使，多加功夫為盼。[3]

末署 5 月 28 日。少川，指顧維鈞，民國外交家，1945 年 6 月，代表中國出席舊金山會議，參加《聯合國憲章》起草，並在《聯合國憲章》上簽字，其後任國民政府駐聯合國代表。蔣介石 1949 年 5 月 29 日日記云：“覆核胡適之、魏德邁、顧少川、陳之邁等各函”，據此可證蔣介石核發時間為寫作此函後的第二天。

蔣介石於 1949 年 1 月 21 日宣佈引退，當日離開南京到達杭州。次日，回到奉化溪口。4 月 25 日，蔣介石離開溪口到上海，在復興島召見顧祝同、湯恩伯等 “戰將”，商議防守上海策略。4 月 27 日，蔣介石發表文告，宣稱要奮鬥到底。5 月 2 日，李宗仁與白崇禧、居正等會談，提出蔣介石如不願復職，即應出國。蔣介石拒絕出國，答以自此 “遁世遠引”，“對於政治一切不復聞問”。[4] 5 月 7 日，蔣介石乘輪離開上海，經普陀、舟山。5 月 17 日，飛到澎湖馬公

1 《胡適的日記》(手稿本)，第 18 冊，1960 年 11 月 18 日。
2 胡頌平：《胡適之先生年譜長編初稿》第 6 冊，第 2092—2093 頁。
3 台北胡適紀念館存，陳漱渝：《飄零的落葉》，《新文學史料》，1991 年第 4 期。
4 參見拙作《李宗仁的索權逐蔣計劃》，《尋求歷史的謎底》，首都師範大學出版社 1993 年版，第 628—638 頁。

島。5 月 26 日，抵達台灣南部的高雄。從時間上看，蔣介石致胡適 5 月 28 日函寫於到達高雄之後。他當時在台灣剛剛立足，正在部署各事。其急務是，維持美國對於一再遷移、流亡的中華民國政權的承認，也阻止世界各國承認中共即將成立的新政權。蔣介石在此時寫信給胡適，目的是要胡適在美國配合顧維鈞，達成其外交目標。

事實表明，蔣介石答李宗仁所稱"遁世遠引"、"不復聞問"政治云云，都是假話。6 月 11 日，國民黨中央常務委員會提出成立中央非常委員會，以蔣介石、李宗仁等 12 人為委員。同日，國民黨中央政治會議決定成立最高決策委員會，以蔣介石為主席、李宗仁為副。這樣，蔣介石就又從後台站到了前台。6 月 24 日，蔣介石到台北，住到草山（陽明山）。7 月 1 日，成立總裁辦公室。10 月中旬，國民黨政府再遷重慶。11 月 14 日，蔣介石自台北飛渝，謀劃割據西南，抗拒中共大軍的進攻。12 月 8 日，國民黨政府"遷都"台北。10 日，蔣介石飛離成都，也撤至台北。其後，流亡台灣的蔣介石政權逐漸安定下來，重新打鼓開張。1950 年 3 月 1 日，蔣介石在台北復"總統"職，閻錫山"內閣"辭職，陳誠出任"行政院長"，形成蔣陳體制。

國民黨中央黨部及其政府機構"行政院"早在 1949 年 2 月即由南京遷到廣州。當年 6 月 12 日，流亡廣州的新任"行政院長"閻錫山發表胡適為外交部部長。6 月，閻錫山出任"行政院長"，蔣介石曾助閻，勸胡出任"外交部長"。胡適仔細考慮了七八天之後，認為以私人地位在紐約"為國家辯冤白謗，實更有力量"。[1] 6 月 21 日，胡適致電懇辭職務，但國民黨政府不讓胡適對外宣佈。[2]

同月 23 日，胡適在紐約會見美國助理國務卿臘斯克，聲稱由於缺乏美國海軍的支持，中國大陸已淪陷於共產黨之手，並且造成了遠東的緊張局勢。胡稱，美國國會雖然通過了為數不多的七千五百萬元的軍事援助，用於"中國地帶"，但杜魯門總統從未對中國花過其中一分錢。臘斯克向胡適詢問"自由中國運動"的情況，胡適答道，作為一個平民，無論他本人的聲望在這裏有多高，但他沒有絲毫權力。由於沒有權力，他不能領導任何運動或組織政府。胡適

1　《致葉公超、董顯光電》，胡頌平：《胡適之先生年譜長編初稿》增補版，第 6 冊，第 2095 頁。
2　胡頌平：《胡適之先生年譜長編初稿》增補版，第 6 冊，第 2095 頁。

承認蔣介石是唯一的領袖，但在美國國務院的心目中，蔣介石是“不受歡迎的人”。[1]

當時，在美國的宋子文與蔣廷黻商量，隨後並致電蔣介石，建議胡適出任行政院副院長，留美一個月，與美國政府洽商，然後回台灣就任行政院長。6月27日，蔣介石復電稱：“甚望適之先生能先回國，再商一切。”[2] 30日，胡適致電蔣介石，聲稱“宋子文電所言，我從未贊成，亦決不贊成”[3]。

這一時期，胡適很苦悶，自稱“百憂交迫”[4]。8月5日，美國國務院公佈《中美關係白皮書》，其中詳述抗戰末期以來美國政府的扶蔣反共政策及其失敗的過程，為“棄蔣”做準備。胡適不喜歡美國國務院公佈的這份官方文件，有5個月不去美國首都華盛頓。8月16日，他給老朋友趙元任夫婦寫信，自稱不願意久居外國，特別是讀了美國政府的《白皮書》之後，更不願意留在國外教書。他告訴老朋友，要回台灣，做點能做的事，不做官，也不弄考據，也許寫文章，也許講演，或者兩項都來。[5]

12月中旬，胡適因事去華盛頓，沒有去訪問美國政府中人，也沒有訪問國會中人。

胡適住進紐約老公寓後不久，夫人江冬秀也於6月9日到此聚會。胡適一面閉門著書，繼續考證《水經注》，一面協助夫人，做點家務。直到第2年7月1日，胡適才在普林斯頓大學謀得葛思德東方圖書館館長一職。葛思德是該館創始者和捐書人，所捐圖書中有包括手抄本《水經注疏》在內的大量中文古籍，該館便聘請胡適來清理並管理這批圖書。管理人員實際只有兩人。

12月17日，胡適在紐約過生日。蔣介石寫信給胡適，為他祝壽，勸他回台灣。胡適本想去台灣看看，因事難以分身，又因心臟病發作，婉謝了蔣介石的邀請。[6] 12月20日，胡適的學生、好友、台灣大學校長傅斯年因腦溢血突然逝世。26日，當時擔任“行政院長”的陳誠致電胡適，聲稱蔣介石和自己都希

1 《顧維鈞回憶錄》第8冊，北京中華書局1989年版，第55—56頁。
2 《胡適的日記》（手稿本），第16冊，1949年6月29日。
3 《胡適的日記》（手稿本），第16冊，1949年6月30日。
4 胡頌平：《胡適之先生年譜長編初稿》增補版，第6冊，第2100頁。
5 胡頌平：《胡適之先生年譜長編初稿》增補版，第6冊，第2098—2099頁。
6 胡頌平：《胡適之先生年譜長編初稿》增補版，第6冊，第2154頁。

望胡"回國領導",胡適認為傅斯年在掌管台大期間,勵精圖治,已有良好基礎,便推薦年富力壯的台灣大學化學系教授兼教務長錢思亮繼任。

胡適的館長任期是兩年,至 1952 年 6 月 30 日期滿,續任該館的終身榮譽館長,不支薪水。[1]

二、胡適支持雷震創辦《自由中國》半月刊,主張"用負責態度批評實際政治"

1949 年 1 月,蔣介石宣佈引退下野。原政協秘書長雷震(字儆寰)即與胡適等人在上海商議,創辦一份宣揚自由與民主的刊物。胡適提議仿照戴高樂1940 年宣導《自由法國》的前例,為刊物取名《自由中國》。11 月 20 日,刊物在台北面世,半月一期,雷震任社長,台灣大學教授毛子水任總編輯,胡適當時因在美國,只擔任掛名的發行人。刊物發刊詞稱:以"思想自由"為原則,"棄黑暗而趨光明,斥集權而信民主"。胡適所寫《〈自由中國〉的宗旨》共四條,"第一:我們要向全國國民宣傳自由與民主的真實價值,並且要督促政府(各級的政府),切實改革政治經濟,努力建立自由、民主的社會。第二,我們要支持並促督政府用種種力量抵抗共產黨鐵幕之下剝奪一切自由的極權政治,不讓它擴張它的勢力範圍。第三,我們要盡我們的努力,援助淪陷區域的同胞,幫助他們早日恢復自由。第四,我們最後的目標是要使整個中華民國成為自由的中國。"[2] 這四條宗旨說明,胡適既堅持民主主義、自由主義,又極端仇共、反共。它本是胡適在從上海到檀香山的輪船上寫的,寄給雷震、杭立武等幾個人,請他們修改,他們都沒改,就登在《自由中國》的第一期上。後來每一期都登,成為該刊不變的宗旨。[3]

創刊號上,還刊登了胡適 1941 年 7 月在美國密西根大學的講演《民主與極權的衝突》。胡適認為,這是"急進革命的方法,與漸進改善的方法之衝突",

---

1　《胡適的暗淡歲月》,周質平:《光焰不息 —— 胡適思想與現代中國》,九州出版社 2012 年版,第 375 — 395 頁。

2　《自由中國》創刊號。

3　胡頌平:《胡適之先生年譜長編初稿》第 6 冊,第 2107 頁。

也是“企圖強制劃一，與自由發展的衝突”。胡適強調，“為民主的生活方式和民主的制度辯護，須對於健全的個人主義，具有清楚的瞭解，必須對於民主主義的遲緩漸進改善的重要性，具有深刻的認識。進步是日積月累的，如果個人不能自由發展，便談不到文明。”這篇文章很典型地表現了胡適的思想特質：崇尚改良、崇尚漸進，反對革命。他提倡“健全的個人主義”，顯然認識到了只強調“個人主義”有局限，會發生偏頗和危害，企圖有所匡正。

《自由中國》編委共 11 人，大體上屬於國民黨體制內的改革派，一開始曾得到國民黨高層的鼓勵和資助，也得到美國亞洲協會的支持。不過很快，《自由中國》就因其言論得罪了國民黨當局。

1951 年初，雷震在黨務改造會議中提出廢除軍隊黨部和學校中三民主義課程，受到蔣介石的嚴厲指責。6 月 1 日，《自由中國》發表編委夏道平所寫《政府不可誘民入罪》，批評保安司令部經濟檢查人員釣魚執法，藉此獲取巨額獎金。保安司令部副司令彭孟緝認為該文“侮辱”了保安司令部，呈請台灣省長吳國楨抓捕編輯，以刊物的名義道歉。胡適認為《政府不可誘民入罪》一文“有事實，有膽氣”，是該刊“出版以來數一數二的好文字”。8 月 11 日，胡適致函雷震，認為“《自由中國》不能有言論自由，不能用負責態度批評實際政治，這是台灣政治的最大恥辱”。他決定辭去“發行人”的銜名，用以表示對“軍事機關”干涉言論自由的抗議。9 月 1 日，該函在《自由中國》5 卷 5 期刊出。不過後來，胡適一直支持並指導《自由中國》的編輯。

蔣介石對《自由中國》刊發胡適來函非常生氣。9 月 4 日，國民黨改造委員會設計委員會主任蕭自誠召開會議，批評雷震發表胡適來函是“搗亂”。1951 年，雷震曾被蔣介石派赴香港，慰問從大陸逃亡到當地的反共人士，彭孟緝即誣指雷震的香港之行“涉嫌套匯”。9 月 5 日，保安司令部向雷震發出傳票。9 月 6 日，國民黨改造委員會紀律委員會以“代電”指責雷震在《自由中國》發表胡適私信，“有損我國在國際上的威信”，“事先既未報告”，又復違反本黨改造後“一切透過組織”的原則，已經改造委員會核議，並經“總裁”指示，“違反黨紀部分交紀律委員會議處”。9 月 7 日，雷震得知蔣介石認為雷震不配做黨員，要開除其黨籍，陳誠反對，改為警告。9 月 15 日，雷震提出《答辯書》：

1. 胡適來函是對自由中國出版社全體同人說話，不得視為 "私函"。

2.《自由中國》原有編委 11 人，"代電" 所稱 "本黨黨員雷震所主編"，並非事實。

3. 函件是 "胡先生決心要發表的"，本社同人只有 "遵辦"。台灣 "苟尚有發表言論之自由，則胡先生之負責的言論，自無不應發表之理"。

4. 胡先生並非不瞭解台灣的 "實際情形"。倘胡先生真能明瞭本刊在社論發表後所受威脅，其憤慨 "恐尚不止此"。

5. "一個政府在國際的信譽之高低，端在於其實際的施政如何。" 胡先生此函如合乎事實，政府許可發表，尊重言論自由，將可恢復國際信譽。

6. "一切透過組織" 的原則，不知何所根據？遍查《改造綱要》，在 "一元領導" 下有 "一切通過組織，組織決定一切" 字樣，應有的解釋是 "指領導而言"，不許本黨今後再有派系之分，並非 "黨員之衣食住行及其他一切日常行動均須通過組織"。

7. 掩蔽事實而又不加以矯正，則民主、法治之基礎何以樹立？人民之福利及國家社會之進步何從而獲得？

按照國民黨人的習慣思維，國民黨是真理化身，最高、最神聖，一切必須通過國民黨，服從國民黨，經過國民黨的批准。現在《自由中國》卻抬出一個 "胡先生" 來與國民黨相抗，與黨的領袖 ——"總裁" 相抗，事前不報告，自行其是，豈非大逆不道！如何可以允許？

國民黨與《自由中國》的矛盾日漸加深，軍隊、機關、學校禁止閱覽，拒絕訂閱，印刷廠多次拒印。《自由中國》在其創刊時曾得到美國方面的財政支援。1957 年 8 月 31 日，蔣介石 "切戒" 美國 "公使銜代辦" 藍欽（Karl L. Rankin）津貼《自由中國》。[1] 1958 年 4 月 3 日，蔣介石突然聲稱《自由中國》為 "反動刊物"，下令禁止美國《自由亞洲協會》給與其資助。[2]

---

1 《蔣介石日記》，1957 年 8 月 31 日。
2 《蔣介石日記》，1958 年 4 月 3 日。

三、胡適向國民黨"七全大會"提出五點希望

對於以蔣介石為首的國民黨政權，胡適既失望，又關心。1950 年，他在美國，曾和顧維鈞談起國民黨是"庸人黨"或"耗子窩"，建議蔣介石擺脫"國民黨總裁"職務。[1] 1951 年 9 月 14 日，胡適聽說國民黨將在 10 月 10 日召開第七次全國代表大會，便寫了封八頁長信給蔣介石，希望國民黨有大改變。函稱：這"是一個難得的機會"，蔣介石"應有明白的表示"：

1. 表示民主政治必須建立在每個政黨並立的基礎之上，而行憲四、五（年）來未能樹立這基礎，是由於國民黨未能拋棄"黨內無派，黨外無黨"的心理習慣。

2. 表示國民黨應廢止總裁制。

3. 表示國民黨可以自由分化，成為獨立的幾個黨。

4. 表示國民黨誠心培植言論自由。言論自由不是憲法上的一句空話，必須由政府和當國的黨明白表示，願意容忍一切具體政策的批評。並須表示，無論是孫中山、蔣介石，無論是三民主義、五權憲法，都可以作批評的對象。（今日憲法的種種弊病，都由國民黨當日不容許我們批評孫中山幾個政治主張，例如國民大會制、五權憲法。）

5. 當此時期召開國民黨大會，不可不有愷切的"罪己"的表示。國民黨要"罪己"，我公也要"罪己"。愈能懇切"罪己"，愈能得國人的原諒，愈能得世人的原諒。但"罪己"的話不可單說給黨員聽，要說給全台人民聽，給大陸上人民聽。

最後，胡適向蔣介石講了土耳其 1950 年 5 月 16 日大選的故事，自稱這是他離開中國三年半之中"最受感動的一條新聞"：凱末爾（Kamal）手創的共和國民黨專政二十七年，在大選中失敗，僅得議會中 487 席的 69 席，而曾任經濟

---

1 《顧維鈞回憶錄》第 8 冊，第 57 頁。

部長、國務總理拜亞爾（Gelal Bayar）在 1945 年創立的民主黨卻獲得大勝利，得到 408 席，佔議會的百分之八十四。胡適認為："這是土耳其六百年中第一次尊從民意，和平的轉移政權。"

在胡適看來，台灣必須走"西方民主"道路，實行"真正的民主化政策"，建議學習土耳其，通過民主選舉，和平轉移政權。這一意見，他在美國也和顧維鈞談過。[1] 這是胡適多年形成的老觀念，所以他向蔣介石建議，將國民黨分化成幾個"小黨"，形成幾個政黨"並立"的局面，同時取消黨魁的個人專斷和獨裁，即所謂"總裁制"。當然，胡適也念念不忘實行他長期夢想的"言論自由"，個人有過問政治、批評政治的自由。

9 月 23 日，蔣介石收到胡適的上述長函，對其他意見並未重視，倒是抓住重點，只在日記中寫了一段話："建議本黨應照土耳其，分為兩黨的辦法。此其書生之見，不知彼此環境與現狀完全不同也。中國學者往往如此，所以建國無成也。"[2] 蔣介石還是覺得他多年來形成的一套老辦法適合中國國情：以黨治國、一黨專政、領袖獨裁。自然，他覺得胡適的意見是"書生意見"，不適合中國的"環境與現狀"。

蔣介石入台後，首先抓的是國民黨，他覺得，老的國民黨不行了，要改造。

1949 年蔣介石下野之後，即產生改造國民黨的思想。其 12 月 15 日日記提出："此時若不能將現在的黨徹底改造，決無法擔負革命工作之效能也。" 1950 年 3 月 1 日，蔣介石在台北復行"總統"職權。7 月 26 日，蔣介石以國民黨總裁身份宣佈中央評議委員 25 人及中央改造委員 16 人名單。其中，中央評議委員的職責為"對黨的改造負督導與監督之責"，中央改造委員會在改造期間居於最高黨部的地位。1950 年 10 月至 1951 年 10 月，蔣介石先後在台灣推行"革命實踐"與"反共抗俄總動員"兩大運動。5 月 29 日，國民黨中央改造委員認為"黨的改造"已經完成，議決於 10 月 10 日召開第七次全國代表大會。

國民黨第七次全國代表大會給了胡適以希望，遂有上書蔣介石之舉。這次會議於 10 月 11 日開幕，30 日閉幕，大唱"反共抗俄"高調，除選出"總裁提

1　《顧維鈞回憶錄》第 8 冊，第 58 頁。
2　《蔣介石日記》，1952 年 9 月 23 日。

名"的新的中央委員 32 人年齡較輕之外，並無胡適所希望的"大改變"。

由於對"七全大會"和國民黨的"改造"失望，胡適遂逐漸形成並提出"毀黨救國"思想。

四、胡適回台，向蔣介石提出"逆耳"之言

台灣大學和台灣師範學院邀請胡適講學。1952 年 11 月 19 日，胡適從美國飛抵台北，蔣經國、王世杰、何應欽、朱家驊、程天放以及台灣大學校長錢思亮等一批黨、政、文化界要人到機場迎接。蔣介石也派了代表到機場歡迎。胡適被擠得寸步難行，笑稱"今天好像是做新娘子"。下午舉行記者招待會，回答"美國輿論是否轉而支持自由中國"、"韓戰和談前途如何"、"對大陸清算胡適思想為什麼不做聲"等各種各樣的問題。胡適稱自己已經婉謝了各種長期講學或教授職務，今後要完成《中國哲學史》、《中國白話文學史》以及《水經注》研究等未完成的著作。談話中，胡適也不忘"擁護國民政府和蔣介石的意志始終不渝"之類的表態。當晚，蔣介石邀請胡適共進晚餐。12 月 12 日，蔣介石邀約已經出任台灣省教育廳廳長的陳雪屏談話，專門研究胡適此次回台的遊覽和招待問題。

12 月 13 日上午十時，胡適會見蔣介石，首談對台灣政治和"議會"的感想，蔣介石這一時期越來越熱衷於個人專權。10 月 10 日至 20 日，國民黨召開"第七次全國代表大會"，蔣介石主張國民黨中央委員選舉，其候選人必須由"總裁核定"，認為"此權比任何權力更為重要"[1]，因此，對胡適所言仍然不感興趣，稱之為"民主、自由高調"。接著，胡適稱："我國必須與民主國家一致，方能並肩作戰，感情融洽，以國家生命全在於自由陣線之之中。"胡適的意思是要台灣當局追隨美國，和美國保持一致。蔣介石一直認為，自己之所以失敗，在於美國杜魯門政府對國民黨政權的政策變化。據此，他說："凡西方各國，皆無公理與人道可言，更無所謂公法與國交可言。"[2]據此，他教訓胡適說：

---

1 《蔣介石日記》，1952 年 12 月 14 日。
2 《蔣介石日記》，1952 年 1 月 14 日。

"第二次世界大戰民主陣線勝利，我在民主陣線中犧牲最大，但最後仍要被賣亡國也。"蔣介石認為胡適的說法是"書生之思想言行"，迂闊、無用，覺得這批人"被中共'侮辱、殘殺'，亦有其原由"，"彼之今日，猶得在台高唱無意識之自由，不自知其最難得之幸運而竟忘其所以然也。"[1]蔣介石的內心不僅不以胡適的話為然，而且還有點嘲笑和挖苦的意思。

1953 年 1 月 16 日，胡適即將返美，當晚，蔣介石設宴為之餞行。胡適自稱："談了共兩點鐘，我說了一點逆耳的話，他居然容受了。"胡適的話聽起來確實"逆耳"：

> 台灣今日實無言論自由。第一，無一人敢批評彭孟緝。第二，無一語批評蔣經國。第三，無一語批評蔣總統。所謂無言論自由，是"盡在不言中"也。

在各種"自由"中，胡適最重視的是"言論自由"，特別是批評黨、政、軍領導大員的"自由"。彭孟緝歷任副參謀總長、陸軍總司令兼台灣防衛總司令；蔣經國到台灣初期，即擔任國民黨省黨部主任委員、"國防部"總政治部主任；蔣介石則是國民黨當局的最高領導人。胡適要求國民黨當局允許台灣人民批評這三個人，顯然與《自由中國》因發表夏道平的文章而受到批評有關。

"憲法只許總統有減刑與特赦之權，絕無加刑之權。而總統屢次加刑，是違憲甚明。然整個政府無一人敢向政府如此說！"胡適認為憲法必須人人遵守，雖總統亦不能例外。蔣介石到台灣後，屢次加刑，強化鎮壓力度。胡適對此不滿，將批評的矛頭接指向蔣介石。

"總統必須有諍臣一百人，最好是一千人。開放言論自由，即是自己樹立諍臣千百人也。"在將批評的矛頭指向蔣介石之後，胡適向蔣介石建議，最好要有一千個"諍臣"，即一千個敢於對自己提出不同意見的人。

對於胡適的這些話，蔣介石沒有反駁。他問胡適："召開國民大會有什麼事

1　《蔣介石日記》，1952 年 12 月 13 日。

可做？"

"當然是選舉總統與副總統呀！"胡適答道。

"這一屆國民大會可以兩次選總統嗎？"

"當然可以。"胡適答道。"此屆國大是民國三十七年 3 月 29 日召集，總統任期到明年（民國四十三年）5 月 20 日為滿任，2 月 20 日必須選出總統與副總統，故正在此第一屆任期之中。"

"請你早點回來，我是最怕開會的。"

"難道他們真估計可以不要憲法了嗎？"蔣介石的最後一段話使胡適很驚異。如果不開會，如何討論各類大事？如何選舉總統與副總統？

五、胡適選舉蔣介石為"第二任總統"

1953 年 1 月 17 日，胡適離開台北，經日本返美。此後，一直到 1954 年 2 月國民黨當局在台灣召開"國民大會"一屆二次大會，胡適才再次回到台北。

國民黨將"制憲"和"行憲"分為兩個階段。1946 年 11 月 15 日至 12 月 15 日，國民黨當局在南京召開國民大會，制訂《中華民國憲法》，當時中國共產黨和民主同盟拒絕參加。1948 年 3 月 29 日至 5 月 1 日，國民黨當局宣稱實行憲法，在南京召開"行憲國民大會"。4 月 19 日，蔣介石當選為中華民國第一任總統。

國民黨遷台後，按照原來的規定，應於 1954 年 2 月召開"國民會議"二次會議，選舉中華民國第二任"總統"。當月 14 日，國民黨在台北召開第七屆中央委員會臨時全會，推舉"總統"候選人。蔣介石計劃在會上發言，說明"本人之性格與長處，不應為總統，而願任副總統或行政院長"。至於"總統"，蔣介石的建議是"黨外為于（右任），黨外為胡（適）。"

2 月 15 日，七屆中央委員會臨時全會開幕，蔣介石致詞。其內容為（說明）"本人不可再任（總統）之理由與性質不宜之缺點"。黨內候選人，蔣介石提名于右任；黨外候選人，蔣介石提名胡適。蔣介石特別說明："以上屆本約邀其為候選人，而未能如約提出之故也。"

按照 1946 年國民大會通過的《中華民國憲法》，當時的政權採取內閣制，行政院為國家最高行政機構，總統雖位居元首，代表國家，但只是虛位，權力受到很多限制，蔣介石不喜歡做"虛位"總統。1948 年 3 月底，國民黨召開行憲國民大會，選舉總統。蔣介石一度想推薦胡適出面掛個虛名，自己出任參謀總長或行政院長，掌握實權。蔣介石通過王世杰傳話，要胡適出來競選。胡適一度認為"這是一個很聰明、很偉大的見解，可以一新國內外的耳目"，表示"接受"，但第二天即取消"接受"。[1] 4 月 18 日，會議通過臨時制訂的《動員戡亂時期臨時條款》，空前地擴大了總統權力，蔣介石才不再演戲，同意參選並高票當選。蔣介石日記所稱"上屆"之"約"，即指 1948 年推舉胡適為總統候選人之事。這一次，蔣介石又想故伎重演，以于右任、胡適為幌子，而實際上還想自己當。

1956 年 2 月 16 日，參加會議的第七屆中央委員 31 名投票者中，蔣介石以 30 票被推舉為"總統"候選人。[2]

2 月 18 日，胡適自美國回到台北，參加"國民大會"第一屆第二次會議。

2 月 19 日，"國民大會"一屆二次會議在台北中山堂開幕，胡適任主席。他在演說中聲稱：這是"國家歷史上空前的大危難時期"，必須"維持憲法的法統"。[3] 蔣介石在開幕詞中承認國民黨當局當時掌控的土地"只有台灣一省，與幾百個沿海島嶼"，處於"空前未有的大變局"中，但是，蔣介石除了一兩句"惶恐誠不知所措"、"期贖罪愆"的空話外，並沒有說一句自責語言。[4] 3 月 25 日的《閉幕詞》雖然也高喊"民主的本質，就是平等與自由"，但是強調的重點卻是"守法與守分"。

3 月 20 日，選舉"第二任總統"。為了擺出競選的樣子，除蔣介石外，會議還推出了另一個候選人徐傅霖，結果二人都未超過半數，至 3 月 22 日舉行第二次選舉，蔣介石才得以當選。胡適當即對記者表示"百分之一百的贊成"。他說："今後六年，是國家、民族最艱難困苦的階段，只有蔣先生才能克服一切

1　曹伯言：《胡適日記全集》第 8 冊，第 354 頁。
2　《蔣介石日記》，1954 年 2 月 15 日。
3　台北《中央日報》，1954 年 2 月 19 日。
4　《對第一屆國民大會第二次會議報告詞》，《總統蔣公思想言論總集》第 26 卷，第 17—21 頁。

困難。"3 月 23 日,選舉"副總統"。陳誠與擺樣子的石志泉都未達到法定票數,至 24 日,才將陳誠選出,胡適立即表示擁護,聲稱"正中下懷"。

這次會議,胡適備受尊崇。2 月 21 日,蔣介石在日記中特別記載稱:"午宴胡適之、于斌等代表。"22 日,胡適受蔣介石之邀,參加閱兵式觀禮。24 日,胡適被選為會議主席團主席之一,可謂備極榮光。

胡適主張"無條件的自由"。3 月 17 日,他在台北"聯合國中國同志會"第九十次座談會上發表演講,題為《美國的民主制度》。他說:"民主的第一要件,是人民有控制政府的權,政權的轉移,不靠暴力,不靠武力的革命,而靠人民多數投票的表決。"他認為,在美國的民主制度下,人民的基本自由,都是可以說是無條件的。"[1]

3 月 28 日,他在台北市外勤記者聯誼會上批評台灣新聞界"爭取獨立新聞的精神不夠",特別向台灣記者介紹了美國名報人普立玄的"十大信條",如:要為進步奮鬥,為革新奮鬥;決不容忍貪污,決不容忍不公平;決不隸屬於任何政黨;反對用激烈的言詞,來煽動民眾的政客;反對享有特權的階級,反對一切掠奪公眾的人;對於貧苦的人,決不可缺乏同情;永遠忠心於公眾的福利;永遠要極度的獨立等。胡適講這段話,是要台灣新聞界不要成為台灣蔣介石集團的附庸,努力為社會的進步和革新工作,報告末尾,胡適答復記者提問時強調,政府應"在國內去努力做到使不滿意的人們感到滿意,使批評的人轉而讚美","最重要的,仍是由政府朝別人批評的方面去改革"。[2] 4 月 5 日,胡適離台,飛往東京,轉飛美國。這一次,胡適在台北住了 46 天半。他在機場答復記者說:"我希望更進一步實施憲政。我們的這部憲法很不錯,尤其是第二章第八至第十八條規定(關於人民權利之規定),可以說是無條件的。"又說:"我認為無條件的自由,是沒有什麼危險的。"[3] 4 月 7 日,他在東京發表談話,聲稱"戰時控制"常常會阻礙"更多的民主改革及自由",但是,蔣介石及其顧問、部屬們在這些方面的努力,卻"是最有誠意的"。[4]

1　台北《大陸雜誌》8 卷 6 期。
2　胡頌平:《胡適之先生年譜長編初稿》第 7 冊,第 2414—2415 頁。
3　台北《中央日報》,1954 年 4 月 8 日。
4　台北《中央日報》,1954 年 4 月 8 日。

蔣介石流亡台灣後，有些事大體上按照"民主"程序辦，因此，胡適表示滿意。但是，也有若干事，並不按"民主"程序，甚至根本不按程序辦事。例如，蔣介石初到高雄，就利用蔣經國和彭孟緝實行特務統治。1950 年至 1954 年肆意濫捕，監禁 8000 人，槍決 3009 人，一時形成"白色恐怖"。蔣介石的這些舉措，受到曾經留學美國，歷任重慶、武漢、上海等市市長的吳國楨的反對。1949 年 12 月，蔣介石迫於美國的壓力，任命吳國楨為台灣省主席。此後，吳國楨和蔣介石父子之間的矛盾加深，於 1953 年出走美國。1954 年 6 月 29 日，吳國楨在美國《展望》雜誌發表《美援在台灣建立了一個警察國家》，給了蔣介石父子最猛烈的攻擊。

胡適在美國，並不很瞭解蔣氏父子在台灣實行"白色恐怖"的情況。8 月 16 日，胡適在《新領袖》雜誌發表《台灣是如何的自由》一文，引用一位旅台三年的美國人士的言論，認為台灣已經有了"多少代以來中國最好的政府 —— 最自由、最有效率，並且最廉潔"。胡適稱："過去三年間，特別顯著的是 1952 年 6 月以來，方始有了遠比過去任何時期尺度為大的人民自由與法律統治。"胡適的這篇文章自然使蔣介石十分高興。9 月 2 日，蔣介石在日記中寫道："閱胡適與吳國楨來往函件，甚以胡不值與吳逆辯論。但其在《新領袖雜誌》駁斥吳逆在《展望》上之荒謬言行即足矣。"

在吳國楨和蔣介石的矛盾中，胡適站在蔣介石一邊，這使蔣介石頗為滿意，也使作為"副總統"的陳誠很滿意，認為胡適"批評政府的短處，但並不抹殺政府積極求進的努力"，"態度公正，總以實事求是為歸，真不愧為國家之諍臣，政府之諍友"。[1]

胡適繼續提倡言論自由，在中國古典文獻中找尋前例。宋朝的范仲淹寫過一篇《靈鳥賦》，其中有"寧鳴而死，不默而生"二語，胡適將之解釋為"當時專指諫諍的自由，我們現在叫做言論自由"，盛讚該文是"中國古代哲人爭自由的重要文獻"[2]。《靈鳥賦》中還有兩句"憂於未形，恐於未熾"，胡適認為這與范仲淹的"先天下之憂而憂"同義。文章末尾說：

1　《建設台灣》（上），《陳誠先生回憶錄》，台北"國史館"2005 年版，第 465 頁。
2　胡頌平：《胡適之先生年譜長編初稿》第 7 冊，第 2437—2438 頁。

從國家與政府的立場看，言論自由可以鼓勵人人肯說 "憂於未形，恐於未熾" 的正論危言，來替代小人們天天歌功頌德，鼓吹升平的濫調。[1]

胡適的這段話，自然是寫給在台灣新建立起來的蔣介石政權看的，也是寫給台灣的學者和文人看的，要他們不要 "天天歌功頌德"。

六、胡適為蔣介石祝壽惹禍

1956 年 10 月 31 日是蔣介石的 70 歲大壽。8 月 10 日，蔣介石手諭 "總統府" 秘書長張群及中央委員會秘書長張厲生："黨政機關不得發起祝壽等有關之任何舉動，並嚴禁募款。"[2] 10 月 15 日，蔣介石主持國民黨中央委員會總理紀念週，再次強調 "切勿有祝壽舉動"。他要求各報章雜誌、公私刊物，在如何將台灣為建設為 "三民主義模範省" 以及他本人 "所有公私行動生活及個性中的各種缺點" 等方面，"坦白各抒所見"[3]。這 6 個方面後來被稱為 "生日紀念六條辦法"，或 "六項求言號召"。

還在這一年的 10 月 19 日，胡適正在加州講學，就接到《中央日報》社長胡健中的電報，要胡適根據蔣介石 "婉辭祝壽，提示問題，虛懷納言" 的意思，趕寫一篇短文。[4] 胡適因為時間緊迫，便寫了最近聽到的關於美國現任總統艾森豪的兩個故事。這兩個故事的核心意思是勸告蔣介石，"不要多管細事，不可躬親庶務"，要信任部屬，放手令其負責任事，自己則做個 "無智、無能、無為" 的 "守法、守憲" 的領袖。此文發表於 10 月 31 日的《中央日報》，雷震、胡適自己的刊物《自由中國》半月刊的《祝壽專號》則於 30 日出刊，搶前一天發表。

《祝壽專號》除發表胡適文章外，還發表了雷震撰寫的社論《壽總統蔣公》和徐復觀、夏道平等 15 個學者的專論。其傾向互有不同，但其核心卻都在於反

1　胡頌平：《胡適之先生年譜長編初稿》第 7 冊，第 2441 頁。
2　"國史館" 等：《蔣中正先生年譜長編》第 10 冊，第 601 頁。
3　"國史館" 等：《蔣中正先生年譜長編》第 10 冊，第 622—623 頁。
4　參見耿雲志：《胡適年譜》，四川人民出版社 1989 年版，第 403 頁。

對國民黨的一黨專政和個人獨裁。

文章發表前幾天，胡適接受台北《新生報》記者訪問，又就"建立台灣為三民主義模範省"問題發表意見。據該報報導：

> 他強調徹底言論自由，是建設台灣成為模範省最重要的工作，也是三民主義中民權主義最基本的一點。他率直指出，如無言論自由，民主就不易實現，也無法實現。

胡適表示，台灣在作戰狀態下，因有事實上的顧慮，不得不限制言論自由。胡適希望從現在起，台灣能"真正做到言論自由"。他列舉實行言論自由的好處，特別強調"對政府領袖而言"，"可以說有百利而無一弊"。"自由的言論，只有增加政府領袖的力量，決不會損害他的力量。"

談話中，胡適引用《孝經》中的"天子有諍臣五人，雖無道，不失其天下"等語，批評當時台灣的官僚中"沒有諍臣"，"只有唯唯諾諾的'是是是先生'"。他希望台灣"銷路最大的公營報紙"，"更應發揮言論自由，成為正的輿論機關"。他甚至具體建議：多闢篇幅，登載讀者來函，讓一般人有多多說話的機會。

胡適答《新生報》記者的訪問沒有引起注意，他的談艾森豪的文章卻惹禍了，《自由中國》的《祝壽專號》也惹禍了。

1956 年 12 月，台灣國民黨軍隊的"總政治部"發佈"特字第 99 號"的"特種指示"《向毒素思想總攻擊》，指名攻擊："有一種叫作《自由中國》的刊物，最近企圖不良，別有用心，假藉民主自由的招牌，發出反對主義、反對政府，反對本黨的歪曲濫調，以達到顛倒是非、聽聞，遂行其某種政治野心的不正當目的。"該部要求各級組織"有計劃地策動思想正確、信仰堅定、有見解、有口才、有寫作繪畫能力的同志，口誅筆伐"。1957 年 1 月，該部再次下發同名作者的長達 61 頁的同題小冊子。其中提到"最近有兩個刊物"，藉領袖的"六項求言號召"，散佈"言論自由"、"軍隊國家化"、"自由教育"、"批評總統個人"等"毒素思想"，特別不點名地提到胡適所寫《述艾森豪總統的兩個故事》，認為與“叛國賊吳國楨的言論完全相同”，有“毀壞國民黨的聲譽”、“打擊政府的威信”、“減低軍民對領袖的信仰”等八項罪狀。在《毒素產生的原因》部分，不指名地指責“長居國外的所謂知名學者”，不瞭解中國當時的“革命環境”，“完全近乎一種天真的妄想”。該小冊子特別有一節《對批評總裁個人的批判》，認為“某刊物批評總裁個人”是“陰險毒辣”的行為，聲稱“總裁是偉大的”，“他是我們永遠需要的偉大領袖”，“他一生革命，沒有一點不是的地方，我們要虔誠的信仰他，絕對的服從他，團結在領袖的周圍，跟著領袖走”。

“99 號特種指示”和《向毒素思想總攻擊》的小冊子的作者均署名周國光，多年來被認為是蔣經國的化名。[1] 實際上，此人在小冊子中自稱曾是國民黨軍郭汝瑰的部下，稱蔣經國為“前書記長”，故此文非蔣經國所作。

蔣介石 11 月 28 日日記云：“今後對於自由文人之政策，只要其無匪諜嫌疑與關係者則其反對政府與惡意批評，皆可寬容不校，以此時反蔣之惡意言論，不能減低政府之權威也。”

從這段日記可以看出，這一段時期，蔣介石自覺統治鞏固，所以一度想採取較為寬鬆的政策，故《向毒素思想總攻擊》及小冊子似亦與蔣介石無關，但後來卻引起了蔣介石的注重和警惕。

《向毒素思想總攻擊》及小冊子代表了國民黨頑固派和正統派的看法。

自 1951 年 5 月 15 日起，至 1955 年 5 月 11 日止，蔣介石曾通過“行政院長”俞國華秘密資助胡適美金 5000 元，共 9 次。[2] 俗話說，吃了人家的飯嘴軟。胡適為台灣當局和蔣介石捧場，固然首先在於政治觀點和政治立場一致，但是，並沒有“嘴軟”，該說的話還是說了。

早在 1956 年 11 月，胡適就私下對人說，想自己出錢，在南港蓋幾間小房，回台北居住。[3] 蔣介石聞訊，表示願用自己出版《蘇俄在中國》的稿費為胡適蓋房。後來蔣介石是否真正掏了稿費，不得而知。確切的資料可證，台灣國民黨當局追加了 20 萬元建設費，這幾間小房才得以完工。[4]

1　參見陳漱渝、宋娜：《胡適與蔣介石》，湖北人民出版社 2011 年版，第 220 頁。
2　陳紅民：《台灣時期蔣介石與胡適關係補正》，《近代史研究》2011 年第 5 期。
3　《胡適給趙元任的信》，曹伯元、紀維龍：《胡適年譜》，第 798 頁。
4　陳冠任：《蔣介石在台灣》第 4 部，東方出版社 2013 年版，第 312 頁。

　　國民黨的所謂"改造"完成後，胡適認為圈子更小，人數更少，不如把黨毀棄，由蔣介石純粹以"全國人民領袖"地位，領導"復國"運動。[1] 1956 年 12 月，胡適向中央日報社社長胡健中談起這一設想，他說："政府在今天，如不放開手做，便不能爭取全國人民的擁護，僅僅五十萬國民黨黨員的支持是不夠的，全台灣省人民的支持也是不夠的，政府必須以國家至上為最高的原則，超越黨派的限制，爭取全國最大多數人的最大支持。"胡適稱：多年以來，他一貫主張國民黨應走上自然分化的道路，任其黨員分裂，形成數個政黨。他認為這是中國實現政黨政治最好的途徑。但近年來，當政黨在台灣故步自封，不但不能充份爭取黨外人士的合作，甚且喪失了許多忠誠的國民黨員的支持，這是十分令人失望的。胡適強調：在今天提出"毀黨救國"的口號，決不是反對政黨政治，而是希望當政黨痛下決心，放棄門戶之見，將政治的重心放在"復國"運動上面。胡健中當即將此談話發表在中文雜誌《生活》上，並即寫信向蔣介石報告，蔣"殊出意料"。日記云："此種文人、政客，真是無恥，共匪之不若矣，予我以政治上重大之教訓也。"[2]

　　張發奎、張君勱、顧孟餘、童冠賢、張國燾等人曾於 1952 年在北美和香港等地秘密組織《中國自由民主戰鬥同盟》，既反蔣，也反共，企圖走所謂"第三條道路"。這一組織雖在兩年之後結束，但其人員、思想和影響仍在。1957 年 1 月 9 日，蔣介石在台灣召集宣傳會議，認為在香港的這批"自由人"，其"內心一如胡適"，"為一丘之貉"，"不僅反對本黨革命，而亦存心毀滅本黨，寧為共奴而不恤也"。[3]

　　宣傳會議期間，蔣介石還召集幹部，討論"對胡適應取之方針"，決定"表示反對立場"。[4] 在《上星期反省錄》中，蔣介石寫道："胡適竟提'毀黨救國'之荒唐口號，不能再事容忍。對此種文人政客，真不可予以禮貌優遇，是又增多一經歷矣。"[5]

1　《蔣介石日記》，1957 年 1 月 9 日。參見《胡適博士向記者談話》，《蔣介石日記》第 17 冊，1956 年 12 月 13 日，剪報；參見曹伯言：《胡適日記全集》第 9 冊，第 247—248 頁。

2　《蔣介石日記》，1957 年 1 月 8 日。

3　《蔣介石日記》，1957 年 1 月 9 日。

4　《蔣介石日記》，1957 年 1 月 9 日。

5　《上星期反省錄》，《蔣介石日記》，1757 年 1 月。

1957 年 7 月 26 日，胡適致函好友趙元任：

　　這大半年＂圍剿《自由中國》半月刊＂的事件，其中受＂圍剿＂的一個人就是我。所以我當初決定要回去，實在是如此。至少這是我不能不回去的一個理由。我的看法是，我有一個責任，可能留在國內比留在國外更重要，可能留在國內或者可以使人 take me more seriously（對待我的話更認真）……我 underscored the word 'more'（我更強調＇更＇這個字），因為那邊有一些人實在怕我說的話，實在 have taken me seriously（已經把我的話看得很重），甚至我在 1952 — 1953 年說的話，他們至今還記在賬上，沒有忘記。＂[1]

胡適雖想回台，但是，8 月 15 日，國民黨台灣當局特派胡適為出席聯合國十二屆大會代表，9 月 26 日，胡在大會發表演講，題為《中國大陸反共抗暴運動》，要求聯合國大會拒絕恢復中華人民共和國的合法席位，為台灣蔣介石集團在國際論壇上的反共打了頭陣。[2]

七、蔣介石稱讚胡適＂品德高尚＂，胡適直言＂總統＂錯誤，蔣介石在日記中指斥胡適為＂妄人＂

　　蔣介石在台灣，一方面要依靠美國的幫助，維持生存，同時又擔心美國換馬，另覓他人來代替自己。1955 年 5 月，蔣介石校閱台灣北部軍隊完畢，計劃於 6 月 6 日到台灣南部校閱。28 日晨，蔣介石得報，當自己到台灣南部校閱部隊時，孫立人的第四軍訓班將控制炮兵，瞄準閱兵台，以請願方式，要求蔣介石任用孫立人。這一情報，使蔣前所未有地提高了對美國人的警惕。

　　當時，蔣介石擔心用以＂換馬＂者除孫立人、吳國楨外，還有胡適。1955

---

1 《胡適給趙元任的信》，曹伯言、季維龍：《胡適年譜》，第 804 頁；參見陳冠任：《蔣介石在台灣》第 4 部，第 311—312 頁。
2 《胡適在聯大發表的演說》，台北《中央日報》，1957 年 9 月 28 日。

年 5 月，蔣介石得再次到情報，其日記云："自余抗拒美國要求放棄金、馬之拙策以後，其陰謀倒蔣之幼稚行動消息又紛至突來，並將以吳國楨、孫立人與胡適為其替代之意中人，此一情報殊令人不可想像，豈其政府果如此荒唐乎？"[1]

蔣介石懷疑胡適，可以說是一種多疑症。其實，胡適對蔣雖有意見和不滿，還是擁戴和忠誠的；蔣對胡，也覺得還有利用的價值和必要。

1957 年 7 月，蔣介石開始準備胡適回台北後的住宅，其後考慮由胡適擔任中央研究院的院長問題。11 月 1 日，蔣介石日記云："中央研究院重選院長，應提胡適之為最宜。" 3 日，胡適與李濟、李書華同被選為中央研究院院長候選人。11 月 4 日，原代理院長朱家驊提出辭呈。蔣介石與李濟商量後，決定任命胡適為中央研究院院長，旋即致電胡適，勸其早日回台就任。11 月 6 日，胡適電告蔣介石，自己二月份做過外科手術，此後五次高燒，最後一次是肺炎，近期中恐不能回國，請以史語所所長李濟暫代。8 日，蔣介石再次致電胡適，對他的身體復原狀況表示 "深為繫念"，聲稱中央研究院仍賴胡 "出面領導"，"至希加意調攝，早日康復，回國就任"。12 月 12 日，蔣介石復電同意由李濟暫代。一直到 1958 年 4 月 8 日，胡適才不聽兩位醫生的勸告，抱病回台。

胡適回台的第二天，就得到蔣介石接見，大約談了一小時。[2] 對胡適所談關於研究學術與辦理大學的意見，蔣介石認為 "頗多可取"。[3] 事後，胡適對記者表示："總統氣色很好，很健康，對我的病況很關心，使我很感謝。總統對於學術研究和發展自然科學，很關切，也很感興趣。所以今天所談的都是關於學術問題。" 胡適稱："由於大陸淪陷，我們多少年來在在學術方面的成就，及學術界人才的培養損失很大，今後如何重建學術基礎，如何發展科學研究，實為當前刻不容緩之事。" 又說："茲事體大，必須多和國內學者們談談，為國家著想，在何種方式之下，才能建立高等學術的基礎。'七年之病，求三年之艾'，不預為籌畫，則不可得也。"[4] 記者詢問胡適今後的著述計劃，胡適表示，希望有兩三年的安靜生活，寫完《中國思想史》之後，寫一部英文本《中國思想史》，接

1　《上月反省錄》，《蔣介石日記》，1955 年 5 月。
2　台北《中央日報》，1958 年 4 月 10 日。
3　《蔣介石日記》，1958 年 4 月 9 日。
4　胡頌平：《胡適之先生年譜長編初稿》第 7 冊，第 2658 頁。

著寫《中國白話文學史》下冊。

1958 年 4 月 10 日上午 9 時，中央研究院在考古館樓舉行院長就職典禮。胡適發表演說，聲稱"世界已進入原子時代，國家亟需良好的學術基礎，願與各同人共同努力。" 10 時，主持第三次院士會議，胡適請蔣介石致《訓詞》。

蔣介石對這次致訓是做了準備的。鴉片戰爭之後，西學東來，中國人接觸到了這個陌生的思想體系。如何對待、處理中國傳統文化和這個陌生的新體系之間的關係，於是，有了西學和中學、新學和舊學之爭。張之洞提出：中學為體，西學為用。蔣介石想換個說法，改為"哲學（文化）為體，科學為用"。不過，10 日臨場，蔣介石並沒有完全按照原先準備的思路講。

蔣稱："胡適院長除以思想學術來領導我們學術界外，最令人敬佩者，即為其個人之高尚品德。"又說："要盡量發揚'明禮義，知廉恥'之道德力量。""倫理道德實為吾人重建國家"，復興民族，治標治本之基礎，必須此基礎鞏固，然後科學才能發揮其最好效能，民主才能真正成功，而獨立自由之現代國家，亦才能確實建立起來。" [1]

胡適不同意蔣介石"倫理為先"的觀點，認為蔣對自己的誇獎也不是地方，所以答辭一開始就表示："剛才總統對我個人的看法不免有點錯誤。至少總統誇獎我的話是錯誤的。"然後，胡適提出自己得意的"要拿出證據來"的一貫主張，認為"以科學方法破除懷疑"，"以證據打倒迷信"，才"是真正的中國文化"。胡適自稱反對一切教條主義、盲從主義。他說："被孔夫子牽著鼻子走固然不是好漢，被朱夫子牽著鼻子走也不是好漢，被馬克思、列寧、斯大林牽著鼻子走，更不算是好漢。"接著，胡適表示："談到我們的任務，我們不要相信總統十分好意誇獎我個人的那些話。我們的任務，還不只是講公德、私德，所謂忠信孝悌禮義廉恥，這不是中國文化所獨有的，所有一切高等文化，一切宗教，一切倫理學說，都是人類共有的。"胡適特別表示："總統對我個人有偏私，對於自己的文化也有偏心，所以在他領導反共復國的任務立場上，他說話的分量不免過重了一點。我們要體諒他，這是他的熱情所使然。我個人認為，我們學術界和中央研究院挑起反共復國的任務，我們做的工作，還是在學術

---

1 台北《中央日報》，1958 年 4 月 11 日。

上，我們要提倡學術。"[1]

胡適又接著說："現在世界進步已經到了原子能時代，而我們還是落在遠遠的。"他肯定台灣不久前向美國訂購原子爐的決定，認為這是走上了正確的道路。他並舉 1870 年至 1871 年法國與普魯士戰爭為例，引用法國科學家巴斯德的話，說明法國之所以戰敗，"並不是道德的問題，而是科學不如人"。

胡適的答辯講話很長，最後回到蔣介石對自己的"稱讚"話題：

> 我向來是樂觀的。現在國難危急的時候，我的話並不是駁總統，總統對我個人有偏私，說的話，我實在不敢當。我覺得我們的任務，還是應該走學術的路……

此外，胡適還談到"人才缺乏，但我們可以造就人才"等等。[2]

4 月 11 日，舉行院士選舉會議，選出吳健雄、楊振寧、李振道等新院士 14 人。

胡適就任中央研究院院長，蔣介石來參加，給了胡適很大面子，稱讚胡適"個人之高尚品德"，更是給足了面子，但是，胡適卻不識抬舉，強烈反駁，話雖然婉轉，但"有點錯誤"、"有偏私"、"有偏心"、"分量不免過重了一點"等語，其否定蔣介石《訓詞》的意思很清楚。

多年來，蔣介石極少遭遇過這樣的"搶白"？！當日日記云：

> 今天實為我平生所遭遇的第二次最大的橫逆之來。第一次乃是民國十五年冬—十六年初在武漢受鮑羅廷宴會中之侮辱，而今天在中央研究院聽胡適就職典禮中答辯的侮辱，亦可說是求全之毀。我不知其人之狂妄荒謬至此，真是一個妄人。今後又增我一次交友不易之經驗，而我之輕交過譽，待人過厚，反為人所輕侮，應切戒之。唯余仍恐其心理病態已深，不久於人世為慮也。[3]

1　胡頌平：《胡適之先生年譜長編初稿》第 7 冊，第 2663—2665 頁。
2　胡頌平：《胡適之先生年譜長編初稿》第 7 冊，第 2663—2668 頁。
3　《蔣介石日記》，1958 年 4 月 10 日。

1927 年 1 月 12 日，蔣介石偕彭澤民等人自江西南昌抵達武漢，受到武漢各界的盛大而熱烈的歡迎。當晚，蘇聯顧問鮑羅廷設宴招待蔣介石，以教訓的口吻說：革命之所以能迅速發展的武漢，“乃是因為孫中山先生定下了三大政策”。“第一是聯俄政策，第二是聯共政策，第三是農工政策。”“以後如果什麼事都歸罪到 CP，欺壓 CP，妨礙農民工人的發展，那我可不答應的。”蔣介石聽出了鮑羅廷的語意，認為這是對自己的“侮辱”，第二天即在和鮑羅廷談話時聲色俱厲地責問：“哪一個軍人是壓迫農工？哪一個領袖是摧殘黨權？”[1] 現在蔣介石將胡適的答辯視為“第二次最大的橫逆之來”，可見其自感打擊、侮辱之巨大。

儘管蔣介石心中十分惱怒，但表面上，對胡適“仍以禮遇，不予計較”。會後，參觀展出的河南安陽文物時，仍然“甚為欣慰”。

因為胡適的話衝撞了自己，蔣介石“終日抑鬱，服藥後方安眠”。第二天，在日記中寫道：“此一刺激太深，仍不能徹底消除，甚恐驅入潛意識中。”一直到這年年底，蔣介石回憶中央研究院院長就職典禮，仍然對胡適的衝撞記憶深刻，聲稱“其間復有胡適之猙獰面目與荒謬言行，從中煽惑，及其在中央研究院無理面斥，更為難堪”[2]，居然用了“猙獰面目”四字，可見蔣介石對胡適當時表現的印象非常惡劣。

4 月 12 日，蔣介石繼續回憶參加胡適就職典禮時的情景，其《上星期反省錄》寫道：

胡適就職典禮中，余在無意中提起其民國八、九年間，彼所參加領導之新文化運動，特別提及其打倒孔家店一點，又將民國卅八、九年以後共匪清算胡適之相比較，余實有尊重之意，而乃反觸其怒（殊為可歎），甚至在典禮中特提余為錯誤者兩次。余並不介意，但事後回憶，甚覺奇怪。[3]

蔣介石還回憶了 4 月 12 日招待院士的宴席。由於胡適此次自美返台，與梅

1　蔣介石：《在慶祝國民政府建都南京歡宴席上的講演詞》，上海《民國日報》，1927 年 5 月 4 日。
2　《本年總反省錄》，《蔣介石日記》，1958 年。
3　《上星期反省錄》，《蔣介石日記》，1958 年 4 月 12 日。

貽琦同機，蔣介石遂提到 1949 年特派專機飛赴北平迎接學者南下，梅、胡二人同機的往事。蔣介石聲稱，現在二人皆在台主持學術要務，至為欣幸。梅當即對蔣介石表示感謝，而胡適則"毫不在乎，並無表情"，蔣介石對此不滿。儘管如此，蔣介石仍在日記中表示："總希望其能醒悟，而能為國效忠，全力反共也。"蔣介石的這頁日記透露，他之所以禮遇胡適，目的在於利用胡適的地位和聲望，將胡適綁在他的"反共"戰車上。

由於感覺胡適的傲慢無禮，蔣介石想起蔡元培，在日記中讚美蔡的"道德學問"，特別是蔡的"安詳雅逸，不與人爭"的品性，認為"可敬可慕"。[1]

5 月 30 日，蔣經國向蔣介石報告與胡適談話經過。談話中，胡適再次提出自己的"毀黨救國"論。胡適所謂"毀黨"，有故作驚人之語的成份，並不是要毀壞或拋棄國民黨，而是要弱化國民黨在社會生活中的作用，發展其理想中的"西方民主"模式。蔣介石一直將國民黨當成得心應手的反共和維護自身統治的工具，其為國民黨"八全大會"提出的議題就是"無黨不能建國，毀黨只有救共"[2]。蔣介石的目的在於強化國民黨的社會作用，與胡適的思想正好相反。因此，當他再次聽到胡適仍在鼓吹其"毀黨救國"論時，自然十分憤怒，認為胡適"不僅狂妄，而且愚劣成性"，"與共匪之目的如出一轍"。日記云："不知其對我黨之仇恨甚於共匪之對我也。可恥！"[3] 這一頁日記顯示，蔣介石不僅認為胡適狂妄，而且仇恨國民黨，視為"反動派"。

當時，台灣部分人士正在慫恿胡適"組黨"。31 日，蔣介石再與蔣經國談話，認為胡適本人有"勾結美國"、"躍躍欲試"之意。蔣介石決定對胡作"最後規勸"，"盡我人事"。[4] 不過，過了幾天，蔣介石越來越看不慣也不能容忍胡適的"狂言妄行"，決定不予理睬，而由陳誠或張群出面轉告或切誡。[5] 他自己，連和胡適談話的興趣都沒有了。

1　《上星期反省錄》，《蔣介石日記》，1958 年 4 月 12 日。
2　《蔣介石日記》，1957 年 1 月 27 日。
3　《蔣介石日記》，1958 年 5 月 30 日。
4　《蔣介石日記》，1958 年 5 月 31 日。
5　《蔣介石日記》，1958 年 6 月 3 日、6 日。

八、胡適反對修訂出版法，蔣介石認為"胡適荒謬言行，最為害國"，將其視為"反黨份子"

　　蔣介石政權遷台後，於 1952 年 4 月 9 日頒佈過一份出版法。此後，由於台灣出版界對國民黨的批評日益增加，台灣"行政院"於 1958 年 3 月 15 日向"立法院"提出《出版法修正案》，要求審議。該《修正案》增強了政治控制力度，例如原《出版法》細則規定，非經法院宣判，不得查封出版品和出版機構，而《修正案》則以防止"黃色新聞"為名，空前提高了行政機關的權力，規定政府可以不經司法機關判決，逕行取締出版品，限制其登記、發行，甚至命令其停刊。

　　4 月 11 日，台北市報業同業公會召開緊急會議，各縣、市民營報社均派代表參加，反對《出版法修正案》。次日，發表聯合宣言，反對《修正案》。15 日，台灣各民營報刊推出九名代表集體上訪，到"行政院"陳情，要求撤回議案，當即遭到院長俞鴻鈞的拒絕。16 日，台灣全省民營報紙共同發表《我們的看法 —— 對於俞院長所提修正意見的共同觀點》，聲討俞鴻鈞。17 日，再次發表《從法律觀點看"出版法修正條文草案"》，繼續討俞。

　　提出《出版法修正案》本來是蔣介石的主意。4 月 15 日，蔣介石主持宣傳會談，研究對策。16 日，蔣介石向國民黨中常會提出，為維護民心士氣、安定社會秩序、防止中共滲透，必須修訂原有的出版法。其後，胡適無視蔣介石的態度，頻頻接見各報記者，從"新聞言論自由"的角度說明《修正案》的荒謬，認為任何不經過司法手續而經由行政官署對出版機構加以警告、停刊、撤銷登記等處分，都是不對的、危險的。18 日，胡適接受《中央日報》記者訪問，聲稱："出版法施行以來，甚為良好，倘此時談論修正似不甚相宜。"又稱："歐美國家是沒有出版法的。美國憲法有關人權之的記載中，即規定國會不得制定任何法律，限制言論出版之自由，在戰爭期間，為了保防保密，可以制定臨時性的法律，在平時，國會立法，其與人民有直接關係者，均在事前搜集民間意見，或邀請國會詢問。"當時，台灣有報紙報導胡適關於《出版法修正案》的談話，用了"違憲的"三字，胡適聲明，系"危險的"三字之誤。他向記者表示，《出版法》施行以來，一直很平靜，並未發生過太大的事情，因此，又何必重提此事，讓別人來指責評論？[1] 同月 19 日，胡適到《自由中國》參加編輯會議，對《修正案》提出異議。《自由中國》隨即發表社論，批評《修正案》"鉗制言論自由"，是"立法史上可恥的一頁"。22 日，CC 派"立法委員"為主，聯合其他"立委"共 120 人，要求公佈《修正案》，聽取各界意見，再行審議。這一意見立即遭到另一部分 157 名"立委"的反對。[2] 在 5 月份"立法院"討論中，兩派對立，幾乎演變為武鬥，其中質疑和非難之多大出蔣介石意料。蔣介石認為：這種"本黨黨員反抗中央政策"，與"黨紀與黨德之敗壞"，"為遷台十年間最惡劣之一次"。[3]

為了堅持《出版法修正案》，4 月 20 日，蔣介石決定對新聞界表態，寧可背負"限制出版自由"的"惡評"。5 月 19 日，發表講話，嚴厲指責新聞界的"卑污言行"，認為當時台灣的新聞界"無新聞自由之資格"，接著，嚴厲指責國民黨籍的"立委"和"監委"，自稱是"不計毀譽、不問榮辱的革命領袖，決不為任何惡聲惡名所動搖"[4]。為了強行貫徹蔣介石的意志，5 月 21 日，國民黨中常會做出決議，要求黨內"立委"必須堅決服從中央決議，負責在本屆會期內照原案通過《出版法修正案》，否則一律執行黨紀，甚至開除出黨。

黑雲壓城，胡適卻毫不怯陣。5 月 27 日，胡適在《自由中國》社的歡宴會上發表講演，題為《從爭取言論自由談到反對黨》。其中說："言論自由不是天賦的人權，言論自由須要我們去爭取來的。從前和現在。沒有那一個國家的政府願意把言論自由給人民的，必須要經過多少人的努力爭取而來的，所以自由中國的言論自由，也須要大家去爭取的。"

談到《出版法修正案》時，胡適稱，始終沒有看到全文，不知道為何"鬧得滿城風雨，大家惶惶不可終日"。他再次以美國為例，表示自己到現在，還是懷疑一個國家是否須要出版法，政府為什麼要修正出版法，而引起這許多風波！他說："《出版法修正案》的提出，是一個技術上的錯誤。對許多人所希望

1　《中央日報》，1958 年 4 月 19 日。
2　陳冠任：《蔣介石在台灣》第 5 部，第 94 頁。
3　《本年總反省錄》，《蔣介石日記》，1958 年。
4　《蔣介石日記》，1958 年 5 月 19 日。

的象徵——言論自由，拿一個法案來制裁，這在技術上有欠高明。"

胡適直言不諱地說："現在為什麼要改出版法，恐怕是有人覺得爭取言論自由太多了，所以有人想要阻止它。我可以告訴諸位，無論舊出版法也好，新出版法也好，大家所希望的言論自由，還是要我們大家去爭取的，相信大家一定能勝利。舊的出版法不能阻止我們爭取言論自由的努力，新的出版法也不能阻止我們爭取言論自由的努力。"[1]

反對《出版法修正案》是台灣新聞界、出版界的集體行動，有一定規模，在蔣介石看來，已經形成"黨內外反動份子大聯合運動"[2]。蔣介石認為，反對《出版法修正案》就是"反黨的叛逆行動"，胡適在其中起了惡劣的作用。其日記云："反動派與民營報人蠱惑、勾結本黨少數黨員，竭力破壞與延誤，從中胡適又為其助長氣焰。遷台以來，所謂民主人士，囂張與搗亂至此，殊為萬萬不可料之事。"[3]6月3日日記又云："胡適態度最近更為倡狂，無法理喻。只有不加理會，但亦不必與之作對，因為小人自有小人對頭也。"[4]

6月20日，經過兩個月的爭吵，《出版法修正案》終於在"立法院"三讀通過。蔣介石思前想後，得出的結論是"胡適荒謬言行，最為害國，唯有置之不理。此種政客不屑計較為宜"[5]。

"行政院長"俞鴻鈞在1958年1月即受到監察院彈劾，此次在《出版法修正案》討論中又備受攻擊，不得已向蔣介石呈請辭職。6月30日，蔣介石向國民黨中常會提名陳誠為行政院院長。7月6日，陳誠會見蔣介石，商談內閣改組的人事安排。蔣介石認為教育最為重要，提議以老出版家王雲五為行政院副院長，教育部部長張其昀調任考試院副院長。顯然，這是為了安撫騷動的台灣新聞界和出版界。

張其昀，字曉峰，寧波人。畢業於南京東南大學，是著名地理學家。1954年，俞鴻鈞出任"行政院長"，張任"教育部"部長。他執行蔣介石的教育意

1　胡頌平：《胡適之先生年譜長編初稿》第7冊，2702—2707頁。

2　《蔣介石日記》，1958年6月21日。

3　《上月反省錄》，《蔣介石日記》，1958年5月。

4　《蔣介石日記》，1958年6月3日。

5　《上月反省錄》，《蔣介石日記》，1958年6月。

志，注重"黨化教育"，主張中小學教科書必須"部審"，遭到民間出版商的反對。1958 年 7 月初，行政院改組，蔣介石堅持張留任而陳誠則主張由曾任清華大學校長的梅貽琦替代。7 月 9 日，蔣介石與張其昀談其調職問題。日記云："余雖知其受北大派攻擊而遭辭修之無情打擊，亦明知此為胡適等反黨份子對黨的重大勝利。孰知行政院改組未露消息以前，此事早為胡適所泄，並以此預對曉峰示威，望其早日預備下台，此實為余所萬不及料及者。可知辭修不僅不分敵我，亦失黨性，而其不守機密至此，殊為浩歎。"[1] 辭修，陳誠的字。所謂"北大派"，指雷震為北大校友，胡適、陳雪屏、蔣夢麟均為北大教授。這一頁日記顯示，胡適已被蔣介石視為"反黨份子"，列入敵對陣營，陳誠則被蔣視為"不分敵我，亦失黨性"，他對胡適泄露了內閣改組，張其昀即將下台的消息。

6 月 16 日，胡適自台北飛美，處理私人事務，並攜家屬回台北長住。10 月 30 日，自紐約返台。11 月 5 日，住進南港中央研究院院內的新居。11 月 17 日，通過張群兩次要求會見蔣介石。11 月 19 日，蔣介石召見胡適，其日記云："此誠一政客也。余仍以普通禮遇，不使難堪，以彼二次請見也。"22 日，在《上星期反省錄》中云："今見最不願見的無賴（胡適政客）。"將"無賴"二字加到胡適頭上，可見在蔣介石的心目中，胡適已經很壞很壞了。

九、在蔣介石心目中，胡適由"妄人"、"無賴政客"，升級為"反動敵人"

1959 年 1 月 16 日，《自由中國》刊出署名陳懷琪的"讀者投書"《革命軍人為何要以"狗"自居》，事後，在軍方唆使下，又出面否認，控告《自由中國》"違反出版法"，"偽造文書"。3 月 2 日，台北地方法院傳訊雷震。3 月 9 日，胡適寫作《自由與容忍》一文，意在調解官司。他一面勸雷震和"闖禍先生"夏道平"多多忍耐"，一面請剛剛出任"行政院"副院長的王雲五向蔣介石求情，請他寬大為懷。4 月 18 日，蔣介石召見"司法行政部"部長谷鳳翔，指

---

1 《蔣介石日記》，1958 年 7 月 9 日。參見《教育部長梅上張下之經過 —— 兼述蔣中正與陳誠為此事攤牌之經過》，阮大仁：《蔣中正日記中的當代人物》，學生書局 2014 年版，第 223—234 頁。

示其"對雷震案應不作速決為宜"。他還要觀察、思考、斟酌。

1959 年 1 月至 3 月,蔣介石有幾天日記批評到胡適:

1 月 26 日日記云:"陳與胡等商談明年政治問題,殊出意外,真太不識大體,可歎。凡多疑不誠與狹小患得者不能與謀大事乎?"

所稱"陳"與"胡",分別指陳誠與胡適。"商談明年政治問題",可見陳誠對胡適的重視,這使蔣介石很意外,也很不快。

1 月 29 日日記云:"辭修不知大體,好弄手段,又為政客、策士們所包圍利用,而彼自以為是政治家風度,且以反對本黨、侮辱首領的無恥之徒反動敵人胡適密商政策,自願受其控制之言行放肆,無所顧忌,不勝鬱悶,無法自遣。唯此人蓋誠非可託國事,而只能用其短中之長。"

這一天的日記集中反映出蔣介石對陳誠的不滿,也集中反映出蔣介石對胡適的敵視。稱胡適為"反對本黨、侮辱首領的無恥之徒",甚至稱之為"反動敵人",這是此前從未有過的事。這一變化,應和"總政治部"的《向毒素思想總攻擊》的"特種指示"與小冊子有關。該小冊子列了十條標準,認為"凡違反者,一律是我們思想上的敵人"。[1]

3 月 4 日,蔣介石日記云:"召見谷鳳翔同志,提及陳雪屏為反動份子,包庇並藉胡適來脅制本黨,此人積惡已深,其自身言行再不可恕,但余能抑制情感,出之以忍也。"

谷鳳翔,察哈爾人,1950 年 7 月被蔣介石聘為中央改造委員會委員,1952 年任中央委員會副秘書長。陳雪屏,江蘇宜興人,美國哥倫比亞大學畢業,1950 年 7 月被蔣介石以"學者與幹才"的身份被聘為中央改造委員會委員,1952 年任中央委員會常務委員。蔣介石認為陳雪屏"包庇並藉胡適來脅制本黨",可見,胡適得到陳雪屏的支持。

3 月 5 日,蔣介石日記再云:"入府,見趙元任夫婦,甚和洽。余近對學者心理,以為皆如胡適一樣,殊不然也,畢竟真正學者,其言行風度多可敬愛者也。"

1　《向毒素思想總攻擊》,轉引自陳漱渝、宋娜:《胡適與蔣介石》,湖北人民出版社 2011 年版,第 223 頁。

趙元任，語言學家，長期在美國加州大學伯克利分校教授中國語文和語言學，1948 年當選中央研究院第一屆院士，1959 年到台灣大學講學。可能他見蔣介石時，態度謙恭、平和，和胡適趾高氣揚，以導師、大師自居的風格迥異，因此給了蔣介石以相當良好的印象。

這一段時期，胡適和陳誠的關係較為密切。例如，1 月 15 日至 20 日之間，胡適曾和陳誠等人到雲林、屏東、台南、彰化等地參觀、旅行。但是，蔣介石這些日記所指，由於文獻不足，今天已很難一一考實。從留存文獻考察，陳誠充份肯定胡適對加強台灣自由民主運動的貢獻。例如，陳誠在回憶錄中說："胡先生所宣揚的自由民主精神以言論自由為其實質"，"這種看法是很平實而正確的"。對於胡適所說："中國能在自由民主方面多一分努力，即在自由世界多抬高一分地位"，陳誠更是給予高度評價，稱其"苦口婆心，值得人們感動"。[1] 可見蔣介石與陳誠對"民主"的看法不同，因之，對胡適的態度也就有所不同。

十、提倡思想自由，反對文化專制，拒當"孔孟學會"發起人

1959 年 12 月 23 日，蔣介石在《光復大陸設計委員會第六次會議》致詞，聲稱三民主義的思想教育，最基本的方針有三條：

> 第一，是要恢復我們固有的民族精神 —— 亦即是首先要恢復我們民族傳統的倫理道德。
> 第二，是要發揚人類固有的德性 —— 要解除一切心靈、思想的禁錮，發揚本然的良知良能。
> 第三，是要尊重個人人格的尊嚴，並尊重一切人的基本自由和基本權利。

1　《建設台灣》（上），《陳誠先生回憶錄》，第 456—457 頁。

蔣介石特別聲稱：“我今天說的三民主義的思想教育，並不是說要以三民主義的思想來排斥其他思想，更不是以三民主義的思想來控制其他思想。”又稱：除了“共產主義”之外，“其他思想皆當並存不悖，所謂‘小德川流，大德敦化’，就是殊途同歸。”蔣介石的這段講話，《中央日報》在報導時說，胡適五次表示“我舉雙手贊成”。12月25日，胡適向《中央日報》發去更正信，聲稱對於蔣介石所講“恢復傳統倫理道德”的第一點，他沒有說過贊成、擁護一類的話。他說：“我舉起雙手贊成擁護的是總統的第二點和第三點，和他後來說的，並不是以三民主義思想來排斥其他思想，更不是以三民主義的思想來控制其他思想，和‘其他思想並存不悖……殊途同歸’的容忍精神。”胡適鄭重表示稱，“舉起雙手贊成”這句話，他只說過四次，沒有五次。[1]

1960年1月11日，胡適主持蔡元培生辰紀念會，邀請台灣大學文學院院長沈剛伯演講明代方孝孺的政治思想。胡適說：

> 明太祖和成祖是明朝兩個專制魔王。明太祖中年讀《孟子》，認為《孟子》是可怕的，《孟子》是危險的思想，而不能全部讓人唸，於是叫翰林們刪減，叫做《孟子節本》，整整刪了三分之一。人人仍唸二千多年來作為教科書的《孟子》。

胡適接著談到明成祖殘酷殺害方孝孺的歷史，他說：“明成祖殺了方孝孺，滅九族，滅十族，甚至對留存片言隻字也有罪。成祖那樣摧殘言論自由，但方孝孺的書在他死了一百年後，又都出來了。”胡適以上述二例說明，思想不能簡單地加以禁止或鎮壓。最後，胡適推崇蔡元培，聲稱“蔡先生一向提倡言論自由，學術思想的自由平等”[2]。

大概正在這一時期，台灣各大專院校校長集會，決定組織孔孟學會，推選胡適為發起人。1960年1月29日，胡適復函梅貽琦稱：“我在四十多年前，就提倡思想自由、思想平等，就希望打破任何一個學派獨尊的傳統。我現在老

1　曹伯言：《胡適日記全集》第9冊，第549頁。
2　曹伯言：《胡適思想全集》第9冊，第722、344頁。

了，不能改變四十多年的思想習慣，所以不能擔任 '孔孟學會' 發起人之一。千萬請老兄原諒。"[1] 儘管胡適不贊成，並且拒當發起人，不過當年 4 月 10 日，台灣還是成立了孔孟學會，蔣介石被推舉為名譽理事長。他出席會議並且致詞，稱讚 "孔子乃是中華民族最偉大的一位思想革命家"，孫中山係以孔子和孟子的有關言論作為其 "三民主義崇高之理想"。[2] 他在日記中自稱其演說，不僅對中共，也是 "對政客、學人之一大打擊，可謂予以當頭一棒"[3]。蔣介石曾因聽說胡適反對華僑子弟 "讀國文"，"懂英文已足"，大罵其 "不愛民族與反對祖國文化"，"可痛之至"！[4] 蔣介石的這段話，沒有明指胡適，但顯然包括胡適在內。

1960 年 5 月 4 日，台灣的北大同學會等召開 "五四" 紀念會，胡適主持並應邀演說，介紹四十多年來中國科學、民主和新文學的發展，認為 "皆沒有成績"。胡適分析其原因，一是 "大家努力不夠"，一是 "執政黨的努力也不夠"。他說："這不是責備執政黨，而這是一個歷史事實。" 他進一步分析說："中國國民黨是民族主義的，因而也就有守舊性"，"中國國民黨沒有採用黨內最進步的思想"。在胡適看來，國民黨內的吳稚暉、蔡元培、劉大白和蔣夢麟的思想才是當時 "最進步的"。[5] 胡適這裏就將批評的矛頭直接指向了在中國大陸和台灣長期執政的國民黨。

很長一段時期內，國民黨一直神化孫中山，將其人、其思想列為不能批評的對象，胡適則認為孫中山、包括蔣介石在內，都可以批評，反對任何形式的文化專制主義和定於一尊的現象。關於此點，本文第三節已有論述。

十一、胡適始而堅決反對蔣介石 "三連任"，終於緘默不言

蔣介石貪戀權力，退到台灣後，仍然夢想長期執政，掌控黨政大權。其 1955 年 4 月 9 日日記云："如天父願留余當政，再有十年，自信乃可完成第三

---

1 胡頌平：《胡適之先生年譜長編初稿》第 9 冊，第 3167 頁。
2 《總統蔣公思想言論總集》第 27 卷，《演講》，第 386—388 頁。
3 《蔣介石日記》，1960 年 4 月 10 日。
4 《蔣介石日記》，1957 年 1 月 29 日。
5 《北大同學紀念五四》，胡適存剪報，《胡適的日記》（手稿本），第 18 冊，1960 年 5 月 4 日。

次大戰、反共抗俄之使命。"如果從這一天起算，蔣介石準備"當政"十年，也就是說，他自己想"當政"到1965年。

蔣介石當選第一任總統是1948年，第二任"總統"是1954年。按照1946年制訂的《中華民國憲法》，總統每屆任期6年，以兩屆為限。到了1959年，蔣介石就面臨第二年是否要出任第三屆"總統"的問題了。

早在1959年4月底至5月初，蔣介石就接連有幾個晚上睡不著。其5月1日日記云："總統"決不能再任，而"統帥"則不能不當。理由呢？"為拯救同胞與領導同胞，雪恥復國，皆不能逃避其責任！"他和張群商量，決定辭謝"總統"職務，而在"至不得已"的情況下，可以由國民大會推舉自己為"三軍統帥"，"專負反攻復國之全責"。當時，有一種修改憲法，或修改《臨時條款》的意見，蔣介石都不贊成。5月5日日記云："我決不願再任修憲後之總統。"

同年5月28日，胡適面見蔣介石，約蔣於7月1日到中央研究院院士會議致訓。面見時，胡適的表情、言語都"特表親善"，蔣介石覺得奇怪，不過，他卻因此而更看不起胡適。日記云："凡政客愛好面子而不重品性者，皆如此耳。"[1]接著，又在《上星期反省錄》寫道："胡適無聊而約我7月1日到其研究院院士會致訓，可笑。"[2]7月2日，蔣介石沒有出席院士會議，卻宴請了到會院士。蔣介石認為，這是對胡適"作不接不離之態度"的"又一表示"。日記稱："對此無聊政客，唯有消極作不抵抗之方針，乃是最佳辦法耳。"[3]

蔣介石沒有想到的是胡適和《自由中國》對自己"三連任"的強烈反對態度。

《自由中國》自1959年1月1日起，至1960年4月1日止，共發表社論21篇、專論20篇、通訊7篇，反對蔣介石"三連任"。1960年2月1日，《自由中國》的社論標題居然是《敬向蔣總統作一最後之忠告》，強烈要求蔣介石不再連任。

還在1959年11月上旬，胡適即與陳誠談話，要求蔣介石作"不連任聲明"。同月7日，陳誠與蔣介石談話，轉達胡適意見。蔣介石不悅，問陳：胡

1　《蔣介石日記》，1959年5月28日。
2　《上星期反省錄》，《蔣介石日記》，1959年5月。
3　《上星期反省錄》，《蔣介石日記》，1959年7月4日。

適 "以何資格言此？若無我黨與政府在台行使職權，則不知彼將在何處流亡矣！"[1] 同月 17 日，美國國務院發表了一份題為《中華民國政府的展望》的文件，蔣介石認為這是美國政府對自己的支持。[2] 其日記云："（報告書）現時對我政府有益之影響甚大"，"目前國內反動派胡適等反蔣之心理無異予以打擊"，"彼等假想美國不贊成連任為其反蔣之唯一基礎也。可恥！"[3]

11 月 15 日，胡適在宴請日本前文部大臣灘尾弘吉的酒席上，見到蔣介石的親信、謀士、曾任 "行政院長"、"總統府" 秘書長等職務的張群，飯後，張群邀請胡適到家裏小談，胡適請張群轉告蔣介石四點：

1. 明年二、三月裏，國民大會期中，是中華民國憲法受考驗的時期，不可輕易錯過。

2. 為國家的長久打算，我盼望蔣總統給國家樹立一個 "合法的、和平的轉移政權" 的風範。不違反憲法，一切依據憲法，是 "合法的"，人人視為當然，雞犬不驚，是 "和平" 的。

3. 為蔣先生的千秋萬世盛名打算，我盼望蔣先生能在這一兩月裏，作一個公開的表示，明白宣佈他不要作第三任總統，並且宣佈他鄭重考慮後盼望某人可以繼他的後任；如果國民大會能選出他所期望的人做他的繼任者。他本人一定用他的全力支持他，幫助他。如果他作此表示，我相信全國人與全世界人都會對他表示崇敬與佩服。

4. 如果國民黨另有別的主張，他們應該用正大光明的手段明白宣佈出來，決不可用現在報紙上登出的 "勸進電報" 方式。這種方式，對蔣先生是一種侮辱，對國民黨是一種侮辱，對我們老百姓是一種侮辱。

張群表示，他可以鄭重的轉達胡適的意思，但蔣先生的考慮是三點：1. 革命事業沒有完成；2. 對反共復國有責任；3. 對全國軍隊有責任。

1　《蔣介石日記》，1959 年 11 月 7 日。
2　317, November 17, 1959. FRUS, 1958-1960, Vol. 19.
3　《上星期反省錄》，《蔣介石日記》，1959 年 11 月 13 日。

胡適不贊成蔣介石的考慮，對張群表示："全國人民誰不知道蔣先生是中國的領袖？如果蔣先生能明白表示，他尊重憲法，不做第三任總統，那時候他的聲譽必能更高，他的領袖地位必能更高了。"[1]

10月25日下午，胡適去見國民黨元老、擔任過"行政院"副院長等多種職務的黃少谷，將對張群所說再說了一遍。日記云："只是憑我自己的責任感，盡我的一點公民的責任而已。"[2] 此後，胡適又找陳誠，表達了同樣的意見。

11月19日，胡適再次會見張群，要求與蔣介石個人"關門密談"，同時要求張群向蔣轉達自己和陳誠談話的情況。蔣介石對張群稱："余此時腦筋唯有如何消滅共匪，光復大陸，以解救同胞之外，無其他問題留存於心。至於國代大會選舉總統等問題，皆不在我心中，亦無暇與人討論，否則我即不能計劃反攻復國要務矣！"他指示張群，如胡適再來問訊時，即以此意告之。[3]

對胡適的活動情況，蔣介石一清二楚。11月20日，蔣介石日記云："胡適反對總統連任事，各處運用關係，間接施用其威脅伎倆，余皆置若罔聞。"又云："此種無聊政客，自抬身價，莫名其妙，誠不知他人對之如何厭惡也。可憐實甚！"

11月23日，胡適去看望王雲五，得知張群向蔣介石轉述自己的四點意見，蔣介石鄭重考慮之後只說了兩句話："我要說的話，都已經說過了。即使我要提出一個人來，我應該向黨提出，不能公開的說。"胡適聽了後，立刻明白後續情況必然是："他向黨說話，黨的中委一致反對，一致勸進，於是他的責任已盡了。"[4]

11月28日，蔣介石《上星期反省錄》云：

> 胡適無恥，要求與我密談選舉總統問題，殊為可笑。此人最不自知，故亦最不自量，必欲以其不知政治而又反對革命之學者身份，滿心想來操縱革命政治，危險極矣！彼之所以必欲我不再任總統之用意完全在此，更

---

1 《胡適的日記》（手稿本），第18冊，1959年11月15日。
2 《胡適的日記》（手稿本），第18冊，1959年11月15日、25日。
3 《蔣介石日記》，1959年11月20日。
4 《胡適的日記》（手稿本），1959年11月23日。

非有愛於辭修也。因之余乃不能不下決心，而更不忍固辭也。以若輩用心不正，國事果操縱在其手，則必斷送其國脈矣！[1]

蔣介石的這段日記語義隱晦，但其意思還是可以尋繹，這就是：蔣介石認為胡適反對自己"三連任"，並非"有愛"於陳誠，企圖推陳出任"總統"，而是自不量力，有意"操縱革命政治"，這是危險之"極"的事。他決定不再裝模作樣地"固辭"，仍然由自己出任。

在 1959 年 11 月的《上月反省錄》中，蔣介石寫道："胡適無恥言行，暗中反對連任，與張君勱亡國言論，皆狂妄背謬之極，唯有置之不理而已。"

1960 年 1 月 15 日，南越（越南共和國）總統吳庭豔將於下午到台灣訪問蔣介石。上午十時，蔣介石約見胡適，徵詢對南越外交的意見。蔣介石覺得，胡適對自己，"其態度、神氣，似已大有改變為怪。"[2] 當晚，蔣介石宴請吳庭豔，胡應邀參加。

這一時期，蔣介石內心雖然決定第三任"總統"仍由自己"連任"，但大面上，不得不做出"固辭"的樣子。同月底，蔣介石決定在國民大會講話中表明"個人立場"："至公無私，不求不爭，依照憲法，不可連任總統。"這一年，是蔣介石"反攻復國"計劃與準備完成及開始實施的一年，因此，他又故作高姿態表示："應乎反攻復國需要，必須賦予繼任總統者以改革政府全權。"[3] 2 月 2 日，蔣介石再次在會上宣佈，"決不承受第三任總統之選舉"。

2 月 11 日，胡適到國民大會秘書處報到。當年 1 月 10 日，胡適在一次宴席上遇見秘書長谷正綱，要求在國大開會時不要當主席團，聲稱太辛苦，現在事情多，年紀也老了，實在支持不下。[4] 2 月 18 日，谷正綱打電話給胡適，請胡適擔任臨時主席。胡適答道："當主席要說話，你們何必強迫，我能不能不說話呢？"並稱："我是決定不當主席。"19 日，張群再次勸胡適擔任國民大會四次預備會議主席。胡適答道："當主席的時候，往往逼成說話的機會，箭在弦

1　《上星期反省錄》，《蔣介石日記》，1959 年 11 月 28 日。

2　《蔣介石日記》，1960 年 1 月 15 日。

3　《本星期預定工作課目》，《國民大會講詞要旨》，《蔣介石日記》，1960 年 1 月 30 日。

4　胡頌平：《胡適之先生年譜長編初稿》第 9 冊，第 3153 頁。

上，不得不發，我無法不說話。”他表示：“還是不讓我當主席的好。”20日，胡適出席“國民大會”第三次會議開幕典禮。有記者在胡適下車的時候，攔在車門前問是否說過反對蔣先生連任的話。胡適表示：“兩年前說過，最近沒有談到這個問題。因為我重視的是堅決反對修改憲法。”21日，《征信新聞》記者詢問胡適對修改憲法有什麼意見。胡適表示“堅決反對”，他說：“當年我曾親手把《中華民國憲法》交給蔣先生。今天，我希望看到它完整無缺。”

2月29日，胡適出席“國民大會”第一次大會。中午，蔣介石宴請大會主席團。飯後談起投票方式，蔣介石詢問胡適的意見，胡適答道：“無記名投票是澳洲發明的，到今天還只有一百零四年的歷史。無記名投票是保障投票的自由，可以避免投票的威脅，因此很快的被世界採用。”這時，有人起來問：“在此地誰威脅誰？”胡適答道：“我本不想說話。今天總統點名要我說，我才說的，我說的無記名投票是保障投票的自由，可以避免投票的威脅。這是無記名投票的意義。”胡適的這段話不知道何處引起蔣介石的不快，當日日記云：“余不知胡適博士之淺薄、荒誕至此也。自覺往日視人之無方矣。”[1]

“國民大會”期間，蔣介石情緒變化不定，喜怒無常。2月24日，會議收到海外僑胞的電報一千四百餘件。25日，又收到一千二百餘件。這些電報，正如胡適估計，都要求蔣介石“連選、連任”，蔣介石在日記中自記：“殊令人感動。何以慰之？”[2]有時，蔣介石又覺得代表們“無理、無知”，要脅勒索，因此大發脾氣，自覺“言行激動失態”，決定以後“遇有發怒之險時，必須緘口不言”。[3]

會議按照預定設計發展。3月10日，第五次大會三讀通過《動員戡亂臨時條款》修訂案，規定“總統”可連選連任，不受《憲法》約束。3月13日，國民黨第八屆臨時中央全會與評議委員會第四次會議提名蔣介石為“總統”候選人，同時接受蔣介石提名，以陳誠為“副總統”候選人。3月21日投票，到會1509人，蔣介石以1481票當選，廢票2張，白票26張。蔣介石在日記中寫下

---

1 《蔣介石日記》，1960年2月29日。
2 《蔣介石日記》，1960年2月25日。
3 《蔣介石日記》，1860年2月1日、2月26日（《上星期反省錄》）。

"應自警惕"四字。3 月 25 日，會議閉幕。

根據 1946 年的《中華民國憲法》，胡適最初反對蔣介石"三連任"，但是，在會議期間，再也沒有發表過反對意見。1960 年 4 月 1 日，蔣介石主持情報會談，認為胡適擔任"國大"代表主席團，"態度尚持大體"，派"國防會議"秘書長蔣經國於 4 月 2 日到台大醫院，慰問正在住院的胡適。[1]

據蔣介石日記所載，胡適是聽了蔣夢麟的勸告，才不再反對蔣介石"三連任"[2]。蔣夢麟曾任國民政府第一任教育部長、行政院秘書長，1949 年隨國民黨政權去台灣。他是北京大學歷史上任職時間最長的校長，他的話對胡適自然會有作用。不過，蔣介石認為，胡適的轉變與其"觀望美國政府之態度"有關，因此，在日記中批評其為"可恥之至"，"只有個人，而絕無國家與民族觀念，其對革命自必始終立於敵對與破壞地位，無足奇哉！"[3]

十二、雷震等人籌組"反對黨"與胡適的"反對"

蔣介石集團退居台灣後，青年黨和民社黨也跟著到了台灣，但內爭不斷，勢力微弱。在台灣，國民黨表面上一黨獨大，而實際上一黨專政。為了突破這種局面，雷震一直想組織一個"反對黨"。為此，他首先在《自由中國》發表《如何確保反對黨的自由》一文，繼而在 1957 年 2 月發表牟力非所作《略論反對黨問題的癥結》，要求"執政黨或政府確認反對黨為當前所必須"。4 月 1 日，再次發表朱伴耘所作《反對黨！反對黨！反對黨！》，認為"強大反對黨的存在是救國良藥"。自此，《自由中國》連續發表相關文章 29 篇。

1958 年 5 月，胡適在《自由中國》第 18 卷 11 期發表《從爭取言論自由談到反對黨》，認為"今天大家覺得一黨當政的時間太久了，沒有一個制裁的力量，流弊甚多，應該有一個別的黨派出來。"但是，胡適認為"反對黨"一詞有搗亂、顛覆政府的意味，最好不用。他建議由教育界、青年、知識份子出來

---

1 《蔣介石日記》，1960 年 4 月 1 日。
2 《蔣介石日記》，1959 年 12 月 19 日。
3 《蔣介石日記》，1959 年 12 月 19 日。

組織一個不希望取得政權的在野黨。胡適稱："一般手無寸鐵的書生或書呆子出來組黨，大家總可以相信不會有什麼危險。政府也不必害怕，在朝黨也不必害怕，我想如能從這個新的方向走，組織一個以知識份子為基礎的新政黨，這樣一個在野黨，也許五年十年甚至二十年都在野也無妨。"[1]胡適認為，這一方法比他自己在 1951 年給蔣介石寫信，"等國民黨裏分出來"的辦法要"快一點"。

雷震與胡適相呼應，推出"今日的問題"系列社論，在《反對黨問題》一文中提出"反對黨問題是解決一切問題之關鍵"，又於第 22 卷 10 期發表《我們為什麼迫切需要一個強有力的反對黨》，主張成立一個新的政黨，與"獨霸局面至三十年之久而今天仍以武力為靠山的國民黨競爭"。他當時已決定將這個新的政黨定名為"中國自由黨"，胡適則主張既以改善選舉、爭取民主為目的，則應取名為"中國民主黨"。1960 年 5 月 8 日，雷震、胡適、齊世英、吳三連等在台北李萬居住宅集會，討論群組黨問題。胡適表示自己對政治不感興趣，不願參加籌組反對黨。當時，台灣地方自治選舉剛剛結束，暴露出國民黨操縱選舉的種種弊端。同月 18 日，雷震、吳三連、李萬居等召開"選舉改進座談會"，宣稱將立即籌組新黨，"務使一黨專政之局，永遠絕跡於中國"。會後，雷震等七人向台灣各報發送聲明，指責國民黨當局"政風敗壞，剝奪人民權利自由"，除要求發生選舉訴訟地區一律重新驗票外，號召立即籌組新黨，與政府抗衡。6 月 18 日，該聲明在李萬居的《公論報》發表，美國當時的駐台灣"大使"莊來德等人立即表示支持。

6 月 30 日，雷震與夏濤聲會見胡適，要求胡適支援他們組織反對黨。胡適表示："我不贊成你們拿我來做武器，我也不牽涉你們和人家鬥爭。如果你們將來組成一個像樣的反對黨，我可以正式公開的贊成，但我決不參加你們的組織，更不給你們做領導。"[2]當時，胡適即將赴美參加"中美學術會議"。7 月 2 日晚，雷震、夏濤聲等為胡適餞行，胡適說，他個人贊成組織在野黨，並且希望在野黨強大，能夠發展制衡作用，以和平的方法爭取選民支持，使政治發生新陳代謝。他並稱："在野黨要有容忍的精神和嚴正的態度，要有長遠的眼光，

1　胡頌平：《胡適之先生年譜長編初稿》第 7 冊，第 2075—2076 頁。
2　胡頌平：《胡適之先生年譜長編初稿》增補版，第 9 冊，第 3306 頁。

長遠的計劃，做長期的努力，使我們能夠看到民主政治與政黨政治走上正軌，在政治上發生交替與監督作用。"胡適表示，自己老了，"朽木不可雕"，希望新黨培養領導人物。[1]

十三、雷震被捕、判刑與胡適的"大失望"

蔣介石無論如何不能容忍雷震等人謀劃組織"反對黨"的活動。

1960 年 7 月 11 日，蔣介石與國民黨中央黨部秘書長唐（縱）、谷（正綱）等研討《自由中國》半月刊與"選舉訟案"。18 日，蔣介石再次召見谷正綱、唐縱、張群等人，商討對《自由中國》半月刊與"雷震叛徒"的處置法律問題。[2] 20 日，蔣介石日記稱："對《自由中國》的反動刊物必欲有所處置，否則台省基地與人民皆將為其煽動而生亂矣。" 23 日正午，再次商討《自由中國》刊物與雷震、傅正的處治問題。同日，在《上星期反省錄》中指責雷震為"雷逆"，稱其為"反動"，"挑撥台民與政府惡劣關係"。"如不速即處置，即將噬臍莫及，不能不作最後決心矣"。7 月 25 日，蔣介石決定逮捕雷震，以此警告正在籌組新黨的李萬居、高玉樹等人。其日記稱："甲、民主自由之基礎在守法與愛國；乙、不得煽動民心，擾亂社會秩序；丙、不得違法亂紀，造謠惑眾動搖反共基地；丁、不得抄襲共匪故技，破壞政府復國、反共措施、法令，而為匪共侵台鋪路，不得挑撥全體同胞團結精神情感。" 當日日記稱："其他皆可以民主精神尊重其一切自由權利。"[3] 這一天的日記表明，蔣介石懲治雷震和《自由中國》，其目的在於鎮壓台灣正在興起的組織"反對黨"的活動。

7 月 9 日，胡適等 22 人飛美，出席在美國西雅圖華盛頓大學召開的中美學術合作會議，至 15 日結束。9 月 2 日，胡適到華盛頓參加中華教育文化基金董事會會議，當天即回紐約。他茫然不知台灣政局已經發生了前所未有的巨大事件。

1　胡頌平：《胡適之先生年譜長編初稿》增補版，第 9 冊，第 3309 頁。
2　《蔣介石日記》，1960 年 7 月 18 日。
3　《蔣介石日記》，1960 年 7 月 26 日。

大概陳誠最初不贊成蔣介石對《自由中國》採取行動。7月30日，蔣介石約張群、唐縱、陶希聖等人談《自由中國》與“雷逆”問題，涉及陳誠，蔣介石稱：“辭修行態，不勝奇異之至，奈何！”[1] 8月27日，蔣介石約見警備總司令黃杰，詢問“田雨專案”準備情形，確定對《自由中國》的處理方針：甲、以寬容與不得已的態度出之，非此不能保證反共基地的秩序、安定，否則行將以此一線生機之國脈，被殉於假藉民主、自由的共產鋪路者之手。乙、該半月刊雷某所言所行，完全如在大陸上卅六、七年時期的民主同盟的口號如出一轍。談話末尾，蔣介石假惺惺地特別聲明：“只要依循合法的行動，中央決不妨礙言論、結社的自由。”[2] 28日，選舉改進座談會發言人李萬居、雷震、高玉樹等共同表示，新的政黨將定名為中國民主黨。30日，蔣介石口授處治《自由中國》半月刊公告文稿，說明台灣的環境與現狀，外有匪軍窺伺進犯，內有匪諜隱伏滲透，在此情況下，每一負責公民和團體都應該“作反共消患的準備，確保此一片乾淨土”。[3] 9月2日，再次修改該稿。

蔣介石估計，雷震被捕，胡適會出面干涉，或者在美國採取反對政府的行動，覺得應該有所準備。8月31日，蔣介石決定：甲、置之不理；乙、間接警告胡適，不宜返國。丙、間接通知美國逮捕雷震的原因，以免誤會。[4] 蔣介石自知逮捕雷震事關重大，反覆考慮，自稱“不厭其詳”。[5]

1960年9月4日，台灣當局依據所謂涉嫌叛亂條例第十條的規定，逮捕《自由中國》雜誌社雷震等4人。6日，被捕的《自由中國》會計劉子英供稱：由“匪共”派到台灣，聯絡雷震，曾將身份明告，但雷震仍將其留在家中，並派其擔任會計。蔣介石在主持情報會談時得知這一消息，很高興，在日記中寫道：“其通匪之罪確立矣！”[6] 7日，蔣介石主持國民黨中央常會，指示唐縱說：“雷案主要問題因轉移於劉子英匪諜與雷有重大關係方面，而以其社論叛亂涉嫌

1　《蔣介石日記》，1960年7月30日。
2　《蔣介石日記》，1960年8月27日。
3　《蔣介石日記》，1960年8月30日。
4　《蔣介石日記》，1960年8月31日。
5　《上星期反省錄》，《蔣介石日記》，1960年9月1日。
6　《蔣介石日記》，1960年9月6日。

為次要矣。"[1]

雷震被捕當天,陳誠即致電胡適,通知他《自由中國》"最近言論公然否認政府,煽動變亂",已經警備總司令部將雷震等"傳訊",保證"自當遵循法律途徑妥慎處理"。胡適當日早晨已經從新聞廣播中得知有關消息,也從台灣駐美大使館讀到外交部長沈昌煥來電:"此事曾經經過長期慎重考慮,政府深知在今日國際形勢下,此事必將發生於我不利之影響,但事非得已,不能不如此辦。"[2]

胡適接到陳誠來電後立即復電:"鄙意政府此舉不甚明智,其不良影響可預言:一則國內外輿論必認為雷等被捕,表示政府畏懼並摧殘反對黨運動。二則此次雷等四人被捕,《自由中國雜誌》當然停刊,政府必將蒙摧殘言論之惡名。三則在西方人士心目中,批評政府與謀成立反對黨與叛亂罪名絕對無關。雷儆寰愛國反共,適所深知,一旦加以叛亂罪名,恐將騰笑世界。今日唯一挽救方式,似只有尊電所謂'遵循法律途徑'一語,即將此案交司法審判,一切偵審及審判皆予公開。"[3]

9月6日陳誠再電胡適,聲稱"叛亂"罪嫌由軍法審判,係屬合法。並稱:"被拘4人中已有一人承認受匪指使來台活動,雷至少有知情包庇之嫌,自當依法,迅予處理。"[4]

9月8日,胡適再電陳誠稱:"(一)近年政府正要世人相信,台灣是安定中求進步之樂土,似不可因雷案而昭告世人,全島今日仍是戒嚴區,而影響觀光與投資。(二)果如尊電所云,拘捕四人中已有一人自認匪諜,則此案更應立即移交司法審判。否則,世人絕不相信,徒然使政府蒙濫用紅帽子陷人之嫌而已。(三)雷震辦此雜誌十一年,定有許多不謹慎的言語足夠成罪嫌。萬望我公戒軍法機關不得用刑審,不得妄造更大罪名,以毀壞政府的名譽。(四)毛子水先生忠厚長者,從不妄語,可請雪屏邀子水與公一談自由中國社史事,當有補

1 《蔣介石日記》,1960年9月7日。
2 《胡適的日記》(手稿本),第18冊,1960年11月18日。
3 胡頌平:《長編初稿》第9冊,第3335頁。
4 胡頌平:《長編初稿》第9冊,第3335頁。

益。" [1]

此後，胡適還給陳雪屏個人寫了一封信，針對沈昌煥來電所稱"政府深知"一語，駁斥道："政府決不會深知。總統沒有出過國，副總統也沒出過國，警備司令部的發言人也沒有出過國，他們不會'深知'此案會發生的影響，所以我不能不做這件事：向政府陳說。"胡適稱："我是雜誌發行人、編輯人，我是一個報人，不能不替報人說話，不能不為言論自由說話。"

在胡適致電、致函陳誠和陳雪屏，為雷案呼籲期間，他又不斷接受新聞界訪問：

9月7日，在華盛頓的美聯社記者打電話到紐約，詢問胡適對雷震案的看法。胡適說："我認為這是一件最不尋常的事。我認識雷震多年，我覺得以叛亂罪名逮捕他是一件最不尋常的事。""他是一位最愛國的人士，自然也是一位反共份子。他以叛亂罪被逮捕，乃是最令人意料不到的，我不相信如此。"又說："我是《自由中國》半月刊的創辦人之一，但現在已經不是發行人。十年來，這雜誌一直是台灣新聞'自由'的象徵。""我對這件事的發生很感遺憾。""我誠摯希望雷震的案件由普通法院審理，而不付諸軍事審判。以期他能依法受審。" [2]

9月17日，合眾國際社記者向胡適採訪雷震事，胡適說："我希望我回到台北的時候，我的朋友和同事雷震將自叛亂罪下獲釋。他是一位愛國公民及反共人士。""《自由中國》半月刊在過去十一年內一直是中華民國出版自由的象徵。我希望這一象徵不被肆意毀滅。" [3]

蔣介石高度注意胡適在美國發表的為雷震鳴冤的言論，稱之為"真正的'胡說'，本不足道"，但他認為此說可為台灣粉飾，又有點高興。8日日記稱："有此胡說，對政府民主體制亦有其補益，否則不能表示其政治為民主矣！" [4] 然而這以後的日記，蔣介石對胡適的批判火力越來越猛，上綱就越來越高了。20日

1　胡頌平：《長編初稿》第9冊，第3336頁。本電時間，原書繫於6日，現據《胡適的日記》手稿本第18冊訂正。
2　台灣《大華晚報》，160年9月8日。
3　台灣《大華晚報》，1960年9月18日；台灣《公論報》，1960年9月19日。
4　《蔣介石日記》，1960年9月8日。

日記云："胡適挾外力以淩政府為榮，其與匪共挾俄寇以顛覆國家的心理並無二致。其形式雖有不同，而重外輕內，忘本逐末，徒使民族遭受如此空前浩劫與無窮恥辱。"[1]

10月8日，台灣警備總部軍法處判處雷震徒刑十年、劉子英十二年、馬之驌五年。其主要理由為：明知為匪諜而不告密檢舉，連續以文字為有利於叛亂之宣傳。

10月13日，蔣介石聽說胡適定於10月16日回來，猜想其目的是在雷震未複判之前為其要求減刑或釋放，便憤怒地在日記中怒罵，稱胡適是"最無品格之文化買辦"。日記云："無以名之，只可名之曰'狐仙'，乃為害國家，為害民族文化之蟊賊，彼尚不知其已為他人所鄙棄，而乃以民主、自由來號召其反對革命、破壞其反共基地也。"[2] 在這一天的日記中，蔣介石稱胡適為"文化買辦"，而且稱之為"文化蟊賊"，大概是對胡適最嚴厲的攻擊和貶損了。

由於雷案，蔣介石受到許多人的批評和攻擊，但蔣介石認為胡適最突出，稱之為"卑鄙之言行"[3]，因此，他很擔心胡適。當時，李萬居等組織籌委會，對軍法處對雷震的判決不服，蔣介石除指令駁斥外，擔心胡適回台後存心"搞亂為難"。此後，蔣介石日記幾乎每天都有胡適歸來的記載。如：

10月20日：聞胡適往日逗留，暫不回台，或其聽其友人之勸乎？

10月22日：據報，胡適今晚回來也。"

10月24日：今日聞胡適回來後，對雷案各種胡說不以為意，聽之，我行我事可也。

10月29日：為胡適無賴卑鄙之言行考慮痛苦不置，其實對此等宵小，不值較量，更不宜痛苦，唯有我行我事，置之一笑，則彼自無奈我何矣。

---

1 《蔣介石日記》，1960年9月20日。
2 《蔣介石日記》，1960年10月13日。
3 《蔣介石日記》，1960年10月20日。

《上星期反省錄》：胡適無恥言行與美國左派與糊塗友人仍為雷震張目說情，並加脅制的情形更加令人痛心。[1]

上述日記可見蔣介石承受的巨大精神壓力。不過，蔣介石認為雷案"完全操之在我，而且法理皆在我方"，用不著像對美國大選一樣擔心憂愁。

10 月 18 日，胡適離開美國回台。19 日，到達東京，聽取自台北趕來的毛子水的報告，瞭解雷案發生後的台北情形。22 日晚，胡適回到台北南港寓所。《新生報》、《中央日報》、《聯合報》、《公論報》的記者已經在等著採訪。胡適當即發表談話，否認外間所傳他將擔任新黨顧問一說。他表示："我以前不幹政治，現在已屆七十之年，也不會作政治活動。"談起新黨，胡適說："我很希望有一個有力量的、像個樣子的反對黨。""十多年前我曾勸過國民黨的領袖，最好是從中國國民黨自由地分化出來，根據各人的政見演變成兩個大黨。"又說："新的政黨，不妨以在野黨為號召，而不必稱反對黨。如果新黨表現得好他一定公開贊成；如果不滿意，應該有保留不說話和批評的自由。"[2] 23 日，李萬居等來見，胡適約以 26 日晚見面再談。

10 月 26 日上午，胡適先見陳誠，報告將要與李萬居等的談話內容：1. 看看雷案發展，看看美國大選等世界形勢，暫緩成立新黨的時間，不可急於組黨。2. 根本改變對政府的態度。要和平，不可敵對；不可成為台灣人的黨，必須要和民社黨、青年黨兩黨合作，和無黨派的大陸同胞合作；要爭取政府的諒解，同情的諒解。[3]

回台後，胡適繼續為雷震呼籲。10 月 23 日夜，胡適接見《聯合報》記者于衡，聲稱"我不是幫雷震的忙，而是幫國家的忙，因為雷案已使他的國家受到損失"。[4] 11 月 9 日，再次接見于衡，發表談話道："別的話可以不登，但我不是營救雷震，我營救的乃是國家，這句話是不能不登的。"[5]

---

1 《上星期反省錄》，《蔣介石日記》，1960 年 10 月 30 日。
2 台北《中央日報》，1960 年 10 月 23 日。
3 《胡適的日記》（手稿本）第 18 冊，1960 年 11 月 18 日。
4 台灣《聯合報》，1960 年 10 月 24 日。
5 台灣《聯合報》，1960 年 11 月 10 日。

十四、胡適以不談雷震為條件會見蔣介石，要求給與組織新黨的人士以"雅量"

胡適一面向新聞界呼籲，一面通過張群要求會見蔣介石。11 月 16 日，蔣介石同意胡適於 18 日來見。11 月 18 日，胡適會見蔣介石，張群在座。

蔣介石要胡適談談政治形勢。胡問："國內的，還是世界的？"蔣稱："整個世界的。"胡適談了兩件大事。說完了，胡適忍不住說："我本來對岳軍先生說過：我見總統，不談雷案。但現在談到國際形勢，我不能不指出，這三個月來，在這件事上的政府措施實在在國外發生了狠不好的影響。"接著，胡適向蔣彙報了得知雷震被捕消息的經過以及致電陳誠，特別是致函陳雪屏的情況。蔣稱："我對雷震能十分容忍。如果他的背後沒有匪諜，我決不會辦他。我們的政府是一個反共救國的政府，雷震背後有匪諜，政府不能不辦也。我也曉得這案子會在國外發生不利的反響，但一個國家有他的自由，有他的自主權，我們不能不照法律辦。"此前，蔣介石曾對美國西海岸的報人做過類似談話，現在又重複了一遍。

雷震和《自由中國》半月刊本來是個單純的"言論自由"問題，然而一扯上"匪諜"，性質就變化，胡適就無話可說了。他只能就審判性質、辯護、定案時間一類技術性、細節性的問題提出質疑，而這是無法擊中雷震案的"要害"的，也是蔣介石樂於討論的。胡適對蔣介石說：

關於雷震與匪諜的關係，是法庭的問題。我所以很早就盼望此案轉移交司法審判，正是為了全世界無人肯信軍法審判結果。這個案子的量刑，十四年加十二年，加五年，總共三十一年徒刑，是一件很重大的案子。軍法審判的日子（十月三日）是十月一日才宣佈的，被告律師只有一天半的時間可以查卷，可以調查事實材料。十月三日開庭，這樣重大的案子，只開了八個半鐘頭的庭，就宣告終結了，就定期八日宣判了，這是什麼審判？

接著，胡適又說："我在國外，實在見不得人，實在抬不起頭來。所以八日宣判，九日國外見報，十日是雙十節，我不敢到任何酒會去。我躲到普林斯頓去過雙十節，因為我抬不起頭來見人。"

蔣介石覺得沒有必要和胡適辯論這一類問題，便主動轉移話題："胡先生同我向來是感情很好的，但是，這一兩年來，胡先生好像只相信雷儆寰，不相信我們政府。"

蔣介石打開這一話題，胡適只能回答："這話太重了，我當不起。"接著，胡適敘述自己1949年4月21日船到舊金山時對美國記者的表態，表示願意重述。說到這裏，胡適覺得時間不早了，便決意敘述自美回台第二天對陳誠所述，準備對籌組新黨的李萬居等人說的話，即：根本改變對政府黨的態度，要和平，不可敵對。他對蔣介石說：

> 十年前總統曾對我說，如果我組織一個政黨，他不反對，並且可以支援我。總統大概知道我不會組黨的。但他的雅量，我至今不忘記。我今天盼望的是，總統和國民黨的其他領袖，能不能把那十年前對我的雅量，分一點來對待今日要組織一個新黨的人？

胡適說了半天，終於說出了他十分想說而蔣介石十分不願意聽的話 —— 允許在國民黨之外，組織一個新的政黨。說完，胡適覺得時間晚了，便起身告辭。蔣介石很客氣地表示：將來從南邊回來，還要約見，再談談。他將胡適一直送到接待室門口，張群則送到樓梯邊。胡適下樓時看表，12點17、18分鐘。[1]

蔣介石接見胡適的當天，日記云："余只知有國家而不知其他。如為國際輿論，則不能再言救國矣。如大陸淪陷之教訓，則不能不作前車之鑒也。最後略提過去與胡適之感情關係，彼或有所感也。"[2] 在《上星期反省錄》中，蔣介石又寫道："胡適之'胡說'，凡其自誇與妄語皆置之不理，且明答其雷為匪諜案，應依本國法律處理，不能例外示之，使之無話可說。既認其為卑劣政客，何必

---

1 《胡適的日記》(手稿本)，第18冊，1960年11月18日。
2 《蔣介石日記》，1960年11月16日。

多予辯論。"同日，蔣介石日記云："雷案複判已核定，不能減刑。"

11 月 23 日，胡適接到雷震夫人電話，雷震一案維持原判。當夜，各報採訪胡適，胡適只說："大失望！大失望！"24 日，雷震與劉子英入獄服刑。胡適讀到 11 月 17 日的判決書，日記云："我忍不住要歎氣了。"胡適歎氣，蔣介石卻有點高興，日記云："胡適投機政客賣空與脅制政府，未能達其目的，只可以很失望三字了之。"

12 月 2 日，蔣介石接到其 "駐美大使" 來電，要求對雷震 "自動減刑"，蔣介石立即拒絕，日記稱："美國之愚拙極矣！"12 月 9 日，蔣介石聽說胡適、成舍我發起特赦雷震運動，日記云："此與美國共黨同路人，內外相應之行動也。"

儘管蔣介石認為胡適是 "投機政客"，為他定了 "賣空與脅制政府" 的罪名，但是，到了 12 月 21 日胡適 70 歲生日這天，蔣介石還是為其辦了祝壽宴會。

蔣介石等為雷震定罪的時候，口口聲聲 "匪諜"。怎麼回事呢？

後來，劉子英被釋，於 1988 年自台灣赴大陸定居，行前，致函雷震夫人稱："當年為軍方威勢脅迫，我自私地只顧個人安危，居然愚蠢得捏造謊言，誣陷儆公，這是我忘恩負義失德之行。"[1]

原來如此。

十五、蔣介石為胡適 "蓋棺論定"

1962 年 2 月 6 日，適逢春節，蔣經國到胡適處拜年，代蔣介石邀約胡適夫婦等人午宴。蔣介石日記云："宴胡適之夫婦等，以盡人情之理。"

胡適早有心臟病。1949 年 10 月底、11 月初，曾兩次心臟劇痛。[2] 1951 年 12 月 17 日，他 61 歲時，寫作《生日決議案》，自稱 "常常帶藥瓶走路，連

1　馬之驌：《雷震與蔣介石》，台灣自立晚報出版社 1993 年版，第 493 頁。
2　胡頌平：《胡適之先生年譜長編初稿》增補版，第 6 冊，第 2107 頁。

人壽保險公司也拒絕我這個顧客，生命很可能忽然結束。"[1] 1961 年 2 月 25 日，胡適心臟病發，入住台灣大學醫院，4 月 22 日出院。11 月 26 日，心臟病再發，重入台大醫院，至 1962 年 1 月 10 日出院，入住台灣大學招待所療養。

儘管胡適病重，仍然繼續受到 "圍剿"。

1961 年 9 月 24 日，胡適在《民主潮》11 卷 18 期發表《紀念曾慕韓先生文》，中云："過於頌揚中國傳統文化，可能替反動份子助威。凡是極端國家主義運動中，總都含有守舊的成份，總不免在消極方面排斥外來的文化，在積極方面擁護或辯護傳統的文化，所以，我總覺得，凡提倡狹義的國家主義或狹義的民族主義的朋友們，都得特別小心的戒律自己，偶一不小心，就會給頑固份子加添武器了。"事後，"立法委員"林棟當即在 "立法院"教育委員會向 "教育部長"提出質詢。大部分 "立委"也都表示反對胡適的觀點。

同年 11 月 6 日，胡適應美國國際開發總署之邀，在亞東區科學教育會議開幕時做主題演講，題為《科學發展所需要的社會改革》。演講中，胡適談到 "東方文明"中缺少 "精神價值"。他以纏足等為例說："一個文明容忍像婦女纏足那樣慘無人道習慣到一千年之久，而差不多沒有一聲抗議，還有什麼精神文明可說？"又說："科學和技術的新文明"是 "人類真正偉大的精神成就，是我們必須學習去愛好，去尊敬的"。其結論是："我主張把科學和技術的近代文明看作高度理想主義的、精神的文明。"[2] 胡適的這些看法立即受到 "東方文明"維護者的 "圍剿"。"立法委員"廖維藩提出質詢，徐復觀在《民主評論》發表文章，批評胡適 "以一切下流的詞句，來誣衊中國文化，誣衊東方文化"，"向西方人賣俏"，"得點殘羹冷汁"，"臉厚心黑"云云。[3]

2 月 24 日上午，胡適主持中央研究院院士會議。下午，主持歡迎第五屆新院士酒會，講了十分鐘的話，胡適突然面色蒼白，仰身倒地，經急救無效，7 時 10 分去世，享年 72 歲。

1　《在台北市記者招待會上答問》（1952 年 11 月 19 日），《胡適言論集乙編》，曹伯言、季偉龍：《胡適年譜》，第 732 頁。
2　胡頌平：《胡適之先生年譜長編初稿》增補版，第 10 冊，第 3803—3806 頁。
3　胡頌平：《胡適之先生年譜長編初稿》補編，1962 年，第 609 頁。

2 月 25 日，蔣介石親撰輓聯：“新文化中舊道德的楷模；舊倫理中新思想的師表。”從新文化與舊倫理兩個方面對胡適作了評價，蔣介石自認為“公平無私”，“並未過獎，更無深貶之意”。3 月 1 日，蔣介石偕同張群到中央研究院弔唁。次日日記云：“蓋棺論定，胡適不失為自由主義者。其個人生活亦無缺點，有時亦有正義感與愛國心。唯其太褊狹自私，且崇拜西風，而自卑其固有文化，故仍不能脫出中國書生與政客之舊習也。”3 月 2 日，陳誠率領治喪委員會全體舉行公祭，到會一百多單位，兩萬餘人。3 月 3 日，蔣介石在《上星期反省錄》中寫道：“胡適之死，在革命事業與民族復興的建國思想言，乃除了障礙也。”6 月 27 日，蔣介石發佈褒揚令，全面評價其一生，稱其“愷悌勞謙，貞堅不拔”[1]。10 月 15 日，治喪委員會公推毛子水撰寫墓誌銘，詞曰：

這個為學術和文化的進步，為思想和言論的自由，為民族的尊榮，為人類的幸福而苦心焦慮、敝精勞神以致身死的人，現在在這裏安息了。[2]

蔣介石的褒揚令，用文言；毛子水的墓誌銘，用白話，維護了胡適的遺願。

當胡適被圍北平之際，蔣介石等一再電邀其南下，最後派專機相接，無庸諱言，自然有其特定的政治目的。南下之後，胡適對蔣介石時有“逆耳”之言，蔣介石在日記中對胡適則不滿、不屑、怨憤、嘲諷、辱罵甚至敵視，體現了兩人之間政治觀念、治世理念的鑿枘難合：胡適醉心於西方民主模式：多黨並存與競爭，確保言論自由，通過選舉，以和平方式轉移政權；蔣介石則迷戀於一黨專政和個人獨裁，力圖控制社會輿論，壓制民主，長期執政，走法西斯或近似於法西斯專政的道路。由於胡適的極高聲望和裝點、粉飾自身政權的需要，蔣介石沒有採取對雷震一類的嚴厲措施，而是“不即不離”，始終保持了適當的克制和禮遇，並在其生命終結之後，給出了一個自以為“公平無私”的評價。這些做法，顯然都是對胡適的一種利用。

1　台北《中央日報》，1962 年 7 月 4 日。
2　胡頌平：《胡適之先生年譜長編初稿》增補版，第 10 冊，第 3903—3904 頁。

胡適一生，其思想和事業廣闊而複雜。蔣介石的上述三段話，拋棄了其日記中前引對胡適的謾罵、攻擊語言，有擺脫黨派和個人私見的方面，但是，也嚴重反映出黨派和個人私見的局面。有些話包含正確因素，有些話大謬不然，須要人們認真、深入、細緻的辨析。蔣介石雖自視其上述評價是對胡適的"蓋棺論定"，其實離"定論"很遠、很遠。從某種意義上看，它和中國近代史上的許多問題一樣，也許是一個長期的、永遠說不完的話題。

附記：2021 年 2 月 27 日，傳統元宵節之第二日，完成於北京東城，時已 85 週歲矣。

附錄

我和民國史研究 *

　　我年輕時從未想過會研究歷史。記得最初的理想是當鋼鐵工程師,因為那時,國家正在大規模地建設鞍山等鋼鐵基地。後來,想當地質學家、數學家;再後來,想當作家,所以報考大學時選擇了北京大學中文系新聞學專業,想像蘇聯的法捷耶夫、西蒙諾夫等人一樣,從記者走向文學創作的道路。不過入校以後,知道新聞學專業只有四年,要學《布爾什維克報刊史》一類我不喜歡的課程,便改報了漢語言文學專業。五年學完,被分配到北京南苑的一所農業機械學校。一年半之後,轉到北京師範大學附屬中學當教員。直到 1978 年,我才正式調到中國科學院哲學社會科學部(今中國社會科學院)近代史研究所民國史研究室,從事專業研究工作。

---

* 　原載《學林春秋》第 3 篇,朝華出版社 1999 年版,略有修改;錄自楊天石:《抗戰與戰後中國》,中國人民大學出版社 2007 年版。

初涉學術之途 —— 研究中國文學

我初進大學時，熱衷於寫詩、寫小說。不過，很快，我就發現自己沒有什麼生活底子，轉而想研究美學和文藝理論。當時，我曾為自己確定了"作家世界觀和創作方法"、"美學理想的階級性與全人類性"等兩三個研究題目，為此，大量讀過巴爾扎克、托爾斯泰、陀斯妥耶夫斯基等人的作品，也曾跑到哲學系，去偷聽朱光潛、宗白華先生的美學課。不過，我也很快發現自己的中外文學史、藝術史底子太薄，一下子就研究美學和文藝理論是不相宜的，於是，決定先從研究中國文學史做起。

那時候，我正癡迷於唐詩。於是，一邊聽課，一邊跑琉璃廠、東安市場、隆福寺，在舊書攤上淘書。唐代詩人，如陳子昂、王維、孟浩然、李白、杜甫、柳宗元、韓愈、李賀、李商隱、杜牧、皮日休等人的集子都被我淘到了；也真讀。不僅讀唐人別集，也讀唐以前的，記得明人張溥編輯的《漢魏百三名家集》，厚厚的好多函，我是從頭到尾讀完的。

從大學三年級起，學校裏搞教育革命，學生批判老師，不上課，自己編書。我們年級首倡編寫《中國文學史》，幾十個人突擊，用幾十天的時間完成，這便是那曾經名盛一時的北大中文系 1955 級的紅色《中國文學史》。現在看起來，這部書"左"得很，其名聲完全是適應形勢需要，哄抬起來的。我最初參加隋唐五代組，初稿寫成後，阿英同志提出，近代文學部分不可不寫南社，於是，臨時調去支援，補寫了革命文學團體南社一節。沒有想到，這便成了若干年後我進入近代史研究所的因緣。

紅色文學史出版後，我們奉命繼續革命。我選擇了"蟲魚之學"，編注《近代詩選》。這樣，我便大量閱讀鴉片戰爭以後的詩文別集和近代報刊的文藝欄目，總共看過幾百種吧！做注釋，可不像發幾句革命議論那樣容易。好在那時，師生關係已經有所改善，季鎮淮教授直接參加編選組，和我們一起工作。此外，我還常去請教游國恩、吳小如兩位先生，在他們指導下，加上自己摸索、鑽研，我逐漸學會了使用《佩文韻府》、《淵鑒類涵》、《駢字類編》等工具書、類書和各種引得，懂得了搞注釋的門道。編注詩選期間，我們對紅色文學史作了一次重大修改，比較地可讀了。這次，我撰寫的是近代文學。

《近代詩選》改了又改，搞了好多年，一直到我畢業後，在南苑那所農機學校工作時，還在修改。該書出版後，我便和同學劉彥成君合作，寫了一本題為《南社》的小冊子。初稿完成後，蒙當時中華書局總編輯金燦然同志召見，給予了親切熱情的鼓勵。其後，當時《南社》的責任編輯傅璿琮同志要求我再寫一本，我選擇了《黃遵憲》。

60 年代，中國政壇雲翻雨覆，文壇也跟著波瀾迭起。《南社》因為寫的是"資產階級文學團體"，雖然排出了校樣，卻一直不能出版，自然，《黃遵憲》也就壓在我的抽屜裏。這兩本書，是"文革"結束後才由北京中華書局和上海人民出版社分別出版的。

我從 1958 年起研究南社，積累了大量資料，進入近代史研究所後，遍閱清末民初的各種報刊，有幾種報紙，可以說是一天天、一頁頁翻過的。在此基礎上，編成《南社史長編》一書，由中國人民大學出版社於 1995 年出版。

探求天人之道 —— 研究中國哲學

我在研究中國文學的過程中，逐漸覺得只研究文學本身不夠，例如，要分析作家思想，必須懂得當時的社會，特別是當時的思潮。於是，我便啃一點哲學和哲學史方面的書籍，諸如《費爾巴哈和德國古典哲學的終結》、《唯物主義和經驗批判主義》等書，我都是比較認真地讀過的；侯外廬等編著的《中國思想通史》我也是比較認真地讀過的。《中國思想通史》在分析司馬遷時，特別強調他的"究天人之際，通古今之變"，這給了我極大的震撼。我覺得，這十個字，是研究學術的最高理想，也是研究學術的必要條件，否則，鼠目寸光，所見極短、極小，是難以深探學術的堂奧的。

這樣，我就對中國哲學史、中國思想史有興趣了。一個偶然的機會，我讀到了明代泰州學派傳人韓貞的《韓樂吾先生集》。韓貞是窯匠，以燒磚製瓦為生，後來師從泰州學派創始人王艮。多年來，人們一直將他作為泰州學派具有人民性和異端色彩的有力證據。我讀了《韓樂吾先生集》後，覺得情況完全不是這樣，他的思想相當消極，於是，便寫了一篇短文 ——《韓貞的保守思想》，發表在《光明日報》的《哲學》專刊上。文章發表後，受到了侯外廬先生的注意，也受到了侯先生的弟子楊超、李學勤等先生的注意。楊、李二先生不恥下問，到我當時工作的師大附中來借閱韓貞的集子，給了我很大的鼓勵。其後，我進一步研究王艮，於 1993 年在《新建設》雜誌發表《關於王艮思想的評價》一文，完全和侯先生以及嵇文甫、楊榮國諸大家唱反調。《新建設》編輯部將校樣交給侯先生審閱，侯先生不僅同意發表，而且提出，要調我到他手下，當時歷史研究所的思想史研究室工作。當然，未能調成，那是一個突出政治的年代，我在大學裏是"白專道路"的典型，如何能通得過各種人事關卡呢！

轉眼到了"文革"時期，我無事可幹，但又不甘寂寞，便研究魯迅，同時偷偷地幫吳則虞先生編《中國佛教思想文選》，明知當時此類書不可能出版，但權當是一種學習吧！再後來，毛澤東提出，要學點哲學史，北京中華書局因此找人寫一本《王陽明》，找來找去，找到了我。那時，我在師大附中教語文，還兼一個班主任，但我欣然接受了這一任務。書很快寫成了，也很快出版了，一下子印了 30 萬冊，而且很快就售罄，但我只拿到了 30 本書，那時，是沒有稿費的。有朋友開玩笑，要是在這兩年，我就發大財了。

《王陽明》出版後，我又應中華書局之約，陸續寫了《泰州學派》、《朱熹及其哲學》二書，分別於 1980、1982 年出版。

哲學是哲學家對自然和社會的認識與思考。研究哲學，有兩條路子，一條是還原，研究哲學家提出的各種概念、範疇及其體系的現實出發點；一種是上升，研究哲學家提出的概念、範疇及其體系的理論意義與價值。我偏重於前者。例如，宋明道學的基本範疇"理"，我認為，在朱熹那裏，是規律和倫理的綜合；在王陽明那裏，是人的生理本能、生理功能和倫理的綜合。由此，我對於理學史上的"心性之爭"，也就是"心學"和"理學"的區別，包括"禪學"、"心學"的發展軌跡以及它的消極和積極作用等問題有了一點自己的看法。1989年，我在《朱子學刊》創刊號所發《禪宗的"作用是性"說和朱熹對它的批判》一文可以代表我對上述問題的部分思考。該文是我原來想寫的《理學筆記》的第一篇，不過以後因為忙，就再也沒有寫下去。我一度有志於清理晚明至清朝道光年間的思想史，為此，讀過一些明代中葉以後的文人別集，但是，徒有其志而已。我的《王陽明》、《朱熹及其哲學》等書，也想有機會重寫，是否能抽得出時間，只有天知道了。

三遷乃至歸宿 —— 研究民國歷史

我走上研究民國史的道路，完全出於偶然。

我在研究南社的過程中，發現了一個很有意思現象。南社作家，在其初期，大多很有創造精神，提倡戲曲革命、詩界革命，寫白話文，寫新體小說，主張"融歐亞文學於一爐"，然而，到了辛亥革命前夜，正式成立南社時，卻大力提倡傳統的詩、文、詞、駢文，古色古香起來。我研究其中的奧妙，發現是流行一時的國粹主義思潮作祟，於是便寫了一篇《論辛亥革命前夜的國粹主義思潮》，發表在 1964 年的《新建設》上。文章發表後十年，近代史研究所民國史研究室的同志編輯南社資料，發現了我的這篇文章，便將他們的初步選目寄給我，我認真提了意見；他們又約我面談，並且邀請我參加協作。於是，我便一邊教書，一邊利用業餘時間在近代史所從事研究。這樣，從 1974 年協作到 1977 年，其間，因王學莊同志介紹，我又得李新教授同意，參加《中華民國史》第一編的寫作。那時，民國史研究室正值發展時期，迫切需要人才，便提出要調我到所工作。我那時只要能搞科研，進文學、哲學、歷史的任何一個研究部門都無所謂。不過，那時調動一個人的工作仍然很困難，左折騰，右折騰，那經過，是可以寫一部情節曲折的小說的。然而，畢竟是撥亂反正時期了，我終於在 1978 年 4 月正式調進近代史所民國史研究室，一償多年來想從事學術研究的宿願。

調入近代史研究所後，除和幾位研究者合作完成《中華民國史》第一編上下兩冊外，又於 1982 年起，用了十多年的時間，主編並主撰該書第二編第五卷《北伐戰爭與北洋軍閥的覆滅》。靠了幾位年輕合作者的共同努力，該書出版後頗蒙國內外學界好評。

在寫作《中華民國史》的同時，我還寫了二三百篇各種各樣的文章。其中，有40篇編為《尋求歷史的謎底——近代中國的政治與人物》，由首都師範大學出版社於1993年出版。第二年，台灣文史哲出版社出了繁體字版。該書獲北京93版優秀學術著作獎及國家教委所屬高校出版社優秀學術著作獎。另60餘篇，編為《海外訪史錄》，將由社會科學文獻出版社於近期出版。此外的若干篇，擬編為《蔣介石日記研究及其他》。目前，我正在主持編寫五卷本《中國國民黨史》，希望能於2000年面世。

民國史是我二十多年來的主業，研究領域集中於辛亥革命史、北伐戰爭史、抗日戰爭史和國民黨派系鬥爭史、胡適的社會關係等幾個方面，現分述之。

一、辛亥革命史

在我編寫《中華民國史》第一編時，黎澍同志提出，可以研究一下革命黨人的派性。我覺得這是個好題目，便動手收集資料，中國的、日本的、新加坡的，凡一切可以找到的資料，都努力搜尋。在此基礎上，寫成《同盟會的分裂與光復會的重建》一文。我提出，在同盟會成立以後，曾經發生過兩次"倒孫（中山）風潮"。第一次反映出日本社會黨分裂和日本無政府主義派別對同盟會的影響，第二次反映出同盟會內部的經費和人事糾紛。此後，我又陸續寫成《龍華會章程主屬考》、《章太炎與端方關係考析》、《民報的續刊及其爭論》、《蔣介石為何刺殺陶成章》等文，系統地清理並揭示了辛亥革命前後的同盟會內部矛盾真相。

武昌起義後，革命黨人迅速佔有半壁江山，但是，孫中山很快讓位於袁世凱，一場轟轟烈烈的革命很快歸於失敗。為什麼？舊說大都照搬領袖人物的政治結論——資產階級的軟弱性。我認為，這是政治分析，而不是歷史分析，因此，陸續寫了《孫中山與租讓滿洲問題》、《華俄道勝銀行借款案與南京臨時政府危機》、《孫中山與民國初年的輪船招商局借款》等文，揭示出，孫中山本有進軍北京、徹底推翻清朝政府的宏願，但由於財政拮据，借貸無門，內外交困，不得不忍痛議和，從而使革命半途而廢。

武昌起義後，原湖北諮議局局長、立憲派首領湯化龍宣佈擁護革命，出任軍政府總參議，但是，湖北地區多年來流傳，湯化龍曾暗中聯絡黎元洪等，聯名密電清廷，要求清軍南下，撲滅革命。由於提出此說的多為當時的革命黨人，因此，此說幾成鐵案，湯化龍也就自此戴上了反革命兩面派的帽子。我經過周密考證，證明此說是一種訛傳。日本學者狹間直樹曾撰文表示，該文"考證確鑿，堪稱傑作"。

辛亥革命時有三大思潮：三民主義、國粹主義、無政府主義。我對這三大思潮都作過考察。在對三民主義的研究中，我用力較勤的是民生主義。在《孫中山和中國革命的前途》等文中，我提出：孫中山嚮往社會主義，對資本主義有強烈的批判思想，但他主張"取那善果"、"避那惡果"，表現出這位哲人的睿智和思想中的辯證光輝。他的民生主義不能簡單地歸結為發展資本主義的綱領，其內容和實質是，允許國有經濟與私有經濟並存，充份利用外資，最大限度地發展國家資本主義，用以限制資本主義的"惡果"。在研究其他兩種思潮時，我提出：鄧實、章太炎等人的國粹主義雖有發揚優秀傳統文化的積極意向，但也有抵制外來進步文化、抱殘守缺的嚴重消極方面。劉師培等人的無政府主義提出過若干頗有光彩的思想，但超越時代，超越中國社會實際，是近代中國極"左"思潮的源頭。

多年來，國內學界普遍認為，辛亥革命的領導力量是民族資產階級中下層。我不同意此說，認為這一革命的實際領導力量是那一時期出現的"新型知識份子"中的"共和知識份子"，並由此論述了維新、共和、共產三代知識份子在近代中國歷史嬗變中的作用，自以為，這一說法較為接近歷史的真實面貌。

二、北伐戰爭史

1926 年的中山艦事件是近代史上的一大謎團。我根據蔣介石日記、中山艦事件案卷、蔣介石與汪精衛來往函件等多種未刊資料，寫成《中山艦事件之謎》一文，提出了與舊說不同的新解。該文謬蒙胡喬木同志肯定，認為是一篇具有"世界水平"的好文章，並蒙中國社會科學院授予優秀科研成果獎。繼上文之後，我又發表《中山艦事件之後》一文，論證當時對蔣介石的妥協政策，源自蘇俄方面。

北伐戰爭是近代中國史上的一次成功的戰爭。我在國內外先後發表的論文有《北伐時期左派力量同蔣介石鬥爭的幾個回合》、《蔣介石與北伐時期的江西戰場》、《四一二政變前後武漢政府的對策》、《蔣介石與北伐時期的戰略策略》、《蔣介石與二次北伐》，以及《從蔣介石日記看他的早年思想》等文。這些文章，力圖展現北伐期間高層鬥爭的複雜歷史面貌，實事求是地評價蔣介石在這一時期的作用。

北伐戰爭為時不過兩年，但我和合作者用於編寫《北伐戰爭與北洋軍閥的覆滅》這本書的時間卻超過十年。在寫作本書的過程中，我們特別注意收集各方資料，國內、國外；正面、反面；中央、地方；此派、彼派；在此基礎上，力求擺脫過去黨派鬥爭的影響，站在新的歷史高度，重新審視一切，從而準確、公正地再現當時的歷史。這本書出版後，中共中央文獻研究室常務副主任金沖及發表評論，認為"這部近60萬字的巨著，許多方面的研究成果比前人又有新的突破。它是近年來中國近代史研究領域內一部不可多得的力作"。台灣中國國民黨黨史會主任李雲漢教授也發表評論，認為該書"內容充實，體系完整，能脫出舊窠臼而能運用多方面的史料"，"除對蔣中正尚是斧鉞交加外，其他敘述都甚平實可信"。

三、抗日戰爭史

我對抗日戰爭史的研究主要集中於蔣介石的對日政策與日蔣談判。在這方面先後發表的論文有：《濟案交涉與蔣介石對日妥協政策的開端》、《黃郛與塘沽協定善後交涉》、《九一八事變後的蔣介石》、《抗戰前期日本"民間人士"和蔣介石集團的秘密談判》、《孔祥熙與抗戰期間的中日秘密交涉》等文。前三文研究全面抗戰前蔣介石對日政策的開端與發展，後二文揭示日蔣間多次秘密談判的內幕。除了闡述還隱藏在重重歷史帷幄中的情節、過程外，我力圖揭示在這些虛虛實實、風雲詭譎的談判後面所隱藏的複雜目的。我認為，這些談判，不只是如人們所理解的反映出蔣介石對抗戰的動搖，更多反映的是當時國民政府對日和對汪精衛的一種鬥爭策略。

西安事變關涉國共關係史和抗日戰爭史，多年來有不少史家涉足，出版了許多優秀成果。在這一領域，我只做了一點資料性和考訂性的工作，發表的資料、文章有《孔祥熙所藏西安事變未刊電報》、《孔祥熙西安事變期間未刊日記》以及《西安事變史實訂誤》等。

國民黨在抗戰期間所從事的地下工作尚未進入歷史學家的視野。在這方面，我曾根據台灣中研院所藏朱家驊檔案，寫過一篇《吳開先與上海統一委員會的敵後抗日工作》，初步展示了該項工作的一個側面。

四、國民黨派系鬥爭史

國民黨派系複雜。可以說，不研究派系，就不可能全面瞭解國民黨。在這一領域，我的已有成果主要集中於孫、黃矛盾，蔣、胡鬥爭，孔、宋鬥爭和蔣、李鬥爭。

孫中山與黃興的矛盾表現於中華革命黨時期。我曾根據日本外務省所藏檔案及宮崎滔天家藏資料寫成《"真革命黨員"抨擊黃興等人的一份傳單》、《跋鐘鼎與孫中山斷絕關係書》、《何天炯與孫中山》、《鄧恢宇與宮崎滔天夫婦》等文，揭示了孫、黃在反袁鬥爭中形成的分歧和發展，補充了前人所不知的若干史實。

美國哈佛燕京學社圖書館藏有大量胡漢民晚年往來未刊函電，我於 1990 年訪問美國時讀到這部分資料，立即意識到它的巨大史料價值。這部分資料的特點是使用了大量隱語、化名，沒有相當的中國歷史和文化知識，很難破譯。例如，以"門"、"阿門"、"門神"、"蔣門神"指蔣介石，以"水雲"、"容甫"指汪精衛，以"不"、"不孤"指李宗仁，以"香山後人"指白崇禧，以"馬"、"馬鳴"指蕭佛成，以"衣"指鄒魯，以"跛"、"跛哥"指陳銘樞等。我在反覆琢磨一一破譯之後，發現九一八事變之後，胡漢民曾廣泛聯絡各方力量，秘密組織"新國民黨"，積極謀劃以軍事行動推翻以蔣介石為代表的南京國民政府。30 年代的許多抗日反蔣事件，如察哈爾抗日同盟軍、福建人民政府、孫殿英西進等，背後都與胡漢民有關。因此，寫成並發表了《胡漢民的軍事倒蔣密謀及胡蔣和解》一文。1996 年，我訪問台灣，在國民黨黨史會和"國史館"查閱有關資料，進一步有所發現，因此，又陸續寫成並發表了《30年代初期國民黨內的反蔣抗日潮流》、《一項南北聯合倒蔣計劃的夭折》、《1935年國民黨內部的倒汪迎胡暗潮》等文，比較深入地揭示了這一時期國民黨內部派系鬥爭的隱情。

孔祥熙和宋子文是國民黨中的兩大家族。他們是姻親，但又是政敵，其互相爭鬥情況很少為人所知，但又是研究30至40年代國民黨政權所必須解決的課題。在《豪門之間的爭鬥》一文中，我對美國斯坦福大學胡佛檔案館所藏宋子文檔案中的若干電函作了釋讀，從而揭示了這兩大民國政要之間的深刻矛盾。與此相關，我又根據美國哥倫比亞大學珍本和手稿圖書館所藏孔祥熙檔案和台灣中研院史語所所藏傅斯年檔案，分別寫成《蔣孔關係探微》和《傅斯年攻倒孔祥熙》二文。前文揭示了蔣、孔之間密切關係的奧妙，後文揭示了孔祥熙這一民國政壇上的不倒翁屢受攻擊，終致倒台的狀況。

關於蔣介石和李宗仁的矛盾，我的研究重點在1949年李宗仁成為“代總統”之後。在《李宗仁的索權逐蔣計劃》一文中，我根據在美國哥倫比亞大學珍本和手稿圖書館所發現的資料，揭示了當時李曾經有過向蔣索取政權、軍權、財權，並要求其出國的計劃。後來，又寫過一篇《蔣介石“復職”與李宗仁抗爭》，揭示蔣介石到台灣後的“復職”經過及其與李宗仁的新糾紛。

五、胡適的社會關係

胡適是民國文化史、思想史上的大家。研究民國史，不可能不涉及胡適。我的研究主要集中於胡適的社會關係，先後發表過《胡適與國民黨的一段糾紛》、《胡適與錢玄同》、《胡適與楊杏佛》、《胡適與陳光甫》、《胡適與柳亞子》等文。它們分別從不同方面勾勒出胡適的性格與面貌。

民國史之外

我做學問，反對浮光掠影，主張深入沉潛；但是，我也不主張過於狹窄，所以，在以主要精力從事民國史研究之外，我也做一點其他方面的研究。其中，稍可一述的是關於宣南詩社、戊戌政變和政變後的改良派，以及關於青年魯迅的研究。

宣南詩社本是清朝嘉慶、道光年間的一個並不很著名的文學團體，但是，范文瀾在《中國近代史》一書中將它和禁煙運動、維新思潮聯繫起來，因此受到學界的重視。我遍閱當時有關人物的詩文集，查清了這一詩社的沿革，發現范說不確，錯誤頗多，因此，寫成《關於宣南詩社》一文，糾正了范說之誤。

1985 年，我在日本閱讀外務省檔案縮微膠捲。那時，我正研究辛亥革命，在連續多日，讀了十幾卷有關辛亥革命的資料後，本可得勝收兵了，但是，我突然覺得，應該看看戊戌變法的有關檔案。於是，轉動卷軸，繼續搜尋。忽然，閱讀機的螢幕上出現了畢永年的日記 ——《詭謀直紀》。在這份資料中，畢永年以當事人的身份揭露了康有為曾經有過的一項"武力奪權"密謀 —— 包圍頤和園，捕殺西太后。我意識到，我有了重大發現，心頭一陣驚喜，立即將它複印下來。回國後，我廣泛查閱相關資料，經過多方考證，確認了畢永年所述的真實性，於是，寫成《康有為謀圍頤和園、捕殺西太后確證》一文，發表於 1985 年 9 月 4 日的《光明日報》上。這篇文章，當日中央人民廣播電台即作了廣播。它迅速受到國內外史學界的重視，有人譽之為"將迫使戊戌變法史作重大改動"。

證明了戊戌時期康有為確有"捕殺西太后"的密謀之後，緊接著便發生了一個問題 —— 康、梁生前多次矢口否認此事，為什麼？我又繼續查閱相關資料，終於從梁啟超寫給康有為的一封密函中瞭解到，原來，師弟二人在事後訂了"攻守同盟"，決定終身保守秘密。這樣，這一事件就板上釘釘，鐵案如山了。

譚嗣同夜訪袁世凱是戊戌政變中的重要事件。對此，袁世凱的《戊戌紀略》和梁啟超的《戊戌政變記》都有記載。多年來，人們相信梁啟超，懷疑袁世凱，結果陷入迷宮。許多問題扞格難通，矛盾而不可解。我經過考證，認為袁世凱的《戊戌紀略》雖有掩飾，但所述基本可信，因此，政變史上長期聚訟不休的若干問題已經可以廓清迷霧，還其本相。

除了堅持不懈地找尋相關資料外，還要善思，尋找各種資料之間的聯繫。

我在日本國會圖書館中找到過唐才常寫給日人宗方小太郎的一封信，表面上談的是到湖南"開辦學堂報館事"，但用詞很嚴重，有"此舉頗係東南大局"等語。我以為其中必有隱情，於是，進一步查閱宗方小太郎日記，終於查明，原來指的是維新派的一項"舉義"計劃——在湖南發動，然後引軍北上，略取武昌，沿江東下，攻佔南京，再移軍北上，幾乎和太平軍的進軍路線一模一樣。

日本外務省檔案中還有幾封情報人員暗中抄錄的梁啟超等人信件。信中用了不少隱語，抄錄者辨識中文草書的能力又低，滿紙訛誤，但是，我粗讀之後，即感覺不是尋常信件。於是反覆閱讀，反覆揣摩，終於弄明白，那是 1908 年光緒皇帝去世之後，改良派秘密動員在北京的滿族親貴誅殺袁世凱的密札。

我對改良派的研究一直斷斷續續。1996 年，我訪問台灣中研院近史所，讀到了那裏收藏的康梁未刊信件，其中有一通梁啟超函札引起了我的特別注意，經研究，那封信反映出，辛亥革命時，康有為曾企圖聯合滿族親貴，推翻袁世凱內閣，控制中央政權。

政治鬥爭有時以赤裸裸的形式浮現於世人面前，有時則深藏於鐵幕之後，當一個歷史學家能鈎沉索隱，探幽解密，將深藏於鐵幕之後的政治鬥爭拉到光天化日之下時，我想，那一定是很愉快的。

關於青年魯迅，我曾將歷史研究與文學研究結合起來，寫過《斯巴達之魂與近代拒俄運動》等札記，解決了魯迅研究中的一些疑難問題。

除了寫書、寫論文之外，我有時喜歡寫點小文章，就某些歷史事件、人物、現象，或議論，或敘事，或考證，頗得縱橫揮灑之樂。此類文章約一百餘篇，已結集為《橫生斜長集》，由天津百花文藝出版社於 1999 年 10 月出版。

我的歷史追求

歷史反映人類社會已逝的一切，因此，忠實地再現歷史本相是史學最重要也是最根本的任務。但是，歷史本相並不是一眼可見、一索可得的。它需要歷史學家"上窮碧落下黃泉"，充份掌握一切可能掌握的資料，經過嚴密的考證與分析，才能比較準確地再現出來。因此，我在國內外訪問，所至之處，第一任務都是收集資料，特別是未刊的函電、日記、檔案等手稿或未刊稿。當地有什麼，我就看什麼，從不為自己的研究劃地設牢。因此，我的大部分文章都建築於此類資料之上。經驗告訴我：資料浩如煙海，是研究近代史，特別是民國史的困難，但是，也是其方便和幸運所在。只要細心訪求，鍥而不捨，許多謎團、疑案常常可以得到比較圓滿地解決。

說歷史學的根本任務是再現歷史本相，不意味著歷史學家可以不要思想，沒有觀點，純客觀地記錄一切。相反，歷史學需要說明歷史、解釋歷史，尋找規律，作出價值判斷。但是，首先必須弄清、寫清史實。對歷史的解釋可以因人而異，因時而異，但是，歷史事實卻只有一個。我認為，歷史家筆下的史實要能經受不同立場、不同時期的讀者的挑剔和檢驗，爭取做到：你可以反對我的觀點，但推翻不了我的史實。

民國史充滿著政治鬥爭和黨派鬥爭。當時，沒有一個黨派不認為自己是真、善、美的化身，不認為政敵是假、惡、醜的典型。今天的歷史學家有條件超脫一點，也有條件看到各黨、各派、各方留下的資料，因此，看問題要力求全面、公正，有一說一，有二說二，有好說好，有醜說醜，既不盲從前人，也不看風向，不避時忌。既往的觀念、認識、結論有的正確，有的則需要根據可靠的史實重新審視，加以修正。民國史上這樣的問題很多。當我們只面對史實、面對科學時，民國史的面貌是會有大的變化的。

進一步發展中華民國史學科 *
——訪榮譽學部委員、近代史研究所研究員楊天石

記者： 和許多古老學科比較起來，中華民國史還是個比較年輕的學科，您能否
談談這一學科是怎樣發展起來的嗎？

答： 中華人民共和國建國後不久，董必武、吳玉章等老一輩革命家就提出要
編纂《中華民國史》（同時重修清史）。1956 年，國家首次將《中華民國
史》列入全國科學發展規劃。1971 年召開全國出版工作會議，周恩來總
理再次指示，要編纂、出版《中華民國史》。1972 年，經中國科學院院
長郭沫若報請國務院批准，通過當時的"出版口"將此項任務下達給近
代史研究所。近代史研究所當時的副所長李新接受了這一任務。李新是
抗日戰爭時期的老幹部，到過延安，中華人民共和國成立後在中國人民
大學工作，當過吳玉章同志秘書，有眼光，有魄力，曾組織陳旭麓、孫
思白、彭明等編寫四卷本《中國新民主主義時期革命通史》，獲得好評。
他接受任務後即在近代史所成立中華民國史研究組（後改為室），制訂
編纂計劃，採取"來者歡迎"的辦法，吸納了不少所內的年輕學者參加
工作，同時，又聯合全國多所高等學校和科研機構的專家開展協作。今
天中華民國史這一學科能發展起來，不能不感念李新的開拓之功。

記者： 為什麼老一輩革命家在建國以後就提出要編寫《中華民國史》？在您看
來，建立和發展中華民國史這一學科有什麼樣的重要性？

答： 中國有兩千多年的文明史，有悠久的史學傳統。從《尚書》、《春秋》、
《戰國策》、《史記》、《漢書》、《後漢書》，到《元史》、《明史》、《清
史稿》，我們的祖先留給我們大量的歷史著作。它們是我們民族的寶貴
精神財富。依靠這些著作，我們民族的生存、發展歷史斑斑可考。從

* 原載《中國社會科學院院報》，2006 年 12 月 14 日；錄自楊天石：《抗戰與戰後中國》，中國人民大學出版
社 2007 年版。

1912 年 1 月 1 日孫中山在南京成立臨時政府，宣告中華民國成立始，到 1949 年國民黨撤離大陸，時間不過 37 年。但是，這是中國歷史的一個重要段落——一個客觀存在，不可否認的段落。自然，這一段歷史也不可以沒有記載。缺了這一段的記載，中國歷史的發展就缺少了一個重要環節。中華人民共和國建國以後，老一輩無產階級革命家提倡編寫《中華民國史》，其原因我想主要就在這裏。

至於建立和發展中華民國史學科的重要性，我想不外兩方面。一個是學術，一個是現實。

自 19 世紀中葉起，中國逐漸淪為半封建、半殖民地社會，中國人民開始了外抗列強、內謀解放，爭取國家獨立、富強和現代化的鬥爭。在孫中山領導下建立的中華民國實現了中國國家政體的變革，是這一鬥爭的一個重要里程碑。中華人民共和國的建立則是一個更重要的里程碑。歷史不能割斷。今日中國的政治、經濟、軍事、外交、文化等方方面面，都是昨日中國有關方面的發展。兩者之間有著切不斷的千絲萬縷的聯繫。只有瞭解昨天，才能更好地發展今天，預見明天。我們要建設新中國，就必須瞭解此前的中國，認真清理民國歷史，總結有關的經驗與教訓。隨便舉個例。我們在處理對日關係時，常常說："前事不忘，後事之師"。這裏所說的"前事"就包括民國時期的中日關係在內。不瞭解民國時期中日關係中發生了什麼，怎樣發生的，如何能發展新時期的中日關係！最近中日兩國外長在亞太經合組織會議期間會晤，根據兩國領導人達成的有關共識，決定根據"正視歷史、面向未來"的精神，開展中日雙方的共同歷史研究。其內容包括中日兩千多年的交往史、近代不幸歷史以及戰後六十年的中日關係發展史。這其中的"近代不幸歷史"，就包括民國時期在內。中日關係如此，中外關係的其他方面，中國建設和社會生活的其他方面也都如此。

建立和發展中華民國史學科還有一個重要的理由，這就是實現民族和諧，最終完成祖國統一大業的需要。

民國史上，國民黨曾經是革命的、愛國的政黨，有過辛亥革命、反對袁世凱復辟、護法、北伐、抗日等光榮歷史，和中國共產黨有過兩次合作。對於國民黨人在中國近代史上的貢獻做出實事求是的評價，有助於促進民族和諧，顯示中國共產黨人尊重歷史的光明磊落的態度。去年紀念抗戰勝利60週年，胡錦濤同志在報告中說：「中國國民黨和中國共產黨領導的抗日軍隊，分別擔負著正面戰場和敵後戰場的作戰任務，形成了共同抗擊日本侵略者的戰略態勢。以國民黨軍隊為主體的正面戰場，組織了一系列大仗，特別是全國抗戰初期的淞滬、忻口、徐州、武漢等戰役，給日軍以沉重打擊。」胡錦濤同志在肯定共產黨的抗日將領時，也肯定了佟麟閣、趙登禹、張自忠、戴安瀾等國民黨將領；在肯定八路軍「狼牙山五壯士」、新四軍「劉老莊連」的同時，也肯定了國民黨人的「八百壯士」。胡錦濤同志的這篇講話在海內外獲得了廣泛的良好的反應。當年我在台北參加有關方面舉辦的學術活動時，就曾親耳聽到國民黨主席馬英九欣喜地說：「胡錦濤主席也充份肯定我們國民黨在抗戰中的作用了。」

　　無庸諱言，民國史上，國民黨和共產黨有過兩次分裂，雙方曾刀兵相見，不共戴天，因此彼此之間有許多隔閡、分歧、矛盾以至敵意。研究民國史，對相關歷史做出實事求是的科學的說明和闡釋，揭示歷史真相，剔除其中那些謬誤的、不恰當的、被誤解了的或被誇張了的成份，有助於消除隔閡，化解怨仇，減輕敵意。這一方面，研究民國史的學者大有用武之地。「歷盡劫波兄弟在，相逢一笑泯恩仇。」近年來，兩岸研究民國史學者已經取得了不少共識，成了非常好的朋友，一些原來堅持反共的人已經有了很大的轉變。

記者：您從學術和現實需要兩方面談到建立和發展中華民國史學科的重要性，很對。但是，從需要出發，人們就可能根據需要剪裁歷史，解釋歷史，使歷史成為任人梳妝的女孩子。怎樣防止這種狀況，保證民國史研究在最大程度上的科學性？

答：　您的這種擔心有道理。歷史研究的根本目的是還原歷史真實，揭示歷史本來面目，因此，首先要遵循歷史唯物論的思想路線。恩格斯說過：「原則不是研究的出發點，而是它的最終結果；這些原則不是被應用於自然界和人類歷史，而是從它們中抽象出來的；不是自然界和人類去適應原則，而是原則只有在符合自然界和歷史的情況之下才是正確的。"恩格斯的這段話指明了歷史唯物論的一個最根本的原則。這就是，歷史研究的出發點必須是客觀存在的歷史本身，而不是先前就存在於我們頭腦中的某種"原則"。自然，中華民國史的研究也必須如此。

舉例來說，辛亥革命時，孫中山讓位於袁世凱，怎樣認識這一歷史現象？通常認為，中國資產階級和帝國主義、封建主義保持著千絲萬縷的聯繫密切，有著天然的妥協性，因此，從這一"原則"出發，人們很容易認為，孫中山讓位一事是中國資產階級妥協性和軟弱性的表現。但是，如果我們從客觀存在的歷史事實出發，就會發現，孫中山當時完全懂得，只有排除袁世凱，"堅決以武力消除南北之異端"，才能"斬斷他日內亂禍根"，"樹立完全之共和政體"。孫中山之所以讓位，主要是因為革命黨人面臨巨大的財政困難，使得南京臨時政府連維持自身運轉的經費都難以籌措，一直到南北和議簽字前夕，孫中山還在企圖以"舉借外債"的方式解決北伐所必需的巨大軍費。只是在借債無望的情況下，孫中山才忍痛接受和議，讓位於袁世凱。兩相比較，顯然後者比較接近於歷史真實。

人們當然可以根據現實需要去選擇自己的研究計劃，但是，卻不能根據現實需要去裝扮、改造歷史。人們在任何時候都要將科學性放在第一位，一切違背歷史真實的成份都要趕出歷史著作。

客觀存在的歷史事實不僅是歷史研究的出發點，而且也是檢驗歷史判斷是否正確的唯一標準。對於既往的民國史，人們有許多判斷、觀念和看法，它們大都形成的特定歷史條件下，有的正確，有的不正確。這就要根據客觀存在的史實加以檢驗。正確的要堅持，不正確的要修正，不完整的要加以補充。

記者：記得您在什麼地方說過，歷史如流水，是已經"消失了的過去"。人們怎樣以這種"消失了的過去"作為研究的出發點？

答：　不錯。歷史確實是已經“消失了的過去”，看不見，也摸不著了，但是歷史又常常有大量遺存。這就是歷史資料，包括檔案、文獻、實物等。人們正是通過這些歷史資料去研究並確認歷史事實，重建歷史。

　　民國時期由於距離現在較近，因此留下了浩如煙海的大量歷史資料。研究古代史，常苦於史料不足，文獻無徵。研究民國史，則常常苦於史料太多。據說，南京中國第二歷史檔案館收藏的民國檔案能鋪幾十公里長。將全國各地的檔案館、圖書館所收藏的民國檔案、文獻加起來，其總件數也許要以億萬計。台北中國國民黨黨史館的檔案有八十萬件，蔣介石帶到台灣去個人檔案約三十萬件，閻錫山檔案有二十餘萬件。美國胡佛研究所近年來大力收集民國檔案，除長達五十三年的蔣介石日記外，宋子文檔案有六十餘盒，孔祥熙檔案、陳立夫檔案最近也已成為該館館藏。要研究民國史，這些檔案都必須利用。近年來，我曾五赴日本，六赴美國，七赴台北，目的大都在於收集和研讀民國檔案，但是所讀仍然很有限，真可謂“滄滄海之一粟”。為了研究抗日戰爭期間孔祥熙和日本方面的秘密談判，我曾先後訪問過南京中國第二歷史檔案館、日本外務省史料館、國會圖書館、美國哥倫比亞大學珍本和手稿圖書館以及台北“國史館”等處，才收集到比較齊全的資料，從而得出孔祥熙是國民黨內汪精衛之外的最大主和派的結論。胡喬木同志曾經提出，歷史研究要掌握相關的全部資料。這一點對民國史研究者說來可能很難做到，但仍然要盡最大可能，掌握一切可能掌握的資料。

記者：　巧婦難為無米之炊。掌握資料對於歷史學家的重要性很好理解，但是，資料有真有假，利用假資料，其結論不就大錯特錯了嗎？

答：　是的。充份掌握資料之後，必須以辯證的方法進行檢驗、鑒別、考證和分析。有些資料，看上去是鐵證，其實靠不住。我舉一例，許多資料都記載，武昌起義時，立憲派首領湯化龍一面表示擁護革命，出任湖北軍政府總參議，但同時卻秘密串連八省膏捐大臣柯逢時、布政使連甲、鴉片商李國鏞、清軍第八鎮統制張彪的弁目張振標等多人，密電清廷，要求出兵鎮壓。眾口一詞，言之鑿鑿，而且有柯的文案林某作證，因此歷史學家們將湯化龍定為反革命兩面派。然而，此說有一個明顯的破綻，即湯化龍、連甲等有身份、有地位的官紳怎麼會在向清廷上書時，邀請鴉片商、弁目等一類人物聯名？循此考索，破綻愈多，並且最終在中國第一歷史檔案館裏找到了連甲以個人名義打給清政府的電報，終於證明，此事與湯化龍無涉，為湯摘掉了"反革命兩面派"的帽子。

民國史上這樣的例子很多，因此歷史學家必須十分謹慎地使用資料。特別須要警惕的是，不對紛紜歧異的眾多資料作全面的、辯證的考察，就輕率地取己所需，這種情況，常常會造成對歷史的誤判和誤斷。

記者： 聽說民國史學科剛剛建立時，由於"禁區"多、"雷區"多，因此許多學者不敢踏入這一領域，有"險學"之稱。過了若干年，研究者愈來愈多，又成了"顯學"了。是不是這樣？

答： 是這樣。民國史學科初建時，反對的人、想不通的人頗多，還有人主張解散剛剛建立的民國史研究組。但是，當時李新頂住了。他說：我們是根據中央的指示開展工作的。你們要解散，拿批件來。反對的人拿不出批件，自然，民國史研究組照常工作。在逐漸做出了成績以後，原來反對研究民國史的人也就不反對了。此後，研究民國史的學者愈來愈多，原來害怕涉足這一領域的人逐漸解除顧慮，研究的範圍也愈來愈開闊，民國史確實從"險學"變成了"顯學"。

儘管如此，並不意味著民國史的研究沒有任何危險了。習慣成自然。有一些錯誤觀念，是人們在多年中積澱下來的，不容易一下子改變；也有個別人還不習慣於通過"百家爭鳴"的辦法去對待學術上的不同認識，因此，我覺得，要進一步發展民國史學科，還需要不折不扣地堅決貫徹"雙百方針"，建設寬鬆的有利於學術創新的環境，鼓勵大家坐下來，深入地掌握資料，深入地進行研究，我想想信，民國史學科必定有一個大的發展。

記者： 您談到上一世紀 70 年代，根據周恩來總理的指示，國務院"出版口"將編寫《中華民國史》的任務交給了近代史研究所，現在這個任務完成得怎樣了？

答：　當時，我們計劃寫三部大書：1.《中華民國史》12 卷，2.《民國人物傳》
　　　12 卷，3.《中華民國大事記》39 卷，4.《中華民國的政治、經濟、軍
　　　事、外交和文化》（專題資料）600 題。三十年來，我們在人力、財力嚴
　　　重不足的條件下，兢兢業業，精益求精，至目前止，《中華民國大事記》
　　　和《民國人物傳》都已出齊。《中華民國史》已出版 8 卷，另 4 卷初稿
　　　亦已完成。已經出版的部分，受到國內外學術界，包括台灣學者在內的
　　　廣泛好評，被認為是資料翔實、嚴謹求實、風格清新，具有高度學術水
　　　準的著作。但是，以往編纂工作也存在較多不足。其一，上述著作，
　　　成於三十多年中，出於多人之手，有加以修訂、統編的必要。其二，近
　　　年來，大陸、台灣以及英、美、日本、俄羅斯所藏民國時期檔案大量開
　　　放，有進一步加以利用的必要。其三，編纂計劃制訂於三十多年前，限
　　　於當時的歷史條件和我們的認識水準，現在看來，還存在較多缺陷，例
　　　如，原計劃以反映民國時期統治階級的歷史為主，以政治史為主，而未
　　　能充份反映民國時期的歷史全貌；又如，缺少中國歷代史書必不可少的
　　　"志"與"表"等重要體裁。其四，因人力、財力不足，《中華民國的
　　　政治、經濟、軍事和文化》（專題資料）在出版近 50 種後即行夭折。上
　　　述不足，倘不加以克服和彌補，那麼，它將很難成為代表國家和時代水
　　　準的學術巨著。借用孫中山的話來說，就是"革命尚未成功，同志仍須
　　　努力"。

策劃編輯　李　斌

責任編輯　劉韻揚

裝幀設計　a_kun

書籍排版　何秋雲

書　　名　思潮與人物

著　　者　楊天石

出　　版　三聯書店（香港）有限公司

　　　　　香港北角英皇道 499 號北角工業大廈 20 樓

　　　　　Joint Publishing (H.K.) Co., Ltd.

　　　　　20/F., North Point Industrial Building,

　　　　　499 King's Road, North Point, Hong Kong

香港發行　香港聯合書刊物流有限公司

　　　　　香港新界荃灣德士古道 220–248 號 16 樓

版　　次　2022 年 10 月香港第一版第一次印刷

　　　　　2024 年 6 月香港第一版第三次印刷

規　　格　16 開（170 × 230 mm）552 面

國際書號　ISBN 978-962-04-5045-7